国家社会科学基金"九五"规划重点项目

20世纪
传播学经典文本

主编　张国良

20th CENTURY

复旦大学出版社

图书在版编目(CIP)数据

20 世纪传播学经典文本/张国良主编.—上海:复旦大学出版社,
2003.1(2020.7 重印)
(新世纪传播学研究丛书)
ISBN 978-7-309-03466-0

Ⅰ.2… Ⅱ.张… Ⅲ.传播学-文集 Ⅳ.G20-53

中国版本图书馆 CIP 数据核字(2002)第 091565 号

20 世纪传播学经典文本
张国良 主编
责任编辑/章永宏

复旦大学出版社有限公司出版发行
上海市国权路 579 号 邮编:200433
网址:fupnet@fudanpress.com http://www.fudanpress.com
门市零售:86-21-65102580 团体订购:86-21-65104505
外埠邮购:86-21-65642846 出版部电话:86-21-65642845
大丰市科星印刷有限责任公司

开本 850×1168 1/32 印张 20.25 字数 526 千
2020 年 7 月第 1 版第 13 次印刷
印数 30 201—32 300

ISBN 978-7-309-03466-0/G·480
定价:40.00 元

如有印装质量问题,请向复旦大学出版社有限公司出版部调换。
版权所有 侵权必究

《20世纪传播学经典文本》
编委会

主　编：张国良
副主编：郭庆光
编　委：李　彬　　黄　旦　　郭庆光
　　　　张咏华　　张国良　　杨　击

序

值此世纪交替之际,本书的问世,具有多重意义。

首先,作为复旦大学出版社精心策划的"20世纪社会科学经典文本"系列的一个组成部分,它反映了这一百年来传播学科在世界范围内从无到有、由小至大的孕育、诞生和发展的轨迹。同其他学科的经典文本一样,想必能为该学科起到一定的承上启下、继往开来的作用。

其次,作为国家社科基金"九五"重点课题《大众传播学》的一个组成部分,它以译著形式与其他几个专著形式的成果(亦将由复旦大学出版社推出)相配套,课题组力求为读者勾勒出一幅传播学研究架构之较为完整的图景的本意,想必也能大体实现。

再次,作为不久前批准成立的教育部文科(传播学)重点研究基地(其地位相当于理工科的国家级重点实验室)——复旦大学信息与传播研究中心的一个资助项目,它意味着中国传播学界在新世纪里的新起步。也就是说,从今以后,中国拥有了自己的国家级传播科学研究机构。

以上的三个意义或者说事实,集中到一点,可概括为:当代中国——从行政、知识界到社会各界——不仅接纳了传播学科,而且给予了前所未有的高度重视。就此还可举出一连串相关事实:时至今日,传播学已与新闻学融合、提升为一级学科,并单列为二级学科;设立了越来越多的博士点、硕士点,成为许多学子"考研"的热门专业；出版了大量译著、论著，广受欢迎；形成了一支初具规模、颇有潜力的研究队伍，等等。

回想大约二十年前"传播学"引入之初曾被国人误听为"船舶学"的趣闻，以及不到十年前她还被一些人指为"精神污染"的厄运，不由人生出恍然隔世之感。无疑，这是改革开放国策和实事求是思想路线在中国社会科学领域的生动体现与巨大胜利。

如果说，朝后看，传播学在中国的曲折历程，与众多兄弟学科（如社会学、政治学等）相似，更多的是共性；那么，往前看，她的广阔前景则可谓独树一帜，富有个性。换言之，上述中国各界对推进传播学科建设的异乎寻常的热心和重视，决非偶然，而是与国际接轨、顺应时代潮流的动向。

传播学的兴起和繁荣，是一种世界性趋势。

一般认为，过去的一百年，前半段只是传播学的发轫期，后半段才是其成型、成熟期。就是说，她差不多正好诞生于20世纪的中间点（40年代末）。从本书的目录即可知晓，绝大多数经典文本出现于四十年代之后。这表明，该学科从一株"幼苗"成长为一棵"参天大树"（仅以美国传播学界团体之一的"全国传播学会"为例，会员人数即逾七千）的过程，就完成于这短短的半个世纪里，堪称为跳跃式发展。更引人注目的是，她在世界各国普遍受到青睐，呈现出方兴未艾、蓬勃生长的态势。主要原因何在？

其一，传播科技的飞速进步，造就了传播媒介的尖端化、多样化、大众化。人类历史上迄今为止的三次媒介革命（印刷术、广播电视技术、电脑网络技术），后两次皆发生于20世纪。不仅如此，诚如加拿大传播学者麦克鲁汉所言："媒介即讯息"——传播科技的革新还有力地参与促成了生产方式、生活方式的巨变，亦即人类社会的信息化、知识化、全球化。一句话，信息与传播（它们本是两位一体之现象）的重要功能，获得前所未有的凸显！这样，传播学的兴盛，就可说是理所当然、大势所趋了。

其二，人文环境的剧烈变化，惊醒了人类的整体良知及反思精神。人类历史上仅有的两次世界大战都发生于20世纪,再加上冷战和数不清的大大小小的区域性战乱,以及形形色色的经济、政治、文化的冲突和摩擦,无不提示:绝顶聪慧如斯的人类,若不能妥善处理自身的矛盾,也难免走向灭亡。正因如此,"和平与发展"才得以成为当今世界的主导舆论。而为达此目标,就必须依靠信息与传播的重大作用。所谓"战争在于人心"(引自《联合国宪章》),就是说,要消除实际的战争,首先要消除人心之中的战争——通过诚意、积极、有效的对话、交流、沟通(一句话,即传播或正传播),取代恶意、消极、无效的对抗、无知、隔膜(即非传播或负传播)。这一通则当然不限于战争,而适用于人际、群际交往和国际关系的一切领域。

总而言之,"时势造显学"。放眼21世纪,传播学科必将大有可为。

不过,由此也带来了一个供不应求的问题。即,社会现实对相关理论、知识、人才的巨大需求,一时难以得到充分满足。就中国而言,如上所述,尽管近二十多年来取得可观成绩,但对照世界先进水准及国家现代化需要,必须承认,还存在着很大差距。

一个典型事例就是,构成这一学科之基石的经典论述——即使按最严格标准也不会少于三十篇(部),我国迄今只翻译出版了少量文本(正因此,读者不难发现,本书的多数内容系第一次译介给国人)。在此状况下,如何能优化教育、研究工作的品质?这项基础性工作对于一个学科的建设和发展的重要性、急迫性,实属不言而喻。而编译本书的初衷正在于此:一是解"燃眉之急",为广大学子提供一个一卷在手、可窥"全豹"的读本;二是尽"引玉之责",以此推动更多的同仁携手合力,译介更多的原典精品,希望在不太长的时间内,譬如"十五"期间就能大致完成这一"基本建设"任务。如此,中国传播学科的腾飞,就将获得一条可靠的"跑道",或者说一个坚实的"平台"。

最后,还需要说明几点:一、入选本书的标准是,对传播学的形成和发展起过重要作用、有过广泛影响的文本。但无可否认,由于各种条件的制约,仍不乏一些公认的"经典"未能收入,有待今后补遗拾漏;二、虽说传播学崛起于 20 世纪,但从思想渊源看,她当然不是"无源之水"、"无本之木",而是源远流长、根深叶茂。作为先驱者文献的代表,本书节选了亚里士多德、弥尔顿、密尔等人的有关论述;三、在我国的传播学研究领域,以这种形式介绍经典文本,尚属首次尝试,也可说是一次学术"探险"。我们对先人、大师们的领悟,对真实、真理的接近,包括译、选、评、介的水准,究竟达到了什么境界?得失如何?敬祈读者指教;四、本书从策划、实施到定稿、面市,始终得到复旦大学出版社总编辑高若海先生、责任编辑夏德元先生、孙晶女士、章永宏先生的鼎力支持和帮助,在此我谨代表编委会衷心致谢。是为序。

张国良
2001 年 7 月 28 日于凉城

目　录

亚里士多德 ································· 1
　　修辞学 ··································· 3
弥尔顿 ····································· 36
　　论出版自由 ····························· 37
密　尔 ····································· 62
　　论自由 ································· 63
索绪尔 ····································· 99
　　普通语言学教程 ······················ 101
李普曼 ··································· 128
　　舆论学 ································ 130
米　德 ··································· 150
　　心灵、自我与社会 ··················· 152
拉斯韦尔 ································· 197
　　社会传播的结构与功能 ············· 199
拉扎斯费尔德等 ························· 211
　　人际影响 ······························ 213
霍夫兰 ··································· 235
　　传播与劝服 ··························· 237
早　川 ··································· 247
　　思考和行动中的语言 ················ 249

施拉姆	272
大众传播事业的责任	274
勒　纳	314
传播体系与社会体系	315
克拉伯	324
大众传播的效果	325
罗杰斯	334
技术革新的特征	336
威廉斯	345
传播学	347
麦克卢汉	372
理解媒介：人体的延伸	374
林雄二郎	387
信息化社会	389
麦考姆斯等	407
大众传播媒介的议题设置功能	409
霍　尔	421
编码/译码	423
麦奎尔	438
大众传播理论	440
席　勒	466
信息与危机经济	468
阿特休尔	486
权力的媒介	488
梅罗维茨	513
空间感的失落	515
诺曼	533
沉默的螺旋：舆论——我们的社会皮肤	535
休梅克	547

把关………………………………………… 549
蒂契纳等…………………………………………… 561
　　大众媒介信息流通与知识增长差异………… 563
戈尔丁等…………………………………………… 576
　　文化、传播和政治经济学…………………… 578
麦克劳等…………………………………………… 606
　　对媒介效果的理解与误解…………………… 607

分类索引…………………………………………… 634
后记……………………………………………… 636

亚里士多德

亚里士多德(Aristotelēs,公元前 384—公元前 322),古希腊哲学家、科学家。生于斯塔吉拉。其父是马其顿阿敏塔斯二世的御医。公元前 367 年,亚里士多德赴雅典师从柏拉图。公元前 347 年,柏拉图死后,亚里士多德离开雅典,赴小亚细亚阿索斯城讲学。公元前 342 年,应马其顿国王腓利普的邀请,担任王子亚历山大的师傅,讲授政治学、荷马史诗和悲剧。公元前 335 年,重赴雅典,创办吕刻昂学院,讲授哲学、自然科学、政治学、伦理学、修辞学、诗学等课程,成为当时哲学家中最博学的人物。公元前 323 年,亚历山大死后,雅典掀起反马其顿运动,亚里士多德被控犯有不敬神的罪名。公元前 322 年,他在受审之前逃往欧卑亚岛,同年因肠胃病死于岛上。

公元前 4 世纪是希腊修辞学的黄金时代,但有很多被称为"智者"的职业教师,在雅典传授诉讼知识,教人以似是而非的论证取胜,从而使"智者"落下了"诡辩者"的名声。亚里士多德的《修辞学》,反对"智者"的教学方法,旨在为真正艺术的修辞术正名。亚里士多德否定"智者"派教师们仅仅把修辞术看作"说服的技巧"的观点,给修辞术下了一个新的定义:"一种能在任何问题上找出可能的说服方式的功能。"他进而指出,修辞术可以使真理和正义获得胜利,造成"诡辩者"(的原因)不在于他们的能力,而在于他们的意图:故意颠倒黑白,混淆是非。

修辞学是传播学的重要源头之一。亚里士多德的《修辞学》中包含着为数不少的涉及传播规律的天才思想萌芽,启迪了后人心智,迄今仍受到传播学界的重视。

(杨 击)

修 辞 学[①]

第 一 章

......

既然修辞术的目的在于影响判断(公民大会要作决议,审判要下判决),那么演说者不仅必须考虑如何使他的演说能证明论点,使人信服,还必须显示他具有某种品质,懂得怎样使判断者处于某种心情。演说者须显示他具有某种品质,须使听众认为他是在用某种态度对待他们,还须使听众用某种态度对待他,这些办法大有助于使人信服,特别是在政治演说中,其次是在诉讼演说中。演说者须显示他具有某种品质,这个办法在政治演说中更为有用;演说者须使听者用某种态度对待他,这个办法在诉讼演说中更为有用,因为当人们抱友好态度或憎恨态度的时候,抱气愤态度或温和态度的时候,他们对事情的看法不同,不是完全不同,就是有程度之差,当他们对他们所要判决的人抱友好态度的时候,他们不是认为他没有罪,就是认为他的罪很小;当他们抱憎恨态度的时候,案情就相反。

......

[①] 选自中译本《修辞学》第二、三卷,三联书店1991年10月版。

第二十二章

现在讲修辞式推论。我们曾经指出,修辞式推论是一种三段论,是怎样成为三段论的,它和论辩式三段论有什么不同①。结论不应该从很远的步骤推出来,也不应该把所有的步骤排列出来,因为前者由于太长了,意思反而模糊不清,后者由于要说出许多明明白白的道理而显得唠唠叨叨。由于这个缘故,没有教养的人在广大听众面前更有说服力,就像诗人们所说的那样,没有教养的人

   向大众讲话更是娓娓动听。②

  因为有教养的人讲的是普通的一般的道理,没有教养的人讲的则是他们所懂得的、切身的经验。所以我们不应当根据所有的意见来论证,而应当根据判断者自己或他们所称许的人所承认的意见来论证。

  此外,结论不应当从必然的前提得来,而是应当从或然的前提得来。

  对于演说或推论的题材应当全部了解,或了解其中的一部分。不了解雅典的兵力、岁入、敌友、战斗经验,怎么能在和战问题上对雅典人提供意见呢?不知道萨拉米海战或马拉松陆战,不知道雅典人对赫剌克勒斯的儿女的帮助③,怎么能称赞雅典人呢?因为称赞总是以真正的或似乎是真正的光荣事实为根据的。谴责则是

---

① 参看第1卷第1章第4段及该卷第2章第5段。(译注)
② 欧里庇得斯的悲剧《希波吕托斯》(Hippolytos)第989行。(译注)
③ 赫剌克勒斯是宙斯和阿尔克墨涅(Alkmene)的儿子,在他应当出世那天,宙斯预言当天要生出一个国王。宙斯的妻子赫拉(Hera)得知这个消息,便使阿耳戈斯的国王斯忒涅罗斯(Sthenelos)的妻子提前生出欧律斯透斯(Eurysthenes),这人便这样夺去了赫剌克勒斯当国王的机会。赫剌克勒斯死后(死后升天成神),他的儿女被欧律斯透斯赶出伯罗奔尼撒,他们来到雅典,受到忒修斯的保护。忒修斯为这事同欧律斯透斯打了一仗,欧律斯透斯死在赫剌克勒斯的儿子许罗斯(Hyllos)手里。故事见于欧里庇得斯的悲剧《赫剌克勒斯的儿女》。(译注)

以与上述事实相反的事实为根据的,例如雅典人奴役希腊人,并且使那些曾和他们一起英勇抵抗异族人的伊斋那人和波提代亚人沦为奴隶①。同样,控告者与答辩者应当观察案情,以便进行控告或答辩。在劝告阿喀琉斯,称赞他或谴责他,控告他或为他辩护的时候,我们必须抓住他性格中真正具有的或似乎具有的特点,如果其中有高尚的或可耻的成分,我们就据此对他进行称赞或谴责;如果其中有正当的或不正当的成分,我们就据此对他进行辩护或控告;如果其中有有益的或有害的成分,我们就据此对他进行劝告。既然并不是任何事实都能作为推论的根据,而只有题目内包含的事实才能作为推论的根据,所以,正如我在《部目篇》中②所说的,显然必须首先对每个题目准备一些命题。必须尽量搜集题目内包含的事实,特别是和题目有密切关系的事实,这些事实搜集得越多,就越容易证明我们的论点,这些事实和题目的关系越密切,就越显得更特殊,而不是很普通。所谓"普通"指称赞阿喀琉斯,说他是个人或半神③,或说他远征过特洛亚,因为这些话也宜于用来称赞许多别的人,所以这些话用来称赞阿喀琉斯,并不比用来称赞狄俄墨得斯④更合适。所谓"特殊",指宜于用来称赞阿喀琉斯而不宜于用来称赞别人的话,例如说他杀死了最英勇的特洛亚人赫克托耳和库克诺斯,这人是刀枪不入的⑤,他曾经阻挡希腊人登陆;又例如说他很年轻的时候就参加战争,并且没有受誓言的约束。⑥

---

① 伊斋那(Aigina)人曾于公元前480年参加抗击波斯人的战争,内战初年被雅典人赶出了伊斋那岛。住在马其顿的波提代亚(Potidaia)人曾于公元前480年抗击波斯人,于公元432年反抗雅典人,公元前430年被雅典人镇压。(译注)
② 指《部目篇》第1卷第14章。(译注)
③ "半神"指神与人结合而生的子女。阿喀琉斯的母亲忒提斯(Thetis)是一位女神。(译注)
④ 狄俄墨得斯(Deomedes)是仅次于阿喀琉斯的希腊英雄。(译注)
⑤ 库克诺斯(Kyknos)是海神波塞冬(Poseidon)的儿子,他是刀枪不入的,后来被阿喀琉斯掐死了。(译注)
⑥ 阿喀琉斯并没有发誓要保护海伦,所以海伦被帕里斯拐走后,他并没有义务去攻打特洛亚,把海伦夺回来。(译注)

有一种集句的方法,而且是第一种,就是部目法。现在讲修辞式推论的成分(修辞式推论的成分和部目是同一个东西)。修辞式推论分两种,一种是证明式的——证明事情是有是无①,另一种是否定式的,二者的分别有如论辩术中的反证与三段论。证明式修辞式推论根据对方所承认的前提得出结论,否定式修辞式推论得出对方不同意的结论。②

我们几乎已经掌握了每一种有用的和必需的部目,因为我们已经选定了和每一种演说有关的命题,我们已经在前面用同样的方式提出了在好事或坏事、高贵的事或可耻的事、正当的事或不正当的事、性格、情感和道德品质③这些题目上构成修辞式推论所必须取材的各个部目。我们现在用另一种方式提出一些用来构成一般的修辞式推论的部目,顺便指出哪一些是否定式修辞式推论,哪一些是证明式修辞式推论④,哪一些是假冒的而不是真正的修辞式推论(因为不是三段论)⑤。这些问题弄清楚以后,再解释反驳与异议。⑥

第二十三章

1. 证明式修辞式推论的部目之一是对立面部目⑦。对立面没有对立的性质,就否定原命题;对立面有对立的性质,就肯定原

---

① 证明式修辞式推论是肯定式的。(译注)
② 否定式修辞式推论根据对方所承认的前提得出两个相反的结论,其中一个是对方不同意的。(译注)
③ 好事、坏事、高尚的事、可耻的事、正当的事和不正当的事见于第1卷第4到14章;性格、情感和道德品质见于第2卷第1到18章。(译注)
④ 证明式修辞式推论和否定式修辞式推论见于下一章。(译注)
⑤ 假冒的修辞式推论见于本卷第24章。(译注)
⑥ 反驳与异议见于本卷第25及26章。(译注)
⑦ 从第1部目到第21部目是证明式修辞式推论的21个部目。每个部目前面的"号码",是译者加上的。本卷以下各章的类似的"号码"也是译者加上的。(译注)

命题,例如节制是有益的,因为放荡是有害的①。又例如《墨塞尼阿科斯辞》中所说的:"如果战争是目前的灾难的根源,就得用和平来挽救。"②又例如:

> 如果我们不应当对出于无意
> 而伤害了我们的人发怒的话,
> 也就不该对迫于不得已
> 而对我们行善的人表示感恩。③

又例如:

> 如果人们相信谎言,
> 你可以认为反面是事实:
> 人们往往不相信真话。④

2. 另一个是变格部目。变格的词可以表示某种性质,也可以不表示某种性质,例如,正当的事不一定完全是好事,否则凡是"正当地"发生的事都是好事,然而"正当地"被处死却不是可取的。⑤

3. 另一个是相互关系部目。如果下命令是一件正当的事,那么执行命令也是一件正当的事,例如包税人狄俄墨冬谈论税款的话:"如果你们出卖征税权并不是一件可耻的事,那么我们收买税权也不是一件可耻的事。"⑥如果"正当地"一词可以用在受害者身上,那么这个词也可以用在害人者身上;如果这个词可以用在害

---

① 假定"节制是有益的";如果"有益"的对立面"有害"是"节制"的对立面"放荡"的后果,就可以肯定原命题"节制是有益的";如果不是,就可以否定原命题。(译注)
② 《墨塞尼阿科斯辞》的残句,参看第59页注2。(译注)
③ 悲剧诗人阿伽同或忒俄得克忒斯(Theodektes)的残诗。(译注)
④ 欧里庇得斯的悲剧《梯厄斯忒斯》(Thyestes)的残诗。(译注)
⑤ "正当地"就是这段里提起的"变格的词",是由形容词(亚里士多德称为"名词")"正当的"变来的副词。参看第1卷第7章第2段中的"勇敢地"一词和第9卷第3节中的"但是正当地受难则不是高尚的"一语。(译注)
⑥ 古雅典的征税权出租与商人,商人可以从中获得一些利润。狄俄墨冬(Diomedon)是个包收税款的商人。(译注)

人者身上,那么这个词也可以用在受害者身上。但是这个论证可能导致谬误的结论,因为即使一个人应当正当地受害,但是不一定应当在你手里受害。所以应当分别考虑受害者是否应当受害,害人者是否应当害他,然后这样或那样论证。在这种情况下,有时候是有不同看法的,在忒俄得克忒斯的《阿尔克迈昂》里情形就是如此:

竟没有一个凡人憎恨你的母亲吗?

阿尔克迈昂回答说:

事情应当分开来看。

阿尔斐西玻亚问他怎么分开来看,他回答说:

他们判了她死罪,可不是由我来杀她。①

又例如审判狄摩西尼和杀害尼卡诺耳的凶手们的事件②:既然判决他们杀他杀得正当,人们就认为他们杀他杀得正当。在那个死在忒拜的人③的案子中,被告请求判断死者是不是该死,似乎杀死一个该死的人并没有什么不正当。

4. 另一个是更多、更少部目。例如,"连神都不是无所不知,更不用说人了。"这就是说:如果某种性质在更多见的地方都没有,那么,很明显,在更少见的地方也就不会有了。打父亲的人也

---

① 忒俄得克忒斯(公元前375?—公元前334?)是亚里士多德的弟子,写过五十出悲剧和一部修辞术课本,均已失传。阿尔克迈昂(Alkmaion)的母亲厄里费勒(Eriphyle)曾经由于受贿而怂恿她丈夫安菲阿剌俄斯去攻打忒拜。安菲阿剌俄斯预知他会送命,因此命令阿尔克迈昂杀厄里费勒。(译注)

② 狄摩西尼(公元前384?—公元前322)是雅典著名演说家,他反对马其顿,失败后服毒自尽。亚里士多德可能因为和马其顿有密切关系,不便提起狄摩西尼和他的演说。《修辞学》中大概只有这一处和第2卷第24章第8段提起这位演说家。"尼卡诺耳"(Nikanor)疑是"尼科得摩斯"(Nikodemos)之误,因为狄摩西尼和谋杀尼科得摩斯的案子有牵连。(译注)

③ 指西库翁(Sikyon)的独裁君主欧佛戎(Euphron)。公元前364年左右,寡头派得势,欧佛戎出外流亡,后来借雅典的力量回国复辟。他又到忒拜求援,被追踪的敌人刺杀。(译注)

打邻人,理由是:如果更少见的事情是事实,那么更多见的事情也就是事实了①。甚至在没有更多、更少的问题的地方,这个论据还是可以使用,例如:

> 你的父亲丧失了孩子们,值得怜悯;
> 俄纽斯丧失了闻名的儿子,就不可怜吗?②

又例如,如果忒修斯没有过错,那么阿勒克珊德洛斯也没有过错③。如果廷达瑞俄斯的儿子们没有过错,那么阿勒克珊德洛斯也没有过错④。如果赫克托耳杀死帕特洛克罗斯没有过错,那么阿勒克珊德洛斯杀死阿喀琉斯也就没有过错⑤。又例如,"如果你们每一个人都应当关心自己城邦的名誉,那么你们就应当关心整个希腊的名誉。"⑥

5. 另一个是时间部目。例如伊菲克剌忒斯在他反驳哈摩狄俄斯的演说中所说的:"要是我在作战之前要求你们给我立像,你们是会答应立的;如今仗打赢了,难道你们就不答应立了吗?你们不要在你们将要得到好处的时候答应给我东西,在你们得到好处的时候拒绝给我。"⑦又例如,劝忒拜人让腓力通过他们的土地以

---

① 打父亲的事情更少见,打邻人的事情更多见。如果某人打了他的父亲,他一定也打了他的邻人。因为更少见的事情他都做了,那么更多见的事情他一定也做了。(译注)

② 欧里庇得斯或安提丰的悲剧《墨勒阿格洛斯》的残诗。俄纽斯(Oineus)是普琉戎(Pleuron)和卡吕冬两城的国王,为墨勒阿格洛斯的父亲。据说这两行诗是俄纽斯对他的妻子阿尔泰亚(Althaia)说的。阿尔泰亚的兄弟们是被他们的外甥墨勒阿格洛斯杀死的,墨勒阿格洛斯是被他母亲阿尔泰亚害死的。(译注)

③ 忒修斯曾经抢走海伦,海伦的兄弟卡斯托耳(Kastor)和波吕丢刻斯(Polydeukes)因此攻打阿提卡,把海伦夺回。阿勒克珊德洛斯是帕里斯的别名,帕里斯后来又把海伦拐走了。(译注)

④ "廷达瑞俄斯(Tyndareos)的儿子们"指卡斯托耳和波吕丢刻斯(他们的母亲是勒达 Leda)。他们在夺回海伦的时候,抢走了忒修斯的母亲埃特拉(Aithra)。(译注)

⑤ 阿勒克珊德洛斯一箭射中阿喀琉斯惟一可以受伤的踝部,把他杀死了。(译注)

⑥ 吕西阿斯(Lysias)的演说的残句。"城邦"指雅典。(译注)

⑦ 伊菲克剌忒斯在公元前392年率领轻甲兵击败斯巴达重甲兵,为此,有人建议给他立像。这里说起的哈摩狄俄斯大概是刺杀独裁君主希帕卡斯的同名英雄的后人,他反对立像。这一段话是吕西阿斯的演说《立像辞》(一说是伪作)的片断。(译注)

便进入阿提卡：要是他在帮助他们对付佛西斯人之前提出这个要求，他们是会答应的；如今要是他们在他错过机会并且信赖他们的时候不让他通过，那就奇怪了。①

6. 另一个是用对方的话反攻部目。用对方的话反攻这个办法非常巧妙，例如在《透克洛斯》中②……伊菲克剌忒斯在反驳阿里斯托芬的时候也采用这个办法，他问阿里斯托芬会不会接受贿赂，出卖舰队，阿里斯托芬回答说，他不会。伊菲克剌忒斯然后说："你是阿里斯托芬，都不会出卖舰队，我是伊菲克剌忒斯，难道会出卖吗？"③对方必须是一个似乎更可能犯这种罪行的人，否则就会闹笑话，例如有人用这个论证去对付像阿里斯忒得斯④这样的原告。一般说来，原告总是企图表示自己比被告高尚一些，因此必须透露不是这么回事。一般说来，谴责别人没有做自己不做或不愿做的事情，或者劝别人做自己不做或不愿做的事情，都是可笑的。

7. 另一个是定义部目。例如，精灵不过是神或神的创造物；凡是相信神的创造物存在的人，必然相信神存在⑤。又例如，苏格

---

① 腓力二世（Philippos，公元前 382—公元前 336）是马其顿国王。佛西斯（Phokis）在希腊中部，忒拜西北。佛西斯人同忒拜人进行长期战争，这个战争成为腓力干涉希腊内政的借口。腓力在公元前 346 年征服佛西斯。公元前 339 年，马其顿和雅典的使节都来到忒拜。忒拜人终于决定同雅典人结成联盟，反抗腓力。（译注）

② 《透克洛斯》是索福克勒斯的悲剧，已失传。例子未写出，大概是因为太著名了。透克洛斯是萨拉米的国王忒拉蒙的儿子。他可能在剧中反驳奥德修斯的诬告，参看第 3 卷第 15 章第 10 段。（译注）

③ 吕西阿斯的演说片断。阿里斯托芬（Aristophon）是雅典政治家，他在公元前 355 年控告伊菲克剌忒斯在恩巴塔（Embata）战役出卖舰队，按兵不动。据说当时风浪太大，无法作战。伊菲克剌忒斯被宣判无罪。（译注）

④ 阿里斯忒得斯（Aristeides）是公元前 5 世纪雅典政治家和军事家，为人很正直。（译注）

⑤ 仿苏格拉底的申辩。苏格拉底在公元前 399 年以不信神的罪名被控告。他时常说有一个 daimonion（意思是"神圣的原则"，一译"灵异"）使他有所不为。他在申辩的时候，给 daimonion 下了一个新的定义，把它说成"精灵"、"神"及"神的创造物"，这样证明他相信神。参看柏拉图的《苏格拉底的申辩》27c-e，见于《游叙弗伦、苏格拉底的申辩、克力同》（严群译），商务印书馆 1983 年版第 83—84 页。（译注）

拉底拒绝到阿刻拉俄斯宫中作客①,他说,受了优待不能报答,和受了虐待不能报复,同样是丢脸的事。

伊菲克剌忒斯想论证最好的人是最高尚的人,他说,在哈摩狄俄斯和阿里斯托革同做出高尚的事情之前,他们并没有什么高尚之处;和他的对手相比,他自己更近似哈摩狄俄斯和阿里斯托革同,他说:"和你们的事业相比,我自己的更近似于哈摩狄俄斯和阿里斯托革同的事业。"②《阿勒克珊德洛斯辞》中有这样一句话:人人都承认不端正的人不满足于爱一个女人③。所有这些例子都是先下定义,弄清楚意义,然后就所谈的问题进行论证。

8. 另一个是一字多义部目。例如《部目篇》中论及的关于字的正确用法。④

9. 另一个是分类部目。例如,害人有三类动机,其中两类是不能成立的,至于第三类,连原告也没有提出。

10. 另一个是归纳部目。例如涉及佩帕瑞托斯⑤的妇女的演说中说,妇女总是能确定她们的儿女的父亲是谁,因为在雅典,当演说家曼提阿斯同他的儿子打官司时,那孩子的母亲说明了真情⑥;在忒拜,当伊斯墨尼阿斯和斯提尔邦为争夺一个儿子而打官司时,多多尼斯证明那孩子是伊斯墨尼阿斯的儿子,因此忒塔利斯科斯被认为是伊斯墨尼阿斯的儿子⑦。又如忒俄得克忒斯的《法

---

① 阿刻拉俄斯(Arkhelaos)是马其顿国王,他邀请过许多诗人和哲学家到他的宫中作客。(译注)

② 伊菲克剌忒斯的对手说他出身寒微。伊菲克剌忒斯在这里给"高尚"和"近似"下定义,然后进行论证。(译注)

③ 《阿勒克珊德洛斯辞》是波吕克勒忒斯的演说辞。波吕克剌忒斯用这个定义来论证阿勒克珊德洛斯(即帕里斯)只爱海伦一人,所以是个端正的人。(译注)

④ 参看亚里士多德的《部目篇》(Ta Topika)第1卷第15章及第2卷第3章。《部目篇》讨论根据普通意见作出结论的方法。(译注)

⑤ 佩帕瑞托斯(Peparethos)是爱琴海西北部的岛屿。(译注)

⑥ 曼提阿斯有一个合法的儿子和两个私生子。曼提阿斯否认那两个孩子是他的儿子,直到后来,他们的母亲普兰工(Plangon)说明他们是他的儿子。(译注)

⑦ 伊斯墨尼阿斯(Ismenias)、斯提尔邦(Stilbon)、多多尼斯(Dodonis)、特塔利斯科斯(Thettaliskos),均不详。(译注)

律辞》①中的例子:"如果我们不把自己的马托付给把别人的马照料得不好的人,也不把自己的船托付给把别人的船弄翻了的人,如果我们在任何事情上都是这样,那么就不应当把我们的安全托付给未能保证别人的安全的人。"阿尔喀达马斯这样证明人人都尊重有才智的人:"帕洛斯人尊重阿喀罗科斯②,尽管他爱诽谤人;开俄斯③人尊重荷马,尽管他没有担任过公职;米提利尼人尊重萨福,尽管她是个女人;拉栖第梦人虽然最不喜欢学识,却选举喀龙为元老院议事员④;居住在意大利的希腊人尊重毕达哥拉斯⑤;兰普萨科斯人埋葬了阿那克萨哥拉,尽管他是个外邦人,他们现在仍然尊重他⑥。……⑦雅典人在梭伦的法律约束之下过着幸福繁荣的生活,拉栖第梦人在来客古士的法律约束之下过着幸福繁荣的生活⑧;在忒拜,执政者们一旦成为哲人,城邦就幸福繁荣。"⑨

11. 另一个是判断部目。这种判断指对于同样的或相似的或相反的问题所下的判断,特别指众口同声下的判断,各时代下的同样的判断;如若不然,也是大多数人或哲人,全体哲人或大多数哲

---

① 这是一篇讨论雇佣兵的合法地位的演说。(译注)
② 帕洛斯(Paros)是爱琴海西南部的岛屿。阿喀罗科斯(Arkhilokhos)是公元前八世纪末七世纪初的抒情诗人。(译注)
③ 开俄斯(Khios)是爱琴海东部的岛屿。(译注)
④ 拉栖第梦人即斯巴达人。斯巴达有28个议事员。(译注)
⑤ 毕达哥拉斯(Pythagoras,公元前571?—公元前497?)是古希腊唯心主义哲学家,出生在萨摩斯岛,后来移居意大利南部克洛同(Kroton)城。(译注)
⑥ 阿那克萨哥拉(Anaxagoras,公元前500—公元前428)出生在小亚细亚克拉左墨奈城(Klazomenai),为古希腊唯物主义哲学家。他在雅典居住了30年,公元前450年以不信神的罪名被控告,被判处刑,后来移居小亚细亚兰普萨科斯城(Lampsakos)。(译注)
⑦ 抄本残缺。(译注)
⑧ 梭伦是雅典立法家,他企图调和贵族与平民之间的矛盾。他废除了土地抵押,禁止土地集中,并废除了贵族世袭的政治特权。来客古士(Lykourgos)是拉栖第梦(即斯巴达)的立法家,生活在公元前8世纪或7世纪。(译注)
⑨ "执政者们"指厄帕弥农达斯(Epaminondas,公元前?—公元前362)和佩罗庇达斯(Pelopidas,公元前410—公元前364)。厄帕弥农达斯是忒拜政治家和军事家,他多次打败斯巴达人,使忒拜成为强大的城邦。他很爱好哲学。佩罗庇达斯也是忒拜的政治家和军事家,他于公元前379年赶走斯巴达人。原文如此;其实应当说:"哲人一旦成为执政者们。"(译注)

人,或好人下的判断。也指判断者,或人人称许的判断者,或不容反对的判断者,如天神、父亲或教师下的判断,例如奥托克勒斯对弥西得弥得斯说的话:"连那些可畏的女神都愿意在战神山上受审,你弥西得弥得斯却不愿意。"① 又例如萨福的话:"死是一件坏事,因为神们是这样判断的,否则他们也愿意死。"又例如,阿里斯提波斯②认为柏拉图说话太武断,因此对他说:"我们的伴侣从来没有这样说过。"他是指苏格拉底。赫革西波斯在奥林匹亚求得神示之后,到得尔福去问神,问神的意见是不是和他父亲的一样。赫革西波斯的意思是说,同父亲的意见相反,是一件可耻的事③。伊索格拉底写道:海伦是个好女人,因为忒修斯曾经这样判断;阿勒克珊德洛斯是个好人,因为女神们选中了他④。伊索格拉底还说,欧阿戈罗斯是个好人,因为科农在倒霉的时候不找别人,而找欧阿戈洛斯。⑤

---

① 奥托克勒斯(Autokles)是雅典人,曾于公元前371年出使斯巴达。弥西得弥得斯(Mixidemides),不详。"那些可畏的女神"指报仇女神们,她们控告俄瑞斯忒斯杀母有罪,这案件由雅典娜在古雅典西北郊战神山上组织法庭来审判。故事见于埃斯库罗斯的悲剧《报仇神》,所以这个判断可以说是埃斯库罗斯下的。(译注)

② 阿里斯提波斯(Aristippos)是公元前5世纪末公元前4世纪初的人,出生在北非洲的库瑞涅(Kyrene),相传是昔勒尼(Kyrenaikos)学派的创建者,曾在苏格拉底门下求学。(译注)

③ 赫革西波斯(Hegesippos)是斯巴达国王。这故事见于色诺芬(Xenophon)的《希腊史》第4卷第7章第2节。这位斯巴达国王的名字叫阿革西波利斯(Agesipolis),亚里士多德读音不清楚,把这个名字读错了。斯巴达军威胁着阿耳戈斯,阿耳戈斯人认为这是节日期间,全希腊应当保持神圣的休战,斯巴达人不得发动战争。阿革西波利斯因此问奥林匹亚的宙斯,应不应当尊重这样的休战要求。宙斯庙的神示回答说,骗人的休战要求是可以拒绝的。阿革西波利斯又去问得尔福(在伯罗奔尼撒北边)的神阿波罗:"你对这个休战的看法是不是和你父亲一样?"得尔福的神示回答说:"当然一样。"阿革西波利斯听了这话,便向阿耳戈斯进攻。亚里士多德引用这个例子来说明儿子不能违反父亲的意见。(译注)

④ 赫拉、雅典娜和阿佛洛狄忒曾选中阿勒克珊德洛斯(即帕里斯)来评判她们当中谁最美丽。(译注)

⑤ 科农(Konon)是雅典将军。公元前405年,雅典海军在羊河战役被斯巴达人击败,科农率领8艘兵舰逃往塞浦路斯岛,请求塞浦路斯当地国王欧阿戈洛斯保护。(译注)

12. 另一个是部分部目①。例如《部目篇》中所说的：灵魂的运动是什么样的，一定是这样的运动或那样的运动。忒俄得克忒斯的《苏格拉底辞》中有一个例子："哪一个圣地他玷污过？城邦所承认的神，哪一些他不崇敬？"②

13. 另一个是后果部目，因为大多数事情都有好的后果和坏的后果，这些后果可以作为劝说或劝阻、控告或答辩、称赞或谴责的理由。例如教育的坏的后果是招人忌妒，好的后果是使人变聪明，所以我们不应当受教育，因为我们不应当招人忌妒；我们应当受教育，因为我们应当变聪明。这个部目再加上可能部目和上述的一些别的部目，就和卡利波斯③的《修辞术课本》是相同的。

14. 另一个是对立部目。如果有两种对立的命题，也可以用上述办法从两方面论证。区别在于，在前一部目中是任何两件事情相对立④，在这一部目中是两件对立的事情相对立。例如，有位女祭司不让她的儿子发表政治演说，她说："因为你讲正义的话，人们会憎恨你；你讲不正义的话，天神会憎恨你。"可以这样反驳：应当发表政治演说，"因为你讲正义的话，天神会喜欢你；你讲不正义的话，人们会喜欢你。"这就像谚语"把洼地和盐一起买下来"一样。⑤

15. 另一个是相反部目。人们公开称赞和暗自称赞的不是同样的东西：在公开场合，他们特别称赞正当的事和高尚的事；在私

---

① 把一个命题分成若干部分来论证，如果这些论证能成立，就肯定这个命题；如果不能成立，就否定这个命题。（译注）
② 《苏格拉底辞》的全名是《苏格拉底的申辩辞》，这是一篇为苏格拉底申辩的演说辞，只存片段。把事情分成若干部分来看，如果苏格拉底没有玷污过任何圣地，而且对城邦所承认的神表示崇敬，那么他不信神的罪名就不能成立。（译注）
③ 卡利波斯（Kallippos）是伊索格拉底的弟子。（译注）
④ 例如"招人忌妒"与"变聪明"对立，这两件事情本来不是对立的。（译注）
⑤ 谚语的意思是，好好坏坏一起买下来，要晒盐，就得把洼地买下来。发表政治演说可以同时得到好的后果和坏的后果。（译注）

下,他们只顾利益。可以从这两方面的任何一方面推出另外一方面。①

16. 另一个是类推部目。例如,人们曾经强迫伊菲克剌忒斯的儿子担任赔钱的公职,因为他个子高大,尽管还没有成年,伊菲克剌忒斯因此说:"你们把高大的儿童看作成人,就会投票表决把矮小的成人当作儿童。"又例如忒俄得克忒斯在他的《法律辞》中所说的话:"你们既然使斯剌巴克斯和卡里得摩斯②这样的雇佣兵由于他们为人好而获得公民权,怎么不把那些造成致命的灾难的雇佣兵放逐出境?"

17. 另一个是因果部目。后果相同,原因就相同。例如芝诺芬尼③说:"断言神出生和断言神死亡,同样是大不敬,因为这两个说法所产生的后果是:有一个时期神不存在。"一般说来,同一件事产生的后果总是相同的。例如,"你们将要判断的不仅涉及伊索格拉底,而且涉及整个职业:应不应该研究哲学?"④又例如,"献水土意味着臣服。"⑤又例如,"参加共同和平条约意味着服从命令。"⑥

18. 另一个是相反的抉择部目。同一个人的抉择并不永远是前后一致,而是相反,例如,下面这个修辞式推论:"在流亡的时候,我们参加战争,以便回到国内;如今回到国内,我们又愿意流亡,以

---

① 如果对方的论证和他的公开宣言相符,就断定他的论证是和他的私心相反的;如果对方的论证和他的私心相符,就断定他的论证是和他的公开宣言相反的。(译注)
② 斯剌巴克斯(Strabax)和卡里得摩斯(Kharidemos)都是伊菲克剌忒斯手下的雇佣兵。(译注)
③ 芝诺芬尼(Xenophanes,公元前570?—公元前478?),古希腊著名哲学家。(译注)
④ 见于伊索格拉底的《交换财产辞》第173节。雅典的富裕公民在被要求担任赔钱的公职或缴纳特别税时,可以提出另一个比他富裕的公民,同他交换财产,然后担任这种公职或缴纳特别税;如果那人自愿担任这种公职或缴纳特别税,就不必交换财产了。(译注)
⑤ 波斯国王大流士一世曾于公元前491年左右派遣使节到希腊,叫各城邦献上水土,表示臣服。(译注)
⑥ "共同和平条约"指希腊各城邦和亚历山大在公元前336年秋在科林斯签订的和约。这个事件是《修辞学》中提起的为时最晚的历史事件。(译注)

免参加战争。"①

19. 另一个是可能有的动机部目。把可能有的动机当作真正的动机,例如,给人一件礼物是为了把它收回,使那人感到苦恼。所以诗人说:

> 神给许多人以莫大的好运,
> 并不是由于他大发慈悲,
> 而是要使他们遭受浩劫。②

又例如安提丰的《墨勒阿格洛斯》中的诗句:

> 不是为了杀野兽,而是为了使他们
> 向希腊证明墨勒阿格洛斯英勇无比。③

又例如忒俄得克忒斯的悲剧《埃阿斯》中的狄俄墨得斯选中奥德修斯,不是出于尊重,而是要有一个相形见绌的追随者④。这可能是他的动机。

20. 另一个是原因部目,通用于诉讼演说和政治演说。要考察人们采取行动或不采取行动的原因,例如,如果事情是可能的、容易的、对本人或朋友有益的,或者对仇人有害的、招致惩罚的,人们就采取行动,否则不采取行动。根据这些理由,我们进行劝说,根据相反的理由,我们进行劝阻。根据同样的理由,我们进行控告,根据相反的理由,我们进行答辩;因为劝人家不做的理由可以

---

① 见于吕西阿斯的演说第 34 篇第 11 节。(译注)
② 出处不明。诗的意思是说,神使人走运,人一走运就狂妄,以致遭受毁灭。(译注)
③ 墨勒阿格洛斯曾和许多别的英雄射猎卡吕冬的野猪,他把野猪皮送给射死野猪的女英雄阿塔兰忒(Atalante),以致和他的两位舅父发生冲突。"他们"指射猎野猪的英雄们。(译注)
④ 狄俄墨得斯是梯丢斯(Tydeus)的儿子,以勇武著称。他要去侦察敌营,选中奥德修斯和他作伴,因为他认为奥德修斯足智多谋。故事见于《伊利亚特》第 10 卷第 218—247 行。在荷马诗中,大埃阿斯和小埃阿斯都愿意跟随狄俄墨得斯前去。忒俄得克忒斯的悲剧中所描写的,可能是大埃阿斯。(译注)

用于答辩,劝人家做的理由可以用于控告①。这种部目构成潘菲洛斯②和卡利波斯各自的全部《修辞术课本》。

21. 另一个是被认为已经发生而不可信的事情部目。如果事情没有实际发生或差一点发生,人们就不会认为是发生了。例如,皮特透斯乡的安德罗克勒斯③反对法律的话,当他说到"法律需要用法律来修正"的时候,听众鼓噪起来,他于是往下说:"鱼需要盐,尽管生长在咸水里的东西需要盐,是一件不可能、不可信的事情;厄莱亚渣需要油,尽管出油的东西需要油,是一件不可信的事情。"④

22. 另一个是矛盾部目⑤,宜于用来反驳。要注意时间、行动、言语方面的矛盾。例如,"他说他爱你们,可是又和三十独裁者⑥同谋。"又例如,"他说我爱打官司,可是他不能证明我控告过任何人。"又例如,"他从来没有借钱给你们,我却把你们许多人赎了回来。"

23. 另一个是解释部目。受了诽谤,可以解释被误解的原因。例如有一个女人拥抱自己的儿子,那拥抱的姿势使人认为她和那年轻人有不正当的关系,但是一经解释,诽谤就消除了。又例如,在忒俄得克忒斯的《埃阿斯》剧中,奥德修斯告诉埃阿斯,尽管他比埃阿斯更勇敢,但是并不被认为是那样的。

24. 另一个是原因部目。有因就有果,无因就无果。例如,勒

---

① 答辩时指出事情不利于被告,所以被告没有做这种事情。控告时指出事情有利于被告,所以被告是做了这种事情。(译注)
② 潘菲洛斯(Pamphilos)是个修辞学家。(译注)
③ 安德罗克勒斯(Androkles)是公元前5世纪雅典政治家,为亚尔西巴德的政敌,在公元前411年被处死刑。皮特透斯(Pittheus)是雅典城邦的一个乡区。(译注)
④ 鱼需要用盐来腌制。厄莱亚(elaia)是一种似橄榄而非橄榄的果实,在我国称为油橄榄,已有种植。榨油后剩下的厄莱亚渣可供食用,因为太干了,需要加一点油。(译注)
⑤ 第22到第28部目是否定式修辞式推论的7个部目。(译注)
⑥ 公元前404年,雅典废除民主宪法,成立一个由30人组成的委员会起草新宪法,这个委员会后来成为一个独裁政府,这30个人被称为"三十独裁者"。(译注)

俄达马斯的答辩：特剌叙部洛斯控告他，说他的名字曾经被刻在卫城上的石板上，但是在三十独裁者当权时期，他把名字挖掉了。他回答说：不可能有这回事，因为要是他对人民怀抱的仇恨是刻在那上面的，三十独裁者会更加信任他。①

25. 另一个是更好的策略部目。考察一下，有没有比正在审议的、或正在执行的、或已经执行的策略更好的策略，因为，很明显，如果一个人没有采用更好的策略，那么他就没有干这件坏事，没有人有意采取坏的策略。这个论证可能是谬误的，因为往往要到事后才看得清楚，什么是更好的策略。

26. 另一个是合并考虑部目。将要做的事如果和已经做过的事相反，可以合并考虑。例如芝诺芬尼的劝告：厄勒亚人问他应不应当向琉科忒亚献祭，唱哀歌，他劝他们不要唱哀歌，要是他们认为她是神；他劝他们不要献祭，要是他们认为她是人。②

27. 另一个是错误部目。可以利用错误作为控告或答辩的根据。例如在卡耳喀诺斯的《美狄亚》剧中，有人控告美狄亚杀了她的孩子们；总之，孩子们是不见了，因为美狄亚犯了错误，把孩子们送走了。美狄亚答辩说，她要杀的不是孩子们而是伊阿宋；她的错误是既没有杀死伊阿宋，又没有杀死她的孩子们③。这个部目和这种修辞式推论构成忒俄多洛斯④早期发表的《修辞术课本》。

---

① 特剌叙部洛斯（Thrasyboulos，公元前？—公元前388）是民主派领袖，他在公元前403年推翻三十人独裁政府，参看17页注6。雅典人把叛徒的名字刻在卫城上的石板上。（译注）

② 厄勒亚（Elea）城在南意大利。琉科忒亚（Leukothea）是化成了神的伊诺（Ino）。伊诺是俄科墨诺斯（Orkhomenos）城的国王阿塔马斯（Athamas）的情人，生勒阿耳科斯（Learkhos）和墨利刻忒斯（Melikertes）。阿塔马斯在疯狂中杀死勒阿耳科斯，伊诺由于害怕便带着墨利刻忒斯投海，母子两人都化成了海上的神。（译注）

③ 卡耳喀诺斯（Karkinos）是公元前4世纪悲剧诗人。美狄亚是伊阿宋（Iason）的妻子，伊阿宋后来抛弃美狄亚，另娶科林斯国王克瑞翁（Kreon）的女儿格劳刻（Glauke），所以美狄亚要报仇。在欧里庇得斯的悲剧《美狄亚》中，美狄亚亲手杀了她的两个儿子。在卡耳喀诺斯的悲剧《美狄亚》中，美狄亚并没有杀她的两个儿子。（译注）

④ 忒俄多洛斯（Theodoros）是公元前4世纪上半叶的修辞学家。（译注）

28. 另一个是名字部目。例如索福克勒斯所说的:

>你真是西得洛,叫这个名字。①

这个部目通常用来称赞神。科农常称呼特刺叙部洛斯为"勇于提意见的人"。② 赫洛狄科斯对特刺叙马科斯说:"你永远勇于战斗。"③他对波罗斯说:"你永远是一匹小马。"④他并且说,立法家德刺孔的法律不是人立的,而是蛇立的,因为这法律很严酷⑤。欧里庇得斯的悲剧中的赫卡柏这样评论阿佛洛狄忒:

>这女神的名字该当由阿佛洛叙涅开头。⑥

开瑞蒙这样评论彭透斯:

>彭透斯由他未来的灾难而得到名字。⑦

---

① 索福克勒斯的悲剧《梯洛》(Tyro)的残诗。诗中说起的人名叫 Sidero(西得洛),这个字和 Sideros(西得洛斯,意思是铁)一字读音很相似。这女人心如铁石,对她的继女梯洛非常残忍。(译注)

② 特刺叙部洛斯的名字是"勇于提意见的人"的意思。(译注)

③ 赫洛狄科斯(Herodikos)是个医生。特刺叙马科斯(Thrasymakhos)是个智者和修辞学家,他的名字是"勇于战斗"的意思。(译注)

④ 波罗斯(Polos)是个修辞学家,他的名字是"小雄马"的意思。(译注)

⑤ 德刺孔(Drakon)是雅典立法家,他在公元前 621 年制定法律,规定惩罚从严,甚至处小偷以死刑。演说家得马得斯(Demades)说,德刺孔的法律是用血写成的。这位立法家的名字和希腊文 drakon(意思是"蛇")是同一个字。(译注)

⑥ 赫卡柏是特洛亚国王普里阿摩斯的妻子。这里引用的诗句见于《特洛亚妇女》第 990 行。阿佛洛狄忒是宙斯和狄俄涅(Dione)的女儿,为司爱与美的女神。她的名字 Aphrodite(阿佛洛狄忒)的开头部分 Aphro 和 aphrosyne(阿佛洛叙涅,意思是"愚蠢")的开头部分 aphro(阿佛洛)完全相同。(译注)

⑦ 开瑞蒙(Khairemon)是公元前 4 世纪悲剧诗人。这里引用的诗句可能是开瑞蒙的悲剧《狄俄倪索斯》(Dionysos)的残诗。彭透斯是武拜的国王,他因为不欢迎酒神狄俄倪索斯的教仪,被酒神害死。他的名字 Pentheus 和希腊文 Penthos(意思是"忧愁")读音很相似。欧里庇得斯的悲剧《酒神的伴侣》中有类似的诗句,例如第 367 到 368 行:
>卡德摩斯,你要当心,免得彭透斯给你家带来"闷愁事"。

卡德摩斯(Kadmos)是彭透斯的祖父。又例如第 508 行:
>你叫这名字,就该受苦受难。

这是酒神对彭透斯说的话。(译注)

否定式修辞式推论比证明式修辞式推论更受人称赞,因为它是由两个相反的论证简单地连在一起而形成的①;把两个论证并列起来,听众可以看得更清楚。但是在所有的三段论中,不论是在否定式三段论还是在证明式三段论中②,以推论一开始,结论就能被听众看出来而又不流于肤浅的推论最受欢迎,因为听众能预先看出结论,从而感到愉快。至于那些使听众一时不明白、而在话说完的时候就明白的推论,也同样受欢迎。

第二十四章

既然三段论有真正的和假冒的之分,那么修辞式推论也必然有真正的和假冒的之分,因为修辞式推论是一种三段论。

1. 假冒的修辞式推论的部目之一是措词部目。这个部目的第一类,正如在论辩术中一样,是由不经过三段论式推论步骤而终于得出的三段论式结论组成的,例如,"所以事情不是这样的,也不是那样的"。又例如,"所以事情必然是这样的或那样的"。在修辞式推论中,简明扼要的对偶句貌似修辞式推论,因为这种措词被认为是修辞式推论。这种虚伪的说法是由措词的方式造成的。要用措词产生三段式推论的印象,须提出由许多三段论组成的论点:"他拯救了一些人,他为另一些人报了仇,他使希腊人获得了自由。"③这些论点每一个都是由别的推论证明了的,把它们安排在一起,似乎从中得出一个新的结论。第二类是由相同的名称组成的。例如,说老鼠是个好动物,因为宗教仪式中最受人尊重的教仪是由老鼠而得到名称的,最受人

---

① 否定式修辞式推论和证明式修辞式推论在形式上没有分别,只是前者得出两个相反的结论,其中一个是谬误的。(译注)

② 这里提起的"三段论"都是指修辞式推论,不是指论辩式三段论。这里提起的"证明式三段论",是指证明式修辞式推论,不是指科学上的"证明式三段论"。(译注)

③ 见于伊索格拉底的演说辞《欧阿戈剌斯颂》(《Euagoras》)第65到69节。(译注)

尊重的教仪就是秘密教仪①。又例如,称赞狗,可以把天狗星②或潘山神拉在一起,因为品达说过:

> 快乐的神啊,
> 俄林波斯山上的众神
> 称呼你为大女神的狗,
> 你的形状多变化。③

又例如,没有狗④是不光荣的事,所以狗显然是光荣的动物。又例如,赫耳墨斯是神中最慷慨的神,因为惟有他被称为"分享好运的神"。⑤

2. 另一个是分合部目。就是把合在一起的事物分开来说,把分开的事物合起来说,例如欧梯得摩斯说,有人知道佩赖欧斯有一只三层桨战船,因为他知道佩赖欧斯和那只三层桨战船⑥。又例如,认识这些字母的人认识这个字,因为这个字和这些字母是同一个东西。又例如,两份有损于健康,一份也就无补于健康,因为说两件好东西合起来成为一件坏东西,未免可笑。这个说法构成否定式修辞式推论;另一个说法构成证明式修辞式推论:一件好东西不能成为两件坏东西。但是整个部目是谬误的修辞式推论。又

---

① "秘密教仪"指崇拜地母得墨忒耳(Demeter)的教仪,原文是mysteria,这个字的字根是myein(意思是"闭住嘴唇"),这个字根是由mys(老鼠)变来的,所以"老鼠"与"秘密教仪"有关系,所以老鼠是好动物。这纯粹是文字游戏。(译注)

② "天狗星"指塞里俄斯(Seirios)星座。(译注)

③ 品达(公元前522?—公元前442)是古希腊著名抒情诗人,他写合唱歌称颂竞技会上的胜利者。这里的几行诗是《处女颂》的残诗。俄林波斯(Olympos)是希腊北部的高山,相传是众神的住处。"大女神"指库柏勒(Kybele),为象征大自然的女神。潘侍候库柏勒,所以称为库柏勒的狗,其实他并不是狗。品达称呼潘为狗,是对狗的称赞。"狗"字有多种意思,所以演说者可以玩弄文字游戏。(译注)

④ 指没有狗看家。(译注)

⑤ 赫耳墨斯是保护行人的神。行人捡到什么东西,应分一半与赫耳墨斯。"慷慨的"原文尚含有"与人分享好运的"的意思。(译注)

⑥ 这个例子意思不明白。佩赖欧斯(Peiraieus)是雅典的海港,现代希腊语读作比雷埃夫斯;欧梯得摩斯(Euthydemos)大概是指公元前5世纪上半叶的智者欧梯得摩斯。(译注)

例如，波吕克剌忒斯说特剌叙部洛斯推翻了三十个独裁者，他是把他们合起来计算的①。又例如，忒俄得克忒斯的《俄瑞斯忒斯》剧中的分开来说的修辞式推论：

> 这是正当的，杀丈夫者

应处死，儿子应为父亲报仇；俄瑞斯忒斯做了这两件事②。但是把这两件事合起来看，也许就不是正当的了。这个例子也可以归入省略部目，因为没有指出那妇人应当死在谁手里。③

3. 另一个是愤慨部目。就是用愤慨的言辞来支持自己的论点或者驳斥对方的论点。演说者还没有证明案情是否属实，就夸夸其谈。被告这样做，给人的印象是他没有罪；原告在生气的时候这样做，给人的印象是被告有罪。这不是修辞式推论，听者却据此糊涂地断定被告有罪无罪，其实案情尚未经证明。

4. 另一个是或然的证据部目。这种论证不合乎逻辑。例如，说相爱的人对城邦有益，因为哈摩狄俄斯和阿里斯革同的恋爱推翻了独裁君主希帕科斯；或者说狄俄倪西俄斯④是个小偷，因为他是个坏蛋，这个论证不合乎逻辑，因为并不是每个坏蛋都是小偷，尽管每个小偷都是坏蛋。

5. 另一个是偶然事件部目。例如，波吕克剌托斯说，田鼠前来营救，它们咬坏了弓弦⑤。又例如，被邀请赴宴，是最光荣的事，

---

① 波吕克剌忒斯（Polykrates）是公元前4世纪的智者和修辞学家。关于特剌叙部洛斯，参看第18页注1。他推翻了三十个独裁者，要求给他30倍的奖赏，好像他推翻的是三十个独裁政府。其实他只推翻了一个独裁政府。（译注）
② 忒俄得克忒斯的这出悲剧已失传。俄瑞斯忒斯的父亲阿伽门农是被他的母亲克吕泰墨斯特拉（Klytaimnestra）杀死的。俄瑞斯忒斯为父报仇，杀死了他的母亲。（译注）
③ "省略部目"对客观条件避而不谈。（译注）
④ 狄俄倪西俄斯（Dionysios），泛指坏人。（译注）
⑤ 撒那卡里波斯（Sennakheribos）带着阿拉伯人和亚述人去攻打埃及，有一个夜晚一大群田鼠涌进亚述人的营地，咬坏了他们的箭筒、弓弦和盾牌上的皮把手，使亚述人不得不在第二天撤走。故事见于希罗多德的《历史》第2卷第141段。（译注）

因为阿喀琉斯由于没有被驻在忒涅多斯的阿开俄斯人邀请赴宴而发怒,他之所以发怒是由于他没有受到尊重,这是由于他没有受到邀请而发生的偶然事件。①

6. 另一个是后果部目②。例如,在《阿勒克珊德洛斯》中,阿勒克珊德洛斯是个高尚的人,因为他鄙视人群的交往,独自住在伊得山上③;由于高尚的人是这样的人,所以阿勒克珊德洛斯也被认为是高尚的人。又例如,穷人在庙上唱歌跳舞,流亡者愿意住在哪里就住在哪里,既然这些是幸福的人干的事情,所以能干这些事情的人被认为是幸福的人。但是情况不同,所以这个部目也归入省略部目。④

7. 另一个是非因作因部目。一件事与他事同时发生,或随他事而发生,人们就会认为随前一件事而发生的事,是由前一件事促成的,例如得马得斯说,狄摩西尼的政策是一切灾难的原因,因为战争随之而发生。⑤

8. 另一个是省略部目。就是对时间与条件避而不谈,例如,说阿勒克珊德洛斯是合法地把海伦带走的,因为她父亲给了她选择丈夫的自由⑥。但是这个自由只是在第一次选择的时候有效,而不是永远有效,因为父亲的权力只是到第一次选择时为止。又例如,说打击自由人是一种侮辱的行为,但是情形并不都是如此,

---

① 故事见于索福克勒斯的羊人剧《希腊人的集会》(已失传)。忒涅多斯(Tenedos)是特洛亚海边的一个小岛。阿开俄斯人(Akhaios),泛指希腊人。(译注)
② 这一类的假冒的修辞式推论只讲后果,对于客观条件则避而不谈。(译注)
③ 伊得山(Ide)在特洛亚境内。(译注)
④ 穷人在庙上唱歌跳舞,是为了挣钱;流亡者愿意住在哪里就住在哪里,是迫不得已,他们本来愿意住在自己的城邦里,可是办不到。所以这一类的论证是谬误的。(译注)
⑤ 得马得斯是公元前4世纪雅典政治家,他主张雅典同马其顿妥协。公元前322年,雅典向马其顿投降,得马得斯控告狄摩西尼有罪。(译注)
⑥ 这是波吕克剌忒斯的《阿勒克珊德洛斯颂》中的论点。阿勒克珊德洛斯到斯巴达,拐走了墨涅拉俄斯的妻子海伦。海伦是宙斯和勒达的女儿,她的名义上的父亲是廷达瑞俄斯(Tyndareos)。这个例子没有指出海伦是有夫之妇,她已经没有选择丈夫的自由。(译注)

只是在打人者先动手的情形下才是如此。

9. 另一个是绝对与特殊混用部目。有如在诡辩术中,先把事情说成绝对的,然后说成非绝对的,即特殊的,这样造成一个假冒的推论。例如,诡辩术中的推论:不存在是存在的,因为不存在存在于不存在①。同样,在修辞学中,把不是绝对的可能而是特殊的可能混作绝对的可能,也可以造成假冒的修辞式推论。但是特殊的可能不具有普遍性,不是像阿伽同所说的那样:

> 一个人也许可以说这种事是可能的:
> 人们遭遇着许多不可能发生的事情。②

违反可能律的事情有时候发生,所以违反可能律的事情是可能发生的。既然如此,那么不可能的事情是可能发生的。但是并不是绝对可能发生的。在诡辩术中,由于不提情形、关系和条件,所以造成诡辩。在修辞学中,由于可能性不是绝对的而是特殊的,所以也可以造成诡辩。科剌克斯的《修辞术课本》就是用这个部目编成的③:如果被告不会犯他被控告的罪行,例如身体虚弱,却被控犯有暴行罪,罪行是不可能有的;但是如果被告会犯他被控告的罪行,例如他身体强壮,答辩也可以是:罪行是不可能有的。这两种情况似乎都是可能的,但是前一种情况是绝对可能的,后一种情况则不是绝对可能的。只有在上述意义上才是可能的④。这种推论

---

① "是存在的"原文作"是",为不及物动词,意思是"真正存在",表示绝对的真实,即普遍的真实。"存在于"原文也作"是",为联系动词,表示特殊的真实,意思是"不存在是不存在"。诡辩者把表示特殊的真实的"是"字当作表示绝对的真实的"是"字,这样论证"不存在"也是存在的。(译注)

② 阿伽同的残诗。"人们遭遇着许多不可能发生的事",是指特殊的事,阿伽同把这种特殊的事说成"可能的"事,即绝对可能的事。参看亚里士多德的《诗学》第18章第3段。(译注)

③ 科剌克斯(Konax)是公元前5世纪上半叶人,为修辞的奠基者之一。他的《修辞术课本》是古希腊最早的修辞学著作。(译注)

④ 上文提起的"两种情况",指虚弱的人没有犯暴行罪和强壮的人没有犯暴行罪。后一种情况只有在特殊情况下才是可能的,因为不可能的事情(例如强壮的人没有犯暴行罪)也可能发生。(译注)

正好说明"无理变有理"一语是什么意思①。因此人们有理由对普洛塔哥拉②的这个诺言表示厌恶,因为这是欺诈,不是真正的可能,而是假冒的可能,只见于修辞学和诡辩术,而不见于其他艺术。真正的修辞式推论和假冒的修辞式推论已经讲完了。

第二十五章

现在讲反驳。一个论证可以用反三段论③来反驳,也可用提异议的办法来反驳。反三段论显然可以用相同的部目中的题材构成,因为三段论是用普通意见④构成的,而普通意见有许多是互相抵触的。提异议,正如《部目篇》中所指出的,有四种方式。

1. 攻击对方的修辞式推论。例如,如果对方的修辞式推论论证爱情是好东西,我们可以提出两种异议,说每一种欲望都是坏东西⑤,或者说没有坏的爱情,就不会有"考诺斯式爱情"⑥这句谚语。

2. 指出相反的说法。例如,如果对方的修辞式推论是,一个好人对他的每个朋友做好事;我们可以提出异议:一个坏人并不对他的每个朋友⑦做坏事。

3. 提出相似的说法。例如,如果对方的修辞式推论是,受害者永远怀恨,我们可以这样提出异议:受惠者并不永远爱戴。

4. 利用名人的判断。例如,如果对方的修辞式推论是,对喝

---

① 把强壮的人不犯暴行罪说成绝对可能的事情,是无理的推论,经过这样的诡辩,这个无理的推论反而变成了有理的推论。(译注)
② 普洛塔哥拉(Protagoras)是公元前5世纪的智者。(译注)
③ "反三段论"得出与对方的结论相反的结论。(译注)
④ 指一般人、大多数人或聪明人的意见。(译注)
⑤ 爱情是一种欲望,所以是坏东西。(译注)
⑥ 指彼布利斯(Byblis)对她的兄弟考诺斯(Kaunos)发生的爱情。彼布利斯到处追考诺斯,由于愁苦而化为水泉。参看奥维德(Ovidius)的《变形记》第9卷第454节。 (译注)
⑦ 这七个字是补充的。或补充"对他的每个仇人"一语。(译注)

醉了的罪犯应当原谅；我们可以这样提出异议：那么庇塔科斯就不值得称赞了；否则他就不会制定严惩因喝醉酒而犯罪的人的法律。

修辞式推论的题材有四种，即或然的事、例子、确实的证据和或然的证据。

1. 或然的事不是经常发生的，而是多半会发生的，所以，很明显，以这种事为前提的修辞式推论总是可以用提异议的方式来反驳的。但是这种反驳往往是假冒的，不是真正的，因为提异议的人并不企图指出对方的前提不是或然的，而是企图指出对方的前提不是必然的。所以这种谬误的论证的使用对被告比对原告有利。原告总是用或然的事来证明案情属实；指出事情不是或然的与指出事情不是必然的，不是一回事①。对于多半会发生的事总是可以提出异议的。如果反驳者这样指出事情并不是必然的，判断者认为事情既然不是或然的②，他就不应当断案③，他是上了谬误的推论的当了；其实他不仅应当根据必然的事实来断案，而且应当根据或然的事实来断案。所以反驳者单是指出事情不是必然的是不够的，还须指出事情不是或然的。

2. 或然的证据和以或然的证据为前提的修辞式推论，是可以用前面④所说的方式来反驳的，尽管事实是真实可靠的，因为《分析篇》中⑤已经清楚地指出，任何或然的证据都不可能构成合乎逻辑的结论。

3. 对于以例子为前提的修辞式推论，可用反驳以或然的事为前提的修辞式推论的方式来反驳，因为只要能举出一个与对方的例子相反的例子，就可以证明对方的结论并不是定论，

---

① 指出事情不是必然的，并不能证明事情不是或然的。（译注）
② 判断者上当了，参看上注。（译注）
③ 判断者以为他只应对或然的事作出判断。（译注）
④ 指第1卷第2章第9段。（译注）
⑤ 指《前分析篇》第2卷第27节。（译注）

尽管对方有更多的、更常见的例子,是于对方有利的。但是,如果对方有更多的、更常见的例子,我们就必须和他争辩,说目前的事件和他所举的例子不相似,或者说情形不一样,或者说有点区别。

4. 对于确实的证据和以确实的证据为前提的修辞式推论,不能说它们不能构成合乎逻辑的结论(这一点已经在《分析篇》中① 清楚地指出来了),只好证明根本没有这回事。如果事情属实,而且有确实的证据,这个推论是驳不倒的,因为当确实的证据构成三段论时,事情就清楚了。

第二十六章

夸大与缩小并不是修辞式推论的成分(成分和部目是同一个东西,其中包含许多个修辞式推论),而是一种修辞式推论,这种修辞式推论表示事情是大是小,正如其他的修辞式推论表示事情是好是坏,是正当不正当一样。所有这些都是三段论和修辞式推论的题材:如果这些不是修辞式推论的部目,那么夸大与缩小也不是修辞式推论的部目。

用来反驳对方的论点的修辞式推论,并不是不同于用来建立自己的论点的修辞式推论,因为,很明显,反驳的方式不外提出证明或提出异议,前一方式对对方的结论的反面提出证明,例如,如果对方证明事情已经发生,我们就证明并没有发生;如果对方证明事情并没有发生,我们就证明已经发生。二者之间没有区别,因为双方都采用同样的论证,都拿出修辞式推论来证明事情是有是无。异议并不是修辞式推论,正如我在《部目篇》中所说的,这是意见的陈述,目的在于指出对方的三段论不合乎逻辑,或者指出对方的前提是虚伪的。

---

① 指《前分析篇》第 2 卷第 27 节。(译注)

演说中有三样东西①,必须努力加以研究。关于例子、格言、修辞式推论、"思想"②、论证的方法和反驳的方法,就讲到这里,只有风格和安排尚待讨论。

第十五章*

1. 消除反感的办法之一是用辩解来扫除讨厌的怀疑,这怀疑是已经讲出来的还是没有讲出来的,都是一样的。这是一个普通的办法。

2. 另一个办法③是直接碰争论之点:否认事实;或否认造成了伤害;或否认伤害了原告,或否认伤害有那么大;或否认犯了罪,或否认有那么大的罪;或否认事情是可耻的,或否认有那么可耻。这些就是争论之点。伊菲克剌忒斯在答复瑙西克剌忒斯的时候就是这样承认他做了对方所指控的事,并且造成了伤害,但是不承认犯了罪。我们还可以承认犯了罪,而用别的话来抵消,说这件事虽然使对方受到伤害,却是一件光荣的事;或者说这件事虽然使对方感到苦恼,却是一件有益的事;或者说诸如此

---

* 第15章到第17章选自中译本《修辞学》第三卷,三联书店1991年10月版。(编者注)

① 即或然式证明所依据的题材、风格和演说的各部分的安排。《修辞学》第一、二两卷讨论演说的内容,指出演说者应该讲些什么;第三卷讨论演说的形式,指出演说者应该怎样讲。亚里士多德非常重视演说的内容,为此花费了大量篇幅。(译注)

② 亚里士多德在《诗学》第6章中把"思想"作为悲剧艺术的六个成分之一,指出"'思想'指证明论点或讲述真理的话",并指出"'思想'是使人物说出当时当地所可说,所宜说的话的能力,在对话中这种活动属于伦理学或修辞学范围"。可见亚里士多德在此处和《诗学》中所说的"思想",是指思考能力,即逻辑思维。他并且在《诗学》第19章中说:"有关'思想'的一切理论见于《修辞学》;这个题目更应属于修辞学研究范围。'思想'包括一切须通过语言而产生的效力,包括证明和反驳的提出、怜悯、恐惧、愤怒等情感的激发,还有夸大与缩小。"所谓"见于《修辞学》",主要指《修辞学》第1卷第2章第3至4段。(译注)

③ 有一个版本作"部目"。按照这个版本,本章中所有的"办法"一词均应改为"部目"。(译注)

类的话。

3. 另一个办法是说事情是出于错误、不幸或不得已,例如,索福克勒斯说他之所以发抖,并不是像原告所说的那样是由于想装老,而是出于不得已,无奈他是一个80岁的人①。还可以用别的动机来抵消②,说自己无心伤害对方,而是另有意图,不是要做对方所指控的事,伤害是出于偶然:"要是我有意造成这个后果,就活该招惹你的憎恨。"

4. 另一个办法是指出原告本人或他的亲人现在或过去也受到类似的控告。③

5. 另一个办法是指出别人也受到类似的指控,却被认为是清白无辜的,例如:"如果说我爱整洁,就是奸夫,那么某某人也是奸夫。"④

6. 另一个办法是指出原告这样控告过别人或别人这样控告过他,或是指出别人也像自己现在这样虽然没有被指控,却有嫌疑,但是他们终于被证明是清白无辜的。

7. 另一个办法是向原告进行反击,说:"相信一个不足信的人的话,未免太奇怪了。"

8. 另一个办法是利用已经作出的判决,例如欧里庇得斯答复许癸埃农的话,那人在交换财产案⑤中控告欧里庇得斯犯了大不敬的罪,因为他写了一句劝人赌假咒的诗:

---

① 索福克勒斯有两个儿子,一个名叫伊俄丰(Iophon),是他的妻子所生,另一个名叫阿里斯同(Ariston),是他的外室所生。阿里斯同有一个儿子,名叫小索福克勒斯。据说伊俄丰在族盟法庭上控告他父亲神经失常,偏爱这孙子,要把家产外传。索福克勒斯当场念了他的悲剧《俄狄浦斯在科罗诺斯》(Oidipousepi Kolonoi)中的第一合唱歌(自第668行起),然后说:"我若是神经失常,就不是索福克勒斯;我若是索福克勒斯,就没有神经失常。"他因此被宣判无罪。这个故事可能来源于一出喜剧。(译注)
② 指抵消原告提出的动机。(译注)
③ 指和自己受到的指控相类似的指控。(译注)
④ "某某人"指受到类似的控告,却被认为是清白无辜的好人。这样的人不可能是奸夫,所以被告本人也不可能是奸夫。(译注)
⑤ 许癸埃农(Hygiainon),待考。(译注)

>我的嘴立了誓，我的心却没有立誓。①

欧里庇得斯回答说，那人不公正，因为他把酒神节竞赛②中的判决带到法庭上来，他本人已经在那里③对他所说的话有所辩解，如果那人想控告他，他准备再作辩解。

9. 另一个办法是反控对方的诽谤④，说这样做多么有害，即使审判节外生枝，又表示不依靠事实。

10. 迹象部目是双方通用的，例如在《透克洛斯》中，奥德修斯嘲讽透克洛斯是普里阿摩斯的亲戚，因为他的母亲赫西俄涅是普里阿摩斯的妹妹，透克洛斯回答说，他的父亲忒拉蒙是普里阿摩斯的仇人，他本人也没有告发那些侦探。⑤

11. 另一个办法适合于原告采用，就是唠唠叨叨称赞一件小事，然后三言两语谴责一件大事，或者指出对方有许多美德，然后对与案情有关的一种恶德加以谴责。这种人十分狡猾，也十分不公平，因为他们把别人的美德和恶德搅在一起，企图利用这些美德来加害于人。

12. 另一个办法可供原告和被告共同使用。既然做同一件事情可能有多种动机，那么原告可以提出比较坏的动机，对事情加以恶意的解释；被告可以提出比较好的动机。例如，狄俄墨得斯挑选奥德修斯作伴一事，可以说是由于他认为奥德修斯是最勇敢的人，

---

① 欧里庇得斯的悲剧《希波吕托斯》第612行。该剧的主人公希波吕托斯曾向老乳母立誓，答应不把她即将告诉他的话泄漏出去，他立誓后才知道是关于他的后母对他的爱慕之情的话。他后来想把那些话告诉别人，老乳母却警告他不要违背他的誓言，他因此这样回答。（译注）

② 指戏剧竞赛。（译注）

③ 指酒神剧场。（译注）

④ 这里着意在诬告。（译注）

⑤ 透克洛斯和一些希腊将领曾被派遣到特洛亚城内去侦察，后来透克洛斯以叛逆罪被控，理由是他和特洛亚国王普里阿摩斯有亲戚关系。透克洛斯的父亲忒拉蒙曾经帮助赫剌克勒斯攻打特洛亚，赫剌克勒斯后来把女俘赫西俄涅（Hesione）送给忒拉蒙，这样构成了忒拉蒙和普里阿摩斯的亲戚关系。亲戚关系和敌对关系是这里所说的"迹象"。（译注）

也可以说不是这样的,而是由于奥德修斯是一个无足轻重的人,惟有他不能和他匹敌。①

第十六章

典礼演说中的陈述不应当是连续的,而应当是断断续续的,因为必须对构成演说题材的各个行动加以叙述。一篇演说是由不属于演说艺术的部分(因为演说者并不是这些行动的编造者)和依靠演说艺术的部分构成的,这后一部分证明行动是发生了,尽管难以令人相信,或者证明行动是什么性质的,或者证明行动有多么重大,或者同时证明这三点。所以有时候不必把所有的事实连续陈述,因为这种证明不容易记忆②。可以用一些事实来证明某人是勇敢的,用另一些事实来证明他是聪明的或正直的。这种演说比较简单③;另一种则是错综复杂的。著名的行动只需向听众提一下就够了;对大多数人物的行动都不必加以陈述,例如,你想称赞阿喀琉斯,由于人人都知道他的行动,你只是拿来用就行了。但是如果你想称赞克里提阿斯④,你就得对他的行动加以陈述,因为大多数人都不知道⑤……

如今有人说陈述应当快速进行,这个说法是可笑的。有一个面包师傅问顾客,面要揉得硬还是揉得软,那人回答说:"什么? 没有法子揉好吗?"快慢问题就是如此。陈述不应当长,就像序论和或然式证明不应当长一样。在这个问题上,适当的办法不是求其快或求其短,而是求其适中,也就是说,只说这么一些话,足够把事情讲清楚,或足够使听众相信事情是发生了,造成了伤害就构成了

---

① 参看第16页注4。(译注)
② 一连串陈述引起一连串证明,所以不容易记忆。(译注)
③ 由于上述两种事实是分开的。(译注)
④ 这里提起的克里提阿斯大概是苏格拉底的弟子,为"三十独裁者"之一。(译注)
⑤ 抄本残缺。(译注)

罪行,或足够表明事情是如你想造成的印象那么重大就行了;对方的说法恰好相反。

还应当顺便讲一些足以表现你的美德的话,例如:"我总是劝他为人要正直,不要撇下他的儿女。"或者讲一些足以表现对方的恶德的话,例如:"可是他回答说,不管在什么地方他都能生一些别的儿女。"这句话是希罗多德转述的、埃及叛变者的回答①。或者顺便讲一些讨陪审员喜欢的话。

答辩者的陈述要更短一些,因为争论之点是事情并没有发生,或并没有造成伤害,或并没有构成罪行,或并没有这么重大,所以不要在已经承认的事情上浪费时间,除非有任何理由足以证明事情虽然是做了,但并不构成罪行。还有,应当把事情作为过去的事情来陈述,只有在引起怜悯或愤慨的时候,才把它们作为正在发生的事情来陈述,例如阿尔喀诺俄斯的故事,在讲给佩涅罗佩听的时候压缩为六十行②。又例如法宇罗斯的英雄传说集摘要③和《俄纽斯》④的开场。

陈述应当表现性格;只要我们知道性格是怎样形成的,就能使陈述表现性格。办法之一是把我们的选择展示出来;什么样的选择反映什么样的性格,什么样的目的决定什么样的选择⑤。所以

---

① 故事见于希罗多德的《历史》第2卷第30段。24万埃及兵士执行卫戍任务,三年期满没有被替换,他们因此相率叛变,逃往埃塞俄比亚(Aithiopia)。埃及国王萨墨提科斯(Psammetikhos)追上他们,劝他们不要撇下他们的妻子儿女,有一个兵士这样回答。他们后来在埃塞俄比亚另娶妻子。(译注)
② "阿尔喀诺俄斯的故事"指奥德修斯讲给淮阿克斯人(Phaiax)的国王阿尔喀诺俄斯(Alkinoos)听的关于他自己的漂流的故事,见于《奥德赛》第9—12卷。奥德修斯后来在第23卷第264—284行和第310—343行(两处共55行)把这些故事讲给他的妻子佩涅罗佩(Penelope)听。荷马史诗一半采用直接叙述,一半采用间接叙述,而且都用过去时,免得佩涅罗佩听了心里难受。(译注)
③ 法宇罗斯(Phayllos),待考。原来的"英雄传说集"(即史诗集)是用现在时写的;法宇罗斯可能用过去时写了一篇摘要。(译注)
④ 《俄纽斯》是欧里庇得斯的悲剧。这剧的"开场"大概是很简短的。(译注)
⑤ 例如一个人所选择的行动是善良的,他的性格就是善良的。(译注)

数学论文不能表现性格,因为其中没有选择,这是由于它们没有目的①;而苏格拉底对话却能表现性格,因为它们讨论这种问题②。另一种表现性格的迹象,是每一种性格所流露的特点,例如,"他一边唠叨,一边往前冲。"这种特点表现鲁莽和粗野的性格。不应当像现代的演说家那样使我们的话反映判断力,而应当使它反映选择,例如,"我愿意这样,我宁肯这样;尽管无利可图,还是这样好。"后两句话表示有见识,前两句话表示有德行;有见识的人追求有益的事业,有德行的人追求高尚的事业。要是某一种性格特点难以令人相信,就得加上理由。索福克勒斯在《安提戈涅》中给了我们一个范例:安提戈涅说,她关心她的哥哥胜于关心她的丈夫或儿女,因为后者死了,还可以弄得到——

> 但是如今我的父母都已经去到冥土,
> 再也不会有一个弟弟生长出来。③

要是没有理由可讲,就说你也知道这是难以令人相信的,但是你的天性是这样的④,因为没有人相信除了有利可图而外,一个人还会自愿地做任何事情。

再说,陈述还要能表现情感,要叙述为大众所熟悉的反映情感的话和表现你自己或对方的特点的话,例如,"他瞪了我一眼就走了。"又例如埃斯喀涅斯形容克剌梯罗斯⑤的话:"他嗤之以鼻,挥

---

① 指道德意图。(译注)
② "苏格拉底对话"是以苏格拉底为中心人物的对话,最有名的是柏拉图写的对话。"问题"指涉及选择、性格和目的的问题。(译注)
③ 《安提戈涅》第 911—912 行。引文与原诗稍有出入。该剧第 904—921 行一段被许多校勘者认为是伪作,因为与安提戈涅的性格不合。但是也有少数校勘者认为是索福克勒斯的手笔,主要理由是因为亚里士多德在这里引用过。(译注)
④ 意即天生愿意做无利可图的事。(译注)
⑤ 这里提起的埃斯喀涅斯(Aiskhines)大概是公元前 4 世纪的哲学家和诉讼演说的写作者。这里提起的克剌梯罗斯(Kratylos)大概是公元前 4 世纪的哲学家,为柏拉图的第一个老师,柏拉图有一篇对话名叫《克剌梯罗斯篇》,写他的老师谈论语言学。(译注)

舞着拳头。"这种话有说服力,因为它们一旦被听众知道了,就会成为他们原来不知道的事情的迹象。许多这样的例子见于荷马史诗:

> 她说完了,那老妇人用手遮住她的脸。①

因为开始哭的人总是用手遮住眼睛。还须立刻显示你具有某种性格,使观众认为你是这样的人,对方是那样的人;但是不要让他们看出你在做什么。从报信人那里可以看出,这是很容易显示的:我们并不知道是什么消息,可是一眼就能猜到一些。

陈述应当分散在几个地方,有时候不必在开头部分陈述。

政治演说中很少有陈述,因为没有人能陈述未来的事。要是有所陈述,那是陈述过去的事,使听众记起那些事,以便把未来的事审议得更周到。陈述也可以用来谴责人或称赞人,但是那不是审议者②的职责。如果陈述中有难以令人相信的地方,应当立即答应把理由讲出来,把问题交给听众所同意的人审查,例如在卡耳喀诺斯的《俄狄浦斯》剧中,当那个寻找伊俄卡斯忒的儿子的人提出询问的时候,那妇人一直是这样答应的③。又例如索福克勒斯剧中的海蒙的话。④

---

① 《奥德赛》第19卷第361行。该卷第362行的意思是:
> 流下热情的泪,说出悲伤的话。

奥德修斯的妻子佩涅罗佩告诉伪装乞丐的奥德修斯说,她有一个老佣人、她丈夫小时候的乳母,名叫欧律克勒亚(Eurykleia)。她叫这老妇人给这位客人洗脚。行首的"她"指佩涅罗佩。(译注)

② 这里的审议者指政治演说者。(译注)

③ 伊俄卡斯忒告诉那人关于她的儿子(俄狄浦斯)的话难以令人相信,她答应加以解释。(译注)

④ 海蒙是《安提戈涅》剧中的人物,为克瑞翁的儿子。海蒙爱他的未婚妻安提戈涅。他反对克瑞翁把安提戈涅处死,可是又表示忠于克瑞翁,这一点难以令克瑞翁相信。海蒙在该剧第701—704行对这一点解释说,这是因为他最重视他父亲的幸福,认为他父亲的名誉是莫大的光荣。(译注)

第十七章

或然式证明应当能证明论点。争论之点有四种,我们的证明应当针对某一争论之点,例如,如果事情的有无成了争论之点,应当在审判的时候首先加以证明;如果事情是否造成伤害成了争论之点,应当加以证明;如果事情是否有那么重大成了争论之点,或者如果事情是否做得正当成了争论之点,也应当照样加以证明,正如你证明事情的有无那个争论之点一样。但是不要忘记,只有在涉及那个争论之点的时候,双方之一才必然是坏人;不能说不知道,不能像在涉及正当与否那个争论之点的时候那样说[①];所以在这种情况下应当花一点时间,在其他三种情况下就不应当。[②]

在典礼演说中,一般说来,可以用夸张法来证明事情是高尚的或有益的。事情必然是可信的[③],则很少用得着证明;只有当事情是难以令人相信或者有别的理由的时候,才需要证明。

在政治演说中,可以争辩说某一建议不可能实现,或者说对方的建议可能实现,但是不正当,没有益处,或者没有那么重要。

……

(罗念生 译)

[①] 事情是有是无,双方必然都知道,所以不能说"不知道"。在回答事情做得正当不正当的时候,倒可以说"不知道"。(译注)

[②] 在有无此事成了争论之点的情况下,应当花一点时间来证明对方必然是坏人。在其他三种情况下,就不应当,因为无法证明对方是坏人。(译注)

[③] 典礼演说所论述的事情是大家公认的。(译注)

弥尔顿

约翰·弥尔顿(John Milton, 1608—1674),英国伟大的诗人和政论家。英国17世纪资产阶级革命的参加者。他出生于伦敦的一个公证人的家庭,曾求学于剑桥大学。当弥尔顿还是大学生时,就开始用拉丁文和英文写诗和哲学论文。他的作品中充满了清教徒的道德,同时也充满了对古代文化、英国文艺复兴和民间创作传统的热爱。

《论出版自由》是弥尔顿1644年向英国国会提出的一篇演说辞,也是他精心撰述的众多政论中最重要的一篇。当时,正值英国资产阶级对斯图亚特王朝的斗争取得初步胜利,革命阵营内部的资产阶级上层分子长老派害怕革命继续深入,从而竭力控制人民的宗教信仰和政治自由,力图与王党妥协。弥尔顿与此针锋相对,为争取言论出版自由,以这篇政论向国会大声疾呼:废除检查制度。在这一不朽的名著中,处处洋溢着对理性和真理的热爱和信任,体现了西方古典自由主义的思想传统。

(杨 击)

论出版自由[*]

……

如果诸位已经作了这样的决定(谁要是认为诸位没有作这样的决定便是一种大不敬),那么,就没有任何东西能阻止我提供一个恰当的事例来证实诸位有目共睹的热爱真理的精神和审议事务时不偏不倚的正直精神。这事例就是重新审议诸位制定的《出版管制法》。该法规定:凡书籍、小册子或论文必须经主管机关或至少经主管者一人批准,否则不得印行。关于保护版权以及关于贫民的规定[①]我不想多谈,只希望不要以这些作借口来侵害不曾触犯任何条款细节的人。但关于书籍出版许可的那一条,我满以为在主教们垮台[②]以后就会随同四旬节[③]和婚礼[④]许可等条例一起废除的,现在事实并不如此。因此我要痛切陈词,首先向诸位说明,这法令的订立者是诸位不屑于承认的。其次要说明不论哪类书籍,我们对阅读问题一般应持有的看法。同时也要说明,这法令虽然主要想禁止诽谤

---

[*] 选自中译本《论出版自由》,商务印书馆1982年版。
[①] 英国出版商公会有保护版权及捐款济贫办法。出版管制法对此有所规定。(译注)
[②] 1641年长期议会第一次改革时,得势的清教徒曾提出法案,主张取消主教制,不久贵族院中即取消僧侣阶级。(译注)
[③] 西俗复活节前40天必需守斋,谓之四旬节。英国以往惟有议会法案定为"鱼日"的日子才能吃肉类,谓之四旬节许可。(译注)
[④] 英国议会曾有法案规定婚姻是一种圣礼,必须由教会批准。但作者根据其"严格的圣经"观点,认为结婚与离婚是一种世俗契约问题,不应由教会干涉。(译注)

性的和煽动性的书籍,但达不到目的。最后,我要说明这一法令非但使我们的才能在已知的事物中无法发挥,因而日趋鲁钝;同时宗教与世俗界的学术中本来可以进一步求得的发现,也会因此而受到妨碍。这样一来,它的主要作用便只是破坏学术、窒息真理了。

我不否认,教会与国家最关切的事项就是注意书籍与人的具体表现,然后对于作恶者加以拘留、监禁并严予制裁。因为书籍并不是绝对死的东西。它包藏着一种生命的潜力,和作者一样活跃。不仅如此,它还像一个宝瓶,把创作者活生生的智慧中最纯净的精华保存起来。我知道它们是非常活跃的,而且繁殖力也是极强的,就像神话中的龙齿①一样。当它们被撒在各处以后,就可能长出武士来。但是,从另一方面来说,如果不特别小心的话,误杀好人和误禁好书就会同样容易。杀人只是杀死了一个理性的动物,破坏了一个上帝的像,而禁止好书则是扼杀了理性本身,破坏了瞳仁中的上帝圣像②。许多人的生命可能只是土地的一个负担,但一本好书则等于把杰出人物的宝贵心血熏制珍藏了起来,目的是为着未来的生命。不错,任何时代都不能使死者复生,但是这种损失并不太大。而各个时代的革命也往往不能使已失去的真理恢复,这却使整个的世界都将受到影响。因此我们就必须万分小心,看看自己对于公正人物富于生命力的事物是不是进行了什么迫害;看看自己是怎样把人们保存在书籍中的生命糟蹋了。我们看到,有时像这样就会犯下杀人罪,甚至杀死的还是一个殉道士;如果牵涉到整个出版界的话,就会形成一场大屠杀。在这种屠杀中,杀死的还不止是凡尘的生命,而是伤及了精英或第五种要素③——理

---

① 希腊神话中说,底比斯城邦的始祖卡德玛斯建邦时曾杀死一龙,并将其齿种入地下。随即从那里长出许多武士,互相残杀,最后剩下5人,成为底比斯的祖先。(译注)
② 据圣经记载,人是仿照上帝的形象制成的,所以作者说人体是外在的和物质的上帝形象,理智则是瞳仁中内在和非物质的上帝形象。(译注)
③ 西俗谓构成世界的四种元素是水、土、气、火。第五元素则是非物质的精英或以太。(译注)

智本身的生气。这是杀害了一个永生不死的圣者,而不是一个凡尘的生命。当我在反对许可制的时候,不愿让人家说我又在偷运武断专横的许可制。我将不厌其烦地从历史上引证古代著名的国家关于制止出版界紊乱情况的办法,然后追溯到这种许可制怎样从宗教法庭中产生出来,再说明它怎样被我们的主教们抓住,同时它本身又怎样抓住了许多长老会的长老。

雅典的书籍和哲人比希腊任何其他部分都要多。我发现雅典的长官只注意两种文字,一种是渎神和无神论的文字,另一种是诽谤中伤的文字。因此,普洛塔哥拉由于在一篇讲演中开头就坦白说他不知道"有没有神存在",于是他的书便被阿留坡阁下令焚烧了,人也被驱逐出境了。至于禁止诽谤方面,也有律令规定不能像"旧喜剧集"①一样指名诽谤任何人。从这一点来看,我们就可以猜想到他们是如何限制诽谤的。后来西塞罗写道,事实证明这种办法很快就禁绝了其他无神论者铤而走险的思想和公开的诽谤。至于其他的派别与看法,虽然也倾向于诲淫诲盗或否定天命,但他们都不予注意。因此,我们从没有看到伊壁鸠鲁的学说、昔勒尼学派的放纵无度、昔尼克学派厚颜无耻的说法受到法律的干涉。同时,他们虽禁止旧喜剧派作家的作品上演,但史料上却没有说禁止他们写剧。大家也都知道,柏拉图还介绍他那位君王学者代奥尼苏②去读这些喜剧家中最放荡的一个——阿里斯托芬的作品。据说神圣的金口若望每夜都研读这个作家的作品,并且具有一种技巧,能把其中肮脏的激愤话清洗成一种动人心弦的说教,这也是可以理解的事。希腊另一个领袖城邦——拉栖第梦的立法者莱喀古斯非常崇尚高贵的学术,所以便首先在爱奥尼亚搜集了荷马的散篇作品,并从克里特把诗人泰利斯请了来,用他优美的诗歌来驯化

---

① 其中有阿里斯托芬等人的剧作。欧里庇得斯和苏格拉底在此书中曾受到阿里斯托芬无情的嘲笑。(译注)

② 叙拉古暴君父子,两人均曾师事柏拉图。此处指其子。读阿里斯托芬喜剧事作者可能是根据撒母尔·柏蒂的说法。(译注)

斯巴达的乖戾习气,并请他为他们制定礼法。斯巴达人竟然依旧那样缺少诗书礼乐之风,那样没有书卷气,真是令人大惑莫解。他们不管其他的事情,一心只崇尚征战,他们根本不需要书籍许可制,因为他们除开自己那种简短的警句以外,根本不喜欢任何其他东西。他们找了一个很小的借口就把阿奇洛科斯①赶出了城邦,原因可能就是他的写作风格离开他们那些军歌和小调太远了。假如说这是因为他那直言不讳的诗②,那么事实上他们并没有因此提高警惕,他们在男女混杂的谈话中仍然放荡不羁。欧里庇得斯在他的"安德罗慕奇"③一剧中说,他们的妇女全都不贞洁。这些都可以提供线索,说明希腊所禁止的是哪一类的书。罗马人的情形也是一样;在许多年代中他们都习惯于军营的粗野生活,风尚大致和拉栖第梦人相同。他们所知道的学术只是十二铜表法、大祭司团④、占卜师、弗拉门⑤所教给他们的宗教和法律事宜,其他的事情一点也不知道。当卡尼底斯、克利托累阿斯、斯多葛派的代奥古尼出使罗马⑥时,趁机使这个城尝试了他们的哲学,当时竟连监察官加图这样的人都怀疑他们是煽动者,于是便在元老院中提议把他们立即赶走,并把一切阿提喀⑦的空谈者驱逐出意大利去。但西庇阿和其他高贵的元老制止了他和他那种旧萨宾⑧的严酷作风,反倒对这些人大为优礼。这位监察官本人到老年时也终于学

---

① 派罗斯岛诗人,据云长短句就是他创造的。(译注)
② 据云阿奇洛科斯曾写诗讽刺李堪布的女儿(有一个女儿曾许与阿奇洛科,后又拒绝),使她们上吊自杀。(译注)
③ 希腊神话中女英雄名,赫克托之妻,欧里庇得斯在此剧中发表其厌弃女人的观点。(译注)
④ 原系梯伯河上筑桥的监督者,后管理国家宗教事宜。(译注)
⑤ 专侍一神的祭司,每天贡献牺牲,但无祭司团。(译注)
⑥ 卡尼底斯是斯多葛派的反对者,雅典第三学园的创立者。克利斯托累阿斯是亚里士多德门下逍遥学派的领袖人物。前者率领后者及代奥吉尼于155 B.C.赴罗马请求宽免雅典的罚金,并曾于该城以诡辩方式发表演说。(译注)
⑦ 雅典城所在的一州,意即雅典式的。(译注)
⑧ 古罗马部族初起时所住的山,加图的田庄也在这里。(译注)

习起他以往口诛笔伐的东西来。同时,最早的两个拉丁文喜剧家涅维优斯和普劳图斯也使这个城市充满了从麦南德和菲勒门①那里借来的场面。于是他们也开始考虑如何对付诽谤性的书籍与作家的问题了。不久之后,涅维优斯就因为笔锋过激而被捕入狱,直到他声明收回自己的作品才由护民官予以释放。我们在书上也看到奥古斯都焚烧毁谤性的书籍,惩治诽谤者。如果有人写出东西亵渎了他们所崇拜的神,无疑也要遭到严酷的惩罚。但除开这两点以外,书中到底说些什么,长官从不过问。因此卢克莱茨②便能不受责难地把他的伊壁鸠鲁学说用诗的体裁写给执政官曼米阿斯。后来又光荣地被罗马的国父西塞罗重新编撰出来,虽然西塞罗在自己的著作中曾反对伊壁鸠鲁的看法。同时,刘西里阿斯、卡特卢斯和弗拉科斯(贺拉斯)等人③虽然曾说过尖刻而露骨的讽刺言词,但也没有任何命令禁止他们。在国事方面,提图斯·李维虽然在他的史书中极力称颂庞培,但敌党的屋大维·恺撒④(屋大维)并没有限制他的书。纳庄(奥维得)⑤老年时曾因早年所作的某些淫荡诗句而被屋大维驱逐出境,但这不过是某些秘密原因的幌子,那本书既没被查禁也没被没收。从那时以后,罗马帝国除了暴政以外就很少有其他的东西了。如果我们看到坏书被禁得少而好书被禁得多,那是一点也不稀奇的。关于古人认为哪些作品应受限制的问题,我想以上已经说得十分详细了,其余的便是任何人都能随便议论的事。

---

① 希腊喜剧家,麦南德还是新雅典派喜剧的代表人物,他的题材从旧派的政治事物转向日常生活。(译注)
② 罗马唯物主义哲学家,曾反对宗教和唯心主义,继承德谟克利特和伊壁鸠鲁的原子论哲学。(译注)
③ 刘西里阿斯是讽刺作家的领袖,卡特卢斯是抒情诗人,弗拉科斯即名诗人贺拉斯,以上均罗马时代人。(译注)
④ 李维在其"罗马史"中描写内战时,对庞培表同情,屋大维(即屋大维·恺撒)登位后只笑称之庞培派,而未加迫害。(译注)
⑤ 罗马名诗人,被屋大维放逐到里海边,原因据说是与宫闱秘密有关。(译注)

往后皇帝都变成了基督徒。我认为他们关于这一方面的限制并不比以前严。所有被认为是大异端邪说的书都经过检查、驳斥、并在大公会议①上加以谴责,但直到这时,并没有被帝国当局禁止或焚烧。至于外教作家,除非他们像波非利阿斯和普罗克卢斯那样公开谩骂基督教,否则就没有禁令禁止他们。直到公元400年左右,在迦太基宗教会议上,才规定禁止主教阅读外教人的书,但异端邪说还是可以读的。早在他们以前,其他人则是忌讳异端邪说的,但不那样忌讳外教人的书。早期宗教会议和主教们只是常宣称某些书不值得推荐或流传,读与不读却由各人的良心决定,一直到公元800年以后才改变。这一情形早就由特里腾(特令托)宗教会议的伟大揭发者保罗(萨比)神甫所指明②。从公元800年以后,罗马教皇就尽情垄断政治权利,想像从前控制人们的判断一样,把自己的统治之手伸出来遮住人们的眼睛。凡属不合他们口味的东西他们都禁止阅读,并且付之一炬。但他们的检查还是较宽的,像这样处理的书并不多。直到马丁五世才下诏书,非但禁止读异端邪说的书,而且首开先例把读这类书的人开除教籍。教廷所以发布较严的禁令,主要由于那时威克里夫和胡斯的书已经震动一时。教皇利奥十世和他的后继者一直遵循着这条路,直到特里腾(特令托)宗教会议与西班牙宗教法庭同时举行时,才产生了或补齐了禁书书目和删节索引,把许多古代优秀作家的五脏六腑都翻一个过。对他们说来,这种侵害比任何人在他们坟上所能作出的侵害都要严重。而且他们还决不限于异端邪说,任何不合他们口味的东西他们都不是下禁令,便是直接列入新的情况目录。为了使他们的侵害手段更加严密,他们最后还创制一项办法,规定所有的书籍、小册子或论文,不经两三个如狼似虎的修士批准或许

---

① 全世界主教参加的宗教会议。(译注)
② 保罗俗名萨比,曾为1545—1563年间陆续在意大利特令托召开的宗教会议写出一部历史,史中说明会上曾讨论禁书问题。(译注)

可,就不许印行。好像圣·彼得把天堂里管印刷的钥匙①也交给了他们似的。

……

也许有人会说:制定者虽坏,法令本身如果是好的又有什么不可以呢?也许是这样。但如果不把它说成是这样的一个奥妙的发明,而用人人都能明白的方式说出来;同时,事实上古往今来一切法度清明的共和国都不采用它,惟有那些极端虚伪的煽动者和压迫者,才急于向它乞灵,其目的又只是破坏和阻挠宗教改革的来临——在这种情形下我就会同意某些人的说法,认为这是一种十分棘手的丹药,连刘利阿斯②也不知道怎样从这里面提炼出好东西来。说到这里,我只要求诸位在我没有一一分析它的性质之前,应当把它当成一种危险和可疑的果实看待。肯定地说,从结出这种果实的树来看,它是理应如此的。但目前我还是要按照前面所提出的顺序,先说以下的问题:不论书籍如何,我们对于阅读问题应采取什么看法?阅读的利弊如何?

摩西、但以理和保罗对埃及、迦勒底和希腊的学术都非常精通。不博览他们的书是不可能办到这一点的。保罗尤其认为在圣经中插入希腊三个诗人的句子也不能算是渎神,这三人中有一个还是悲剧家③。如果我们不坚持引用他们的事例的话,那么应该知道这一问题在原始基督教的圣师之中有时还是引起争论的。但主张阅读既合理而又有益的人究竟占压倒优势。当基督信仰最阴险的敌人——叛教者茹里安④下令禁止基督徒研究外教学术时,这一点就非常清楚了。他说:"他们将用我们自己的武器伤害我

---

① 传说耶稣曾以比喻的方式叫彼得掌管天堂钥匙,意思是让他决定谁该进天堂。(译注)
② 马朱卡(即今地中海中的马罗卡岛)地方名炼丹家。(译注)
③ 指提多书中所引用的革哩底(克里特)的爱皮蒙尼底,使徒行传中引用的阿拉土;和哥林多前书中所引用的欧里庇得斯或麦南得。(译注)
④ 君士坦丁大帝之侄,从小就是基督徒。公元361年就帝位时正式宣布放弃基督信仰,被称为叛教者。后与波斯人作战时阵亡。(译注)

们,用我们的科学与艺术征服我们。"果然,基督徒由于这个阴险的法令而发生了很大的变化,几乎陷入无知状态。所以阿波林纳利阿斯父子①把圣经改变成讲演、诗歌、对话等形式,并拟定一部基督教文法,他就像人们说的那样从圣经中制定了七大学科②。但历史家苏格拉底③说:神意的安排比阿波林纳利阿斯父子的辛勤劳动要高明得多,因为他把那条破坏学术的法律连同制定者本人的性命一起消灭了④。由此看来,他们认为禁止学习希腊学术是一个很大的损失,并认为这种迫害比代克优斯和代奥克利兴的公开残酷手段为害更大,更能暗中削弱教会。圣·热罗尼姆在四旬节的一个梦里由于念西塞罗的作品而受到魔鬼的鞭打,这事大概也是由于上一政治趋势而产生的。要不然便是他那时害了热病,因而昏昏沉沉地看见了幻影⑤。假如鞭打他的是天使,那就除非是责罚他研究西塞罗学说过多,责罚他阅读的方式不对而不是谴责他读着没有用处。否则他念严肃的西塞罗作品就受罚,而读放荡的普劳图斯的作品(据他自己坦白,不久前读过)倒不受罚;同时受罚的只是他一个人,而其他许多古代的教父晚年都拿这些绮丽轻松的作品消遣却并不受这种魔影的鞭笞,那就未免显然不公平了。比方说,巴西尔⑥就曾教导别人说荷马的游戏诗"马吉梯斯"(现已失传)如何可以善用。那么意大利的浪漫诗"摩甘提"为什么

---

① 亚历山大里亚人,儿子是该城主教。茹里安发布法令后,即以荷马诗体写"教会史"24卷,并仿照品达、欧里庇得斯、麦南德等人体裁写基督教的诗,以示反抗。(译注)

② 按古制七大学科包含算术、音乐、几何、天文等四大科及文法、逻辑和修辞等三大科。(译注)

③ 公元5世纪时曾写"公元306—439年的基督教教会史",并非希腊时代的苏格拉底。(译注)

④ 公元363年,茹里安死于战场,约维安继位后将其法令取消。(译注)

⑤ 热罗尼姆手札说他本人在四旬节害热病断食时,梦见自己在上帝审判台前被否定是基督徒,并说他喜爱西塞罗哲学,因而命天使鞭打他。弥尔顿提出理由说是魔鬼鞭打他。(译注)

⑥ 卡帕多西亚主教。(译注)

就不能同样加以利用呢？纵使我们同意可能在异像中受审，但欧西比阿斯所记载的异像比热罗尼姆给修女欧斯托兴写信时所说的这个故事早得多，而且他还没害热病。公元240年，教会中有一个代奥尼苏·亚历山大尼权斯，以虔诚和博学著称。这人就是以精通异端的书籍来反对异端的。后来有一个神甫严厉地指摘他何以竟敢胡乱读这类恶浊的书籍。这位高尚的人不愿冒犯他，于是便发生了内心的矛盾。他在一封信上说，后来上帝忽然赐予他一个异像，说了这样几句使他安心的话："你不论拿到什么书都可以念，因为你有充分的能力作正确的判断和探讨每一件事物。"他对这个启示很愿接受。因为这更符合"帖撒罗尼迦书"上所说的："凡事察验，善美的要持守。"①他还可能提出帖撒罗尼迦另一句深入人心的话："在洁净的人，凡物都洁净。"②不但酒和肉是这样，而且连一切好的和坏的知识都是这样。只要心灵纯洁，知识是不可能使人腐化的，书籍当然也不可能使人腐化。书籍就像酒和肉一样，有些是好的，有些是坏的。但上帝在那个不容置疑的异像中始终说："彼得，起来，宰了吃。"③至于选择问题就随各人判断了。对坏的胃口来说，好肉也和坏肉一样有损害。最好的书在一个愚顽的人心中也并非不能用来作恶。固然，坏肉纵使用最合卫生的烹调法也不能产生什么好的营养，但坏的书籍在这一点上却有所不同；它对一个谨慎而明智的人来说，在很多方面都可以帮助他善于发现、驳斥、预防和解释。谢尔顿在我国的学者中是领袖人物，现在正和诸位一起任职于议会之中，我所能援引的证明又有什么能比他的话更好呢？他那部论自然法与国家法的书中，不但旁征博引地搜集了许多大作家的意见，而且还用许多出色的理由与公理用数学的方式证明道：一切看法，包括一切错误在内，不论是听到的、念

---

① 见"帖撒罗尼迦书"第5章，第21节。（译注）
② 见"提多书"第1章，第15节。（译注）
③ 见"使徒行传"第10章，第13节。（译注）

到的还是校勘中发现的,对于迅速取得最真纯的知识说来,都有极大帮助。因此,我认为上帝从前普遍扩充人类肉体的食物时,始终没有用节制的原则,因此,正和以前一样,关于我们心灵的食粮和消化问题,他也任人选择。这样,每一个成熟的人便都要在这一方面使用他最高的智能。节制是多么伟大的美德,在人的一生中又是多么重要啊!但上帝把这样大的事情完全交给了成年人,让他们凭自己的品性作决定,此外并没有提出任何法律或规定。因此,当他在天上亲自为犹太人定律法的时候,每人每天所得的食物是一俄梅珥①。这一分量纵使是胃口最好的人吃三天也吃不完。这些"都是入口的而不是出口的,不可能污秽人"②。于是上帝便不会把人们永远限制在一切规定好了的幼稚状态之下,而使他自己具有理智来选择。如果对于一向用说服来管理的事物转瞬间增加许多法律和强制规定,那么说教就没有工作可做了。所罗门告诉我们说阅读会使身体疲乏,但不管是他还是其他英明的圣经作者都没有说阅读是不合法的。如果上帝认为限制阅读是有益的,那么他告诉我们阅读那类书籍不合法比告诉我们阅读会使身体疲乏要简单得多。至于受圣·保罗劝导而改奉基督的人焚烧以弗所那些书的问题③,答复是那次烧的都是关于幻术的书。这是叙利亚人烧的,是一种平民自发的行为,我们可以自发地加以模仿。那些人在悔恨之中把自己所有的书烧掉了。当地的长官并没有受权办这种事。叙利亚人实行了那些书中的邪术,其他的人如果只是阅读的话,便可能从其中获得益处。我们知道,在这个世界中,善与恶几乎是无法分开的。关于善的知识和关于恶的知识之间有着千丝万缕的联系和千万种难以识别的相似

---

① 一个俄梅珥(omer)等于 $5\frac{1}{10}$ 品脱,每一品脱等于我国 0.56 升。(译注)
② 见"马太福音"第 15 章。(译注)
③ 据圣经"使徒行传"第 19 章记载,保罗到以弗所时有犹太族赶鬼的人擅自以耶稣的名向恶鬼附身的人说话,后有二人被此人所伤,于是众人惧耶稣而焚烧邪书。(译注)

之处,甚至连赛克①劳碌终生也拣不清的种子都没有这样混乱。在亚当尝的那个苹果的皮上,善与恶的知识就像连在一起的一对孪生子一样跳进世界里来了②。也许正是由于这一劫数,亚当才知道有善恶,也就是说从恶里知道有善。因此,就人类目前的情况说来,没有对于恶的知识,我们又有什么智慧可作选择,有什么节制的规矩可以规范自己呢?谁要是能理解并估计到恶的一切习性和表面的快乐,同时又能自制并加以分别而选择真正善的事物,他便是一个真正富于战斗精神的基督徒。如果一种善是隐秘而不能见人的,没有活动,也没有气息,从不敢大胆地站出来和对手见面,而只是在一场赛跑中偷偷地溜掉,这种善我是不敢恭维的。在这种赛跑中,不流汗、不吃灰决得不到不朽的花冠。的确,我们带到世界上来的不是纯洁,而是污秽。使我们纯化的是考验,而考验则是通过对立物达到的。因此,善在恶的面前如果只是一个出世未久的幼童,只是因为不知道恶诱惑堕落者所允诺的最大好处而抛弃了恶,那便是一种无知的善,而不是一种真纯的善。它的洁白无瑕只是外加的一层白色而已。严肃的诗经斯宾塞尔(我个人认为作为说教者,他比邓司·斯科塔司和托马斯·阿奎那斯都强)通过奎恩来描写真正的节制时,奎恩是带着棕榄叶的十字架经过马蒙洞和人间幸福之亭出现的③。这样他就能看见,也能知道,但能自制。因此,在我们这个世界中,关于恶的认识与观察对人类美德的构成是十分必要的,对于辨别错误肯定真理也是十分必要的。既然如此,我们如果想探索罪恶与虚伪的领域,又有什么办法能比读各种论文、听各种理论更安全呢?这就是兼容并包的读书法的好处。

这种阅读法的害处,一般认为有三种。现在不妨分别加以讨论:

---

① 据希腊神话记载,爱神维纳斯之子丘比特爱上了人类之魂赛克。维纳斯大怒,将一大堆小麦、小米、豌豆等等的种子混在一起,叫他当夜就分出来,后来蚂蚁同情赛克,帮他分清了。(译注)
② 见圣经创世纪。(译注)
③ 见爱德蒙·斯宾塞尔:"仙后"第2卷,第5篇及第12篇。(译注)

第一,兼容并包的读法可能使毒素流传。但照这样说来,人类关于一切世俗学术和宗教问题的争论便应当完全取消,甚至连圣经本身也不应存在。因为这里面常说到非常粗野的渎神事件以及恶人们非常不雅的肉欲。有时还说到最神圣的人如何用伊壁鸠鲁的话急躁地埋怨天意①。在其他大的争论中,对一般读者的解答都是模棱两可而十分晦涩的。大家不妨去问问犹太法学者,犹太法典中到底有什么东西那样有损他们的关注的体面,以致使摩西和其他先知都不能让他们把本文中的话说出来呢②? 正是由于以上的原因,天主教徒才把圣经本身列为第一类禁书③。在圣经之下,接着应当禁绝的便是最古的教父著作。例如,亚历山大里亚的克列门④和欧西比乌斯写的"接受福音启示录的准备"⑤,都把外教人在接受福音之前的淫荡事情一一数给我们听。谁又不知道伊鲁略、爱匹芳尼乌斯、热罗尼姆等人所发现的异端邪说比他们能驳倒的要多,而且往往是异端的意见比他们更加正确呢? 至于说外教中所有影响最大的作家(也可以认为是学术攸关的人)写书时用的语言都是我们看不懂的,这样说也没有好处。因为我们很清楚,有些最坏的人是知道这种语言的。他们非常能干,而且非常殷勤地把他们所吸收的毒素首先灌输给宫廷中的朝臣,告诉他们最高等的享乐,并把非难罪恶的说法告诉他们。尼禄称为宴乐总监的彼得朗尼阿斯⑥可能就是这样做的。阿列佐地方有一个臭名远扬的恶棍⑦,意大利朝臣们又怕他又喜爱他,这人的行径可能也是如

---

① 指约伯书、传道书及一部分诗篇。(译注)
② 犹太法学者有一条通则,就是本文中过分淫荡的话在注释中必须加以修饰才能写出来。(译注)
③ 天主教禁止教徒们阅读没有注解的圣经本文。(译注)
④ 公元2世纪人,曾写致希腊人书,揭露其旧宗教中的异端猥亵事情。(译注)
⑤ 描写基督教未产生前的外教世界。(译注)
⑥ 尼禄皇帝的宠臣,后因遭忌被杀。其著作"讽谕诗"中充满粗鄙的幽默。(译注)
⑦ 系巴齐之子阿勒廷诺。小时由于为文讽刺教会当局被逐,后因机灵而获得教皇及其他要人的欢心,诗文中充满粗鄙的幽默。(译注)

此。亨利八世也曾开玩笑地说某人是"地狱的代理人"①,为了后代的缘故我不提出他的名字来。有了这种捷径之后,外国书籍的一切毒素便可以循着一个十分便捷的道路传播到人民中间来。通往印度的路程虽然可以取道契丹北面从东方去②,也可以取道加拿大从西方去,但和上述毒素所循的捷径比起来还是差远了。然而我国西班牙法庭式的书籍许可制度却紧紧地箝制住了出版物。从另一方面说来,宗教问题论战的书籍显然对于有学识的人比对于无知无识的人的危险更大,更值得疑虑。因而这类书籍决不能让检查者去碰它。我们很难举出例子说明任何一个无知识的人被英文的天主教书籍引诱坏了,除非是天主教的传教士推荐给他并为他作了解释。是的,这类论文不论真假如何,都像以赛亚书对那位太监一样③,没有人指导是没法理解的。但我们的祭司和博士们有多少由于研究耶稣会士和琐尔朋学院④的注释而受了腐化,同时他们把这种腐化的影响散布到人民中来有多么快,我们惨痛的教训是记忆犹新的。我们不能忘记,明敏的阿明尼阿斯⑤只是因为要驳斥德佛特一篇无名的论文而细读了一番,后来就走上了错误的道路。纵然如此,如果要压制这类书籍以及大量流行而极易腐化生活与歪曲教义的书籍,就不能削弱学术和论辩能力。虽然这两种书籍极容易被有学识的人接受,而异端邪说和腐化堕落的东西也极容易从他们这里传布到民间去。但邪恶的风俗却完全能够不通过书籍而找到上千条其他的途径传播,这些途径是没法堵塞的。邪恶的说法只要有人指点,完全不凭书籍就可以流传。

---

① 可能是指吴尔西或狄斯,两人均曾亲近亨利八世。"地狱的代理人"一语影射教皇,因教皇被称为"上帝的代理人"。(译注)
② 此处指想像中的旅程。传说谓契丹是鞑靼的一部分,是可汗统治的境域。(译注)
③ 见圣经"使徒行传"第18章。(译注)
④ 巴黎最大神学院,从首建者得名。(译注)
⑤ 荷兰神学家,曾受命驳斥一篇反喀尔文教派的论文,后来反而极力反对喀尔文派的命定论,被弥尔顿认为离经叛道。德佛特是荷兰城名,以陶器著名。(译注)

教士要作这类指点大可以不写书,因而也无法禁止了。根据以上各点,我不难指出这为害多端的书籍出版许可制应作为无用而又不可能实现的事情立即予以撤除。纵使是操乐观看法的人也不能不把这制度比作一位高明的先生用关园门来拦住乌鸦的办法。此外还有一个不方便的地方。如果有学问的人将首先从书籍中接受并散布邪恶与错误的说法,那么掌管许可制的人如果不是我们认为、或他们自以为比国内任何人都更可靠,更不易受腐蚀,人家又如何能信任他们呢?如果说,一个聪明人就像一个优秀的冶金者一样,能从一堆矿渣似的书中提炼出金子来,而一个笨人则拿着一本最好的书和不拿书同样是一个笨蛋,也就是说纵使限制笨人读书也无补于他们的愚笨,那我们就没有理由因为要限制笨人而剥夺聪明人在增加智慧方面的任何便利条件。如果要经常十分严格地限制,才能使一个人远离不适合阅读的东西,那么我们就不但要根据亚里士多德的说法,而且要根据所罗门和我们的救主的说法[①]不赐给他良好的箴言,因此也就不让他念到好书。肯定地说,最没有价值的小册子对聪明人也比圣经对于笨人要有用一些。

第二,有人反对说,我们没有必要就不应当让自己受到引诱。同时,我们也不应当把时间浪费在没有用的东西上。关于这两个反对意见我们从上面已经说过的理由里就可以提出答复。对于所有成熟的人来说,这些书籍并不是引诱或无用之物,而是有用的药剂和炼制特效药的材料,而这些药品又都是人生不可缺少的。至于其余的人,像小孩或幼稚的人,他们没有技术来炼制这种药品原料,那就应当劝告他们自行节制。但是要用强力来限制他们,则是宗教法庭中一切许可制办不到的。

第三点要说明的是,这种许可法令绝达不到自身的目的。从

[①] 据圣经记载,耶稣曾说过:"不要把你们的珍珠丢在猪前"(见马太福音第7章),所罗门则说:"要照愚昧人的愚妄话回答他"(见箴言第26章),并说"愚顽人说美言本不相宜"(见箴言第17章)。亚里士多德说"政治学对于受情欲支配的人来说是没有用处的"(见伦理学第1卷第3章)。

以上所说的看来,这一点已经非常清楚了,甚至使我都不愿再作解释。所以人们说,当真纯的真理自由发抒时,它的展示是一切方法和讨论所赶不上的。

从一开始我就竭力证明古代一切法度清明、珍视书籍的国家,都不会采用这种许可制的办法。也许有人会反驳道,这是后来才发现的可靠办法。关于这一点我的答复是这样:这原是一桩极浅显而又容易想到的事情。纵令是难以发现的,他们也应当早就有人提出来了。然而他们并没有采用这种制度,这就向我们说明了他们抱着什么看法。他们所以不采用,并不是由于不知道,而是由于不赞成这样的办法。柏拉图是一个很高的权威,但绝不是由于他那本"共和国"①而见重于世的。他那本"法律篇"一直没有任何城邦接受,他在这里面为那些幻想的城主们订立了许多法令来满足自己的幻想。连在其他问题上崇拜他的人也希望把这种东西埋葬掉,并解嘲说这是他在"学园"的晚宴中多喝了两杯而失口说出来的。根据这些法律看来,他似乎除了严酷的条令所许可的以外就不能容忍任何其他的学术。这些学术大部分是偏重实际的传统技艺②,要学会这一套东西,只要比他自己的对话集小得多的一个丛书就够了。同时他还规定,任何诗人的写作在没有经过法官或法庭人员审查批准以前不得向任何平民朗诵。但事实很明显,柏拉图的原意是说这种法律只能适用于他那幻想的共和国。但当初他不甘受自己的立法限制,而要去管闲事。他写下了许多对话和乌七八糟的警句,同时又不断地研读索福龙·密摩斯和阿里斯托芬等人粗鄙不堪的书。阿里斯托芬对自己的朋友曾进行恶毒的诽谤,柏拉图还介绍暴君代奥尼苏去念他的书,其实代奥尼苏根本不需要这种东西来消磨时间。根据这些,柏拉图就很应当被自己的长官驱逐出境。试问他像这样做又有什么必要呢?同时他也知道

---

① 此书所得的结论是:艺术与诗歌必须予以禁止或严加管制。(译注)
② 指农艺、机械方面的技艺。(译注)

他那种诗歌的许可制必须联系到而且要依靠他那幻想共和国中许多别的条令,而这些在现实的世界里是无法实现的。所以他自己以及任何其他的长官与城邦都没有采用那种办法,如果把那种办法和其他并行的法令分开,就必然等于虚设和毫无结果。因为他们如果采取其中一种严格的办法,就必须无分轩轾地也注意管制一切其他同样易于腐蚀心灵的事物,否则单独在一方面下功夫是必然徒劳无益的。这就等于把一道门封起来防止腐蚀,而又不得不把周围其他的门大大地敞开一样。如果我们想要通过管制印刷事业来移风易俗,那我们就必须同样管制快人心意的娱乐活动。除了庄严的和陶立安式的音乐以外,我们就不能听其他的音乐或者写作、咏唱其他的歌曲。同时对于舞蹈也必须有经过许多备案的表演者,任何姿态、动作和风格,要不经他们批准认为是纯洁的,就不能教给我们的青年人。这一切柏拉图都作了安排。如果要对每一家人家的琵琶、提琴、吉他等都加以鉴定,这种工作就不是 20 个许可制检查员所能胜任的了。人们的闲谈也不能任其自流,说话的内容也势必事先经过许可。试问发抒柔情蜜意的民歌小调在闺房中低声轻柔地弹奏出来,又有谁去禁止呢?还有,窗口和阳台也是必须考虑到的。有许多狡狯的书籍,外面包着一个"包藏祸心"的书皮发售,这又由谁来禁止呢?是不是也由那 20 个许可制检查员来管呢?此外,乡村也必须派查访员去检查一下短笛和三弦琴到底演奏了一些什么,甚至连民歌和市镇上的每一个提琴师所奏的全部乐曲也得管管,因为提琴师就是乡下人的桃源派和蒙特·梅优[①]。其次,英国人家庭中的豪华奢侈的饮宴已经受到了国外的訾议,试问民族的堕落习气又有什么比这个更大的呢?谁又能来管制我们日常的狂欢饮宴呢?同时,民众常常到沽酒卖醉

[①] 桃源派是意大利文学团体,第一部知名的桃源派诗是意大利诗人沙那札罗在 1500 年所作的田园诗,至 1580—1581 年时腓力·悉尼又发表了自己的桃源派诗。蒙特·梅优是葡萄牙诗人,曾仿沙那札罗写诗。(译注)

的酒家去闲荡,那又有谁来禁止呢?其实裁缝裁剪的服式也必须有经过许可制挑选出的头脑比较清醒的师傅来监督,以便制出不致伤风败俗的衣服。男女青年互相交谈是我国固有的习惯,那时我们也必须加以管制。试问又有谁去指定应当讨论什么、提出什么论题,而不致超越范围呢?最后,淫乐场所又有谁去禁止,宵小结群又有谁去驱散呢?所有这一切都将存在,而且必然存在。至于如何使它为害最少、引诱最小,那就是当轴诸公的治术之所在了。如果我们从现实世界退到绝对无法实现的新大西岛和乌托邦的政体中去,那对我们目前的情况是毫无裨益的。我们必须在这个罪恶的世界中,也就是上帝指定而无法逃避的世界中制定清明的法律。这一点是柏拉图的书籍许可制所不能办到的,这种许可制必然会牵连到许多其他的许可制,那样我们就会变得荒唐绝伦、疲惫不堪而又束手无策。但那些不成文的,或者至少是非强制性的,道德教育中的宗教和世俗法律都能做到这一点。柏拉图在这儿①说这种法律是共和国的纽带和每一条成文法的根基。在那些容易逃避许可制的事情中,它们将起主要作用。法纪颓废和疏忽懈怠自然是共和国的死敌,但要分别什么地方应当用法纪限制、用刑罚督责,什么地方只有说服,那便是政术之所在了。如果对成年人每一种行为的善恶问题都加以规定、限制和强迫,那么美德就将徒具空名,善行也就无须赞扬了,严肃公正和节制也就没有好处了。有许多人抱怨天意不应当让亚当逆命。这真是蠢话!上帝赋给他理智就是叫他有选择的自由,因为理智就是选择。不然的话他就会变成一个做作的亚当,木偶戏中的亚当。我们自己对出于强制的服从和爱以及被动的才干也并不推崇。因此上帝就让他自由,在他前面摆上一个诱人的东西,甚至还把这东西送到他眼前去。他的优点、取得报酬的权利和值得赞扬的节制便都包含在这种情形之中了。上帝要在我们身上产生情欲,在我们周围设置享

---

① 指"共和国"第 4 卷。(译注)

乐之物,如果不是这些东西经过适当的调节就能成为美德的构成成分,试问上帝又何以要这样做呢？如果有人想要借消除罪恶的事物来消灭罪,那他就是个不通人事的人。因为你虽然在一个时候能从某些人身上消除掉一部分,但你一面消除,一面就集起了一大堆东西。同时,像书籍这类普遍存在的东西,也没法把罪恶从其中消除。纵使你做到了这一点,罪恶也还是原封未动地存在着。你虽然夺掉了一个贪婪之徒的全部财物,他却还是留下了一颗宝石——因为你无法剥夺他的贪婪。你纵使把一切贪欲的对象都消除掉,把一切青年都幽闭起来用最严格的纪律加以管理,但你却不能使原来不纯洁的人变得纯洁。因此,处理这一问题时就必须极端审慎而又明智。纵令我们可以用这种办法消除罪恶,但应当注意的是我们像这样消除了多少罪恶,就会破坏同样多的美德。因为德与恶本是一体,消除其中之一,便会把另一个也一起消除了。这就证明上帝的至高天意是有理由的,他一方面命令我们节制、公正和自治,但又在我们周围大量撒下令人贪恋的东西,同时又赐给我们一个漫无限制而无法满足的心灵。试问我们又为什么要制定出一套严格的制度,忤逆上帝和自然的意旨,取消那些考验美德和体现真理的东西呢？而书籍如果允许自由出版,就正是这样的东西。我们最好能认识到,法律如果限制了本性无定、并且可以无分轩轾地产生善果与恶果的东西,它本身就必然也是漂浮不定的。如果让我来选择的话,我就宁愿要一点一滴的善行而不要大量强力限制恶行的东西。因为上帝对于一个贤德之人的成长和完整,比对限制十个恶人的问题要关心得多。其实我们的视、听、言、行,都可以说是我们写出的书,其效果和写作是一样的。如果被禁止的仅仅是书籍,那么这一条法令似乎从根本上就不能达到本身的目的。我们难道没有看见非议国政的刊物①在不断地攻击议会和

---

① 指保皇派所办的"朝政新闻",自1642—1645年间每星期出版一次,以后还曾不定期出版一个时期。版面为四开纸一页,有时多些。(译注)

我们这个城市吗？这还不止是一次两次，而是每星期都有。墨迹未干的刊物就能向我们证明许可制究竟做了一些什么。然而有人又会认为这就正好证实了这条法令的作用。他们会说：这就是实行了这个法令。但肯定地说，假如这项法令对这个特殊事例的作用就是放纵无度和盲目行事，那么今后对其他的书籍又将怎样呢？上议员和下议员们：如果你们想使这条法令不形同具文，那就必须取消和禁绝一切未经许可而已经刊印散发的诽谤性书籍。只有在你们把这些书都开列出清单来，人们才能知道哪些是禁止的、哪些是不禁止的。同时还要下令，一切外国书籍，未经审阅不得流传。这样的机关就不是少数几个检查员终日劳碌所能应付的了，而且这种人还不能是一般的庸人。此外还有些书籍是一部分有用而且绝妙，另一部分却有毒而有害。为了使学术的共和国不受到损害①，就必须有更多的官员来加以删改。最后，当他们手中大量书籍不断增加的时候，诸位大概还必须把屡犯不改的印刷商开具名单，禁止他们收进任何可疑的活版。简单地说，如果诸位要使这条法令执行得严格而没有漏洞，那就必须完全根据特里腾宗教会议和西班牙宗教法庭的方式加以修改。然而这些我认为诸位是绝不愿意作的。纵使诸位违犯天意、降格以为，这条法令对于诸位原来要求的目的还是残缺不全和没有效果的。如果为的是防止教派的兴起，那么谁又会这样不学无术呢，我们大家都知道，许多教派一向把书籍当作一种障碍而加以抛弃，但它们却能单凭不成文的传统习惯历经多少世代保持自己的教义纯洁，不发生混淆。基督信仰在以往的某一个时候也只是一个教派，然而谁都知道在福音书和使徒书信出现以前早就传遍了亚洲。如果这条法令为的是纠正风俗，那就请看看意大利和西班牙的例子吧。那儿的宗教法庭对书籍的限制极为严格，然而他们是不是比其他地方更好、更诚

---

① 模仿罗马时代执政官受权保卫国家利益时所说的话，"使共和国不受到损害"（Nequid respublica detrimenti capiat）。（译注）

朴、更明智、更纯洁一点点呢？

　　另外还有一条理由也可以说明这项法令达不到自己的目的；我们只要看一看许可制检查员所应具有的品质就明白了。无可否认，作为审判者、操书籍的生杀大权的人，就能够决定书籍应不应当进入这个世界；他们的勤恳、学识和公正都必须在一般人之上。否则在审核一本书可不可以通过的时候，就将发生极大的错误，为害不浅。假如他的品质足以胜任这样的工作，那么叫他不断地、毫无选择地读那些书籍（往往还是庞然巨册）和小册子，便是一桩极其枯燥而又无聊的工作，在时间上也是一个极大的浪费。任何书籍不在一定的时候都是看不下去的，而他们却受命不论在什么时候都要阅读一切的书籍。而手稿上的字迹又极难辨认。至于内容则往往用最清晰的印刷排印出来，也没法让人一连念下三页去。像这样的工作加在任何珍惜时间与学术，或稍为有品评能力的人头上，我万难相信他们能忍受得了。关于这一点，我特别要请目前的许可制检查员原谅我有这种想法。他们接受这种工作的时候，自然是为了服从议会，而议会的命令又可以使他们认为任何工作都是愉快而轻松的。不过这法令实行了一个短时期之后，就已经使他们疲惫不堪了。他们自己所作的表示以及他们对于一再去请求签发许可证的人所作的解释，就足以证明这一点。现在担任这个工作的人已经有清楚的迹象表明希望自己能摆脱，而珍惜自己时间的人又似乎没有人十分愿意接替他们，只有那些希图挣一个校对的薪水的人才愿意去干。那么我们就很容易预测出将来的许可制检查员究竟是什么样的人了。他们不是骄傲专横而又疏忽怠慢，便是卑鄙地贪图金钱。这就是我要提出来说明这条法令何以达不到预期目的的理由。

　　最后我要说明，这项法令由于首先对于学术和学者是一个最大的打击和污辱，所以它便不但没有好处，而且还有十分明显的坏处。

　　原先主教们只要有人稍一提及废除兼职或是把教会收入作更平均的分配，他们就叫苦连天、怨声载道。说什么一切的学术都将因此而彻底被破坏了。关于这一意见,我绝找不出什么理由可以认为有任何一点点学术将会和神职人员共存亡。同时我也只能认为这是一个品格丧尽的教会人员所说的卑鄙下贱的话。世间有一种人是浑身铜臭的冒牌学者。而另一种人则是富于自由精神和天才的人,他们显然生来就宜于研究学问,而且是为着学术本身而爱好学术;他们不为金钱和其他的目的,而只为上帝和真理服务;并且追求一种流芳百世的令名和永垂不朽的赞誉,这是上帝和善良的人们对于出版书籍促进人类福利的人乐于赠与的。抛开前一种人不谈,如果诸位不想使后一种人完全感到灰心丧意,那就必须明了,一个学术名望不高、然而从不触犯法律的人,他们的观点和忠诚如果得不到信任,以致被人认为没有人检查和指导就不能发表自己的思想,不加管制就将弄出一个教派或者散布毒素,那他作为一个明白事理的人就将认为这是一种最大的不快和污辱。如果我们从老师的教鞭底下逃出来又落到了出版许可制的刑棍底下,如果严肃而认真的写作不过是课堂上一个文法练习题,不经过草率从事的检查员胡乱检查一下就不能发表;那么作为一个成年人又比一个学童能好多少呢?如果一个人从没有作奸犯科之名,而他自己的行为又都不能自主,那么他就只能认为自己在自己的国家里是一个傻瓜或者外方人了。当一个人准备向外界发表作品时,他必然会运用自己的全部智慧和思虑。他辛勤地探讨、思索,甚至还征求贤明友人的意见。做过这一切之后,他才认为自己对于行将写出的东西的了解,已经不下于以往任何作家。这是他忠诚地写作,并运用成熟的智慧得出的最完满的结果;假如他在这里面所费的那样多岁月、那样多辛勤劳动,以及他的才能在以往的信誉都不能让他达到一个成熟的境地,因而始终不能被人相信;他深夜不眠、守伴孤灯、精心勤劳地写出的作品却必须送给一个终日忙碌的检查员匆匆地看上一眼,而这个检查员很可能是比他小很多的晚辈,在判断上也远不如他,在写作上可能一无所知;纵使他幸而没有被驳回或受到轻蔑,在出版时也必须像一个晚辈由自己的保护人领着一样,让检查员在他的标题页后面签署,以保证他不是白痴或骗子——这种做法,对作者、对书籍、对学术的庄严与特权,都是一个莫大的污辱。要是一个作者想像力特别丰富,他在书籍获得许可以后但还没有印出之前,可能会想起许多值得增补的东西,这是最好和最勤谨的作家常有的事,有时在一本书中就可能发生十几次。可是这时印刷者却不敢越出已获许可的印本范围,因此作者往往必须不辞劳苦地跑到检查者那里去请他审阅新增的内容。同时由于审阅者必须是原来那个人,所以他就不得不跑许多趟才能找着,或者碰上他有空。这时出版过程就必须停顿下来,因而造成很大的损失。要不然作者就得放弃他最精确的思想,而把书籍以较差的水平印行出来,这对一个辛勤的作者来说是一种最大的烦恼和伤心的事情。一个人要是教书,就必须有威信,因为威信是教学的生命。他如果要写书,就必须成为一个学者,否则就不如什么也不写;但如果他所教的和所写的一切都只能由一个家长式的检查员完全按照他们自己的判断加以修改和指导,然后才能提出来,那他又如何能有威信地教学或作为一个学者而写书呢?其实这些检查员所谓的判断都只不过是他们自己狭隘的胃口。每一个敏锐的读者一看见这种迂腐不堪的批示,就会退避三舍,并冲口而出地说:"我最恨学究,我不能容忍一个学究披着检查者签署的外衣来接近我。检查员是谁,我并不知道,但只要在这儿看见他亲笔写的字就知道他骄横不可一世。试问谁又能保证他的判断是正确的呢?""国家可以保证,先生。"书商答道。但他马上就接口说:"国家的当政者可以做我的统治者,但不能做我的批评家。他们在选择检查员的时候可能发生错误,检查员在选择作家的时候也同样容易发生错误。这是尽人皆知的事。"他还可能加上弗兰西斯·培根的一句话说:"这种被批准的书里只不过是些一时流行的话而已。"一个检查员可能比一般人更贤明(这在今后的检查员中是可想像而不可求的[①]),然而

---

① 参看本书关于未来检查员的一段。(译注)

他的职务和工作却规定他除了一般庸人已经接受的东西以外不能放过其他东西。假如一个已故的作者的作品在生前和死后都一直极享盛名,而要经由他们许可重新付印的话,事情就更糟了。假如在他的书中由于热情高涨而写下了一句词锋犀利的话,谁又知道这不是神的指使呢？但只要这话不符合检查员那种低级老朽的趣味,那么这话纵使是王国的宗教改革倡导者诺克斯亲口说的①,也免不了要被他们划上一道。这位伟人的思想就会由于这种马马虎虎的检查者害怕出事或粗心大意而不能流传后世了。至于要问这种侵害行为最近究竟发生在哪一位作家身上,或者发生在哪一本影响深远而必须忠实排印的书籍上,我现在就可以举出例子来,但我却要留到更恰当的时候再举。假如有力量挽回颓局的人对这些事情不及时地加以严重的指斥,那么这一批铁锈式的人物就将为所欲为地把最优秀的书中最精彩的段落腐蚀掉。而且对于已故者留下的孤儿也将施展阴险的欺诈手段。这样一来,不幸的人类就将遭到更大的不幸,而他们的不幸却正是因为自己具有理智。在那种情形下我们就不必让任何人去钻研学术,大家也就只要做到人情练达就够了。肯定地说,那就只有对高深的事物既无知而又懒惰,只有变成一个庸俗不堪的大傻瓜,才能算是愉快的人生和惟一符合要求的人生。

这事对于健在的明达之士说来是一个莫大的污辱,对于已故的贤哲流传后世的著作也是一个莫大的损害,所以在我看来,这对整个的国家都是一种污蔑和损害。英国的发明、艺术、智慧以及庄严而又卓越的见解绝不是一二十个人所能包容无遗的。更不用说,没有他们的监督这一切就不能通过,不经过他们的漏斗滤过、没有他们亲笔签署就不能发行,不论他们的禀赋多么好,我也不能如此轻视英国的文化。真理和悟性绝不能像商品一样加以垄断,

---

① 诺克斯的"苏格兰宗教改革史"于 1644 年由蒲加南代为出版,内容多有删节。(译注)

或凭提单、发票,掂斤播两地进行交易。我们绝不能把祖国的一切知识当成觅卖的商品,或者当成羊毛和黑呢子一样,标价签署发售。如果不许人们自己磨快斧头和犁刀而必须从四面八方赶到二十个许可制的铸造厂中去磨,那就和非利士人所加上的奴役制没有两样了①。如果因为有人写作并发行了诽谤好人的错误文字,并滥用和糟蹋了自己所享有的信誉,经证实后对他判决的责罚就是今后在发表任何东西之前必须经主管人员审阅,证明他所写的东西可以阅读而没有危险,那么许可制就可能让人认为是一种有失体面的惩罚。如果把全国从未触犯法律的人都包括在这样一个疑神疑鬼的禁令之内,那就不难想见是个多么大的污辱。而当我们看到赖债的人和罪犯都可以不加看管地在外面行走,一本温良恭顺的书发行时,标题后面却必须在众目睽睽之下挂上一个看管者,就尤其感到污辱的严重。同时,这对一般人说来都是一种责骂,因为我们如果这样两眼盯住他们,连一本英文的小册子也不敢让他们看,那我们就是把他们当成糊涂、恶劣、没有原则和没有人格的人民看待,并认为他们在信念和判断力方面都已病入膏肓,不由检查员拿着管子喂就吃不下任何东西了。我们不能说这是对他们的爱顾,因为在极端仇恨和鄙视俗人的教皇统治区中就是用这样严厉的手段来进行统治的。我们也不能说这是一种明智的制度,因为它只管住了许可制中的某一部分,而且连这一部分也没有管好,其实它所要防止的毒素大可以通过其他管不住的门路更快地涌进来。

最后,这对我们的神职人员也是一桩不光彩的事。对他们的工作和教民们从他们那里获得的教化,我们的估计并没有这样坏。既然有了并且还将继续有这样多福音之光,而教士们又不断地在宣教,结果他们所遇到的却原来是一帮没有教化、没有原则的乌合

---

① 据圣经记载,以色列人被非利士人统治时,没有一个铁匠,一切锄、犁、斧、铲都要到非利士人那里去磨。(译注)

之众，只要出一本不管什么小册子稍微吹他们一下，他们就会抛弃自己的教义问答和基督徒的道路。教士们宣教了这样久，对教民们又有了这样大的诲益，然而人们仍旧认为不经过检查就不能放手让教民们看两三篇论文。印发并散布的讲道集和讲演集已经是汗牛充栋了，甚至让其他书籍都无法发售，但只要遇到一个小册子之类的小武器就必须躲到出版许可制的圣安格罗城堡①中去，否则就无法防御。教士的一切竟被人这样轻视，人们就大有理由认为这对他们是一个莫大的打击。

(吴之椿译)

---

① 罗马皇帝哈德良墓，后被教皇用为城堡和避难所，以顶上的雕像得名。此处讽刺教皇式的出版许可制。（译注）

密　尔

约翰·斯图亚特·密尔，又译穆勒（John Stuart Mill, 1806—1873），英国哲学家、经济学家、逻辑学家。长期（1823—1858）在东印度公司供职，后曾任英国国会议员。其哲学思想接近休谟的经验论和孔德的实证论；道德与政治观点采纳边沁的功利主义学说；政治经济学方面，主张保持资本主义所有制，改革分配关系，实现社会改良。

1859年问世的《论自由》一书，集中探讨了公民自由或者说社会自由的命题，重点是如何调节个人与社会的关系问题。密尔继承弥尔顿、洛克、卢梭等先驱的思想，又有所发展。他强调，要防止多数专制；自由不仅是真理保障（手段），也是幸福要素（目的）；个人的言论和行为只要不妨碍他人，就应享有充分自由。鉴于本书在思想史上和世界范围内的重要影响，我国早在1903年就由严复翻译介绍过来，题为《群己权界论》。这里所选介的第二章，较为集中地表达了作者关于传播自由的思想。

（杨　击）

论 自 由[*]

第二章　论思想自由和讨论自由

这样一个时代，说对于"出版自由"，作为反对腐败政府或暴虐政府的保证之一，还必须有所保护，希望已经过去。现在，我们可以假定，为要反对允许一个在利害上不与人民合一的立法机关或行政机关硬把意见指示给人民并且规定何种教义或何种论证才许人民听到，已经无需再作什么论证了。并且，问题的这一方面已由以前的作家们这样频数地又这样胜利地加以推进，所以此地就更无需特别坚持来讲了。在英国，有关出版一项的法律虽然直到今天还和在都铎尔（Tudors）朝代一样富于奴性，可是除在一时遇到某种恐慌而大臣们和法官们害怕叛乱以致惊慌失态的时候而外，却也不大有实际执行起来以反对政治讨论的危险[①]；而一般说来，凡在立宪制的国度里，都

---

[*]　选自中译本《论自由》，商务印书馆1959年版。

[①]　正待写出这几句话时，恰巧出现了1858年的"政府检举出版条例"，好像是我这番话的一个有力对照。可是，对于公开讨论的自由的这一失当干涉并没有导使我改动本节中的一个字，也丝毫没有削弱我的这一信念，即：除恐慌时期外，使用刑罚来对付政治讨论的时代在我国已经过去了。因为，这一点，这检举条例并未得到坚持；第二点，正当说来，这检举也不是政治性的检举。条例中所指的罪行不是对制度的批评，也不是对统治者的行动或人格的批评，而是传播一种被指为不道德的教养，即认为诛弑暴君具有合法性质的教义。（接下页）

不必顾虑政府——无论它是不是完全对人民负责——会时常试图控制发表意见，除非当它这样做时是使自己成为代表一般公众不复宽容的机关。这样说来，且让我们假定政府是与人民完全合一的，除非在它想来是符合于人民心声时从来就不想使出什么压制的权力。但是我所拒绝承认的却正是人民运用这种压力的权利，不论是由他们自己来运用或者是由他们的政府来运用。这个权力本身就是不合法的。最好的政府并不比最坏的政府较有资格来运用它。应合公众的意见来使用它比违反公众的意见来使用它，是同样有害，或者是更加有害。假定全体人类除一人外都执有同一种意见，而仅仅一人执有相反的意见，这时，人类要使那一人沉默并不比那一人（假如他有权力的话）要使人类沉默较可算为正当。如果一个意见是除对所有者本人而外便别无价值的个人所有物，如果在对它的享用上有所阻碍仅仅是一种对私人的损害，那么若问这损害所及是少数还是多数，就还有些区别。但是迫使一个意见不能发表的特殊罪恶乃在它是对整个人类的掠夺，对后代和对现存的一代都是一样，对不同意于那个意见的人比对抱持那个意见的人甚至更甚。假如那意见是对的，那么他们是被剥夺了以错误换真理的机会；假如那意见是错的，那么他们是失掉了一个差不多同样大的利益，那就是从真理与错误冲突中产生出来的对于真

（接上页）

　　本章的论据如果还有些真实性，那么就要说，作为一个伦理信念问题来讲，关于任何教养，无论认为它怎样不道德，都应当有最充分的宣奉它和讨论它的自由。所以，关于诛弑暴君那条教义是否能称为不道德，这问题与本章的论题根本无涉，不必在这里加以考究。但我也愿意说明几点：（一）这问题历来就是一个公开的道德问题；（二）一个公民私人杀掉一个罪人——暴君乃是把自己置于法律之上因而为法律惩罚不到控制不着的罪人——这在一切国族看来，在一些最好和最聪明的人士看来，都认为不是罪行，倒是一桩具有高尚品德的行动；（三）不论是对还是错，这行动总不属于暗杀性质，而属于内战性质。既然这样，所以说到对于这个行动的煽动问题，我认为，在特定案件中，这可以成为惩罚的恰当对象，但是只在确有显著行动随之而来并能在行动与煽动二者之间至少找到或然的联系的情况之下才成。即使这样，也只有由被攻击的政府自身在进行自卫中来施罚于以颠覆为目标的攻击才不失为合法，若由一个外国政府来干，那是不合法的。（原注）

理的更加清楚的认识和更加生动的印象。

有必要对上述两条假设分别作一番考虑,每条在与之相应的论据上自有其各别的一枝。这里的论点有两个:我们永远不能确信我们所力图窒闭的意见是一个谬误的意见;假如我们确信,要窒闭它也仍然是一个罪恶。

第一点:所试图用权威加以压制的那个意见可能是真确的。想要压制它的人们当然否认它的真确性。但是那些人不是不可错误的。他们没有权威去代替全体人类决定问题,并把每一个别人排拒在判断资料之外。若因他们确信一个意见为谬误而拒绝倾听那个意见,这是假定他们的确定性与绝对的确定性是一回事。凡压制讨论,都是假定了不可能错误性。它的判罪可以认为是根据了这个通常的论据,并不因其为通常的就更坏一些。

对于人类的良好辨识可称不幸的是,在他们实践的判断中,他们的可能错误性这一事实远没有带着它在理论中倒常得到承认的那样分量。即每人都深知自己是可能错误的,可是很少有人想着有必要对自己的可能错误性采取什么预防办法,也很少人容有这样一个假定,说他们所感觉十分确定的任何意见可能正是他们所承认自己易犯的错误之一例。一些专制的君主,或者其他习惯于受到无限度服从的人们,几乎在一切题目上对于自己的意见都感有这样十足的信心。有些处境较幸的人,有时能听到自己的意见遭受批驳,是错了时也并不完全不习惯于受人纠正——这种人则是仅对自己和其周围的或素所顺服的人们所共有的一些意见才予以同样的无限信赖,因为,相应于一个人对自己的孤独判断之缺乏信心,他就常不免带着毫不置疑的信托投靠在一般"世界"的不可能错误性。而所谓世界,就每个个人说来,是指世界中他所接触到的一部分,如他的党、他的派、他的教会、他的社会阶级;至于若有一人以为所谓世界是广泛到指着他自己的国度或者他自己的时代,那么,比较起来,他就可称为几近自由主义的和心胸广大的了。这个人对于这种集体权威的信仰,也绝不因其明知其他时代、其他国度、其他党、其他派、其他教会和其他阶级过去曾经和甚至现在仍然抱有正相反的思想这一事实而有所动摇。他是把有权利反对他人的异己世界的责任转交给他自己的世界了,殊不知决定他在这无数世界之中要选取哪个作为信赖对象者乃仅仅是偶然的机遇,殊不知现在使他在伦敦成为一个牧师的一些原因同样也会早使他在北京成为一个佛教徒或孔教徒——而这些他就不操心过问了。可是,这一点是自明的,也像不拘多少论据能够表明的那样,时代并不比个人较为不可能错误一<u>些</u>。试看,每个时代都曾抱有许多随后的时代视为不仅讹误并且荒谬的意见。这就可知,现在流行着的许多意见必将为未来时代所排斥,其确定性正像一度流行过的许多意见已经为现代所排斥一样。

　　对于上述论据看来要提出的反驳,大概会采取如下的形式。这就是要说,在禁止宣传错误这件事情中比在公共权威本着自己的判断和责任所做的其他事情中,并不见更多地冒认了不可能错误性。判断传给人们,正是为了他们可以使用它。难道可以因为判断会被使用错误,就告诉人们完全不应使用它吗?要禁止在他们想来是有害的事,并不等于要求全无错误,而正是尽其分所固有的义务要本其良心上的信念而行动,纵使可能错误。假如我们因为我们的意见可能会错就永不本着自己的意见去行动,那么我们势必置自己的一切利害于不顾,也弃自己的一切义务而不尽。一个适用于一切行为的反驳,对于任何特定的行为就不能成为圆满无缺的反驳。这是政府的也是个人的义务,要形成他们所能形成的最真确的意见,要仔细小心地形成那些意见,并且永远不要把它们强加于他人,除非自己十分确信它们是对的。但是一到他们确信了的时候(这样的推理者可以说),若还畏怯退缩而不本着自己的意见去行动,并且听任一些自己真诚认为对于人类此种生活或他种生活的福利确有危险的教义毫无约束地向外散布,那就不是忠于良心而是怯懦了。因为在过去较欠开明的年月里其他人们曾经迫害过现在相信为真确的意见,人们就会说,让我们小心点,不要犯同样的错误吧。但是政府和国族也在其他事情上犯过错误，而那些事情却并未被否认为适于运用权威的题目。它们曾征收苛税，曾进行不正当的战争，我们难道应该因此就不收税，就在任何挑衅之下也不进行战争么？人、政府，都必须尽其能力所及来行动。世界上没有所谓绝对确定性这种东西，但是尽有对于人类生活中各种目的的充足保证。我们可以也必须假设自己的意见为真确以便指导我们自己的行为；而当我们去禁止坏人借宣传我们所认为谬误和有害的意见把社会引入邪途的时候，那就不算是什么假设了。

对于这个反驳，我答复道：这是假定得过多了。对于一个意见，因其在各种机会的竞斗中未被驳倒故假定其为真确，这是一回事；为了不许对它驳辩而假定其真确性，这是另一回事——二者之间是有绝大区别的。我们之所以可以为着行动之故而假定一个意见的真确性，正是以有反对它和批驳它的完全自由为条件，而且也别无其他条件能使一个像具有人类精神能力的东西享有令他成为正确的理性保证。

我们且就意见史或人类生活中的普通行为想一下，试问，这个人或那个人之所以不比他们现在那样坏一些，这应归因于什么呢？当然不应归之于人类理解中固有的力量，因为，对于一桩不是自明的事情，往往会有九十九个人完全无能力而只有一个人有能力对它作出判断，而那第一百位的能力也只是比较而言的，因为，在过去的每一代中，都有多数杰出的人主张过不少现在已知是错误的意见，也曾做过或赞成过许多现在没有人会认为正当的事情。可是在人类当中整个说来究竟是理性的意见和理性的行为占优势，那么这又是什么缘故呢？假如果真有这种优势的话——这必定是有的，否则人类事务就会是并且曾经一直是处于几近绝望的状态——其缘故就在于人类心灵具有一种品质，即作为有智慧的或有道德的存在的人类中一切可贵事物的根源，那就是，人的错误是能够改正的。借着讨论和经验人能够纠正他的错误。不是单靠经验,还必须有讨论,以指明怎样解释经验。错的意见和行事会逐渐降服于事实和论证,但要使事实和论证能对人心产生任何影响,必须把它们提到面前来。而事实这东西,若无诠释以指陈其意义,是很少能够讲出自己的道理的。这样说来,可见人类判断的全部力量和价值就靠着一个性质,即当它错了时能够被纠正过来。而它之可得信赖,也只在纠正手段经常被掌握在手中的时候。如果有一人,其判断是真正值得信任,试问它是怎样成为这样的呢?这是因为他真诚对待对他的意见和行为的批评。这是因为,他素习于倾听一切能够说出来反对他的言语,从其中一切正当的东西吸取教益,同时对自己,间或也对他人,解释虚妄的东西的虚妄性。这是因为,他深感到一个人之能够多少行近于知道一个题目的全面,其惟一途径只是聆听各种不同意见的人们关于它的说法,并研究各种不同心性对于它的观察方式。一个聪明人之获得聪明,除此之外绝无其他方式。就人类智慧的性质说,要变成聪明,除此之外也别无他样。保有一种稳定的习惯要借着与他人的意见相校证来使自己的意见得以改正和完备,只要不致在付诸实行中造成迟疑和犹豫,这是可以对那意见寄以正当信赖的惟一的稳固基础。总之,一个人既经知道了一切能够(至少是明显地)说出来的反对他的言语,而又采取了反对一切反驳者的地位——深知自己是寻求反驳和质难而不是躲避它们,深知自己没有挡蔽能够从任何方面投到这题目上来的任何光亮——这时他就有权利认为自己的判断是比那没有经过类似过程的任何人或任何群体的判断较好一些。

即使人类当中最聪明的也即最有资格信任自己的判断的人们所见到的为信赖其判断所必需的理据,也还应当提到少数智者和多数愚人那个混合集体即所谓公众面前去审核,这要求是不算过多的。教会当中最称不宽容的天主教会,甚至在授封圣徒时还容许并且耐心倾听一个"魔鬼的申辩"。看来,对于人中最神圣的人,不到魔鬼对他的一切攻讦都已弄清并经权衡之后,也不能许以身后的荣誉。即使牛顿(Newton)的哲学,若未经允许加以质难,人类对它的真确性也不会像现在这样感到有完全的保证。我们的一些最有根据的信条,并没有什么可以依靠的保护,只有一分对全世界的长期请柬邀请大家都来证明那些信条为无所根据。假如这挑战不被接受,或者被接受了而所试失败,我们仍然是距离确定性很远。不过我们算是尽到了人类理智现状所许可的最大努力,我们没有忽略掉什么能够使真理有机会达到我们的东西。假如把登记表保持敞开,我们可以希望,如果还有更好的真理,到了人类心灵能予接受时就会把它找到。而同时,我们也可以相信是获得了我们今天可能获得的这样一条行近真理的进路。这就是一个可能错误的东西所能获得的确定性的数量,这也是获得这种确定性的惟一道路。

奇怪的是,人们既已承认赞成自由讨论的论据的真实性,却又反对把这些论据"推至其极"。他们没有看到,凡是理由,若不在极端的情事上有效,就不会在任何情事上有效。奇怪的是,他们既已承认对于一切可能有疑的题目都应有自由讨论,却又认为有些特定原则或教义因其如此确定——实在是他们确信其为确定——故应禁止加以质难,而还想这不算是冒认不可能错误性。须知对于任何命题,设使还有一人倘得许可就要否认其为确定,但却未得许可,这时我们若迳称为确定,那就等于把我们自己和同意于我们的人们假设为对于确定性的裁判者,并且是不听他方意见的裁判者。

在今天这个被描写为"乏于笃信而怖于怀疑"的时代里——在这里,人们之确信其意见为真确不及确信若无这些意见便不知要做什么那样多——要求一个意见应受保护以免于公众攻击的主张,依据于意见的真确性者少,依据于它对社会的重要性者多。人们申说,有某些信条对于社会福祉是这样有用——且不说是必不可少——所以政府有义务支持它们,正和有义务保护任何其他社会利益一样。在这样必要并且这样直接列于政府义务之内的情事面前,人们主张说,就是某种不及不可能错误性的东西,也足以使政府有权甚至也足以迫令政府在人类一般意见支持之下依照其自己的意见去行动。人们还时常论证，当然更时常思想，只有坏人才要削弱那些有益的信条，而约束坏人并禁阻只有坏人才会愿做的事，这总不能有错。这种想法是把束缚讨论的正当化问题说成问题不在教义的真确性而在其有用性，并借此迎合它自己而逃避自许为对于意见的不可能错误的裁判者的责任。他们这样迎合他们自己，却没有看到其实只是把对于不可能错误性的假定由一点转移到另一点。一个意见的有用性自身也是意见问题：和那意见本身同样可以争辩，同样应付于讨论，并且要求同样多的讨论。要判定一个意见为有害，与要判定它为谬误，同样需要一个不可能错误的裁判者，除非那被宣判的意见有充分的机会为自己辩护。再说，若谓对于一个异端者虽然不许他主张其意见的真确性，也可以许他主张其意见的功利性或无害性，这也是不行的。一个意见的真确性正是其功利性的一部分。假如我们想知道要相信某一命题是否可取，试问，我们可能全不考虑到它是否真确吗？在不是坏人的而是最好的人的意见说来，没有一个与真确性相反的信条能是真正有用的。若当这种人因否认人们告诉他是有用的但他自己相信是谬误的某项教义而被责为渎犯者时，试问，你能阻止他们力陈这一辩解吗？其实，凡站在公认意见这一边的人，从来不曾放弃对于这一辩解的一切可能的利用。你不会看到他们处理功利性问题真相能够把它完全从真确性问题抽出来，恰恰相反，最主要的，正因为他们的教义独是"真理"，所以对于它的认识和信仰才被坚持为必不可少。在有用性问题的讨论上，若是如此重要的一个论据只可用于一方而不可用于他方，那就不能有公平的讨论。并且，从事实来看，当法律或公众情绪不允许对于一个意见的真确性有所争辩的时候，它们对于否认那个意见的有用性也同样少所宽容。它们最多只会容让到把那个意见的绝对必要性或者拒绝它的真正罪过减弱一些。

为了更加充分地表明只因我们已在自己的判断中判处了某些意见遂拒绝予以一听之为害，我想若把这讨论限定在一种具体的情事上面是可取的。而我所愿选定的又是对我最无利的一些情事,就是说,在那些事情上,无论在真确性问题或者在功利性问题的争辩纪录上,反对意见自由的论据都是被认作最有力的。且把所要论驳的意见定为信仰上帝和信仰彼界,或者任何一个一般公认的道德方面的教义。要在这样一个战场上作战,实予非公平的敌方以极大的优势,因为他们无疑要说(许多不要不公平的人则在心里说):难道这些教义你还不认为足够确定而应在法律保护之下来采取的吗?难道信仰上帝也算那类意见之一,若予确信,你就说是冒认了不可能错误性吗?但是必须允许我说,并不是确信一个教义(随它是什么教义)就叫作冒认不可能错误性。我所谓冒认不可能错误性,是说担任代替他人判定那个问题,而没有允许他人听一听相反方面所能说出的东西。即使把这种冒认放在我的最严肃的信念这一边,我也仍要不折不扣地非难它和斥责它。任何一个人的劝说无论怎样积极有力,不仅说到一个意见的谬误性,并且说到它的有害后果,不仅说到它的有害后果,并且说到它的(姑且采用我所完全鄙弃的语词)不道德和不敬神。但是,只要他在从事追求那一私的判断时——虽然也享有国人或时人的公众判断的支持——阻挡人们听到对于那个意见的辩护,他就是冒认了不可能错误性。对于这种冒认,还远不能因其所针对的意见被称为不道德或不敬神就减少反对或者认为危险性较少,这乃是有关一切其他意见而且是最致命的一点。正是在所谓不道德或不敬神的场合上,一代的人曾经犯了引起后代惊诧和恐怖的可怕错误。正是在这类情事中,我们看到了历史上一些难忘的事例,当时法律之臂竟是用以铲除最好的人和最高尚的教义;在对人方面竟获得可痛心的成功,虽然有些教义则保存下来,借以(仿佛讽刺似的)掩护向那些对它们或对它们的公认解释持有异议的人们进行同样的行为。

向人类提醒这样一件事总难嫌其太频吧,从前有过一个名叫苏格拉底(Socrates)的人,在他和他那时候的法律权威以及公众意见之间曾发生了令人难忘的冲突。这个人生在一个富有个人伟大性的时代和国度里，凡最知道他和那个时代的人都把他当作那个时代中最有道德的人传留给我们。而我们又知道他是以后所有道德教师的领袖和原型，柏拉图（Plato）的崇高的灵示和亚里士多德（Aristotle）的明敏的功利主义——"配成健全色调的两位宗匠"这是道德哲学和一切其他哲学的两个泉眼——同样都以他为总源。这位众所公认的有史以来一切杰出思想家的宗师——他的声誉到两千多年后还在继续增高，直压倒全部其余为其祖国增光生辉的名字——经过一个法庭的裁判，竟以不敬神和不道德之罪被国人处死。所谓不敬神，是说他否认国家所信奉的神祇，真的，控诉他的人就直斥他根本不信仰任何神祇（参阅"谢罪"篇）。所谓不道德，是就他的教义和教导来看，说他是一个"败坏青年的人"。在这些诉状面前，有一切根据可以相信，法官确是真诚地认为他有罪，于是就把这样一个在人类中或许值得称为空前最好的人当作罪犯来处死了。

再举另一个司法罪恶的事例，这件事即使继苏格拉底处死事件之后来提，都不显得是高峰转低，这就是一千八百多年以前发生在加尔瓦雷（Calvary）身上的事件。这个人，凡曾看到他的生活和听到谈话的人都在记忆上对于他的道德之崇高伟大留有这等印象，以致此后18个世纪以来人们都敬奉为万能上帝的化身。他竟被卑劣地处死了。当作什么人呢？当作一个亵渎神明的人。人们不仅把加惠于他们的人误解了，而且把他误解得与他之为人恰正相反，把他当作不敬神的巨怪来对待，而今天却正是他们自己因那样对待了他而被认为是这样的了。人类今天对于那两桩令人悲痛的处分，特别是二者之中的后者的反感，又使得他们对于当时不祥的主演者的论断陷入极端的不公允。那些主演者，在一切方面看来，实在并非坏人，并不比普通一般人坏些，而且毋宁正是相反：他们具有充分的或者还多少超过充分的那个时代和人民所具有的宗教的、道德的和爱国的情感；他们也是这样一类的人，即在包括我们自己的时代在内的任何时代里也有一切机会可以在不遭谴责而受尊重中过其一生的。那位大牧师，当他扯裂自己的袍服而发出那些在当时国人的一切观念之下足以构成最严重罪行的控词的时候,他的惊惧和愤慨完全可能由于真诚,正如今天一般虔诚可敬的人们在其宗教的和道德的情操方面的真诚一样。而同样,多数在今天对他的行为感到震栗的人们,假如生活在他的时代并且生而为犹太人,也必已采取了恰恰如他所曾采取的行动。有些正统基督教徒总容易想,凡投石击死第一批殉教者的人必是比自己坏些的人,他们应当记住,在那些迫害者之中正有一个是圣保罗(Saint paul)呢。

让我们再加举一例,若从陷入错误者本人的智慧和道德来量这个错误的感印性,这可说是最动人心目的了。假如曾经有过一个人,既享有权力,还有根据可以自居为时人中最好和最开明的人,那就只有马卡斯奥吕亚斯大帝(EmPeror Marcus Aurelius)了。作为整个文明世界的专制君主,他一生不仅保有最无垢的公正,而且保有从其斯多噶(Stoic)学派教养中鲜克期待的最柔和的心地。所能归给他的少数缺点都只在放纵一方面。至于他的著作,那古代人心中最高的道德产品,则与基督的最称特征的教义只有难于察见的差别,假如还有什么差别的话。这样一个人,这样一个在除开教条主义以外的一切意义上比以往几乎任何一个彰明昭著的基督徒元首都要更好的基督徒,竟迫害了基督教。他居于人类先前一切成就的顶巅,他具有开敞的、无束缚的智力,他具有导引他自己在其道德著作中体现基督理想的品性,可是他竟未能看到基督教对于这世界——这世界是他以对它的义务已经深深投入的——乃是一件好事而不是一个祸害。他知道当时的社会是处于一种可悲的状态。尽管如此,可是他看到,或者他想他看到,这世界是借着信奉已经公认的神道而得维持在一起并免于变得更糟的。作为人类的一个统治者,他认为自己的义务就在不让社会四分五裂,而他又看不到,社会现存的纽带如经解除又怎样能够形成任何其他纽带来把社会重新编结起来。而新的宗教则是公然以解散那些纽带为宗旨的。因此,除非他的义务是在采取那个宗教,看来他的义务就在把它扑灭了。这样,由于基督教的神学在他看来不是真理或者不是源于神旨,由于那种钉死在十字架的上帝的怪异历史在他想来殊难置信,而这样一个全部建筑在他所完全不能相信的基础上的思想体系在他自然不能想见其成为那种调整的动力(殊不知事实上,它即经一切削弱之后仍已证明是那样的),于是这位最温和又最可亲的哲学家当统治者,在一种庄严的义务感之下,竟裁准了对基督教的迫害。这件事在我心里乃是全部历史中最富悲剧性的事实之一。我一想到,假如基督徒的信仰是在马卡斯奥吕亚斯的庇护之下而不是在君士坦丁(Constantine)的庇护之下被采为帝国的宗教,那么世界上的基督教不知早已成为怎样大不相同的东西,我思想上便感到痛苦。但是应当指出,在马卡斯奥吕亚斯想来,凡能为惩罚反基督的教义提供的辩解没有一条不适用于惩罚传播基督教,如他所实行的,我们若否认这一点,对他便有失公允,与实际亦不相符。没有一个基督徒之相信无神论为谬误并趋向于使社会解体,比马卡斯奥吕亚斯之相信基督教便正是这样,能说是更为坚定的了。而他在当时所有人之中还应该可被认为最能理解基督教的呢。这样看来,我便要劝告一切赞成惩罚宣播意见的人,除非他诣许自己比马卡斯奥吕亚斯还要聪明还要好——比他更能深通所处时代的智慧,在智力上比他更为高出于时代的智慧,比他更加笃于寻求真理,而在寻得真理之后又比他更能一心笃守——他就该深自警戒,不要双重地假定自己的和群众的不可能错误性,须知那正是伟大的安徒尼拿斯(Antoninus)所作所为而得到如此不幸的结果的。

　　宗教自由的敌人们也觉到,若不用什么论据把马卡斯安徒尼拿斯说成正当,就不可能替使用惩罚办法来束缚不信宗教的意见的行为辩护(他们在被逼紧的时候间或也承认上述的结果),于是他们就说,就随着约翰生博士(Dr. Johnson)一道说:迫害基督教的人还是对的。迫害乃是天机早定的一个大难,真理应当通过而且总会胜利通过的,因为法律的惩罚最后终于无力反对真理,虽然反对为害的错误时则有时发生有益的效果。这是替宗教上的不宽容进行论证的一种形式,这种形式应引起足够的注意,而不应忽略过去。

这种因迫害无能加害于真理遂称迫害真理为正当之说,我们固不能即斥为对于接受新真理故意怀有敌意,但那样对待加惠人类的人们致使人类有负于他们的办法,我们实不能称为宽厚。须知,对世界发现出一些与它深切有关而为它前所不知的事物,向世界指证出它在某些关系俗界利益或灵界利益的重大之点上曾有所误解,这乃是一个人力所能及的对其同胞的重大服务,在某些情事上正和早期的基督徒和以后的改革者的贡献同样重大,这在与约翰生博士想法相同的人也相信这是所能赠献与人类的最宝贵的礼物。可是这个学说竟认为,作出这样出色的惠益的主人所应得的报答却是以身殉道,对于他们的酬报却应是当作最恶的罪人来对待,而这还不算人类应该服麻捧灰以示悲悼的可悲痛的错误和不幸,却算是事情的正常的并可释为正当的状态。依照这个学说,凡提倡一条新真理的人都应当像并且已经像站在乐克里人(Locrians)立法会议中那样,要建议一条新法律时,脖颈上须套一条绞索,一见群众大会听他陈述理由之后而不当时当地予以采纳,便立刻收紧套绳,把他勒死。凡替这种对待加惠者的办法辩护的人,我们不能设想他对那个惠益会有多大评价,而我相信,持有这种看法的人必是认为新真理或许一度是可取的,但现在我们已经有了足够的真理了。

至于说真理永远战胜迫害,这其实是一个乐观的讹误,人们相继加以复述,直至成为滥调,实则一切经验都反证其不然。历史上富有迫害行为压灭真理的事例。即使不是永远压灭,也使真理倒退若干世纪。仅以关于宗教的意见来说吧,宗教改革在路德(Luther)以前就爆发过至少20次,而都被镇压下去。勃昌西亚的阿诺德(Arnold of Brescia)被镇压下去了,多尔契诺(Fra Dolcino)被镇压下去了,萨旺那罗拉(Savonarola)被镇压下去了,阿尔拜儒之徒(Albigeois)被镇压下去了,佛奥杜之徒(Vaudois)被镇压下去了,乐拉之徒(Lollards)被镇压下去了,胡斯之徒(Hussites)被镇压下去了。即使在路德时期以后,只要什么地方坚持迫害,迫害总是成功的。在西班牙、在意大利、在东西佛兰德(Flanders)以及在奥帝国,新教就被根绝了。在英国,若是玛丽女王(Queen Mary)活着,或者伊丽莎白女王(Queen Elizabeth)死了,也很会早已是那样的。迫害一直是成功的,除开在异端者已经成为过强的党派以致无法做到有效迫害的地方。没有一个可以理喻的人能够怀疑,基督教曾可能在罗马帝国被消灭净尽。它之所以能够传布并占得优势,乃因多次迫害都只是间或发生的,仅仅持续一个短的时间,其间则隔有很长的几乎未经阻扰的宣传时隙。由此可见,若谓真理只因其为真理便具有什么固有的力量,能够抵抗错误,能够面临监狱和炮烙而挺占优胜,这乃是一种空洞无根的情操。须知人们之热心于真理并不胜于他们之往往热心于错误,而一使用到足量的法律的或甚至仅仅社会的惩罚,一般说来,对二者便都能成功地制止其宣传。真理所享有的真正优越之处乃在这里:一个意见只要是真确的,尽管可以一次再次或甚至多次被压熄下去,但在悠悠岁月的进程中,一般总会不断有人把它重新发现出来,直到某一次的重现恰值情况有利,幸得逃过迫害,直至它头角崭露,能够抵住随后再试图压制它的一切努力。

人们会说,我们现在已不把倡导新意见的人处死了,我们已不像我们先人之杀戮先知者,我们甚至还替他们营造坟墓。真的,我们是不再弄死异端者了,现代兴情所能容忍的对于即使是最有毒害的意见的惩罚,其程度也不足以根绝那些意见。但是,还让我们不要阿谀自己,认为我们现在已经免于法律迫害的污点了。对于意见的惩罚,或者至少对于发表意见的惩罚,还凭法律而存在着。至于这些罚章的执行,即使在近时,也并非一无例证致使人们可以完全不信其有一天会充分复活起来。即在1857年,在康沃(Cornwall)郡的夏季巡回裁判庭,就有一个不幸的人①,据说在生活一

---

① 这人是托玛斯普雷(Thomas pooley),于1857年7月31日受到波德明巡回裁判庭(Bodmin Assizes)的判处。12月,他得到皇室的特赦。

切关系方面都还是碌碌庸行的,只因说了和在门上写了几句触犯基督教的话就被判处 21 个月的徒刑。在同时的一个月之内,在旧百雷(Old Bailey)地方,又有两个人分别在两个场合上被拒绝充当陪审员①,其中一人并受到推事和律师之一的重大侮辱,只因他们诚实地自陈没有什么神学的信仰;同时还有第三个,一个外国人,则因同样的理由被拒绝对一个窃贼进行控诉②。这种对于报怨求偿的拒绝,系依据法律上的一条教义,即凡不宣称相信一个神(任何一个神就足够了)和相信彼界的人概不能被准许到法庭作证。这无异于宣布这种人为法外之人,被排拒在法庭的保护之外;这不仅等于说,人们可以对他们进行掠夺或攻击而不受处罚,只要没有他人而只有他们自己或抱有同类意见的人在场;这还等于说,人们也可以对任何人进行掠夺或攻击而不受处罚,假如要证明这事实只有靠他们来作证的话。这条教义又以一个假定为根据,就是说,凡不信彼界的人,其誓言概无价值。这个命题显示着,赞成它的人对于历史是太无知了(因为历史上千真万确的情况是,各个时代都有很高比例的无信仰者乃是出色的正直而享有荣誉的人)。凡人只要稍稍理会到,有多少以道德和成就而享世界盛名的人都是众所深知至少是其熟人们所深知的无信仰者,谁就再也不会主张这个命题了。再说,这条规律又是自杀性的,它取消掉自己的基础。在凡是无神论者必是说谎者这一假定之下,它容许了所有愿意说谎的无神论者来作证词,而所拒绝的倒只是那些敢冒不韪,宁愿公开自认一条人所痛恶的信条而不愿肯定一点虚妄之事的人们。实行这样一条自判为背谬于其所设目的的规律,只能视为仇恨的标志,迫害行为的遗骸,同时也是迫害行为本身,而且还具有一个特点,即受迫害的资格正是清楚地被证明为不应受迫害。并且,这条

---

① 一人是呼里约克(George Jacob Holyoake),事件发生于 1857 年 8 月 17 日;另一人是楚勒夫(Edward Truelove),事件发生于 1857 年 7 月。

② 这人是格莱钦的男爵(Baron de Gleichen),事件发生于 1857 年 8 月 4 日,在马尔波誉街警察法庭上(Marlborough Street Police Court)。

规律以及它所含的学理对于有信仰的人也是一个侮辱,正不亚于对于无信仰的人是一个侮辱。因为,若谓凡不信彼界的人必然要说谎,那么势必要说凡信彼界者之避免说谎,假如他们是避免了的话,只是因为怕入地狱了。对于这条规律的创作者和教唆者,我们且不伤他们,且不说他们所形成的基督道德的概念乃是出自他们自己的意识罢了。

不错,这些情况只是迫害行为的陈迹和残余,可以不认作意欲实行迫害的标志。英国人心理往往有一种优柔虚弱状态,当自己实已不复坏到要实行一条坏原则时却反常地以主张那条原则为乐,上述残余情况正可视为这种心理状态之一例。但是,不幸之处则在,停顿已近一代之久的更坏形式之下的法律迫害能否继续停顿下去,这在公众心理状态中并没有什么保证。在现在这个年代里,日常事物平静的表面常会为复活旧罪恶的尝试所搅动,正像为倡导新惠益的尝试所搅动一样。目前所夸称的宗教复兴,在狭隘而无文化的人们心中至少同样也是迷信的复活,而凡是人民情绪中还存有不宽容思想的强烈而经久的酵母的地方——这是无论何时都留踞在我国中等阶级之中的——总是无需费力就能挑动他们去积极迫害他们所从来不视为迫害的正当对象的人们①。使得我

---

① 近来有一种激动的迫害情绪得到大量灌输,并与印度兵叛变事件中我国民族性最坏部分的普泛开展结合起来,我们从这里可以得到很多警示。狂热的人们和大言不惭的人们从教堂讲坛上发出的种种谵语就不值得去理会了,而福音派的首脑们在管治印度人和回教徒问题上也当作一条原则宣称说,凡不讲授圣经的学校概不得受公款资助,其后果必然是,凡非真正的或假冒的基督徒也一概不得授予公职。据报告,一位副国务大臣于 1857 年 11 月 12 日向选民发表演讲时曾说:"不列颠政府宽容他们的信仰"(不列颠亿万臣民的信仰),"宽容他们所称为宗教的迷信,这已产生了阻滞不列颠声誉上升的作用,已产生了阻碍基督教健康成长的作用。……宽容当然是我国宗教自由的巨大基石,但不要让他们滥用宽容这一贵重的字眼。照他理解,所谓宽容,乃是在具有同一崇拜基础的基督徒之中,大家都有完全的崇拜自由,乃是对具有一个居间的共同信仰的基督徒中各个不同宗派的宽容。"我请大家注意这一事实:一个被认为适宜在自由党政权下在我国政府中担任高级官职的人竟会主张这样一条教义,认为凡不信基督为神的人应屏诸宽容的界线之外。试问:看到这种呆子般的表现之后,谁还能溺于错觉,以为宗教迫害之事已经一去不复返了呢?

们这个国度不能成为一个精神自由的地方的正是这一点，正是人们对于不信仰他们所重视的信条的人所抱的意见和所怀的情绪。在过去很长的时间里，法律惩罚的主要害处就在它加强了社会的诋毁。而正是社会的诋毁乃是真正有效力的东西，其效力竟使得在英国，在社会戒律之下，敢于发表意见的事比在他国，在法律惩罚的危险之下，还要少见得多。对于除开经济情况使其无赖于他人的善意而外的一切人，在发表意见的问题上，舆论是像法律一样有效力的。人们可以被投置在监狱之内，同样也可以被排拒在赚取面包的办法之外。那些已将面包稳取到手而无需或向有权势者，或向团体，或向公众取得恩遇的人们，在公开发表意见方面自然不怕什么，可是只怕被人想来不好，谈论不好，而这些则应当不需要什么了不起的英雄性格才使他们能够承受。关于这种人，是没有什么诉诸怜悯心情替他们辩解之余地的。但是，虽然我们已不像从前所惯为的那样把许多灾祸加于和我们思想不同的人，可是也许会以我们现在对待他们的办法对我们自己做出与历来同样多的灾祸。苏格拉底是被处死了，但苏格拉底的哲学则如日在中天，光辉照遍整个的知识长空。基督徒是被投饲狮子了，但基督教会则长成一株堂皇繁茂的大树，高出于那些较老而较少生气的生长物，并以其复荫窒抑着它们。我们现在仅仅有点社会的不宽容，这既不杀死一个人，也不拔除什么意见，但是这却诱导人们把意见遮掩起来，或者避免积极努力去传布意见。在我们这里，以每十年或每一代来看，异端意见极少取得或者甚至还丢失了它们的阵地；它们从来不曾传布得遥远而广泛，而只是保持在一些深思勤学的人们的狭小圈子里暗暗燃烧着；它们在那些人中间发源开端，却从来未得以其真的或假的光亮照到人类的一般事务。这样，就形成了一种事态，有些人觉得很可满意，因为这里没有对什么人罚款、把什么人监禁的不愉快过程就把一切得势的意见维持得外表上未遭扰乱，而同时对那些溺于思想痼疾的异议者也并未绝对制止他们运用理性。这在保持知识界中的宁静、保持其中一切事物都一仍旧贯地进行方面，倒不失为一个便宜的方案。但是为知识方面这种平静所付出的代价却是牺牲掉人类心灵中的全部道德勇敢性。这样一种事态，有一大部分最积极、最好钻研的知识分子都觉得最好把真正的原则以及信念的根据保藏在自己心里，而在公开演讲中则把自己的结论尽量配合于他们内心所弃绝的前提——这是绝不能产生出那种一度装饰过知识界的开朗无畏的人物以及合乎逻辑而贯彻始终的知识分子的。在这种事态之下，只能找到这样一类的人，不是滥调的应声虫，就是真理的应时货，他们在一切重大题目上的论证都是为着听众，而不是自己真正信服的东西。还有些人出于这两途之外，则把其思想和兴趣局限在一些说来不致犯到原则领域以内的事物上，即局限在一些细小的实际的问题上——这些事物，只要人类心灵得到加强和扩大，是自己就会弄对，也是非到那时不能实际弄对的——在那时，那些足以加强和扩大人们的心灵以及人们对于最高问题的自由而勇敢的思想的事物被放弃了。

凡认为异端者方面这种缄默不算一种灾害的人，首先应当思量一下，这样缄默的结果是使异端意见永远得不到公平透彻的讨论。而一些经不起这样讨论的异端意见，虽然会被遏止不得散布，却不会就此消失。由于禁止一切不归结于正统结论的探讨，败坏最甚的还不是异端者的心灵。最大的损害乃在那些并非异端者的人，由于害怕异端之称，他们的整个精神发展被限制了，他们的理性弄得痀挛了。世界上有一大群大有前途的知识分子和秉性怯弱的人物，弄得不敢追随任何勇敢、有生气的和独立的思想的结果，否则就要把自己带到会被认为不信教或不道德的境地——请问谁能计算这世界受到何等的损失？在这一大群之中，我们还可以间或看到某个具有深刻良心和精细理解的人，用其一生以他所不能压熄的智力从事于矫作世故，并竭其一切巧思努力于把其良心和理性所迫促的东西与正统调和起来，而最后或许还办不成功。须知作为一个思想家，其第一个义务就是随其智力所之而不论它会导致什么结论,谁认识不到这一点,谁就不能成为一个伟大的思想家。设有人以相当的勤勉和准备自己进行思考可是产生错误,另有人则抱持真确的意见可是只为免使自己思考,在这两种情况下,真理所得于前者的比所得于后者的要多。还不是单单为着或者主要为着形成伟大思想家才需要思想自由。相反,为着使一般人都能获致他们所能达到的精神体量,思想自由是同样或者甚至更加必不可少。在精神奴役的一般气氛之中,曾经有过而且也会再有伟大的个人思想家。可是在那种气氛之中,从来没有而且也永不会有一种智力活跃的人民。若见哪一国人民一时曾经接近于那种性格,那是因为对于异端思想的恐惧会经暂告停止。只要哪里存在着凡原则概不得争辩的暗契,只要哪里认为凡有关能够占据人心的最大问题的讨论已告截止,我们就不能希望看到那种曾使某些历史时期特别突出的一般精神活跃的高度水平。并且,只要所谓争论是避开了那些大而重要足以燃起热情的题目,人民的心灵就永不会从基础上被搅动起来,而所给予的推动也永不会把即使具有最普通智力的人们提高到思想动物的尊严。关于那种活跃情况,有三个历史时期可以为例:一个是紧接宗教改革之后一段时间内的欧洲的情况;另一个仅限于欧洲大陆并仅限于较有文化的阶级,那是18世纪后半期的思考运动;第三个时期为时更短,就是德国在歌德(Goethe)和费希特(Fichte)时期知识方面的跃动。这三个时期在其所发展出来的一些特定意见上是大不相同的,但有一点则三者一样,就是在那三个时期中权威的枷锁都被打碎了。那时,旧的精神专制已被推翻,而新的还未建立。正是由那三个时期所给予的推动才把欧洲造成现在这样。无论在人心方面或者在制度方面出现的每一进步,都可清楚地分别溯踪于三者中的或此或彼。可是若干时间以来,有些现象表明所有那三项推动力量已经差不多用光,我们若不再度力主精神自由,我们就不能期待什么新的起步了。

现在我要转到验证的第二部分,不再假定任何公认意见都会谬误,而姑且冒认它们皆系真确,然后来考查一下,若不对那些意见的真确性进行自由和公开的讨论而径加以主张,这样又有什么价值。凡持有一种坚强意见的人,不论怎样不甘承认其意见有谬误的可能,只要一想,他的意见不论怎样真确,若不时常经受充分的和无所畏惧的讨论,那么它虽得到主张也只是作为死的教条而不是作为活的真理——他只要想到这一点,就应该为它所动了。

有一类人(幸而不像从前那样多了)想,有人对于他们所认为真确的意见只要无怀疑地表示赞同,虽然对于它的根据一无所知,也不能替它在最肤浅的反驳面前作一番守得住的辩护,那也就足够了。这样的人,只要一旦能够领到权威方面教给他们的信条,便自然而然会想,若还允许对这信条有所问难,那就没有好处而只有害处。这样的人,当他们的势力得势时,就会使得人们几乎不可能以聪明而有考虑的方式排斥一个公认的意见,虽然仍不免鲁莽而无知地把它排斥。这是因为,要完全杜绝讨论究竟不大可能,而当它一旦达到时,没有坚定信念作基础的信条自然一遇辩论的影子就会退避三舍。根本说来,即使舍弃这个可能性不提——就假定真确意见是深踞心中,但系作为一个成见、一个脱离论证的信条、一个反对论证的证据而深踞心中——这也不是一个理性动物主持真理时所应取的办法。这不是有知于真理,这样主持下的真理,毋宁说只是一个迷信,偶然贴在宣告真理的字面上罢了。

假如说人类的智力和判断力是应当培养的(这至少是新教徒所不否认的事),那么试问在什么事物上最适于锻炼一个人的那些能力呢?难道还有比那些关涉本人甚切以致必须对它们抱有意见的事物更为适宜的吗?假如说对于理解力的培养在一个事情中要胜于在另一个事情中,这无疑最好是在学得自己的意见的根据中来进行。在一些要有所信便首须信得正确的题目上,人们不论相信什么,总应当能够为它至少在普通的反驳面前作辩护。但是有人会说:"把他们的意见的根据教给他们就成了。对于一个意见,不见得因为没有听到争论就一定是鹦鹉学舌。譬如学习几何学的人并非单把定理装入记忆,同时也懂得和学会演证,若因他们从未听到什么人否认并试图证倒几何学的真理,就说他们对于几何学真理的根据懵然无知,那就未免荒唐了。"毫无疑问,若只说到像数学这个题目,其中根本没有错的一方要说的东西,那样说法是很可以的、数学真理的证据有其特殊之点,就是所有论据都在一方。这里没有反驳,也没有对反驳的答复。但是在每一个可能有不同意见的题目上,真理却像是摆在一架天平上,要靠两组互相冲突的理由来较量。即使在自然哲学当中,对于同一事实也可能有另种解释:例如有以地球中心说代替太阳中心说的,有以热素论代替氧气论的。这就必须能够表明为什么那个另一说不能成为真理,除非到这一点已经得到表明,并且我们也知道它是怎样得到表明的,我们就不算懂得我们所持意见的根据。至于再转到一些远较复杂的题目,转到道德、宗教、政治、社会关系、生活事务等等,那在每一个要争执的意见上倒有四分之三的论证须用于驱除一些有利于不同意见的现象。古代有个除一人而外的最大演说家留有记载说,他对于敌方的情事,即使不用比研究自己的情事时所用的更大的强度,至少总要用同样的强度来加以研究。西塞罗(Cicero)用这种办法当作在公开辩论时获得成功的手段,这正是为了达到真理而研究任何题目的人们都需要仿效的。一个人对于一件情事若仅仅知道他自己的一方,他对那个情事就所知甚少。他的理由也许很好,也许不曾有一个人能驳倒它。但是假如他也同样不能驳倒反对方面的理由,也不尽知那些理由都是什么,那么他便没有根据就两种意见之中有所择取。这时他的合理立场应当是把判断悬搁起来,他若不甘心于这样,他便不是被权威带着走,就是像世界上一般情况那样采取他自己情绪上所最倾向的一方。进一步讲,一个人之听取敌方的论据,若仅听到自己的教师们所转述的样子,其中并伴有他们所提供的作为辩驳的东西,那也还不够。那不是对待论据的公正办法,也不会拿它们真正触到自己的心。他必须能够从实在相信那些论据、真诚替它们辩护,并为它们竭尽一切努力的人们那里听到那些论据；他必须在那些论据的最花巧又最动听的表达形式之下来认识那些论据；他必须感受到那种为真确见解所必须遇到并予以解决的难题的全部压力；否则他就永不能真正掌握到足以对付并解决那个难题的真理。99％的所谓受过教育的的人们都是处于这种情况，甚至那些能为自己的意见滔滔辩护的人们也是如此。他们的结论也许真确，但对于他们所知的东西而言则会是谬误：他们从未把自己投放在与他们思想不同的人们的精神境地去想一想那些人必会说些什么。因而若照知这一字的本义说来，他们可说是并不知他们自己所宣奉的教义。一个教义的某些部分足以说明其余部分并将它释为正当，这在他们是不知的；有些考虑足以表明两个似乎彼此冲突的事实实在可以互相调和，或者足以指明在看来都很有力的两个理由之间应当如何取舍，这在他们也是不知的。总之，对于所有足以转变比重、足以决定一个全面理解者的判断的那部分真理，他们都是陌生的。而要真正知道那部分真理，只有兼顾双方、无所偏重并力图从最强的光亮下来观察双方的理由的人们才能做到。要在一些道德的和人文的题目上取得一个真正的理解，这是一条最根本的纪律，甚至在一切重要真理上如果没有反对者，我们还不可不想像一些反对者，并供给他们以最技巧的魔鬼辩护者所能编出的最有力的论据。

为了减弱上述那些考虑的力量，讨论自由的敌人或许又会说，没有必要要人类一般都知道、都理解哲学家们和神学家们所能讲的反对或赞成其意见的一切道理。他们说，无需要求普通人都能揭示一个天才反对者的一切误言或妄言。他们说，只要总有一些人能够答复那些误言或妄言，使得凡是会把不学的人们引导向错误的东西没有不遭到批驳的，那就足够了。他们说，一些心思简单的人，既经有人把反复传授的真理的明显根据教给他们，就可把一切余事托给权威人士，他们既明知自己无知无才去解决每一个能被提出的难题，就大可在反正有对该项工作特有训练的人们已经或者能够对已提出的一切难题予以解答的保证之下去安静休息了。

对于这个见解，让我姑且让步到那些在理解真理（这应当伴随着信仰真理）的数量上最容易感到满足的人们所能要求的最大限度，即使如此，赞成讨论自由的论据也并未有所削弱。因为就是这个说法也承认人类应当有一个理性的保证：对于一切反驳已经予以满意的答复，既然如此，如果不把需要得到答复的反驳说出来，它们又怎能得到答复呢？如果反驳者没有机会表明答复是未能令人满意的，又怎能知道答复是令人满意的呢？即使公众不必要，至少要去解答难题的哲学家和神学家总必要使自己熟习于那些难题，并且必须在其最令人困惑的形式之下来认识它们。而要做到这一点，就非把它们自由地陈述出来并置于它们所容有的最有利的光亮之下不可。天主教有其应付这个麻烦问题的办法，它把人们大别为两类：一类是能够许其以直接的信念来接受它的教义的，一类则必须靠间接的信赖来接受它们。诚然，对于二者都不许在接受什么这一点上有所选择，但是教士们，至少能予充分信任的教士们，为要答复反对者的论证之故，则得到允许并受到奖励去认识那些反对的论据，因而可以读到异端的著作。至于不以此为业的俗人，除非有特殊的许可，就很难得到这种机会了。这条纪律就承认了关于敌方情事的知识对于宣教者是有益的，不过它又想出与此相辅而行的办法不让世界上其余的人也知道这个。这样就给予所谓选士比一般大众较多的精神教化，虽然不是较多的精神自由。天主教用了这个方策，就成功地获致了其宗旨所求的精神方面的优越地位，因为无自由的教化固然永远不会造就一个阔大而自由的心灵，但是确能造就一个在乡村巡迴法庭上就一桩案由进行辩护的聪明辩护士。但是在宣奉新教的国度里，这种解救办法却是被否定的，因为新教徒主张，至少在理论上主张，选择一个宗教的责任必须由每人自己承担起来而不能推诿在宣教者身上。再说，在世界的现状之下，要把学者所读到的著作对不学者封锁起来，这实际上也不可能。若要让人类的宣教者认识到他们所应当知道的一切东西，就必须让一切东西被自由地写作并印行出来而不加以任何束缚。

进一步讲，在公认意见皆系真确这个假定之下，缺乏自由讨论之为害若不过只在使人们不能知道那些意见的根据，那么或者还可以说这纵然是知识上的却还不是道德上的危害，就着意见对于品性的影响一点说来，这尚无损于意见的价值。但事实却是，在缺乏讨论的情况之下，不仅意见的根据被忘掉了，就是意见的意义本身也常常被忘掉了。在这种情况之下，表达意义的字句就不复提示什么观念，或者只提示它们原来所用来表达的观念的一小部分。鲜明的概念和活生生的信仰是没有了，代之而存在的只有一些陈套中保留下来的词句；或者假如说意义还有什么部分被保留下来，那也只是意见的外壳和表皮，其精华则已尽失去了。人类历史中不乏为这种事实所填据的巨大篇章，要加以研究和思考是不嫌过于认真的。

……

一般地说，对于一切传统教义，如有关生活智虑和生活知识以及道德方面或宗教方面的传统教义，上述道理也同样是真确的。所有言语和文章中都充满着关于生活的一般议论，既讲到生活是什么，也论到在生活中怎样做人。这些议论是每人都知道的，是每人都一再称述或者闻而默许的，也是大家都当作目明的真理予以接受的，可是大多数人却只是在切身经验——一般是痛苦一类的经验——使其意义对他们成为实在的时候才开始真正学到它的意义。一个人往往在受到某种未能逆料的不幸或失望的创痛之后才想到他一生中一直习闻的某些谚语或常谈，对于这些谚语或常谈，他若能老早就像事后那样感到其意义，就会拯救他免遭这场灾难了——这种情形是屡见不鲜的。所以有这种情形，诚然除开缺乏讨论而外还有许多理由：有若干真理非至个人亲身经验到时便不能认知其充分的意义。但是就是对于这种真理，一个人只要经常听到懂得它的人们就它进行赞成和反对的辩论，对其意义也会了解得多得多，而所了解到的东西也会深刻得多地印入心中。人类一见事物不复有疑就放弃思考，这个致命的倾向是他们所犯错误半数的原因。现代一位作家曾说到"既定意见的沉睡"，这话是说得很好的。

这是什么话！人们会问：难道真确的知识是以不见一致性为必不可少的条件吗？难道为要使什么人能够认知真理就必须有某一部分人坚持错误吗？一个信条果真是一到为一般人所接受了的时候就失去其实在性和生命力吗？一个命题果真是除非还有疑问就不能被人彻底理解到和彻底感受到吗？这是否说，一到人类一致接受了某个真理的时候，那个真理就在他们当中消亡下去呢？大家一直都想着，改进知识的最高目标和最好结果乃是要在一切重要真理的认定上把人类联合得愈来愈好，难道说知识只有在未达到它的目标的时候才存在吗？难道征服的果实却因胜利之非常完全而遭到销毁吗？

我并未肯定那些说法。随着人类的进步，无复争执或者无复存疑的教义在数目上是会经常增加的。而且也几乎可以说，人类福祉正是要用已达无可争辩程度的真理的数目和重量来衡量的。许多问题上的严重争论一个接着一个停止下来，这是意见凝固化过程中所必有的事情之一。这种凝固化，在真确意见方面当然是有益的，但在错误意见方面却也同样是危险的和有害的。因此，虽然说意见分歧界限的这种逐渐缩小在既属不可避免也不可缺少双重意义下有其必定性，但我们却不因此就必须得出结论说它的一切后果都一定是有益的。在对于一条真理的聪明而生动的领会方面丢掉像被迫就着那条真理向反对者进行解释和进行辩护所提供的那样一个重要助力，这个损失与那条真理之取得普遍承认的利益相权起来，纵不足以压倒后者，也是一种不小的牵掣抵消。所以到了这种助益不能再有的时候，我承认我愿意看到人类的宣教者努力提供一个代替物出来，就是说，总要想些办法把问题的困难之点提呈在学习者的意识面前，就像一个持见不同而急于争取他转变的竞胜者把它们提到他面前那样。

可是人们不但没有为此目的寻求办法,还把他们以前有过的办法都丢失了。像柏拉图对话中所例示的那样雄伟的苏格拉底式辩论法,就是我所说的这种办法。那主要是关于哲学上和生活上一些重大问题的一种反面的讨论,有其登峰造极的技巧指导着,目的则在说服那种仅仅采到公认意见的一些陈词滥调的人,叫他知道自己并没有懂得那个题目,叫他知道他对自己所宣奉的教义还没有寓以一定的意义。这样,在他觉悟到自己的无知之后,就能把他放到一条可以达致稳固信仰的道路上,使那信仰站立在对于教义本身以及教义的证据的意义都有一种明白领会的基础上面。再说到中世纪的学院论战,那也多少有着同样的目标。那是意在确令学生懂得他自己的意见,也(必然相关联地)懂得与之相反的意见;能够加强前者的根据,也能够驳倒后者的根据。这种学院论战诚然有其不可救药的缺点,就是它所投靠的前提乃是得自权威而不是得自理性。而当作对于心灵的训练来说,它诚然也在各方面都有逊于形成所谓"苏格拉底之毒"的智力的那种有力辩论法,但是实在它也和后者一样在远远超过一般人所愿承认的程度上对近代人心有所贡献。而现代的教育方式,却没有任何东西能够在最小的程度上填补二者之中任何一个的地位。一个专从教师或书本引得一切教训的人,纵使逃开了包围上来要使自己满足于生填硬塞的引诱,也总不会被迫去兼听双方,因而(甚至在思想家当中)也就远远不会常在兼知双方方面有所成就。于是他在为自己意见辩护中所讲到的最弱部分乃是他意想作为答复敌方的东西。现在时兴的做法是贬抑反面的逻辑——这种逻辑只指出理论中的弱点或实践中的错误,而不建树正面的真理。这样一种反面的批判,作为一个最后结果来看,的确是很不够的,但是若作为达致一种实称其名的正面知识或信念的一个手段来说,那是无论怎样评价也不嫌过高的。可以说,除非到了人们再度有系统地受到这种逻辑训练的时候,将只能出现很少的大思想家,而在除开数理和物理部门以外的任何思想方面也只能出现很低的一般智力水平。在任何其他题目上,没有一个人的意见能当得起知识之称,除非他由于别人的强加或出于自己的主动经历过像对反对者积极争论所要求于他的那样精神活动过程。如此说来,对于这样一个东西,没有它时是如此之不可缺少,又如此之难于创造,而当它自己自动供到面前时却竟加以摒弃,这不是多么荒唐么!因此,如果有人正对公认意见有所争议,或者如果有人只要法律或舆论容许时就会对公认意见有所争议,那么我们要感谢他们,要敞开心胸倾听他们,还要为此而感到喜悦,因为有人替我们做了,否则我们自己也应当做(只要我们对自己信念的确定性或生命力还有所关心的话)而且做来还要费力得多的事情。

以上是就着意见分歧之有益论列其一些主要原因(这将继续下去,直至人类在知识前进的历程中进到另一阶段,而这在现在看来则还有不可计算的距离),现在还剩有一条要再讲一下。到现在止,我们只考虑过两种可能性:一种是假定公认意见为谬误,从而某些其他意见便为真确;另一种是假定公认意见为真确,那么它与对立错误之间的冲突便正有助于对其真确性的明白领会和深刻感受。但是还有一种比这两种都更常见的情事,那就是,有两种相互冲突的教义,不是此为真确彼为谬误,而是共同分有介于二者之间的真理。公认的教义既仅体现真理的一部分,于是就需要不合的意见来补足其所遗。在非感官所能触到的题目上,流行的意见往往是真确的,但也很少是或者从不是全部的真理。它们乃是真理的一部分,有时是较大的一部分,有时是较小的一部分,但总是被夸张,被歪曲,并被从其他一些应当相伴随相制约的真理那里分离开来。另一方面,异端的意见则一般总是某些被压制被忽视的真理,突然摆脱了缚倒它的锁链,不是对通行意见中所含真理谋求调和,就是把它摈为敌方而以同样的排他性自立为全部真理。后一种情事是迄今最常见的情事,因为在人类心灵方面,片面性永远是规律,而多面性则是例外。因此,即使在意见的旋转运动中,通常也是真理的这一部分落下去而那一部分升起来。甚至在前进运动中,那本当是累加性的,大部分也只是由一个偏而不全的真理去代替另一个偏而不全的真理。而进步之处主要只在新的真理片段比它所代替的东西更见需要,更为适合于时代的需求罢了。既然即使站在真确基础上的得势意见也都具有这样的偏缺性质,所以我们就应当珍视凡为通行意见所略去而本身却多少体现部分真理的一切意见,不论其真理当中可能交织着多少错误和混乱。没有一个人类事务的清醒判断者会因为迫使我们注意到否则我们就要忽略掉的真理的人也忽略了我们所见到的某些真理就感到不能抑制的愤怒。他毋宁要想,正因为流行的意见还是片面性的,这就比在他种情况下更要欢迎非流行的真理方面也有其片面性的主张者,因为这样通常是最有活力的,最能迫令人们对于那些片面主张者所号称完整而实系片段的智慧予以勉强的注意。

举例来看,在18世纪,当几乎一切有学养的人以及跟在他们后面的无学养的人都热狂于赞叹所谓文明,赞叹近代科学、文学、哲学的各项奇迹的时候,当他们既过高估计了现代人与古人不同的程度,复滥信这全部不同都偏利于他们自己的时候,请看卢梭(Rousseau)的一些似非而是的议论怎样像炸弹一般爆发在一大堆结构紧密的片面性意见之中,改变了它原来的部位,迫使其中分子在新的分子楔入之下重新组合出更好的形式,起到了有益的震撼作用。并不是那些流行的意见整个看来比卢梭的意见距离真理较远,恰恰相反,它们更近于真理,含有更多的正面真理,而错误还少得多。不过在卢梭的教义当中却有着数量可观的恰是流行意见所缺少的真理,它们卷在意见的洪流之中顺流而下,等到潮水降退之后则现出是留在后面的宝藏。譬如说生活的简朴有着更高贵的价值,譬如说虚伪社会的罗网和伪善有着耗丧精力和败坏风气的恶果,这些都是自从卢梭著论之后才深入有教养的心灵而从未完全消失的观念,它们还将随时产生其应有的效果,虽然说在今天也就和在任何时候一样需要力加主张,并且还需要用事实来力加主张,因为语言在这个题目上已经几乎竭尽其力了。

再看,在政治方面,这已经几乎成为老生常谈:一个党要求秩序和稳定,另一个党要求进步或改革,二者同为政治生活中健康状态的必要因素,直到这一党或那一党都能扩大其理解力,知道并善于辨别什么宜于保存和什么应当扫除,而成为一个既重秩序也重进步的政党。这两种思想方式各借对方的缺陷现出己方的功用,也在很大程度上各靠对方的反对才把己方保持在理性和健康的限度之内。关于民主政体和贵族政体,关于财产和平等,关于合作和竞争,关于奢侈和节约,关于社会性和个人性,关于自由和纪律等等这些问题,两方都各有其利于己方的意见,在实际生活的一切其他问题上也都有着互相反对的主张。除非所有这些意见都以同等的自由发表出来,并且都借同样的才能和精力得到主张和受到辩护,那么两方因素就都没有机会各得其当,在权衡之下就必定此升彼降。在生活中一些重大实践问题上,真理在很大程度上乃是对立物的协调和结合问题,而人们却很少具有足够恢宏公正的心胸能调整到近于正确,因此便只有通过交战双方在敌对旗帜下展开斗争的粗暴过程才能做到。在上面所举的任何一个重大公开的问题上,如果两种意见中有一个比另一个较为得势,那么,不仅应予宽容而且应予鼓励和赞助的倒是在特定时间和特定地点适居于少数地位的那一个。因为那个意见当时代表着被忽略了的利益,代表着人类福祉中有得不到份所应得之虞的一面。我知道在我国,在上述那些题目的多数上,对于不同的意见并没有什么不宽容之处。我之所以要举出它们,意思乃在借更多的可用的例子来表明这样一个事实的普遍性,就是说,在人类智力的现有状态下,只有通过意见分歧才能使真理的各个方面得到公平比赛的机会。如果发现有些人在什么问题上成为举世显明一致的例外,即使举世是居于正确方面,那些少数异议者也总是可能有其值得一听的为自己辩说的东西,而假如他缄口不言,真理就会有所损失的。

有人会反对说,"但是有些公认的原则,特别是关于最高和最重要问题的公认原则,确是不止半真理的。例如基督教的道德就是道德问题上的全部真理,而如果有人教导一种和它有出入的道德,他就陷于完全的错误。"这本是实践方面最重要的一宗情事,没有比它更适宜于考验普遍性的格言的了。但是在断言基督教道德是什么或者不是什么之前,最好先确定所谓基督教道德指的是什么东西。如果它是指着"新约"的道德,我就不解从这书本身得出这种认识的人们怎样能假想这书中是把它宣称为或者本意要使它成为道德方面一套完备的教义的。福音书中就常征引先在的道德,而把自己的训条仅限定在某些特定事项而就其有关道德作些改正或者易以较广较高的道德,并且它的表达形式又是出以最宽泛的、往往不可能扣紧字义来解释的词句,与其说具有立法的准确性,毋宁说具有诗篇或雄辩的感染性。要由这里提出一套道德教义,若不从"旧约"那里有所采补就永远也不可能,而这也等于说,还必须从一个固系精心制定但在许多方面却是野蛮的而且本意也是为野蛮人而设的道德体系那里借得补助。圣保罗是公开敌视这种犹太教式地解释其主的教义并充填其架构的,他也同样假定一种先在的道德,那就是希腊人和罗马人的道德。而他对基督徒所进的劝告,在很大规模上乃是对于那种道德的一个适应性的调整体系,甚至达到公然认可奴隶制的地步。现在所谓基督教的道德——实则毋宁称为神学的道德——并非基督本人或者基督使徒的作品,而是出于以后很远的时期,是由头五个世纪中的天主教会逐步建造起来的。到了近代人和新教徒手里,虽然没有毫不置疑地予以采纳,但也变更得不多,远远不到可以期待于他们的程度。实在说来,他们大部分只满足于把中世纪中所增加于它的东西取消掉,而每一教派又各以适应于自己性格和倾向的新东西增补进去。对于这样一种道德及其早期的宣教者,若有人否认其也大大有惠于人类,那我应列为倒数第一。但是我毫不踌躇地要说,它在许多重要之点上却是不完备的,是片面性的,若不是有某些不为它所认可的观念和情绪也曾有贡献于欧洲人的生活和品质的形成,那么人类事务就会处于比现在还坏的情况。基督教道德(姑用此名)具有反激运动的一切性质,它大部分是对异教精神的一种抗议。它的理想与其说是积极的毋宁说是消极的,与其说是主动的毋宁说是被动的,与其说是力致崇高毋宁说是但求无罪,与其说是殚精求善毋宁说是竭力戒恶。总之,在它的训条里面(有人说得好)"你不该"的字样不适当地盖过了"你应该"的字样。具体说来,它害怕纵欲,就崇奉禁欲主义为偶像,这在后来逐渐调和成为律法主义的一种。它揭櫫出天堂的希望和地狱的威胁作为指派给道德生活专有的动机。在这里,它是远远落到古代圣贤之下了,这是在其含义中赋予人类道德以一种本质上自私的性质,因为这是把每个人的义务感和同胞们的利害分离开来,除非有己身利害为诱导就不考量到它们。它在本质上又是一种被动服从的教义。它谆谆教导人们对于已树立起来的一切权威要屈服顺从,固然不是说当他们发出宗教所禁的乱命时也须积极服从,但对于加诸我们自己身上的任何冤屈则不许有所抗拒,更谈不到反叛。说到对国家的义务问题,当最好的异教国族在道德方面已把这一义务提高至比重不称的地位甚至侵害到个人正当自由的时候,在纯粹基督教伦理当中,义务问题的这一重大部门却几乎没有受到注意和得到承认。我们曾读到这样一句格言:"统治者委令某人担任某职时,若其领土之内还有他人更称此职者,那就算对上帝对国家犯了罪"——这话却是出于"古兰经",而不是出于"新约"。若说对公众的义务这个概念在近代道德中还得到一点点的承认,那也是引自希腊和罗马的源泉,而不是得自基督教。同样,甚至在私人生活道德方面,若还存有任何所谓恢宏气度、高尚心胸、个人尊严甚至荣誉之感等等品质,那也是得自我们教育中纯人事的部分,而不是得自其宗教的部分,在一个宣称只认服从为惟一价值的伦理标准之下绝不可能生长出那些品质来。

我和任何人一样远远不想硬说上述那些缺点,在一切意想得到的样子下,乃是基督教伦理所必然固有的;我也不想硬说,有许多为一个完备的道德教义所必具而基督教伦理却没有包含的东西就不容和它调和在一起。我更远远不想拿这些意思讽及基督本人的教义和训条。我相信,凡基督所说的话语都是我能见到证据证明有意要那样说的;我相信,凡基督所说的话语和凡为一种周赡详备的道德所需要的东西是没有不能调和起来的;我相信,凡伦理当中最好的东西都可以摆到基督的话语里面,不致对其词句有多大触犯,正如凡曾试图从那里演绎出什么实际的行为的体系的人们不曾对它有多大触犯一样。但是,与此毫不矛盾,我也相信基督本人的教义和训条只包有而且也只想包有真理的一部分,还有许多构成最高道德的基本因素则存在于另一些东西之中,未具见也不曾想具见于基督教创始人的有纪录的讲话,在后来在教会以那些讲话为基础所建立的伦理体系中却完全被抛到九霄云外去了。情况既是如此,所以我认为,若硬要从基督教教义当中找出一套完整规则作为我们的指导,而这种规则在教义作者却是欲使其裁准实施而只有一部分是提供作为规则的,那便是很大的错误。这个狭隘的学说正在变成一个严重的实际祸患,大大损毁着道德训练和道德教导的价值,而这种价值终于是多少有头脑的人今天所力求增进的。我很担心,像人们这样力图在单纯宗教模型上铸造人的心灵和情感,而弃置那些一向与基督教伦理并存并为之补充的世俗标准(因无更好的名字姑用此称)于不睬,接受它的一些精神,又把自己的精神注入一些,结果将会产生,甚至现在已在产生,一种低贱卑屈而富于奴性的品性,善自屈于它所估定的"最高意志",却不能升高到或共感于"最高善"的概念。我深信必定另有一种不是单从基督教源泉引发出来的伦理与基督教伦理并存,才能产生人类道德的中兴;我深信基督教体系也不能独外于这样一条规律,就是说,在人类心灵未臻完善的状态下,真理的利益需要有意见的分歧。当然,在不复抹杀基督教所不包含的真理时并不必然要抹杀它所包含的真理。若竟发生这样的偏见或忽视,那就完全是一种祸患。但这确是我们不能希望永远免除的祸患,我们应该把它看作为着一种无可估计的好处而支付的代价。部分真理而排他性地冒称为全部真理,这是必须也应当予以抗议的。但假如这反激的动力又使得抗议者也失其公正,那么,对于这个片面性和对于那个片面性一样,是可悲叹的,但必须予以宽容。如果基督徒要教导非教徒对于基督教应当公正,他们自己对于不信教这件事就应当公正。凡是对于以文字记载的历史有最普通的认识的人都知道,在最高尚最宝贵的道德教训中,有很大一部分不仅是不知道基督教信条的人的作品,而且是知道它但排斥了它的人的作品。我们若闭眼不看这个事实,那是不能对真理有什么帮助的。

我也不想硬说,只要最无限制地使用发表一切意见的自由就能制止宗教上或哲学上宗派主义的祸害。凡是容量狭隘的人对于一个真理认真起来时,必定要把它竭力主张,反复教导,甚至以许多办法付诸行动,仿佛世界上再无其他真理,或者不论如何也无一条真理能够约制或者规限那第一条真理。我承认,一切意见都要变成宗派性之趋势,不会因展开即使是最自由的讨论而获得挽救,反倒往往因此而增高和加剧,因为那个应当被看到但没有被看到的真理会因其出自被认作反对者之口而愈加遭到猛烈的排斥。但是要知道,这种意见冲突的有益效果本不发生在情绪愤激的偏党者身上,而是发生在比较冷静比较超然的旁观者身上。可怕的祸患不在部分真理之间的猛烈冲突,而在半部真理的平静压熄。这就是说,只要人们还被迫兼听双方,情况就总有希望,而一到人们只偏注一方的时候,错误就会硬化为偏见,而真理本身由于被夸大变成谬误也就不复具有真理的效用。我们知道,像这样一种强于判断的能力,居于一个问题的两面之间,面对仅仅一方辩护士的发言,而能得出聪明无蔽的判断,这在人类精神属性中是极其罕见的。既然如此,那么涉及真理时,除非其各有比例的各个方面,除非体现任何部分真理的每一意见,不仅都找到自己的辩护人,而且都得到被人倾听的辩护——除非这样,真理是没有机会的。

讲到这里,我们已经从很清楚的四点根据上认识到意见自由和发表意见自由对于人类精神福祉的必要性了(人类一切其他福祉是有赖于精神福祉的)。现在再把那四点根据简单扼要地重述一下。

第一点,若有什么意见被迫缄默下去,据我们所能确知,那个意见却可能是真确的。否认这一点,就是假定了我们自己的不可能错误性。

第二点,纵使被迫缄默的意见是一个错误,它也可能,而且通常总是含有部分真理,而另一方面,任何题目上的普遍意见亦即得势意见也难得是或者从不是全部真理,既然如此,所以只有借敌对意见的冲突才能使所遗真理有机会得到补足。

第三点,即使公认的意见不仅是真理而且是全部真理,若不容它去遭受而且实际遭受到猛烈而认真的争议,那么接受者多数之抱持这个意见就像抱持一个偏见那样,对于它的理性根据就很少领会或感认。不仅如此,而且,第四点,教义的意义本身也会有丧失或减弱并且失去其对品性行为的重大作用的危险,因为教条已变成仅仅在形式上宣称的东西,对于致善是无效力的,它妨碍着去寻求根据,并且还阻挡着任何真实的、有感于衷的信念从理性或亲身经验中生长出来。

在撇开意见自由这个题目以前,还宜再注视一下有人谈到的这样一说:一切意见是应当许其自由发表的,但条件是方式上须有节制,不要越出公平讨论的界限。说到怎样不可能规定应把所设想的这些界限摆在哪里,这有许多话可讲。如果说测验之法是看对于意见受到攻击的人有无触犯,我想经验会告诉我们,凡攻击是有力而动听时都可算有了触犯。这就是说,只要反对者在这题目上表现了任何强烈情感,把对方逼得很紧,使对方感到难于作答,那么,他在对方看来就是一个无节制的反对者。这一点,虽然从实践观点看来是一个重要的考虑,但在一种更加基本的反对意见面前就不算什么了。无疑,主张一个意见(即使这个意见是真实的)的方式会是非常惹人反感的,招致严厉谴责也是当然的。但是最主要的一些触犯还不在这一类，而在那种除非借着偶然自欺便不可能把论断弄得妥帖的某些错误做法。其中最严重的一些是，似是而非地进行论证、对事实或论据予以压制、把案情的各项因素举陈错误，或把反对方面的意见表述错误。尽管如此，但是所有这些事情，甚至在最大的程度上，却是一些并不被认为而且在许多其他方面也不应被认为无知或无能的人们在完全良好的自信中连续不断地做出来的，因此我们竟不大可能以恰当的根据从良心上把这种错误的表述鉴定为在道德上可加责难的事。至于法律，当然更不能擅行干涉这种论战上的错误行为了。再看一般所谓无节制的讨论的意思，那是指谩骂、讥刺、人身攻击以及诸如此类之事而言的。关于这一点，可以说，谴责这些武器时若曾同等地建议双方都停止使用它们，那就值得予以较多的同情了。但人们却是只在对待得势意见时要限制它们的使用，至于使用它们去对待不得势的意见，则不仅不见一般的不赞成，而且还会让使用者博得所谓真挚的热情和正义的愤怒等类的称誉。但是从这些武器的使用中不论生出什么祸害，最大的总是在把它们用于对待比较无防卫的一方的时候，从这种主张意见的方式中不论会找出什么不公平的便宜，这便宜总是差不多独归公认意见这一方。在这一类触犯当中论战者所能犯的最坏的一种乃是把持见相反的人诋毁为坏的和不道德的人。在这样一种诽谤面前，特别突出而易受击的乃是抱持着不通行的意见的人们，因为他们一般地总是少数，又没有势力，而且除他们自己外就没有人怎样关心要看见他们受到公正的对待。可是若有人要用这件武器去攻击一个得势的意见，那在情事的性质上是用不得的，一则，他不能自身确保安全地来使用它，二则，即使他能够，这样做也只会使自己的论据萎退。一般地说来，与公认意见相反的意见若想求得一听，只有使用经过研究的中和谦逊的语言，只有最小心地避免不必要的对人触犯——只要一有哪怕是很小的触犯，就很难不丧失阵地。而得势的意见一方面若使用没有分寸的辱骂，那就真能吓住人们不敢宣说相反的意见，也不敢对宣说相反意见的人予以倾听。这样看来,为了真理和正义的利益,限制使用辱骂性的语言实比限制使用其他武器还重要得多。而假如说限制还必须有所区别的话,那么,作为举例来说,挫折对于不信教的触犯性的攻击就比挫折对于宗教的触犯性的攻击更需要得多。但是无论说要限制哪一方,法律和权威显然总是都无分的。至于意见,则应在每一审判中视各别案件的情况来定其裁断。总之,对于每一个人,不论他自居于辩论的哪一方面,只要在其声辩方式中或是缺乏公正或是表现出情绪上的恶意、执迷和不宽容,那就要予以谴责,但是却不可由其在问题上所选定的方面,纵使是与我们自己相反的方面,来推断出那些败德。而另一方面,对于每一个人,也不论他抱持什么意见,只要他能够冷静地去看也能够诚实地来说他的反对者以及他们的意见真正是什么,既不夸大足以损害他们的信用的东西,也不掩藏足以为他们辩护或者想来足以为他们辩护的东西,那就要给以应得的尊敬。这就是公众讨论的真正的道德。假如说还常常有人违犯它的话,那么我却乐于想到,也已经有很多争辩家在很大程度上注意遵守它,而且还有更多的人从良心上朝着这方面努力。

(程崇华译)

索绪尔

费迪南·德·索绪尔(Ferdinand de Saussure, 1857—1913),瑞士语言学家。虽然语言学在19世纪初就作为一门科学存在着,但索绪尔通常被认为是现代语言学的创始人。索绪尔在有生之年只出版过两本书,都是青年时代关于比较语法和印欧语法的著作。而索绪尔的主要贡献在于理论语言学,其主要思想体现于1916年他死后出版的《普通语言学教程》之中。这部被认为是20世纪西欧最重要的语言学著作,事实上对20世纪整个社会科学和人文思潮的发展变化都产生了深远的影响。

索绪尔最重要的贡献在于,将语言作为一种社会事实、一种社会制度加以研究,而忽视语言中的物理的、机械的表现。他把作为个人的执行行为的言语(*parole*)活动和作为社会的继承性系统的语言(*langue*)制度区分开来;他把语言放在人文事实的层面上进行观照,认为语言是表达观念的符号系统,语言制度本身是看不见摸不着的,我们只有通过语言符号才能把握;剖析语言符号,可以把语言分成概念和声音形象,也就是符号学里的所指和能指;由于语言符号是概念和声音形象的接合,而非事物和名称的接合,如此,符号就具有了任意性,符号的意义也就取决于作为社会事实的语言制度对它的约定俗成的规定了。

在媒介研究和文化研究中,索绪尔的这种分类方法常被作为一种有效工具,用以分析作为意义生产的媒介产品和通俗文化产品中所隐含的社会制度、结构层面的权力分配等问题。

(杨 击)

普通语言学教程[*]

绪 论

第二章 语言学的材料和任务；它和毗邻科学的关系

语言学的材料首先是由人类言语活动的一切表现构成的，不管是未开化的人的还是开化民族的，是上古时代、古典时代的，还是衰微时代的。对每个时期，不仅要注意正确的语言和"优美的语言"，而且要注意一切的表达形式。不仅如此，言语活动往往不是人们所能观察得到的，因此，语言学家就应该注意书面文献，因为只有书面文献才能使他认识过去的语言或远方的语言。

语言学的任务是：

（a）对一切能够得到的语言进行描写并整理它们的历史，那就是，整理各语系的历史，尽可能重建每个语系的母语；

（b）寻求在一切语言中永恒地普通地起作用的力量，整理出能够概括一切历史特殊现象的一般规律；

（c）确定自己的界限和定义。

语言学和其他科学有极其密切的关系，它们有时从它借用资料，有时向它提供资料。其间的界限并不总是很清楚的。例如我

---

[*] 选自中译本《普通语言学教程》，商务印书馆 1980 年 11 月版。

们应该把语言学同民族学和史前史仔细区别开来,在这里,语言只向它们提供资料。我们也应该把语言学同人类学区别开来,人类学是从人种的观点研究人类的,而语言却是一种社会事实。但是这样一来,我们是否要把语言学归入社会学呢?语言学和社会心理学究竟有什么关系呢?语言中的一切,包括它的物质的和机械的表现,比如声音的变化,归根到底都是心理的[①]。语言学既然向社会心理学提供这样宝贵的资料,它是否就是社会心理学的一部分呢?这许多问题,我们在这里只是轻提一笔,下面还要再谈。

语言学和生理学的关系却并不怎么难以看清楚。这种关系是单方面的,因为语言的研究要求发音生理学作某些解释,而它自己对发音生理学却什么也不提供。无论如何,要把这两种学科混为一谈是不可能的:我们将可以看到,语言的本质跟语言符号的声音性质没有什么关系。

至于语文学,我们已经确定,它跟语言学有明显的区别,尽管这两门科学也有它们的接触之点,并且要互相借重。

最后,语言学有什么用途呢?很少人在这一点上有明确的概念,我们不准备在这里加以确定。但是,比方说,语言学问题会使一切要利用文献的人如历史学家、语文学家等等发生兴趣,那是很明显的。更明显的是它对一般教养很重要:在个人生活和社会生活中,言语活动比其他任何因素都更重要。我们不能容忍语言研究还只是几个专家的事情。事实上,每个人都或多或少在研究语言。但是,对语言发生兴趣的意想不到的后果是,没有任何领域曾经孕育出这么多的荒谬观念、偏见、迷梦和虚构。从心理学观点看,这些错误都是不能忽视的,而语言学家的任务首先就是要揭破这些错误,并尽可能全部加以消除。

---

① 德·索绪尔属于社会心理学派,认为社会学就是社会心理学。他在这里谈到了语言学和许多毗邻科学的关系,惟独没有谈到语言学和物理学的关系,因为他把语言中的一切,连它的物质的和机械的表现,都看作是心理的。(校注)

第三章 语言学的对象

语言

语言学的既完整又具体的对象是什么呢？这个问题特别难以回答，原因将在下面说明，这里只限于使大家了解这种困难。

别的科学都是对预先确定了的对象进行工作，接着就可以从不同的观点去加以考虑。在我们的领域里，情况却不是这样。有人发出法语 nu "赤裸裸的"这个词，一个肤浅的观察者在这里也许会看到一个具体的语言学对象；但是仔细考察一下，人们将会按照不同的看法连续找到三四个完全不同的事物，如把它看作一个声音，一种观念的表达，一个跟拉丁语 nūdum 相对应的词①等等。那远不是对象在观点之前，人们将会说，这是观点创造了对象，而且我们也没法预先知道，在这种种看法中，哪一种比其他的优越。

此外，不管我们采用哪一种看法，语言现象总有两个方面，这两个方面是互相对应的，而且其中的一个要有另外一个才能有它的价值。例如：

（1）人们发出的音节是耳朵听得到的音响印象，但是声音没有发音器官就不能存在；例如一个 n 音只因有这两个方面的对应才能存在。所以我们不能把语言归结为声音，也不能使声音脱离口头上的发音；反过来说，撇开了音响印象也就无从确定发音器官的动作（参看以下第67页）。

（2）就算声音是简单的东西，它是否就构成言语活动了呢？不，它只是思想的工具；它本身不能单独存在。在这里又出现了一

---

① 法语的 nu 这个词和民间拉丁语的 nudo 相对应，到11世纪末才由民间拉丁语的 nudo 变成了现代法语的 nu。它跟古典拉丁语的 nūdum 没有直接联系。德·索绪尔在这里认为法语的 nu 和拉丁语的 nūdum 相对应，这是一种比较简单的说法。（校注）

种新的可怕的对应：声音是音响·发音的复合单位，它跟观念结合起来又构成了生理·心理的复合单位。事情还不只是这样：

（3）言语活动有个人的一面，又有社会的一面；没有这一面就无从设想另一面。此外：

（4）在任何时候，言语活动既包含一个已定的系统，又包含一种演变；在任何时候，它都是现行的制度和过去的产物。乍一看来，把这个系统和它的历史，把它的现状和过去的状态区别开来似乎很简单；实际上二者的关系非常密切，很难把它们截然分开。假如我们从起源方面去考虑语言现象，例如从研究儿童的言语活动开始，问题会不会变得简单些呢？不，因为就言语活动来说，认为起源的问题和恒常条件的问题有什么不同，那是非常错误的；所以我们还是跳不出圈子。

因此，我们无论从哪一方面去着手解决问题，任何地方都找不着语言学的完整的对象；处处都会碰到这样一种进退两难的窘境：要么只执著于每个问题的一个方面，冒着看不见上述二重性的危险；要么同时从几个方面去研究言语活动，这样，语言学的对象就像是乱七八糟的一堆离奇古怪、彼此毫无联系的东西。两种做法都将为好几种科学——心理学、人类学、规范语法、语文学等等——同时敞开大门；这几种科学，我们要把它们跟语言学划分清楚，但是由于用上了错误的方法，它们都将会要求言语活动作为它们的一个对象。

在我们看来，要解决这一切困难只有一个办法：一开始就站在语言的阵地上，把它当作言语活动的其他一切表现的准则。事实上，在这许多二重性当中，看来只有语言可能有一个独立的定义，为人们的精神提供一个差强人意的支点。

但语言是什么呢？在我们看来，语言和言语活动不能混为一谈；它只是言语活动的一个确定的部分，而且当然是一个主要的部分。它既是言语机能的社会产物，又是社会集团为了使个人有可能行使这机能所采用的一整套必不可少的规约。整个来看，言语活动是多方面的、性质复杂的,同时跨着物理、生理和心理几个领域,它还属于个人的领域和社会的领域。我们没法把它归入任何一个人文事实的范畴,因为不知道怎样去理出它的统一体。

相反,语言本身就是一个整体、一个分类的原则。我们一旦在言语活动的事实中给以首要的地位,就在一个不容许作其他任何分类的整体中引入一种自然的秩序。

也许有人会反对这样一个分类的原则,认为言语活动的运用要以我们的天赋机能为基础,而语言却是某种后天获得的、约定俗成的东西,它应该从属于自然的本能,而不应该居于它之上。

我们可以这样回答:

首先,人们还没有证明,说话时所表现的言语活动的功能完全出于天赋,就是说,人体之有发音器官是为了说话,正如双腿是为了行走一样。语言学家关于这一点的意见很不一致。例如辉特尼就把语言看作一种社会制度,跟其他一切社会制度一样。在他看来,我们之所以使用发音器官作为语言的工具,只是出于偶然,只是为了方便起见:人类本来也可以选择手势,使用视觉形象,而不使用音响形象①。他的这番议论无疑太绝对了;语言并不是在任何一点上都跟其他社会制度相同的社会制度(参看第123页以下和第126页)。此外,辉特尼说我们之所以选择发音器官只是出于偶然,也未免走得太远;这选择在某种程度上其实是自然强加于我们的。但是在主要论点上,我们觉得这位美国语言学家是对的:语言是一种约定俗成的东西,人们同意使用什么符号,这符号的性质是无关轻重的。所以,关于发音器官的问题,在言语活动的问题上是次要的。

这种想法可以用人们对于所谓 langage articulé(分节语)所下的定义来加以证实。拉丁语 articulus 的意思是"肢体、部分,一连串事物的小区分"。就言语活动来说,articulation(分节)可以指

---

① 辉特尼的这些话,见于他所著的《语言和语言研究》第十四章。(校注)

把语链分成音节,也可以指把意链分成意义单位;德语的 Gegliederte Sprache 正是就这个意义来说的。根据这个定义,我们可以说,对人类天赋的不是口头的言语活动,而是构成语言——即一套和不同的观念相当的不同的符号——的机能。

卜洛卡(Broca)①发现说话的机能位于左大脑第三额回,人们也就根据这一点认为言语活动有天赋的性质。但是大家知道,这个定位已被证明是跟言语活动的一切,其中包括有关的文字。这些证明,加上人们对于因为这一部位的神经中枢受损害而引起的各种形式的失语症所作的观察,似乎可以表明:(1)口头言语活动的各种错乱跟书写言语活动有千丝万缕的联系;(2)在任何失语症或失书症的病例中,受影响的与其说是发出某些声音或写出某些符号的机能,不如说是使用某种工具——不管是什么工具——来唤起正常的言语活动中的符号的机能。这一切使我们相信,在各种器官的运用上面有一种更一般的机能,指挥各种符号的机能,那可正好是语言机能。我们上述的结论就是从这里得出的。

为了使语言在言语活动的研究中占首要地位,我们最后还可以提出这样的论据:人们说话的机能——不管是天赋的或非天赋的——只有借助于集体所创造和提供的工具才能运用;所以,说语言使言语活动成为统一体,那绝不是什么空想。

语言在言语活动事实中的地位

要在整个言语活动中找出与语言相当的部分,必须仔细考察可以把言语循环重建出来的个人行为。这种行为至少要有两个人参加:这是使循环完整的最低限度的人数。所以,假设有甲乙两个人在交谈:

---

① 卜洛卡(1824—1880),法国解剖学家兼外科医生。他研究人脑结构,曾发现人们的言语发动中枢位于左大脑第三额回,它跟语言音响中枢和书写中枢有紧密联系。这些神经中枢受到损害,就会引起失语症和失书症。(校注)

甲　　　　　　　　　　　乙

循环的出发点是在对话者之一例如甲的脑子里,在这里,被称为概念的意识事实是跟用来表达它们的语言符号的表象或音响形象联结在一起的。假设某一个概念在脑子里引起一个相应的音响形象,这完全是一个心理现象。接着是一个生理过程:脑子把一个与那音响形象有相互关系的冲动传递给发音器官,然后把声波从甲的口里播送到乙的耳朵:这是纯粹的物理过程。随后,循环在乙方以相反的程序继续着:从耳朵到脑子,这是音响形象在生理上的传递;在脑子里,是这形象和相应的概念在心理上的联结①。如果轮到乙方说话,这新的行为就继续下去——从他的脑子到甲方的脑子——进程跟前一个完全相同,连续经过同一些阶段,可以图示如右:

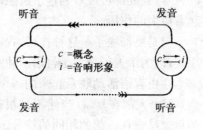

这分析当然不是很完备的;我们还可以区分出:纯粹的音响感觉,音响感觉和潜在的音响形象的合一,发音的肌动形象,等等。我们考虑的只是大家认为是主要的要素;但是上图已能使我们把物理部分(声波)同生理部分(发音和听音)和心理部分(词语形象

---

① 德·索绪尔对于心理现象的分析,一般采用了德国赫尔巴特(Herbart)联想心理学的术语和概念,这使他和新语法学派很接近。试参看德尔勃吕克的《语言学的基本问题》和保罗的《语言史原理》。(校注)

和概念)一举区别开来。重要的是不要把词语形象和声音本身混为一谈,它和跟它联结在一起的概念都是心理现象。

上述循环还可以分为:

(a) 外面部分(声音从口到耳的振动)和包括其余一切的里面部分;

(b) 心理部分和非心理部分,后者既包括由发音器官发出的生理事实,也包括个人以外的物理事实;

(c) 主动部分和被动部分:凡从说话者的联想中枢到听者的耳朵的一切都属主动部分,凡从听者的耳朵到他的联想中枢的一切都属被动部分。

最后,在脑子里的心理部分中,凡属主动的一切($c \rightarrow i$)都可以称为执行的部分,凡属被动的一切($i \rightarrow c$)都可以称为接受的部分。

此外,我们还要加上一个联合和配置的机能。只要不是孤立的符号,到处都可以看到这个机能;它在作为系统的语言的组织中起着最大的作用。

但是要彻底了解这种作用,我们必须离开个人行为,走向社会事实,因为个人行为只是言语活动的胚胎。

在由言语活动联系起来的每个个人当中,会建立起一种平均数:每个人都在复制(当然不是很确切地,而只是近似地)与相同的概念结合在一起的相同的符号。

这种社会的晶化是怎么来的呢?上述循环中的哪一部分可能是跟它有关的呢?因为很可能不是任何部分都同样在里面起作用的。

我们首先可以把物理部分撇开。当我们听到人家说一种我们不懂的语言的时候,我们的确听到一些声音,但是由于我们不了解,我们仍然是在社会事实之外。

心理部分也不是全部起作用的:执行的一方是没有关系的,因为执行永远不是由集体,而是由个人进行的。个人永远是它的主人;我们管它叫言语。

由于接受机能和配置机能的运用,在说话者当中形成了一些大家都觉得是相同的印迹。我们究竟应该怎样去设想这种社会产物，才能使语言看来是完全跟其他一切分立的呢？如果我们能够全部掌握储存在每个人脑子里的词语形象，也许会接触到构成语言的社会纽带。这是通过言语实践存放在某一社会集团全体成员中的宝库，一个潜存在每一个人的脑子里，或者说得更确切些，潜存在一群人的脑子里的语法体系；因为在任何人的脑子里，语言都是不完备的，它只有在集体中才能完全存在。

把语言和言语分开，我们一下子就把(1)什么是社会的，什么是个人的；(2)什么是主要的，什么是从属的和多少是偶然的分开来了。

语言不是说话者的一种功能，它是个人被动地记录下来的产物；它从来不需要什么深思熟虑，思考也只是为了分类的活动才插进手来，这将是我们在以下第五章所要讨论的问题。

相反，言语却是个人的意志和智能的行为，其中应该区别开：(1)说话者赖以运用语言规则表达他的个人思想的组合；(2)使他有可能把这些组合表露出来的心理·物理机构。

应该注意，我们是给事物下定义，而不是给词下定义，因此，我们所确立的区别不必因为各种语言有某些意义不尽相符的含糊的术语而觉得有什么可怕。例如，德语的 Sprache 是"语言"和"言语活动"的意思；Rede 大致相当于"言语"，但要加上"谈话"的特殊意味。拉丁语的 sermo 毋宁说是指"言语活动"和"言语"，而 lingua 却是"语言"的意思，如此等等。没有一个词跟上面所确定的任何一个概念完全相当。因此，对词下任何定义都是徒劳的；从词出发给事物下定义是一个要不得的办法。

语言的特征可以概括如下：

(1)它是言语活动事实的混杂的总体中一个十分确定的对象。我们可以把它定位在循环中听觉形象和概念相联结的那确定的部分。它是言语活动的社会部分，个人以外的东西；个人独自不能创造语言，也不能改变语言；它只凭社会的成员间通过的一种契约而存在。另一方面，个人必须经过一个见习期才能懂得它的运用;儿童只能一点一滴地掌握它。它是一种很明确的东西,一个人即使丧失了使用言语的能力,只要能理解所听到的声音符号,还算是保持着语言。

(2) 语言和言语不同,它是人们能够分出来加以研究的对象。我们虽已不再说死去的语言,但是完全能够掌握它们的语言机构。语言科学不仅可以没有言语活动的其他要素,而且正要没有这些要素搀杂在里面,才能够建立起来。

(3) 言语活动是异质的,而这样规定下来的语言却是同质的:它是一种符号系统;在这系统里,只有意义和音响形象的结合是主要的;在这系统里,符号的两个部分都是心理的。

(4) 语言这个对象在具体性上比之言语毫无逊色,这对于研究特别有利。语言符号虽然主要是心理的,但并不是抽象的概念;由于集体的同意而得到认可,其全体即构成语言的那种种联结,都是实在的东西,它们的所在地就在我们脑子里。此外,语言的符号可以说都是可以捉摸的;文字把它们固定在约定俗成的形象里。但是要把言语行为的一切细节都摄成照片却是不可能的;一个词的发音,哪怕是一个很短的词的发音,都是无数肌肉运动的结果,是极难以认识和描绘的。相反,语言中只有音响形象,我们可以把它们译成固定的视觉形象。因为把言语中实现音响形象的许许多多动作撇开不谈,那么,我们将可以看到,每个音响形象也不过是若干为数有限的要素或音位的总和,我们还可以在文字中用相应数量的符号把它们唤起。正是这种把有关语言的事实固定下来的可能性使得一本词典和语法能够成为语言的忠实代表;语言既然是音响形象的堆栈,文字就是这些形象的可以捉摸的形式。

语言在人文事实中的地位:符号学

语言的这些特征可以使我们发现另外一个更重要的特征。在言语活动的全部事实中这样划定了界限的语言,可以归入人文事实一类,而言语活动却不可能。

我们刚才已经看到,语言是一种社会制度;但是有几个特点使它和政治、法律等其他制度不同。要了解它的特殊性质,我们必须援引另一类新的事实。

语言是一种表达观念的符号系统,因此,可以比之于文字、聋哑人的字母、象征仪式、礼节形式、军用信号,等等。它只是这些系统中最重要的。

因此,我们可以设想有一门研究社会生活中符号生命的科学;它将构成社会心理学的一部分,因而也是普通心理学的一部分;我们管它叫符号学(sémiologie[①],来自希腊语 sēmeîon"符号")。它将告诉我们符号是由什么构成的,受什么规律支配。因为这门科学还不存在,我们说不出它将会是什么样子,但是它有存在的权利,它的地位是预先确定了的。语言学不过是这门一般科学的一部分,将来符号学发现的规律也可以应用于语言学,所以后者将属于全部人文事实中一个非常确定的领域。

确定符号学的恰当地位,这是心理学家的事[②],语言学家的任务是要确定究竟是什么使得语言在全部符号事实中成为一个特殊的系统。这个问题我们回头再谈,在这里只提出一点:如果我们能够在各门科学中第一次为语言学指定一个地位,那是因为我们已把它归属于符号学。

为什么大家还不承认符号学是一门独立的科学,像其他任何科学一样有它自己的研究对象呢?因为大家老是在一个圈子里打转:一方面,语言比任何东西都更适宜于使人了解符号学问题的性质,但是要把问题提得适当,就必须研究语言本身;可是直到现

---

① 注意不要把符号学和语义学混为一谈。语义学是研究语义的变化的,德·索绪尔没有作过有系统的阐述;但是在第 124 页我们可以找到他所表述的基本原理。(原编者注)

② 参看纳维尔(Ad. Naville)的《科学的分类》第二版,第 104 页。(原编者注)按关于符号学的范围,摩里斯(Charles Morris)在《符号,语言和行为》(1946)一书中有所论述。(校注)

在,人们差不多老是把它当作别的东西,从别的观点去进行研究。

首先是大众有一种很肤浅的理解,只把语言看作一种分类命名集(参看第115页),这样就取消了对它的真正性质作任何探讨。

其次是心理学家的观点,它要研究个人脑海中符号的机构:这方法是最容易的,但是跨不出个人执行的范围,和符号沾不上边,因为符号在本质上是社会的。

或者,就算看到了符号应该从社会方面去进行研究,大家也只注意到语言中那些使它归属于其他制度,即多少依靠人们的意志的制度的特征。这样就没有对准目标,把那些一般地只属于符号系统和特殊地属于语言的特征忽略了。因为符号在某种程度上总要逃避个人的或社会的意志,这就是它的主要的特征;但这正是乍看起来最不明显的。

正因为这个特征只在语言中显露得最清楚,而它却正是在人们研究得最少的地方表现出来,结果,人们就看不出一门符号科学有什么必要或特殊效用。相反,依我们看来,语言的问题主要是符号学的问题,我们的全部论证都从这一重要的事实获得意义。要发现语言的真正本质,首先必须知道它跟其他一切同类的符号系统有什么共同点。有些语言的因素乍一看似乎很重要(例如发音器官的作用),但如果只能用来使语言区别于其他系统,那就只好放到次要的地位去考虑。这样做,不仅可以阐明语言的问题,而且我们认为,把仪礼、习惯等等看作符号,这些事实也将显得完全是另一种样子。到那时,人们将会感到有必要把它们划归符号学,并用这门科学的规律去进行解释。

第一编 一般原则

第一章 语言符号的性质

符号、所指、能指

在有些人看来,语言,归结到它的基本原则,不外是一种分类命名集,即一份跟同样多的事物相当的名词术语表。例如:

这种观念有好些方面要受到批评。它假定有现成的、先于词而存在的概念(关于这一点,参看以下第四章)。它没有告诉我们名称按本质来说是声音的还是心理的,因为 arbor "树"可以从这一方面考虑,也可以从那一方面考虑。最后,它会使人想

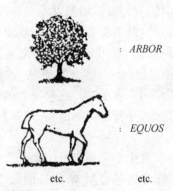

到名称和事物的联系是一种非常简单的作业,而事实上绝不是这样。但是这种天真的看法却可以使我们接近真理,它向我们表明语言单位是一种由两项要素联合构成的双重的东西。

我们在第 109 页谈论言语循环时已经看到,语言符号所包含的两项要素都是心理的,而且由联想的纽带连接在我们的脑子里。

我们要强调这一点。

语言符号联结的不是事物和名称,而是概念和音响形象①。后者不是物质的声音,纯粹物理的东西,而是这声音的心理印迹,我们的感觉给我们证明的声音表象。它是属于感觉的,我们有时把它叫做"物质的",那只是在这个意义上说的,而且是跟联想的另一个要素,一般更抽象的概念相对立而言的。

我们试观察一下自己的言语活动,就可以清楚地看到音响形象的心理性质:我们不动嘴唇,也不动舌头,就能自言自语,或在心里默念一首诗。那是因为语言中的词对我们来说都是一些音响形象,我们必须避免说到构成词的"音位"。"音位"这个术语含有声音动作的观念,只适用于口说的词,适用于内部形象在话语中的实现。我们说到一个词的声音和音节的时候,只要记住那指的是音响形象,就可以避免这种误会。

因此语言符号是一种两面的心理实体,我们可以用图表示如右:

这两个要素是紧密相连而且彼此呼应的。很明显,我们无论是要找出拉丁语 arbor 这个词的意义,还是拉丁语用来表示"树"这个概念的词,都会觉得只有那语言所认定的联接才是符合实际的,并把我们所能想像的其他任何联结都抛在一边。

这个定义提出了一个有关术语的重要问题。我们把概念和音响形象的结合叫做符号,但是在日常使用上,这个术语一般只指音响形象,例如指词(arbor 等等)。人们容易忘记,arbor 之所以被

---

① 音响形象这个术语看来也许过于狭隘,因为一个词除了它的声音表象以外,还有它的发音表象,发音行为的肌动形象。但是在德·索绪尔看来,语言主要是一个贮藏所,一种从外面接受过来的东西。音响形象作为在一切言语实现之外的潜在的语言事实,就是词的最好不过的自然表象。所以动觉方面可以是不言而喻的,或者无论如何跟音响形象比较起来只占从属的地位。(原编者注)

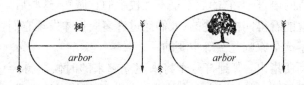

称为符号,只是因为它带有"树"的概念,结果让感觉部分的观念包含了整体的观念。

如果我们用一些彼此呼应同时又互相对立的名称来表示这三个概念,那么歧义就可以消除。我们建议保留用符号这个词表示整体,用所指和能指分别代替概念和音响形象。后两个术语的好处是既能表明它们彼此间的对立,又能表明它们和它们所从属的整体间的对立。至于符号,如果我们认为可以满意,那是因为我们不知道该用什么去代替,日常用语没有提出任何别的术语。

这样确定的语言符号有两个头等重要的特征。我们在陈述这些特征的时候将同时提出整个这类研究的基本原则。

第一个原则:符号的任意性

能指和所指的联系是任意的,或者,因为我们所说的符号是指能指和所指相联结所产生的整体,我们可以更简单地说:语言符号是任意的。

例如"姊妹"的观念在法语里同用来做它的能指的 s-ö-r (sœur)这串声音没有任何内在的关系;它也可以用任何别的声音来表示。语言间的差别和不同语言的存在就是证明:"牛"这个所指的能指在国界的一边是 b-ö-f(bœuf),另一边却是 o-k-s (Ochs)[1]。

符号的任意性原则没有人反对。但是发现真理往往比为这真理派定一个适当的地位来得容易。上面所说的这个原则支配着整

---

[1] 法语管"牛"叫 bœuf[bœf],德语管"牛"叫 Ochs[ɔks]。

个语言的语言学,它的后果是不胜枚举的。诚然,这些后果不是一下子就能看得同样清楚的;人们经过许多周折才发现它们,同时也发现了这个原则是头等重要的。

顺便指出:等到符号学将来建立起来的时候,它将会提出这样一个问题:那些以完全自然的符号为基础的表达方式——例如哑剧——是否属于它的管辖范围[①]。假定它接纳这些自然的符号,它的主要对象仍然是以符号任意性为基础的全体系统。事实上,一个社会所接受的任何表达手段,原则上都是以集体习惯,或者同样可以说,以约定俗成为基础的。例如,那些往往带有某种自然表情的礼节符号(试想一想汉人从前用三跪九叩拜见他们的皇帝)也仍然是依照一种规矩给定下来的。强制使用礼节符号的正是这种规矩,而不是符号的内在价值。所以我们可以说,完全任意的符号比其他符号更能实现符号方式的理想;这就是为什么语言这种最复杂、最广泛的表达系统,同时也是最富有特点的表达系统。正是在这个意义上,语言学可以成为整个符号学中的典范,尽管语言也不过是一种特殊的系统。

曾有人用象征一词来指语言符号,或者更确切地说,来指我们叫做能指的东西[②]。我们不便接受这个词,恰恰就是由于我们的第一个原则。象征的特点是:它永远不是完全任意的;它不是空洞的;它在能指和所指之间有一点自然联系的根基。象征法律的天平就不能随便用什么东西,例如一辆车来代替。

任意性这个词还要加上一个注解。它不应该使人想起能指完全取决于说话者的自由选择(我们在下面将可以看到,一个符号在语言集体中确立后,个人是不能对它有任何改变的)。我们的意思

[①] 这里暗指冯德(Wundt)认为语言的声音、表情、动作出于自然的哑剧运动,参看他所著的《民族心理学》第一编《语言》。(校注)

[②] 这里特别是指德国哲学家卡西勒尔(Cassirer)在《象征形式的哲学》中的观点。他把象征也看作一种符号,忽视了符号的特征。德·索绪尔认为象征和符号有明显的差别。(校注)

是说，它是不可论证的，即对现实中跟它没有任何自然联系的所指来说是任意的。

最后，我们想指出，对这第一个原则的建立可能有两种反对意见：

（1）人们可能以拟声词为依据认为能指的选择并不都是任意的。但拟声词从来不是语言系统的有机成分，而且它们的数量比人们所设想的少得多。有些词，例如法语的 fouet "鞭子"或 glas "丧钟"可能以一种富有暗示的音响刺激某些人的耳朵；但是如果我们追溯到它们的拉丁语形式（fouet 来自 fāgus "山毛榉"，glas 来自 classicum "一种喇叭的声音"）①，就足以看出它们原来并没有这种特征。它们当前的声音性质，或者毋宁说，人们赋予它们的性质，其实是语音演变的一种偶然的结果。

至于真正的拟声词（像 glou-glou "火鸡的叫声或液体由瓶口流出的声音"，tic-tac "嘀嗒"等等），不仅为数甚少，而且它们的选择在某种程度上已经就是任意的，因为它们只是某些声音的近似的、而且一半已经是约定俗成的模仿（试比较法语的 ouaoua 和德语的 wauwau "汪汪"（狗吠声））。此外，它们一旦被引进语言，就或多或少要卷入其他的词所经受的语音演变，形态演变等等的漩涡（试比较 pigeon "鸽子"，来自民间拉丁语的 pipiō，后者是由一个拟声词派生的）：这显然可以证明，它们已经丧失了它们原有的某些特性，披上了一般语言符号的不可论证的特征。

（2）感叹词很接近于拟声词，也会引起同样的反对意见，但是对于我们的论断并不更为危险。有人想把感叹词看作据说是出乎自然的对现实的自发表达。但是对其中的大多数来说，我们可以否认在所指和能指之间有必然的联系。在这一方面，我们试把两种语言比较一下，就足以看到这些表达是多么彼此不同（例如德语

---

① 现代法语的 fouet "鞭子"是古代法语 fou 的指小词，后者来自拉丁语的 fāgus "山毛榉"；glas "丧钟"来自民间拉丁语的 classum，古典拉丁语的 classicum "一种喇叭的声音"，c 在 l 之前变成了浊音。（校注）

的 au!"唉!"和法语的 aïe! 相当)。此外,我们知道,有许多感叹词起初都是一些有确定意义的词(试比较法语的 diable!(鬼＝)"见鬼!"mordieu!"天哪"! ＝mort Dieu"上帝的死",等等)。

总而言之,拟声词和感叹词都是次要的,认为它们源出于象征,有一部分是可以争论的。

第二个原则:能指的线条特征

能指属听觉性质,只在时间上展开,而且具有借自时间的特征:(a) 它体现一个长度,(b) 这长度只能在一个向度上测定:它是一条线。

这个原则是显而易见的,但似乎常为人所忽略,无疑是因为大家觉得太简单了。然而这是一个基本原则,它的后果是数之不尽的;它的重要性与第一条规律不相上下。语言的整个机构都取决于它(参看第五章)。它跟视觉的能指(航海信号等等)相反:视觉的能指可以在几个向度上同时并发,而听觉的能指却只有时间上的一条线;它的要素相继出现,构成一个链条。我们只要用文字把它们表示出来,用书写符号的空间线条代替时间上的前后相继,这个特征就马上可以看到。

在某些情况下,这表现得不很清楚。例如,我用重音发出一个音节,那似乎是把不止一个有意义的要素结集在同一点上。但这只是一种错觉。音节和它的重音只构成一个发音行为,在这行为内部并没有什么二重性,而只有和相邻要素的各种对立(关于这一点,参看第六章第三小节)。

符号的不变性和可变性

不变性

能指对它所表示的观念来说,看来是自由选择的,相反,对使用它的语言社会来说,却不是自由的,而是强制的。语言并不同社会大众商量,它所选择的能指不能用另外一个来代替。这一事实似乎包含着一种矛盾,我们可以通俗地叫做"强制的牌"①。人们对语言说:"您选择罢!"但是随即加上一句:"您必须选择这个符号,不能选择别的。"已经选定的东西,不但个人即使想改变也不能丝毫有所改变,就是大众也不能对任何一个词行使它的主权;不管语言是什么样子,大众都得同它捆绑在一起。

因此语言不能同单纯的契约相提并论,正是在这一方面,语言符号研究起来特别有趣,因为如果我们想要证明一个集体所承认的法律是人们必须服从的东西,而不是一种可以随便同意或不同意的规则,那么语言就是最明显的证据。

所以首先让我们来看看语言符号怎样不受意志的管束,然后引出这种现象所产生的严重后果。

在任何时代,哪怕追溯到最古的时代,语言看来都是前一时代的遗产。人们什么时候把名称分派给事物,就在概念和音响形象之间订立了一种契约——这种行为是可以设想的,但是从来没有得到证实。我们对符号的任意性有一种非常敏锐的感觉,这使我们想到事情可能是这样。

事实上任何社会,现在或过去,都只知道语言是从前代继承来的产物而照样加以接受。因此,语言起源的问题并不像人们一般认为的那么重要。它甚至不是一个值得提出的问题②。语言学的惟一的真正的对象是一种已经构成的语言的正常的、有规律的生命。一定的语言状态始终是历史因素的产物。正是这些因素可以

---

① "强制的牌"(la carte forcée)是变戏法的人使用的一种障眼术:他在洗牌的时候私下把一张牌夹在一副纸牌里让人家挑选,但是说,"你必须选择这张牌,不能选择别的。"(校注)。

② 语言起源的问题是18世纪欧洲各派学者最喜欢讨论的问题,从19世纪起,许多语言学家由于一种实证主义精神的激发,往往拒绝讨论这个问题,尤以法国语言学家表现得最为突出。德·索绪尔正是在这种精神的影响下提出这个问题的。(校注)

解释符号为什么是不变的,即拒绝一切任意的代替。

但是仅仅说语言是一种遗产,如果不更进一步进行考察,那么问题也解释不了。我们不是随时可以改变一些现存的和继承下来的法律吗?

这种反驳使我们不能不把语言放到它的社会环境里去考察,并像对待其他社会制度一样去提出问题。其他社会制度是怎样流传下来的呢? 这是一个包含着不变性问题的更一般的问题。我们首先必须评定其他制度所享受的或大或小的自由;可以看到,对其中任何一种来说,在强制的传统和社会的自由行动之间各有一种不同的平衡。其次,我们要探究,在某类制度里,为什么头一类因素会比另一类因素强些或弱些。最后再回到语言,我们不仅要问为什么累代相传的历史因素完全支配着语言,排除任何一般的和突如其来的变化。

为了回答这个问题,我们可以提出许多论据。比方说语言的变化同世代的交替没有联系①,因为世代并不像家具的抽屉那样一层叠着一层,而是互相混杂,互相渗透,而且每一世代都包含着各种年龄的人。我们也可以考虑一下一个人学会自己的母语需要花多大的力气,从而断定全面的变化是不可能的。此外,我们还可以再加上一句:语言的实践不需要深思熟虑,说话者在很大程度上并不意识到语言的规律,他们既不知道,又怎能改变呢? 即使意识到,我们也不应该忘记,语言事实差不多不致引起批评,因为任何民族一般都满意于它所接受的语言。

这些考虑很重要,但不切题。我们在下面将提出一些更主要、更直接的考虑,其他一切考虑都取决于它们:

(1) **符号的任意性**。在上面,符号的任意性使我们不能

---

① 19 世纪 80 年代,欧洲有些语言学家如洛伊德(Lloyd)和皮平(Pipping)等认为语音的自发变化是由儿童和成年人发同一个音有差别引起的。德·索绪尔在这里不同意他们的这种"世代理论"。(校注)

承认语言的变化在理论上是可能的;深入一步,我们却可以看到,符号的任意性本身实际上使语言避开一切旨在使它发生变化的尝试。大众即使比实际上更加自觉,也不知道怎样去讨论。因为要讨论一件事情,必须以合理的规范为基础。例如,我们可以辩论一夫一妻制的婚姻形式是否比一夫多妻制的形式更为合理,并提出赞成这种或那种形式的理由。我们也可以讨论象征系统,因为象征同它所指的事物之间有一种合理的关系。但是对语言——任意的符号系统——来说,却缺少这种基础,因此也就没有任何进行讨论的牢固的基地。为什么要用 sœur 而不用 sister,用 Ochs 而不用 bœuf① 等等,那是没有什么道理可说的。

(2) 构成任何语言都必须有大量的符号。这一事实的涉及面很宽。一个文字体系只有 20~40 个字母,必要时可以用另一个体系来代替。如果语言只有为数有限的要素,情况也是这样;但语言的符号却是数不胜数的。

(3) 系统的性质太复杂。一种语言就构成一个系统。我们将可以看到,在这一方面,语言不是完全任意的,而且里面有相对的道理,同时,也正是在这一点上表现出大众不能改变语言。因为这个系统是一种很复杂的机构,人们要经过深切思考才能掌握,甚至每天使用语言的人对它也很茫然。人们要经过专家、语法学家、逻辑学家等等的参与才能对某一变化有所理解;但是经验表明,直到现在,这种性质的参与并没有获得成功。

(4) 集体惰性对一切语言创新的抗拒。这点超出了其他的任何考虑。语言无论什么时候都是每个人的事情;它流行于大众之中,为大众所运用,所有的人整天都在使用着它。在这一点上,我们没法把它跟其他制度作任何比较。法典的条款,宗教的仪式,以

---

① Sœur 是法语的词,sister 是英语的词,都是"姊妹"的意思;Ochs 是德语的词,bœuf 是法语的词,都是"牛"的意思。(校注)

及航海信号等等,在一定的时间内,每次只跟一定数目的人打交道,相反,语言却是每个人每时都在里面参与其事的,因此它不停地受到大伙儿的影响。这一首要事实已足以说明要对它进行革命是不可能的。在一切社会制度中,语言是最不适宜于创制的。它同社会大众的生活结成一体,而后者在本质上是惰性的,看来首先就是一种保守的因素。

然而,说语言是社会力量的产物还不足以使人看清它不是自由的。回想语言始终是前一时代的遗产,我们还得补充一句:这些社会力量是因时间而起作用的。语言之所以有稳固的性质,不仅是因为它被绑在集体的镇石上,而且因为它是处在时间之中。这两件事是分不开的。无论什么时候,跟过去有连带关系就会对选择的自由有所妨碍。我们现在说 homme"人"和 chien"狗",因为在我们之前人们就已经说 homme 和 chien。这并不妨碍在整个现象中两个互相抵触的因素之间有一种联系:一个是使选择得以自由的任意的约定俗成,另一个是使选择成为固定的时间。因为符号是任意的,所以它除了传统的规律之外不知道有别的规律,因为它是建立在传统的基础上的,所以它可能是任意的。

可变性

时间保证语言的连续性,同时又有一个从表面看来好像是跟前一个相矛盾的效果,就是使语言符号或快或慢发生变化的效果;因此,在某种意义上,我们可以同时说到符号的不变性和可变性[①]。

最后分析起来,这两件事是有连带关系的:符号正因为是连

[①] 责备德·索绪尔认为语言有两种互相矛盾的性质不合逻辑或似是而非,那是错误的。他只是想用两个引人注目的术语的对立着重表明这个真理:语言发生变化,但是说话者不能使它发生变化。我们也可以说,语言是不可触动的,但不是不能改变的。(原编者注)

续的，所以总是处在变化的状态中。在整个变化中，总是旧有材料的保持占优势；对过去不忠实只是相对的。所以，变化的原则是建立在连续性原则的基础上的。

时间上的变化有各种不同的形式，每一种变化都可以写成语言学中很重要的一章。我们不作详细讨论，这里只说明其中几点重要的。

首先，我们不要误解这里所说的变化这个词的意义。它可能使人认为，那是特别指能指所受到的语音变化，或者所指的概念在意义上的变化。这种看法是不充分的。不管变化的因素是什么，孤立的还是结合的，结果都会导致所指和能指关系的转移。

试举几个例子。拉丁语的 necāre 原是"杀死"的意思，在法语变成了 noyer"溺死"，它的意义是大家都知道的。音响形象和概念都起了变化。但是我们无需把这现象的两个部分区别开来，只从总的方面看到观念和符号的联系已经松懈，它们的关系有了转移也就够了①。如果我们不把古典拉丁语的 necāre 跟法语的 noyer 比较，而把它跟四世纪或五世纪民间拉丁语带有"溺死"意义的 necare 对比，那么，情况就有点不同。可是就在这里，尽管能指方面没有什么显著的变化，但观念和符号的关系已有了转移②。

古代德语的 dritteil"三分之一"变成了现代德语的 Drittel。在这里，虽然概念还是一样，关系却起了两种变化：能指不只在它的物质方面有了改变，而且在它的语法形式方面也起了变化；它已不再含有 Teil"部分"的观念，变成了一个单纯词。不管是哪种变

---

① 在19世纪末和20世纪初，许多语言学家和心理学家，如德国的保罗和冯德，常把语言变化分为语音变化和意义变化两部分，并把它们对立起来。德·索绪尔在这里认为应该把这两部分结合起来，考虑它们之间的关系。（校注）

② 德·索绪尔在这期讲课里(1911年5月至7月)，常把"观念"和"符号"以及"所指"和"能指"这些术语交替运用，不加区别。（校注）

化,都是一种关系的转移。

在盎格鲁·撒克逊语里,文学语言以前的形式 fōt "脚"还是 fōt(现代英语 foot),而它的复数*fōti 变成了 fēt(现代英语 feet)。不管那是什么样的变化,有一件事是确定的:关系有了转移。语言材料和观念之间出现了另一种对应。

语言根本无力抵抗那些随时促使所指和能指的关系发生转移的因素。这就是符号任意性的后果之一。

别的人文制度——习惯、法律等等——在不同的程度上都是以事物的自然关系为基础的;它们在所采用的手段和所追求的目的之间有一种必不可少的适应。甚至服装的时式也不是完全任意的:人们不能过分离开身材所规定的条件。相反,语言在选择它的手段方面却不受任何的限制,因为我们看不出有什么东西会妨碍我们把任何一个观念和任何一连串声音联结起来。

为了使人感到语言是一种纯粹的制度,辉特尼曾很正确地强调符号有任意的性质,从而把语言学置于它的真正的轴线上[①]。但是他没有贯彻到底,没有看到这种任意的性质把语言同其他一切制度从根本上分开。关于这点,我们试看看语言怎么发展就能一目了然。情况是最复杂不过的:一方面,语言处在大众之中,同时又处在时间之中,谁也不能对它有任何的改变;另一方面,语言符号的任意性在理论上又使人们在声音材料和观念之间有建立任何关系的自由。结果是,结合在符号中的这两个要素以绝无仅有的程度各自保持着自己的生命,而语言也就在一切可能达到它的声音或意义的动原的影响下变化着,或者毋宁说,发展着。这种发展是逃避不了的;我们找不到任何语言抗拒发展的例子。过了一定时间,我们常可以看到它已有了明显的转移。

---

① 辉特尼的这一观点,见于他所著的《语言的生命和成长》。(校注)

情况确实如此,这个原则甚至在人造语方面也可以得到验证。人造语只要还没有流行开,创制者还能把它控制在手里;但是一旦它要完成它的使命,成为每个人的东西,那就没法控制了。世界语就是一种这样的尝试[①];假如它获得成功,它能逃避这种注定的规律吗?过了头一段时期,这种语言很可能进入它的符号的生命,按照一些与经过深思熟虑创制出来的规律毫无共同之处的规律流传下去,再也拉不回来。想要制成一种不变的语言,让后代照原样接受过去的人,好像孵鸭蛋的母鸡一样:他所创制的语言,不管他愿意不愿意,终将被那席卷一切语言的潮流冲走。

符号在时间上的连续性与在时间上的变化相连,这就是普通符号学的一个原则;我们在文字的体系,聋哑人的言语活动等等中都可以得到验证。

但是变化的必然性是以什么为基础的呢?人们也许会责备我们在这一点上没有说得像不变性的原则那么清楚。这是因为我们没有把变化的各种因素区别开来;只有考察了多种多样的因素,才能知道它们在什么程度上是必然的。

连续性的原因是观察者先验地看得到的,而语言随着时间起变化的原因却不是这样。我们不如暂时放弃对它作出确切的论述,而只限于一般地谈谈关系的转移。时间可以改变一切,我们没有理由认为语言会逃脱这一普遍的规律。

---

① 世界语(Esperanto)是波兰眼科医生柴门霍夫(Zamenhof)于1887年创制的一种人造语,只有28个字母,16条语法规则,词根75%出自拉丁语,其余的出自日耳曼语和斯拉夫语,简单易学。这种语言自问世后曾引起许多语言学家的讨论。新语法学派奥斯特霍夫和勃鲁格曼于1876年曾撰《人造世界语批判》一书,对一般人造语持极端怀疑的态度。德·索绪尔在这里对世界语的评价,大致采取了其中的观点。但是拥护世界语的人,如波兰的博杜恩·德·库尔特内和法国的梅耶等,却认为这种人造语只是一种国际辅助语,不能代替自然语言,不必考虑它会发生什么样的变化。(校注)

我们现在参照绪论中所确立的原则,把上面陈述的各个要点总括一下。

(1) 我们避免下徒劳无益的词的定义,首先在言语活动所代表的整个现象中分出两个因素:语言和言语。在我们看来,语言就是言语活动减去言语。它是使一个人能够了解和被人了解的全部语言习惯。

(2) 但是这个定义还是把语言留在它的社会现实性之外,使语言成了一种非现实的东西,因为它只包括现实性的一个方面,即个人的方面。要有语言,必须有说话的大众。在任何时候,同表面看来相反,语言都不能离开社会事实而存在,因为它是一种符号现象。它的社会性质就是它的内在的特性之一。要给语言下一个完备的定义,必须正视两样分不开的东西,如右图所示:

但是到了这一步,语言只是能活的东西,还不是活着的东西;我们只考虑了社会的现实性,而没有考虑历史事实。

(3) 语言符号既然是任意的,这样下定义的语言看来就好像是一个单纯取决于理性原则的,自然而可以随意组织的系统。语言的社会性质,就其本身来说,并不与这种看法正面抵触。诚然,集体心理并不依靠纯粹逻辑的材料进行活动,我们必须考虑到人与人的实际关系中使理性屈服的一切因素。然而我们之所以不能把语言看作一种简单的、可以由当事人随意改变的规约,并不是因为这一点,而是同社会力量的作用结合在一起的时间的作用。离开了时间,语言现实性就不完备,任何结论都无法作出。

要是单从时间方面考虑语言,没有说话的大众——假设有一个人孤零零地活上几个世纪——那么我们也许看不到有什么变化;时间会对它不起作用。反过来,要是只考虑说话的大众,没有时间,我们就将看不见社会力量对语言发生作用的效果。所以,要符合实际,我们必须在上图中添上一个标明时间进程的符号(见右图)。

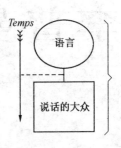

这样一来,语言就不是自由的了,因为时间将使对语言起作用的社会力量可能发挥效力,而我们就达到了那把自由取消的连续性原则。但连续性必然隐含着变化,隐含着关系的不同程度的转移。

(高名凯译/岑麒祥、叶蜚声　校注)

李普曼

沃尔特·李普曼（Walter Lippmann, 1889—1974），德国犹太移民后裔，毕业于哈佛大学，是20世纪美国最著名的专栏作家和政论家，作为"首屈一指的无冕之王"而闻名于西方新闻界。写有不多的几本新闻理论著作，其中1922年出版的《舆论学》至今仍对新闻传播学界产生影响。传播学的集大成者威尔伯·施拉姆更将其推崇为新闻传播学的奠基作品之一。

李普曼对传播学的一大贡献，是他的"两个环境"理论。即，人类生活在两个环境里，一为现实环境，一为虚拟环境。前者是独立于人的意识体验之外的客观世界，后者则是人类意识或体验到的主观世界。大众媒介的出现和发达，使得虚拟环境的比重越来越大，人类认识真实世界的可能性则越来越小。

按李普曼的观点，欲得到关于现实环境的真实图景是枉费心机。现实环境如此巨大、复杂而又稍纵即逝，根本不可能被直接获知。人类在这个环境中生存和行动，必须将其重新建构成一个更为简单的模式，大众传媒恰好完成了这个任务。与媒介传播的关于这个世界的图景相比,我们对这个世界的直接观察是如此微不足道,我们依赖媒介而生活,未被报道过的就是不存在的。我们经历的环境只是通过媒介简单化之后的虚拟环境,这种环境是否真实姑且不论,重要的是我们不能不基于这种环境去期待、去行动、去奋斗,这种行为不仅有其自身的真实,并伴有真实的结果。从这个意义上说,虚拟环境创造了新的真实。

　　李普曼的这一观点连同其行为主义心理学的认识基础,尽管80年来不断受到质疑和批评,却被各种心理实验和传播实践一次又一次地证实。这里选取的第一章,集中体现了李普曼的新闻传播思想的理论基础。

(杨　击)

舆 论 学[*]

现实世界与我们的想像

一

1914年,有一些英国人、法国人和德国人住在一个海岛上。那个海岛不通电报,英国的邮船60天才来一次。9月里,邮船尚未来到,岛上的居民仍在谈论不久前报纸上报道的关于即将审判凯劳克斯夫人枪击加斯顿·卡尔默特的事。因此,9月中旬的一天,全岛的居民都聚集在码头上,比往常更急于想从船长那里知道判决的情况。可是,他们了解到的却是英国和法国订立了神圣同盟,向德国开战已六个多星期了。在这不可思议的6个星期中,岛上的英、法居民和德国居民实际上已是敌人了,但他们相处得还是像朋友一样。

但是,他们的境况与欧洲的多数居民并没有多大不同。他们迟误了6个星期,在欧洲大陆上,这种间隔可能只有6天或6个小时。但都存在过一段间隔。当他们还没有从任何方面得到会打乱他们生活的消息以前,在这一段时间,人们仍然根据他们对欧洲的旧有认识来处理事物。每一个人都有一段时间照旧在适应环境,而实际上这种环境已经发生了变化。直到7月25日,全世界的人

---

[*] 选自中译本《舆论学》,华夏出版社1988年版。

们还在生产运不出去的商品,购买进口不了的货物,生计已计划好了,企业已筹划完了,存在着种种希望和期待,所有的信念都认为世界依然如旧。人们仍在写书描述那个世界。他们都相信他们脑子里的想像。然而过了 4 年,在一个星期四的早晨,停战的消息传来,由于停止残杀,人们吐露出难以形容的宽慰。在真正达成停战前五天,人们已经庆祝战争的告终,尽管数千年轻人已战死在战场上。

　　回过头来看,对于我们仍然生活在其中的环境,我们的认识是何等的间接。我们可以看到,报道现实环境的新闻传给我们有时快,有时慢;但是,我们总是把我们自己认为是真实的情况当作现实环境本身。在涉及现在我们行动所遵循的信念时是较难回想起这一点的,但是,对于别的民族和别的时代,当他们狂热地相信那些荒诞可笑的世界图像时,我们却较易看清并自鸣得意。我们坚信,根据我们事后清楚的认识,他们需要知道的世界和他们确实知道的世界,往往是十分矛盾的两回事。我们还可以看到,当他们按照他们所想像的世界进行统治和斗争、贸易和革新的时候,他们得到了成果或者没有得到成果,却是在实际存在的世界里。他们出发探寻印度群岛却发现了美洲,他们诊治邪恶现象却绞死了一些老妇人。他们以为只要不断出售货物而永远不买进货物就会越来越富。一个哈里发服从于他认为是真主的意志,焚毁了亚历山大的图书馆。

　　圣·安布罗斯(St. Ambrose)写 389 年时,叙述了柏拉图窑洞里的囚犯不屈不挠地拒绝回头的情况。"讨论地球的性质和位置并无助于我们未来的生活。斯克里普彻(Scripture)叙述的,已足够供人们去认识它了。'上帝并没有把地球挂在什么东西上'。那么为什么还要争论上帝是把地球挂在空中还是水上,因而又提出这样一些争议,稀薄的空气怎么能支撑得住地球? 如果是挂在水上的话,地球又为什么不会坠落到水底? 并不是因为地球在中间,就像是依靠平衡的力量悬挂着,而是上帝的意志强制着它,使它固定在不稳定而又空无所有的基础上。"①

这无助于我们对于未来生活的希望。这足够使我们了解斯克里普彻所叙述的内容。那么为什么还要争论？然而在圣·安布罗斯以后一个半世纪,对于地球上相反地区的问题,意见仍然是混乱的。有一个名叫科斯马斯的修道士,因科学上的造诣而著名,因此受委托写了一本《基督教徒的剖析》或称《基督教徒对世界的看法》②。很显然,他所知道的正是期望他知道的,因为他的所有结论都是以他读过的斯克里普彻的著述为基础的。于是得出这样的意见：世界的形状是一个扁的平行四边形,南北的长度两倍于东西的宽度。陆地在中心,四周是海洋,这海洋又同样被别的陆地所围绕,洪水泛滥以前,那里住着一些人。这另一块陆地就曾是诺亚离岸的港口。其北部是一座圆锥形的高山,太阳和月亮围绕着它转,太阳转到山背后时就是夜间。天空与地球外侧边缘相胶着。四面有高墙连接凹面的顶,所以地球就是宇宙的地面。天空的另一端是海洋,造成了"水在太空之上"。天空的海洋与宇宙终极的顶端之间的空隙属于神。地球与天空之间居住着一些天使。最后,既然圣·保罗说所有的人都生来就住在"地球的表面",他们又怎么能住在被假定为地球背面的地方呢？"我们得知,一个基督教徒眼前有这么一段叙述,'就连地球背面的地方这个名称都不应该谈及'。"③

他更不应该到地球的背面去,任何基督徒的王子也不应给他一只船去尝试,任何虔诚的水手也不会企图去试试。对于科斯马斯来说,他的天体图丝毫也不荒谬。只有想到他绝对相信这就是宇宙的天体图,我们才可能开始理解他曾怎样担心马吉兰或皮尔里或飞行员冒了与天使及天穹碰撞的危险在天空飞行七哩。同样,记住各个党派几乎都绝对相信他所想像的其反对党的形象,我

---

① 亨利·奥斯本·泰勒：《中世纪的心理》一书中的引文,见该书第1卷,第73页。
② 莱基：《欧洲的理性主义》第1卷,第276—278页。
③ 莱基：《欧洲的理性主义》第1卷,第276—278页。

们才能对战争和政治的怒火有最好的理解；他们不是把真正的事实作为事实，而是把假定的事实作为事实的。因此，像哈姆雷特那样，认为普洛尼斯就是皇帝而会在沙沙作响的帘子后面刺伤他，正像哈姆雷特说的：

"你这个鲁莽、多事的倒霉蛋，再见了！

我还当你的主子哩；你自认晦气吧。"

二

伟人们，即使在他们活着的时候，通常都只是通过一种假设的人格而闻名。因此，古话说得对，在亲近的侍从眼里，没有人堪称英雄。对于侍从和私人秘书来说，也只看到少量的真实，他们自己常常沉浸在虚构之中。当然，一些皇室名流的人格都是塑造出来的。不论他们相信他们公开的品格，或者他们只允许皇室的内侍来安排，至少有两种截然不同的性格，一种是公开的和庄严的，另一种则是私下的和有人性的。伟大人物的传记常常流于这两种性格的记载。官方的传记作者描绘社交生活，暴露性传记则记载另一面。例如，查恩伍德·林肯是一个杰出的肖像，并不由于他是一个实际的人，而是因为他是一个英雄的形象，充满了重要性，几乎可与安尼斯或圣·乔治相比拟。奥利弗的《汉密尔顿》是崇高的抽象作品，是一种思想的塑造，正像奥利弗自己说的，它是"一篇关于美国联合的文章"。它是关于联邦制度国家形式的不朽作品，不可能是个人的传记。人们有时候创作他们认为是揭示内心世界的自己形象。雷品顿（Repington）日记和马哥脱·阿斯奎斯（Margot Asquith）的日记都是一种自我描述，最详尽地揭示了内心的细节，就像作者如何想像自己一样。

但是，最有兴味的，是那种人物肖像是在人们心目中自然地产生的。当维多利亚即王位的时候，斯特雷奇（Strachey）先生①说：

---

① 利顿·斯特雷奇：《维多利亚女王》第72页。

"外界有一股很大的热潮,情感和浪漫开始流行起来,天真、端庄、头发美丽和面颊红润的小女王驾车通过她的首府的场面,观众充满了忠诚的喜悦。首先,每个人对维多利亚女皇与她的伯父之间产生了强烈的对照。那讨厌的老人,淫逸和自私,愚蠢和荒谬,还不清的债务,倒霉和声名狼藉——它们像冬天的雪一样已经消失了,现在女皇已经加冕,并且光辉灿烂,春天已经来到。"

M·让·德皮埃尔富(M·Jean de Pierrefen)[①]直接看到过崇拜英雄,因为当军人享有最大声誉的时刻,他正是霞飞(Joffre,法国将军,第一次世界大战中任法军总司令——译注)手下的一名军官:

"两年来,整个世界敬神般地庆祝梅因(Marne,法国东北部)的胜利。不相识的人们欣喜若狂地为表示他们的敬意,给他寄来包裹和贺信,其数量之多,几乎把包裹负责人的腰都压弯了。我认为,除霞飞将军以外,没有其他的战争指挥官能够理解什么概念比得上'荣誉'的含意。他们送给他一盒盒世界各地大糖果商制造的糖果,一箱箱香槟酒,各种葡萄美酒、水果、野味、装饰品以及器皿、衣服、烟具、墨水台、压纸器。各个地区送来他们的特产,画家送来他们的绘画,雕塑家送来小塑像,可贵的老妇人送来羊毛围巾或短袜,牧羊人在他住的小屋里雕刻了表达他的心意的烟斗。全世界所有敌视德国的制造商运送来他们的制品,哈瓦那送来他们出产的雪茄烟,葡萄牙送来了葡萄酒。据我知道,一位理发师用亲近将军的人们的头发精心地制作了一个将军的肖像;一位职业作家怀着同样的思想,用成千上万歌颂将军品格的片断写成特写。至于他收到的信件,有各种手稿,用各种方言从各国寄来,充满深情,令人愉快,洋溢着爱戴和敬慕的情意。他们称他是世界的救星,他的国家的父亲,上帝的代理人,人类的恩人等等。爱戴他的不仅仅是

[①] 让·德皮尔富:《三个 G. Q. G. 和将军的大本营》,第 94—95 页。

法国人，而且有美国人、阿根廷人、澳大利亚人等等；成千上万的小孩，未受父母的指点，主动拿起笔来向他倾吐了对他的敬爱，他们中的多数人称他为'我们的父亲'。在战胜了野蛮主义的时刻，成千上万的人从心底抒发的感情和崇敬的心情是深刻的。对于所有这些天真幼小的孩子来说，霞飞就像圣·乔治击毁龙一样。当然，他具体体现了人类意识中的善良战胜邪恶、光明战胜黑暗的思想。

狂人、傻子、半疯狂和疯狂的人都把他们阴沉的脑袋朝向他，就像朝向理智一般。我读过一个住在悉尼的人的来信，他乞求将军从敌人手下拯救他；另外，一个新西兰人请求他派一些士兵到欠了他十镑钱而不还给他的那位先生的住所去。

最后，数百个年轻的姑娘，不顾羞怯，不让她们的家属知道，要求与他订婚；还有一些姑娘希望去侍候他。"

人们把霞飞以及他的部下、他的部队所赢得的胜利和战争带来的失望、个人的悲伤，以及对未来胜利的希望，混合起来产生了理想人物霞飞。……

三

对这种象征性人物举世瞩目之状异乎寻常，十分显眼，每一个作家对于描绘这种引人注目的、无可辩驳的典范人物都有癖好。对战争现实的剖析发现了这样的典范人物，但这样的人物并不是凭空产生的。在较正常的社会生活中，象征性的偶像同样可以支配人们的行为。但是由于竞争的对象很多，每一个典型人物的影响都远不是那样无所不包的。不仅由于每一个典型人物最多只代表一部分人从而只带有较少的感情色彩，即使在那部分人当中，对于个人不同观点的压制也是微乎其微的。在相当安全的境况中，那些舆论的象征会受到检验、比较和争论。它们产生和消失，互相结合又被人遗忘，永远不能把整个团体的情感完全交织在一起。毕竟惟在一种人类的活动中，所有的人完成一个共同的神圣目标。

这种情况发生在战争中间的各个阶段,那时恐惧、好战和憎恨情绪占领整个精神领域,在厌倦感出现之前,战争的情绪便压倒或者吸附了其他每一种直觉。

几乎在所有其他境况中,甚至在战争陷入僵局时,可以产生足够大的范围的各种情感,从而造成冲突、选择、踌躇和妥协。正像我们将看到的那样,舆论的象征通常具有这种利益均衡的痕迹。例如,停战以后,看看那种不稳定的、绝非成功地建立起来的"协约国统一体"的象征多么迅速就消失了,而每一个国家对于其他国家的象征性形象——英国是公法的捍卫者,法国守卫在"自由的前沿",美国是十字军——也几乎随之立即破灭了。再看看每个国家内部,由于政党的倾轧、阶级的斗争和个人野心的发作,开始搅起了延续不断的争端,因而使自己国家的形象也遭到了损坏。随之,领袖的形象也一个不如一个,威尔逊、克莱门梭、劳埃德·乔治,他们再也不是人类希望的化身了,而仅仅成了一个幻想破灭了的世界的协商者和行政官。

不管我们把这看作是和平所造成的罪恶之一呢,还是称赞它回复了明智,在这里显然是无关重要的。我们首先关心一些虚构和象征,是为了忘记他们对于现存社会的价值,而要把他们看作只是人类交流机制的一个重要部分。现在,任何社会对其利益都不是完全有自制力的,每个人对于发生的每一件事知道得那么少,一些意见涉及的都是看不到和难以掌握的事件。戈弗尔草地的舍温女士①知道法国正燃着战火就去设想这场战争。她从未到过法国,当然她也没有到过现在这场战争的前线。她看过法国士兵和德国士兵的照片,但是她不可能想像300万人。实际上,没有谁能够想像他们,专业人员也不作这种尝试。比如说,他们把这些部分想像为200个师。但是,舍温女士得不到战斗的地图,所以,她想像战争的话,她就盯住霞飞和凯泽,就像他们从事个人决斗一般。

---

① 见辛克莱·刘易斯(Sinclair Lewis):《大街》(Main Street)。

或许你能理解她是根据她的想像来观察的,她的作品中的形象可能就像 18 世纪的一个伟大士兵的版画。他勇敢而沉着地站在那里,比真人大些,后面衬托着一支模糊而个子小的军队蜿蜒在风景画面中。看来大人物们对这些想像也并不在意。德皮尔富讲述了一位摄影师对霞飞将军的访问。这位将军在他的"中产阶级的办公室里,坐在没有放着文件的办公桌前,他就在那里签名。忽然发现墙上没有挂着地图,根据普遍的想法,一位将军的办公室是不可能不挂地图的,于是就在挂画的位置挂上几张地图,事后立刻就取下来了"。

任何人对于没有经历过的事件,只能有一种凭他对那事件的想像所引发的感情。这就是为什么只有在我们了解了其他人自认为他们所了解的事物之后,我们才能够真正理解他们的行为。我曾见过一个在宾夕法尼亚州矿区长大的年轻姑娘,当一阵风吹破了厨房的窗玻璃时,她突然从完全欢乐的状态陷入一阵悲伤,她极度沮丧了几个小时,我对此感到莫名其妙。当她缓过来能说话的时候,我才知道她认为要是窗玻璃破了,就意味着有近亲死亡了。因此,她对于曾恐吓过她以致使她逃出家门的父亲感到哀痛。当然,经过电报查询,很快就证实她父亲非常健康地活着。但是,在收到回电以前,破裂的玻璃对那个姑娘一直是有根据的讯息。为什么它能成为根据,只有高明的精神病学医生的长时间的调查才能够说明。然而,即使是最漫不经心的观察家也能看到,那个为家庭纠纷搅得心乱如麻的姑娘从一个外界的事件、一种记忆中的迷信、一种悔恨的烦乱以及对他父亲的恨与爱中产生出一种完全虚构的幻觉。

这些实例中的反常性只是程度不同而已。当一位司法部长被门前石阶上的炸弹爆炸所惊吓时,就使他确信革命传单上所说的,1920 年 5 月 1 日将爆发革命是真实的。我们认识到相同的机制多少在起作用。当然,战争提供了许多这种类型的实例:偶然的事实、创造性的想像、信仰的意志,这三种因素构成了一种虚假的现实,对它就有一种歪曲的本能反应。因为这是十分清楚的事,由于某些原因,人们对于虚构的情节也会像对真实情况一样产生一种强有力的反应,在许多情况下,他们据以作出反应的,正是他们帮助创造的那种虚假的情节。他并未相信俄国军队曾于1914年8月经过英国,没有直接的证据就不接受任何关于暴行的传说,没有见过一个阴谋、一个卖国贼或一个间谍,因为那儿没有,那么就让他首先谴责吧。他从来没有把知情较少的人所说的话当作真正的内情来传播,就让他来谴责吧。

在所有这些实例中,我们必须特别注意一个共同的要素,那就是在人与他的假环境之间的插入物。他的行为是对于虚假环境的一种反应。但是,因为是行为,如果见诸行动,其后果就不是在刺激起行为的假环境中而是在发生行动的真实环境中起作用。如果这种行为不是实际的行动,而是我们一般地称之为思想和感情的东西,它就可能很长一段时间不在虚假的世界中表露出来。但是当这种假事实的刺激对一些事或者对其他人产生作用时,立即就发生矛盾了。于是出现了这样一些强烈的感觉:把一个人的脑袋往石头墙上撞;通过经验来学习;证实赫伯特·斯宾塞①的悲剧:"一伙残酷的事实"谋杀一种"美妙的理论";即缺少一种失调状态的不安感。因为在社会生活的层次上,所谓人对于环境的调整当然是通过各种虚构作为媒介来进行的。

这里所说的虚构,我并不是指撒谎,我指的是不同程度地由人们自己描绘的环境。虚构的范围包括从纯粹的幻觉到公式化的科学的自我意识,或者是他对某个特定问题的决定,正确性超出小数点的一定数目则是无关紧要的。一篇虚构的作品,可能有那么一点程度的可靠性,只要能考虑其可靠程度的,这种虚构就不是骗人的。实际上,人类的文化很大程度上就是对威廉·詹姆斯(Wil-

---

① 英国社会学家、哲学家,实证论的主要代表人物,主张"不可知论"。

liam James)所说的"我们思想的偶然闪耀和再镇定"①的选择、重新整理、追踪和风格化。有选择地运用虚构是感情起落的直接暴露。尽管有时用完全清白的眼光看,它是令人耳目一新的,那也不是真正的选择,清白只是智慧的源泉和校正,而不是智慧本身。

由于真正的环境总起来说太大、太复杂,变化得太快,难于直接去了解它。我们没有条件去对付那么多难以捉摸、那么多的种类、那么多的变换的综合体。然而我们必须在那种环境中行动,我们必须先把它设想为一个较简单的模式,我们才能掌握它。人们必须先掌握世界的概貌,才能详细考察世界。然而他们长期的困难是获得他们自己需要或者其他人需要的地图,而这种地图不曾在波希米亚海岸绘制。

四

舆论分析者必须开始认识清楚下列三者之间的关系:行动的情景,人对那种情景的想像,以及人对从行动的情景中产生出的想像的反应。这正像要求按照演员自己的经验排演的一个话剧,它的情节是按照演员真正的生活来处理的,不仅仅是舞台的角色。电影常常用很大的技巧强调内在动机和外在行为这双重戏剧。比如,两个人正在争吵,表面上看是为了一些钱,但他们的感情却是不可言传的。这时影片的画面渐淡,而两个人中的这个或那个用他们头脑的"眼睛"所看到的东西演示出来了。隔着桌子,他们为钱在争吵。而在他们的记忆中,他们回到了青年时代,当时那位姑娘抛弃了他,爱上了另一个人。这个表演在外的戏剧可以这样解释:这位男主人公并不贪婪,而是在恋爱。

美国参议院演出了类似的场面。1919年9月29日早晨早餐时,有些参议员阅读了《华盛顿邮报》关于美国海军在达尔马提

---

① 詹姆斯:《心理学原理》第2卷,第638页。

亚①海滨登陆的新闻电讯。这报纸报道：

"一些事实现已证实

下面的重要事实看来已经证实。致后方海军安德鲁斯将军统率的驻亚得里亚美国海军的命令是英国海军军部通过伦敦的军事委员会和后方海军将军纳普斯发出的。并没有询问美国海军部同意或是不同意。……"

"在丹尼尔斯不知道的情况下

丹尼尔斯先生收到电报后说，他统率的部队在他不知道的情况下，正在进行海战，这使他处境特殊。人们认为英国海军部能够给后方海军安德鲁斯将军发布命令让他代表大英帝国和她的盟军，因为如果丹纳齐沃的追随者受到牵制，某个国家就需要做出牺牲。

人们还进一步认识到，在紧急的情况下，新的国际联盟无论得到或是没有得到美国海军的同意，都可以指挥美国海军部队。……"

第一个发表意见的参议员是宾夕法尼亚州的诺克斯先生。他愤慨地要求调查。康涅狄格州的布兰德奇先生接着发表言论，义愤已促使他轻信。诺克斯先生气愤地要求，要弄清这个报道是否真实。半分钟以后，布兰德奇先生也要求知道，如果海军被消灭掉的话，会发生什么情况。诺克斯先生也对这个问题感兴趣，忘了他要求调查和答复的事。如果美国的海军被消灭的话，则会爆发战争。争论的基调仍然是有条件的。争论继续进行下去，伊利诺斯州的麦考密克先生提醒议会说，威尔逊政府倾向于发动一场小的未经认可的战争。他重复了西奥多·罗斯福关于"进行和平"的妙语。还有更多的争论。布兰德奇先生注意到海军根据最高委员会的指令驻在某处，但他回忆不起来谁在这个机构里代表美国。美国的宪法也没有提到这个最高委员会。因此，印第安那州的纽先

---

① 南斯拉夫一地区。

生提出一个决议案要求知道实情。

迄今为止,参议员们仍旧模糊地认为他们在讨论的是一个谣传。作为律师,他们还是记得获取证据的一些形式的。但是,作为一腔热血的男子,他们对于外国政府不得到美国国会的同意就命令美国海军参战这种事实已感到愤慨。就情绪来说,他们相信它,因为他们是反对国际联盟的共和党员。这种情况唤醒了民主党的领袖、内布拉斯加州的希契科克先生。他为最高委员会辩护,说它是受参战列强指挥的。由于共和党员的延误,和平还没有最后达成。因此,这种行动是必要的和合法的。双方现在都设想这个报道是真实的,他们得出的却是带有各自党派偏见的结论。然而他们还在讨论要不要调查这离奇的设想的真实性,即使受过训练的律师们,也难于在调查得出结果以前不作出反应。这种反应是即刻产生的。由于迫切需要这种虚构,它就被当作真实的了。

几天以后,一项官方的报告说明这支海军不是受命于英国政府或最高委员会而登陆的。他们并没有与意大利人作战。他们是接受了意大利政府的请求,为了保护意大利人而登陆的。美国的指挥官正式受到了意大利官方的感谢。这支海军并不曾与意大利交战,他们是根据一种确认的国际惯例行动的,与国际联盟并无关系。

这一行动的情景发生在亚得里亚海,华盛顿的参议员们头脑里对于那种情景的想像是由一个毫不关心亚得里亚海而很关心击败国际联盟的人提供的,也可能他是有意欺骗。参议员们对于这种想像的反应受到了对国际联盟的党派偏见的影响。

五

在这个特定的例子中,并不需要去判定参议院是在正常的道德标准之上或者之下,也不管参议院是否比众议院或其他议会更占优势。此刻,我只想考虑全世界的人是怎样按照他们的环境去行动的。在充分考虑了蓄意的欺骗以后,政治科学仍旧叙述这样一类的事实:比如两个国家互相攻击,每一方都确信他的行动是自卫;或者是两个阶级之间的斗争,每一方面都肯定自己是代表公众利益的。我们可以说,他们生活在不同的世界里;更确切地说,他们生活在同一个世界里,但是,他们思考的和感觉的却是不同的世界。

正是对于这些特殊的世界,对于这些个人的或集团的、阶级的、地方的、职业的、全民族的、宗派的人为制造物来说,产生了"伟大社会"中人类的政治调节。它们的多样性和复杂性是难以描述的。然而这些虚构很大部分取决于人们的政治行为。我们必须想到,有可能50个最高的议会是由至少100个立法机构组成的,它们又属于至少50个省市议会的统治集团,加上它们的执行机构、行政机构和立法机构,组成了世界上正常的权威。但是它并没有开始表现出政治生活的复杂性,因为在这无数的权威中心里,都各有一些政党,这些政党本身都是统治集团,它们在阶级、阶层、派系和宗派小集团中都有根基;其中有许多个别的政治家,各自又成为联系、记忆、恐惧和希望的中心。

不知怎么的,常常因为种种不可避免的模糊的原因,由于统治、妥协或者相互吹捧的结果,这些政治机构发生各种指挥:调动军队或讲和、应征入伍的生活、赋税、放逐、监禁、保卫财产或没收财产、鼓励一种企业或留难另一种企业、促进移民或阻碍移民、改进通讯或实行检查、建立学校、建立海军、宣布"政策"和"命运"、设置经济障碍、购置财产或毁掉财产、使一个民族统治另一个民族、或者喜欢一个阶级而反对另一个阶级。对于这些决定中的每一种,对于有些事实是作为结论来看的,有些情况的看法是作为推论的根据和作为感情的刺激来接受的。对这些事实采取什么看法?为什么采取那种看法?

即使这样追问仍不能详尽地研究其中真正的复杂性。在一个社会环境中存在着正式的政治机构,还有无数大大小小的企业和公共机构,志愿的和半志愿的委员会,全国的、省的、都市的和街坊的集团,它们常常作出与政治机构的指示不相同的决定。这些决定的根据是什么?

彻斯特顿(Chesterton)先生说:"现代社会有内在的不稳定,因为它以这样的概念为基础,这种概念认为所有的人出于不同的动机,却会做同样的事。……就像在任何罪犯的头脑中,可能想的是相当独特的一种犯罪行为的苦境,同样,在任何郊区职员的家里或内心可能幽闭着迥然各异的人生哲学。第一个人可能是完全的唯物主义者,觉得他自己的身躯是一具可怕的机器在制造他自己的思想,他也许对他的思想就像听单调乏味的钟表滴答声一样熟悉。隔壁的人可能是一个信基督教的科学家,他把他的身体看得比他的影子还空洞,他几乎会把他的手臂和腿幻想为狂梦中活动的蛇。街上的第三个人可能不是信仰基督教的科学家,而正相反是一个基督徒,就像他的邻居说的那样,他像是住在神话故事里,一个神秘而有根据的神话故事,充满了不可思议的朋友的面孔和表情。第四个人也许是一个神权诡辩家,也许还是一个素食主义者。而且我还可以幻想第五个人是一个崇拜魔鬼的人。……不管怎样,这种多样性是有价值的,这种统一性是不可靠的。设想所有的人总是在想着不同的事,然而干的却是同样的事情,这是一种使人产生疑问的推测。社会不是建立在共同的或者公约的基础之上,而是建立在偶然的因素之上的。有四个人可能在同一根灯柱下相遇,一个人在把灯柱漆成豆绿色,作为一项重大市政改革措施的一部分;一个人在灯下谈他的每日祈祷书;一个人以酒醉后偶然的热情拥抱着灯柱;最后一个人仅仅因为绿色灯柱惹人注目而用来作为与他年轻女友约会的地点。但是,希望每天都发生这样的事是不明智的。……"[①]

可以用世界上的政府、政党、企业、社团、社会阶层、行业与职

---

① G·K·彻斯特顿:《疯狂的人与清醒的户主》,载《浮华虚荣的社会》,1921年1月号,第54页。

业、大学、派别和民族代替灯柱那里的四个人。设想立法机构的成员正表决一项将影响边远地区民族的法令，一位政治家正作出决定。设想"和平会议"重新划定欧洲的边疆，一个驻在外国的大使企图识别他自己政府的意图和外国政府的意图，一个推销商在落后国家谈判一种特许权，一个编辑查问一场战争，一个牧师请求警察管理娱乐，一个俱乐部的休息室正在决定关于罢工的事，一个缝纫集团正准备调整学校，九名法官正决定俄勒冈州的立法机构要不要规定妇女的工作时间，一次内阁会议决定承认一个政府，一个政党的会议选择一名候选人和起草一个政纲，二千七百万选民投票，一名在科克的爱尔兰人想起一名在贝尔法斯特的爱尔兰人，第三国际计划重建整个人类社会，一个董事会面对着其雇员的一些要求，一个男孩正选择一个职业，一个商人正估计下一季节的供求情况，一个投机商正断言市场的发展，一个银行家正在决定要不要给一个新的企业以贷款，广告商和广告的读者……设想不同类型的美国对于"英帝国"或"法国"或"俄国"或"墨西哥"等概念的想法。这些想法与彻斯特顿先生说的在豆绿色灯柱那里的四个人的想法没有多大区别。

六

因此，在我们探讨人们有许多复杂的固有区别以前，我们将很好地了解人们所知道的世界有什么特别重要的不同[①]。我并不怀疑有一些重要的生物学上的区别。由于人是动物，如果没有这种差别，那才是奇怪的事。但是，作为理性的动物，在找出产生行为的种种环境之间有何相似之处以前，只是笼统地概括比拟行为是非常肤浅的。

这种思想的实际价值在于它对古代关于本质、教养、先天素质和环境的争论进行了很必要的改良。因为虚假的环境是"人性"和

---

① 参看华莱士：《我们社会的传统》第 77 页以及下列等等。

"形势"的一种混杂物。我认为我们观察人们的所作所为来武断人是什么以及人常常会是什么样,或者武断社会必需的环境是什么,都是无益的。因为我们并不知道人们对于"伟大的社会"的种种事实会怎么样作出反应。我们真正知道的只能说是他们对于"伟大的社会"的最不充分的形象是怎么作出反应的。不能够根据那样的迹象就对人或者对"伟大的社会"作出结论来。

因而,这将是我们探究的线索。我们将设想每一个人做什么并不是以直接的和确凿的知识为基础,而是以他自己想像或别人告诉他的情况为基础的。如果他的地图册告诉他说地球是扁的,因为怕掉下去,他就不会航行到他认为是我们星球的边缘上去。如果他的地图上有一个永葆青春的喷泉,庞斯·德利昂①就会去寻求它。如果某一个人掘出像金子一般的黄土,那么在一段时间里,他就会表现出真的找到了黄金一样。任何时候,人们怎么设想这个世界,就决定了他们在某个特定的时刻要作什么,而不是取决于他们要达到什么目的。他们对于世界的设想决定了他们的努力、他们的感觉、他们的希望,而不是他们的成就和结果。正是那些马克思主义的共产党员们,他们最响亮地宣布他们的"唯物主义"以及他们对于"空想家们"的轻视,他们把全部希望放在什么地方?放在用宣传来形成一个有阶级意识的集团上。然而,什么是宣传?如果不是努力改变人们据以作出反应的形象,用一种社会形态代替另一种社会形态又是什么?什么是阶级意识?不就是认识世界的一种方法吗?民族意识也不就是另一种方法吗?吉丁教授的那种意识,不就是在大量信念中间我们所认识到的我们的那种意识吗?

试把社会生活解释为追求快乐和避免痛苦。你立刻会说,享乐主义者就是以这种未定论来狡辩的,因为即使假设人们确实追求这些目的,还是没有触及关键的问题,关键的问题是为什么?他

---

① 西班牙的探险家。

认为一种生活方式比另一种生活方式更能产生快乐？人的良心的指导可以说明上述原因吗？那么,怎么碰巧他就有他所具有的那种良心的？人在经济上自私自利这种理论能否说明问题？然而人们怎么这样设想他们的利益而不是那样设想？是追求安全、或者名望、或者统治、或者含糊地被称作"本人才能的发挥"等等愿望吗？人们怎么设想他们的安全？他们考虑什么名望？他们怎么策划出统治的方法？或者他们想要了解的私利的概念是什么？快乐、痛苦、良心、获取、保护、美化、控制等等无疑这些都是人们某些行动方式的名称。也许存在着一种要达到这些目的的天性。但是,对于这种目的没有进行说明,关于追求这种目的倾向也没有任何描述,因而也就不能解释为什么会产生这种行为。人们推理出来的惟一事实证明,决定他们的思想、感情和行动的因素是他们的假环境和他们内心里对于世界的认识。因为,假若现实世界与人类的反应之间的联系是直接的和迅速的,不是间接的和推断的,也就不会有优柔寡断和失败(如果我们中间的每一个人都像胎儿在子宫里那样贴切地处在世界上),萧伯纳先生也就不可能这样说,人类除了最初生存的九个月以外,没有人能够像一棵植物一样驾驭他的事务。

在这种联系中,主要的困难在于将精神分析的方案运用到政治思想中去。弗洛伊德学说的信奉者们关心特殊的个人与别的个人之间,以及特殊的个人与具体环境之间的失调。他们曾经设想如果能够澄清内心的混乱,就不会搞不清楚什么是显然正常的关系。但是,舆论涉及的是间接的、看不见的和费解的事实,它们是一点也不明显的。舆论涉及的那些情况被认为只是一些意见而已。另一方面,精神分析家几乎总是这样假设：对于任何聪明才智来说,环境是可知的,如果不是可知的,至少也是可以感受到的。他的这种假设是舆论的问题,不是想当然地认为一种环境是容易地被认识的。社会分析家最关心于研究怎样设想较大的政治环境,以及怎么能够更加成功地设想这种政治环境。精神分析家检验对一项 x 的调节,他把这 x 称作"环境";社会分析家检验这项 x,则把它称作"假环境"。

当然,任何人都永久地和经常地得益于新的心理学,不仅是因为当运用得正确时,就能大大地帮助人们自立,而且不管怎么样,因为研究梦、幻想和合理化的东西能够显示出假环境是怎么构成整体的。但是,他不能把这设想为他的标准或设想为社会秩序之内的一种所谓"正常生物学上的生涯"[①],或者还是外部的一种"从宗教的压抑和教条主义的惯例下摆脱出来的"生涯[②]。对于心理学者来说,什么是一种正常的社会生涯? 或者什么是从宗教的压抑下摆脱出来的生涯? 固然,保守的批评家们首先设想第一种,富于浪漫思想的批评家则设想第二种。但是,在设想它们时,他们是就全世界而论的。实际上,他们说的社会,或者是那种符合于他们理想的正规的社会,或者是那种符合于他们理想的自由的社会。两种理想都仅仅是舆论,精神分析家作为医生也许会接受它们,而社会学家则可能不以现存舆论的产物作为研究舆论的标准。

七

在政治上我们必须对付的世界是接触不到、看不到和想不到的,需要我们探索、报道和想像。人并不像亚里士多德的神化的人那样一眼就能注视到所有存在物的。他是在进化中产生的动物,只能估量一部分现实,以维持他的生存。抓取极短时间的直觉和愉快。然而就是这样的动物,创造了种种方法看到肉眼所看不到的、听到耳朵所听不到的东西,衡量庞然大物和无限小的个体,计算和区分比他作为单个人所能记忆的更多的东西。他学习着用他的脑子去观察大部分他不可能看到、接触到、嗅到或者记忆起来的

[①] 爱德华·J·肯普夫:《精神病学》,第 116 页。
[②] 同上书,第 151 页。

世界。对于这种接触不到的世界,他自己就渐渐地在头脑里造成了一幅可以信赖的形象。

有些现实世界的情况涉及其他人的行为,又与我们的行为有一定关联的,它仰借于我们,是对我们感兴趣的,我们大致把它称为公众事务。这些其他人头脑里的想像,他们自己的情况、他们的需要、意图和关系等等都是他们的舆论。一些集团的人或者以一些集团为名义的个人按照上述的情况来行动就成了大写字母的"舆论"。因此,在下面的章节中我们将首先探讨一些原因,即为什么这种头脑中的想像常常错误地引导人们去对待现实世界。根据这种前提,我们将首先来考虑限制人们获得种种事实的一些主要因素。这些因素是一些人为的检查制度,社会接触的限制,每天只能用比较少的时间注意公众事务,由于必须用很简练的消息来报道事件因而引起了曲解,难于用少量的词汇来报道一个复杂的世界,还有最后一点,即不敢面对可能威胁到人们既定的生活惯例的那些事实。

然后,这种分析从上述多多少少属于外在的限制转到下列问题上,诸如储存的印象、先入之见和用偏见来阐明、补充等等都怎样影响到这些来自外界的点点滴滴的消息,以及又怎样转过来有力地指导我们的注意力和我们的视线本身。从这里再继续考察来自外界的有局限的消息怎么样在某一个别人身上形成与他自己的兴趣相一致的一个固定的成见。随后的一些部分,考察许多意见怎么具体化成为所谓的"舆论",怎么形成为"民族的意志"、"集团的意见"、"社会的意图"或者任你所说的其他什么东西。

前面五个部分是这本书的叙述部分,接着是分析舆论的传统的民主理论。争论的实质是民主政治在其原始形式中从来没有正视过由于人的想像与现实世界并不自动保持一致而产生的问题。然后,因为民主的理论受到社会主义的思想家们的批评,接着考察其中英国基尔特社会主义者所提出的最高深和最合乎逻辑的批评。这里,我的目的是想弄清楚这些革新者是不是考虑到舆论的主要困难。我的结论是他们与最早的民主主义者一样，完全忽视了这种困难，因为他们设想在复杂得多的文明世界中，人们心目中对于接触不到的世界也有一种神秘的认识。

我认为代议制政府不管采用什么选举制度，它在普通的政治中或者工业中都不能有效地发挥作用，除非有一个独立的、内行的组织把未被发现的事实清楚地提供给必须作出决策的人。因此，我认为认真地接受这样的原则，那就是个人的代表制必须提供未被发现的事实作为补充，这样就会容许一种令人满意的分权，让我们避免极端的和不切实际的虚构，使我们每个人都必定会得到关于公众事务的足够的意见。报刊的问题被认为是混乱不堪的，因为批评家们和辩护士们希望报刊实现这种虚构，希望它编造出民主理论中所有没有预见到的东西，而读者则希望不付代价或者毫不困难就出现这种奇迹。民主主义者把报纸看成是一种医治他们缺点的万应灵药，然而对新闻的性质和对新闻事业的经济基础的分析似乎都表明报纸必定不可避免地反映出并因而在不同程度上增加了舆论的组成的不完善性。我的结论是，舆论如果是健全的，就必须组织起来为报刊所用，不是像今天这样的情况，由报刊来组织。我想这种组织任务首先属于政治科学，只有政治科学能在作出真正的决定以前成为舆论的形成者，而不是在决定作出以后去充当辩护士、批评家或者报道者。我要指出的是政府和工业的错综复杂，促使政治科学有这种巨大的机会来丰富自己并为公众服务。当然，我希望这些内容将有助于少数人更清晰地去认识那种机会，因而就更自觉地来研究它。

（林珊　译）

米　德

乔治·赫伯特·米德（George Herbert Mead，1863—1931），美国哲学家、社会学家、社会心理学家。是20世纪一位重要的思想家，社会心理学的创始人之一，其著作对社会科学理论和研究具有持久的影响。他毕业于奥伯林学院，后入哈佛大学、德国莱比锡大学、柏林大学深造。先后在密歇根大学和芝加哥大学执教。与杜威结成密友，并共同形成美国实用主义最重要是派别——芝加哥学派。他的实用主义学说称为"社会行为主义"（后又自称为"行动哲学"）。其最重要的著作，就是在他身后出版的、根据他在芝加哥大学传授社会心理学的讲稿整理的《心灵、自我与社会》(1934)。

米德提出了一种关于人类行动、互动和组织的概念性观点。他认为，人类具有应用符号、内隐反思、自我了解和自我控制的能力，是为了有规则地互动而对环境压力做出反应，这种反应是习得的。通过约定俗成的姿势，人类发出其行动过程的信号；通过解读这些姿势，人类可以相互采用彼此的看法及与一种社会情境相联系的更为"泛化的共同态度";通过用心的考虑,人类可以"富有想像力地演习"各种可供选择的行为方式,并选择最适当的反应;通过自我传播能力,人类可以把自己看作在一种情境中的评价对象;通过这种自我了解和自我评价,他们可以控制和调节自己的反应。

米德的上述观点,是现当代社会科学中有关互动的大部分阐述的概念基础,美国传播理论及哈贝马斯的交往行动理论,都与其有渊源关系。

(杨 击)

心灵、自我与社会*

第二篇　心　　灵

思想、交流和表意的符号

我们已经指出,并不存在下述意义上的特殊模仿才能,即另一个人作出反应的声音或景象本身便是作出同一反应的刺激。相反我们认为,如果某个体的动作类似另一个体,那么是因为存在一种使模仿成为可能的情境。现在进行模仿所必需的是,个体在其他人那里引起一种反应的行动和姿态还应在他自身引起同样的反应。狗打架时并不存在这种情况。因为一只狗的态度并不总在另一只狗身上引起同样的态度。从某些方面看,实际上那种情况可能发生在两个拳击手的例子里。其中一人虚晃一拳,引起他对手回敬一拳,他自己的那个动作的确对他有那个意思,即他在某种意义上在他自身引发了同样的动作。对全过程我们不完全清楚,但他激动了他中枢神经系统的中枢,这将导致他打出一拳就像导致他对手打出一拳那样,因而他在自身引起或可能引起他在另一个人身上引起的同样反应。这里有所谓模仿的基础。现在从人们的说话方式、穿着样式和举止风度中处处可以看到这种模仿过程。

---

* 选自中译本《心灵、自我与社会》,上海译文出版社1992年2月版。

我们多少是无意中看着自己，像其他人看着我们一样。我们不知不觉地像其他人对我们说话那样对自己说话；像麻雀模仿金丝雀的叫声一样，我们选择了周围的方言。当然，在我们自己的机制中必定有这些特殊的反应。我们在他人身上引起我们在自身引起的某种反应，以致我们不知不觉地模仿了这些态度。我们无意识地置身于他人的地位并像他人那样行动。我只想在此分解这种一般机制，因为它对于我们所称的自我意识的发展和自我的出现具有非常根本的意义。我们不断在自身引起我们在他人身上引起的那些反应，尤其是通过有声的姿态，使我们在自己的行动中采取了他人的态度。语言对于人类经验发展的至关重要性在于，事实上这种刺激能够对说话的个体起作用，就像它对其他人起作用一样。

华生式的行为主义者，认为我们全部思维都是说话。思维无非是开始动用某些语词。在某种意义上是如此。但是华生并未把这里所涉及的一切考虑进去，即，这些刺激是复杂社会过程的基本要素并带有那些社会过程的意义。发声的过程本身具有这种极端重要性，而且可以合理地假定，发声过程加上和它并行的智能与思想，并不只是彼此放出特殊的音素。这种观点忽视了语言的社会背景。①

因此，有声的刺激的重要性在于，事实上个体能够听到他讲的话，而听到他的话就容易像他人那样作出反应。当我们现在讲到该个体对他人作出的这一反应时，我们回忆起要求某人做某事的

---

① 如果追溯姿态的起源，总是发现它们是为更大的社会动作所固有、所包含，是该动作的一些方面。在论述交流时，我们必须首先承认它最早起源于无意识的姿态的会话。有意识的交流(有意识的姿态会话)产生于姿态成为符号的时候，就是说，当姿态对于作出姿态的人及对姿态作出反应的人而言，开始具有作出姿态的人后来的行为所具有的确定意义或涵义时；这样，由于它们向作出反应的个体事先指明了作出姿态的个体后来的行为，就使得社会动作中不同个体成员彼此间的互相顺应成为可能，而且，由于在作出姿态的个体身上隐含地引起了它们在作出反应的个体身上明确地引起的同一反应，它们就使与这种相互顺应联系在一起的自我意识的产生成为可能。

情形。我们通常这样表达这个意思,说某人知道请你做的是什么事。以要求某人做某事、然后自己去做为例。或许你对他讲话的那个人没有听见或者动作迟缓,于是你自己做了。这样,你发现,你自身存在着你要求其他个体去实现的同一倾向。你的请求在你自身激起了在其他个体身上激起的同一反应。要向另外某个人说明怎样做某件你知道怎样做的事,何其困难!他反应的迟钝使你很难控制自己不去做你正在教的事。你已在自己身上引起了你在另一个体身上引起的同一反应。

为了寻求对这一点的解释,我们通常假定,神经系统中某一簇中枢彼此联结并且在动作中表达自己。如果试图在中枢神经系统中找到与"椅子"这个词相应的东西,那么,我们所将看到的大概只是一整簇可能反应的组织,这些反应彼此联结,如果从某个方向开始,便将实现某个过程,如果从另一方向开始,则将实现另一过程。椅子主要是供人就座的东西。它是放在一定距离之外的物体。某人可能朝远处一物走过去,然后当他走到它跟前时坐了下来。存在某种刺激,刺激了某些神经通路,使得该个体朝那一物体走过去并坐下来。那些神经中枢在某种程度上是物理的。应当指出,后一个动作对前一个动作有一种影响。后面那个将要发生的过程已经启动,并且对前一过程有影响(在这个已经启动的过程之前发生的过程可得以完成)。类似这样一大簇将导致有关我们周围物体的行动的神经元素的一种组织,便是中枢神经系统中那种对我们所说的物体作出反应的东西。这里的情况极其复杂,不过中枢神经系统中有几乎不计其数的元素,它们不仅可以按空间上的彼此联系组织起来,而且可以从时间联系出发进行组织。根据这最后一个事实,我们的行动由一系列互相衔接的步骤构成,而且后面的步骤可能已经启动并影响前面的步骤。我们准备做的事对我们正在做的事发生影响。神经元素中就我们所称的物理客体进行的那一组织,在中枢神经系统范围里即我们称之为概念客体的东西。

粗略地说,与我们所称的某物的观念或概念相应的,正是这样一系列有组织的反应定势的开端。如果有人问,什么是狗的观念,并力图在中枢神经系统中找到那一观念,那么,他将发现一整簇反应,它们或多或少由确定的通路联在一起,当某人用到"狗"这个词时,他的确可能引起这一簇反应。狗可能是游戏伙伴,可能是敌人,可能是某人自己的财产或其他某个人的财产。存在整整一系列可能的反应。某些类型的反应是我们大家都有的,其他一些类型的反应则因人而异,但是对反应总有一种组织,它可以因为"狗"这个词而引出。因此如果某人对另一个人谈起狗,他就在其自身引起了他在其他个体身上引起的这一系列反应。

当然,正是这种符号、这种有声姿态与个体自身及他人的这样一簇反应间的关系,构成了那种我称之为"表意的符号"的有声姿态。一个符号的确很容易在该个体身上引起一簇反应,犹如它在其他人身上引起反应一样,不过它作为一种表意的符号还涉及另外的东西:某人自己对"椅子"或"狗"这样一个词的反应既是一个反应,又是对该个体的一个刺激。当然,这是包含在我们所称的一事物的意义或含义中的①。我们常常对客体采取我们所称的理智的行动。虽然该客体的意义不出现在我们的经验中我们也能行动。像人们传说的那个心不在焉的大学教授那样,某人可能为了赴宴去换衣服,结果却穿好睡衣躺上了床。脱衣的过程机械地开始并完成了,他没有意识到他正在做的事的意义。他本打算去赴宴,结果却上了床。他的动作所包含的意义没有呈现出来。这里

---

① 在任何特定的社会情境或动作所涉及的任何一个个体的经验中,构成该社会情境或动作的各种态度或反应的源体或复合体的内涵(他对其他个体的态度,他对其他个体的态度所引起的反应,他们对他的态度,他对这些态度的反应等等在他经验中的内涵)即一个观念的全部意思;或至少是它在特定个体"心中"出现或存在的惟一基础。

就无意识的姿态会话而言,即就借助这种会话而进行的交流过程而言,参与该过程的个体都没意识到该会话的意义,那一意义并未出现于任何卷入该会话或使会话进行下去的单个个体的经验之中;然而,就有意识的姿态会话而言,或就借助于这种会话而进行的交流过程而言,参与该过程的各个体都意识到该会话的意义,正是因为那个意义确实出现在他的经验中,而且因为这一出现便意味着意识到了那个意义。

的步骤全是非理智的步骤,这些步骤控制了他为后面的动作采取的行动,而他没有想一想他正在做什么。后面的动作不是使他作出反应的刺激,而只是一旦开了头便做了下去。

当讲到我们正在做的事情的意义时,我们正在作出反应,即我们正要去对我们的动作实行一个刺激。从这一特定反应的观点出发,它成为对将要发生的后阶段动作的一个刺激。在拳击手的例子里,他对准其对手打出去的一拳是为了引起某种反应,造成对方防守上的缺口,这样他便可以击中对方。这个意图是一种刺激,使他为真正想要打出的一拳作好准备。他在自身引起的反应(防守反应)是一种刺激,使他在对方防守出现空隙的地方实施进攻。他早已在自己身上发动的这一动作成为他以后动作的刺激。他知道他的对手准备干什么,因为防守的动作是已经激起的动作,并且成了一种刺激,使他在出现空隙之处实施进攻。如果这种意图没有成为在有利的空隙出现时举行进攻的刺激,它是不会在他行动中呈现出来的。

这就是动物的智能行动和我们所称的思考的个体之间的差异[①]。我们说动物不会思考。它不会使自己处于它所造成的地位上,事实上它不会设身处地地说:"他将以这样一种方式行动,而我将这样行动。"如果个体能够这样行动,并且在他自身引起的态度能成为他的另一动作的刺激,那就是富有意义的行动。如果其他人的反应被唤起并且成为控制他的动作的刺激,那么他自己的经验中便包括了另一个人的动作的意义。那就是我们称之为"思想"的一般机制,因为要使思想可能存在,就必须有符号,一般地说,有声的姿态,它们在个体自身引起他在他人身上引起的反应,以致从那一反应的观点来看,他能够指导他以后的行动。它不仅包括鸟和动物互相交流那个意义上的交流,而且包括在个体自身引起他

---

① 关于动物动作的性质,参见"论动物的知觉",《心理学评论》,第14卷(1907年),第383页以下。

在其他个体身上引起的反应,包括扮演他人的角色,像其他人那样动作。某人参与了另一个人正在进行的同一过程并根据那一参与控制他的动作。那便构成一客体的意义,即,不仅在其他人身上、而且在某人自己身上的共同反应,这种反应反过来又成为对某人自己的刺激。

如果我们想像心灵只是一种意识实体,其中有某些印象和状态,并认为那些状态之一是一个普遍概念,那么,一个词便成为完全任意的:它只是一个符号①。我们便可以从反面理解语词并发出相反的音,像孩子们干的那样;看上去我们对语词的安排有绝对的自由,似乎语言是完全机械的东西,是外在于智能过程的。但是,如果我们承认语言只是一个合作过程的组成部分,使人顺应其他人的反应、从而使整个活动得以进行的那一部分,那么,语言仅在一个有限范围内是任意的。如果你在对另一个人讲话,或许你能从某一点察觉他态度的变化,而对于第三个人来说,可能根本不会注意到。你可能了解他的癖性,那对你便成为一种姿态,成为那个人的反应的组成部分。在姿态中有一部分是可能起符号作用的。我们可以说,具有一个意义的一组分离的符号是可接受的,但它们始终是姿态,即,它们始终是个体的动作的组成部分,这个部分揭示了他准备对另一个人采取的行动,因此当这个人利用此线索时他在自身引出另一个人的态度。在只用一个词指称简单明了的意识状态的意义上,语言绝不是任意的。一个人的动作中用于

---

① 米勒试图把思想的价值归于语言,但这一尝试是靠不住的,因为语言具有作为思想的最有效机制的那些价值,仅仅因为它把有意识的或表意的姿态会话推到其最高度最完满的发展。如果思想要在作出姿态的有机体那里发展,那么作出该姿态的有机体必定有某种隐含的态度(即一种已经发端但没有完全实现的反应),与另一个体对该姿态的明显反应一致的态度,与该姿态在这另一个有机体身上引出或唤起的态度相应的态度。而且,为这样一种隐含的态度或反应提供机制的是中枢神经系统。

把语言与理性等同,在某种意义上是荒谬的,但在另一种意义上是正确的。在下述意义上它是正确的:语言过程使整个社会过程进入了本身为该动作所包含的特定个体的经验之中,并因而使理性的过程成为可能。但是,虽然理性的过程是而且必须是通过语言过程即通过语词实现的,它并不只是由后者构成的。

指导合作活动的特定部分多少是任意的。该动作的不同方面可以派这个用处。有些本身看来不重要的东西,对于揭示态度来说可能是非常重要的。在那个意义上,可以说姿态本身是不重要的,但该姿态所要揭示的东西是极其重要的。从符号的纯理智特征及其情绪特征之间的差别可以看出这一点。诗人依靠后者,对于他,语言是丰富的、充满价值的,而我们则可能对此根本视而不见。在力图用不到10个词表达一个消息时,我们只不过想传达某一个意思,而诗人所面对的是真正有生命的组织,是表达过程中情绪的震动。因此,在使用语言时有一个很大的变动范围。但不管是用其哪一方面,它都是社会过程的组成部分,并且始终是用这一部分,我们像影响他人一样地影响自己,并通过对我们所说话的理解来传达社会情境。这对任何语言都是十分重要的,如果它要成为语言人就必须理解他所说的,必须像影响其他人一样影响他自己。

心灵与符号

我已试着指出,事物的意义,我们对事物的观念,与有机体相对于种种事物而表现的行动的结构性相应。使这一点成为可能的结构性主要是在中枢神经系统发现的。这个系统的一个特点是,在某种意义上,它具有一个时间向度:我们准备去做的事可按时间顺序排列,因此后面的过程在其开始之时可以决定前面的过程,我们准备去做的事可以决定我们即刻对对象的态度。

中枢神经系统的机制使我们现在能够根据各种态度或隐含的反应提出我们所参与的任何特定动作的其他可能的公开结局,必须认识并承认这一事实,因为任何特定动作的后面阶段都对其先前阶段施加明显的控制。更明确地说,中枢神经系统提供了一种隐含反应机制,使个体能够在一个已经开始的动作实际结束之前隐含地检验各种可能的结果,并因而在此检验的基础上为他自己选择一种结果,这种结果是最值得明确实行或实现的。简言之,中枢神经系统使得个体对他的行为施加有意识的控制。正是延迟反应的可能性在原则上区分开反思的行动与非反思的行动,在后一类行动中反应始终是直接的。前一类行为涉及中枢神经系统中的高级中枢,因为它使我们可能在简单刺激反应弧的刺激与反应之间插入一个选择过程,即在一整套可能的反应以及对特定刺激的各种反应的组合中选择这个或那个反应。

各种心理过程发生在由中枢神经系统所表现的态度领域内,这一领域因而便是观念的领域:根据其未来结果或未来行为控制当下行为的领域——作为高级生命形式尤其是人类所特有的智能型行为的领域。能够通过中枢神经系统表现的各种态度可以组织成随后发生的不同类型的动作,中枢神经系统由此而能作出的延迟反应便是受智能控制的亦即智能型行为的特征。①

如果我们准备按照行为主义来思考的话,心灵本身又是什么?当然,心灵是个非常模糊的词,而我希望避免歧义。我视之为心灵特征的是人类动物的反思的智能,这种智能有别于低等动物的智能。如果我们试图把理性看作一种对付普遍的东西的特殊本领,我们会发现低等动物身上的普遍的反应。我们还可以指出它们的行动是有目的的,而那些不会导致一定结果的行动类型则被排除了。这似乎符合我们在谈论动物心理时所说的"心灵",但我们所谓的反思的智能,通常认为仅属于人类有机体。人以外的动物的动作只在这样的意义上关涉到将来,即它具有各种寻求表达的冲动,这些冲动只有在以后的经验中才能满足,而且无论怎样表达,后来的经验确实决定了当下的经验应当如何。如果接受一种达尔

---

① 不过,在考虑中枢神经系统在智能型人类行为中的作用或功能时(虽然它很重要),我们必须记住这种行为在本质上即根本上是社会的这一事实:它涉及一种不断发展的社会生活过程并以其为先决条件,而这一不断发展的社会过程的整体(或其任何一个组成动作)是不可归约的,尤其是不可能恰当地分析为一些分离的神经元素。社会心理学家必须承认这一事实。这些分离的神经元素存在于这个不断发展的社会过程的整体之中,或存在于使这一过程得以表现或体现的任何一个社会动作的整体之中,把它们分离出来的分析(它们是这种分析的结果或最终产物)并不要也不可能打破这个整体。

文式的解释，人们会说只有那样一些动物能够生存，其行动与特定的未来有一定关系，例如属于该动物的环境等等。其行动确实能保证未来的那些动物自然会生存下来。在这样一个陈述中，人们（至少间接地）按照作为过去事件的结果而存在的那些事物的结构，以未来来决定该动物的行动。

相反，当我们谈到反思的行动时，我们在观念上非常明确地指涉未来的存在。有智能的人区别于有智能的动物，他能向自己描述行将发生的事。动物也许会做出为明天准备食物之类的行动，如松鼠储藏胡桃。但我们并不认为松鼠想像到将要发生的事。小松鼠出生在夏季，其他动物不会给它指导，但它会像老松鼠一样着手收藏胡桃。这样的动作说明，经验无从指导该动物的这一活动。然而，有远见的人，明确地遵循一条特定路线，想像一种特定情境，并据此指导他自己的行动。松鼠按照某种盲目的冲动行动，而它的冲动的实现导致与有远见的人贮藏谷物同样的结果。然而，人类智能的特征正在于根据对未来情景的想像决定当下的行动，未来以观念的形式呈现出来。

当我们作出这样一种想像时，是根据我们的反应、根据我们正准备做的事所作的想像。在我们面前有某种问题，而我们对该问题的陈述是根据一种未来的情境，这种情境使我们能用当下的反应去应付它。这种思考是人类动物所特有的，我们已努力分析了它的机制。这一机制必须指明控制各种反应的事物特征，这些特征对于动物本身具有各不相同的价值，因而将吸引有机体的注意并带来合意的结果。猎物的气味吸引了食肉兽的注意，而由于注意那一气味，它便解除了它的饥饿并保证了它的未来。这种情境与我们所说的合乎理性的人的行动之间有何不同？根本的区别在于，人以某种方式向另一个人并向他自己指明这一特征，不管它是什么。而且通过这一指明的姿态将它变成一种符号，从而构成一种机制，这种机制至少使有理智的行动得以完成。例如，某人指着一些足印说，这意味着有熊。根据某些符号辨认某种痕迹，从而使群体中的不同成员尤其是个体本身以后能利用它,这是人类智能特有的事。能够看出"由此可及彼",并能够创造某种姿态,有声的或无声的姿态,用于指明对他人及对本人的含义,以便能控制有关它的行动,这是在动物智能中找不到而为人类智能所特有的。

这些符号所起的作用是区别出该情境的特征,致使对它们的反应能够出现在个体的经验之中。可以说它们是以观念的形式出现的。例如,我们看见新鲜的熊掌印时,便出现想逃跑的倾向,感到胆战心惊。表明有熊的迹象唤起了避开熊的反应,而如果某人正在追猎一只熊,该迹象便表明下一步的追猎过程。人们先使该反应进入经验,然后通过指出和强调促使它产生的刺激,公开实现这一反应。当这符号被用于事物本身时,用华生的话来说,人们是在引起一种条件反射。看到熊会使人逃开,熊掌印引起那种反射,而某人自己或他的朋友说到"熊"这个词也会引起这种条件反射,因此就动作而论,这个记号开始代表某事物。

我试图说明前述行动类型与用孩子、白鼠及其脑后巨响进行的实验为例的行动类型之间的区别。在后一种情况下,存在一种条件反射作用,这种条件反射作用并不包含不同因素的区别。但是当存在一种涉及"熊"这个词或熊的足印的条件反射时,在个体的经验中就存在刺激与反应的区别。这里的符号意味着熊,而熊又意味着逃跑或继续追猎。在那些情况下,碰上熊掌印的人并非害怕掌印,而是害怕熊。这足印意味着一头熊。人不是害怕足印,而是害怕熊。足印和符号指涉熊,在某种意义上可以说它们引起或释放该反应,但害怕的对象是熊而非熊的迹象。把这种符号分离出来,可以使人掌握这些已知特征并把它们从与对象的关系中分离出来,并因而把它们从与反应的关系中分离出来。我想,这就在特定的程度上刻画了我们人类的智能。我们有一系列符号,我们用它们指示某些特征,并在指示那些特征时把它们从其直接的环境中分离出来,使一种关系清晰地呈现出来。我们把熊的足印分离出来,仅仅保持它与留下足印的那个动物的关系。我们对它作出反应,而不是对其他东西作出反应。人们认定它表明熊的存在,并且表明该对象作为被逃避或被追猎的东西所具有的经验价值。我认为,把这些重要特征从其与对象的关系以及与属于该对象的反应的关系中分离出来的能力,便是我们谈到一个人思考一件事情或具有一种想法时通常所指的意思。这种能力造成了白鼠引起条件反射与人借助于符号进行思考的过程之间的天壤之别。①

行动中的什么东西使这一层次的经验成为可能,使这些特征从它们与其他特征以及与它们所引起的反应的关系中区别出来?我自己的答案很清楚,是通过在我们的社会行动中、在姿态的会话中产生的这样一套符号,一句话,是通过语言。符号指明某些特征及其与事物及反应的关系,当我们开始运用这些符号时,它们使我们能辨别出这些特征,并在其决定我们行动的范围里把握这些特征。

某人在穿越田野时遇到一条大沟,他跳不过去。他想往前走,但这道沟使他不能实现这个意图。在这种情境下,他突然敏感地意识到以前未曾注意过的特征。当他停下来时,可以说,他的心静了下来。他不只是寻找往前走的路。狗和人都会尝试寻找能够越过去的地方。但是人能做到而狗做不到的是,人注意到沟的两边看起来朝着某个方向逐渐靠拢。他选出最佳地点进行尝试,而他对自己指明的那一靠近的趋势决定了他要去走的路。如果狗看到远

---

① 事物或对象的意义实际上内在于其特性或品质中,任何已知的意义位于我们所说"具有这个意义"的事物之中。当我们使用符号时我们指示事物的意义。符号代表那些具有意义的事物或对象的意义,它们是经验中的已知部分,在它们之中任何一部分这样出现(或被直接经验到)的时间和场合,它们指示、象征、代表着经验中没有直接出现或被直接经验到的其他部分。因而符号不只是单纯的替代刺激——不只是引起条件反应或反射的刺激。因为条件反射作用——对单纯的替代刺激的反应——不包括也无须包括意识;而对符号的反应则包括而且必须包括意识。条件反射加上对它们所包含的态度和意义的意识就构成了语言,并因而构成或奠立了思维与智能型行动的机制。语言是个体互相表明他们对对象的反应,从而指明对象的意义的工具;它不只是一个条件反射系统。合理行动始终涉及一种反身自指,即,向个体指明他的动作或姿态对其他个体所具有的意义。而这种行动的经验的即行为主义的基础——思考的神经生理机制——正如我们所见,是在中枢神经系统中发现的。

处一个地方沟身很窄它可能会跑过去,但是两岸的逐渐靠拢可能不大会对它产生影响,而人类个体则会使用符号向自己指明这一点。

人类个体会看看周围的其他东西,并且他的经验中会出现其他意象。他看见一棵树,可以用作越过他面前这段距离的桥。他可能尝试他在这个情况下所能想到的各种各样可能的动作,并通过他使用的符号使这些动作呈现在他面前。他不只是通过某种刺激引起某种反应。如果是这样,他就会被那些反应束缚住。他借助这些符号所做的是,指明当时呈现的某些特征,因此他能拥有所有这些随时准备释放的反应。他往下看看沟底,思忖着,他看出沟底的两边在逐渐靠拢,他可能朝合拢的地方跑去。或许他会停下来,问一下是否就没有可以更快越过去的其他办法。使他停下的是大量其他可做的事。他注意到所有越过去的可能性。他可以借助符号继续考虑,可以把各种可能性联系起来,以便决定最后的动作。这个动作的开端存在于他的经验之中。他已经具有朝某个方向走的意向。他要做的事已经在决定他的行动。那个决定不只是存在于他的态度中,而且他根据"那是狭窄的,我可以跳过去"这句话选择该决定。他准备跳,并且那个反射已经决定了他正在做的事。这些符号,不只是单纯条件反射作用,而是区别各种刺激从而使各种不同反应组织为一种动作形式的途径。①

---

① 反思的动作由重组知觉域构成,因而使互相冲突的冲动不再阻碍动作成为可能。通过一种时间上的再调整,即让互相冲突和冲动中的一种冲动晚一些表达出来,就可以做到这一点。这样其他的冲动就进入知觉域,这些冲动延迟了那个阻碍动作的冲动的表达。例如,沟的宽度阻止了跳跃冲动。于是较窄的沟段意象进入了知觉域,而往前走的冲动在各种冲动(包括朝较窄的沟段走去的冲动)的组合中找到了其地位。

这一重建可能由于以前在该域中被忽视的其他感觉特征的出现而发生。他注意到一块板很大,可以用来架桥。该个体已经具有各种冲动的复合,因此他抬起板把它架在沟上,这已成为经过组织的冲动群的一部分,并使他朝着他的目的地前进。如果在他的本性中并无与这些对象相应的反应,那么在两种情况中的任何一种情况之下(一是关于沟的较窄部分的印象,另一是看见板)他都不会对刺激作出反应,而如果这些反应趋向没有摆脱牢固组织起来的习惯的话,也不会使他敏感到它们的刺激。因此,正是这一自由是反思的前提,而且正是我们的社会自我反省行动,使得人类个体在其群体生活中获得这一自由(手稿)。

我认为,就实际的智能而言,人们从中寻找条件反射式反应的情境始终是以问题的形式出现的。当某人要往前走时,他寻找各种路的迹象,不过他是无意之中这样做的。他只看见路在他前面;在那些条件下,他没有意识到在寻找路。但当他来到大沟面前,他的朝前的运动被他从大沟后退的过程阻止了。可以说,这个冲突使他获得自由去考虑一系列其他东西。现在他看到的将是体现该环境下各种动作可能性的特征。他根据出现的不同刺激把握住这些不同反应的可能性,正是把握这些可能性的能力构成了他的心灵。

在低等动物那里,我们看不到这样的情境,这一点相当清楚。因为事实上,我们在任何动物行为中都未发现任何能够详细说明的符号,任何交流方法,任何与这些不同反应相应从而使它们都可以保持在个体经验中的东西。正是这一点,把有反思智能的人的动作与低等动物的行动区分开来。而使这一点成为可能的机制便是语言。我们必须承认,语言是行动的一个组成部分。不过,心灵涉及对事物特征的一种关系。那些特征存在于事物之中,当刺激唤起在某种意义上存在于有机体身上的反应时,这些反应是对有机体身外的事物作出的。整个过程并非心理的产物,因此不能把它放在大脑里面。心理乃有机体与情境之间的关系,它以成套的符号为中介。

第三篇 自 我

自我与有机体

在说明智能的发展时我们已经指出,语言过程是自我的发展所必不可少的。自我具有一种不同于生理学有机体本身的特征。自我是逐步发展的,它并非与生俱来,而是在社会经验与活动的过程中产生的,即是作为个体与那整个过程的关系及与该过程中其他个体的关系的结果发展起来的。低等动物的智能,像大部分人类智能一样,并不包含自我。在我们的习惯性动作中,例如,当我们在一个确定的、我们完全适应的世界中不假思索地四处走动时,有一定量的感觉经验,就如当人们刚刚醒来时所具有的那种经验,经验到世界的彼岸性。我们周围的这些特征可以存在于经验之中,而无需与自我发生关系。当然,在那些条件下,人们必须区别直接发生的经验和我们为使它进入自我的经验而对它进行的组织。人们凭借分析说,某一特定项目在他的经验中、在他的自我的经验中占有其位置。我们事实上不可避免地要在相当复杂的程度上把所有经验都组织进自我的经验。我们习以为常地这样做,把我们的经验,尤其是我们的情感性经验等同于自我。只需要瞬间的抽象便可认识到,痛苦与欢乐可以不成为自我的经验而存在。同样,我们一般根据自我的线索来组织我们的记忆。如果要确定事情的日期,我们总是着眼于过去的经验来确定它们。我们经常有无法确定其日期和地点的记忆。一幅图景突然出现在眼前,我们不知如何解释那一经验何时发生。我们清晰完整地记得那幅图,但不知道它的确切地点,直到根据过去的经验给它找到位置我们才会满意。不过,我认为,显而易见,人们会认为,自我并非必然地包含在有机体的生活中,也不一定包含在我们所称的感觉经验里,即在我们周围、我们对之作出习惯性反应的世界中的经验里。

我们可以非常明确地区分自我与身体。身体可以存在并且可能以智能性很强的方式活动,而无需一个包含在经验中的自我。自我有这样一个特征即它是它自身的一个对象,这个特征把它与其他对象和身体区别开来。的确,眼睛可以看到脚,但它不能看到整个身体。我们看不见自己的后背,如果灵活的话,我们可以感觉到后背的某些部分,但不可能取得关于整个身体的经验。当然,有些经验很模糊,难以定位,但整个身体的经验对我们而言是围绕着一个自我组织起来的。脚与手属于这个自我。我们可以把自己的脚看作陌生的东西,尤其是用一个小望远镜倒过来看的时候,很难看出那是自己的脚。身体的各部分完全不同于自我。我们可以失去身体的某些部分而不会严重侵害自我。仅仅经验到身体不同部分的能力,无异于对桌子的经验。用手摸桌子的触觉不同于用手摸另一只手的触觉,但这是对我们确切地接触到的某物的经验。自我以某种方式进入对自我的经验,而身体则不能在这个意义上经验到整体的自身。

我想说明的是,作为其自身的对象,这是自我的特征。这个特征表现在"自我"这个词中,这个词是反身词,表示那个既可以是主体亦可以是客体的东西。这种客体本质上不同于其他客体,在过去它被作为有意识的客体区别出来,而有意识表示的是同人们的自我联在一起的、对于自我的经验。人们认为,意识以某种方式具备着作为它自身的客体的能力。要给意识作出行为主义的说明,必须寻找某种经验,以使物理有机体能够成为它自身的一个客体。[1]

当某人为了摆脱正在追逐他的人而奔跑时,他一心一意地跑着,他的经验可能被周围客体所吞没,以致他一时对自我毫无意识。当然,只有在全神贯注时才会发生这种情况。但我以为,我们可以承认那种可能的经验即自我并不参与的经验。或许,通过那些经验可以对这种情境有所了解,即在非常紧张的动作中,个体经验中会出现紧张动作背后的各种记忆和期望。身为战时一名军官的托尔斯泰描述了他在十分紧张的动作中间回想起过去经验的情形。当某人被水淹没时他的脑中也会闪现各种图像。在这些实例中,有两个方面的对照,一是完全由外部活动即身为对象的自我并不参与的活动造成的紧张经验,一是使自

---

[1] 在人的社会群体中,人能够成为他自身的一个客体,人的行为使他成为比其他低等动物高级的进化产物。从根本上说,正是这一社会事实使他区别于低等动物,而不是因为人们所说的,人拥有灵魂或心灵,人作为一个个体被神秘地、超自然地赋予灵魂或心灵,而其他低等动物则没有这种赋予。

我成为其主要对象的记忆与想像的活动。因此自我完全不同于被各种事物及有关事物包括有机体自身各部分的各种动作包围着的有机体。有机体自身各部分也可能像其他对象一样成为对象,不过它们只是该领域中比较突出的对象,它们并不包括一个作为有机体的对象的自我。我想,人们往往忽略了这一点。这一事实使得我们对于动物生活所作的拟人化重构十分靠不住。一个个体如何可能从经验上走出他自身以致成为他自身的对象?这是关于自我身份或自我意识的基本的心理学问题,寻找它的答案要涉及特定的人或个体所参与的社会行动或活动过程。理性的器官不可能是完全的,除非它把自己包括在它对经验领域的分析中;或者说,除非个体把他自己引入同一经验领域,即它在任何特定社会情境下对之采取动作的其他个体自我的经验领域。理性不可能是非个人的,除非它对自身采取一种客观的、不带感情色彩的态度,不然的话,我们只是具有意识,而不是具有自我意识。对于合理的行动来说必不可少的是,个体应当对他自己采取一种客观的、非个人的态度,他应当成为他自身的一个对象。因为,个体有机体显然是它动作的经验情境中的一个必不可少的重要因素或组成成分;如果不对它的自我本身采取客观态度,它就不能理智地、合理地动作。

个体经验到他的自我本身,并非直接地经验,而是间接地经验,是从同一社会群体其他个体成员的特定观点,或从他所属的整个社会群体的一般观点来看待他的自我的。因为他作为一个自我或个体进入他自己的经验,并非直接的、即刻之间的,不是通过成为他自己的一个主体,而是这样进入的:他首先成为他自己的一个对象,就如其他作为他的对象即在他的经验中的个体一样,而他只是通过在他及其他个体所参与的社会环境或经验行为背景中对他自己采取其他个体的态度才能成为他自己的一个对象。

我们所称的"交流"的重要性就在于,事实上它提供一种行为形式,使得有机体或个体可以成为他自己的对象。我们在这里讨论的交流,不是母鸡召唤小鸡的咯咯声、狼对畜群发出的嗥叫声、母牛的哞哞叫声这种意义上的交流,而是在表意符号意义上的交流,这种交流不仅针对他者而且针对个体自身。就那种类型的交流作为行为的组成部分而言,它至少引进了一个自我。当然,人们可能对某些声音听而不闻,可能对某些东西视而不见,也可能不知不觉地做了某些事情。不过,只是在人对他向他人讲的话作出反应、他自己的反应成为他的行动的一部分、他不仅听自己说而且对自己作出反应、他对自己讲话并像其他人回答他那样确实地回答自己的时候,才存在个体成为其自身的对象的行为。

我要说,这样一个自我原来并不是生物学上的有机体。生物学上的有机体对它是必不可少的[①],但我们至少可以想像一个没有有机体的自我。那些相信不朽,相信灵魂,或相信自我可能脱离开肉体的人们,假设自我完全可以同肉体区别开来。他们坚持这些概念能取得多大成功,这是个悬而未决的问题,但是我们事实上

[①] a) 所有社会的相互联系和相互作用都来源于一切有关个体所共有的某种社会-生理禀赋。社会行为的这些生理学基础——在个体中枢神经系统较低部分有其最终位置或所在——是这些行为的基础,正是因为它们本身也是社会的;就是说,因为它们是由特定个体的内驱力、本能或行为倾向组成的,要是没有某一个或更多个其他个体的帮助,他就无法实现、公开表达或满足这些倾向。作为行为机制的生理学过程是这样的过程,它们必然包括一个以上的个体,除了特定的个体之外必然还牵涉到其他个体。社会行为的这些生理学基础产生的根本社会关系中有不同性别之间的关系(表现生殖本能),父母与子女之间的关系(表现父母本能),以及邻居之间的关系(表现群居本能)。个体行为的这些相对说来简单而起码的生理学机制和倾向不仅构成所有人的社会行为的生理学基础,而且是人性的根本的生物学材料。因此当我们提到人性时,我们指的是某种本质上社会性的东西。

b) 从两性关系和亲子关系上看,正如在其攻击与防守中一样,生理学有机体的活动是社会的,因为在该有机体内开始的动作要求在其他人的动作中得以完成……不过虽然个体动作型式可以说在这些情况下是社会的,只有当该有机体为了完成其自身的反应而在其他有机体的态度和特征中寻找刺激时才是这样,而且通过它的行为继续把他者作为其自身的环境的一个组成部分。他者或他者们的实际行为并不是作为该个体自己的行为型式的一部分从他身上发生的。(手稿)

是把自我与有机体区分开的。就我们所能看到的而言,作为一个对象的自我的开端,是在人们的经验中发现的,这种经验导致"幽灵"这个概念,这样说是公平的。原始人认为有一种幽灵,大概位于横膈膜,人睡眠时它暂时离开肉体,人死亡时它就永远地脱离了肉体。人可以诱使它走出其敌人的身体并杀死它。在婴幼期它成为孩子们设立的想像中的游戏伙伴,孩子们通过它在游戏中逐渐控制了他们的经验。

自我,作为可成为它自身的对象的自我,本质上是一种社会结构,并且产生于社会经验。当一个自我产生之后,从某种意义说它为自身提供了它的社会经验,因而我们可以想像一个完全独立的自我。但是无法想像一个产生于社会经验之外的自我。当它已经产生的时候,我们可以想像一个人在其余生中闭门独居,但他仍以自己为伴,并能同他自己思考、交谈,一如他曾同他人交流那样。我方才提到的那一过程,即像他人那样对自我作出反应,参与自己同他人的谈话,知道人们正在讲的东西并利用对正在讲的东西的理解而确定人们此后准备讲的东西——这是一个我们全都熟悉的过程。我们通过理解自己所讲的东西而不断地继续同他人对话,并利用这种理解指导这种对话进行下去。我们搞清我们准备讲的话、准备做的事,通过说与做的过程,我们不断控制着该过程本身。在姿态的会话中,我们所说的话在另一人身上引起某一反应,而那反过来又改变了我们的动作,因此我们由于对方的反应而改变了开始要做的事。姿态的会话是交流的开端。个体开始同他自己进行一场姿态的会话。他说了什么,而那在他自身引起某种反应,使他改变了他曾打算说的话。某人张嘴说话,我们不妨假定是句令人不快的话,但当他开始说这话时他意识到这是存心让人痛苦的话。他正在说的话对他自己产生的效果纠正了他,这里是个体与他自己的姿态的会话。所谓表意的言语,指的是影响个体自身的动作,它对个体自身产生的效果是理智地进行同他人的会话的组成部分。现在,可以说,我们砍去社会的方面暂时不去理会它,那么某人便是在同某人的自我谈话,就像某人会同另一个人谈话一样。①

这一抽象过程不能无限期地继续下去。人们不可避免地要寻找一个听众,必须向某人倾诉他自己的想法。在反思的智能中,人想去动作,并且想单独动作,以使这一动作仍然是一个社会过程的组成部分。思考成为社会动作的准备。当然,思考过程本身不外是一种进行中的内在会话,但它是一种姿态的会话,它的完成意味着某人表达了他想对听众讲的东西。某人把他正在对他人讲的意思同实际说的话分开,并且在说之前就准备好了要说的话。他想好要说的话,或许把它写在本子上,但它仍然是社会交流的一部分,在此交流中人与其他人对话同时也与他的自我对话,并根据对某人自己的姿态所作的反应控制对他人的讲话。那个应对其自身作出反应的人必定是对自我作出反应,并且正是这种社会行动提供了使那个自我出现的行为。除了语言之外我不知道还有什么行为形式能使个体成为他自身的一个对象,而且,就我所知,除非个体成为他自身的一个对象,否则他就不是反思意义上的自我。这一事实使交流具有极端的重要性,因为这是一种使得个体对他自身作出反应的行为类型。

从日常的行动和经验中我们认识到,一个个体并非就是他的大量言行。我们常说这样一个个体并非他自己。在结束一次会谈时,我们意识到遗漏了重要的东西,自我的某些部分并未进入所谈

---

① 人们一般认为,智能的特定社会表达,或通常所谓"社会智能"的运用,取决于特定个体扮演或"让自己取代"与他一起涉入特定社会情境的其他个体的能力;取决于他因他们对他的态度和他们相互间的态度而产生的感受性。当然,智能的这些特定社会表达,按照我们的观点来看具有独特的重要性。我们认为智能的整个本性就其核心来说是社会的——即,把人的自我放在他人的位置上,人的自我扮演他人的角色或态度,不只是智能或智能行为的各种表现或表达之一,而是其特征的实质。斯皮尔曼的智能中的"X因子"(照他的说法,是智能所包含的未知因子)不过是(如果我们的社会智能论正确的话)有智能的个体采取他人的态度或许多他人的态度的能力,从而认识到思考过程借以进行的那些符号或姿态的正确意义,即理解其涵义;从而能够凭借思考所涉及的这些符号或姿态继续同他自己进行内在的会话。

的内容。决定自我的多大部分进入交流的是经验本身。当然,自我的相当大部分并不需要表达。我们对不同的人保持一整套不同的关系。我们对某人是此而对另一人则是彼。自我的某些部分仅仅为与它自身相关的自我而存在。我们根据自己的了解把自己分成各种各样不同的自我。我们同一个自我讨论政治,同另一个自我讨论宗教。各种各样不同的自我与各种各样不同的社会反应相应。造成自我出现的是社会过程本身,并不存在一个脱离这类经验的自我。

一种复杂的人格在一定意义上是正常的,如我刚才指出过的。人们通常根据我们所属的群体以及我们所处的社会情境对整个自我进行组织。社会是什么,我们是同现在的人生活在一起,还是同我们想像的人生活在一起,还是同过去的人生活在一起,这当然是因人而异。正常情况下,在我们所属的那个作为整体的群体中,有一个统一的自我,但那个自我可能分裂。对一个性情反复无常、摇摆不定的人来说,他身上有一种分裂的迹象,某些活动变成不可能的,而且那套活动可能分离并发展出另一个自我。结果产生了两个互相分离的"客我"和"主我",两个不同的自我,而且那就是造成人格分裂趋势的条件。有这样一个报道,一位教育学教授突然失踪,人们渐渐忘了他。后来,他又在西部伐木营出现了。他摆脱了自己的职业走向森林,可以说,他在那里感到更自在些。这件事的病理学因素是遗忘,是自我的其余部分的离去,这一结果包括摆脱某些会把个体等同于他自己的身体的记忆。我们常看到分裂的迹象在我们身上闪现。我们乐意忘掉某些事情,摆脱把自我束缚在过去经验中的那些东西。这里的情况是可能有不同的自我,至于我们将成为哪一个自我,取决于所涉及的那一套社会反应。如果我们能够忘掉包含在一套活动中的所有东西,很显然我们是放弃了那部分自我。找一个性情易变的人,使他不停地讲话,同时使他的眼睛看着你正在写的东西,这样他就在进行互相隔离的两条线索的交流,如果你能以正确方式去做,就能使两条路线的交流顺利进行、各不干扰。你可以使两套完全不同的活动进行下去。那样,你就能造成一个人的自我的分裂。这是一个建立两种交流、使个体的行为分隔开来的过程。对一个个体来说,他说到和听到的是这件事,对另一个体来说,只存在他看到其他人写下来的东西。当然,你必须把一种经验保持在另一种经验的范围之外。当一件事导致情绪的大波动时,分裂易于发生。分裂的人格按其自己的方式发生。

完整的自我的统一性和结构性反映了作为一个整体的社会过程的统一性与结构性;组成完整自我的那些基本自我各自反映了该个体所参与的那一过程许多不同方面中的某一方面的统一性及结构性。换句话说,构成或被组织成为一个完整自我的各个不同的基本自我,是与作为整体的社会过程的各个不同方面相呼应的那个完整自我的结构性的各个不同方面。因此完整自我的结构性反映了完整的社会过程。一个社会群体的组织与统一,也就是在那个群体所从事或者说所进行的社会过程中产生的任何一个自我的组织与统一。①

引起人格分裂现象的,是一个完整、单一的自我分裂成了构成这个自我的许多部分的自我,这些自我分别与这个人参与其中并从中获得他的完整单一自我的那个社会过程的不同侧面相对应,这些侧面即他在那一过程中所属的不同社会群体。

自我产生的背景

现在的问题是详细说明自我是如何产生的。我们必须说明有关它的产生背景的某些问题。首先是动物之间包括某种合作活动

---

① 心灵的统一性并不等于自我的统一性。自我的统一性由整个社会行为与经验的有关型式的统一性构成,这种型式包括该个体在内,并反映在自我的结构性中;但是这一整个型式的许多方面和特征并不进入意识,因此心灵的统一性在某种意义上是从内容上更广泛的自我的统一性中抽象出来的。

的姿态会话。一方动作的开端刺激另一方以一定方式作出反应,而这一反应的开端又成为对第一方的刺激,使之调整动作以适应即将发生的反应。这便是完成动作的准备,最终将导出作为这一准备之结果的行动。然而,姿态的会话,并不具有个体、动物、有机体对它自身的关系。它并不是那种从动物自身引起反应的行动,虽然它是有关其他动物的行动的行动。但是,我们已经看到,有某些姿态确实像影响其他有机体那样影响有机体本身,并因而可能在该有机体身上引起像在其他有机体身上引起的具有同样特征的反应。于是,这里有一种情境,使得有机体至少在自身引起反应并对这些反应作出回答,条件是社会刺激对该个体产生影响就像它们对其他个体产生影响一样。例如,语言中就暗含这种情境,否则作为表意符号的语言就该消失了,因为个体就不能理解他所说的话的意义了。

人类社会环境所独具的特征凭借人类社会活动所独具的特征而属于这一环境。那一特征,如我们已看到的,要在交流的过程中发现,特别是在作为意义存在基础的三合一关系即某有机体的姿态与另一有机体对它作出的调适反应之间的关系中发现,在它表明它所发动的动作的完成或结果的指示能力中发现(因此姿态的意义在于第二个有机体对它本身或对姿态的反应)。可以这么说,从社会动作中取出姿态并把它分离出来(使它不只是作为某个体动作的初级阶段)的是另一个或另一些有机体对它的反应。这样一种反应是它的意义,或者说赋予它意义。社会情境和行为过程在这里是以其中涉及的个体有机体的各种动作为前提的。姿态作为一种可以分离的因素从社会动作中产生,凭借的是这样一个事实即它是由其他有机体对它的敏感而被挑出的,它并非作为一个仅仅在单个有机体的经验中的姿态而存在。再说一遍,一个有机体的姿态的意义是在另一有机体的反应中发现的。另一有机体对之作出反应的则是由那一姿态所发动和表明的第一个有机体的动作的完成。

根据人们的说法,仿佛人能在脑子里想好一个完整的论证,然后把它变成话语向其他人传达。实际上,我们的思维始终借助某种符号进行。没有符号,人们也可能凭经验了解"椅子"的意义,但不可能在没有符号的情况下思考它。我们可以坐在椅子里而没有思考自己在做什么,即,朝椅子靠近的反应大概已在经验中激起,故意义是现存的。但如果人们思考椅子,他必须有某种符号表示它。激起这一反应的可以是椅子的形状,可以是其他某个人坐下时的姿态,但是更可能是某种语言符号。在一个思考过程中必须有某种符号,它可以指称这一意义,即它有可能引起这一反应,并且也适合其他人的这一意图。如果不是这样,就不会是一个思考过程。

我们的符号全都是普遍的[①]。你所说的任何话都不会是绝对特殊的;你说的任何有意义的话全都是普遍的。你说的话引起其他某个人的一种特别反应,只要那一符号在他的经验中存在,犹如在你的经验中存在一样。有演说语言和手势语言,而且可以有面部表情语言。人们可能流露出悲哀或欣喜,并引起某种反应。有些原始人能够仅仅用面部表情进行复杂的会话。即使在这些情况下,传达感情的人受到表情的影响,一如他指望他人受到的影响一样。思维始终暗含着一种符号,它将在另一个人那里引出它在思考者身上引出的同一反应。这样一种符号是会话的一般概念,它在本性上即是普遍的。我们总是认为,我们使用的符号是将在另一个人身上引起同样反应的符号,只要它是他的行动机制的组成部分。一个正在讲话的人是对他自己讲他对其他人讲的话,否则

[①] 思维用或者说凭借一般概念进行。一个一般概念可以行为主义地解释成作为整体的社会动作,包括这一动作所涉及的所有个体的态度的组织和联系,并控制着他们的公开反应。对于不同个体的态度的组织和在一个特定社会动作中的相互作用,根据个体自身所认识到的相互关系,便是我们所谓一般概念的意思;并且它决定了该社会动作中所涉及的个体实际上将作出怎样的公开反应,不管那个动作是关系一个具体的计划(例如物质的和社会的手段与渴望的目标之间的关系),还是关系某种纯粹抽象的讨论,比如说,相对论或柏拉图的理念论。

他便不知所云。

当然，在某人与其他人的会话中，有许多话并未对某人的自我引起它在其他人那里引起的同样反应。就情绪性态度而言，尤其是如此。某人想吓唬另外一个人，他并不想吓唬自己。此外，在讲话中有一整套价值并不具有符号的特征。演员知道这些价值。如果他采取某种态度，可以说，他明白这一态度表现出悲哀。如果是这样，他便能像他的听众那样对他自己的姿态作出反应。这种情境并非自然情境；人们并非在所有时间都是演员。我们有时的确演戏并且只考虑自己的态度会产生什么效果。我们可能故意使用某种特定语调以产生某种特定效果。这样一种语调在我们自身引出我们要在其他某个人身上引出的同一反应。但是在言语中发生的相当大部分不具有这一符号状况。

寻求一种表达方式，以在其他人那里引起在他自身发生的那种情绪，这不仅是演员的任务，也是艺术家的任务。抒情诗人具有美的经验以及对美的情绪激动。作为一名运用词语的艺术家，他寻觅与他的情绪态度相应、会在其他人那里引起他自己所具态度的语词。检验其成效的办法只能是看这些语词是否在他身上激起他想在其他人身上激起的反应。在某种意义上他处于同演员一样的地位。最直接的经验并不发生在交流之中。从华兹华斯这样的诗人身上，我们找到对这一点的有趣说明。华兹华斯对诗人的表达技巧极感兴趣，他在他的诗作序言以及诗歌中告诉我们，他的诗，作为诗，是如何产生的。经验自身通常并不是诗歌表达的直接刺激。在作为起因的经验和对经验的表达之间可能有10年的间隔时间。当人回忆曾经有过的情绪时，比起人处于恍恍惚惚的经验之中时，更容易用语言表达情绪被激起的过程。华兹华斯在与大自然接触时便经历过这种恍惚经验。人必须实验一下，看看所作的表达是否符合现处于经验的微弱记忆中的反应。有人曾经说，他觉得写诗极其困难，他有许多想法但找不到他需要的语言。华兹华斯正确地告诉他，诗是用词语而非想法写成的。

我们的大量言语不具有这种真正审美的特征,在大多数情况下,我们没有具体入微地感受我们所引起的情绪。通常我们并不用语言刺激使自己产生我们在其他人身上引起的情绪反应。当然,人处于激动的场合确实会有同情;但是,人在那里寻求的,说到底,是从其他人那里得到的支持个体自身经验的东西。就诗人与演员而论,刺激在艺术家身上引起它在其他人身上激起的反应,但这并非语言的自然功能。我们并不认为正在生气的那个人在他自身引起他在其他某个人身上引起的畏惧。我们的行为的情感部分并不直接在我们身上引起它在其他人身上引起的反应。如果某人对他所关注的另一个人的态度抱有敌意,这种态度从他愤怒的语调中自然流露出来,他没有明确承认那种态度。我们不会对我们用来恐吓其他某个人的语调感到害怕。在作为有声姿态的一个很大部分的情感方面,我们并不像在表意的言语中那样,对自己引起我们在其他人身上引起的反应。在言语中,我们会在自身引起我们在其他人身上引起的那类反应;我们必定知道我们正在说的是什么,我们在自身引起的他人的态度会控制我们实际所说的话。合理性意味着我们在他人身上引起的那类反应也应在自身唤起,而且这种反应还会在决定我们下一步言行时发生作用。

对于交流来说必不可少的是,符号应当对人的自我引起它在其他个体身上引起的反应。它必须对任何处于相同情境的人具有那种普遍性。每当一种刺激能够像影响他人一样影响个体时,就存在语言的可能性。对于像海伦·凯勒这样的一个盲人来说,可以像给予她自己那样给予另一个人的经验乃是触摸的经验。海伦·凯勒的心灵是用那种语言构成的。正如她所承认的,直到她能运用能在她自身引起在其他人身上引起的反应的符号与他人发生交流为止,她才获得了我们所说的心理内容,或者说,获得了一个自我。

使自我产生的另一组背景因素表现在游戏和竞赛活动中。

如我说过的,在原始人中间,区分自我与有机体的必要性从我们所谓的"幽灵"中看出：个体具有一种似物的自我，它受个体的影响一如它影响他人那样，并且它与当下的有机体有别，因为它可以离开肉体或返回肉体。这是作为一种独立实体的灵魂概念的基础。

我们从儿童身上看到与此幽灵相应的东西，即许多儿童在自己经验中创造的看不见的、想像中的游戏伙伴。他们通过这一方式把在他人身上和他们自己身上引起的反应组织起来。当然，同想像中的伙伴玩游戏，只不过是普通游戏的一个特别有趣的阶段。此种意义上的游戏，尤其是有组织的竞赛之前的游戏，是以某事为消遣。儿童玩做妈妈、做老师、做警察，即我们所说的，他扮演不同角色。在动物游戏中也使我们想到这一点：一只猫会同小猫玩，狗会与狗玩。两只狗一起玩攻击与防守，这种游戏进行下去可能就是一场真的战斗。两只狗的反应结合起来控制着咬的深度。不过在这种情境下，狗并未像儿童有意扮演另一个人的角色那样扮演确定的角色。幼儿园工作利用了儿童们的这一倾向，儿童们假扮的角色被作为教育的基础。当一个儿童扮演某个角色时，他自身便有了产生那一特定反应或一组反应的刺激。当然，当他被追赶时，他可以像狗那样避开，也可以转过身去反击，正像狗在游戏中表现的那样。但那与以某事为消遣不同。儿童们聚在一起玩"印第安人"。这意味着，这个儿童有一套刺激，这些刺激在他身上引起它们在其他人身上引起的反应，且与印第安人相应。在游戏阶段，儿童利用他自己对这些刺激的反应，他用这些刺激构造一个自我。他对这些刺激有一种反应倾向，把它们组织起来。他这样玩着，例如，拿给他自己某个东西，然后买下来；给自己一封信，然后拿走它；他像父母或老师那样对自己说话；他作为警察把自己逮捕。他有一套刺激，在他自己身上引起它们在其他人身上引起的那种反应。他抓住这一组反应并把它们组织成某个整体。这是成为一个人的自我之外的另一个人的最简单形式。这里涉及时间性。儿童作为某个角色说某些话，然后作为另一个角色作出反应，而他以另一角色作出的反应又是对作为第一个角色的他自己的一个刺激,谈话就这样进行下去。一种有组织的结构在他身上并在对它作出应答的另一个他身上产生,这些继续着他们之间的姿态的会话。

如果把游戏同有组织的竞赛情况相比,我们注意到一种基本的区别。参加竞赛的儿童必须准备采取竞赛所涉及的一切人的态度,而这些不同的角色彼此间必定有某种确定的关系。以一种十分简单的竞赛为例。例如捉迷藏,除了那个躲的人之外,所有的人都是捉的人。儿童们所要求的不过是做被捉的人或在捉的人。在第一种意义上游戏的儿童只是在游戏,并未得到基本的组织。在那个初级阶段,他从一个角色变到另一角色,不过是随兴所至。而在涉及许多人的竞赛中,担任一个角色的儿童必须准备担任其他所有人的角色。如果他参加棒球比赛,他在自己的位置上必须具备各个位置上的反应。为了完成他自己的动作,他必须知道其他每个人准备做什么。他必须扮演所有这些角色。他们并不是全都必须在同一时间出现在他的意识中,但是在某些时刻,他采取的态度必须考虑到三四个人的情况,例如那个准备把球投出去的人,那个准备接住球的人,等等。这些反应必须以某种程度表现在他自己身上。因此,在竞赛中,存在这样一些有组织的他人的一套反应,一个人的态度唤起其他人的适当态度。

这种组织采取了竞赛规则的形式。儿童们对规则有很大兴趣,他们制定有关位置的规则,为的是帮助他们自己摆脱困难,竞赛的部分乐趣便是遵奉这些规则。因此,规则乃是由一种特定的态度引起的一套反应。如果你采取了某一态度,你可以要求其他人的一种特定反应。这些反应也都是你自身的反应。你在那里得到一套有组织的反应,如我所提及的,那要比在游戏中看到的角色复杂。游戏中只有一套不确定地互相跟随的反应。在这样一个阶段,我们说儿童还没有一个充分发展的自我。儿童相当理智地对他遇到的直接刺激作出反应,但它们未经组织。他还没有像我们希望的那样组织他的生活,即尚未组织成一个整体。他还只有一套游戏型的反应。儿童对某一特定刺激作出反应,他身上的反应即在其他人身上引起的反应,但他还不是一个完全的自我。在竞赛中他必须把这些角色组织起来;否则他就不能参加竞赛。竞赛代表了儿童生活中的这样一个阶段:从在游戏中扮演他人的角色变成有组织的成员,这是完全意义上的自我意识所必不可少的。

思想与交流的社会基础及功能

经过同样的社会—生理过程,人类个体对自身有了意识,也对其他个体有了意识。而且他对自身及对其他个体的意识,对于他自己的自我发展和对于他所属的有组织的社会或社会群体的发展同样重要。

我提出了作为人类社会组织基础的原则,是包括他人参与在内的交流原则。这一原则要求他人在自我中出现,他人参与自我,通过他人而达到自我意识。这种参与通过人类所能实现的交流而成为可能。这类交流有别于其他动物之间发生的交流,其他动物的社会中没有这一原则。我讨论了所谓的哨兵,可以说它把它发现的危险传达给其他成员,可以说母鸡的咯咯叫声是向小鸡传达某种信息。在某些条件下,一个动物的姿态用来使其他动物以恰当的态度对待外部条件。在某种意义上可以说该动物与其他动物交流,不过这种交流与有自我意识的交流之间的区别显而易见。一个动物并没有意识到它正与另一动物进行交流。在我们所称的暴民意识中可以看到例证。那是听众受到一个大演说家的影响时将会采取的态度。一个人受到他周围那些人态度的影响,这又反过来表现在其他听众身上,以致他们像一个整体那样作出反应,人们感觉到所有听众的总的态度。于是有了一种真正意义上的交流,即一个人向另一个人传达的一种态度,是另一个人对环境的某一方面采取的态度,而该环境对他俩都很重要。这种水平的交流在某些比人类群体的社会组织低级的社会形态中也可以发现。

另一方面,在人类群体中,不仅有这种交流,而且在这样的交流中,利用这一姿态作这种交流的人采取其他个体的态度并在其他个体身上引起这样的态度。他自身处于他正在刺激、影响的其他人的角色之中。正是通过扮演他人的这一角色使他能够返回自身并这样指导他自己的交流过程。我如此频繁使用的一个短语即扮演他人的角色,并非只具有短暂的意义。它不是仅仅作为姿态的一个偶然结果出现,而是在合作活动的发展中具有重要意义。这种角色扮演的直接效果在于个体对他自己的反应所能施加的控制①。如果个体能扮演他人的角色的话,他在一个合作活动中对动作的控制可以发生在他自身的行动中。从组织群体行动的观点来看,正是通过扮演他人的角色而控制个体自身的反应导致这类交流的价值。这种控制活动使合作过程比畜群或昆虫社会所能进行的更进一步。

因而,那种通过自我批评起作用的社会控制,如此密切而广泛地施加给个体的行为或行动,足以按照个体所参与的有组织的社会经验与行为过程整合个体及其动作。人类个体中枢神经系统的生理机制,使个体有可能按照他对其他个体成员以及整个社会群体的一体化的社会关系,采取其他个体的态度,采取以他和其他个

---

① 从社会进化的观点看,把任何特定的社会动作或以该动作为构成之一的整个社会过程直接作为一个有组织的整体引入该动作所涉及的各个个体有机体的经验之中,使他可能因此而调节和控制他的个体行动,便构成了自我意识在这些个体有机体中的价值和意义。

我们已经看到,思维的活动或过程是个体在他自身与泛化的他人之间进行的会话,这一会话的一般形式和主题是由出现在经验中的某种有待解决的问题给定和决定的。表现在思维中的人类智能被认为具有这样的特性:它面对并处理有机体所遭遇的任何环境顺应问题。因而如我们所知,智能行为的基本特征是延迟反应——行为暂停而思维继续进行,这一延迟反应和造成延迟的思维(包括作为思维的结果,在特定环境下的几种可能反应中选出最好的或最方便的反应的最后抉择),从生理上说,通过中枢神经系统的机制而成为可能,从社会上说,通过语言的机制而成为可能。

体作为其成员的有组织社会群体的态度来对待他自己。这样，群体所进行的总的社会经验与行为过程直接出现在他自己的经验中，使他能在这一社会过程中参照他与整个社会群体的关系及其他个体成员的关系，自觉而批判地掌握和指导他的行动。因而，他不仅成为有自我意识的，而且是有自我批判力的，通过自我批评，对个体行为或行动的社会控制便借助于这种批评的社会根源和基础而起作用。即是说，自我批评本质上是社会批评，受自我批评控制的行为本质上是受社会控制的行为[①]。因此，社会控制，不仅不会扑灭人类个体，不会湮没其有自我意识的个性，相反，实际上它乃是个性的基本要素，与个性不可解脱地联系在一起。因为个体之所以作为个体，作为一个有意识的个体的人存在，正是在于他是社会的一员，参与了社会经验与活动过程，并因而在他的行动中受到了社会的控制。

有自我意识的共同体的组织，取决于采取其他个体的态度的个体。正如我所指出的，这一过程的发展取决于采取有别于单个个体的态度的群体态度，采取我所称的"泛化的他人"的态度。我用球赛为例说明了这一点。在球赛中，一队个体的态度包含在一个合作的反应中，使不同角色互相牵连。就一个人采取群体中某个体的态度而言，他必须联系该群体其他成员的动作采取这种态度，如果他要使自己充分适应，他就必须采取所有参与该过程的人的态度。当然，他能那样做的程度受到他的能力的限制，但是在所有智能过程中，我们仍然完全能采取那些参与该活动的人的角色，使我们自己的动作成为富有智能的。整个共同体生活进入单个个体有自我意识的生活的程度存在巨大差异。历史通常致力于追溯那种不可能在历史学家所论时代共同体成员的实际经验中出现的

[①] 弗洛伊德心理学的"潜意识压抑力"概念体现了部分承认社会控制通过自我批评而起的作用，即承认有关性经验和性行动而起的作用。不过个体对自身的这种压抑或批评也反映在他的社会经验、社会行为和社会联系的所有其他方面，这是从我们的社会自我理论自然而不可避免地得出的一个事实。

发展。这一说明解释了历史的重要性。人们可以回顾过去发生的事,说明当时没人意识到的变化、力量和兴趣。我们必须等待历史学家来描绘,因为实际过程是一个超出单个个体经验的过程。

偶尔会出现这样一个人,他能比其他人更多地理解过程中的一个行动,他能把自己置于同共同体中所有群体的关系中,共同体的态度尚未进入共同体中其他人的生活。他成为一个领袖。封建秩序下的各个阶级互相之间如此隔离,虽然它们能在一定的传统环境中行动,却不能互相理解,于是便可能出现一个个体,他能理解群体其他成员的态度。那种人成为极其重要的人,因为他们使各个完全分离的群体有可能进行交流。我们所说的这种能力在政治中便是政治家的态度,他能够理解群体的态度、把自己的经验普遍化从而起到调停作用,使其他人能够通过他参与这种交流形式。

新闻业所运用的那些传播媒介的极端重要性一望便知,因为它们报导各种情况,使人们能够理解他人的态度与经验。戏剧在表现人们所认为的重要场面时也起到这一作用。它选出一些存在于人们心中的传说人物,像希腊人在他们的悲剧作品中所做的那样,然后通过这些人物表现他们自己时代的各种情境;个体作为社会不同阶级的成员,彼此之间出现了事实上的坚固壁垒,而这些情境则使个体超越这些壁垒。这种传播从戏剧发展到小说,它在历史上具有的意义与新闻对现代所具有的意义同样重要。小说描绘的场面以这样的形式超出了读者的直接视界,使他理解了该场面中的群体的态度。在那些条件下比在其他条件下存在一种高级得多的参与,因而存在一种高级得多的可能交流。当然,这样一种发展与存在共同利益有关。不可能用存在于个体生活过程之外的各种要素来构造一个社会。必须以个体本身积极参与的某种合作作为参与交流的惟一可能基础。人们不可能同火星人进行交流,也不可能在先前并无联系的地方建立一个社会。当然,如果火星上已经存在一个与我们的共同体有同样性质的共同体,那么,我们可能同它进行交流。但是,与一个完全外在于我们自己的共同体,与没有共同利益、没有合作活动的共同体是无法交流的。

人类社会中出现了某些普遍形式,表现在世界性的宗教上,也表现在世界性的经济过程上。就宗教而言,这些形式可以追溯到人类互相友好、互相帮助、互相支援这些基本态度。这些态度包含在群体中个体的生活中,在所有普遍的宗教背后都可发现对这些态度的一种推广。只要我们进行合作活动,这些过程便具有睦邻的性质并且援助那些遇到麻烦遭受困苦的人。帮助穷困潦倒、患有疾病或遭遇其他不幸的人,这种基本态度乃是人类共同体中个体的结构本身所具有的。甚至在存在完全敌对态度的条件下也可能发现这种基本态度,例如在战斗中帮助受伤的敌人。骑士风度,或者仅仅与他人分享一只面包,便把个体与他人密切联系起来,哪怕那人是敌人。在那些情境下,个体处于一种合作的态度中,正是在那样的一些情境下,由于那种普遍的合作活动,普遍的宗教出现了。这种基本睦邻态度的发展表现在有关乐善好施者的寓言中。

另一方面,个体之间还有一种基本的交换过程。该过程产生于商品,即对个体本身来说并非急需但可用来获得他们的必需品的物品。凡在个体拥有多余物品可用来交流的地方便发生这种交换。需求的态度中包含着一种参与,各人置身于另一个人的态度中,知道交换对双方分别具有的价值。这是一种高度抽象的关系,因为在交换中,某人自己用不着的东西把他带到与其他任何一个人的关系中。这种情况与我们谈到睦邻关系时提到的一样普遍。这两种态度代表了最高度普遍的,并且目前是最高度抽象的社会。这些态度能够超越围绕其自己的生活过程组织起来的不同社会群体的限制,甚至可能出现在群体之间的实际对立中。在交换或援助过程中,本来敌对的人可能采取合作的态度。

这两种态度背后存在某种东西,任何真正的交流所含有的东西。在某个方面它比宗教态度和经济态度更普遍,另一方面又不及它们普遍。在交流之前必须有要交流的东西。某人表面上可能具有另一种语言符号,但如果他与说那种语言的人没有任何共同思想(包括共同的反应),便不能与他们交流,因此甚至谈话过程背后都必须存在合作活动。交流过程是比普遍宗教或普遍经济过程更普遍的过程,因为它们都要用到它。那两种活动是最普遍的合作活动。科学共同体已经在某种意义上成为普遍的,但是就连它也不能在没有自觉的符号或文字的人们之中发现。于是,交流过程在某种意义上比这些不同的合作过程更普遍。它是这些合作活动能在有自我意识的社会中进行的媒介,但必须认识到,它是合作活动的一个媒介。没有任何一个思想领域能够完全独立地进行。思维是一个不能脱离各种可能的社会用途的领域或王国。必须有某个宗教或经济之类的领域,在那里有某种需要交流的东西,有一种合作过程,所交流的东西能够被社会所利用。为了达到所谓的"话域",人们必须接受那样一种合作活动。这样一个话域是所有这些不同社会过程的中介,在这个意义上,它比它们更普遍;但可以说,它不是个单独进行的过程。

必须强调这一点,因为哲学以及与之相随的各种定论已经建立一种思想过程和一种思维实体,它先于思维在其中进行的这些过程。但是,思维不是别的,而是个体在他与他人所参与的一个广泛社会过程中对另一个体的态度的反应,是某人所采取的其他人的这些态度对他的先行动作的指导。因为思维过程正由此组成,它不可能单独进行。

我把语言看做一种社会组织原则,它使独特的人类社会成为可能。当然,如果火星上有居民,如果我们能与他们建立社会联系,我们便同样能参与同他们的交流。如果我们能够把任何思维过程所必需的逻辑常项分离出来,大概这些逻辑常项会使我们处于一个继续与其他共同体交流的地位。它们会构成一个共同的社会过程,致使人们能够与存在于任何历史时期、任何空间位置的任何其他人一起进入一个社会过程。借助于思想,人们可以把一个社会投射到将来或过去,不过我们总是设想有一种社会关系,使这一交流过程得以进行。交流过程不可能被建成某种独立存在的东西,不能作为社会过程的先决条件。相反,为使思想和交流有可能进行,必须以社会过程为前提。

"主我"与"客我"在社会活动中的融合

在人们全都试图援救某个溺水者的情境中,有一种同心协力的感觉,一个人受其他人的刺激而去做他们正在做的事。在那些情境中,人有一种与全体密切相关的感觉,因为他们的反应本质上是相同的反应。在集体工作的情况下,个体与群体有一种认同;但在这种场合,一个人正在做的事有别于其他人,虽然其他人所做的事决定了他要做的事。如果事情进展顺利,也可能像其他情境一样存在某种高昂情绪,并且仍然存在直接的控制感。在"主我"与"客我"能在某种意义上融合的地方,出现宗教态度、爱国态度所特有的高昂情绪,在这些态度中,某人在他人身上唤起的反应亦是某人在自身唤起的反应。现在,我想更为详细地谈谈"主我"与"客我"在宗教态度、爱国精神和集体工作中的融合。

在普遍的睦邻概念中,包含一组友善与乐于助人的态度,使得某人的反应在他人和他自身唤起同样的态度。因而"主我"与"客我"的融合导致强烈的情绪经验。这种融合所涉及的社会过程越广泛,所产生的情绪反应便越高昂。我们在每天工作的当中,坐下来和朋友玩玩桥牌,或纵情于其他娱乐。这样打发了一个小时,然后我们继续干活。但是,我们置身于整个社会生活之中;它把各种义务加在我们身上;我们必须在各种不同情境下维护自己的权利;那些因素全都处于自我背后。不过在我刚才提到的那些情境下,处于背景中的东西与我们全都在做的事融为一体。我们认为这便是生活的意义,并且体验到一种高昂的宗教态度。我们形成大家一致的态度,如果大家都属于同一个共同体的话。只要我们能保持那一态度,便暂时摆脱了控制感,这种感觉笼罩着我们大家,是因为我们在艰难困苦的社会条件下所必须履行的种种责任。这是社会活动的正常情境,它的问题深深藏在我们心里。但是在宗教情境中，似乎大家都提高到承认所有人属于同一群体的态度。某人的利益也是大家的利益。个体之间完全认同。而在个体自身则是"客我"与"主我"的融合。

在这种场合下"主我"的冲动是睦邻与友善。人们把面包给予饥饿的人。正是我们全都具有的那种社会倾向引起某种反应：人们想要给予。某人有一张数额有限的银行存单，他不可能把他的全部所有给予穷人。但是在某些宗教情境下，在具有一种特定背景的群体中，他可能采取那样做的态度。给予是由更多的给予引起的。他可能没有多少可以给人，但他乐于把自己的所有全部给人。这里是"主我"与"客我"的一种融合。"客我"不是为了控制"主我"而存在，但已经形成这样的情境，在他人身上唤起的态度刺激某人去做同样的事。爱国主义的高昂情绪便体现了这样的融合。

从情绪的角度看，这种情境尤为珍贵。当然，它们包括该社会过程的圆满完成。我想，宗教态度包含社会刺激与整个世界的关系，包括把这种社会态度用于更大的世界。我想，那便是使宗教经验出现的确定领域。当然，在人们持有一种打上明确标记的神学的地方，对神有明确的论述，人对神动作就像对房间里另一个人动作一样具体，那里所发生的行动可比之于对另一社会群体的行动，而且可能缺乏我们通常归之于宗教态度的那种特殊神秘性。它可能是一种斤斤计较的态度。某人许下一个愿，如果神给他一个特定恩惠，他就还这个愿。现在，那种态度通常会出现在一般宗教陈述中，但是此外人们一般还认为，必须把这种特定的社会态度推广到整个宇宙。我想，这是通常所指的宗教经验，并且是使神秘的宗教经验从中产生的情境。这种社会情境遍及全世界。

也许只有在一周的某几天和一天的某几个小时里，我们能够理解那种同周围所有人和所有事物一致的态度。我们要过日子，我们必须到市场上与别人竞争、不让自己在困难的经济形势下湮没。我们不能保持崇高感，但即使那时，我们仍然可以说，生活的这些要求只是放在我们肩上的任务，是我们必须履行的责任，为的是在特定时刻获得宗教态度。而当获得这种经验时，它伴随着这样一种感受：自我与他人的完全认同。

在我刚才提到的"集体工作"中，是另一种也许更高级的认同态度。这里，人们因为同他人一起在某个情境下工作而感到满足。当然，仍有一种控制感。说到底，某人所做的事是由其他人正在做的事决定的；某人必定强烈意识到所有其他人的态度；他知道其他人准备做什么。为了在集体工作中起到他的作用，他必须经常意识到其他人的反应方式。那种情境使人感到愉快，但不能使人完全投身于潮流之中而得到一种沉湎感。那种经验属于宗教的或爱国的情境。不过，集体工作具有其他情境所不具有的内容。就内容而言，宗教情境是抽象的。人们如何帮助他人是非常复杂的事。一个普遍地给他人帮助的人很容易成为一个普遍讨嫌的人。没有比一个总是力图帮助所有人的人更苦恼的人了。有效的帮助必须是理智的帮助。如果人们能够达到这样一种情境：一个组织完备的群体作为一个单位而从事某件事，便能获得一种作为集体工作经验的自我感，而且，从一种理智的观点看，这无疑比单纯抽象的睦邻高级。集体工作的意义在这里发现：大家全都朝着一个共同目标工作，每个人都有一种共同的目标观念，这一目标解释了他正在发挥的特殊作用。

力图表现一种基本的睦邻态度[①]的社会服务者所常有的态度可以与工程师、组织者的态度相比，它以极端的形式说明了集体工作的态度。工程师具有群体中所有其他个体的态度，而且正由于他具有那种参与，他才能指挥。当工程师带着蓝图走出金加工车间时，机器还不存在；但他必定知道人们要做些什么，需要花多少时间，如何衡量其中的各道工序，以及如何清除废物。尽可能充分完全地采取每一个他人的态度，从如此完全地扮演他人角色的观

[①] "从伦理的观点看博爱"，载《理智的博爱》，法里斯、莱恩、多德编。

点出发开始自己的动作,也许可以称之为"工程师的态度"。这是一种高度理智的态度;如果可以用对社会集体工作的浓厚兴趣来形成这种态度,它便属于高级社会过程,属于重要的经验。此处,"客我"的充分具体性取决于一个人在他指挥的过程中采取每一个他人的态度的能力。此处达到的具体内容,在某人的自我与群体的每一个他人的单纯情绪认同中是找不到的。

这些是我想阐明的"主我"与"客我"关系的不同类型表现,以便完成对"主我"与"客我"关系的说明。在这些环境下的自我,是与扮演"客我"中他人的角色相一致的"主我"的动作。自我既是"主我"又是"客我";"客我"规定"主我"对之作反应的情境。"主我"和"客我"都包括在自我中,且在此互相支持。

下面我想用另一个方法讨论"主我"与"客我"的融合,即通过对物理对象与作为社会对象的自我的比较来讨论。

我说过,"客我"代表行动发生的情境,而"主我"是对该情境的实际反应。这种情境与反应的两分离是任何智能动作的特征,哪怕该动作并不包括这一社会机制。有一种确定的情境,它提出一个问题,然后有机体通过组织所涉及的各种不同反应对该情境作出反应。我们日常在房间里不同物件之间走动,穿行于森林中、汽车之间,都必须对各种活动作这样的组织。当下的刺激势必唤起极为多样的反应;但是有机体的实际反应是对这些倾向的一种组织,而不是调停所有其他反应的单一反应。某人没有坐在椅子里,没有拿起书,没有打开窗,也没有做当他走进房间时在某种意义上诱使他去做的各种各样的事。他做了件特别的事;他也许走到书桌边找出一张纸而没做其他的事。然而那些物体对于他来说存在于房间里。椅子、窗子、桌子本身存在着,因为通常他要用这些东西。椅子在他知觉中的价值是属于他的反应的价值,因此他绕过椅子,经过桌子,离开窗子。他环顾了一下房间,看了物体的放置,就能够实际走到放着他正要找的那张纸的抽屉边。这一环顾是达到他正在寻找的目标的手段;而椅子、桌子、窗子,全都作为对象被他尽收眼底。在某种意义上,人们不会以完全的方式对物体作出反应。如果在你步入房间的瞬间,你不知不觉坐在椅子上,不会更多地注意到这椅子;同样,当你看出远处一个物体是椅子并朝它走过去的时候,你也并没有把它看成是椅子。在后一种情况下,存在着的椅子不是你坐在上面的椅子;而是当你果真坐下去时将会接纳你的东西,而那就给了它作为一个物体本身的特征。

这样的物体被用来构成一个范围,使得远物也可及。从时间的角度说,当某人通过某个必须先予完成的在先的动作而实现一个比较远的动作时,出现同样的结果。在智能行动中始终进行着这样的组织。我们根据自己准备做的事组织范围。可以说,从抽屉中取出纸和为了实现这一目标而穿过房间之间有一种融合,而且它是我前面提到过的那种融合,只有在宗教经验这样的实例中才会在社会调停中发生的那种融合,而在这一作用过程中的对象是社会性的,因而代表了一个不同的经验层次。不过其过程是类似的:在我们与其他个体的联系中我们之所以是我们,因为我们用其他个体的态度对待我们自己,以致我们被自己的姿态所刺激,恰如一把椅子之所以是椅子,是由于它诱使人们坐下;椅子是我们可以坐上去的东西,可以说,是一个物理的"客我"。在一个社会的"客我"中,所有其他人的各种不同态度表现在我们自己的姿态中,代表了我们正在社会合作活动中发挥的作用。于是我们实际做的事,我们说的话,我们的表情,我们的情绪,便是"主我";不过它们与"客我"融合在一起,正如与屋内物件有关的一切活动都与通往抽屉的路及取出那张纸融合在一起一样。在那个意义上,这两种情境是相同的。

动作本身即我所说的社会情境下的"主我"是整体统一的根据,而"客我",则是这一动作能在其中表现它自身的社会情境。我认为我们可以从一般智能行为的观点看待这样的行动。我说过,在这样一个社会领域内发生的惟有行动,它使一个自我从群体的社会情境中产生,正如房间从一个个体去取他正在找的这个特定物体的活动中产生一样。我想,用来说明某对象在某种意义上构成某个问题的范围中产生的观点也可以用于说明自我的出现;它的惟一特殊性在于这样一个事实:它是一种社会情境,这一社会情境包括"客我"与"主我"的出现,而它们本质上都是社会因素。我认为,承认我们所称的"物理对象"与有机体之间以及社会对象与自我之间的这种类似关系是没有矛盾的。"客我"确实与我们周围的对象势必要在我们身上引起的所有不同反应相应。所有这样的对象在我们自身引起反应,而这些反应是对象的意义或本性:椅子是我们可以坐的东西,窗子是我们可以打开从而得到光线和空气的东西。同样,"客我"是个体对其他个体作的反应,只要个体采取他人的态度。不妨说,个体采取了椅子的态度。我们确实在那个意义上采取了我们周围物体的态度,虽然通常在同无生物打交道时我们的态度并不成为交流的态度,但当我们说椅子吸引我们坐下、床诱使我们躺下时,我们的确呈现了交流的态度。在那些环境下,我们的态度无疑是一种社会态度。我们已讨论过出现在自然诗、神话、典礼和仪式中的社会态度。在那里我们把社会态度推广到自然本身。在音乐中或许始终有某种社会情境,表现在它所包含的情绪反应上;而且,我想,音乐的激昂应该同完善地组织与这些情绪态度相应的反应有关。关于"主我"与"客我"融合的思想为解释这种激昂提供了一个非常充分的根据。我认为,行为主义心理学恰好为美学理论的这种发展提供了机会。反应在审美经验中的重要性已经得到绘画批评家和建筑批评家的强调。

  "客我"与"主我"的关系是情境与有机体的关系。提出问题的情境是对之作出反应的有机体能够了解的,而融合发生在动作中。如果某人确切知道他正打算做的事,他可以从"主我"出发看待它。于是他把整个过程干脆看作达到已知目标的一系列手段。也可以从手段的观点看待它,于是问题似乎是在一系列不同目标中作出选择。某一个体的态度唤起这种反应,另一个体的态度唤起另一反应。存在各种各样的倾向,而"主我"的反应将是把所有这些倾向联在一起的反应。不管是从某个必须加以解决的问题的观点看,还是从在某种意义上根据其行动决定其范围的"主我"的观点看,融合都发生在动作自身中,在动作中手段表现了目的。

冲突与整合

我一直强调社会过程的不断整合作用,以及作为这一过程的基础、使之成为可能的自我的心理学。现在说一说冲突与分裂的因素。在棒球比赛中,相互竞争的个体都想能引人注目,但只有通过比赛才能达到这一点。那些条件的确使某种动作成为必要,但是在其中可能有各种怀着妒意相互竞争的个体,他们可能破坏球队。在球队所必要的组织中似乎存在大量瓦解的机会。在经济过程中这种情况更为严重得多。必须有分配、市场、交换媒介,不过在那个领域里,一切竞争和瓦解都是可能的,因为在任何场合都有一个"主我"和一个"客我"。

通常,历史冲突发生在相当有组织的社会共同体中。这样的冲突必须出现在不同群体之间,人们对涉及的其他人抱敌对的态度。但即便在这里,结果通常也是一个更广泛的社会组织。例如,相对氏族出现了部落。部落是一个更大、更模糊的组织,但毕竟是存在的。这种情境在当代也存在。相对各个国家之间潜在的敌对状态,它们组织起来形成某种共同体,就像国际联盟那样。

基本的社会—生理冲动或行为趋向为所有人类个体所共有,导致那些个体集体加入或形成有组织的社会或社会共同体,构成了那些社会或社会共同体的根本基础。从社会的观点看,这些冲动或行为趋向可以分为两大类:导致社会合作还是导致个体间的社会对抗;造成与该情境有关的人类个体间的友好的态度和关系,还是敌对的态度和关系。我们在其最宽泛的和最严格的意义上使用"社会的"一词,不过在十分常见的较窄的意义上,即在它具有一种伦理内涵的意义上,只有前一类的基本生理冲动或行为趋向(那些友好的即有可能激发个体间的友好与合作的)是"社会的"或导致"社会的"行动；而后一类的冲动或行为趋向(那些敌对的即有可能激发个体间的敌意与对抗的)是"反社会的"或导致"反社会的"行动。诚然，人的后一类的基本冲动或行为趋向是"反社会的"，因为如果只有它们的话便会破坏所有人类社会组织，或者说，单靠它们的话便不能构成任何有组织的人类社会的基础；但是，在其最宽泛和最严格的非伦理的意义上，它们显然与前一类的冲动或行为趋向一样是社会的。它们同样为全体人类个体所共有，同样地普遍，并且如果有区别的话，它们更容易、更直接地由适当的社会刺激唤起。而且由于它们与前一类冲动或行为趋向联在一起或混在一起，在某种意义上受其控制，它们对于所有人类社会组织就像前一类一样基本，并且在该社会组织本身中、在决定其一般特征方面发挥着同样必不可少的重要作用。例如，在这些"敌意的"人类冲动或态度中，考虑一下自我保护和自我保存在任何特定的人类社会或人类共同体(比如一个现代国家或民族)的组织和有组织活动中的功能、表现与作用。人类个体通过与这两种"敌意"的冲动相联系的社会态度(或通过表现在这些态度中的这两种冲动)比起通过任何其他社会态度或那些态度所表现的行为趋向来，更易于也更乐于认识或意识到他们本身。在一个国家或民族的社会组织内部，这两种冲动的"反社会的"效果受到作为该组织一个方面的法律制度的约束和控制；这两种冲动构成作为该组织另一方面的经济制度得以发挥作用的基本原则。由于同导致参与该组织的个体间的社会合作的人的"友好"冲动联在一起、混合在一起并受其制约，避免了这两种冲动在个体之间造成摩擦与不和，否则，它们自然会造成这种后果，并严重妨害该组织的存在和福利；并且，在作为统一成分进入该组织的基础之后，它们被该组织用作进一步发展的基本动力，即它们充当了社会发展关系网的基础。通常，它们在该组织中最明显具体的表现在于，它们在整个国家或民族内部引起的抗衡和竞争的态度，不同社会职能的个体的子群体(由该组织决定的，尤其是从经济上决定的子群体)之间的抗衡和竞争；而这些态度为该组织预先确定的社会目的或意图服务，并构成该组织内部必要的社会活动的动机。但是自我保护和自我保存的人类冲动亦间接地表现在该组织中，它们与"友好的"人类冲动联在一起，从而产生该组织的主要的基本理想、原则或动机之一，即国家对个体的生活行动提供社会保护、给予社会援助；而且为了那一组织起见，加强"友好的"人类冲动的功效，同时了解或认识到对个体的这种有组织的社会保护和援助的可能性与必要性。不仅如此，在整个国家或民族的全体个体成员共同面临某种危险的特定环境下，这两种冲动便在那些个体身上与"友好的"人类冲动融为一体，这样便加强了个体对于国家有组织的社会联合和合作性社会联系的认识。在这样的环境下，它们不再是瓦解和破坏国家或民族社会组织的力量，而是间接地成为该组织内部增强社会统一、团结和合作的原则。例如，在战争时期，国家中全体个体成员的自我保护的冲动一致针对其共同敌人，暂时不针对自己人；那种冲动通常在国内那些个体的较小的社会职能群体之间引起的抗衡和竞争的态度暂时消失了；这些群体之间的通常的社会障碍似乎消除了；国内建立了一个对付特定的共同危险的统一战线，根据其全体个体成员所共有的、反映在他们各自意识中的目标融合为一个统一体。国家求助于爱国主义，一般总能奏效，其基础主要就在于国家或民族的全体个体成员自我保护的冲动在战时的这些表现。

此外，如果个体自我感到他的继续生存有赖于他所属的特定社会群体的其余成员，在那样的社会情境下，他对该群体其他成员的优越感对于他的继续生存来说当然不再必要。但是如果他暂时不能把他与其他个体自我的社会联系整合为一个共同的、一致的型式，即他所属的有组织的社会或社会共同体的行为型式，反映在他的自我结构之中并且构成这一结构的社会行为型式，在这些情境下，对于他作为其一员的有组织的社会或社会共同体，他会产生一种敌意的态度，"潜在对立"的态度，直到他能整合他与其他个体自我的社会关系时为止。在这一时期内，特定的个体自我必定"请出"或依赖对该社会或社会共同体、对其他个体成员的优越感,以便支持他自身、"维持他自身"。我们总是尽量对自己显示自身的长处,但既然我们全都有维持自身的任务,如果我们要维持自身,就完全有必要这样对自己显示自己。

一个高度发展的有组织的人类社会是这样一个社会,在它之中,个体成员以各种错综复杂的方式相互联系,因而他们全都享有许多共同的社会利益(在该社会中或通过改善该社会而享有的利益),但是,另一方面,关于大量的其他利益他们又多少相互冲突(仅仅个别占有或只在有限的小群体中相互分享的利益)。一个高度发展的有组织的人类社会中,个体之间的冲突不只是他们各自的原始冲动之间的冲突,而是他们各自的自我或个性之间的冲突,各有其明确的社会结构(高度复杂的、有组织的、统一的)并且各有其不同的社会方面,由许多不同的社会态度构成。因而,在这样一个社会中,冲突既产生于同一个体自我的不同方面或阶段(当它们过于极端和激烈时导致精神病理学上的人格分裂症),又产生于不同个体自我之间。要解决或终止这两类个体冲突,就要在它们在一般人类社会生活过程中产生和出现的地方重建特殊的社会情境,改变特定的社会联系结构。我们已经说过,这些重建和改变要由个体的心灵来进行,这些冲突发生在他们的经验之中和他们的自我之间。

心灵,作为建设性的、反思的、解决问题的思维,是社会性获得的工具、机制或器官,人类个体凭借它解决在他的经验中遭遇到的各种环境顺应问题,这些问题阻碍他和谐地贯彻他的行动,直到它们被解决为止。人类社会个体成员所拥有的心灵或思维也是通过这些个体实现或完成社会重建所凭借的工具、机制或器官。因为人类个体拥有心灵或思维能力,他们才能批判地回头看待他们所属社会的有组织的社会结构(他们的心灵最初是从他们与社会的关系中得出),并且在不同程度上认识、重建或改变那一社会结构,社会革命不时地提出这样的要求。任何这样的重建,如果它要成为有深远影响的,必须以使得该重建发生的特定人类社会所有个体成员所分享的共同利益为基础。分享，就是由所有有关个体分享，他们的心灵参与该重建、造成该重建。而有关个体的心灵所实施的任何这样的社会重建，对所有这些个体所属的、经受该重建的特定社会的界限作了多少抽象的思想扩张，由此产生一个更大的社会整体，在这个整体里，迫使重建该特定社会的那些社会冲突得到调和平息，因此，相对这个整体而言，这些冲突可以得到解决和消除。①

我们在自己所置身的社会秩序中作的变革必然也包括在我们自身作的变革。为了消除一个特定的有组织的人类社会中个体成员之间的社会冲突，必须由那些个体对该社会进行有意识的理智的重建和改变，同样必须由那些个体对其自我或人格进行这样的重建和改变。因而，社会的重建与自我或人格的重建之间的关系是交互的、内在的、有机的。任何有组织的人类社会中个体成员进行的社会重建必然要求各个个体进行某种程度的自我或人格的重建。反之亦然。因为既然他们的自我或人格是由他们相互之间有组织的社会联系构成，他们不可能重建那些自我或人格而不在某种程度上重建特定的社会秩序，这种秩序当然也是由他们相互之间有组织的社会联系构成的。在这两类重建中涉及同样的基本材料即人类个体之间有组织的社会联系，只不过在两种情况下分别以不同的方式、从不同的角度或观点来处理罢了。或简言之，社会重建和自我或人格的重建，是一个过程即人类社会进化过程的两个方面。人类社会进步包括人类个体对他们从社会得出的自我意识机制的使用，既包括实施这种进步的社会变革，亦包括发展其个体自我或人格，从而使之与社会重建齐步前进。

---

① 自我意识的反射性使得个体能够把自身作为一个整体来思考，他在其所属的特定的有组织社会中采取其他个体亦即泛化的他人的社会态度对待自身的能力，使他有可能把自身作为一个客观的整体纳入他自己的经验范围，因而他能够自觉地整合与统一他的自我的各个方面，形成一个始终如一的、一致的、有组织的人格。不仅如此，每当适应社会环境的要求提出这种重建的需要时，他都能通过同样的手段，根据其自我或人格与特定社会秩序的关系着手实现这种理智的重建。

归根结底，只有通过构成社会的个体在职能、行为的分化上取得的越来越大的成就，社会才能在复杂的组织中获得发展。个体成员的这些职能的行为的分化，意味着或预设着它们之间个体需要与目标的初始对立，然而，这种依据社会组织的对立是，或已被转换成这些分化，或已被转换成单纯的社会职能上个体行为的特化。

人类社会的理想，人类社会进步的理想或最终目标，是达到一个普遍的人类社会，使得所有人类个体都具有完善的社会智能，以致所有社会意义都同样反映在他们各自的个体意识中，以致任何一个个体的动作或姿态的意义（凭借他采取其他个体的社会态度对待自身并对待他们共同的社会目标或意图的能力，由他实现并表达在他的自我结构中的意义），对于对它们作出反应的任何一个个体来说都一样。

在人类个体所参与的特定的有组织的社会生活过程中，个体彼此连锁的相互依存关系随着人类社会进化过程而变得越来越复杂，紧密交织，高度组织化。例如，中世纪时代封建文化及其相对松散分裂的社会组织，与现时代的国家文化及其相对严密统一的社会组织（以及它朝某种国际文化发展的趋势），二者间的巨大差异表明了人类社会组织的不断进化，这种进化的方向，是构成人类社会的、存在于有关个体间的一切相互依存的社会联系变得越来越统一，越来越复杂，越来越紧密地交织在一起，以致达到完全的统一。

（赵月瑟　译）

拉斯韦尔

哈罗德·拉斯韦尔(Harold Dwight Lasswell, 1902—1978),美国著名政治学家,传播学科奠基人之一。耶鲁大学法学教授。1926年获博士学位,1927年出版论著《世界大战时期的宣传技术》。1939年被任命为美国国会图书馆战时传播研究委员会主任。1947年任美国"新闻自由委员会"委员。他是宣传分析方法的创始人,在传播内容与效果研究方面贡献重大。尤其是在本文中首次完整地提出名闻遐迩、影响深远的5W传播模式,即"谁、说什么、通过什么渠道、向谁、有什么效果"(在英文中,这5句话都包含W,故名),被认为是建构了传播学的学科框架,开辟了分门别类、深入研究传播现象的广阔道路。

本文初刊于布莱森编《观念的传播》一书,由纽约宗教与社会研究所出版于1948年。后被收入施拉姆编《大众传播学》一书。本文采用西方学术界常见的类比方法,提出在生物界和有机体内,也有跟社会传播类似的结构与功能,并分析了社会传播的一些特殊规律,广泛论及传播的单向和双向、反馈、信息的不均衡、价值观、意识形态、传播的技巧和效果等,多有独到见解,迄今不失启迪意义。同时,概括指出了社会传播的三大作用:1. 监视环境;2. 协调社会各部分的关系;3. 传递社会文化遗产。这分别对应于三大内容:新闻、言论、知识。不过,如后人所补充,这里漏掉了同等重要的娱乐内容及其功能。

(谢金文、张国良)

社会传播的结构与功能*

传播行为

说明传播行为有一个简便方法,就是回答下列问题:

谁?

说什么?

通过什么渠道?

向谁?

有什么效果?

对传播过程的研究,一般集中于其中的一个问题。研究"谁"的学者,探讨的是激发和引导传播行为的诸因素,我们称这一研究分支为"控制分析";集中研究"说什么"的专家则进行"内容分析";主要探究广播、报刊、电影及其他传播渠道,是从事"媒介分析";如果主要研究的是大众媒介的传播对象,我们称之为"受众分析";如果研究的是对受众的影响,那么就是"效果分析"。

这样的划分是否有用,取决于为达到特定的科学研究目标而准确把握划分的细化程度。例如,在有的情况下,把受众分析与效果分析结合起来,比分开研究更可行;反过来,我们为了集中进行内容分析,也可以把这个领域进一步细分为意义与样式——前者

---

* 译自英文本《大众传播学》,伊利诺伊大学出版社 1949 年版。并根据日译本校阅。

是关于讯息的内涵,后者是关于讯息的构成元素的组合。

结构与功能

把上述分类再细化是诱人的工作,但不属于本文讨论的范围。与细分传播行为相比,我们对研究传播行为与整个社会进程的关系兴趣更大。任何过程都可以从结构和功能两个方面研究,我们的分析将探讨传播带来的某些特定功能。其中明显可区分的功能有:(1)监视环境;(2)使社会各部分在对环境作出反应时相互关联;(3)使社会遗产代代相传。

生物的类似现象

如果我们注意到,传播在生物的各个进化阶段,在何种程度上成为生物的特征,我们就可透视人类社会,尽管这有可能得出错误的类比。一个生命体,不论是相对孤立的还是与群体相连的,都具有从外部环境接受刺激的独特方式。不论是单细胞有机体,还是多成员群体,都设法保持内部平衡,用可以保持这种平衡的方式对外部环境的变化作出反应。这种反应需要以独特的方式使生物体的各部分协调行动。多细胞动物,其细胞朝着外部接触和内部关联的功能分化。例如在灵长目动物中,这种分化造就了眼睛、耳朵等器官,以及神经系统自身。当刺激的接受和传导顺利时,动物身上的不同部分就会根据环境协调行动(摄食、逃遁、进攻等)。[1]

在有些动物群落中,某些特定的成员担任监视环境的特定任务。它们在离群体很远之处当"哨兵",周围一有异常动静,就发出骚动,以呼号、尖叫或咯咯声,促使群体行动起来。而分化成"首领"者,其任务便是使"追随者"有序地对哨兵警示的环境作出反应。

---

[1] 动物的行为模式通过遗传保留在后代的构造之中,这种遗传功能与人类通过教育传递"社会遗产"相似。

在一个高度分化的有机体中，输入的刺激与输出的刺激，是沿着神经纤维、经过其与其他神经纤维共同的突触联结、传导到其他神经纤维的。这个过程中的关键，在于那些传递的中继站，在那里，传来的刺激太弱，就可能达不到激发下一程传导的中继站。在高级神经中枢，不同的传导流相互修正，其结果与各传导流独立而行大不相同。在任何中继站，或无传导，或完全传导，或二者之间。动物群落中也是如此。狡猾的狐狸在走近鸡棚时动静很小，刺激很弱，"哨兵"察觉不到。攻击性动物会在"哨兵"发出警报前就把它消灭了。在完全传导和无传导之间，显然存在着各种传导程度。

人类社会中的注意结构

考察任何国家的传播过程，我们都看到三种专门人员。一种调查整个国家的政治环境，另一种使整个国家对环境的反应相互联系，第三种把一定的反应方式从老一代传给年轻一代。外交官、使馆人员和驻国外记者是第一种人的代表，编辑、国内记者、新闻发言人是国内反应的联系者，家庭和学校的教育者则传递社会遗产。

源于国外的传播经过一连串环节，其间有众多的传者和受者互联。在那传播链的每个中继环节，都可能有些修改。外交官或驻外记者发回的讯息，通过编辑才最终到达广大受众。

如果我们把人类世界的注意过程看作是一系列"注意结构"，就有可能说明，不同个人和团体注意到的内容各占多少比重；在什么情况下不再有传导；以及完全传导与最少传导之间的区域。世上的都会城市和政治中心，在相互依存、分化及活动方面，与单个有机体的皮层或皮下中心有许多共同之处。这些地方的注意结构，是人类社会所有结构中最易变、最精细、最互相作用的。

处于另一极端的是边远地区原始居民的注意结构。当然，他们的文化并非没受到工业文明的丝毫触动。我们不论降落到新几内亚内地，还是在喜马拉雅山麓着陆，都可发现没一个部落完全不与外界接触。贸易、传教活动、探险、实地科学考察和世界战争,如条条长线,延伸到遥远的地方。没人完全与世隔绝。

在原始居民中,传播的最后形式是民谣和传说。在遥远的大千世界里,那些引起都市受众注意的事件,反映在民谣歌手和说书人的题材中,不论这种反映多么微弱。在这些遥远的创作里,政治领袖也许被描绘成给农民以土地,或把大量猎物放回山野。

往传播的上游探索,我们会注意到,定居的村民因与边远的游牧部落偶有接触,起着向后者直接传递信息的作用。传递者可以是学校的教师、医生、法官、税务员、警察、士兵、小贩、售货员、传教士或学生。总之,他们是各种消息和议论的汇聚点。

更具体的类似现象

如果详细考察,就可发现人类社会的传播,与身体组织和低等动物群落的分化现象有许多相似之处。例如,一个国家的外交官派驻在世界各地,把消息送往几个汇聚点。显然,这些送来的报告是从多数人流向少数人,并在少数人那里互相作用。此后,传播又扇形地从少数人向多数人扩散,如外交大臣发表公开演说,报刊发表文章,或新闻电影发行到各电影院放映。在功能上,一个国家连接到外部环境的消息渠道,相当于一个动物把外部刺激传送到中枢神经系统的传入渠道,或一个动物群的内部报警系统。向外的或传出的神经刺激波,也是与人类传播对应的现象。

在神经刺激传入和传出的整个过程中,人的中枢神经系统只是部分地介入。人体内有许多不用"高级"中枢参与也能相互调节的自动系统。维持体内环境的稳定,主要依靠神经系统自律的或自动的分化。同样,任何国家的大部分消息,都不经过传播的中央渠道。它们在家庭、邻里、商店、同事或其他局部范围内传播。教育过程也大都如此。

还有一种重要的类似现象与传播的线路——单向或双向——有关。单还是双,取决于传者和受者相互作用的程度。换句话说,两个或更多的人以同等频度传送与接受,便形成双向传播。一场谈话通常取双向传播的方式(虽然也有单方独白的情况)。现代的大众传播工具,给印刷厂、广播设备和其他形式的固定资产与专门资产的控制者带来巨大的优势。但也应注意到,受者稍迟些也会"还嘴"。许多大众传媒的控制者采取抽样调查的科学方法,以加速走完整个传播环路。

全世界各大都市、政治中心和文化中心之间,特别明显地呈现为双向交往。如纽约、莫斯科、伦敦和巴黎之间,都在频繁地双向交往,即使这种交往的流量有时受到很大限制(如莫斯科和纽约之间)。那些无足轻重的地方,一旦成为都会,便也成了世界的中心(如澳大利亚的堪培拉,土耳其的安卡拉和美国的哥伦比亚特区)。像梵蒂冈那样的文化中心,也与世界的主要中心城市有高度的双向关系。即使像好莱坞那样的专业化生产中心,尽管在产品输出上占优势,同时也接受大量的信息。

还可进一步区分信息控制和信息处理中心(及社会机构)。美国国防部五角大楼里的信息中心,收到信息后传送到收件人时,极少会改动,其角色犹如书籍的印刷和发行者,电报的发报员、线务员和送报员,广播的无线电工程师和其他技术人员。与这种信息处理者相对照的是信息内容影响者,如编辑、审查者和宣传者。因此,说到信息专业人员,我们可把他们分为操纵者(控制者)和操作者。前者的特征是改动内容,后者则不然。

需要和价值

虽然我们指出人类社会的传播与其他生物在功能和结构上有许多共同之处,但这并不是说,只要采用最适合于研究低等动物或身体组织的方法,就可以对美国或全世界的传播过程作出最有成果的考察。在比较心理学中,当我们把一个老鼠、猫或猴子的某种环境因素作为一种刺激(引起那动物的注意)进行研究时,不可能去询问那动物,而只能作推测性认知。在研究人的时候,我们可以对这种"会说话的动物"进行采访(这并不是说我们只接受事物的表面意义。有时我们预料到一个人做的与他说的正相反,这时的根据是其他信息,包括语言的和非语言的)。

如前所述,在研究各种生物时,可把它们看做在满足自我需要、维持内部平衡稳定的过程中,也改变着环境。对食、性和其他与环境有关的活动,可作比较研究。既然人类有语言反应,能考察的各种人类关系就比动物关系多得多①。通过讲话(及其他传播行为),我们可从价值的角度考察人类社会,即联系人们为获得某种满足而追求的那些人类关系。例如在美国,不用高超的研究技巧,就可看出权力和尊荣是价值所在。我们可通过论证及观察各种事件而证明这一点。

对于任何被选作研究对象的人群,我们都可列出他们通行价值标准的清单。而且,我们还能找出那些价值被追求的主次顺序,按各人在那些价值标准下的地位,给那人群的成员排序。就工业文明而言,我们可以毫不犹豫地说,权力、财富、荣誉、健康和教养都被包含在价值系列之中。这清单并不完全,但据此已能基于可得到的情况(虽然往往零碎),来描述世界上大多数地区的社会结构。有价值的东西不是平等分配的。社会结构反映出权力、财富及其他有价值之物的很大一部分或多或少地集中于少数人手里。在某些地方,这种集中世代相袭,形成等级社会,而缺少变动。

在各个社会中,有价值之物都是以多少有所不同的方式(社会架构)形成和分配的。社会架构包括那些用来支持整个社会体系的传播。这种传播就是主流意识形态,其中与权力相关的部分可区分出政治学说、政治准则和政治道德②。在美国,这三者可用个人主义(学说)、宪法条款(准则)和公共生活中的礼仪与传统(道

---

① 如处理恰当,谈话也可成为与其他非语言材料同样可靠的依据,后者在科学调查中通常更被信赖。

② 这些区分来自C·梅里安、G·莫斯卡、K·曼海姆和其他一些人的著述。

德)来说明。这种意识形态通过家庭和学校等分化的中介传播给新生代。

意识形态只是任何特定社会之神话的一部分。还会有与主流学说、准则和道德相对立的"反意识形态"。今天,世界政治的权力结构深受意识形态冲突和美苏两大国的影响。两国的统治人物都把对方看作潜在的敌人,不仅认为国家之间的分歧可能要通过战争来解决,而且紧迫地感到,对方的主流意识形态会诉诸本国的不满分子,削弱本国统治阶级的权力地位。

社会冲突与传播

在这种情况下,各方的统治集团都非常警惕对方,并把传播作为保持权力的手段之一,因此传播的功能之一,就是提供关于对方的行动和实力的情报。由于害怕自己的情报渠道被对方控制,导致情报被截留和歪曲,于是出现了诉诸秘密监视的倾向。因此,国际间谍活动的强化超出了和平时期的通常水平。还努力封锁消息,以对付潜在敌人的探察。此外,传播还被用于积极地同对方境内的受众建立联系。

这些活动表现为使用公开和秘密特务探察对方、开展反谍报工作、实施审查、限制旅游、进行广播和其他超越国境的宣传活动。

统治人物又对国内的潜在威胁十分敏感。除了使用公开的信息源,还采用秘密手段。对尽可能多的政策问题采取"安全"防范措施。同时加强统治阶级的意识形态,压制对立的思想。

在此概述的情况与一些在动物王国可观察到的现象类似。那里也有专门的动物被用于对外部环境的威胁和机遇保持了解。上述类似还包括对内部环境的监视。在低等动物中,一些兽群首领有时惧怕来自内部和外部两方面的袭击,不安地注视着两方面的环境。有些动物还具有著名的反敌人监视手段,如乌贼鱼喷出黑色的液体迷雾,变色蜥蜴身上变出保护色。然而,动物看来没有人类具有的那种"秘密"和"公开"的传播渠道之分。

在身体组织内部，与社会革命最相似的，也许是体内某些部分新的神经联系的生长。这些部分对抗并会取代已有的主体结构。这是否就像胚胎在母体里生长？或与再建性的例子相反，举个破坏性的例子，是否就像出现了癌症而需进行体内监视的检点？

有效传播

以上分析已隐含传播有效和无效的某些标准。在人类社会，有效的传播应有助于合理判断。合理的判断又有助于实现有价值的目标。在动物群落中，传播的效果是有助于生存或该群体的其他特定需要。这标准也适用于单一有机体。

一个合理地组织起来的社会，其任务之一，就是发现和控制任何妨碍有效传播的因素。有些妨碍因素是心理技术上的，这就像环境中可能存在破坏性辐射，但由于缺少辅助工具的有机体感觉范围有限，便不能察觉那辐射的存在。

但技术上的不足可由知识克服。近些年，短波广播受到干扰，结果或是克服干扰，或是最终放弃这种广播。过去几年里，在提供满意的接收设备方面取得了进展。还有一个虽没那么显眼但也同样重要的进展，就是发现了纠正不良阅读习惯的方法。

当然，传播过程中还存在着故意设置的障碍，如审查和严格的旅游限制。以巧妙的规避可在一定程度上越过障碍，但从长远看，通过说服或压服把障碍除去，无疑更为有效。

十足无知是妨碍传播的一个普遍因素，其后果从没被足够认识。这里所说的无知，是指传播过程的某处，缺乏可从社会其他地方得到的知识。由于缺乏必要的训练，那些从事收集和散播消息的人不断地曲解和忽视事实——如果是既客观又训练有素的观察者就可以发现的事实。

在说明无效传播时，不能忽视对传播技巧的低估。一些不得要领或干脆是歪曲的传播，往往很有声誉。为了所谓"独家新闻"，把温和的国际会议耸人听闻地加以歪曲,使人们感到国际政治只是长期、紧张的冲突而已。传播的专业人士常常不能努力跟上传播知识的发展,而局限于一些雕虫小技。许多大众传播人员虽研究过词汇,仍用词不当。例如,一个驻外记者沉浸在异国情景中,忘了国内同胞的经验中没有与"左派"、"中间派"和其他派别术语直接对应的东西。

除了技巧性因素,效能水平有时还受到个人性格的影响。一个乐观、外向的人会采访与其同类的人,对事件得出不确切的、过于乐观的看法。一个悲观、沉郁的人也会选择与其相近的采访对象,结果又更加肯定了自己的悲观看法。智力和精力不同的人,在传播时差异也很大。

影响全社会有效传播的部分严重威胁,与权力、财富、荣誉等价值物有关。权力扭曲传播最突出的例子,也许就是人为地调节传播内容,使之符合某种意识形态或反意识形态。与财富有关的扭曲不仅产生于影响市场的企图,还源于经济利益的刻板观念。一个上层人物只与自己阶层的人相处,而忘了通过接触其他阶级的人以校正自己的看法,这就构成了尊荣(社会地位)与无效传播相关的典型例子。

传播研究

上述干扰有效传播的因素,使人想到可对传播链上的一些有代表性的环节进行有用的研究。每个环节都是环境因素和主观因素相互作用的漩涡。不论谁传递信息,人们都可从输入和输出两方面对其考察。怎样的言论声明引起了某个传递环节的注意?他逐字传送了哪些?丢弃了哪些?改动了哪些?增添了哪些?输入与输出内容的不同与文化、性格有什么关系?通过回答这些问题,可衡量各种不同因素在传导、无传导和有改动传导中的作用。

除了传递环节,我们还必须考虑传播过程的最初环节。在研究最初观察者的注意焦点时,我们强调两种影响:他所接触的言论声明等,和他所处环境的其他特点。一个使馆官员或驻外记者可接触大众传媒和进行个人谈话,也可计算士兵人数、测量炮位、注意工厂的工作时间、观察餐桌上的黄油和肉食。

实际上,从接触传媒和非传媒的情况,看传递环节和最初环节的注意结构,是很有意思的。非传媒的东西对中间环节传递者作用很小,而对最初观察者却一定很重要。

注意对象与公众

应该指出,并非人人都是世界公众的一员,即使他在某种程度上属于世界的注意对象。只要在某些方面构成普遍的统计数字,就成为注意对象。每个成为纽约、北美、西半球或全球统计数字中的人,都分别是纽约、北美、西半球或全球的注意对象之一。而要成为纽约公众的一员,则必须是纽约公众活动的参与者之一,或特意地影响纽约。

例如,美国公众并不局限于美国居民或市民,因为生活在美国境外的非公民也会试图影响美国政治。相反,并非每个生活在美国的人就是公众,因为还必须具有比消极注意更多的东西。一个人开始期待他的愿望可影响公共政策时,就从注意对象走向公众了。

情绪集团与公众

在我们能正确地把一个特定的人或集团归入公众之前,还须考虑另一个限定条件。与公共政策有关的要求提出后必须能被争论。这个世界上的公众相对说来还比较弱小和不成熟,部分地是由于它得服从情绪领域,而在该领域,政策是不允许争论的。例如在战争或战争危机时期,一个地区的居民被绑在向他人实施一定政策的战车上。由于冲突的结果取决于武力而非争论,在这种情形下就没有公众可言。那些情绪集团形成一个网络,他们的行为构成集群,容不下异议。①

从上述分析可明显看出,在世界政治中,有注意、公众和情绪领域,范围很广,层次很多。这些领域与世界社会的结构和功能、尤其是权力的特点相互关联。例如,很明显,只要列强各国的统治人物互相紧盯着对方,视对方为潜在重大祸根,则这些国家的统治阶级也会被置于同一的注意层面上。他们对较弱国家的注意,通常少于较弱国家对他们的注意。因为对较弱国家而言,他们显然是更重要的威胁或保护之源。②

国家内部的注意结构,是国家凝合程度的一个重要标志。当统治阶级惧怕群众时,就不让普通百姓看到自己所见现实世界的图景。当国王、总统和内阁所见图景不准流传到整个国家时,那图景与百姓能看到的图景之间的差异,显示出统治集团在多大程度上认为他们的地位需依赖于欺瞒。

或用另一种方式说明:如果"真实"不被共享,那么统治者更关注的是内部冲突,而不是与外部环境协调。为此要控制传播渠道,安排大家的注意内容,只让对统治阶级有利的东西传播出来。

同等教养的原则

在民主理论中经常说到,合理的舆论建立于教养之上。然而,对于"教养"的性质有许多模糊看法,这个词常被作为完美知识的同义语。一种不那么极端、更接近原义的理解是,并非完美的而是同样程度的教育。

专职从事于某项特定政策的人,对本领域的注意结构会比非本行的人更精细。这种差异始终存在,我们得视为理所当然。尽管如此,专业人员与一般人,又完全可以对现实的粗略轮廓取得一

---

① 意大利、法国和德国的批判性著述中对"集群"与"公众"作出区分,源于L·伯恩对"集群"概念的使用过泛。
② 本段中的观点可归入关于权势的一般理论,参看206页注②。

致的看法。民主社会的可行目标之一,就是各种人如专家、领袖与普通人之间有同等的教养。

专家、领袖和普通人可对世界大多数人的趋势有同样的大体估计,也可对战争的可能性有同样的总体看法。在整个社会,使普通人头脑中关于现实世界重大关系的图景,与专家、领袖头脑中的图景高度相等,将主要由大众传媒的控制者促成,这绝不是幻想。

总结

传播过程在社会中有三种功能:1. 监视环境,揭示那些会对社会及其组成部分的地位带来影响的威胁和机遇;2. 使社会的组成部分在对环境作出反应时相互关联;3. 传递社会遗产。总之,在人类与动物的群体中,及一个简单有机体内,都可发现生物的类似现象。

在人类社会中,当统治者害怕内部和外部环境时,传播过程又呈现出独有的特征。在衡量任何特定环境中的传播效能时,必须考虑到正面临着威胁的价值体系,及有关集团(其地位正被审视)的特性。在民主社会中,合理的选择取决于教养,而教养又取决于传播,尤其取决于领导者、专家和普通百姓之间能有相同的注意内容。

(谢金文译/黄旦、张国良校)

拉扎斯费尔德等

保罗·拉扎斯费尔德(Paul F. Lazarsfeld, 1901—1976),著名社会学家、传播学科奠基人之一。原籍奥地利,毕业于维也纳大学,为躲避纳粹的迫害而迁居美国(1935)。先在普林斯顿大学参与创办"广播研究所",后将其更名为"应用社会研究所",并转移至哥伦比亚大学,以此为基地,潜心传播(尤其注重效果)研究达30年之久,取得非凡成就,形成传播学领域中享有盛誉的"哥伦比亚学派"。

其主要贡献为:一、创建"两级传播"(亦称二段流程)理论,有力地破除了"魔弹"观念,使深入探讨传播的效果及其机理成为可能;二、倡导"实地调查法",将其确立为传播学的基本研究方法之一,对于传播研究的科学化,意义重大而深远。

其代表作有:《人民的选择》(The People's Choice, 1944,与贝雷尔森、高德特合著)、《人际影响》(Personal Influence, 1955,与卡茨合著)。两书分别为"伊里调查"和"迪凯特调查"的结果,前者发现了"两级传播"现象,而后者加以证实。以下内容即选自后者,较为系统地论述了"**两级传播**"格局的生成机制,特别是与此关联的核心要素——"意见领袖"的特质、作用等。

(张国良)

人际影响[*]

第四章 两级传播

按原来设想,我们应能勾画出社区中整个人际网络的轮廓,观察其是怎样相互连接的,但实际上,我们只能用一个影响和被影响关系的横断面来满足自己。不过,即使能完整地描绘出人际影响的流动图,也无法将我们的题目论述得详尽无余,因为在现代社会中,影响不但来自身边的人,而且来自大众媒介。

事实上,本次研究的具体假说之一是"两级传播",该假说最早是《人民的选择》一书中提出的。这个假说认为:"意见通常从广播和印刷媒介流向意见领袖,再从意见领袖流向人群中不太活跃的部分。"但是,由于这一假说和它的论据建立在对一种特定类型的意见领袖——即在竞选过程中对他人施加影响者——进行考察的基础上,因此我们不知道该假说在其他领域中是否也适用。在这一章里,我们将对意见领袖和非意见领袖的媒介接触行为作一比较,考察一下意见领袖对大众媒介是否接触更多,在媒介的影响面前是否反应更灵敏。总的来说,在我们关心的每一个影响领域内,"两级传播"假说都得到了

---

[*] 译自英文本《人际影响》,美国自由出版社 1955 年版。

证明。在本章结尾,将对意见领袖扮演的"中介"角色作一补充介绍,由此对这个有趣现象的运动机制,加以进一步推敲和说明。

意见领袖的素质与媒介接触

购物领域的意见领袖所需的信息,与公共事务领域的有影响人物所需的信息不一样。因此,我们不能期望在每一个不同的领域中,意见领袖对每种媒介的接触毫无例外地超过一般受众。然而,考虑到"杂志"和"广播"这样广泛的媒介分类中包含的巨大兴趣范围,如果发现意见领袖(不管其影响领域是什么)对大众媒介分类中包含的巨大兴趣范围,如果发现意见领袖(不管其影响领域是什么)对大众媒介的接触在总体上确实超过一般受众,也不奇怪。我们会看到,在许多场合两种命题都对。第一个例子,让我们看一看杂志阅读率的数据,将各种意见领袖与那些没有影响力的一般受众作比较。

表1清楚地表明,无论在哪个领域,意见领袖都比非意见领袖阅读更多的杂志,非意见领袖中阅读5种以上的杂志的人很少,即使把受教育程序考虑在内,这一点也没有变化。就是说,每一领域(无论购物、时尚、公共事务还是电影观赏)中的意见领袖,都比非意见领袖更多地接触美国杂志上的特写和广告。

表1 意见领袖比非意见领袖阅读更多的杂志
低 学 历 层

杂志阅读数	购物意见领袖	时尚意见领袖	公共事务意见领袖	电影意见领袖	非意见领袖
5种以上	41%	58%	60%	58%	30%
少于5种	59	42	40	42	70
100%=(人数)	(91)	(79)	(30)	(64)	(270)

高 学 历 层

杂志阅读数	购物意见领袖	时尚意见领袖	公共事务意见领袖	电影意见领袖	非意见领袖
5种以上	65%	69%	63%	71%	53%
少于5种	35	31	37	29	47
100%=(人数)	(75)	(80)	(50)	(58)	(146)

杂志以外其他媒介的情况通常也是如此,即意见领袖比非意见领袖对媒介接触更多。但其他媒介的数据表现了不同类型意见领袖的不同特征。例如阅读书籍:

表2 意见领袖比非意见领袖阅读更多的书籍

低 学 历 层

每月阅读书籍数	购物意见领袖	时尚意见领袖	公共事务意见领袖	电影意见领袖	非意见领袖
1本以上	25%	47%	38%	38%	20%
少于1本	75	53	62	62	80
100%=(人数)	(81)	(76)	(29)	(61)	(270)

高 学 历 层

每月阅读书籍数	购物意见领袖	时尚意见领袖	公共事务意见领袖	电影意见领袖	非意见领袖
1本以上	39%	42%	57%	51%	34%
少于1本	61	58	43	49	66
100%=(人数)	(74)	(79)	(49)	(55)	(146)

在这里,无论高学历层还是低学历层,每月至少阅读1本书的意见领袖比非意见领袖更多。然而请注意,在购物领域,两种学历层中领袖与非领袖的差异不大,而其他领域看起来区别更明显——

些。当然,这并不出乎我们的预料,至少从感觉上而言,多读书并不是成为购物领域意见领袖的"充分条件"。然而在其他三个领域,读书多少与能否成为意见领袖是有着密切关系的。

意见领袖在收听广播的时间量上,也有超过非意见领袖的倾向,尽管这种差别很小,而且总是不一致。收听广播较多的,是电影观赏领域中的意见领袖(不管学历高低)、低学历层中的购物意见领袖和低学历层中的时尚意见领袖。然而,后两个领域中高学历层的意见领袖及政治意见领袖(无论学历高低),收听广播的时间并不比非意见领袖多,而且,政治意见领袖看电影的次数甚至比非意见领袖更少,这一点与其他意见领袖明显不同。

总之,可以肯定,任何领域中的意见领袖都比非意见领袖倾向于更多地接触大众媒介,但是,在不同的行为领域和不同的媒介类型中,各种意见领袖的媒介接触习惯是有差异的。到目前为止,我们尚未涉及这些差异与不同媒介内容之间的关系。

意见领袖的素质与媒介内容

当然,每一种大众传播媒介都包含着多种多样的内容。例如,"广播"既包括"肥皂剧",也包括"大都会歌剧";杂志的内容范围十分广泛,其他媒介同样如此。到目前为止,我们看到,意见领袖在总体上通常比非意见领袖更多地接触大众媒介,同时也看到某一特定领域(例如购物、电影、时尚或公共事务等)的意见领袖可能更多或更少地接触某种特定媒介。下面,我们打算更具体地考察一下不同类型的意见领袖更有可能接触哪些媒介内容。

关于意见领袖素质的早期研究(实际上,也就是本书称作公共事务意见领袖素质的研究)曾发现,一个社区有两种不同类型的公共事务意见领袖:一种在地方事务方面很有影响力,另一种在全国或国际事务方面很有影响力,区分这两种类型是十分重要的。研究发现,"广域型意见领袖"(那些在谈论超出地方社区的外部世界的事件是具有影响力的人)更多地接触在外地发行的新闻媒介,而"地方型意见领袖"(那些社区内部事务的专家)的传播习惯则是地方化的。在本次研究中,我们无法将公共事务意见领袖直接划分为"广域型"或"地方型",不过仍可以通过比较各领域意见领袖的媒介使用习惯,根据他们的新闻接触情况,观察一下哪些意见领袖更具"地方性",哪些更具"广域性"。换句话说,我们不像早先那样把公共事务意见领袖区分为两种类型,而是对四种行为领域中的各类意见领袖进行比较,看一看他们当中的哪些人具有"广域性",哪些人具有"地方性"。

为进行比较,我们把有关报纸和杂志阅读的两个问卷的答案综合在一起。那些既阅读外地报纸、同时也阅读全国性杂志的新闻或评论的人,我们称之为"广域型";那些只阅读本地报纸而不接触外地或全国报刊的人,我们称之为"地方型";那些对本地以外的报纸或杂志新闻只接触的一种人,我们称之为"中间型"。这里,我们对各类意见领袖中"广域型"所占的比例,及每一领域中意见领袖和非意见领袖之间的比例作一分析。

表3 时尚和公共事务领域中的"广域性意见领袖"
(阅读外地报纸同时也阅读全国性杂志新闻内容的人的百分比)

	购物		时尚		公共事务		电影	
	领袖	非领袖	领袖	非领袖	领袖	非领袖	领袖	非领袖
低学历层 100%=	27% (88)	20% (324)	39% (79)	17% (330)	50% (30)	20% (381)	25% (64)	24% (159)
高学历层 100%=	48% (77)	43% (219)	53% (81)	41% (218)	55% (51)	41% (247)	45% (58)	47% (148)

首先,我们看一下第一组数据。在低学历层中,很显然,电影意见领袖对广域媒介的接触不比非意见领袖多,购物意见领袖对外地媒介的接触只比非意见领袖稍微多一点。时尚和公共事务则明显不同,这两个领域中,意见领袖对广域媒介的接触都大大超过

非意见领袖。在高学历层中,这种差异不如低学历层明显,但本质上相同。也就是说,在高学历层中,电影和购物意见领袖与非意见领袖没有明显区别,而这时尚和公共事务领域,意见领袖显著超过非意见领袖。

解释这些差异似乎不难,电影和购物领域中的意见领袖,并非只有阅读外地报纸或杂志新闻才能发挥其特定的影响力。事实上,假设这些领域的意见领袖比非意见领袖在总体上对新闻更感兴趣是没有道理的。然而,对政治事务和时尚领域中的意见领袖来说,接触大都市的媒介则具有重要意义。大都市报纸上的广告、特写以及全国性杂志的新闻为小城市居民跟上大城市的"潮流"和了解世界性新闻提供了渠道。这些信息的获得,反过来又加强了这些意见领袖本身的影响力。

杂志的情况,进一步揭示了媒介内容与不同类型意见领袖的阅读选择之间的关系。迄今为止,我们已经看到,四种类型的意见领袖都倾向于比他们的追随者阅读更多的杂志,但还不知道哪一类意见领袖更倾向于看哪一种杂志。如果我们作一下比较便可以发现,在时尚领域,无论在哪个学历层,意见领袖都比非意见领袖更有可能看一份时尚杂志。在低学历层的意见领袖中,阅读一份以上时尚杂志的占9%,而在非意见领袖中,这个比例仅为2%。在高学历层中,前者占30%,而后者只有15%。在公共事务领域也是如此,阅读一份以上全国性新闻周刊的意见领袖的比例大大超过非意见领袖,前者为22%,后者14%。应当指出,惟有在公共事务领域,才能发现新闻杂志的阅读率与意见领袖的素质之间有一定相关性,这一发现使我们对自己的观点更有信心了。

让我们用同样的视点,再看一看电影观赏领域的情况。如表4所示,在这个领域,意见领袖和非意见领袖的杂志阅读率明显不同。

无论在哪个学历层,意见领袖都比非意见领袖更有可能阅读电影杂志,而且前者更倾向于自己购买这些杂志。换句话说,他们不像非意见领袖那样,靠向别人借阅或在旧书店、美容院浏览这些杂志来满足自己,而是更可能出门直接买一本来看。不过,在时尚、购物、公共事务等其他领域,意见领袖与非意见领袖在电影杂志的阅读率上几乎没有什么差异。这样看来,特定领域中的意见领袖的素质与特定的媒介内容有着明显的对应关系,而与其他的媒介内容并没有什么必然联系。

表4 电影领域中的意见领袖更多阅读电影杂志

阅读电影杂志	低学历层		高学历层	
	意见领袖	非意见领袖	意见领袖	非意见领袖
是	56%	34%	50%	42%
否	44%	66%	50%	58%
合计人数(=100%)	(66)	(157)	(58)	(151)

意见领袖与大众媒介的效果

到目前为止,我们已经看到,意见领袖不仅在总体上倾向于更多地接触大众媒介,在具体内容上也倾向于更多地接触那些与他们的领袖素质最密切相关的媒介内容。无论有意无意,这种较大的媒介接触量,很可能是形成他们的影响力的因素之一。这些发现,又为"两级传播"的观点提供了证据。

以上,我们仅考察了"两级传播"现象是否存在,看来有必要继续前进一步,看一看在意见领袖作出决定时,他们对媒介的大量接触是否派上了用场。我们想检验一下,是否像"两级传播"假说所主张的那样:意见领袖不仅更多地接触大众媒介,而且比一般受众更多地接受这些媒介的影响。

实际上,没有必要认为这种观点肯定正确。以购物为例,我们已经知道,购物领域中意见领袖对媒介的接触通常比非领袖多,他们提供给别人的建议可能与较多的媒介接触成正比。但尽管如此,也没有理由认为,他们的"决策"更多的是依据这些大众媒介内容作出的。毋宁说,不述假说更合理些:购物领域中的意见领袖与一般人相同,主要是在与其他人(也可能是其他购物意见领袖)的人际接触的基础上作出"决策"的,媒介只不过起到了一种辅助作用。

另一方面,在时尚或公共事务领域,意见领袖在作出"决策"之际,受大众媒介的影响方面可能更大一些,这种观点是有道理的。因为这些领域与购物不同,意见领袖向其影响对象所传达的"环境"更间接,需要更多地依赖大众媒介的信息传播活动。也就是说,从大城市带来时尚信息的是大众媒介,而政治——至少是"广域"的政治,大多是在"外面的"世界发生的。一般受众需要意见领袖传达的,恐怕正是关于这样一些事件的准确信息。

让我们来看一看时尚领域中的这种可能性。在这个领域,我们能测定意见领袖在作出"决策"之际所接受的影响,而且能将之与那些非意见领袖作出决策之际的影响因素相比较。表5就是这样一个比较。该表是对最近改变了服装、发型或化妆方法的人们所作的一项调查的统计结果,提问是:"谁或什么提示你作出这种改变?"表中数据对意见领袖与非意见领袖以及各学历层进行了比较,并揭示出他们接受的影响中,哪些来自个人的影响,哪些来自大众媒介的影响。

表5 时尚意见领袖更多接受大众媒介的影响而较少接受人际影响

被提及的影响源的百分比(调查对象为最近有变化者)

"谁或什么提示你决定改变?"	低学历层		高学历层	
	意见领袖	非意见领袖	意见领袖	非意见领袖
听到或看到别人改变	40%	56%	37%	47%
大众传播媒介	42	31	42	33
其 他	18	13	21	20
合计人数(=100%)	(164)	(308)	(135)	(250)

表5清楚地表明,无论学历层高低,意见领袖在作出改变"决策"时更多地接受大众媒介的影响而较少地接受他人的影响,这一点与非意见领袖形成对比。这种差别虽然不大,在表中却具有一贯性。

正如我们所预料的那样,购物和电影观赏领域的数据并没有这种一贯性,就是说,对意见领袖发生作用的几种影响渠道,对非意见领袖也发生同样的作用。但出乎我的预料的是,公共事务领域中意见领袖的表现也不同于时尚领域。他们回答说,在最近的意见改变中,受个人影响的成分更多,这种倾向甚至超过了非意见领袖。换句话说,尽管各类意见领袖都比非意见领袖更多的接触媒介,而他们对别人施加的影响中更多地包含着大众媒介的内容,但他们自己作出个人"决策"之际,大众媒介发挥的影响并不很大。我们发现,这方面只有时尚意见领袖更容易接受大众媒介的影响。

我们原以为,公共事务意见领袖作出个人"决策"之际,会更多地利用媒介信息,实际上却并非如此,他们甚至比非意见领袖更少而不是更多依赖于媒介。探讨其原因是有趣的。首先,这可能是因为我们的调查样本中包含了大量"地方型"而不是"广域型"意见领袖,使他们的比例不均衡。如果我们的数据允许对上述两种类型分别进行观察,也许能明显揭示出"广域型"意见领袖在作出个人决定之际更多地受到媒介的影响。其次,如果我们沿着人际影响的网络,一步一步地反溯大众媒介效果,那么,媒介在公共事务领域中的影响也许能更加清晰可见。换句话说,如果进一步考察意见领袖之上的意见领袖的情况,就会发现,这些人可能更直接地根据媒介形成自己的观点。在发现公共事务意见领袖的人际网络与较强大的大众媒介效果之间的关系之前,也许应再往回走几步。总而言之,公共事务领域中人际影响的链条比时尚领域长得多,此其一;围绕具体问题,在人们施、受影响的过程中,"透露内幕消息"是常见的现象,这在更大程度上属于个人与个人之间的交往,此其二。不管怎样,我们的研究揭示了意见领袖角色中包含的媒介影响和人际影响的不同结合形态,证明了原来仅止于推理和猜测的一些观点,同时为今后的"影响流"研究指出了新的方向。

最后还有一点值得提及。我们已知道,电影领域中的意见领袖不一定比非意见领袖更多接受大众媒介的影响,事实上我们也没有这样预想。不过,我们在考察电影观赏行为之际,与探讨其他领域一样,讨论的焦点始终限制在"决策"问题——这里,也就是决定看什么电影。换句话说,我们考察的问题是:意见领袖也好,非意见领袖也好,究竟是什么影响因素引起了他们想看电影的心情。我们始终没有离开"决策"问题,而没有探讨人们从看电影中得到了什么。但毫无疑问,这本身是一个重要的研究课题。这里,我们想介绍一下从本次调查数据中得到的发现,即许多意见领袖认为看电影对他们日常生活大有用处。换一种表达方式,也就是说,意见领袖比非意见领袖从电影中得到的东西更多。

例如,我们曾提出这样一个问题:"你是否从电影中得到过穿某种衣服或做某种发型的启示?"对此,无论哪个年龄层和学历层,意见领袖都比非意见领袖更多地作出了肯定回答。同样,针对"电影对你处理日常生活中的问题是否有帮助"这个问题,意见领袖作出肯定回答的也多于非意见领袖。在回答"电影是否使你的生活更有乐趣"时,情况也一样。

总而言之,我们不能仅止于探讨意见领袖的媒介接触形态和他们的"决策"受媒介影响的程度,还应该具体考察各领域意见领袖的媒介"使用"情况,并对意见领袖与非意见领袖进行比较,以发现他们之间的差异。

(马秀莲译／郭庆光校)

第五章　概述:关于影响和影响者

在"两级传播"一章中,我们探讨了意见领袖和大众媒介之间

的关系,但除了该章以外,我们关心的焦点始终是个人与个人之间的"影响流"。我们反复提出了下述两个基本问题:

第一,我们始终探讨这样一个问题:"每一影响领域中的意见领袖,究竟具有什么样的社会特征?"为此,我们采用了有关生活阅历类型、社会地位及社交性的测量尺度,借助这些尺度,我们试图描绘出购物、时尚、公共事务和电影观赏领域中典型的意见领袖形象。更确切地说,我们一直试图测定意见领袖的"集中性",即找出较多地聚集着这些特定类型意见领袖的社会群体。

作为这种努力的一环,我们曾把"主观兴趣"看作一个重要的决定因素,考察兴趣究竟在什么程度上能促使一个人成为特定领域中的意见领袖,尤其在时尚和公共事务领域,对这个问题进行了详细观察。我们发现,意见领袖既集中在对该领域兴趣程度高的群体中,也集中在具有某种社会特征的群体中。这时我们开始考虑这样一个问题:主观兴趣能否是成为意见领袖的充分条件? 抑或,主观兴趣如何另当别论,他们的社会地位、生活阅历类型或社交性才是具有重要意义的决定因素?

我们所关心的第二个问题,是"影响流"的过程,即探索追随者与他们的意见领袖是怎样连接的,我们提出两种考察方法,同时指出了每种方法的不足。首先,在时尚领域,我们引进了"输出"指标,测定和比较意见领袖在本群体中的作用及对其他群体成员的影响程度。第二种方法更直接一些,包括对各个领域中的影响者和被影响者进行成对分析,从年龄层和社会地位的角度进行尝试性考察。通过这种考察,我们试图探索不同类型的影响在这两种社会群体中流动的渠道。在对影响者和被影响者进行成对分析之际,我们将之分为由同一家庭成员组成的"对"和由其他社会关系组成的"对"这样两种情况。进而,在研究公共事务领域的情况之际,不是孤立地考察"影响者——被影响者"的"二链节"关系,而是将之扩展为"三链节"影响关系,从最初的调查样本追溯到他们的"影响者"、"影响者的影响者",直到"影响者的影响者的影响者"。

但对所有这些问题,我们的研究只不过刚刚开始。

本章将带着上述问题,对迄今的研究发现进行若干总结。作为补充,我们还将提出并试图回答另一个迄今尚未涉及的问题,即:在某一领域中具有影响力的意见领袖,换一个领域是否仍有可能成为意见领袖?说得具体一些,在我们考察的四个领域中,究竟有多少跨领域的意见领袖?

意见领袖们较为集中的社会位置

我们最初的假设是:社会地位、生活阅历和社交性,与意见领袖的素质之间存在着有意义的相关性。上述尺度,同样有助于划分意见领袖的类型和测定他们的社会位置。但是,打个比方说,我们的目的不是打算指出时尚领域里的意见领袖都是未婚女子,而是想说时尚意见领袖较多地集中于未婚女子。使用前一种表述,意思无非是说大多数未婚女子都是时尚领袖,或者反过来说大多数时尚领袖都是未婚女子,或者说未婚女子通常是其他妇女的时尚领袖。从经验感觉而言,上述说法也许都是正确的,但如果承认我们的数据及其限度,为谨慎起见,第二种表述更确切一些。就是说,与其他女性相比,生活阅历属于"未婚女子"的 35 岁以下的单身女性群体中,较多地聚集了时尚领域的意见领袖,这种表述更为严谨。

无疑,行为领域不同,每种生活阅历、社会地位层次及社交性程度不同的各群体中聚集的意见领袖的比例也不同。换言之,在不同的领域,三种因素是以不同的组合形式起作用的。例如,时尚领域中意见领袖的素质与生活阅历和社交活跃程度密切相关,与社会地位的关系则不那么密切;公共事务领域中意见领袖的素质主要与社会地位和社交性相关,与生活阅历则关系不大。以下,将回过头来观察一下这三种因素各自在四个影响领域中具有的相对重要性。

为此,需要一些尺度衡量哪些因素与哪些领域密切相关,以及某种因素与其他因素相比具有何种程度的重要性。也就是说,需要一些尺度判断处于一定社会地位、属于一定社会阅历类型、有一定程度社交性的妇女,在某种行为领域中有多少机会能成为意见领袖。与此同时,我们还想了解一下,这三种因素在四个领域中各自具有多大程度的重要性。我们采用的重要性指数这个尺度,恰好能够满足这些要求。

表 1 显示了我们的研究结果,各行数据说明了这三种因素分别对四个领域中各自具有的相对重要性。例如从表中可以明确看出,生活阅历对购物意见领袖是重要的,但更成为时尚意见领袖的重要决定因素。如果自上而下阅读各列数据,就可以对某个领域中三种因素分别具有的相对重要性进行比较。例如我们可以看出,对时尚领域中的意见领袖来说,社交性因素和社会地位因素哪一个更为重要一些。

表1 生活阅历、社会地位和社交性对各领域中的意见领袖的"重要性指数"

	购 物	时 尚	公共事务	电影观赏
生活阅历	.203	.267	.089	.326
社 交	.176	.126	.184	.080
社会地位	.055	.113	.161	.040

注:指数值0表明某种因素(如生活阅历)与某一领域中意见领袖的素质完全无关,指数值1表明该领域中意见领袖的素质完全由该因素决定。但应当相对地而不是绝对地看待这些指数值。

对四个领域中的三个领域而言,生活阅历都是成为意见领袖的最关键的因素,而且是电影观赏领域的惟一相关因素。只有公共事务领域,生活阅历的重要性最低,但也并非没有相关性。

与生活阅历相比,社交性因素的重要性稍低一些,但在三个领域中具有重要意义。它是公共事务领域中意见领袖的最重要因素,在购物领域也很重要,而在时尚领域,其重要性大大低于生活阅历。仅在电影观赏领域，我们以交友人数和社会接触范围为基准而设计的社交性指数几乎没有用处。这是因为，电影观赏本身就是一种社交活动，而我们并没有将之纳入社交性指标的范围之内。

社会地位显然是这三种因素中最不重要的一种，这是一个非常令人感兴趣的发现。在购物和电影观赏领域，其作用几乎受到人们的忽视。在时尚领域多少有些作用，但与其他因素相比，总体上的重要性依然很低。只是在公共事务领域中，社会地位才是成为意见领袖的重要决定因素之一。

上述发现证实了我们当初的理论假设。当初的设想是，在特定问题上对他们拥有影响的意见领袖，是从积极参加该领域活动的群体中产生的。按照一般想法，社会地位与意见领袖的资格是重合的，因为人们一般认为"影响流"是一个由地位或威望高者向低者流动的、自上而下的"纵向"过程。但是，对日常影响的具体研究结果表明，关于"影响流"过程的上述猜想不全面，有关人际影响过程的所有观点现在都必须加以修改，即必须把"横向"的意见领袖包括进来。就是说，意见领袖在社区的任何部分、社会经济地位的任何阶层都普遍存在的。我们研究可以说描绘了这样一幅景象：意见领袖在各种生活阅历类型中的分布密度是不同的，在各社会地位阶层中分布密度则大致相同，通常，他们更多地集中于各领域社交活跃的群众中。

这幅构图的内部变化还需要进一步的研究（如我们始终指出的），但它的基本脉络已清楚了。如表1所示，除了公共事务领域外，在我们关注的面对面影响状况下，较高的社会地位并不会自动产生更多的意见领袖。购物、时尚和电影观赏领域中的意见领袖在非正式的说服和友好关系中表现出来的影响力，不是来自于财富或较高的社会地位，而是来自于与伙伴们日常的随便接触。

主观兴趣：意见领袖素质的构成要素之一

我们迄今探讨的这种影响力，不需要什么特殊的才能或领导能力。毋宁说,只要一个人对某一领域有足够的兴趣并积极参加该领域活动,那么,别人就会较多地向他征求意见,这样考虑问题可能更合理一些。这个观点意味着,在某一特定领域,主观兴趣或许是成为意见领袖的充分条件。在分析我们的研究发现的过程中,这个假说在好几处似乎都得到了加强。我们还记得,无论是时尚领域还是公共事务领域,意见领袖都比非领袖表现出更高的主观兴趣,而且,在主观兴趣较为集中的地方,意见领袖也显得较为集中。

例如,我们发现时尚意见领袖较多地集中在未婚女子中,同时也发现未婚女子对时尚问题最感兴趣;我们发现公共事务意见领袖更多地出现在社会地位较高的人群中,同时也看到这个阶层的人对公共事务知道得较多等等。在每一场合,我们都向自己提出了这样的问题:意见领袖仅仅是那些兴趣程度高的人吗?生活阅历等其他因素与意见领袖的素质也具有相关性,它们只不过是兴趣程度高的反映吗?

我们看到,情况并非如此。通过采用将主观兴趣指数加以"控制"的方法——即对社会地位、生活阅历和社交性不同而兴趣程度相同的人加以比较,我们发现:即使把兴趣这一"主观"因素考虑在内,"客观"因素的作用也未消失。例如,对时尚问题有较高兴趣的未婚女子与有同等兴趣但生活阅历类型不同的其他妇女相比,未婚女子中产生意见领袖的比例仍然高得多。这表明,即使一位妇女有较高的主观兴趣,她的生活阅历类型、社会地位或社交活跃程度,对其能否成为意见领袖仍有很大关系。

当然,这并不是说,意见领袖的素质与主观兴趣无关,实际上这二者关系十分密切。然而,在确切的意义上,不能说主观兴趣可以直接产生意见领袖,这种关系要复杂得多。我们要重申的是,第一,意见领袖比非意见领袖有更高的主观兴趣;第二(也是最重要的),仅仅在与有较高兴趣的其他人进行交往之际,较高的主观兴趣才能使一个人成为意见领袖。

例如,在讨论时尚问题之际,我们认为,对时尚问题感兴趣的未婚女子比同样感兴趣的已婚妇女更有可能成为意见领袖,理由是前者比后者接触向他们征求意见的人的机会更多,我们想说的是,对时尚抱有高度兴趣的已婚妇女是具备成为意见领袖的潜在素质,但由于向他们征求意见的其他妇女实在太少,其潜在素质没有实际发挥出来。这暗示着两种情况:第一,已婚妇女与已婚妇女交往接触较多(未婚女子与未婚女子交往接触较多);第二,时尚领域中的"影响流",通常发生在生活阅历类型相同的人群当中。可以说,我们关于"影响流"过程的调查数据证实了这些猜测。也就是说,在时尚领域,人们更倾向于接受那些与自己具有大致相同属性的人的影响。

如此看来,能否成为意见领袖并不单纯地取决于是否比别人更有主观兴趣,只有在交往接触的其他人也有兴趣之际,自己的主观兴趣才具有意义。未婚女子大多对时尚问题感兴趣的事实,是他们当中较多地产生意见领袖的背景条件;其中一些成员兴趣程度可能更高,并在某些方面更有"资格",于是便成了意见领袖。总之,影响并不是从兴趣程度高的人流向根本不感兴趣的人,而是从兴趣程度较高者流向同样感兴趣或兴趣程度稍低的人,这样考虑问题似乎更合理一些。简言之,共同的兴趣才是传播沟通的渠道。

"影响流"概观

我们系统考察的第二个问题是"影响流"。对此,采用了两种独立的考察方法,其一是引进了"输出"的指标。程序是:首先,假设妇女们接触最多的,通常是那些与自己的生活阅历和社会地位大致相同的人;其次,假设各社会阅历类型和社会地位阶层的人在遇到问题之际,首先征求的是本群体中意见领袖的建议(即未婚女子首先影响未婚女子,之后才影响其他妇女)。作出这两种假设之后,我们在分析时尚领域的情况之际,把调查样本作为一个整体,计算了对时尚问题兴趣高者与时尚领袖之间的比率,并将之作为主观兴趣对领袖素质的"平均"比率。

接着,以相同方法分别对每种生活阅历类型和社会地位阶层中的兴趣高者与意见领袖人数的比率进行了计算,将它们与"平均"比率进行比较。我们设想,各群体的比率与平均比例之间的差异,可以反映出该群体中意见领袖数量是否超出或低于该群体现存的兴趣程度。当意见领袖的数量超出该群体的兴趣水平时,我们的理解是,该群体的意见领袖需要已完全得到满足,超过需求的剩余领袖便"输出"到其他不能"自给"的群体。简言之,我们的公式是:意见领袖的人数是由内部需求(根据特定群体中的兴趣程度来计算)和外部需求(反映该群体作为影响源对其他群体具有的吸引力)相加之间构成的。

我们对时尚领域的研究结果表明,在若干生活阅历类型中,未婚女子是最多"输出"意见领袖的群体,而大家庭主妇中的意见领袖数量甚至满足不了其群体内部的兴趣需求。在社会地位的各群组内,根本不存在"输出"现象;如果说有哪一群超过了其他群,那就是中间地位群;高社会地位群和低社会地位群所拥有的意见领袖人数,都没有超过该群内部现有的兴趣需求。

不过,在关于"影响流"的研究中,我们重点考察的是"谁"影响"谁"的问题。这里的两个"谁"都是有年龄、性别和社会地位属性的具体的个人,影响者与被影响者之间存在着明确的关系,如家人、朋友、同事等。我们反复提醒过,由于种种原因,这些研究结果与其看作是结论,不如看作是启发性的材料。以下,我们将提供一个谨慎的结论,这是基于对"社会群体测量学"小心翼翼而又富于冒险性的探索而作出的。

首先,我们观察一下各年龄层间的"影响流"。家庭成员间的影响交流与非家庭成员之间的影响交流,形态是大不一样的。在家庭成员间,应该特别留意的是,影响者和被影响者之间的年龄差异。在非家庭成员的场合,双方更可能是同龄人;而在家庭内,影响一般发生在不同年龄的成员之间。当然,这是意料之中的事,因为家庭本来就是由不同年龄的人组成的。在时尚领域,家庭内的影响较多的是由年轻者流向年长者,但在公共事务领域则相反,由年长者流向年轻者的倾向非常明显。此外,在公共事务领域,影响由男性流向女性的倾向显著。在购物领域,家庭内的"影响流"有两种类型。就一般购物(购买整个家庭用的日用商品)而言,家庭内影响倾向于发生在同代同龄的亲属之间,但在购买咖啡、麦片等在文化传统上认可特定家庭成员发言权的商品之际,丈夫或孩子发挥着实质性的影响。在电影观赏领域,如果我们的解释没有错误,那么家庭内的影响通常发生在同龄的亲属之间(可能主要在丈夫和妻子之间),因为年轻人倾向于到家庭外寻找电影观赏伙伴或征求他们的建议。但是,当让人们推举电影观赏"专家"的时候,任何人都把目光转向于未婚女子,家庭内如此,家庭外也是如此。

至于家庭外年龄层间"影响流"的情况,大致是这样的:在购物领域,跨年龄层的影响交流较多,在时尚领域多少也有这种倾向。但是,在购物领域中,从年长者向年轻者的"影响流"是清晰可辨的,而在时尚领域则观察不到任何明显的主要流向(不过,在"输出"指标的数据中可以看到由年轻者流向年长者的倾向,在家庭内这种倾向也很明显)。在公共事务和电影观赏领域,影响者和被影响者之间显示出较大的年龄同质性。至于跨年龄层的"影响流",在公共事物领域通常是由年长者流向年轻者,在电影观赏领域,则较多地由年轻者流向年长者。在涉及看某个电影的具体"决策"之际,这种倾向并不明显,这方面,那些电影观赏"专家"们的影响非常显著。

下面,观察一下社会地位阶层间的"影响流"。由于同一家庭的成员自然属于同一社会阶层,所以我们要考察的只是非家庭成员之间的影响关系。通过分析发现,在购物领域的影响授受关系中,年龄层的同质性最低,社会地位的同质性比其他三个领域都高,授受关系的大约十分之七发生在社会地位相同的妇女之间。在时尚领域,影响授受关系的十分之六发生在地位相同者之间,略低于购物领域。而在公共事务领域,这种关系少得多,只有46%。至于跨阶层的影响授受关系,在购物领域没有发现清晰的线索,就是说,社会地位高者向社会地位低者自上而下提供建议的情况不比自下而上的情况更多。在时尚领域,观察到微弱的自上而下的"影响流"(主要是从中等地位的妇女流向地位较低的妇女)。在公共事务领域,看到了明显的自上而下的"影响流",尽管在该领域,围绕特定意见的家庭外影响最不重要。此外,当推荐公共事务"专家"(他们更可能存在于家庭外)之际,人们往往推荐有较高地位的人,而且,在各地位阶层中被认为是"专家"的人们,也都倾向于推举那些比自己地位更高的人作为"专家"。

意见领袖的肖像

根据有关意见领袖的集中性的数据和"影响流"的数据,我们可以尝试为意见领袖描绘出这样一幅肖像:

购物领域中的意见领袖 一般是大家庭的已婚的妇女,具有较高的社交性。购物意见领袖并不集中于特定的社会地位阶层,而是均匀地分布在各阶层中。购物领域中的"影响流"与其他领域一样,一般在各地位阶层内部流动,即使有跨阶层的"影响流",其方向也未必是自上而下的形态占优势。至于各年龄层之间的"影响流",明显大多是由年长者流向年轻者,而不是相反。只有购买丈夫或孩子用品等特定商品之际,家庭成员间的相互影响才比较显著。

时尚领域中的意见领袖 较多地集中于年轻女子尤其是社交活跃的年轻女子中。与社会地位也多少有关,地位较高的女子有较多机会成为意见领袖,但地位不是重要因素。在时尚领域,多少可以观察到沿地位等级向下流动的"影响流",但各年龄层之间也有轻微的"倒流"现象。时尚领域的总体情况是,影响关系通常发生在属性相同或相近的妇女之间,尤其在年轻、社交活跃、社会地位属于中、上层的妇女中,这种影响授受关系最为频繁。此外,根据数据判断,在购物方面,只有在购买少数特定商品之际才会发生家庭成员间的相互影响,而在时尚方面这种影响是日常性的。不过,在这两个领域我们都没有发现男性影响者。

公共事务领域中的意见领袖 对他们来说,社会地位具有十分重要的意义。在这里,社会地位高的妇女更有可能成为影响者。而且,在这个领域中,"影响流"明显地表现为自上而下的跨阶层流动的形态。同样,在跨年龄层的"影响流"中,更多的是年长者影响年轻者(尽管在年轻女子中公共事务意见领袖的比例稍高一些)。

同其他领域一样,社交性在公共事务领域中也发挥着作用。这个领域最显著的特征是,丈夫或父亲扮演着重要的角色。

电影观赏领域中的意见领袖 更多地集中于未婚女子,这一点与时尚领域相同。这个领域的"影响流"与时尚领域也有相同的明显倾向,即从作为"专家"的年轻女子流向年长的妇女。在电影观赏领域,社会地位不起任何的作用。

跨领域意见领袖 迄今为止,我们分别对购物、时尚等领域的意见领袖进行了论述。在该部分结束之前,还想探讨一个更为一般的问题,即综合型的意见领袖究竟是否存在。就是说,一位妇女拥有一些良好个性和社会特征,使其有可能成为某一领域的意见领袖,那么这个人是否有相当大的潜在能力,能同时成为其他众多生活领域中的意见领袖? 简言之,当我们谈论不同领域中的意见领袖时,是否总在谈论同样的人?

若用夸张的形式表述,综合型意见领袖的存在假设是这样的:1) 有符合普遍领袖能力所要求的特定品质和特征;2) 在任何情况下和任何群体内,最能体现上述品质和特征的人都会作为意见领袖而出现。如果这些假设能成立,那么下述推论也必须正确:与其他人相比,在某个领域担任意见领袖角色的人,在其他领域也更有可能成为意见领袖。因为这意味着其在很大程度上也具备在其他领域成为意见领袖所需的品质和特征。我们根本不相信这种推论,不过也对此作些探讨。下表是跨3领域的意见领袖、跨2领域意见领袖(3 领域中的 2 领域随意组合)、1 领域意见领袖及非领袖的比例。

表 2　综合型、单一型意见领袖及非领袖在样本总体中的分布

跨 3 领域领袖		3.1%
跨 2 领域领袖 　时尚＋购物 　时尚＋公共事务 　购物＋公共事务	5.1 2.4 2.8	10.3
1 领域领袖 　时　尚 　购　物 　公共事物	12.0 12.4 3.0	27.4
非　领　袖 合计人数(＝100%)		59.2 (704)

样本总体中,至少在 1 个领域担任意见领袖的妇女总数为 45%,其中 1 领域意见领袖近三分之二,跨 2 领域意见领袖占四分之一,跨 3 领域的意见领袖不到十分之一。从这个大致分类可以看出,综合型意见领袖似乎并不常见。但是,如果要推测这些领域中意见领袖是否相互独立,还需要正式的参照标准。换句话说,尽管综合型意见领袖的比例很小,但在统计学上也许是有意义的。

采用简单统计程序,我们能测出样本中跨领域意见领袖的频率是否比偶然性概率期待的频率更大一些。在表 3 中,我们计算了偶然性概率的假想频率,并将之与实际的领域重叠状况进行了比较。在这里,如果实际频率明显超过假想频率,就可以断定综合型意见领袖存在的必然性。如果不明显超过,便可认定是偶然性因素在起作用,就必须舍弃"某一领域的意见领袖成为其他领域意见领袖的可能性很大"这一假设。

表 3　意见领袖的领域重叠频率与偶然性概率的假想频率之比较

	实 际 频 率	假 想 频 率
跨 3 领域领袖	3.1%	.6%
时尚＋购物	5.1%	5.3%
时尚＋公共事务	2.4%	2.6%
购物＋公共事务	2.8%	2.7%
合计(=100%)	(704)	(704)

在所有的跨 2 领域意见领袖中,调查的实际频率与假想频率之间并不存在显著差异,这表明,一位妇女是某一领域的意见领袖这一事实,与她成为另一领域的意见领袖并无必然联系,只有跨 3 领域意见领袖的情况大不相同,实际观察到的比例是偶然性概率之假想比例的 5 倍。因此,只有在考察了跨 3 领域意见领袖之际,我们的数据才为"综合型意见领袖"的假设提供了若干证据。但是,由于跨 3 领域意见领袖是如此之少,根据这个结果无法得出真正的结论,因为,在这里起作用的也许是夸张因素,而不是综合型意见领袖的因素。事实上,这 3% 的人究竟是真正的综合型意见领袖,还是一些妇女出于虚荣心而作出的自我认定,这一点从数据中无法判明。总的来说,综合型意见领袖的假设在我们的研究中几乎没有得到任何支持,跨 2 领域意见领袖的存在也没有超出偶然性因素的作用。看来,每个领域似乎都造就着自己独有的一群意见领袖。

(马秀莲译/郭庆光校)

霍夫兰

卡尔·霍夫兰（Carl Hovland, 1912—1961），美国实验心理学家，传播学科奠基人之一。1912年生于芝加哥。美国西北大学毕业。1936年在耶鲁大学获哲学博士学位，此后即在耶鲁大学执教。霍夫兰的研究活动可分为两个阶段，前一阶段是从第二次世界大战后期的1943年到大战结束后的1945年，后一阶段是从1945年到1961年他去世为止。前一阶段是他学术生涯的起步，后一阶段是其学术成就的顶峰时期。

二战期间，应美国陆军部新闻与教育署征调，年仅31岁的霍夫兰率专家小组负责指导和研究美军的思想训练计划，部分研究成果整理成题为《美国军人》(Experiments in Mass Communication)的报告书，于1949年出版。

二战结束以后，霍夫兰重返耶鲁大学出任心理学系的系主任，并主持"传播与态度改变研究"课题。大战期间曾与他在研究小组中共事的一些心理学家，也来到耶鲁大学，以霍夫兰为核心，形成传播研究领域中以控制实验方法为特色,以传播与劝服、劝服技巧与效果为重点的声名卓著的耶鲁学派。控制实验方法的优点在于"控制",即研究人员可直接操纵、控制自变量(也就是假设的条件)。这类研究大多在实验室中进行,虽然与在自然的生活环境中进行的"实地实验"存在着一定的差距,但仍不失为一种有效的方法。他们的研究成果作为一系列丛书出版,为传播学的兴起作出了重要贡献。代表作有《传播与劝服》(Communication and Persuasion)、《人的个性与可劝服性》(The order of Presentation in Persuasion),以及《耶鲁大学关于态度和传播研究丛书》(5卷本)等。

《传播与劝服》一书系霍夫兰、贾尼斯、凯利三人合著,由耶鲁大学出版社初版于1953年。全书共九章,除序论和总结外,分别论述了传者的信誉、恐惧感、劝服性内容的结构、群体性、个性、参与性等问题。这里选译的第八章,集中讨论了态度变化(亦即劝服效果)如何能长久保持,正如作者所言,这个关键课题与其他各个环节实际上都是不可分割、密切相关的。从中不仅可得到许多启迪,还可以感受到这些先驱们严谨的治学风格。

(李双龙)

传播与劝服[*]

第八章 态度改变的维持

态度或意见一旦因传播而改变,其后的变化过程如何?哪种传播能导致不易变化的态度?在何种条件下,意见虽轻易地朝某一方向改变,但紧接着又回归原先的立场?维持态度改变的主因究竟是什么?对于诸如此类的问题,迄今为止的研究尚未给出完整的解答,但已暗示了一些必须考虑的因素。以往的研究发现,长时间的传播可取得很大效果,但效果的维持也带有很大的变动性。有的研究表明,个人会很快恢复传播前的态度,但有的研究却发现,传播的效果在相隔一段时间后比开始时更大。

有关态度改变的维持程度与时间推移的意见分歧显示,有必要对影响维持的各种因素作深入细致的考察。我们将重点探讨由传播所引起的态度改变如何能达成持久性维持。概括地说,有以下两个方面的思考:(1)关于传播内容的学习和记忆;(2)关于传者结论的接受的持续性。作为背景,先简单回顾一下以往的研究。

背景

以往关于传播对态度或意见产生的效果的研究中,较有影响

---

[*] 译自日文本《传播与劝服》,诚信书房1958年版。

的是 R·彼得森(Peterson)和 L·瑟斯顿(Thurstone)的调查。其调查对象为 12 年制的 7 年级学生,所采用的传播材料是无声电影。他们分别在放映前、刚放映后及放映后 2 个半月至 1 年半之间,对学生所感受到的直接效果和后续效果,以瑟斯顿的态度量表及成对比较法进行测试。了解的问题是,对国民性、种族、犯罪、对罪犯的处罚、死刑、禁酒等的态度。调查结果表明,电影对孩子们的态度改变有明显的效果,其持续时间较长。……

传播前的态度和传播后的态度之间,差异显著。不过,传播后第二次测试所记录的持续效果小于传播后第一次测试所获得的效果(除若干例外)。甚至有一个例外是,经过一段时间后,效果反而朝相反方向转化了。C·霍本(Hoban)和 B·冯奥玛(Van Ormer)则认为,意见的变化通常是随着时间推移而逐渐减弱的。

另一项研究表明,由传播所产生的态度变化在经历 5 个月后完全消失。这是由陈(Chen)就"九一八事变"之际大学生对日本和中国的态度进行调查所得出的结果。调查分别在口头传播前、口头传播刚结束后以及 5 个月后实施。传播后的第一次测试,呈现一定的效果,但 5 个月后的测试却显示,实验对象们几乎又回到了原有的立场上。陈的这一发现,与其他大部分研究截然不同,那些研究的结论是纵使经历一年或更长时间,传播的效果依然相当明显。

有关记忆逐步淡化这一典型现象,一项得出不同结果的主要研究,是由霍夫兰、A·拉姆斯丹(Lumsdaine)、F·谢费尔德(Sheffield)所进行的。研究者将士兵分成四组,其中两组是实验组,另两组是控制组。首先,对四组都实施了问卷调查。然后,让两个实验组观看一部描写英国人功绩的影片《英国的胜利》(此片以前曾引起过很明显的态度变化,因而被选中)。观看电影后的第 6 天,分别对一个实验组和一个控制组(未观看电影)发放问卷;对另一个实验组和一个控制组的问卷调查,则实行于电影放映后的第 10 周。需要注意,事后测试都只进行了一次。结果表明,随着时间的流逝,对电影所传达的实际信息的记忆减弱了,但是,就态度的改变而言,随着时间的推移,反而增强了。当然,并非所有选项都一样,但大多数选项的效果明显加大了。研究者称之为"睡眠者效应"(Sleeper effect),并围绕各种相关要素,提出很多假设。

综上所述,过去的研究显示,即便是相当简单的传播活动,经过一定时间后,其效果(即态度改变)也能适度保持。但与此同时,有的研究发现,效果几乎完全不能维持;而有几项研究则证明,相隔一段时间后,效果却有所强化。这是什么缘故?下面将展开论述。

研究资料的分析

在分析以往研究结果的差异之际,如前所述,有必要区别看待人们对传递内容的学习及他们接受传者结论的动机赋予。假如人们对传播的议题没有任何记忆,那么关于这一议题的意见势必回复到原有状态。或者,人们根本不被传者打动,也就谈不上态度改变的维持了。由此可见,因传播而引起的意见变化,依赖于信息内容的保持和对接受的诱惑这样两个因素。

传播内容的忘却

关于影响传播内容忘却的原因,已积累了大量的有用资料,但大部分是针对学习和忘却过程在实验室里得出的调查数据。在很多情况下,这些研究有必要在自然的传播情境中重复进行。

大多数研究的结果表明,语言材料的忘却,一开始十分迅速,而后趋于减缓,到达一定程度后则不再下降。比较典型的有,A·迪茨(Dietze)和 G·琼斯(Jones)的研究。他们让小学生阅读关于镭、德国人、英国发明家理查德·阿克莱特的一系列文章。然后在阅读结束时及 1 天、14 天、30 天、100 天后,分别进行记忆测试。其效果维持曲线,如图 1 所示。……

但是,根据有些研究结果,随着时间的推移,所记忆的内容反而呈增加趋势。这是由 B · 巴拉德(Ballard)在以前的一项调查

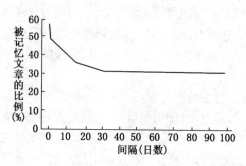

图1 对有意义的文章的单一提示的遗忘曲线

中发现的。其调查对象所记忆的语言材料的量在3天里渐渐上升,其后则如一般情况呈减少趋势。为什么?我们的有关知识尚不充分。但可以认为,在学习初期对效果起妨碍作用的因素(随时间)消失,应是最常见的理由。

对此,霍夫兰曾加以论述。无论忘却曲线是随时间推移逐渐呈下降趋势,还是在初期一度呈增加趋势(这被称为reminiscence),都不仅与传者的个性特征有关,而且与传播材料的性质、学习量、维持的方式等有关。下面就此作一简略考察。

(1)传播材料的性质

一个不争的事实是,大众传播的利用者对某些信息,比另一些信息理解更清楚,保持也更长久。对各种传播材料的效果产生影响的要素有:其对受众所具有意义的程度、生动性及情调等。

意义明晰的传播材料,比不能充分理解的材料更使人长久保持,这已成为常识。在实验室的语言学习测试和课堂学习实践中,被多次证明。

另一个有密切关系的要素是材料的生动性。A·加西尔(Jersild)等人的实验室研究发现,"醒目"的材料容易记忆。对文章某一部分加以强调的多种手段,都有助于增大效果。不过,如果滥用,将适得其反。如果强调之处太多,难免失去意义。如果强调得不适当,也许会突出不该突出的部分。正如人们常说的"玩笑倒是记住了,但需要说明的真正内容却没有记住"。……

(2) 学习的程度

如果对传播材料的初期学习是完整的,将导致长久记忆。这意味着,对那些需记忆要点的材料,有必要重复。众多实验室调查的资料表明,循环往复有助于增加记忆的程度。其中,加西尔的结论是,大体重复 3—4 次,能获得良好的维持效果,其后再重复,效果甚微。但是,重复并非无条件地对信息内容的保持发生影响。通常,效果总是在某种情境中显现的。如果没有任何报酬而频繁地进行重复,会引起注意力不集中,让人乏味,甚至使人对传播内容产生抵触感。这类似于条件反射学习中的"消去"现象。对此,H·霍林沃斯(Hollingworth)曾提出有力的对策,即:重复要点时,伴之以形式、语调、表现的多样化。

(3) 效果维持的类型

对以前耳闻目睹的事情进行回想,比对信息逐字逐句进行记忆要容易得多。由此可知,忘却率与效果维持的标准有关。有的传播需详细记忆,也有的传播只需与一般的观点保持亲近即可。前者的一例如要求某人站到反对意见很多的立场上,就应让他全面掌握支持的材料,以对付反对的意见;相反,如只要求某人附和占优越地位的团体的立场,则只需再确认一下即可。

通过实验,研究者对评价记忆的三种不同方法进行了如下梳理:① 再确认。对于被提示的材料,只需表示认可与否;② 回想。要求正确复述传播的内容;③ 再学习。让实验对象对材料再学习一次,以观察其效果。

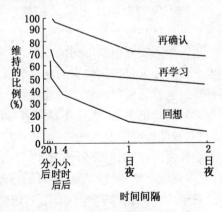

图 2 对三种记忆状态的维持曲线

请看图2。

从上图可以看出,在只需再确认的情况下,2天后的保持程度为72%。但对于材料的正确回想的测试结果表明,保持程度仅为11%。

H·英格利(English)、E·威尔本(Welborn)和C·基连(Killian)在更加典型的条件下得到的研究结果是,如果要测定细节,忘却率很高,但如果以概括性结论及要点的记忆为标准,则记忆效果良好。

也就是说,从劝服传播的角度看,结论可能比支持结论的讨论更容易维持。个人有一种记住简约声明或概要胜过记住论述的倾向。不过,据贝尔(Bell)研究的结果,在一场关于控制论的可行性所展开的劝服性争论中,当掌控了其他条件时,面对同样的测试,讨论和结论都得到了充分的保持。

总之,就传播计划而言,关于维持类型的思考往往是重要的。如果只要求受者对内容有一般了解,简单提示一下论据即可。但如果要求受者有详细知识(例如必须反驳他人),为了确保以后能完整地回想,则有必要重复其全部内容。

(4) 受众的素质

传播内容能否保持记忆,与受者的动机和兴趣有相当程度的关系。这不仅会影响所记忆的传播内容的数量,而且会影响其质量。

语言学习实践中最单纯的现象之一是,对语言材料感兴趣的程度会影响个人对传播内容的学习范围。众所周知,学得越好,记得越牢。也就是说,我们学习自己感兴趣的东西。但现实生活中,即使学习的动机很弱,也存在着许多"偶然性学习"的机会。这一点,对劝服性传播来说十分重要。因为,人们经常是无意识地接触到某些传播内容,例如广告、冗长的政治演说、教育计划或类似内容,而没有记忆的"思想准备",即,最初充其量只抱有被动的兴趣。如此看来,唤起受者的学习欲望,对成功是必不可少的。学习以后,是否被赋予回想的动机,也会影响记忆的维持。动机赋予的强度,会影响个人复习已学材料的状况。

……

W·韦斯(Weiss)让实验对象学习关于吸烟对人体有害的材料,并控制初期学习的程度。无论实验对象对吸烟抱有何种看法,都一视同仁地接受了学习。结果发现,实验对象在传播前后的态度明显影响传播内容的记忆。对传播内容最持好感的人记得最牢。

……

信息接受的持久性

传播的内容不仅会被遗忘,而且在信息被接受的过程中,常常会伴随着时间引起的变化。如前所述,某人开始接触传播材料,对传者的见解持赞同态度,但经过一段时间后,又回归他原先的态度。与此相反,某人最初对传者的见解持反对态度,但经历一段时间后,却转而靠拢传者的立场。下面,就产生以上情形的条件和原因作一分析。

(1) 传者

受者对传者的态度如何,是影响所传递信息的接受范围的最主要因素之一。因传者而增大的效果,一般称作"光环效应"。它对效果维持的作用如何?我们曾经假设,忘却对传者结论持赞成态度的议论,与忘却一般内容依据的是同样规律。当受者接触传者所倡导的意见时,一开始会与传者保持较高的一致,但随着时间的推移,逐渐弱化。反过来说,如果受者对信源持怀疑或反感态度,一开始应该不会与传者保持一致,但随着时间的流逝,对信源的记忆比内容忘却得更快(或者说与内容分离开来),这样,与传者意见的一致就会与时俱增。霍夫兰与韦斯最早对此进行了实验,通过4个不同的议题测试受者。具体做法是,将实验对象分成两组,人数相同。一组被告知信息来自可信度较高的信源,另一组则被告知来自可信度较低的信源。议题即文章主题分别是"电影院的将来"、"原子能潜水艇"、"钢铁不足"及"抗阻胺药"。在阅读文章前、阅读刚结束时,及4周后,对实验对象先后作问卷调查。调查不仅测量态度,也包含对有关事实材料的检测。并且,对实验对象关于信源的记忆也进行了测试。实验对象是在校大学生,他们对调查目的一无所知。

实验结果表明,最初,来自可信度较低的信源的信息被受众"忽视",其传播效果比来自可信度较高的信源的信息小得多。但随着时间的推移,由信源引起的差异消失。4周后,对实验对象的再调查发现,两种信息所引出的对问题的看法竟然趋向一致。

由此可见,当信息由值得信赖的传者所提供时,会产生忘却效果;当信息来自不可信赖的传播渠道时,则会发生"睡眠者效应"。其结果如图3所示。

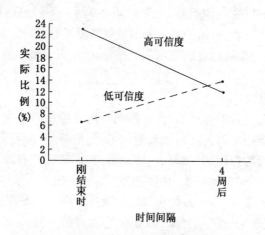

图3 可信度高低不同的信源所引起的
态度变化随时间推移而变化

如上图示,可信赖的信息和不可信赖的信息以同样的比例被学习、被忘却。但初期,高可信度的传者产生了积极的光环效果,而低可信度的传者产生了消极的光环效果。这两种效果似乎都具有随时间而消逝的倾向。

......

(2) 属性

前已述及,动机赋予会影响事实材料的记忆保持。但原因何在？迄今尚无定论。我们可以观察到,个人在讨论过程中态度似乎坚固无比,但其后也会引用对手的论点。有时则发现,个人受到影响后为维持其新的立场而被赋予动机。

霍夫兰等人假设,人类倾向于忘却与自己所属的社会、经济、教育团体的观念不一致的观念。然而,面对与自己属性(即本人所属阶层观念)一致的观念,则不打折扣地、甚至有所添加地予以保持。在一些特殊的下层群体(如没有受过教育的群体)中,稀罕的意见往往是容易被群体反对的意见,相反,被大多数人保持的意见,则是他们容易接受的意见。个人往往同自己所属团体的主导意见保持一致。

(3) 后续的经验

现实生活与机会单一的实验室学习显著不同。现实生活中,信息材料常常在事后想起,并不时与他人交流。他人对材料的反应又会增加或减少原有信息的接受程度。由此可见,传播过程之后的经验也十分重要。

彼德森(Peterson)和瑟斯顿有关电影效果的研究,间接地涉及这一现象。即,在杰诺阿(伊里诺伊州)没有供人们定期观看电影的电影院,电影对于当地居民是比较稀罕的事物,因此,当孩子们观看了题为《四个儿子》的电影后,引起相当热烈的反响。这一事实,似与孩子们对电影保持较高程度的记忆不无关联。

另外,陈和泽利(Zeligs)的研究也表明,后续经验将影响传播效果。假如传播与主导的社会动向保持一致,记忆会强化,并维持长久。相反,如果传播之后持续地受到指责或反对,效果就会缩小。

......

讨论

通过本章可知,对于传者表达内容的记忆及其结论接受的维持,从影响要素的角度进行考察,以探索传播所导致的意见变化的持续性,是十分有益的。本章与其他章不存在绝对的区别,同样旨在呼唤对需要深入研究的各种现象的进一步注意。一方面,几乎所有关于内容记忆的研究,都是在实验室的条件下运作,设定人为情境,并往往使用没有意义的材料;另一方面,关于意见变化之持续性的研究,虽不乏新鲜及有价值的结果,但传播所带来的变化何以会有良好的保持抑或相反?对其原因几乎没有说明。相对于这二者的目标而言,均存在着局限性。在大多数的基础研究中,为补充实验室研究的不足,有必要在自然条件下,并通过典型的传播活动,观察内容的保持。与此同时,在开展关于大众媒介所引起的意见变化的持续性之际,则有必要采用更广泛的控制分析手段。如此,基于这两方面成果的积累,就能更清晰地了解影响意见、态度变化之持续性的要素了。

(李双龙译/张国良校)

早 川

早川一荣(S·I·HAYAKAWA),著名普通语义学家。日裔,出生于加拿大,后赴美国,师从普通语义学科创始人 A·柯日布斯基(Korzybski),成为其最出色的两位弟子之一(另一位是 W·约翰逊,Johnson)。先后执教于芝加哥大学、旧金山大学,并曾任旧金山大学代理校长。1943 年,创办《普通语义学评论》(国际普通语义学会会刊),自任主编。他不满足于仅仅埋头研究,而是同时活跃于大学讲堂和社会论坛,为推广这门新兴学科立下汗马功劳。

普通语义学着重研究语言(及其他符号)与人类的互动关系,包括人类对语言(及其他符号)的刺激如何反应、如何行动;语言等各种符号如何影响了人类的思维方式和行为方式等。显然,其研究对象、领域与传播学(特别是内容、符号环节)天然重合;而且,其研究方法及成果事实上给传播学界以很大启发。为此,许多传播学者同意,将普通语义学的一些精粹纳入传播学的架构,是适宜的。

这里介绍的《思考与行动中的语言》，就属于这样一个精品，风行世界，长销不衰。它是早川的代表作，最初题为《行动中的语言》(1941)，后经较大幅度修改，由纽约哈克特·布雷斯-沃德公司以现名发行于1949年(第一版)，1964年又推出了修订版(第二版)。该书非常精彩地表达了普通语义学的中心思想，也就是"符号不是现实"、"地图不是实地"。换言之，如柯日布斯基所说，人类的精神健全，在很大程度上有赖于科学思维——即正确看待、使用语言及各种符号。作为这一思想的展开，书中关于三种表述方式：报告、推论、评判的分析，不仅有重要的理论意义，而且有显著的实际价值(对新闻传播实务而言)。

全书分两大部分：一、语言的功能，二、语言和思考，共计19章。这里选译的第一部分二、三章，较为集中地概述了早川的基本观点。

(张国良)

思考和行动中的语言*

二、符　号

　　这个只对人类可谓显著的基本需求,即符号化的需求。制作符号的功能,与吃、看、到处活动一样,是人类的本源性活动。它是心灵基本过程,并常常发生作用。

　　　　　　　　　　　　　　——苏珊·K·朗格

　　人的业绩是以使用符号为基础的。

　　　　　　　　　　　　　　——A·柯日布斯基

符号过程

　　野兽为了争夺食物、领导权等相互争斗,但不会像人那样,为了代替(stand for)食物、领导权等的东西而争斗。所谓代替的东西,指财富的纸质符号(纸币、债券、称号)、勋章、小范围的许可证等,被认为体现某些人社会优势的物品。对野兽来说,代替什么东西的关系,仅以非常初步的形式存在。①

　　＊ 译自日译本《思考与行动中的语言》(第二版),岩波书店1965年版。
　　① J·B·沃尔夫这位研究者训练黑猩猩,让黑猩猩往特制的食品售货机里放入纸牌,那台售货机会出葡萄、香蕉和其他食品。事实证明,黑猩猩能分辨不同价值(葡萄一、葡萄二、零等)的纸牌。而且,如果给予即时报酬,黑猩猩会为了得到纸牌而乐意干活。但是,如果积存了许多纸牌,黑猩猩就不想干 活 了。它们的"货币制度"　(接下页)

我们称人类能任意把某样东西代替其他东西的过程为符号过程(symbolic process)。两个或两个以上的人能达成一致,把某样东西代替另一样东西。例如,这里有两个符号:

X　　Y

我们能同意,把 X 当作纽扣的替代物,把 Y 当作弓的替代物。同意的方法可自由改变,也能把 X 当作芝加哥白袜的替代物,把 Y 当作辛辛那提红袜的替代物,还能把 X 当作乔叟的替代物,把 Y 当作莎士比亚的替代物。并且,也能把 X 当作朝鲜的替代物,把 Y 当作韩国的替代物。我们人类随心所欲地创造、操纵符号,无比自由地给符号附加价值。更进一步,还能创造代表符号的符号。例如,如果有必要,我们能把符号 M 当作上述例子中的所有 X 的替代物(纽扣、白袜、乔叟、朝鲜),把 N 当作所有 Y 的替代物(弓、红袜、莎士比亚、韩国)。接着,还能把符号 T 当作 M 及 N 的替代物。这就是符号的符号(a symbol to symbols)的一个例子。自由地创造具有任何价值的符号及替代(代表)各种符号的符号,这正是我们称之为符号过程的事物的本质。

不论朝哪边看,都能发现符号过程在运行。帽子上的羽毛、衣袖上的花纹代表军阶,贝壳、铜、纸币是财富的象征。十字架代表宗教信仰,纽扣、麋鹿的牙齿、绶带、特殊的发型、文身,代表社会关系。符号过程贯穿于人类生活最原始的层次到最开化的层次。军人、医生、警察、门卫、护士、牧师、帝王,都穿着标有他们职务记号的服装。美国印第安人收集颅骨,大学生收集有入会限制的俱乐

(接上页)　局限于初步直接交易的形态。参见 Robert M. Yerkes, Chimpanzees: A Laboratory Colony, Yale University Press, 1943。

此外,动物成功学习对"代表其他东西的东西"(things-that-stand-for-other-things)作出有意义的反应的实例很多,但原则上,与人在同样方面的可能性比较,那些反应极其单纯而有限。例如,我们能教会黑猩猩驾驶操作简单的汽车,但是,黑猩猩驾驶时有一个错误。当横穿马路时,如果出现红灯,黑猩猩的反应是,立即停车,纵使是停在十字路口的当中。如果出现绿灯,即使其他的车停在前面,不论结果怎样,黑猩猩仍会把车往前开去。即,对于黑猩猩来说,红灯不是停车的替代物,而是停车本身。

部会员用的钥匙,并把这些当作各自领域的胜利记号。凡大家做或想做的事、拥有或想拥有的东西,几乎都兼有物质价值和符号价值。

正如 T·凡勃伦(Veblen)在其著作《有闲阶级的理论》(Theory of the Leisure Class, 1899)中所指出,一切流行时装都是高度符号化的。就时装的材料、裁剪方法和装饰而言,很少考虑保温、衣着的感觉及实用性。我们越是用华丽的服装来打扮自己,活动自由就越是受到束缚。但正是精细的刺绣、易脏的织品、上了浆的衬衫、高跟鞋、又长又尖的指甲及其他牺牲舒适的事物,构成了富裕阶级可以不为生计而干活的符号。不那么富裕的人也模仿这些富裕的符号,并将以下信念加以符号化:纵使为生计而干活,但自己也属于富裕阶级。

现代美国的生活与凡勃伦的时代当然不同,随之,对我们的社会地位进行符号化的方法也发生了许多变化。除了夜宴、聚会用的服装,今日的流行服装被设计为考虑户外生活特点,强调舒适、不拘形式,特别是主张从职业束缚中解放出来。例如,男士穿的色彩华丽的运动衫、妇女穿的化纤连裤袜等。

在凡勃伦时代,被太阳晒黑的皮肤是干农活和从事户外劳动的标记,为了不被太阳晒黑,妇女特意撑太阳伞、戴阔边帽、穿长袖衬衫。但今天,苍白的皮肤是被关在办公室、工厂里的标记,与此相反,被太阳晒黑的皮肤却是休闲生活——诸如去佛罗里达、巴厘、夏威夷等作短途旅行的表示。所以,晒得乌黑的皮肤,作为劳动的符号曾被认为很丑陋,如今却作为闲暇的符号化,而被认为很美丽。迪拉普莱因在《旧金山纪事报》上撰文说:"即便您天生是那种肤色,也会被看作是由于没有去过大宾馆,因此变成了那种黑色。"纽约、芝加哥、多伦多的那些皮肤白皙的人们,没有机会在严冬去西印度群岛旅行,为此,去药房买来防晒的药涂在皮肤上,以聊胜于无。

食物也是非常具有符号性的。从宗教的观点出发对食物的限制,目的在于对宗教信仰的符号化——例如,天主教徒、犹太教徒、回教徒等皆然。不论在哪个国家,特别的食物用于对特别的祭祀、仪式的符号化。例如,华盛顿的生日食用樱桃饼;邦兹的纪念日食用清炖羊内脏。而且,一起吃喝是有史以来非常具有符号性的行为。"伙伴"(companion)这个词的意思是,共同分享您的面包的人。

南部白人对黑人的非常明显的非逻辑性的态度,也源于符号性的根据。南部以外的人很难理解下面的事情:尽管南部的许多白人在家里与黑人奴仆接触,但对于在餐馆或公共汽车里与黑人坐在一道的状况,他们仅在脑海里想像一下就会吓得神魂颠倒。南部人的这种态度基于如下事实:黑人奴仆的服务,即使是像护理那样的对个人的照料,也意味着社会不平等的符号性。与此相反,允许黑人与白人一起乘公共汽车,在餐厅吃饭,在同一个学校学习,则意味着社会平等的符号性。

此外,家具也是作为标示我们的趣味、财富、社会地位的可见的符号而加以选择的。选择住房时,"好的住处"也多以"体面"的感觉为基础。我们购买最新型的高级汽车,与其说为了更好地行路,不如说为了向社会证明我们有如此奢侈的余力。①

对于这样麻烦、乍一看并无必要的行动,包括业余和专职在内的哲学家们不止一次地面对如下问题:

"人类怎么就不能简单、自然地生活?"

有时,因为人的生活太麻烦,似乎狗、猫比较简单的生活值得羡慕。但是,使人的行为变得愚蠢的符号过程,同时使言语成为可能,使人的以言语为基础的全部业绩成为可能。虽然,手推车比汽

---

① 笔者拥有一辆状态很好的八年前车型的汽车。一位熟悉的汽车修理工积极劝说笔者换一辆新车。笔者问:"为什么? 那辆车的状态不是还不错吗?"那位汽车修理工的回答令人吃惊:"不是只能乘吗?"最近,"能乘的车"(transportation car)这个词出现在广告中。例如,"(19)48年型道奇汽车——轻松行驶、能乘的车。剩货,100 美元。"(摘自 the Pali Press, Kailua, Hawaii 的分类广告栏)显然,这意味着,它是一种没有象征意义、名声价值、只不过能乘坐着四处奔走的汽车——真可怜!

车事故少,但我们不会回到手推车时代。同样,符号过程带来的麻烦、愚蠢,也不能成为回到狗、猫时代的理由。更好的解决方法是,理解符号过程,尽可能不成为其牺牲者,而在不同程度上成为其主人。

作为符号表示的语言

在所有符号表示的形式中,语言是最高度发达、最精巧、最复杂的。如前所述,人们能协商一致,把某物当作某物的替代物。历经多少个世纪的互动过程,人类达成的一致是,把通过他们的肺、喉咙、舌、牙齿、嘴唇而系统地发出的声音,当作他们神经系统中各特定事项的代表。这种一致认可的体系,我们称之为语言。例如,讲英语的我们受到训练,当神经系统记录眼前某种动物的存在时会发音如下:"There's a cat."(有一只猫。)

我们期待着,无论谁听到这句话,并朝同一个方向看,其神经系统必将产生同样体验,发出几乎同样的声音。又如,在同样的训练下,当我们希望得到食物时,会发出这样的声音:"I'm hungry."(我饿了。)

前已述及,在符号和符号所表示的东西之间没有什么必然的关联(necessary connection)。正如人一次也没有走近过快艇,却能穿快艇服;即使肚子不饿,也能说:"我肚子饿了。"就像社会地位能通过羽毛、文身、钟表的金链子以及基于我们生活在其中的文化所导引出的一千种方法加以符号化,饥饿这个事实也对应生活的文化,被各国语言表达如下:

"J'ai faim","Es hungert mich","Ho appetito","Hara ga hetta"等等。

这样说来,也许是理所当然,但实际上,如果不对语言进行特别的研究,这些道理是不会明白的。符号(symbols)和它代表的事物(things)是相互独立的。尽管如此,我们却感到它们之间有必然的关联,有时,还按照这种感觉行动。例如,我们都朦胧地觉得,外语实在是很无聊、很愚蠢的语言。外国人怎么给事物取这样滑稽可笑的名字，为什么他们不能使用正确的名字称呼事物？这种感觉特别强烈地表现在一些外国旅游者的身上。他们似乎深信，不论对哪个国家的人，只要大声讲英语，就能使对方理解。还有的小孩这样认为："猪就因为脏，所以叫猪吧。"

旅游者和小孩都深信，符号从一开始就与事物相关联。因此，有人认为蛇是"不干净的粘乎乎的动物"（事实上，蛇并不粘乎乎），所以，"蛇"这个词也是不干净的粘乎乎的词。

戏剧的陷阱

符号过程的朴素性，当然也见诸语言以外的符号。例如戏剧（舞台、电影、电视），观众中一定有人未能充分理解戏剧是虚构的符号性再现。演员是对其他实际存在或想像的人加以符号化（symbolize）的人。几年前，F·马基在某部电影里成功地扮演了一个醉汉的角色。据埃尔德里奇（马基夫人）说，在马基表演了那个角色后的很长一段时间里，她收到好几位妇女写来的忠告、同情的信，信中说，她们自己也同酒鬼结了婚。几年前，E·鲁滨逊成功地扮演了强盗的角色。在他访问芝加哥时，有电话打到宾馆，说当地的帮派头目想上门问候。

某个剧团在地方巡回演出时，出色地扮演了反派角色的演员竟被观众中激奋起来的牛仔用手枪打了一枪。然而，这种混淆不限于朴素的观众。最近，P·姆尼在其主演的电影里扮演了一个名叫达罗的律师，之后，收到了美国司法协会请他去演说的邀请。贝拉米在电影里扮演了富兰克林·D·罗斯福之后，有几所大学邀请他去谈谈罗斯福。更有甚者，那是1938年10月30日的事了，在听到美国被"火星的军队"入侵的广播剧时，有许多爱国者令人吃惊地跑到营房请战。[①]

[①] 参阅以下两书：Hadley Cantril, The Invasion from Mars, Princeton University Press, 1940. John Houseman, "The men from Mars", Harper's December 1948.

语言不是事物

前面的例子,是混淆语言和事物的明显例子。我想进一步强调的是,我们人类都是应该并且能够了解符号和事物的独立性的。但实际状况并非如此。在思考的有些领域,价值评判(evaluation)有不良习惯。对此社会也有责任,在许多社会中,就某些事项而言,甚至系统地鼓励把符号和事物习惯性地混淆起来。例如,在日本崇拜天皇的时代,如果学校发生火灾,即使豁出人命,学校也有义务救出天皇的肖像(每校一张),而且,如果有人为此被烧死,将授予其荣誉。在美国社会,鼓励人们借钱购买作为富裕标志的锃亮的新型汽车。奇怪的是,即使借钱买车,新型汽车的"所有者"也会拥有一些富裕者的心情。在一切文明社会(包括许多未开化的社会)中,信仰、品德、爱国心的符号比实际的信仰、品德、爱国心本身得到更高评价。对于考试时为了取得好分数而作弊的学生来说,与事实比较,符号更为重要。

把符号和事物相混淆的习惯,无论对个人或社会都是造成人类问题的永久性根源①。但是,在现代传播机构兴隆之际,语言符号和现实混淆的问题尤具特殊重要性。我们不断地被教师、传教者、推销员、社会问题解说员、政府的代理人、电影演员所传播。饮料广告等通过收音机、电视机一直追到家里,某些家庭从早到晚一直开着收音机。邮购信件漫天飞舞,街上树着广告牌,有人带着便携式收音机前往海滨。

今天,我们栖息在语义学的空前影响(semantic influences)下形成的庞大环境中。大发行量的报纸、杂志,在许多场合反映了发行者、所有者的奇怪偏见和强迫观念;无线电广播的地方台和全国网,几乎完全被商业动机所支配;PR专家们接受很高的报酬,成

---

① 应该铭记,谴责"伪善者"的要点在于,与实际的信仰相比,更加关心信仰的符号。

为操纵、再建构语义学环境以有利于委托人的技术工匠。这是一种令人振奋的环境,但充满了危险。希特勒纵使在无线电广播里宣称征服了奥地利,那也不算夸张。现在,广告、PR专家、无线电广播、电视、有某种倾向的新闻故事等,千方百计地采用各种手段,试图影响我们在选举、特别是总统选举中的态度。

因而,现代社会的居民需要超越"常识"(common sense)。所谓常识,被S·切斯定义为:告诉人们地球是平面的东西。为了防止语义学环境的复杂性把人们的思想搞乱,就必须知道符号、特别是语言的力量和限度。掌握符号的最重要原则如下:

符号不是事物本身。
The symbol is NOT the thing symbolized.
语言不是事物。The word is NOT the thing.
地图不是实地本身。The map is NOT the territory it stands for.

地图和实地

从某种意义上说,我们住在两个世界中。第一个是我们周围发生的事件的世界(world of happenings),能直接了解。这是一个非常小的世界,是我们实际看到、听到、接触到的事物的连续,是不断地在我们感觉面前川流不息的事件的推移。仅就这一个人经历的世界而言,如果没有去过当地,则非洲、南美、亚洲、华盛顿、纽约、洛杉矶都不存在;如果没有见过本人,则肯涅特(肯尼亚总统)只不过是一个名字而已。只要想一下就知道,我们直接感知的部分非常之少。

我们的大部分知识,来自父母、朋友、学校、报纸、书籍、会话、演讲、电视等,都是通过语言获得的。例如,我们的历史知识,完全依赖于语言的传授。发生过滑铁卢战役的惟一证据是,关于那事件的报告(reports)。那报告并非亲历事件的人所写,而是根据其他报告作成的。报告的报告的报告,要一直追溯上去,最后才到达亲眼目睹事件发生的人所写的第一手报告(first-hand reports)。我们的许多知识,是通过报告的报告的报告而接受的。通过报告,我们了解关于政府、关于朝鲜、关于小镇上的电影院放映什么等等我们不通过直接经验知道的一切情况。

通过言语到达我们的世界,可称为言语的世界(verbal world),与此相对,通过自身经历获知的世界可称为外在的世界(extensional world)(选择"外在的"这个词的理由很快就会说明)。人与其他动物一样,幼年起就开始接近外在的世界。但是,与其他动物不同,无论是否理解(understand),他很早就开始接受报告、报告的报告、报告的报告的报告。而且,他还接受由报告而引出的推论(inferences)、由其他推论而产生的推论、推论的推论的推论。小孩五六岁,即到学校或星期日学校读书、结交朋友之前,就已经间接地、间接而又间接地积累了有关道德、地理、历史、自然、人群、游戏等方面的相当数量的知识——所有这些汇总起来,形成他的言语世界。

如果使用柯日布斯基在《科学和精神健全》(Science and Sanity,1933)中的比喻,言语世界和外在世界的关系就像地图和它所代表的实地的关系。一个儿童长大成人,如果脑子里的言语世界能与自己通过广泛经验发现的外在世界相当密切地对应,他为自己发现的事情感到吃惊或受到伤害的危险性就比较小。因为,他的言语世界预先会告诉他前面将遭遇到什么事情。对于人生,他做好了准备。反之,如果脑子里有错误的地图伴随成长,即脑子里充满错误的想法和迷信,他就会经常面对困难,白费功夫,干出蠢事。他不能适应现实的世界,如果这种不适应性(lack of adjustment)不断加剧,最终将不得不去精神病医院。

由于脑子里有错误地图而犯傻的情况过于普遍,乃至见怪不怪。某人害怕遇上突然事故,像兔子一样飞奔;某人不愿住宾馆的13楼——为此,即使是科学文明都市,许多大宾馆也跳过"13楼"来标注楼层数;某人以天相占卦为依据而决定其生活方针;某人按照占梦术的书下五十对一的赌注；某人为使牙齿洁白,更换商标不同的牙刷。这样的人,都生活在与外在世界没有关系的言语世界之中。

不论地图制作得多么精美,如果没有正确地显示地点的相互关系,即实地的结构,就派不了用场。例如,为了加强艺术效果,在湖边画上一个大坑,没有用处。如果只是为了消遣,湖、河、道路怎么润色、怎么弯曲,自然无关紧要,只要没有人根据那张地图旅行,就没有危害。

同样,在想像和错误的报告中,或者在根据正确的报告而作出的错误推断中,或者仅仅是为了进行修辞练习,我们能随心所欲地用语言绘制与外在的世界没有任何关系的"地图"。只要没有人错误地认为那样的"地图"再现了实地,也就没有危害。

我们都继承了许多无用的知识、错误的知识(以前被认为是正确的地图),因而,必须丢弃已经获得的部分知识。我们相信,传授给我们的文化遗产——科学、人际关系和社会等方面的知识,主要功能是给我们以经验证明为正确的地图,所以视之为有价值。

言语世界和地图的比拟(analogy)十分重要,所以本书再三引用。在这一点上需要注意的是,错误的地图进入脑子里有两个途径。一是他人传授,一是自己错误地解读他人传授的正确的地图。

如何应用

读者如果想活用本书所论述的观点,我劝你们首先准备剪贴簿或盒子、卡片。然后,着手收集引用文章、剪报、社论、故事等之中的把符号和事物混淆的实例。

当收集一些实例并加以研究之后,读者马上会发现,同样的思考方式,在同时代的人、朋友乃至自己身上都存在着。

（徐　明译/张国良校）

三、报告、推论、评判

简而言之,在人类的语言中,不同的声音有不同的意思。学习某个发音对应于某个意思,就是学习语言。这种对应使人能很精确地相互作用。例如,我们告诉某人一个他未去过的住家的地址,我们就做了其他动物做不到的事情。

——布龙菲尔德

暧昧、无聊的语言的外壳,以及语言的滥用,长期以来被当作科学的神秘。没有意义的、僵硬的、估计错误的话语,被误解为深奥的学识和高远的思考。要让讲那些话的人、听那些话的人明白,那只是对无知的掩盖,是获得真正知识的绊脚石,很不容易。

——洛 克

为交换知识而进行的基本的符号活动,是报告我们看到、听到、觉察到的事情。

"道路两旁有阴沟。"

"在史密斯商店,花两美元七十五美分就能买到它。"

"湖的那边没有鱼,但这边有。"

下面是报告的报告。

"世界上最长的瀑布是罗德西亚的维克托里亚瀑布。"

"黑斯廷格战役发生在 1066 年。"

"据报纸报道,在靠近埃邦斯维尔的 41 号公路上发生重大事故。"

报告要遵从以下规则:

第一,必须是能够证实的(capable of verification)。

第二,必须尽可能地排除推论(inferences)和评判(judgments)(这些词语的定义前已述及)。

实证的可能性

报告是能证实的。我们往往不能自己证实(verify)报告。对于历史事件的证据无法逐一查明，在事故现场清理之前无法接近埃邦斯维尔公路。但是，如果我们在物品的名称上意见大体一致，在"一英尺"、"一码"、"一蒲式耳"等量词、时间的表达方法上意见一致，相互误解的危险就比较少。在今天的世界上，人们互相竞争，但令人吃惊地互相信赖着各自的报告。旅行时，我们向素不相识的陌生人问路。而且，毫不怀疑路标的可靠性。读书时，关于科学、数学、机械、旅行、地理、服装的历史及其他情况，一般想像作者是知无不言，言无不尽的。那大体上没有危险。诚然，有偏见的报纸和宣传者、许多讯息的不真实性引起关注，并成为议论的目标，但我们很容易忘记，有相当多靠得住的报道。除战时之外，虚假报道毋宁说属于例外。发展交换知识的手段以求保存自我的欲望还让人感到，给予他人错误的知识是非常不像话的事情。

报告的用语中，最发达的是科学用语。"最发达"意味着具有最大的有用性。无论长老会员、天主教徒、工人、资本家、东德人、西德人，对如下符号的理解是一致的。

$2 \times 2 = 4$，$100℃$，HNO_3，$3:35 A.M.$，$1940 A.D.$，$1\,000$ 千瓦等等。

但是，或许会有人问，在关涉政治哲学、道德观、信仰、自己的事业存续下去还是他人的事业存续下去的问题上相互寸步不让的人之间，何以取得这种程度的一致？答案是，不论人们希望与否，这是环境使然。例如，倘若美国有 12 个不同的宗教团体，他们各自随意给一天的时间、一年的月日取名，拥有各不相同的日历，制造 12 种不同的钟表，甚至连工作时间、火车、电视节目、学术用语都不一样，生活就无法进行了吧。①

报告的用语,包括科学的、正确的报告在内,是"地图"用语。正因为"地图"正确地再现"当地"情况,所以是有用的。这类语言常常是枯燥无味的,人们一般不会为了娱乐而阅读对数表、电话簿。但是,如果没有它们,我们就寸步难行。即使是日常的谈话、文章,在许多情况下都有必要以任何人能认同、理解的方式加以陈述。

推论

撰写报告是人们增加语言自觉的捷径。关于言语规则和议论主题的解释,人们常常列举自己的实例。报告必须是直接的经验——自己亲眼看见的情景,自己出席的聚会、活动,自己熟悉的人群等。这些项目是可以被证实、能得到大家认同的。

为进行这种练习,必须排除推论。

这并不是说推论不重要——无论日常生活,抑或科学研究,与报告一样,我们在很多时候也离不开推论——在某些思考领域,例如地质学、古生物学、原子物理学等,报告虽然是基础,但推论(以及从推论导出的推论)构成了科学的中心。这里所说的推论(inference),是以已知的事情为基础,对未知的事情所作的叙述。我们从某位妇女的服装来推论她的财富、社会地位等;从破坏的情形来推论火灾的原因;从某位男子的坚硬的手来推论他的职业;从某位议员对军备法案的投票来推论他对俄罗斯的态度;从地质的

---

① 根据美国铁道协会的资料,"1883年以前,美国大约有100种不同的时区。那年的11月18日……标准时间制度好不容易在这里和加拿大实施。此前,只有地方时间,即'太阳'时间。……东部的宾夕法尼亚铁道使用费城时间,它比纽约慢5分钟,比巴尔的摩快5分钟。从巴尔的摩到俄亥俄的火车,巴尔的摩始发列车使用巴尔的摩时间,开往俄亥俄的列车使用短途巴士时刻,辛辛那提发车的列车使用宾赛奴斯(印第安纳州)时刻……当芝加哥是12点时,匹茨堡是12点31分,克利夫兰是12点24分,托莱德是12点17分,辛辛那提是12点13分,路易斯维尔是12点9分,印第安纳波利斯是12点零7分,圣·路易士是11点50分,迪波凯是11点48分,圣·保罗是11点39分,奥马哈是11点27分。仅密歇根一地,就有27种地方时间。……从缅因州去旧金山的旅行者如果想对照铁路时刻准确无误地下车,必须在途中调整时钟20次。"

构造来推论史前的冰河之路;从没有曝光的底版来推论其接近放射性物质的位置;从发动机发出的声响来推论它与车轴的衔接状况。推论是在有意无意中进行的。可能在对主题事先有丰富经验的基础上,也可能在完全没有经验的情况下进行。优秀的技师一听马达的声响,就能令人吃惊地正确推论出马达内部的状况,如果让外行来推测,就会出错。然而,推论的一般特性是,对于不直接知道的事情,在观察的基础上作出叙述。

为了避免在练习报告时进行推论,不要想像他人心中发生了什么。例如我们说:"他在生气。"这就不是报告,而是从下列可以观察到的事实出发进行推论——"他用拳头敲桌子。他骂人。他向记者掷电话簿。"

在这个例子中,推论似乎没有问题,但为了达到练习目的,还是有必要铭记,推论就是推论。再看以下表达:

"他只考虑自己的事情。"

"他怕女人。"

"他有自卑感。"

这些都是基于偶然的社会性观察而形成的认识。

"实际上,俄罗斯想推行世界范围的共产主义独裁。"这是一种以偶尔读到报纸上的新闻为基础的高抽象度的推论。我们练习时,应把推论藏在心里,而代之以如下叙述:

"他在公司很少与下级说话。"

"在某个聚会上,他只接受女方邀请跳了一次舞。"

"他如果申请奖学金,很容易得到,因为有那样的实力,可是他没有申请……"

再者,应该说:"联合国的俄罗斯代表谋求 A、B、C 事项。去年,他对 M、N 投了反对票,对 X、Y 投了赞成票。我阅读的报纸以这些事实为基础推论:实际上,俄罗斯所希望的是世界共产主义的独裁。对此我表示同意。"

即使注意避免推论而练习,报告看到的、做了的事情,我们还是难免犯错误。因为，推论是一种快速出现的、几乎是自动的过程。我们看到汽车蹒跚行驶的情形，就会说："看，驾驶员喝醉了酒在开车。"但实际上，我们看到的只是汽车不正常的移动。笔者曾看到一个男子把一美元放在餐厅的柜台上而急忙走出去，笔者想，那男子真大方，给那么多小费。不久，服务员走过来，将一美元放入现金出纳机，敲了一下90美分的键。结果找出10美分，作为小费收到她自己的衣袋里。换句话说，笔者如果写那男子给了"一美元小费"，就不是报告，而只是推论。

但切莫就此认为，不能进行推论。如果没有推论能力，那本身就是头脑有缺陷的证明。例如，从事语言疗法的 L·李写道："在我这里有一个患失语症（脑损伤）的成人感到，要从我给她看的图画中作出推论是非常困难的。她能告诉我，那幅图画中发生了什么，但是，她无法说出此前可能发生了什么，此后又将发生什么。"[①]

所以，问题不在于我们要不要推论，而在于我们是否意识到自己在进行推论。

评判

我们在进行写作练习时，也应排除评判。这里所说的评判(judgments)是，对作者陈述的事件、事物表达出自己的好恶。例如，"报告"不能说"那是一辆极好的汽车"，而应该说"那辆汽车行驶了5万英里，没修理过一次。"

又如，"杰克对我们吹牛"这样的叙述，应予以回避，改成更有可能证实的叙述："杰克说，自己的汽车钥匙没有带来。但是，两三分钟后，当他从衣袋里拿手帕时，带出了汽车钥匙。"

再如，不能这样报告：

---

① 《大脑损伤和抽象进程——学习语言的问题》，ETC: A Review of General Semantics，ⅩⅥ，1959，154—162。

"那议员顽固,没礼貌,不合作。"

"那议员勇敢地坚持自己的意见。"

而应该说:"那议员对那项法案投了惟一的反对票。"

许多人认为,如下叙述是"事实"的叙述:

"杰克对我们吹了牛。"

"吉力是一个贼。"

"汤米很贤明。"

"吹牛"这个常用的词,第一,包含了推论(认为杰克知道事实,却说了与此不同的事情),第二,包含了评判(断定杰克吹了牛,表明了对杰克的反感)。在另外两个情境中,也应改成如下表达。

"吉力被判犯有盗窃罪,在沃旁劳动了两年。"

"汤米会拉小提琴,领导班级,是讨论部的主将。"

说某人是贼,将导致如下结果。

"他偷过东西,想必下次还会偷。"

这与其说是报告,不如说是预言。

"他偷了东西"这句话也是推论(而且加入了评判)。在判刑时,或许调查证据的人当中也不乏异议。但是,说他"被宣判为犯有盗窃罪"则是通过法庭和监狱的记录能加以证实从而得到人们同意的叙述。

科学实证的可能性,是基于对事实的客观观察,而不是基于评判的堆砌。如果有人说:"彼得不正经。"即使有人附和说:"我也那么想。"这一叙述仍未得到证实。在法庭上,常可看到证人因为不能区别自己的评判和构成其依据的事实从而引起麻烦。这种场合的审讯大致如下。

证人——那个卑鄙的叛徒杰可布斯陷害了我。

被告辩护人——审判长,我有异议。

审判员——准许异议。(从记录中去掉证人所言)好,请向法庭正确地陈述发生的事情。

证人——那家伙背叛了我。真卑鄙,说谎的老鼠!

被告辩护人——审判长,我有异议!

审判员——准许异议。(再次从记录中去掉证人所言)证人只应叙述事实。

证人——审判长,我陈述的是事实。那家伙确实背叛了我。

如果审讯者不动一点脑筋,以求得到评判背后的事实,这种状况就会无限制地继续下去。对证人来说,他的"被背叛"是"事实"。为了找寻评判的事实依据,往往有必要耐心地一再提问。

关于在报告中对所报告的事实如何加以评判,拟详述于别的章节,这里所说的报告,必须避免那类说法。不用"潜入"而用"静静地进入",不用"政客"而用"国会议员"、"地方议员"、"候选人",不用"官僚"而用"公务员",不用"流浪者"而用"无家可归的失业者",不用"独裁体制"而用"中央集权政府",不用"怪人"而用"持不同见解的人"。例如,有人写道:"一群傻瓜昨晚聚集在有碍城市南端观瞻的破旧小屋里听史密斯参议员讲话。"对此,应改写为:"75到100名左右的人群,在靠近城市南端的埃巴古林会馆听史密斯参议员演说。"

怒吼的语言和呜呜的语言

贯穿本书,想请大家记住的是,我们并非把语言作为孤立的现象加以考察。我们把语言作为活动的语言——在构成其背景的非语言事件的整个脉络中加以考察。用发声器官发出声音是一种肌肉活动。而且,与其他肌肉活动一样,也常常是自动的。对于强烈的刺激,例如让我们大发雷霆的事情,我们的骨肉反应和生理学反应重合。肌肉收缩,血压上升,身体发生化学反应,揪自己的头发,而且像动物一样吼叫。人要维护尊严,因此不会像狗那样叫,但会代之以这样的语言。

"可恶的叛徒!"

"人渣!"

同样,在快乐、兴奋时,猫会从咽喉里发出呜呜声,狗会摇尾巴,人会说:"她是世界上最可爱的女人!"

这些话作为好恶的直接表现,是以最单纯的形式作出的评判,是人相当于动物的咆哮、愉悦的等价物。

"她是世界上最可爱的女人!"

很明显,这句话不是对那位女性的叙述,而是喉咙里发出的呜呜声音。但不可思议的是,无论讲的人、听的人都觉得这是就女性说了些什么。这种错觉,也见诸演说家、报刊社论作者等怀着激动心情攻击"红色"、"贪婪的垄断主义者"、"华尔街"、"激进派"、"外国思想"或令人恶心地赞美"我们的生活信条"之际。那是借助语言的魅力、文章的巧妙构思、假扮理智的话语包装,使人感到实际上在叙述些什么。但仔细考查一下,就会明白,那只是在讲:"我憎恨(红色、华尔街及其他),我非常憎恨!""我喜欢(我们的生活信条),喜欢得不得了!"我称它们为"咆哮的语言"("snarl-words")和"呜呜的语言"(purr-words),根本不是有关外在世界状况的报告。

之所以这样命名,不是说要轻视它们,而是说应当注意,对其意思正确定位,把"最可爱的女人"式的叙述作为讲的人心理状态的表露加以定位,而不看作是那个女人的实际状况。当然,如果在"红色"或"贪婪的垄断主义者"的"咆哮的语言"中,有能够证实的报告(特别是事先知道"红色"、"贪婪的垄断主义者"指谁),我们就会明白讲的人震怒的理由。如果在"最可爱的女人"的"呜呜的语言"中,伴随着关于她的外貌、风度、性格及其他能证实的报告,我们也会发现赞美她的理由。然而,只有"吼叫的语言"和"呜呜的语言",没有任何报告,就无法构成对话的材料。充其量被人询问:"为什么会有那样的感觉?"

讨论如下问题一般是徒劳的。

"肯尼迪总统是一位大政治家? 抑或只是一位高明的政客?"

"瓦格纳的音乐是迄今最有影响的音乐? 抑或仅仅是歇斯底里的音响?"

"网球和棒球,哪一项是更好的体育运动?"

"全盛时代的路易士能否打败全盛时代的弗西蒙斯?"

加入这样的讨论,就把自己降到了与对手一样的顽固、低能的地位。但如果提出如下形式的问题,就能获知朋友或街坊的一些情况。

"你为什么喜欢(或讨厌)肯尼迪(或瓦格纳、网球、路易士)?"

听了他们对这个问题的意见和理由后,你会感到比交谈前聪明些,从中获得了知识,而不是单向地结束交谈。

评判会阻断思考

评判("他是一位优秀的少年"、"那是一项高尚的工作"、"棒球是一项有利于健康的运动"、"她是一位让人厌烦的人"等)是将此前观察到的许多事实加以归纳的结论。以下是常见的例子,学生们通常感到要完成老师指定长度的论文很难。其原因是,当他们写了开头一二节后,便难以为继了。因为在最初的一二节中包含了许多评判,导致了后面无话可说。如果能注意避开结论,首先描述观察到的事实,就不用担心页数了。对于初学者来说,要他们写事实,往往会写一些不必要的事情,因为他们还不能区分重要的事情和无关紧要的事情。

此外,在练习写作的过程中,过早给出评判的结果——这同样适用于日常思考中的过早评判——将导致盲目状态。例如,有些描写以下列词语开始,"他是麦迪逊大街的能人"、"她是典型的女学生社交俱乐部成员",如果要继续下去,后面的叙述必须全部符合前面的评判。结果,这个特殊的"能人"、特殊的"女学生社交俱乐部成员"的个性消失了。而且,文章并非基于观察到的事实,而是依赖作者自己的想法(源于以前读过的报道、电影、图画及其他)来描写"麦迪逊大街的能人"、"典型的女学生社交俱乐部成员"。过早的评判使我们不能直接看到眼前发生的事情,于是,陈词滥调代替了鲜活叙述。所以,即使文章作者一开始就知道自己要叙述的男人是"真正的海军陆战队员",自己想描写的场所是"美丽的郊外住宅",为使之不妨碍自己视觉思维的展开,还是尽力从脑子里赶走这种评判性想法为好。特别需要注意的是,勿称某人为"垮了的一代"。这个词语(原本指生活豪放不羁的文学家、艺术家),通过骚扰社会的新闻界和电影,将几乎完全属于虚构的人作为犯错误人物的类型加以描写。如果作者把这个词语运用于某个真实的人之后,为解释这个词语不包含的意思,他必须花费许多精力。与其如此,不如弃之不用。

倾斜

在撰写个人体验的报告时,即使尽可能回避评判,仍难免少会加入一些。例如陈述某个男人,有以下写法。

"那男人看上去好像不每天刮胡子,脸和手净是污垢。他的鞋破了,尺寸太小的衣服上沾着星星点点的干泥巴。"

虽然,没有进行评判,但是很显然,其中包含了评判。试与另一个描写同一个人的例子比较一下。

"脸上的胡须很长,也没有修剪,但是,那双眼睛清澈明亮。他快步走在路上,眼睛笔直地望着前方。个子也很高。因其上衣太短,所以显得更高。他左边腋下夹着一本书,一只小狗紧随其后。"

在这个例子中,同一个人给予的印象相当不一样。仅仅是加入了新的细节、减少了不理想的细节而已。就作品而言,即使排除明显的评判(explicit judgment),仍有暗含的评判(implied judgment)。

那么,怎样才能写出不偏不倚的报告呢?答案是,既然使用日常生活用语,就不可能完全公平。即使使用非个人化的科学用语,也很难做到完全公平。但是,通过体悟某个词语、事实引起好或坏的感觉,可望达成实际需要程度的公平性。认识到这一点,会使暗含的正面评判与负面评判相互平衡。为此,可做一个练习,就同一个主题写两条消息,都作为严密的报告,相互对照阅读。其中的一条消息选择能使读者产生好感的事实、细节,另一条选择会令人不快的细节。举例如下。

使人产生好感的表达方法

他有一副洁白的牙齿。

他的眼睛是蓝色的,头发是金色的,稠密的。

他穿着一件很干净的白衬衫。

他讲话很有礼貌。

他的雇主表扬他。

他喜欢狗。

令人不快的表达方法

他的牙齿不整齐。

他很少直视对方的眼睛。

他衬衫的袖口磨破了。

他发出尖叫声。

他的房东说他不按时交房租。

他不喜欢小孩。

这一选择过程可称为倾斜(slanting)。"倾斜"不明确表达评判,而是巧妙给出某种评判。让我们尝试检验如下消息的正确性。

"去年11月,当克莱德氏在纽约时,有人看到他与一位出席展览会的女士一同用餐……"

如果添加以下内容,根据上述消息而作出的推论一定会有所变化吧。

"……而且,她的丈夫和两个孩子在场。"

如果克莱德氏是已婚者,他的敌人通过说他"与出席纽约展览会的女士用餐、约会",能造成多大伤害啊。这种片面的、偏袒一方的倾斜,在个人闲谈、背后中伤时也不少见,但在报纸、杂志的"解释性报告"中更为常见。这是一种不说谎的说谎手段。

发现自己的先入之见

还有一点需要注意。例如,某家报纸以我们没有好感的手法报道某件事情,避开被我们认为重要的事实,采用被我们认为不公平的方法处理不重要的事实。此时,我们会说:"看,多么不公平的偏袒方式!"

在说这句话的时候,我们当然是对报纸的编辑进行了推论。即假定被我们认为重要或不重要的事情,对编辑也是同样,在这种假定的基础上推论:编辑"巧妙地"为让人误解而强调了那件事情。真相如何呢?读者作为局外人何以能确定,报道采取那种形式是因为编辑"巧妙地偏袒",抑或那个事件实际上就是那样被编辑所感悟的?

重点就在这里。依据我们自身的利害关系和背景,在我们选择、抽象的过程中,经验已作为受到"倾斜"的东西降临我们所有人(包括报纸的编辑)。如果你倾向于同情工人、天主教徒,爱好汽车比赛,你关于什么重要、什么不重要的思考,一定不同于对上述阶层、事物不感兴趣的人。如果某家报道中被认为偏袒大企业家,其理由与其说是"巧妙"偏袒,不如说是基于像今天城市报纸这样的大企业的发行者本身就是大实业家,他们无论在工作、社交中都在与其他大实业家交往这一事实。但是,主要的大报无论是否为"大实业家"所有,都在尽可能正确地报道世界的事件。因为,运营报纸的人认为,对于冲突的见解要公平展示,这是他们职业责任的一部分。这样的报人无愧是真正的报告者。

既不是支持者也不是反对者的作者,除非为了追求特别的文学效果,必须回避倾向性。这不仅是为了保证正确性、公平性,而且,对制作精良的地图来说,更为重要。有成见的人无法制作优质地图。因为,他把敌人只看作敌人,把朋友只看作朋友。真正具有写作本领的人——富有想像力和洞察力的人则能从许多方面观察同一事物。下面的例子足以表明这种描写的丰富性和坚实性。

"亚当回头看了他一眼,就好像初次相见的眼神。只见他红色格纹的衬衫里露出健壮的黑肩膀。长长的手臂无力地垂在膝盖上,粗糙不光滑的手上有伤痕,没有感觉地拿着缰绳。亚当打量他的脸。颚骨突出,嘴唇松弛,咀嚼着的一根麦秆外伸在嘴边。眼皮耷拉,似乎有些肿。而且,眼睛带着血丝。——亚当印象中,这双眼睛曾经是锐利、敏捷、能洞察他人,但,现在,面对那张松弛、困倦的脸,亚当几乎不相信自己的眼睛"。

摘自沃伦《荒野》

"不久,在娇小的公爵夫人后面来了一位肥胖、身体魁梧的青年。他头发剪得很短,戴着眼镜,穿着流行的浅色裤子和带花边的茶褐色上衣。这个伟岸的青年(皮埃尔)是培兹豪夫的私生子。培兹豪夫伯爵是卡特琳娜女皇时代的有名的好虚荣的人,但现在,因生命垂危,躺在莫斯科。皮埃尔从小在国外接受教育,最近刚刚回国,所以,在俄罗斯社交界露面,今夜是第一次。安娜·帕布罗芙娜在自己客厅,以只适用于最低阶层的点头礼仪迎接他。……

皮埃尔是一个笨拙、魁伟、身材很高的男人,有一双大而发红的手。正如传闻所说,他不懂进出客厅的规矩。而且,他是一个空想家。他站起身,拿起一顶有羽毛装点的三角帽。那不是他自己的,而是某位将军的。皮埃尔拿着那顶帽子,拔上面的羽毛,于是,将军要他放下帽子。但是,他的空想、进出客厅的样子、笨拙的谈话,被他的人品、单纯和腼腆所抵偿。"

摘自托尔斯泰《战争与和平》

(徐 明译/张国良校)

施拉姆

韦尔伯·施拉姆(Wilbur Lang Schramm, 1907—1987),美国传播学的集大成者。毕业于马里塔学院,后赴哈佛大学、衣阿华大学攻读研究生,获硕士、博士学位。曾任美联社记者。1934年起,相继创立衣阿华大学舆论调查中心、伊利诺伊大学传播研究中心、斯坦福大学传播研究所、夏威夷东西方传播研究中心等研究机构。他穷毕生心力,整合前人成果,培育传播研究和实践人才,创建传播学科,成就卓著,被后人誉为"传播学之父"。

施拉姆一生著述颇丰,留下30余部著作及众多论文。其代表作有:《大众传播学》(Mass Communications, 1949)、《大众传播的过程与效果》(Process and Effects of Mass Communication, 1954)、《大众传播媒介与国家发展》(Mass Media and National Development, 1964)、《人·信息·媒介——人类传播概论》(Men, Messages and Media: A look at Human Communication, 1973)等。

这里介绍的《大众传播的责任》,初版于

1957年。此书的主旨,是全面、系统地阐述有关大众传播体制的四种理论或者说观念,即:权威主义、自由主义、社会责任、共产主义。其重点在于,澄明新形势(传播科技飞速进步、媒介垄断愈演愈烈)下的大众传播媒介作为社会公器的应有伦理,强调社会责任理论,并试图从各种具体措施入手,落实改良媒介和社会的构想。书中提出的许多问题及相关思考,迄今仍不失启迪价值和现实意义。

(张国良)

大众传播事业的责任[*]

政　　府

在本书最前面两个部分，我们曾讨论到时代与局势的发展，使大众传播事业的社会责任日趋重要。接着，在本书第三部分，我们曾讨论所看到的媒体负责任表现的种种形态。现在我们又将提出一个问题：责任属谁？

在我们这个社会里，用心鼓励或督促媒体作负责任表现的工具有三：

第一为政府与其有关的管制机构，包括全国性、全省（州）性与地方性的在内。

第二是媒体自身，它的个别工作人员，正式或非正式的社团与管理组织。

第三是一般大众，同样包括正式与非正式的组织与社团在内。

如果我们再问：对今天美国大众传播事业的现状与希望今后促成的变革，责任又属谁？答案十分明白，应由三方面来共同承担。单单是政府、媒体或是大众，是无法完成这一项使命的；同样的，三方面之中也不能有一方面对之有所诿卸。以下各章讨论的，实即是他们之间的责任如何作合理的平衡分配的问题。

---

[*] 选自中译本《大众传播的责任》，台湾远流出版公司1992年版。

现且由政府这一方面开始。

在本书第一章中即已指出，政府对大众传播事业所应负的第一个责任是，不插手其间。我们这样主张，绝非矫饰、幻想或故作吊诡之语。众所周知，如果要使政府不插手其间，大众传播事业本身须自我要求，作更大的约制，与对原则的服膺。政府所能做的事情，再没有比媒体的自我约束，亦即无待滥用权力，更为重要的了。

完全自我约束非常难以实行。我们已习惯于一个"大政府"（big government），并依赖政府来解决许多难题。这已变成理所当然。我们早已面临若干极其庞杂的问题，并感觉到，除开政府，再也没有其他力量足可肆应。再说，我们已看到世界其他部分中央集权的政体可以克服重大的危难，完成艰巨的工作；虽然它们所采取的方式不一定为我们所苟同。在美国，我们也已看到自己政府开始来管以前所不曾管的事情，只因为当前的事情过于重要与急迫。

不少美国人已觉得大众传播事业规模如此之大，力量如此之强，与阅听人相距又如此之远，除开政府，已没有别的机构尚能出面管制。今日美国人与巨型报纸、广播网或电影制作机构的关系，较诸一百年前美国人与那些小报纸的关系，已大不相同。今天，他们想把自己的需求与愿望在媒体中表达，几乎不甚可能。因此，他们感觉到情形势在必变，典型的办法，是转向权力中心（power center）求助，以使媒体的力量有所收敛。

这一种来自大众的压力，经常加在国会、联邦传播委员会等管制机构，还有州与地方核发执照及执法机构的身上。宗教与关心社会进展的发言人一直向他们指证，媒体有些表现已在戕害年轻人的德性，助长罪恶，冒犯少数人团体，或又在瓦解宗教的固有势力。政治团体的人士也指证媒体未能表呈真确的政治情况。官员们自己在与媒体相接触之后，便想采取某些行动。如果他们身为法官，对由报界掌握的"审判"方式，决不会满意；如果他们是位民选代表，又会感觉到，他们的谈话一直被误解或误用，要不然，遭到漠视，因而为政治上的敌对者所乘；如果他们是某些团体的骨干，为了他们自己的孩子或他们邻居的缘故，希望媒体在作风上快快有所修正。

他们确认，大众传播事业现已自己失控：它只为某一政治主子服务；它正自意见自由市场相悖离；它遭到独占，那一个"大"的观念所侵害，对少数人的需求毫不关心。这些人的看法，与政府官员所存有的，不谋而合。不管基于什么理由，采取直截、明显与简单的做法，来纠谬除弊，这一种契机已告出现。这指的是政治的警察权力、矫治权力、立法、司法或行政权力等。

正如我们在早时把媒体扶植起来，要它来节制政府；现在，媒体变得这样"大"了，我们又希望借重政府，转过来节制媒体。除开政府之外，还有什么更大的力量可以胜任这个工作？

利用核发执照的权力，使一部电影片无法映演。将某一部书或某一种杂志加以"禁售"。强使采访记者离开法庭。设置公共关系人员，使官员避免与记者面对面遭遇。强使广播电台推出良好的节目，要不然，撤销执照以示惩戒。对某种可疑的行径，商请一个国会委员会来进行调查。援引"反托拉斯法"，使事业机构内的"大"单位相互分离。严禁复合、重叠，或超媒体的所有权存在。

但借助一种直截了当的力量，这一种理论并不可取；我们应运用我们的一切智慧与力量，来加以防阻。何以故？因为那样做实在过于危险。这种治疗比疾病的本身更是可怕。

我们先应决定自己所相信一切。我们还相信民主的政治哲学吗？如果我们不再相信，而改信某种形式的极权主义，我们当然可请政府来担任大众传播事业的看守者。本书立论与之适相反对。因此，我们应出诸以最大的谨慎与约制，切勿轻易鼓励政府来肩负起管制媒体的责任。

我们并非谓政府与媒体一无关系，更非谓政府对媒体作为不需负任何的责任。霍京的话甚为正确，他指政府为"剩余责任的承受者"①,这意思是,责任中未由媒体本身或阅听大众充分承受的部分,让授给政府。我们在以后各章讨论时,所坚守的一个主题乃是:举凡节制与促使变革的责任,首先要由媒体自身来承受,其次由大众来承受,再次才又轮到政府。

由政府行使检肃媒体的权力,何以将带来危险?一百年前,没有人会提出这样的问题。今天的媒体规模太大,又与大众相疏离,我们容易把它们的主要功能忘记,那便是节制政府。它仍应为大众所有,并且仍然保有这一种功能。因此,如果我们想由政府来检肃媒体,无异要一个机构来节制原曾对这机构进行节制者。虽非不可能,显然扞格难行。我们给予政府愈多的管制之权,我们愈不能信任大众媒体能正确公正地报导政府的动态。

再者,我们对政府干预社会与工商业事务的后果,一向存有疑虑。海斯(Arthur Garfield Hays)曾在某一次作证中,反对政府禁止报纸兼营广播业务。他说:"关于政府的理论如下:(一)如果你不去干预人民,他们将自力更生,更加有所作为;(二)政府并无把握采取任何行动,能比在法律下给予大众平等权利更加有益。"②

我们希望政府不要轻易干预人民的自由,除非不得已出此下策。但我们也应给政府一个原则,在何种情形下才可出面干预。大法官荷谟士(Oliver Wendell Holmes)首先提出这一个原则,而后又为美国总统所任命公民权利委员会所赞和,这就是说:"只有当对社会的福利产生明显而又即时的危险时,政府始可出面干预。"③换言之,平时,我们企求政府不去干预大众传播,除非我们面临一种对社会明显而又即时的危险。

---

① 见所著《论新闻自由》(*Freedom of The Press*)。
② 见所著《论新闻自由》(*Freedom of The Press*),作者曾应邀至联邦传播委员会,对报纸与无线电问题上提供证词,见《证词选集》,p.66。
③ 见《确保这些权利》(*To Secure These Rights*),见总统任命《公民权利调查委员会报告》,p.8—9。

我们现来对"一种明显而又即时的危险"的真义作一推敲,应非多余。荷谟士曾在处理"谢恩克案"(Schenck vs. United States)时,发表他一项迄今奉为圭臬的声明。缘有谢恩克者,在第一次世界大战期间因印行小册子反对征兵制度而被控告。荷谟士代表联邦最高法院的一致意见,作如下的表示:"不论任何案件,其问题在于言论发表的环境与言论的性质,是否形成一种明显而又即时的危险,乃至带来国会有权加以防止的重大弊害……"

他接着说:"这是一个接近性与程度问题。当国家处于战争时期。许多在和平时期说的话,顿成对作战行动的妨碍,有一天,士兵仍在作战,这一天,谈话难以被人忍受;同样,没有一个法庭将认为,这应得有宪法权利的保障。"①

事隔五年,上述原则在作解释与应用时,荷谟士再度出面详细地说明:

> 当人们体味到,时间将会把许多与人势不两立的意见推翻,他们将进而相信,自己行为的根本基础,建立于由意见交换而得到的"终极之善"(the ultimate good)——亦即,真理中之最佳者,是在市场竞争中,使思想力量获得接纳;而真理是惟一基础,人们的愿望借之而实现。无论怎样说,这是我们宪法所持有的理论。这是一项试验,整个人生是一项试验。②

他的同事布兰岱斯于1927年,在处理一叛乱案时,将荷谟士的原则加以扩增:

> 那些以革命来争取我们独立的人并非卑怯之辈。他们无意于政治变革。他们从未把秩序目标高举,乃至以自由作为牺牲。对勇敢而能自制的人们来说,对自由与

---

① 见"谢恩克控美国案"判决,249 u. s. 47(1919)。
② 见"亚勃兰姆斯控美国案"判决,250 u. s. 616,624 (1924)。

无畏惧的辩难怀有信心,这可在公众政府中得到应用。正因为如此,没有一种言论会产生明显而又即时的危险,除非体认到一种罪恶的意外事件即将发生,使我们失去充分讨论的机会。假使还有时间,由讨论而来揭示错误与荒谬,用教育的办法来排除罪恶,那么,最好是来鼓励大家讲更多的话而非强使缄默不言。只有紧急情况可使压制视为合法。①

1951 年,一名美国共产党受审,联邦最高法院院长文生(Chief Justice Fred M. Vinson)以"可能存在"作为理由,对上述原则加以陈述:"当年,韩特院长(Chief Justice Learned Hand)为下级法院多数意见解释,用了下面一些话:'碰到这类案件,各级法院应推敲,'罪恶'的力量大到这种程度,使侵略言论自由,因免除危险而视为合法,这中间,须扣除其不存在的可能性。'我们因而采取这个裁决。"②

想在可能与不可能之间划一界限是困难的。有人见到危险,别的人又说没有。有人说这已到"危险程度",别的人不以为然。但在这里可以看出,美国最高联邦法院在向社会大众宣布明显而又即时的危险之时,态度极其慎重与保守;其次,他们在维护大众传播制度的自由时,表现又相当勇毅,这值得我们感佩。

政府干预的程度又应当如何?管制的工具是现成的:州与地方的检查机构、管制不当内容的法令、联邦传播委员会对广播节目的监管,以及法庭惩处淫秽书刊所创立的判例等等。如果媒体的确已使社会犯罪与精神失常为之增加,并又在损害人类的尊严与良知,这种情势不啻为一种"明显而又即时的危险"。

政府的行动多由州或地方当局发动。有趣的是,不管地方政府愿意实施检查,不管人们对媒体发出愤怒与有组织的抗诉,联邦

---

① 见"惠特尼控加利福尼亚案"判决,247 u. s. 257 (1927)。(原注)
② 见 341 u. s. 494 (1951)。(原注)

最高法院仍十分的不愿意承认,谓有"明显而又即时的危险"存在。

有温特斯(Winters)其人出版的一种杂志,于1948年因其内容主要为"犯罪新闻,警厅报告或有关流血、淫乱与罪恶事件",被控"鼓励暴乱与犯罪",勒令须受检查①,但联邦最高法院不支持此项检查。他们不欲承认宪法对新闻自由的保护,只限于意见的陈述。黎德大法官(Stanley F. Reed)说:"当要维护此一基本权利时,消息与娱乐性题材之间的界限含糊,颇难辨认。"②

事实上,法庭只在一种情势之下,允许对媒体的内容实施检查,那就是在处理淫秽书刊时,发现了"为淫秽而淫秽"(smut for smut's sake)的事实。纵然如此,对色情的坦率描述,也不一定视为淫秽。举例而言,一部名为《尤里西斯》(*Ulysses*)的小说,并未被列为一本禁书;其中所包含色情的细节,被认定为作者对所目击世界的描述的一部分,也就是他所想要传播整体理念的一部分。③

美国新闻自由委员会曾在报告中建议,"政府应依据反托拉斯法来维持大单位之间的竞争。"④这建议的动机是明白而又无懈可击的:我们需要媒体间的相互竞争。我们要尽量地做到维护意见自由市场的理想。但在以往50年中,我们已面临一些经济压力,迫使传播单位数目愈来愈少,经营规模又愈来愈大。这一种发展与自由放任的理论实相违背,因为意见的折冲激荡,将因此而困难倍增。不过实情是否如此,又无法断言了。

该委员会自身也曾受到上一建议的困扰,因而在报告中加上一句话:"上面所指法律,只能为分散这些单位而制定;其次,如果经营集中为传播事业所必须,政府亦应不遗余力,务使大众能自集

---

① 见"温特丝控纽约案"判决,333 u. s. 507 (1948)。(原注)
② 同前注。(原注)
③ 见"美国控优里西斯一书案"(United States vs. One Book Called 'Ulysses'),5F. Supp. 182 (1933)。(原注)
④ 见该委员会报告,p. 83。(原注)

中经营中得到利益。"①至于集中经营需要与不需要之间,又是一个难以划分的界限。

该委员会曾经有过表示,关于报纸不准兼营电台,电台不准兼营报纸,迄未有一案件证明是理所当然。国会委员会最近举行听证,对所称广播网独占问题有所辩论,却未获致任何的结论。这一些例证都说明了,政府干预媒体是件很难的事情。目前的问题不是传播事业的经营集中即属不当,而在于集中到何种程度始为不当。欧维斯特(Morris Ernst)便曾这样说:"没有人会赞成,所有广播电台应在报纸隶属之下……惟一争论在于,到什么程度方使我们感到惊愕,什么程度我们可出而阻止——是800家电台之中有300家由报纸兼营,抑或到七百家、六百家的时候再说?对于什么是令人惊愕这一点,大家意见又有不同。我个人持有一种偏见:看到一家电台在报纸隶属之下,便感惊愕不已。"②

另有不少的人,看到下面一些情形同样感到惊愕不已!某一报纸把同一个城镇里的竞争者并为己有;六个电影公司变成了销行全美电影片中的主要制作者;电视的频道分配,实际上只容有两个大广播网存在;还有,像《柯里尔氏》③这样一种销路已达四百万份的杂志,竟免不了被迫停刊。但如果对上面这些发展蛮加抑制,也将有无视于经济与电子工业实情之嫌。其次,我们也未曾获有太大的保证,谓经营方面较不趋向集中,可对阅读人作较佳的服务。

克罗斯贝,这位《纽约先驱论坛报》的广播批评家,则另又提出一个令人困扰的可能情况。他说:

---

① 见前注。
② 见所著《第一种自由》(*The First Freedom*)。
③ 《柯里尔氏》(*Collier's*)为彼得·柯里尔(Peter Fenelm Collier)所创办的一个周刊,时在1888年。原称"每周一次"(Once a Week),1898年改名,当时,销路在25万份上下。20世纪20年代,销路创下100万份的纪录。该刊内容,政治、经济、娱乐、体育与连载或短篇小说均有,相互间力求平衡,且以文字简洁为第一要务。但到了50年代,发行大增,广告来源却日益减少,经营上出现困难。1956年,被迫停刊。(译注)

"当然,国家广播公司与哥伦比亚广播公司两家公司在主要市场中据有主要地位,正好像是两位驾驶员,他们决定你、我以及亿万美国观众,什么可以观赏,什么不可以观赏,这种控制并不完全是聪明,或甚至是仔细的。但不由广播网控制,又由谁来实际负责?这些年来,广播网所以备受攻击,并非由于对空中播放内容的控制权;而是将控制权让予广告代理商与节目制作商,而这些人的道德、知识与艺术水准,实又是低得可怜……

"试问有一天,广播网不许控制广播节目,留下的权力真空又将由谁来填补?仍然是广告代理商,还是节目制作商?以往,政府出面干预的威胁已迫使广播网就范。但迄今几乎不曾有什么威胁加到广告代理商身上;根本没有一点点加到节目制作商的身上。试问又有什么力量可使他们就范?"[1]

上面一番话,无非显示政府对大众传播事业进行干预是如何不易。即使采用那项屡试不爽与曾获佳评的工具,"反托拉斯法"亦然。

再者,美国新闻自由委员会曾建议,政府于必要时应对现存的大众传播事业数目的不足加以补充[2]。委员会说,在现存的私营媒体不愿或不能宣扬政府的政策,以及隐藏在政策后面的目的时;或是私营媒体不愿或不能充分地将本国介绍给其他国家时,政府即可采取补充性行动。政府实也愿意来采取这种行动。他们已成立了美国新闻总署(The United States Information Agency),每年预算数十亿美金,致力将美国介绍到国外。政府对国内的传播——如农业部的推广服务——也还不曾受到他人反对。

但是,除开上述目的,政府不当对我们所已有的一种制度,改

---

[1] 见所著:《独占问题》(*The Monopoly Question*),刊于该报,1956 年 5 月 13 日。

[2] 同 283 页注[2]。

弦易辙。举例而言,我们政府如果也模仿世界上一大堆政府一样,自行经营通讯社,那将是难以想像的一件事。办一家《星条报》[①],来替海外驻军服务,当在允许之列,可是,出现一家政府经营的全国性日报,提供新闻事实与意见,那将违反我们所服膺的新闻自由理念。同样,州立大学设立无线电或电视台,不当将阅听人扩大,意图从中获取利益;也不当参与政治活动。所有这些,是我们不让政府有所逾越的限制。虽未见诸书面,也未能清晰地为大家理解,但可经由讨价还价方式,来订出规条或决定。

美国新闻自由委员会又曾在报告中说:"我们建议政府在传播事业方面,应对新的事业给予种种方便,促其建立。"委员会的说明全文如下:

> 在传播事业方面,开创一个新的单位十分不易,一则需要大量投资,二则现有单位已控制了分配工具。政府或其他机构并无太多的办法,来减轻创业的成本,除非来调整政府的课征,如将税则与邮资一一改变,来给予新闻业者种种的方便,来防阻已有基础者阻止新技术引介到制作过程。税则与邮资尚需重行研究,特别注意是否对新创而规模较小的企业有所不利,反而让已有规模与基础的占上便宜。

这里所必须指出者,美国对全国性公司所得税已作规定,凡每年营业收入在 25 000 元以下者(按:指 1956 年的数字——译者),税率应予降低;同时,报纸也已获准在第一邮区内发行,予以免费

---

① 《星条报》(The Stars and Stripes),第一次世界大战期间,美国军事单位在巴黎创办的小型日报。随着战争结束,该报也就不再出版。1942 年,该报在伦敦复刊,继"欧洲版"之后,又有"太平洋版",借应在海外作战美军的需要。战后,两个分版继续维持,但收支无法平衡。1977 年,"欧洲版"平均日销十万零一千份,这一年亏蚀 350 万元;"太平洋版",平均日销 4 万份,这一年,亏蚀且至 210 万元。越南战事结束后不久,该报无以为继,宣布停刊。(译注)

优待。就科技观点言,政府想来管制"调频"①电台,为时已经过晚。这被看作增加地方广播电台的一种光明希望。曾几何时,"极高频"②、"超高频"③的科技发展又呼之欲出。联邦传播委员会大可在这些方面加强注意。

该委员会早已在对报刊发行采取行动,杜绝"现存报刊对分销处独占"。这类行动,由透过警察机关的保护与当地政府制定的禁令,使新出现的报刊能有机会在报摊出现,到"反托拉斯法"的执行,不使某家电影公司垄断所有映演场所。④

谈到改变税则与邮资条例问题,我们愿奉劝政府不必草率从事。这,正如海斯所曾指出者,我们的制度在给人人以法律上的平等,那就能发挥好效能;给少数人或集团以特殊保护,我们的制度就很难行得通。委员会表示得极其明白:"政府在与大众传播事业发生关系时,其主要功能在使各个通道畅开。"这正是我们企望并认为可行的⑤。我们企盼政府采取任何行动来对传播内容有所限制与管束时,务须谨慎其事。政府行动尚有助传播畅通,或使新的参加者获有某些方便,应该受到欢迎。

在广播事业方面,政府直接面临一个问题,何种新的参加者与多少新的参加者可获允准?每有无线电与电视方面新参加的广播人,须先向联邦传播委员会提出申请,取得执照。每隔三年,申请将执照时效延长。试问准许与否用何标准来决定?委员会应否根据广播的内容来作决定?就理论言,我们的回答是:"不。"但就实

---

① 调频(frequency modulation 简称 FM):无线电或电视广播中,正弦载波中的调变方式,其瞬时频率和载频的差,系和调变波的瞬时波幅成正比例。与调幅(amplitude modulation,简称 AM),是不同的两个种类。(译注)

② 极高频(Very High Frequency,简称 VHF),一种 30~300 兆赫(MH_2)的无线电波,波长为 10 M 至 1 M。(译注)

③ 超高频(Ultra High Frequency,简称 UHF),一种 300~3 000 兆赫的无线电波,波长为 1 M 至 0.1 M。(译注)

④ 同 284 页注②,p. 83—84。

⑤ 同上。

际情形而言，又非如此不可吗？

如不由联邦传播委员会根据广播的内容来作判断，可有下列其他可能的途径可循：第一，增多渠道，使任何人都有机会选择他所需要的频率，而大众也将自行有机会来决定他们喜欢的电台。第二，广播人具有高度的责任感，确能自行供应优良的公众服务，使联邦传播委员会无需根据节目内容来作出任何纠正性的决定。第三个可能性是阅听人能机警并积极的参与(participation)，也就是对广播媒体的作为有所评断。他们的批评、反对与提议，不论对广播人、广告客户，甚至是联邦传播委员会，真这样做，必能产生一种指导作用。第三个可能性未有在旦夕之间出现的迹象，第二个可能性还没达到使人满意的程度。说到第一个可能性，在电子频率播幅尚未重新调整之前，乃属空谈。

委员会本身遭受的困厄，不一而足。说实话，"蓝皮书"的刊布已把广播人置于一种惊恐的地步，虽然在实际行事上，继那出了名的报告书公开之后，只不过到各地方台查查"公众服务"节目之"量"是否足够；广告插播在节目中占有何种比率等。以在南加州的"KIEV"电台为例，它要求一条频道，辩称：当地居民收听不到地方性节目，有了频道，电台将起用当地人才，并将主要的注意力用于地方性论题上。

由于"KIEV"有言在先，广播执照到了手，另一电台波长相同，被迫将部分时间腾让。三年后，执照到了延长的时候，该电台向联邦传播委员会提出申请。委员会派出工程人员，将"KIEV"连续若干天的节目录了音。经发现，电台节目整个——或几乎整个——播的是唱片，大部分是流行歌曲，间亦有半古典的。所谓当地人才的起用、地方性论题的推出云云，全是只说不练。委员会于是将执照收回，另一电台重又取得腾让的广播时间。①

---

① 见怀德(Llewelyn White)著：《美国无线电广播事业》(*The American Radios*)，p. 87。

但也有一些是非不明的"灰色"地带，委员会在进行处理时，难以作出决定，它必须谨慎从事。电台播出节目"量"的问题是不容易加以计算的。另一问题，政府希望保有若干渠道，播报政令，这件事也让联邦传播委员会带来若干困扰。

韦京斯(Russell Wiggins)在华府一家报纸撰文，说明新闻记者怎样地突破一条障碍，那是为便于播报政令而设置的。可喜的是，白宫对记者们表示开放，其程度上且超过其他的政府机构。更多官员愿意在记者招待会中与记者们大打其交道。

于此，我们来对整个问题作一总结。我们现有的大众传播事业将因政府尽可能不插手干预我们的大众传播体系，必将更为健全。政府当然也有应该出面的时候，那就是要到一种明显而又即时的危险出现，使国会（或是联邦传播委员会，或是其他政府机构）有权采取合法行动进行处置之时，此种情形很少发生。此外，另有一些地方则比较需要政府来插手干预，譬如，凡能促使新闻传播更加方便时，政府的努力应属得当。换言之，政府的主要责任在于保持新闻渠道畅通。这一点且适用于政府自己管理保有的渠道。

在这个方面，美国政府所创下的纪录，较任何其他国家政府的为佳。一位外国观察家曾这样表示，当全国所有报纸中的三分之二，论发行量亦占总数三分之二，取反对的立场，而政府竟然自我约束，言下不胜其诧异。他说，任何极权主义或半极权主义的国家，处于这种境地，将无所犹豫地会采取行动。它将强使报纸乖乖听命，苟有不从，则夺得一家通讯社，或创办起立场支持政府的报社，亦无不可。但美国政府并没有这样做。政府仍保有权力未失，而且，政府、传播事业又见携手言欢，使国家渡过了危机。

但这里仍须记住一点：政府常有一种倾向，来做其他社会单位未能自行完成的工作。如果阅听人未能有效地反映他们对大众媒体的愿望，政府到了这时势将介入，代他们来宣示愿望。如果媒体未能承担起责任,而又无其他力量迫使它们去正视自身的责任,这时,政府自应迫使它们来承担。我们并不是说,政府"应该"插手其间,相反的,即令媒体有相当程度不负责任的表现,仍较政府出面干预为可取。但归根究柢地说,今天美国的制度旨在要求大众媒体自身负起责任。如果媒体竟不采取行动,自行芟除不负责任的表现,其他势力将出来代为芟除。如果大众不能使别人知道他们的愿望,政府也可预问其事,帮忙来使别人知道。总之,政府是一个"剩余责任的承受者"。因此,如果我们企望政府尽可能不干预大众传播事业,最好的办法是:媒体应该竭尽可能,来表现出一种负责任的态度。一般大众不仅应极其机警,注意媒体的表现,而且还要敢于发言,把他们的需要与判断反映出来。

媒　　体

本章所要讨论的,为传播人(communicator)的责任究竟如何?根本而言,他应竭尽所能提供素质最高的成品。他应该留意到阅听人需求与兴趣的深度与广度;维护意见的自由市场与以真理为鹄的一种自我矫治过程,即令于媒体的所有权日益集中时,还是如此。他应该主动以负责任的态度来处理自己的成品。许多局外人抱有这种想法:只有在政府的"严厉手段"下,传播人才会采取这样的态度。是欤?非欤?总之,传播人的责任是繁重的。

传播人的责任,可在下列两种形态的行动中实现:其一为自律制度,也就是制定行为守则或规范、建立执行机构,并规定对违犯者的惩处方式。另一为教育,提高从业人员的素质,实行自我批评,制定工作标准。对后面一类的事情,尚找不到较好的字眼,姑称之为专业精神。

一、自律制度

我们前已对媒体的规范作了相当详细的讨论。为切合事实的需要，我们系以消极的态度进行讨论。无可讳言，规范可完成的事情相当的多，而且已经完成了不少。规范由动机纯良的人们发动制定，而后又由处事谨慎的人来全力推行，成绩已粲然可观，特别为电影与连环图画方面，同业间订定的规范与执行规范的"长官"，终于把当年无人敢予恭维的乱糟糟局面清理完毕。无线电与电视广播又受惠于另一种自律制度——设立广播网内容核可办事处，由广播网自身来运用一种温和的检查权，必要时，脚本在播放前可作核阅与删改。这一机构已不时地在把足以冒犯阅听人的广告与娱乐性题材删除。由这件事来看，我们对这些在大众传播事业中存在的自律组织力量，实在不能低估。它已对这一种事业有了莫大的贡献，今后的贡献也将无可限量。

规范倘仍有其危险性，原因无他，即在我们对它可能作出过分的依赖。传播人以及批评传播的团体先曾切盼规范的制定，而后喜形于色，以为他们的任务已告完成，其他的责任全由规范来承担。在我们看，事实并非如此之简单。我们必须了解一下，在确保一个负责任的大众传播事业的努力中，规范能做些什么，又不能做些什么。

先是，我们业已指出，报纸的规范与其他媒体规范有着基本上的歧异。美国报纸编辑人协会订有一个"报业守则"，如前章所述，这是一个立论积极、措辞流利的文献，以概括性的词句将项目一一列举，以人是理性动物，与意见市场应保持自由，将这两个自由放任主义哲学作为基础。其他媒体的规范尽属性质比较消极的文件。条文很具体，把人看成易受影响，不能分辨是非、善恶的动物，应该受到保护，以免他接触到有害的道德与政治观念。

美国编辑人协会的守则并非强制执行。这些年来，只有一次有人根据这守则提出控诉，不久，这控诉又告撤销。不管当时所提的理由似极充分，但那家报纸却表现得强悍难驯，从此以后，不再有人作同样的尝试。还有，守则之外，报界又未成立一个执行的机构。这样说来，守则只是新闻人员工作有关目的与标准的一种宣示,让新进者或有志于斯业者研读全文后而有所启发。总之,报业守则从不曾发挥节制的力量与作用。

其他媒体的规范,制定时则都打算规定执行的办法,不过程度各不相同。无线电广播与电视广播节目制作规范由专人负责执行,他们有权调查控告,并审查广播网与电台自行送来的节目内容。倘若发现确有违犯的事实,他们通知有关的广播人加以注意,甚至可建议将违犯者自全国无线电与电视广播人协会(National Association of Radio and Television Broadcasters)除名。

上述除名的处分似不常见,同时,对有意违犯的对象而言,也发生不了吓阻作用。除开处分外,还有其他一些约束办法:对内公布同业的不当作为;由领袖集商节目中广告的适当分量,并作成决定,订于规范之中;由广播网内容核可处采取其他强制性措施;以及联邦传播委员会对未经纠正的不当作法采取可能的行动。因此,广播事业的自律,对节目内容是有相当的影响作用的。

至于连环图画发行人,曾委请法官墨斐(Charles F. Murphy)担任所谓"沙皇"的角色,给他独立的权威来执行规范,对发行的书籍一一加以审核。这一来,规范也就有了巨大的执行力量。电影事业早有九位专人负责处理与规范有关的事宜。在一部电影片拍摄之前,他们先核阅脚本,另又在映演前检查电影片,有权决定是否给予美国电影协会的核可戳记。

我们在把这些规范的性质与限度作一了解以后,即知除了报业守则之外,其余都是在恐惧心理中产生的,目的又是在保护传播事业,不因大众的批评与官方的行动而蒙受损害。

在报业方面,美国编辑人协会的组成,乃是报业追求专业地位的一个表现。1923年,即这一组织成立一周年,他们通过了"报业守则"。《费城公众记事报》(*the Philadelphia Public Ledger*)的主持人麦铿(William V. McKean)的反应是一个显例,他为自己社内工作人员制定了一套伦理守则,正与当年自由放任观念盛行时一样,他相信,报业不难争取到怀有高度责任感的人。

自 1900 年起，报纸从业人员不时谈到，"报业系一专业"①。新闻学院创设于各大学之中，其中若干所，是他们出的钱②。欧文于 1911 年在《柯里尔氏》杂志写了一系列的文章，讨论美国报业。他说，他觉察到，在品质优秀的新闻采访人员之中，已存在着一种未形诸于文字的律则，相互遵守勿失。美国报纸编辑人协会这个组织的形式就是一种信号，指出报业正在争取专业的地位。在 1923 年的年会中，他们将守则制定完成。从那时开始，协会在举行会议时，总在讨论伦理与新闻自由这方面的问题。

但我们已经指出，那守则并没有付诸实施，充其量，这只是会员间的一种道德约束而已。守则又没有被执行报业经营大计方针的人——发行人所接受。但这仍有助于我们的了解，这一文献出现于一个"专业化时期"(the period of professionalization)（当时，并未受到任何外来压力，谓报界应予"改造"或"自清"），同时，这是由受雇人，而非报纸所有人或高级主管人员代为制定的。

电影事业又适与报业相反，它们的规范是在恐惧与真正忧切中产生的。第一次世界大战以后，电影事业受到两股相反社会潮流的冲击：一方面，电影开始反映这一时代比较松懈的道德标准，

---

① 美国密苏里州的一报人威廉斯(Walter Williams, 1864—1935)，于 1906 年，在密苏里大学内开设新闻学院，自任院长。这是全世界首座培养新闻专业人才的高等学府。他另一卓越贡献是于 1926 年，手订"新闻工作者信条"(The Journalist's Creed)，在华府举行的泛美报业大会中通过。信条开宗明义地指出："我深信新闻事业是一种专业。"（译注）

② 1903 年，《纽约世界报》所有人普立兹(Joseph Pulitzer, 1847—1911)以二百万元赠予哥伦比亚大学，请开办一所新闻学院，并设置"普立兹奖"，目的在于公众服务、公众道德和美国文学之鼓励，以及教育事业之推进。当时，普立兹为四十四岁，双目已失明。这位美国报业伟人，身世颇不平凡，原籍匈牙利，1864 年应招募至美国，在南北战争中充当士兵。战争结束，他在密苏里州定居，开始经营报业。1883 年，他买下《纽约世界报》，与赫斯特(William Randolph Hearst, 1863—1951)为《纽约新闻报》展开激烈竞争。"黄色报业"因此而推送到一个高潮。普立兹于 1911 年病殁，享年 64 岁。不久，《纽约世界报》所有权竟告转移(1923 年，又以遭兼并闻)。（译注）

譬如对色情与家庭作较自由的讨论；另一方面，美国民众想通过法律来矫治社会的种种恶行（禁酒即为一个例证）。

电影事业随即面临社会抵制与官方检查双重威胁。1918年至1921年，若干自愿组成的机构已在审核电影内容，并宣布其中不少为充满罪恶与了无价值。宗教与民间领袖批评电影轻率而又胡作非为；报章杂志也著论攻击；还有若干日报，天天刊出好莱坞人物绘神绘影的流言蜚语。人们愈来愈企求法界出面，来纠正电影界的不良现象。1909年至1922年这几年间，九个州，还有其他若干城市，先后设立了电影检查的单位。[①]

1922年，美国电影制片人与发行人协会（The Motion Picture Producers And Distributors of America，简称MPPDA）宣告组成，当即通过决议，反对购买有问题的书籍与剧本作为电影的题材。这一个决议案并未产生太大的效果，因此制片人们决定在自律规定中增加执行的条款。他们商请奎格利（Martin Quigley），这位天主教信徒并又是《电影职业报刊》的发行人，来帮助制定一个规范。奎格利转请圣路易的戏剧教授劳德（Daniel A. Lord）协助[②]。劳德为来自圣路易市的大学教授，讲授戏剧，颇著名声。他们将规范制定完成，并于1930年为协会所接受，大体上遵守勿渝，直至如今，虽则若干条文已作了新的解释或轻微的更动。曾在柯立芝（Calvin Coolidge）总统下面担任阁员的海易斯（Will H. Hays），1922年，出任协会主席，他成立了一个众所周知的"海易斯办公室"。1934年"庄严军团"活动转趋激烈，协会在不得已的情况下，将电影片分成等级，并一一加盖"业经核准映演"的戳记。

[①] 见《好莱坞——梦之工厂》，p.62—65。又见许拉克（Geoffrey Shurlock）著《论电影制作规范》（*The Motion Picture Production Code*），刊于《美国政治与社会科学学会年报》，1947年11月出版，第254卷，p.140—145。

[②] 奎格利曾在制定规范的故事中加若干注脚，见刊于《美国》杂志（1950年3月10日出版）一文。

1937年,广播人拟就无线电节目的规范。广播事业是在公众利益和商业利润的影响下成长的。有很长一段时间,无线电台未曾受到政府的管制,由于各电台任选波段,移来移去,发出来的信号彼此发生干扰,情形竟严重到这一个地步,他们自己也希望政府出来干预,尽速建立一种制度。"1927年无线电法案"(The Radio Act of 1927)在国会通过,根据这法案,成立了联邦无线电委员会(Federal Radio Commission),这就是联邦传播委员会的前身,其任务为管制广播频道与监管电台的作为。1934年,国会又通过传播法案(The Communications Act),仍然保持早先一个法案的主要原则,但已加以扩充,而且确定了电台所设立应符合"公众利益、方便与必需"三个标准。

即在这时候,对于无线电传播功能的观念也开始改变。最初,无线电纯然是对大众的服务,经营者以出售收音机与零件来求取利润。1920年,沙诺夫将美国无线电公司(RCA)变成广播事业机构,就根据上述的原则。但是广告客户很快地发现,这一种新媒体有其利用价值。1922年,无线电广告数量直线上升,许多人,包括若干广播人在内,对这一项发展侧目而视。甫告组成的联邦无线电委员会对"广告数量过分"的问题终于展开研究。1927年,全国广播人协会谋求对策,制定"商业实务准则"(Standards of Commercial Practice),决定在下午7时至11时这段时间,不播"商业广告"。我们今天看来,这些"准则"古怪而落伍,即在当时也未收到实效。1932年,美国国会注意到无线电已为广告所"控有",曾考虑通过一项决议案,探求由政府出面来保有并营运广播事业的可能性。

无线电规范便是在这样一种境况上草拟完成的。广播人感觉到,内容必须符合政府的标准,避免开罪听众,俾可躲过政府的严厉干预。另一方面,他们又要避免得罪广告客户以及广告中商品与服务的可能顾客。因此,这一个规范是行业规矩的一个声明,站在中间的立场,双方都不开罪。1937年,广播规范经过长时间讨论而后制定完成,之后,在1945、1948与1954年,陆续将条文修正。①

电视承袭了无线电广播的传统,受到同一类型的政府管制。它也了解可能重蹈当年无线电的覆辙,不少人议论纷纷,谓这一新媒体的力量与潜在危险不可藐视,频道分配胥以政府管制计划是赖。1952年,电视规范制定完成,1954年又经修正。其属行业规矩声明性质,更有甚于无线电,其中一半以上的规定,又与广告的处理有关。

连环图画在第二次世界大战期间发展为一种重要的传播媒体。其中不少的题材,描绘犯罪、色情与罗曼史、战争、神怪、冒险、西部打斗与残暴行为。这些材料早为低级杂志(pulp magazine)所采用,但经连环图画方式编印出现,更为生动,每每漫无节制,并且容易落到儿童的手里。在1940年代,连环图画成为家长、教育家、政府官员与教会人士最乐于抨击的对象。其中一位最激烈的批评者是一位心理分析家威坦(Frederic Wertham),他的谈话因他所持的专业立场增加了若干分量。他说:"这些连环图画,论意图,论影响,都在破坏儿童的德性。它们描述不正常的色情行为。它们把暴力变为可爱行为,把残忍变成英雄气概。它们绝无教育意义,只会使人变成痴愚。"②

批评者并举出若干例子,指陈连环图画确已在诱惑儿童犯罪,甚至于进行谋杀。到了1948年,50个以上的美国城市设法对连环图画的销售加以管制,有的颁布地方性行政命令,有的则设置机构审查内容。在1949年一年中,有32种法案与规则曾向各州议会提出,目的都在阻遏连环图画的销售,但没有一种获得通过。在不少个都市里,有形与无形的志愿性组织一再集会,对连环图画的

---

① 见希普曼(Charles A. Siepmann)著《无线电的第二个机会》(*Radio's Second Chance*),第142页与以后各页。又见同一作者所著《无线电、电视与社会》(*Radio, Television and Society*),第134页与以后各页。又见怀德所著《美国的无线电事业》。
② 见所著《无辜者的诱惑》(*Seduction of The Innocent*),p. 22。

危险性有所抗诉，有的且向书商提出警告，声言抵制，或者采取其他行动，迫令他们自己来对书架作一次"大扫除"。

14位连环图画的出版商为免于资金损失，于1948年发起成立连环图画杂志出版人协会（The Association of Comic Magazine Publishers），作为一个自我检肃的组织，聘请律师许尔兹（Henry Schultz）担任协会的常务理事，一个对准连环图画与杂志内容的规范旋告订定。但这一些措施仍未能平抑批评者的声浪。1952年，国会众议院一委员会对连环图画展开调查，范围企及于内容淫秽的杂志与书籍。1954年，出版人协会又请墨斐来担任规范的执行长，并在另一个公众委员会协助之下，研拟新的规范。这一次真的清除了不少足使外界攻击的作风。

简单地说，上面所述为那些较新的规范的诞生经过。无一不是保护性的，旨在减削批评者的锐气，免除政府的干预，并又帮助传播人不再在他们的成品中含有招致外人抵制、审查或可能惹上其他麻烦的材料。

某些规范告诉传播人，确有那一些诫律应该遵守，以免麻烦上身。至于规范的执行机构工作的情形，可以美国电影规范执行长布里恩（Joseph L. Breen）于1940年写给一位制片人的信，那上面说的话，作为一个例子。这位执行长说，脚本业经审查，认与制作规范（the production code）尚属相合，应予核准；但他又建议，制片人对下述各点尚应再加斟酌：

——第三二、三五、三六与四四各景：请注意，规范不许出现罪犯与执法官员之间枪战的镜头，我们建议加上一行对白，N意图拔枪射击警车的轮胎；其次，他开枪的动作必须尽量减少；还有，只能使用一管手枪。

——第二一八景：我们认为对受伤的孩子们，不要有令人厌恶的细节描述。

——第二八七景：我们相信，M为警察射伤而非射杀，较为妥当。还有第二八八景转至第一三〇面的地方，他进入警车时应该仍有知觉,但身体很软弱。这样的话,第三〇九景转至第一三九页的地方,对话也应加修改,M仅受枪伤,而非气绝。

——第二九一以下各景:我们认为 A 不应有难以接受的暴露镜头。

——第三三景转至第一四〇页的地方:请把 L 说的话增加一些,指出 G 已被捕,将受惩处。

当然,阁下知道,我们将根据此脚本的最后成品来作最后的评断。

布里恩谨启①

规范所能产生的作用,由于媒体不同,情形亦不一致。但上述乃一良好的例证,说明规范执行人员是在如何工作。一般而言,他们做的只在防止媒体内容超越所可接受的范围,而未做到加强媒体的责任。新闻自由委员会说过:标准也者,只是一些最低度的要求,并非充分或理想表现的目标。规范确已防阻传播人去惹上麻烦。规范不曾告知传播人应该做些什么,始能符合阅听人提高素质的需求。人们并没有预期这样做。

我们在本书稍前部分曾谈到一个问题,是否各种规范所根据的假定都是充分的。我们的结论是,假定并不充分,如果规范只以避免外界批评为目的,假定也就难以谓之充分。这是规范的力量之所在,也正是规范的限度所在。它们确能应付大多数批评者的攻击。它们也可在消极方面减轻传播人对别人的冒犯,并扩大内容的接受性。说来说去,我们应对规范目前的成就表示尊敬,但媒体遵从了规范,并非等于担当了责任。

无可置疑的,规范大有改善的余地。殷葛莉丝在她所著《电影的自由》一书中提出一个良好的构想:组织一个由杰出公民参与

---

① 见殷葛莉丝著《电影的自由》,p. 157, 164—165。所引材料为美国电影制作协会副主席哈蒙(Francis Harmon)于1940年在国会所作的证词。

的全国电影咨询局,负责对电影规范不时地来作检讨与修正,来衡量外界对电影的批评,每年向社会大众报告规范执行的情形,并可对检查当局的决定提异议,假使检查当局提出修改要求,越出规范所定的标准之外或作其他不当决定的话。

殷葛莉丝说,咨询局的第一个责任,为"产生一种实际可行的规范,禁止猥亵材料,同时容许电影发挥其全部的潜能"。接着,她提出若干质疑如下:"为什么'白奴'贩卖、性病、不同种族间的婚姻,这种种问题的后果与社会涵义,不能用作电影故事?为什么法官或牧师须无条件地加以保护,连间接性的谴责或嘲笑也不在允许之列?为什么电影脚本的撰写者要自己发明一种'补偿性道德价值',这些东西并不在现实生活中存在?在'征服'(Conquest)这部影片中,史实遭到扭曲,这是应该的吗?'雉鸠之声'等影片,内容横遭修正,这是应该的吗?"

她认为,如果电影制作规范订得合情合理,则上面那些事情都将不至于发生。规范制定之后,咨询局且将审查条文的实际应用,每年向社会大众提出报告,电影片遭拒斥或修改内容的数目与种类。殷葛莉丝指出:"不让社会大众出来检讨,私人设立的机构的权力或将流于滥用。"最后,咨询局将出而拱卫电影制作的自由,不使遭到无端的司法攻击。假使这种办法行之有效,将可推广到广播或连环图画的出版方面。[①]

姑且不问是否设置一咨询局,对规范条文进行检讨,那徒具形式的规定,不可能给予我们社会一种所需求的大众传播事业。大众传播事业的责任,并不是在接受这种种约束之下,就可承担起来。

二、专业化问题

自律组织可求速效:制定规范,委请一位执行长,建立强制执行的机构,而后即可使媒体成品作出非常迅速的改变。专业化运

---

① 殷葛莉丝著《电影的自由》,p. 185—187。

动效力却是慢慢产生的,它需要一个漫长的过程,先改变工作人员,而后改变媒体。当然,我们的根本希望寄托于长程的缓慢工作之上,而不以急功近利为务。

当我们谈到大众传播事业专业化问题时,我们并不主张要把所有法律与医学两种专业的特质与装饰移植过来。拿任何传统的定义来解释,大众传播(报业、广播、电影制作或写作)都不能视为专业。专业也者,是为完成某一种重要公众服务而存在的行业。专业人员大部分并非受雇于他人的。专业人员与大众中接受他们服务的少数分子之间保有机密的关系。一般而言,他们在被获准从事于某一专业之前,须显示出获有专业的独特知识。他们为了获取专业知识,大体上都曾花很长的时间在专业学校中,这些学校为研究、批评与讲学的中心。每一专业人员都有其良知,一般表现在行为规范之中。所有参加者,在取得会员资格时,即须接受维护专业标准的责任。如果他未能做到,权威机构在接受领袖分子的指示以后,有权禁止他继续从事这一个专业。每一个专业有其传统,会员应不计较报酬地去完成所需的公众服务。譬如说,医师对病患,应出之以最合乎伦理的态度,纵然他采取"江湖医生"的作风可赚大钱,他应尽力救助病患,即令对方无法付给酬劳。诸如此类的德性,不胜枚举。以上所述,为真正专业所具有特性的一部分。

大众传播与它包含的各个部门显未符合上面所列的一些特性。不过我们尚未见有一种职业,所要完成的公众服务高过于供应大众知识需要者。新闻采访人员与新闻来源之间,同样有着机密的关系。其他方面,大众传播则又未能与医师、律师等专业相提并论。这些从业人员,除开少数几个,差不多都为受雇者。结果是,他们行动的最后责任与公众服务的素质要求,并不归之于他们,而归之于他们的雇主。现在许多从业人员都曾在近似专业的新闻或大众传播学校进修,但这些学校,都没有真正的与独特的知识整体,一如医学或法律。当然这些学校可把所需要的技术介绍给学生们,又可诱导学生们去从事这一行业,鼓励学生们去了解以往的历史、当今的社会责任,与其他社会活动的关系,还有工作的方法等等。

但大众传播人员需要的知识整体,并未经过如此的整理与专精化,这只是一个复合体,凡是有助某一从业人员了解他周遭世界的事物,都容纳其间。这是说,他需要懂得的学科非常之多:心理学,帮助他了解四周围的人群;社会学,帮助他了解社会关系、组织与解体;政治学、经济学等等,举不胜举。换言之,他需要的并非专门教育,旨在研究一个专业所独有的知识整体,而是最广泛的通才教育,使他能对他所观察、所写与所讲的事物有所了解,并能加以阐释。

再者,我们的大众传播事业制度的本质,似不容树立樊篱,以专业考试来选取那些备选的人员,如医界、法界考选开业的医师或律师等。即使考试的内容可以扩大,但这是对参加此一"专业"的限制,几乎必会被解释为对发表自由的限制。

因此,我们不能不承认大众传播既不是,也很难变成传统上所认为的专业。我们倘仍要把一切注入这一个模型之中,恐将是枉费心机。然而,大众传播不与传统的专业形态相合,并不意味我们不能使大众传播采取专业的标准、态度与行为。我们可以这样说:像这一种以高度的公众服务观念为依归的行业,必须是一种专业;他的参加分子必须是专业人员。

至于一种专业的发展,不需问其他的专业是如何形成的,而是要问它必须具备何种行为,始可完成公众服务的责任。这正是我们应对大众传播提出的一个问题。如果这问题经认真地提出,又经充分的解答与执行,则大众传播实已走上专业化的道路。

上面所讨论的为"专业化"一个字眼。现在我们要提出一个较为具体的问题,大众传播事业如何可使自身成为一种事业?

前面我们已曾指出,从事大众传播事业的,大部分都是受雇者。他们行动的法律与行政责任,都归之于雇主,最后又为媒体的所有人。但这并不是一家报社、一家广播电台或出版公司的正常经营方式。这只是军队里的治理方式,高级军官下令枪杀一名战俘,他就得枪杀。在本书第三部分,我们曾举出一个又一个的例证,大众传播事业的受雇人照着伦理规范行事,而绝非遵照雇主的命令行事而已。他们与新闻来源间保有的关系即为一个有力说明。再者,这一类行动常有同业共同讨论,对于怎样才是正当的行为也有很具体说法,虽然所用的只是:"我将要这样做"或"那样做并不正当"一类的词句。

在任何情形之下,促使大众传播事业的专业化,应先采取一个最重大的步骤:强调"个人的"责任感,而不是"机构的"责任感。这是说,传播人是应负起作为一个公仆(a public servant)与一个专业人员的责任,而非他对所受雇的商业义务(二者固然不相冲突)。雇主们应鼓励受雇者在言行上表现出专业精神来,当后者想来发挥专业精神时,且应加以支持。受雇者也应以非常严肃的态度承担起责任,并且不必因为他是一个受雇者,另有人支付他们薪金与决定他们政策而躲躲藏藏。

所以,我们所讨论的,是建立专业态度的问题。这是不能用法律创制或用金钱购取来的。但这是从业人员力能获得的,关键只在愿意与不愿意。

我们的意见是,这一专业自上而下都应建立上述那些态度。我们要把所有权拥有者也包括进来,希望他们对良好的商业作风与公共责任两者间加以区别。我们也要把年轻记者包括进来,希望他们在接受第一个任务时,便能力求真实、公平,并又免受腐败势力的侵蚀。我们还要把广告人员、管理人员,撰稿者与"表演人才"包括进来,希望他们全都不以阅听人的大增而沾沾自喜。我们需要他们克尽一项特殊的责任,传播资讯给一个自由国家内的自由公民,从而帮助国家与人民永保自由。

大众传播事业专业精神,可在自我批评中表现出来。这一类批评的稀少,乃是外界感到大惑不解的一件事。不过自我批评并非完全绝迹,美国报纸编辑人协会时常讨论报纸与会员们的表现。

《尼曼报告》多的是年轻新闻工作者的自我检讨。媒体与媒体之间相互批评，也不乏例证。霍伦贝克（Don Hollenbeck）有一个时期在哥伦比亚电视网上，以生动的语调抨击报业。雷比林在《纽约》杂志不时对报纸有所嘲弄。顾尔德与克罗斯贝各在纽约两家报纸对无线电与电视发出尖刻的批评。由此可见，自我批评是一件可以做到的事情。

但有人说，这类批评并没有什么用处可言。他们所提的理由是，如果犯规的人不受开革的处分，与法界、医界所已在实行的一样，对那些行为，将不会产生纠正作用。道理是最坚强不过的了。经大众与专业意见一致确认的公是公非，应构成一种强有力的惩处、刺激与教谕作用。

自我批评非常罕见，真正的原因是在于事业成员所显露的过敏反应，特别在报业方面为然。报纸时而相互攻击，但只在政治立场的歧异上面为之，别的事情则相互呵护。甚至像前章所述，发生在伊利诺伊州、新英格兰地区，发生在从业人员身上的丑闻，报纸先是迟迟不加报导，而后又匆匆掩盖收场。报界把新闻自由调查委员会的工作看成惹是生非，徒滋事端。大学的新闻学院也从未对报业发出公开的抨击。报纸发行人碰在一起，只谈业务，而不想扯上伦理或公众服务一类的问题。

当前的课题是，自我批评真有必要吗？报业对自己的不当行为，并没有加以隐瞒，可是，不公开发言，还将使人产生疑虑。外界在不断指责，"记者有意造谣"、"社会只替某一个政党讲话"。因此，在行业之内，多多批评、讨论，只会带来好处。

雇主们在促成传播事业专业化方面，其中所能作出的贡献是，尽最大的可能来提高工作人员的素质。我们希望从事斯业者个个能充实自己，他们的见解应有其广度与深度，而后才能随时应召，肩荷重任。但是，很不合理的一点，为他们所定的起薪标准居然低于受过科学或商业教育的人，甚至低于略有技术的人。就因为这个原故，报界所雇用的记者，很多只是些技术人员，精明有余而知识不足。因此,我们担心,当地的社会问题是否已作充分的报导;科学新闻是否已经过了解后再加报导;政治与经济新闻是否有其深度而未流于浅薄;演讲与专访新闻,是否在获得了解之后写成?

我们并不认为薪给一旦提高,大众传播事业所有的弊病都可因此而消除。许多离开这一专业而另有高就的人,理由不在待遇上面:他们觉得干这一行,缺乏表现他们的创造与主动精神的机会;或是他们不赞成发行人的一些想法;或是自己计划来创办一种杂志;或是他们担心自己的健康,不能再盲目而又没命地干下去。因此,我们在讨论专业化时,除薪给问题外,还得作更深一层的探究。当我们来酬庸这一行业的受雇者时,不应仅仅以金钱作为手段,更重要的是,把他的工作表现当作专业来确认,给他们主动和自由,让他们出面担当起责任。

另外一种提高工作人员素质的方式是推行各种在职训练。我们并不是说,报社还须来教导记者如何来撰写新闻,这一类的训练早已有人在照顾。现在所需要的是加强记者对世界更深一层的认识,除开每天在采访中获得经验,或每天采访部门相互讨论;他们需要更多的机会,像由设在哈佛大学的尼曼奖学金所提供的,那种高水准的学术讨论,来体认报业的责任与实际运作。报社与其他传播机构也可向各大学捐款,开设若干短期课程,供从业人员进修。譬如,以三个月为期,进修者可以对各门社会科学作一涉猎,并且进行规划,在一生中,当进行何种系统性的阅读。

基于同一个理由,传播机构可帮助所有大学来办理真正充分的专业,或近似的专业训练,为未来培养人才。今天大众传播事业所加于大学新闻学院的影响力量,只是要他们变成职业化,而非专业化。如果传播事业真正需要新闻学院来加强对社会科学与历史的深入了解,对社会责任与社会功能更多的关心,则应根据新闻教育协会(The Association for Education in Journalism)所定的审定标准,来扶助新闻教育。同样的,如果传播机构需要设立更多的研究与检讨中心,与现已在医学院及法学院所已设立的同其水准,则可通过劝说、资助与鼓励的方式,请第一流的大学来主办其事。

我们在开始讨论这个问题时业经提出,大众传播事业的责任应由从业人员来分担承担。现在讨论即将告一段落,我们无妨把话题转向组织方面的责任,对这个问题稍加申论。

大众传播事业的受雇者应对他个人的行动,对他与新闻来源间的交往,或他向阅听人进行传播时所应担负起责任,同样的,专业的每一分子也应为他所属的组织的活动显示出责任感。当然,这一种责任主要地应归之于所有人或高级主管,但不应局限于此。且看其他专业,律师要对他的事务所的行动负责,医师也要对他的诊所或医院的行动负责。

传播事业组织里存有一种莫大的诱惑,那便是寻求借口,闪避责任,推说广播节目之所以如此,是因为广告代理商使之如此;新闻之所以如此,因为通讯社不曾把它写得更好;某些错误的发生,归罪于评论员,或是说他们想说便说,乃是他们的自由;图片不佳也无妨采用,因为电讯传递信号难见改善。上面这些解说,没有一项是充分有理的。而每一种情形的发生,传播单位是有责任的。

电视事业在表现责任感方面已采取一个重大步骤,他们制作节目必在自己摄影场里进行,要不然便到"包装"公司,而不由广告代理商来越俎代庖。各报总编辑之间的联谊组织也已想出办法,每隔一个时期,大家对某个通讯社的工作加以检讨与批评(按:指美联社——译者)。发言不慎的评论员与报道不确的记者一样会受到批评,一种似是而非的论调,谓在制作规范的钳制下,推出思想深邃与意境高超的电影片,殆属难能,这也已一再为事实所否定。问题只在于,传播单位的责任感到达何种程度而已。

因此,我们所要求的,是一种存在于整个事业的负责态度,个人与组织都包括在内。这是真正专业化不可或缺的条件,也是我们希望大众传播事业来完成社会改进的不可或缺的条件。正如美国新闻自由委员会所指出的:

> 法律与舆论形成的外界力量,可以经由种种方式,来

阻遏报业的不良表现，但报业的良好表现，只能求诸于那些操作传播工具的人。

已有令人鼓舞的迹象呈现眼前，这是说，负责任的态度已渐渐进入传播事业之中，由领导人物而下，外至表演人员也包括在内，每一个人的成就都有助于整个的事业，能如此，理想的结果即告显现。

阅听大众

美国新闻自由委员会曾作成结论如下：（一）媒体与阅听大众愈能出来确保一个自由而负责的传播体系，政府愈是不必出来预问其事；（二）法律与舆论等"外来力量"固能节制媒体的不良表现，但媒体的良好表现仍要靠自身来完成。[1]

对上面两个结论，我们应该没有什么难加同意的地方；但我们的着重点，与委员会提出的稍有不同。在我们看来，媒体很明显地应负起主要的责任。如果它们不愿意，如果它们不曾自动地在高度专业的水准上，提供所需要的公众服务，则我们看不出还有什么更好的办法，来解决传播上的问题，除开忍令其他力量逾越应守的分际。

媒体倘使未为我们提供所需要的服务，势必招致政府的干预，迫使自己出面有所作为。职是之故，我们愿于此力陈四点如下：

第一，政府应尽可能不插手干预。

第二，政府应抑止任何诱惑，竟以为出面干预之后，便能将局面完成清理。

第三，政府在采取与大众传播事业有关的行动时，应严立界限，无所逾越。

第四，政府即或采用行动，主要的应给予媒体方便，而非专门对媒体有所约束。

---

[1] 见该委员会报告《自由而负责的报业》，p. 79, 105。

由此看来，我们寄望于媒体与阅听大众身上的责任，实较该委员会所期望的为重。我们认为媒体必须承担一个中心责任，克尽应负的使命，而阅听大众应以传播动力（communication dynamic）主要的推动者自任。我们坚信大众将可获得他们所需要的一种传播制度。当然，要做到那一点，大众自身先要知道何者为他们所需要，并又把意见表达出来。我们不应再留存一种旧观念，大众媒体的传播对象只视若草木。我们认为阅听大众能够变得主动起来，而不复处处被动；还有，他们力能辨别自己的需求，来明白地争取。基于这些假定，我们又认为阅听大众是一种平衡的力量，可来决定传播的制度与对他们所提供的服务。

可惜一般大众，包括阅读、观看与收听的人在内，他们都低估了自己的力量。媒体的领导者却未作这样的低估。我们很少碰到这一类传播人，他们只把大众当作一堆可以塑造的人，竟而说："今年我们将教他们来喜欢这些。"相反的，他们深切关心何者为大众的兴趣，何者为大众的所需，何者"将会"为大众所喜欢。传播人面临最大问题之一，便是设法寻求上述种种问题的答案。

任何一位把大众传播事业当作一种社会体制的人，都不致漠视大众的兴趣、品味，进而与这种机构产生讨价还价的作用。且以广播网推出的节目为例，形态忽东忽西，即受每月的节目评等（ratings）的影响。一部新的电影片问世，先要来一番预映，探查一下大众的反应，然后回到剪接室，再来动一点手术。一百封观众来信寄到广播网，时常会带来一场政策的检讨，即使不到一百封来信，也会促使一家无线电台来把节目重行调整。某一负有重责的委员会委员访问报社，报社便要仔细考虑一下自己的作风，纵使在口头上不作任何的承诺。电影制作机构畏惧观众的抵制，有甚于畏惧检查，电影规范的特殊诫律极多，目的在于平息各种不同团体的抵制与公众的批评。

归根究柢说来，媒体的格调是由阅听大众来决定的。在大众手里，他们掌握着一张王牌，问题在于他们愿不愿来参加牌局。

我们请阅听大众来抓住这个机会,是切合实际之举吗？当然,在媒体已为"大"与"寡"所侵占的今天,这是一个根本的问题。今天情形与以往迥异,因为在那个媒体单位"多"而阅听大众数量"少"的时候;在那个只有一小部人有阅读能力,少数社会中坚分子构成大多数报纸、杂志与书籍读者群的时候;在所谓娱乐性的媒体的规模尚小,而且尚未感到陌生的时候,媒体制作者与阅听大众之间关系是非常密切的。那个时候的回馈迅捷而有力,需要与评断了若指掌。阅听大众自知与媒体关系密切,很有兴趣来了解媒体的一切作为。读者知道报纸的编辑;表演人也认识若干阅听人。今天的情形又是如何？阅听人数量激增,几已包括了全部人口,媒体再也无法认识他们——除非通过下面一些方式来表示：节目评分,读者成分百分比与发行数字等等。但,我们想重新来争取他们的浓厚兴趣与亲密态度,这又是切合实际的希望吗？

当然,像哥伦比亚广播公司,或米高梅电影公司,或《读者文摘》,绝不可能照着《日晷》(The Dial)的办法去做,后者只有 200 名订户,这中间,又多与杂志的总编辑玛格丽特·富勒[①]建有私人交情。我们认为,今天的阅听人与上述那些人已大大地不同：他们是生动活泼、善于反应,且具有鉴别能力的一个群体;他们在追求不同层次的品味、不同种类的需求,希望媒体能发挥出这样的功能。

准此而言,大众的基本责任,是运用一切可能性,使自己成为机警而又有鉴别能力的阅听大众。这是说,需有一种特异的思想习惯,不与我们容易碰到的某些人的相同。那些人以他们的地位或教育言,似堪以领袖与发言人自居,向媒体有所要求,哪知他们

---

① 玛格丽特·富勒(Margaret Fuller, 1810—1850),美国思想家。出生马萨诸塞州剑桥港。她为对社会主义理想进行实验,一度开办布鲁克农庄(The Brook Farm)。与她相交结的,如爱默生(Ralph Waldo Emerson),黎普莱(George Ripley),均为饱学之士。《日晷》是超越主义者(transcendentalists)的一个机关刊物,自 1840 年至 1842 年,发行仅维持 3 年的时间。

的态度竟又是:"啊,我很少看电视,除非是当政党召开大会的时候,那简直是一团糟!"那些人所表现的根本是一种不负责任的态度。因为他们忽略了一个事实:电视并非一定要变成一团糟的,电视未被充分利用,岂不形成一种社会浪费!我们所蒙受的损失岂可估量!试问这一个过失究应谁属?基本上,这是那些不看电视的人的责任,他们不曾采取行动,来促使电视进行改善。

人们所曾设计规模最为宏大的通讯社,实际上是与我们的家乡报纸相衔接的。通过这些通讯社,报纸又与世界每一个角落相衔接,新闻乃得源源而至。但却有人竟这样表示:"我已不能在报上读到世事的真相。看!今天所刊的国际新闻,只不过这么六七条而已。"或表示:"我不了解这一内政局面与那一国际形势的由来;我们从不曾获有什么背景资料。"如果我们不曾向报社社长提出抗议,我们有权说这样的话吗?报社里的人获知他的大众有这样的需要,自有篇幅用来刊载更多国际新闻与背景资料。现在,他在拿这些地位刊载体育消息、特写材料、社会新闻或其他的东西。如果他认为阅听大众对国际新闻的需要十分迫切,他必会加以适应。

为谋现况改善,首先必须有一群机警与具有浓厚兴趣的阅听大众。这意思是:我们要对媒体投以若干注意力,我们要先阅读、观看与收听。我们必须完全明白媒体的内容。我们不能对媒体视若无睹;竟作这样的假定,他们只是为其他的人而设计的。

其次,我们提出进一步要求,使自己成为有鉴别能力的阅听大众。我们应先动动脑筋,媒体可能提供何种服务?我们可与朋友讨论媒体的内容。或许我们可以组织一个观众会或一个读者团,就我们在媒体上发现的东西进行讨论。年轻一代每天花在媒体上面约有五个小时,也就是占每天醒着时间的三分之一。一生之中,倘有这样多的时间已作无谓的消费,岂不牺牲过甚?为此,我们应设法来完成一件事情,有计划地引导年轻一代到媒体那一个方面。我们应多读报纸或杂志上对其他媒体的批评,正如我们读若干书评一样。我们应设法采取每一种方式,使我们得有若干鉴别的标准,对所读、所看与所听的一切,加以反应与品评。

在我们培养自身鉴别能力时,还应控制我们对媒体的接触机会。譬如说,如果我们不需要所有电影片是为儿童制作的,我们无妨防止儿童去看某一些电影片。还有,如果我们不认为所有电视节目经过一番过滤,使之适合家庭中"任何"一个人,我们便应来运用若干差别性的措施,在一特定时间内,只许某一些人收视。这又是我们责任的一部分。我们无法希望媒体普遍顾到各种各样阅听人的利益,不致对任何人有所冒犯。因此,我们只好来做一个工作:使适当的人在适当时间内来与媒体相接触。

我们的责任仍未至此而止,我们还要进一步把意见告知媒体。做这一个工作,最简单的方法是用订阅、收看和收听与否,来表示我们对某一媒体的支持或反对。假使这样做的人数量够多的话,自会产生一些效果,但真的采取这种方法,对我们自己也有损害。譬如说,如果只为了我们的家乡报纸一天只刊七则国际新闻而停止购读,我们将因此而无法得知"所有的"地方消息。较为妥当的方法,还是告知媒体,何者为我们所喜欢,何者为我们所不喜欢;还有,如何可使我们将来更加喜欢。

我们可以利用投书来表示喜欢与不喜欢,把信写到报社、电台、广播网、电影院或是摄影场去。更多的个别投书,将会收到更好的效果。假使所有的投书都用相同的词句,显示出自某一压力团体,则很可能被媒体扔进废纸篓中去。但是个别的投书,无有不被拆阅并加珍视的。如有可能,不妨展开个别的接触,效果也将一样的大。这些方法可以让媒体的受雇人,特别是那些主管们,来明了你对他们的成品的观感如何。如果情势严重,不妨亲自拜访报刊总编辑、电台经理人或电影院所有人。无疑的,大家还可以运用集会、交谊活动与相互邂逅的机会,来与媒体工作人员攀谈。他们对这些细小的回馈都很欣赏,久而久之,这些回馈凑成一个全貌,那上面,包含着所有大众的需要与构想,亦未可知。

总之，争取上述种种机会，大可采用不拘形式与个别的策略。要不然，稍加组织，大家出之以比较正式的态度前往交涉。本书曾对压力团体有过一些非议，但我们秉持的政治哲学，并不反对阅听人于必要时进行组织，去与媒体作较有效的接触。例如美国的"女性选民联盟"(The League of Women Voters)与"大学妇女协会"(The Association of University Women)有时选择媒体作为她们讨论的主要题目，会后并又派代表，或送决议案到媒体主管们那里，陈述她们的意见与需求。有时，社区团体、学生团体或教会集团对媒体的某一方面感到不满，也会作出立即的反应。这些团体曾把报界人士、广播人员、电影院经营者或是书报代售者请去参加他们的集会，要这些人来听一听他们这一方面的事实，并又了解这一部分人内心的感觉。

美国已有为数颇多且又组织健全的团体，当与媒体展开接触时，态度显得十分之积极。有不少且雇请专业人才来注意媒体的各种表现，目的端在防止媒体上出现足以开罪他们的材料。例如商会、美国退伍军人协会等，不一而足。这些团体的立场是无可批评的。每一团体有权自行组织，并来告知媒体他们的观感。我们的传播制度乃是建立在意见的自由市场这一个观念之上，遇有一个争论的问题，"所有的"意见都应有其自由表达的机会，能如此，这个制度才行得通。

根据这一种说法，我们又不难发现，压力团体的某一活动明显地逾越了限度，这与政府的插手干预如出一辙。这是一种无形的检查制度，目的想以某一团体的需要与感受，来改变媒体的形态，所有其他团体的利益因之而遭受牺牲。1956年的圣诞节，芝加哥的WGN电视台的一个节目受到阻挠，似可作为一个例证。情形是这样的：

当时，一部名叫"马丁路德"的电视片将在WGN作世界性的首映。须臾间，这一电台忽然声称，由于大众已产生"激动的反应"，电视片将取消映演。据《基督世纪》(Christian Century)这一本杂志分析称,所谓"激动的反应",其实就是教徒向电台发动的电话闪电战,此起彼落,充满一片抗议之声①。天主教当局说,教会不曾派遣代表前往电台交涉,因此,即使有教徒提出抗议,也只是他们的个别行动。

事实所示,"马丁路德"这一部电影片在不少电影院映演,而且从未遭遇任何真正的反对。如果一个教派可以有组织的攻势,竟不使另一个教派创始人的事迹播映,这种行动便有了问题。因为这是一个团体,以行动剥夺了另一个团体的机会,乃至对媒体有所要求,而所剥夺的又并非猥亵或其他不当题材。这无异证明了,这一个团体有意对自由市场有所限制。果然,媒体与阅听大众都应起来抗拒。

一般说来,压力团体与政府机构一样,采取予人以方便,而非事事限制的行动,那样,危险性将比较的少。这意思是,它们所能表达的乃是公众的需要,而不是某特殊团体特具的敏感性,则对大局当有更多的补益。假使我们只依赖少数较有组织且各有其特殊利益的团体来代为发言,我们必无法企望媒体符合所有的需求。为谋补救计,我们毋需对那些压力团体有所抱怨,而是应来组织足以代表我们自己利益的团体,特别在某些利益未有人代为反应时为然。当媒体知道大众的各种需求与愿望时,他们也比较容易有所遵循,好好地设计它们的成品。

在我们看来,大众所应承担进一步的责任,乃是鼓励对媒体展开睿智的批评。这不是对媒体恣意攻击,而是对媒体,对大众同时提供服务。多少年来,书评的服务不仅提高了作者、读者与编辑的格调,同时又促使大众一齐来注意有趣的新书出笼。所可奇怪的是,对广播与报业的批评直如凤毛麟角。报上有影响力的无线电与电视批评家,不过三数人而已。对报业持续而经常的批评,也很

---

① 见《基督世纪》,1957年7月2日出版,第4卷第1期,p.4,〈电视台向天主教压力屈服〉(TV Station Yields to Catholic Pressure)。

少见。但这一类批评，无疑是媒体专业化与成长不可缺少的。

美国新闻自由委员会曾有过建议，尽速组织"一个崭新而独立的机构，负责来鉴评报业的作为，并每年提出一次报告"。这里所称的"报业"，实际上应指整个的大众传播事业而言。这提议一经提出，报界人士曾为之惊恐万状，并看作是对新闻自由一种可卑的威胁。但我们不能了解，像这样一个机构，由杰出公民与能干的人员组成，如何能构成对新闻自由的威胁？这只是提供莫大的服务，包括对媒体内容的审察，并向媒体反映大众的不满情绪与未曾满足的需要在内。这样的机构与政府不发生任何的关联；另一方面，又的确能代表一般的大众，而非其中一个部分。该委员会并曾列举这一机构可能担任的工作如下：

（1）帮助媒体来"订定实际可行的工作标准"。

（2）指出某些媒体服务尚嫌"不足"的地方。

（3）倘使"少数派团体遭受排除，无法与传播通道相接近"，应即对发生这种情形的地方与事例进行调查。

（4）审核由媒体介绍到国外的"美国生活情况"。

（5）调查外界所作"报业谎言"的指控，特别是对了解公开问题所需的资料，所作的持续性的错误报导。

（6）评鉴"政府所采取影响传播事业的行动"。

（7）评鉴"传播事业各部门的发展倾向与其特性"。

（8）鼓励"在大学内设立传播方面讲学、研究与批评的高级中心"。

（9）鼓励从事有望协助满足特殊阅读人需要的方案。

（10）以自身研究所得，作"最广泛的披露与公开辩论"。

对任何一个机构来说，要达成上面十项工作，似又过于艰巨。要之，这一机构的基本任务，可以下面四点来概括：

第一，代表整个阅听大众的利益，这与代表某一团体的特殊利益实有其分别；

第二，为全体大众发言，不如此，大众无法以个人立场陈述意见；

第三，观察媒体的各种行为，并从大众的需要与利益着眼，对上述表现加以考量。

第四，向媒体与大众双方面提出报告，作为二者之间的联系。

但要遴选这一机构的理事与工作人员，并非易事，要使工作严限于实际可行的范围内，又得花费不少的时间。但这一机构将产生良好结果，导致媒体与大众间的了解，殆可断言，任何一个基金组织值得拨款，来进行这样一个极其优良的计划。

上述机构能否尽速成立，又为大众所应承担的责任。这不应由政府或媒体来出面设置，当然，大众在筹备时，少不得与这两方面有所磋商。这应能表达最高层次的大众利益。以报界人士的反对言，我们也大可料断，在最初作一番本能式的抵制之后，多数报纸与其他媒体都将表示尊重与欢迎。

我们在前面一章业已提到，媒体有责任帮助创设足够的学院与大学研究中心，作为这一个事业新参加者的训练之所。这无疑是媒体的责任，他们应来关心自身的各种问题，因而出力帮助，乐观其成。至于基本的责任，又非阅听大众莫属。大学中这类研究场所必须由公众来设立，并选送能干的年轻人前往进修。在二三十年以后，新闻学院以及与之有关的训练与研究场所，也必须由公众来设立，显示力量，媒体人员的素质因而节节上升。这些机构果真发挥潜能，必可用作生活广度与深度的训练，而非止于职业的训练而已。

另换一种说法，新闻学院与其他大众传播课程，只训练年轻人去应付初开始六个月的工作，那就无可恭维。它们应该让毕业生有能力应付今后不少年的工作，这是说，不只是技能，而是对专业的一种通盘了解。教育目标不当是短程的，当是长程的。

大学新闻学院现正朝着这个方向努力。另一个可喜的发展，是设置研究中心与计划，与若干大学有着关联。这是促使专业化的一种长远打算，医学院如果未完成某些研究计划，到今天，病家仍可能在接受中古方法的治疗。我们愿指出，新闻学院与研究中心的出现，乃是大学传播事业承担公众责任的一种具体说明。

阅听大众为了显示他们的鉴别能力，另一方式是鼓励开创新事业。本书前面已说过不少次，现在要想开创新业，因为成本高昂，极难成功。但新的尝试愈来愈感需要，这不仅是指提供新奇的观点，更重要的，对于"庞大的阅听人"里各个团体所需的服务，绝不是"最大公分母"式的媒体内容所可满足。至于阅听大众，不管是整个，或只属一部分，如果真正需要这种特殊的服务，也应把这一个要求反映出来。同时，当新的大众传播事业机构出现时，他们更应很快地加以支持。

捐资兴办报社或电台的可能性，听来令人动容，但并非须有一个基金会的资助或一位巨富的解囊，而后才能建立品格高超的传播机构。当前开创新事业所最感需要的一项保证，殆为：一批具鉴别能力的大众期待着它们，并且还愿随时随地来支持它们。

最后，大众对传播事业还有一项特殊的责任，他们应学习如何来运用媒体。宗教节目没有理由在技术水准上低于娱乐节目。教育节目也没有理由在技术水准上低于娱乐节目，即令教育电台基金短绌，技艺高超的演员既难训练，也难养得住。地方性广播，包括无线电与电视在内，也没有理由推说已难发挥更大的力量。总之，应有更多的非专业大众来学习传播技术，以使媒体求取最佳的运用。

讨论至此，我们又回到一个老的问题：我们寄望一个机警、有表达与鉴别能力的阅听大众，来关心传播事业，这是切合实际的吗？如果答案是肯定的，许多事情将有希望实现；如果是否定的，进步便会转向缓慢。我们前已指陈，大众传播事业的责任问题，乃是媒体、政府与大众三种力量间的微妙平衡关系。完成传播方面所必须完成的主要责任在于媒体，基本义务则属公众。大众有责任把他们自己变成为积极而又有识别力的阅听人，把他们的需要告诉媒体，并帮助媒体来满足这些需要。换言之，他们是形成社会所需的那种传播制度的一个合伙人。公众参与得愈少,政府与媒体就将填补这个空隙,我们期望达成理想的结果愈是困难。

萧伯纳①曾于1931年向美国朋友发表一次无线电演讲,他以平常的诙谐语调,提出下面一个建议,不少听众为之大吃一惊。他说:

> 每一个人所负于文明社会者不少,而且从孩提开始便已享有社会的保护与利益。因此,相隔一个时期,他便应该自动走到一个合格的陪审团前面,申述他有何理由可以活命于世而无所歉憾,如果他无法申述,便应即时而又不带一点痛苦地结束他的生命。

作者个人并不鼓吹上面这种即时的裁决。但我愿提出一点,我们所有的人,既已获有自由传播制度的保护与利益,真的负有一项义务,申述我们在这一制度下无憾地活命的理由。我们的义务包括些什么,本书前面已有所论列。如果我们未能有所作为,来证明这种保护与利益并未白费,我们势必在一个致命的世纪中面临下列的可能性:生命即将结束,但并非毫无痛苦。

(程之行译)

---

① 萧伯纳(George Bernard Shaw, 1856—1950),英国著名小说家,作品以内容诙谐著称。所著《憨第德》(Candita)、《窈窕淑女》(My Fair Lady),皆脍炙人口。1920年获诺贝尔文学奖。

勒　纳

丹尼尔·勒纳（D·Lerner），美国麻省理工大学社会学教授。他提出的关于大众传播与国家发展的基本理论模式,是发展传播学领域中最有影响的理论之一。其主要成果集中体现为1958年出版的《传统社会的消逝——中东的现代化》一书。本文概述了此书的主要观点,最初发表于美国《行为科学》杂志1957年10月号,后作为发展传播学的经典之作,被频繁引用。

本文的中心论点为,世界上的大多数社会都经历着从口头传播系统向大众传媒系统演进的过程,这一过程与社会的其他变化(主要为城市化、读写能力和政治民主)相互关联。换言之,传播体系的变动,既是整个社会体系变动的结果,又是其变动的原因。并立足于传播角度,划分出三种社会类型:以口头传播系统为主的传统型社会、传媒与口头传媒系统并立的过渡型社会、以大众传媒为主要传播系统的现代型社会。

（谢金文）

传播体系与社会体系*①

生活于同一政治形态中的人们,形成信息传播的特定方式,犹如形成其他商品流通的特定方式。这些信息流动的方式在许多点上,都与权力、财富、地位及其他有价值事物的方式相互作用,形成一个大的系统。也就是说,传播方面的深刻变化,总是伴随着其他方面一定的有规律的变化。本文力图界定世界上的大多数社会里,传播与社会其他系统之间的重要关联的程度。

我们已认明,有两种公共传播系统——传媒的和口头的。从传播研究的基本问题看,这是两种不同的传播。这些基本问题是:谁,说什么,怎么说,对谁。在这四个方面,两种传播的差异如下:

	传媒系统	**口传系统**
渠道	传媒(一对多)	口头(一对一)
受者	大众(异质异类)	基本群体(同质同类)
信源	专业化的(技能)	等级制的(地位)

---

* 译自英文本《大众传播学》,伊利诺伊大学出版社1949年版。并根据日译本校阅。

① 向给予本论文启示的R·艾克豪斯、E·哈根、H·拉斯韦尔致谢。本文勾勒的理论框架有一些研究实例支持,见笔者所著《传统社会的消逝》(The Passing of Traditional Society)。

内容　　　［描述性的］　　　　［指令性的］①

关于传媒系统,传播学家们已有详尽的描绘。公共信息的主流是由专业化的传播机构推动的。他们熟练地生产出描述性讯息(新闻),通过非人身的"媒介"(印刷物、胶片、电波),朝相对未分化的大众传送。

关于口头传播系统,我们主要从人类学家的报告中有所了解。使用文字之前的传播网络,远比媒介系统(对于行为方式有同一化效果的系统)多种多样,其社会惯例也有许多变化。例如,在有些口传系统中,权力不是严格地等级化的。但在通常类型中,发出讯息的人往往依赖其在社会等级中的位置被赋予发言资格,即凭地位而非凭能力。这些讯息典型地呈现为指令性的,而非描述性的。如宣布一些规定,以调控人们在有关共同利益的紧迫情况面前的行为,如收税和征兵。这些讯息通过口传渠道,传送到各个很不相同的受众群,即由血缘、信仰、工作甚或娱乐而形成的"自然的"基本群体。其中的每个群体都在群体内部和群体之间,起着从口到耳式传播的中继渠道作用,使整个口传网络的传播模式得以完整。②

如果我们认可上述概括为对两种普遍的传播系统之特征的满意区分,那么就可以进入下一个问题:以足够的准确度来描述它们的发生,从而进一步区分现实世界中的传媒系统与口传系统。这里,我们遇到了麻烦:上述比较是观念化的,几乎没有只具备一种传播系统的现实社会。例如在英国,公共传播最接近于传媒系

---

① 这里之所以打上方形括号,是因为关于这两种传播内容不同的系统化证据,我能得到的只有几年前在中东的一次研究。我猜想这种不同在全世界都如此,但不能证实。

② H·拉斯韦尔评论说:"一个有趣的变种,是口语主导的系统中击鼓及其他相似的传媒渠道的作用。这些传播方式只是远距离传送手段,与其说是表达性或指令性的,不如说更像单纯的路标。其标志性的成分很高,我是说,作为传播工具的物件相当广泛,为了降低标志性成分以谋求接近纯符号,一个视觉系统看来绝对是必要的。这种视觉系统可以被制作出来,且仿效者蜂起。这种需要一定是很大的——在首都或其他城市。"

统的模式,但人们仍互相交谈公共问题。相反,在沙特阿拉伯,虽以口传系统为主,但也有一家广播电台。从观念的模型回到经验的资料看,在大多数社会里,传播方式中的各种因素开始发生变化。世界上的大多数社会看来正处于从一种方式向另一种方式演进的阶段。

我们还注意到,有两种普遍特征看来是一切社会共有的。第一,变化的方向总是从口头转向传媒系统(就目前所知,没有朝相反方向变化的例证)①。第二,传播行为的变化程度与同一社会系统中其他行为的变化是相关的。这些情况表明,我们正面对着传播系统的一个长期趋势,一个方向一致的历史性演变的长期过程。而且,这种趋势看来是全面性的,它与许多非传播因素相辅相成。由此可得出结论:传播系统是整个社会系统发生变化的晴雨表和推进器。撇开何者为先的问题不谈(因为只要整个过程一启动,鸡和蛋事实上就互为原因了),上述推论可引出下列矩阵表,供进一步考察:

	类型 1	类型 2
传播方式	传媒	口头
社会经济	城市	农村
政治上	有代表	无代表
文化上	读写文化	文盲文化

与每个传播系统相连的,是由经济、政治和文化特征构成的背景框架。为突出差异,我们在此采用了两分法,实验性地把它们作为连贯的变项,标定它们的不同点。这种公式化方法不乏武断之处,不应从中得出误解。就像没有纯然的传媒系统一样,也没有纯然的城市、纯然的政治代表、纯然的读写文化社会。我们的模型是或然的,我们的尺度是分布性的,我们的检测是相互联系的。

这一研究的目的,是界定各项指数的实际相关程度,范围是所

---

① 这里的讨论不包括新集权主义系统,此类系统使用口头传播方式,恢复了古老的、鼓动家的重要性。这种特殊情况似乎填补了传媒(尤其是印刷)产出讯息能力的迅速发展与消费传媒讯息能力不足(如由于不识字或缺乏设备)之间的传播断层。

有提供数据的国家社会。指数种类的确定,取决于最大限度地利用联合国教科文组织和其他机构的报告所提供的统计数据①。由于许多数据的提供国家数量不等,我们的相关研究结果的适用范围,就随之成为从 54 至 73 个国家不等。

每项指数都被视为社会某一方面的公众参与状况的可靠标志。如读写指数,即能读写某种文字的人数在总人口中所占比例,被视为整个文化方面的国民参与度的恰当说明。同样,在全国选举中实际参加投票的人数所占比例,标志着整个政治方面的参与情况。又如城市化,以人口在 5 万以上的城市为基准,被作为整个经济方面的参与和分享的指数。城市化通常只被狭窄地作为职业分布状况的尺度,其实,可以基于那些显示了职业分布、人均收入和文化程度之间的高度相关性的研究,作出更广阔的阐释。②

这些指数表明了上述四个方面的参与和分享程度,在本文的研究中,可用以说明整个社会体系。它们区分了有参与性的现代民主社会样式和无参与性的传统等级社会样式。有参与性的样式在这里指个人参与的频度,而非质量。要点仅在于,更多的个人接受和利用参与的机会,而不论他们参与的价值如何。相应地,为构成传播指数而选用的项目,也只看人们参与的频度。这些项目为:(1) 日报发行量;(2) 收音机数量;(3) 电影院座位容量。这三项中的每一项,都首先分别与其他的社会指数相关,在考察确认了每一项的相关系数后,再把这三项合为一个指数(为便于在各项和各

---

① 统计数据见联合国教科文组织的报告。数据尽可能与其他联合国教科文组织资料和联合国统计年鉴及人口年鉴核对过,以纠正印刷或信息、计算之错误。凡有较大差异、又无法趋同之处,我们的分析中便弃之不用。此外,包括所有的"自治国家"。笔者无法对这些由各国分别制作的报告综合起来的联合国数据进行评估。各国对指数的定义不一,报告的准确度不同。虽然,对"错误"的量无从系统地核正,就我已核正的那些错误看,它们的方向是朝着夸大现代化的进程——即不发达国家倾向于在报告中过大、而非过小地估算其国内的城市化、读写能力、选举程度等指标。

② 在整个世界,读写能力与人均收入的相关系数为.84,与工业化的系数为.87,工业化以非农业居民中有工作收入者所占比例为统计依据。

国间比较,指数均为每千人中的比例)。

检视传播项目

上述三个传播项目中,每个都与读写文化指数相关。73个独立国家的总的相关系数如下:①

项　　目	与读写能力的相关度
日报发行量	.75
收音机数量	.74
电影院座位容量	.61

显然,报纸发行量与读写能力的相关度,高于电影观众量与读写能力的相关度,欣赏电影不一定要读写能力。而收音机数量与读写能力的高度相关,引导我们从另一角度进行解释,造电影院不一定要先进技术(里面放映的片子可以进口),大量生产收音机,则需要相应的、基于一定技术水平的工业化程度。

工业化程度是城市化指数的重要内涵。确认读写能力与传媒高度相关后,我们再来确认城市化与这两者的相互依赖。传媒生产和流通的发展,通常只出现在具有最起码的、为现代工业所必需的城市化的地方和时期。同样,城市化也要求提高人们的读写能力,以参与工业的发展。城市化到达一定阶段,读写能力就成为发展过程的独立变项,开拓现代化的新局面。不过,在这一局面下,读写能力本身很快变得与传媒的发展密切相关。传媒教会读写,读写能力的提高又扩大了传媒产品的消费市场。读写能力与每种传媒之间相关系数之高,意味着可以认为它们在传播市场中是互为因果的。而这样的市场,只见诸于城市,至少历史上它诞生时是这样。

如果我们进一步考虑到,仅有人口密度而没有相应的城市化,

---

① 在联合国教科文组织的报告中,读写能力指数分为5个种类,每种含20个百分点,即20%以下、20%—40%、40%—60%……读写指数的标准偏差较高(31.4)。

在大多数社会里,这种密度会趋向于成为一种反读写能力的力量,那么城市的作用就更清楚了。尽管人们住得靠近可降低教育费用,在其他条件相同的情况下,人口稠密度应有利于读写能力的提高。然而,如果没有足够的城市化,其他条件不同步,即生产、流通和财富的消费程度都很低,这将对所有公共服务、特别是公共教育产生直接影响。在高密度、非城市化的社会里,国民总收入相对较小,由公共资金维持的学校很少,而且,由于人均收入低,又没有广泛分配,能承受上学费用的个人就更少。因此,在一定的地方人越多,受教育的人所占比例就越小,提高读写能力指数就越难——直到他们开始向城市迁移。在人口稀少的地方,城市化的影响不太明显,读写能力的提高也许直接与人均国民收入的提高相对应。但在人口众多的社会里,城市化是介乎其中的变化因素,对提高读写能力的"起飞"十分重要。在这样的地方,似乎只有显示了相当的城市化程度,读写能力的指数才开始提升。然而,在城市化达到一定的程度后,读写水平又不再相应地提高了。就是说,读写能力的继续发展——比如说,在某个社会有一半人获得这种能力以后——转而更多地依赖于城市的继续发展以外的因素。

  缺乏城市化的人口密度会形成反读写能力的力量,这在人口众多的亚洲社会已十分明显,如印度和印度尼西亚。在那里,"相当程度的城市化"还没有出现。以上所说的人口密度与城市化对读写能力的影响,可用下列方式表示。

		城 市 化	
		高	低
人口密度	高	高 (读写能力)	低 (读写能力)
	低	高 (读写能力)	高/低 (读写能力)

为便于探明人口密度、城市化、读写能力这三者之间的关系，我们提出三个假设：(1) 在城市化程度低的地方，读写能力与人口密度成反比关系，呈负相关性；(2) 城市化程度提高，读写能力指数也升高，在人口密度低和高的地区都如此；(3) 不论人口密度如何，城市化达到一定高度后，读写能力的提高就不再仅仅依靠城市化程度的提高了（还有第 4 种情况没有在这里作为假设提出来研究，那就是在城市化和人口密度都低的地方，城市化程度的提高对读写能力的影响不确定）。

一种更复杂的阐述方法是，把这三个假设结合起来，明确在什么情况下城市化、人口密度与读写能力构成单一关系。这里，我们使用的是比较简单的方法，以探究双双对应的关系。我们的主要兴趣在于，明确城市化在一个社会体系现代化的早期阶段所起的重要作用。因此，我们提出在人口密度低和高的地方，城市化起作用的情况不同，只是为将来的进一步研究作铺垫。

在计算它们的相互关系时，人口密度指每平方公里领土上的人口数量，城市化指居住在 5 万人以上城市的人口在总人口中的比例。读写能力与人口密度的相关系数为负数：—.6。仔细观察这两方面的数据，可以看出，这种逆向关系源自人口众多的非城市社会——中国、印度、印度尼西亚、埃及等。这可以看作是对第一个假设的肯定，即在城市化程度低的地方，人口密度是抑制读写能力的因素——人口密度升高，读写能力指数便趋于下降。

从数据看，对第二个假设的肯定，即城市化提高、读写能力随之提高的状况，也是明显的，相关系数为＋.64（值得注意的是原始数据的不准确性对统计结果的影响。人口密度是以整个领土而不是以有人居住地区为统计对象的，由于人口密度最高的国家往往"废"地也最多，其实际密度在统计上被这些"废"地降低了。同时，上述 5 万人的起点，排除了许多人口少、密度低的国家里的真正的城市。在这些国家里，小城市也算进去就会使城市化指数大为提高。因此，如果把统计数据处理得更加精确，就会使所有相关系数进一步朝肯定上述假设的方向变化)。

把所有 73 个国家中读写能力与城市化的指数按序排列起来看,我的第三个假设,即城市化达到一定高度后,读写能力的提升便与其他的人口统计上的变量无关,就显得更有道理了[1](虽不能完全确定)。

国家数	读写能力	城市化(平均)
22	80%以上	28.0%
4	61~80	29.2%
12	41~60	25.0%
13	21~40	17.0%
22	20以下	7.4%

城市化作为一个重要因素,明显体现在这样的节点上,即 1/4 人口生活在 5 万人以上的城市里。读写能力与城市化之间的直接和单一的关系,在城市化达到 10% 至 25% 之际最为显著(第二行虽然比第一行多 1.2%,但只包含 4 个国家,因此没有重要意义)。一旦超过 25% 这一界限,尽管城市化没多少发展,而读写能力仍单独地上升(在人口密度极高和极低的国家都是如此)。

如果我们把城市化程度依 10% 和 25% 作大致划分,就可将社会归纳为三类,它们在读写能力和传媒参与方面各不相同。我们称之为现代型、过渡型、传统型,如下表所列。

	读写能力	城市化	传播系统
现代型	61%以上	25%以上	传媒
过渡型	21%—60%	10%—25%	传媒-口头
传统型	20%以下	10%以下	口头

---

[1] B·霍斯利兹说:"我倾向于相信,读写能力是一个独立的变项,至少在某些情况下。南亚的一般情况似乎是,到城市去的移民中,有读写能力者的比例大于他们原来居住的农村。换言之,愿意学习的人流向城市。另一方面,城市的发展形成较高的文化程度,这部分是因为有更好的学校设施。因此,我们必须区分成人移民的识字率与城市出生或至少从学龄起成长在城市之人口的识字率。

这些划分标准在某种程度上是由统计数据的输入决定的，因而难免有些武断（例如，假设城市化的指数由2万人以上，而不是5万人以上的城市构成，则上限的标准可能就不是25%，而是20%了）。

尽管如此，这一划分结果使我们能界定向参与性社会长期演进过程中的两个主要局面。简要地说，第一个局面就是城市化。人口从分散的乡村向城市中心转移，为广泛参与的起飞提供了起码的条件。只有城市才能发展出由机器与技能合成的工业机构，其生产的物品中包括报纸、广播和电影。在这一局面下，城市化的发展在每个社会里相应地形成一种趋势——推动生产和传媒的发展。而基本的工业机构一旦启动，向参与性社会的发展便进入下一个局面。曾经为生产提供了最初条件的城市化，此时便不再能自动地保证消费的对应发展，而需要那些支配消费的条件了。

在这第二个局面下，读写能力既是发展的指数，又是发展的动因。读写能力提供了传媒系统的运行所必需的基本能力。有文化的人才能产出传媒的内容，这些产品又如读写能力与传媒的相关系数所示，主要是由有文化的人消费的。

因此，在城市化大约达到25%的社会里，与传媒消费有最大关联的是读写能力。至于读写能力为什么是向完全参与性的现代社会转变过程中的关键动因，我们不久将作出更清楚的解释。这里只想总结性地强调一下，在早已进入第二个局面的现代，一个与10%以下城市化和40%—60%（大体在半数以下）读写能力的社会所相异的社会系统已在运行。随着读写能力和传媒参与度的不断提高，可供参与社会系统各个方面的手段也会更有效、更频繁地被使用。政治参与是标志之一，其最高形式即代表制。

（谢金文译/黄　旦、张国良校）

克拉伯

约瑟夫·克拉伯(Joseph T. Klapper),美国传播学者。生平不详。据现有资料,他曾在哥伦比亚大学"应用社会研究所"工作,完成其成名作即这里介绍的《大众传播的效果》一书后,转入企业界,先供职于通用电气公司,后至哥伦比亚广播公司担任社会调查所所长。

20世纪50年代末,传播(尤其是传播效果)研究在美国日趋兴旺,从拉扎斯费尔德、霍夫兰到勒纳、施拉姆等,众多优秀学者加入研究行列,产出丰硕成果,积累起庞大的数据和资料,从而到达了一个需要总结过去、展望未来的转折点。克拉伯的贡献就在于,回应形势需求,对前人成果加以整合,概括出五个"一般化"的总结性观点,其实质是明确提出了"有限效果"或曰"最小效果"的主张。一般认为,他的这一劳动,为传播效果研究的第二阶段(即"有限效果论"阶段)划上了一个句号。如他在下文结尾处富有远见地所说的那样,没过多久,后人的"思考和研究",就"不仅修正、而且超越了这一框架"。

(张国良)

大众传播的效果*

第一章 绪 论①

　　大约20年前,对于研究大众传播现象的人们来说,首要的任务是,必须给这一不为人熟知的词语下一个定义。自那时以来,有关大众传播——特别是大众传播的效果——这一话题的猜测和研究层出不穷。并且,如同一切新兴学科所具有的特征那样,它目前也达到了研究成果丰饶而无序的阶段。为此,研究者和研究管理者无不痛切地感到,有必要设立一个将日积月累的资料进行整理、分类的中心。这个研究领域已成长到这样的程度,即要求大众传播研究者定期开展以下工作——对其他研究者泉涌般出现的成果作出评价,以确定前进的方向,概言之,即评估"我们对于大众传播的效果所得到的知识"。

　　当然,我们得到的知识,会由于效果种类的不同而各异。有关某种效果,其研究成果可能前后相当一致,而有关另一种效果,却

---

　　* 译自英文本《大众传播的效果》,美国自由出版社1960年版。并根据日译本审校。

　　① 本章曾发表于《舆论》季刊总21卷(1957—1958冬季号),仅作了稍许的改动。原题为《我们有关大众传播的知识——希望的边缘》,本章是其开头部分。此文最早是我出席全国编辑协会成立一百周年纪念学术研讨会(在马萨诸塞州德特阿姆举行)所作的演讲稿。

可能呈现明显例外的事例或相互矛盾的结果。大众传播研究成果的这一现状,可说是众所周知。不仅如此,还蔓延着一种悲观论,认为不可能整合有关大众传播效果的讨论和成果。

在笔者看来,悲观论自有存在的理由,下面将概述其要点,但本人并不予认同,更不会加盟。倒不如说,我们终于到达了希望的边缘。说得再明确一些,我的提议是,通过若干经验性的一般化,到达尝试性的模式化阶段。以下,就是笔者提出的若干一般化的方案,此项工作整合了庞大数目的资料,对明显例外的结果加以适当的处置,并就如何推进新的、具有理论一贯性的研究给出方向性的建议。

悲观论的依据

当前,悲观论普遍见诸于关心大众传播的一般公众和研究者之中。

我们充分理解,一般公众之间何以存在某种程度的悲观论,乃至犬儒主义。之所以如此,是因为我们未能对一般公众的疑问给予满意的回答。教师、牧师、家长和议员们,在过去15年里反复不停地向我们提问。诸如:大众传播媒介描述的暴力是否构成犯罪的原因?占据大众传播媒介大部分内容的逃避性质是否导致人们不再关注现实?在政治性劝服中,媒介究竟能对受众起什么作用?对于这些疑问,我们岂止是不能给出明确的答案,更有甚者,面对一些包含各种观点的见解,我们却提出了对任何一方均能给予部分支持的证据。我们一方面基于经验性的调查结果,主张逃避性内容遮蔽了受众的眼睛,对他们的生活提出了非现实的建议[1];另一方面,却又认为这些内容有助于解决生活中的现实问题[2]。我们对犯罪和暴力的问题,作出了暧昧的回答。典型的表述如下:

---

[1] 例如阿伦海姆(1944),赫佐格(1944)。
[2] 例如维纳和亨利(1948)。

"啊,大众传播媒介与犯罪之间,恐怕并不存在因果关系吧!但媒介应该具有诱发效果。"①关于大众传媒的劝服力,我们主张并非那么强大②。可是,与此相反,也有若干大众传媒的劝服获得惊人成功的报告。例如,有关改善宗教不宽容的事例③;有关促进战时公债发行的研究④;对美国生活方式的信念的研究⑤;对童子军活动的态度变化的实验⑥,等等。这样一来,取代明确答案的,就是虽有所关联、但不得要领、时而充斥着明显的相互矛盾的研究结果,面对这种研究态势,公众神色黯然乃至报以冷笑,就不值得大惊小怪了。

混杂着各种色彩的悲观论,之所以体现在研究者队伍中,也不难理解。上述例外个案的发现,可以认为是提示我们,当务之急是需要更富有洞察力、严密性的研究。为了在混乱中赋予秩序、诊断并预测效果发生的过程,我们致力于追求能正确记述其过程的新的变量,并考察各种假说,制定研究计划。结果,我们得到了庞大数目的变量,几乎被淹没在其中。"谁对谁说了什么?"⑦这一较为平静的水面,早在大众传播研究的初期,就已经被受众的固有倾向(predisposition)、自我选择(self-selection)、选择性认知(selective-perception)等变量扰乱了。最近的研究,无论实验性研究,抑或社会现实中开展的研究,都证明了以下无数个变量的影响力。即,大

---

① 这是概览有关效果研究的各种文献、评论后得出的典型结论。参见博加特(1956)。
② 例如拉扎斯费尔德、默顿(1948),克拉伯(1948)。
③ 克拉伯(1949)。
④ 默顿(1949)。
⑤ 关于媒介在这方面的效力及界限,在美国情报机构的大量未曾分类的评估报告中,恐怕事无巨细地记录在案。
⑥ 凯利和福尔卡特(1952)。
⑦ 拉斯韦尔 1946 年(史密斯、拉斯韦尔、凯西)提出传播研究"**谁**、通过什么**渠道**、对**谁**、**说什么**、**产生了什么结果**"的模式。这已成为经典的模式,作为传播学课程和教科书的基本框架,被广泛采用,并对于研究方向的确定,发挥了重大的影响力。

众传播媒介内容的文法结构的各个层面①、受众对信息来源所抱有的印象②、单纯的时间的流逝③、受者个体参与群体的意向及其对群体归属的价值判断④、意见领袖的活动⑤、媒介接触之际及之后的状况所包含的社会意蕴⑥、受者个体扮演角色的无奈程度⑦、受者个体的性格特征⑧、受者个体的社会阶层和欲求不满程度⑨、自由企业经济体制下的媒介的特性■、大众传播媒介作为"使行为动机显在化的社会机制"被利用的可能性■,等等。这些变量的清单,虽然终有穷尽的一天,但恐怕会达到很大的数目,想必今后也将持续地膨胀。这里可预见的是,受众的生活以及生成传播的文化的几乎一切方面,都与传播效果的过程有关。早在1948年,贝雷尔森立足于当时已明朗的知识,经过深思熟虑,多少像是脱口而出,但到达了正确的结论。即,"有关某种争点的某种传播,在某种条件下,吸引某些人们时,具有某种效果"■。贝雷尔森发表此番意见后,10多年过去了,其间出现了难以枚举的变量。如今,对效果和效果发生过程进行系统的整理、并将其原则用于效果的预测这样一个目标,对于一些研究者来说,似乎是越努力却越拉大了距离。

---

① 例如霍夫兰(1954),霍夫兰等(1957)。
② 例如默顿(1946),弗里曼、威尔克斯、韦特海默(1955),霍夫兰、贾尼斯、凯利(1953)第二章,此章概述了霍夫兰、沃斯、凯曼的一系列成果。
③ 关于"假寐效果"、"一时性效果",参见霍夫兰、拉姆斯丹、谢菲尔德(1949)。
④ 例如凯利和福尔卡特(1952),赖利和赖利(1951),福德(1955),卡茨和拉扎斯费尔德(1955)对有关该问题的大量文献进行了评论。
⑤ 卡茨(1957)对这个议题进行了彻底的评论。
⑥ 例如弗里德森(1953)。对此问题很早就加以关注的研究,有库伯和贾荷达(1947)。
⑦ 贾尼斯和金(1954),金和贾尼斯(1953),以及凯曼(1953)。这些研究均在霍夫兰等(1953)中予以概述和评论。另参见麦可尔和马科比(1954)。
⑧ 例如贾尼斯(1954),霍夫兰等(1953),贾尼斯等(1959)。
⑨ 例如马科比(1954)。
■ 例如克拉伯(1948,1949),韦伯(1952)。
■ 韦伯(1951)。
■ 贝雷尔森(1948)。

然而,如前所述,笔者并不打算加入悲观论的阵营。在我看来,关于传播现象,我们知道的远多于过去,已来到了可望获取更为丰硕、实在的知识的地带。

希望的根据

这一乐观论基于两个事实。其一,在最近的业绩中,得到明确认可的传播效果研究的新定位;其二,从这一新途径导出的若干假设性的一般化。

以下,就是笔者对新途径的论述和对一般化的建议,不能说是主张,只应说是提案。笔者希望它富有启迪意义,但目前还不能说已经是没有争论余地的原理。这里的乐观论,与其说是最终的结论,不如说是提供了尝试性的解释。必须预先指出,在本章及以下各章中,事实上还存在着一般化不能适用的广阔领域。而且有必要警告,不能把这种一般化视为终结性的、类似于公理那样的东西。

"现象学的"途径

新的定位作业,诚非自今日始,并已给出各种模式,若以非常单纯的方式描述,那就是:从"皮下注射式效果"(hypodermic effect)概念到所谓"状况性"(situational)、"功能性"(functional)取向的推移。由于这两个词语添加了特殊意味,且对于我们的研究目的不乏欠妥之处,因此,笔者提出"现象学的"(phenomenistic)途径以取而代之。不管使用什么概念,要而言之,原先将大众传播视为对受众产生效果的一种必要而充分的因素之倾向,转向了视媒介为置于总体状况下在其他各种影响力中发挥作用的一种影响力之倾向。过去那种寻求传播产生的特殊效果的方法,让位于观察现实条件及变化的路径。也就是说,转向了追寻生成这些条件和变化(包括大众传播在内)的各种因素,以及这些因素相互关联所形成的局面。更简洁地说,即从认定大众传播是一种独立发挥作用的刺激因子,转变为探索大众传播在被观察的全局中扮演什么角色。

采取新途径的研究实例,如今已积累起相当数量。例如艾尔密勒研究[1]、迪凯特研究[2]并非把焦点只对准媒介的效果,而试图从被考察的各种现象中寻找出影响决策的主要因素。赖利夫妇和马科比的研究,也关注媒介对各种类型小孩发生作用的不同,而非确定媒介是否影响小孩[3]。实验室取向的研究者们,特别是霍夫兰学派,则以传播的刺激为自变量,以传播以外的多种因素为因变量,开展了精巧设计的控制性实验[4]。

这一将大众传播媒介视作以一定型式发生作用的一系列要素之一的新途径,是极为有效的方法。笔者认为,正是它的出现,才使后述的一般化成为可能。

不过,在展开一般化之前,先就现象学的途径提出若干警告,我想是合适的。这一途径虽然十分有用,但如果太过依赖,则包含着使解释对象暧昧化的危险性。

现象学的途径将我们的注意力引向与大众传播具有相互作用关系的各种因素,或相互作用本身的存在,这样一来,我们就有可能忘却最初的目标,即确认大众传播自身的效果。例如本书的第一部分,就传播与受者个体所属团体规范的一致与否而导致大众传播效果差异的事态进行考察;其后各章则发现,媒介中的空想内容以及犯罪和暴力的描写给予少儿的影响,因他们所属群体的类型之差异而呈现各种不同的情况。这些研究成果,对于丰富我们有关大众传播效果过程及形态的知识,是重大而宝贵的贡献。可是,如果说,研究理应针对有关大众传播效果的疑问给出有社会意义的答案,那么,在大众传播参与其中的、产生各种效果的条件之

---

[1] 贝雷尔森、拉扎斯费尔德、麦克菲(1954)。
[2] 卡茨和拉扎斯费尔德(1955)。
[3] 赖利和赖利(1951),马科比(1954)。
[4] 实验计划可参见霍夫兰、贾尼斯、凯利(1953),霍夫兰等(1957),贾尼斯等(1959)。

中,探寻相对而言何者是更有利的条件,就是题中应有之义。遗憾的是,传播研究对此几乎没有提供过明确的回答。如此,作为结果,本书也不能不反映这一大众传播研究的局限性。但我想指出的是,现象学的途径之所以迟迟未提出确定的答案,原因无非是期盼最终给出的结论能更有意义。

有必要牢记,大众传播固然被认为通常是作为效果发生的促进因素(contributory cause)之一而起作用的,但是,它也不时成为主要或必要的原因,有时还构成充分的原因。大众传播的效果时常被介入、从而在其他各种影响力中发生作用这一事实,正好说明了大众传播具有可区别于其他影响力的特性,而这种特性能造成特有的效果——对此,我们决不应视而不见。现象学的途径也好,下面建议的一般化也好,都不否认这一可能性。事实上,后述的一般化之第三、第四点就提示了这种可能性。但这样一种危险性是存在的,即研究的焦点有时会过度集中于现象学的途径所指出的其他因素,结果,忽视了大众传播的效果这一最初的目标。对于这种危险性,我们要经常保持警惕。

当然,我们不乏相应的对策。而且,笔者认为,一旦采用此项对策,现象学的途径就有望赋予当前传播研究成果的混乱状态以某种程度的秩序。如上所述,现象学的途径使以下展开的一般化成为可能。这一作业的进行,非常慎重。但同时,对笔者来说,它又是太概括和不成熟的。这项一般化的工作,一方面似乎只是综述了迄今为止的成果,但另一方面看上去又非常大胆。要而言之,这里的一般化,将有关传播效果的各种过程、原因和方向的大量资料相互联系起来,与此同时,对那些即使不说是与现实相矛盾、但迄今仍可称例外事例的研究成果,则列为若干基础性课题的变形而加以整理。

导出的五个一般化

作为第一步,我想省略详细的解说,先提出一般化的框架。有

关它整合各种各样的数据的可能性及其局限性,将在以下各章依次展开。这一尝试性的一般化为:

一、大众传播通常不作为受众效果的必要且充分的原因而发挥作用①。与此相反,大众传播在中介性的各种因素和各种影响力的连锁(a nexus of mediating factors and influences)中,并通过此连锁而发挥作用。

二、由于存在着中介性的各种因素,大众传播在强化现存各种条件的过程中,不是惟一的原因,而往往是构成促进的作用原因之一。不管是受者个体的投票意愿,还是他们的犯罪倾向,或者是他们对生活和生活各种问题的一般态度,也无论作为问题的条件状况如何、效果属于社会层次抑或个人层次——与这些均无关,相比而言,媒介的作用方向更趋于加强而非引起变化。

三、大众传播朝引起变化的方向发生作用之际,应是符合了以下两个条件之一:

(A)中介性的各种因素无效,而由媒介的效果直接发挥作用。或,

(B)通常朝加强的方向致力的中介性因素,其自身转向了推进变化的方向。

四、大众传播产生直接的效果、或因其而直接产生特定的心理和生理功能、但无法作出说明的特定的状况,是存在的。

五、作为促进的作用因素、或直接产生效果的作用因素的大众传播,其效力受到来自媒介和传播自身以及传播状况的各种层面(诸如媒介内容的文法结构、传播来源和媒介性质、现实的舆论环境,等等)的影响。

本章对一般化及其内涵,就概述至此。它是对已有研究成果加以说明、整合的尝试。先提示各种研究成果的积累,然后,在此基础上就若干论点展开一般化……

---

① 有关受众效果的必要且充分的原因,请参见一般化的三、四、五。

不过,在此要声明的是,笔者决不拘泥于这项一般化作业。对一般化的建议,也仅限于本章,在以下各章不再赘述。事实上,笔者期望将来的思考和研究,不仅能修正、而且能完全超越这一框架。笔者只是在本书主张,大众传播研究目前已到达了可以提出一般化的时期,而决非认为这种一般化的有效性能久盛不衰。

(品　书译/张国良校)

罗杰斯

埃弗略特·罗杰斯（Everett Mitchell Rogers,1931— ），美国著名社会学者、传播学者。1931年生于俄亥俄州。从俄亥俄州立大学研究生院毕业后，执教于母校。后赴密西根州立大学，任传播学系教授。1963年至1964年间，曾赴南美哥伦比亚首都的哥伦比亚国立大学社会学部任教。另外，还兼任几家专业调查机关和农村企业的顾问等。

其成名的代表作，即1962年出版的《技术革新的普及过程》，又译《创新扩散》（Diffusion of Innovations）。作者独辟蹊径，从技术革新的信息是如何传播、扩散的角度，探讨了大众传播及人际传播在技术革新的普及过程中所发挥的不同作用。对新技术（包括新观点、新生活方式等）的推广和采纳，其实质是把变化引入采纳者个人、群体乃至整个社会生活和文化之中。从这一意义上说，对技术革新如何普及的研究，也就是对传播如何影响社会文化变迁的研究。此书先后于1971、1983年修订再版，进一步完善了有关普及研究的理论。但基本框架未变。

这里译介的第五章,着重分析了技术革新的特征及其对普及状况的影响。

此外,罗杰斯的重要著作还有:《农村社会的变迁》(Social Change in Rural Society,1960)、与他人合著的《大众传播与国家发展》(Mass Communication and The National Development,1966)等。

(李双龙)

技术革新的特征*

> 对于新点子的接受,与通常想像的不同,既非偶发事项,也非根本无法预测的事项。构成新点子特征的性质,其本身就是作为接受过程中的重要因素而起作用的。
> ——H·G·巴内特(1953)

在某个社会体系的成员中,某项技术革新从开始引进到被广泛使用,直至普及完毕,一般需2—3年时间。与此不同,也有些技术革新需花费50年才能完成。无疑,技术革新具有何种特征,将影响其推广及采纳的速度。

本文将先论述各项技术革新共有的特征,探讨这些特征中的个人意识在预测采纳率时将发挥何种作用,最后分析过剩采纳的事例。以往的研究比较注重于新观念、新技术的推广与采纳,对技术革新本身则不太重视。研究人员在分析时往往视所有的技术革新为同一过程。这种想法是十分单纯且非常危险的。某项新产品普及失败,而另一项新产品则成功了。这说明,不能对所有的技术革新等而观之。

纽约一家工业设计商社作过如下调查:由生产厂家推出的26种新产品中,有23种产品在上市销售后不久失败了。另外,一家规模庞大的广告公司对新产品的调查结果也同样证明了这一点。在一次关于新产品接受程度的调查中,经测试的25种产品中,只

---

* 译自日译本《技术革新的普及过程》,培风馆1966年版。

有一种产品获得成功。美国商务部推测：有90%的新产品上市销售后的4年内，都将遭淘汰。

为此，许多公司在新产品上市前都试图对技术革新的采纳率进行预测。下面介绍的是销售未获成功的一例。从中可以看出，即使在进行了大量的消费者抽样调查以后，仍然难以预测技术革新的采纳率。这是一个有关制酸性药片生产及销售的失败个案。一种以止痛剂与胃剂结合而成的制酸性药片——阿奈罗兹，虽然在消费者调查中获得比较满意的结果，但仍不能排除新产品的销售从一开始就内含着失败的可能性。策划销售这种药片的公司总经理信心十足，其理由是美国人对止痛片的需求量巨大，既然如此，无需水即能服用的止痛片定能占领止痛片市场。他对制酸性药片的销售成功毫不怀疑，于是便下令生产这种化合药片——阿奈罗兹。

样品在公司的实验室里制作出来，这种化合药片带有樱桃味。该制药公司与纽约的大广告公司联手，将这种阿奈罗兹与其竞争对手的产品一起提供给消费者样本试服。其结果是，压倒多数的人选择了阿奈罗兹。

广告制作者将阿奈罗兹作为一种"无需水就能服用"的化合止痛制酸剂，大做广告。对消费者进行的抽样调查也表明，广告发挥了强有力的功能。包装十分精致，销售价格也较为合理。阿奈罗兹的试销点，则是已投放了大量金额、发布了大量广告的丹巴、曼菲斯、奥马哈等商家，零售商家亦报以很高的热情，形势似乎一片大好。

不久，从各地陆续传来有关销售情况的报告。出乎意料的是，尽管作了多方面周到、细致的准备，但阿奈罗兹的销售情况不佳。几周时间过去了，仍不见改善的迹象。该制药公司无计可施，不得不将阿奈罗兹从市场上撤下。

停止销售后的几个月所进行的调查表明，这次新产品失败的主要原因就在于"无需水即可服用"这一特征。因为，在人们的心目中,止痛片总是与水联系在一起,他们不相信那种口服时不用水也能溶解的药片。

上述事例表明,新产品不符合消费者已有的"要止痛,水不可缺少"的价值观,从而导致了失败。就是说,技术革新具有的特征与其采纳率有很大的关系。然而,专家们设计——的新产品的特征并不重要,被其潜在的消费者感知的特征,才是真正决定该产品能否畅销的主要因素。

下面,就技术革新的五大特征逐一进行论述。这五大特征既互相关联,又各具独立性。它们是:(1)相对优越性;(2)相容性;(3)复杂性;(4)可分性;(5)可传播性。

一、技术革新的五大特征

(一)相对优越性

相对优越性(relative advantage)是指技术革新同它要取代的旧观念或旧技术相比,所具有的优越性之程度,往往用经济层面的利润可能性作为指标来测得。当然,也不排除用其他方法来测定。

例如,2—4D除草剂与以往的除草剂相比,优点并不在于提高农作物产量所带来的经济效益,而在于减轻了人们的劳动强度。

技术革新所具有的相对优越性,常常因普及推广者强有力的推广活动而取得显著效果。例如,鲁斯(Ross)试图对汽车驾驶培训计划在高中获得快速普及之理由作出说明。一般来说,美国的公立学校采纳某项技术革新至少需要15年时间。而鲁斯的调查发现,87%的学校在最初的15年之内就采用了驾驶教育计划。驾驶教育计划之所以这么快被采用,原因是汽车公司(常出于推动计划目的而无偿借予汽车)、保险公司以及美国汽车协会的积极推广活动,使这一新的提案脱颖而出,并被付诸实施。当然,由于美国的交通事故较多,加强汽车驾驶教育的必要性受到全国注目,这也是一个不应忽视的事实。使技术革新成为必要的一些重要因素的存在,促进了新观念、新技术的相对优越性。

总之,技术革新的相对优越性是观念上的问题。由社会体系中的成员意识到的新提案的相对优越性,会对其采纳率产生影响。

(二) 相容性

相容性(Compatibility)指的是技术革新与过去的价值观和经验的一致程度。一项与社会体系的文化规范相矛盾的提案,其被采纳的速度不会高于具有相容性的提案。相容性除了由于潜在采纳者的存在而保持很强的稳定性外,还使新的提案在采纳者个人看来颇具魅力。非相容性的提案的事例,如企图在宗教与计划生育观念截然相反的国家里推进计划生育法;或者如印度,其文化价值和牛肉生产之间的非相容性,也会妨碍技术革新的采纳。

技术革新不仅关涉文化价值,与以往采纳的提案也有着相容的关系。旧提案是评价新提案的主要工具,人们只有将已被人熟知的提案及曾被人们青睐的提案作为基准,才能正确地对待技术革新。新提案与旧提案完全一致,就无所谓技术革新了。

由社会体系中的成员认识到的新提案的相容性,会影响其采纳率。格拉罕(graham)就此作过如下实验。在他调查的对象中,下层人士有72%购买了电视机,而上层人士对电视机的采纳率只有24%。相反,一种叫做"克纳斯达"的纸牌游戏的采纳率在上层占72%,在下层只占12%。由此可见,余暇活动中存在的上层和下层不同的价值观,在采纳技术革新的层面上也反映出来。社会阶层的价值观和技术革新的相容性,在某种程度上决定其普及的速度。

(三) 复杂性

复杂性(Complexity)指技术革新被理解、被运用的相对难度。任何新的提案,可分为复杂型和单纯型两种。对社会体系中的成员来说，有些新技术所包含的意义较为清楚，有些则不然。从以往的调查结果看，尚未得出绝对的结论，但可作如下一般表述，即，由社会体系中的成员意识到的技术革新的复杂性，将影响其采纳率。

吉布林(kivlin)通过调查发现，农业的新技术，除了相对优越性以外，与技术革新的其他特征相比，其复杂性与采纳率的关系更加密切（负方向）。

格拉罕(Graham)在探讨"克纳斯达"游戏和电视机的采纳率在上层阶级和下层阶级之间的差异之原因时，认为其因素之一在于这两种新技术的复杂性。"克纳斯达"的玩法来自玩家的仔细传授，即必须进行有关规则的学习，而电视机是比较简单的技术，只要求人们能操纵按钮就可以了。

（四）可分性

可分性(divisibility)指的是能否将技术革新分解、小规模地试行的程度。能分期付款的新提案的采纳速度，通常快于不能分期付款的。不能分解及小规模试行的提案，需确定一段时期来进行试验。比如，一位俄亥俄州的农民对自己拥有的大部分乳牛采用一种新饲料，喂养一星期，然后与平时一星期的产乳量作比较。但也有一些技术革新，难以分割试验。如家用空调、学校系统的汽车驾驶培训计划等，只能二者择一，即采纳还是不采纳。从目前的研究成果看，尚无确定的结论，但大体可作如下概括。即，社会体系中的成员所认知到的技术革新的可分性，会影响其采纳率。

相对而言，早期采纳者比后期采纳者更重视可分性，这已被若干研究证实。滞后者往往从一开始就全面地、大规模地使用。因为对革新者来说，无前例可循，与此相反，后期采用者的周围则充斥着已采纳新技术的人们，他们对于后期采纳者发挥了一种"心理试验"的作用。所以，新提案的可分性对后期的采纳者来说不太重要。

(五) 传播可能性

传播可能性(Communicability)是指能将技术革新的结果向他人推广的程度。有些提案的被采纳,容易被他人观察到,也便于向他人传播。反之,有些提案的被采纳,则难以向他人显示。即,社会体系中的成员感觉到的技术革新的传播可能性,会影响其采纳率。例如,有一种除草剂,可将杂草在地面发芽前根除,这一新技术的采纳率在中西部农民中,虽然具有相对优越性,但并不显著,其原因就是采纳这种除草剂的农民无法向他的邻居显示杂草的残骸。

弗休卡(1961)对德国农村新技术推广过程中革新派农民的主导作用进行了考察。他设置了"可观察性"(observability)指标,以评价农业的技术革新。结果发现,较为容易传播的提案,从主导的农民那里向周围的农民快速推广。

二、技术革新的特征与采纳率

采纳率(rate of adoption)指技术革新被社会体系中的成员所采纳的相对速度。采纳率通常是根据社会体系中占有一定比例的成员为采纳技术革新而花费时间的长度来测定。

吉布林为探索技术革新的特点与其采纳率之间的关系而开展的研究可谓是最成功的。他要求 20 多位评判人对 43 项农业技术革新的特点逐一进行评价。这些评判人都是宾夕法尼亚州某县的农民和农业普及部的职员。有关 43 项农业技术的采纳率的数据,均来自该县 299 位农民。

吉布林发现,采纳率与相对优越性、复杂性、相容性之间有非常大的关系,但与可分性则无多大关系。在 43 项农业技术革新的采纳率的变动中,有 51% 与技术革新特征的"综合效果"有关。也就是说,无论哪一个特征都无法单独对采纳率的变动的 16% 以上作出解释。吉布林还就技术革新的4个特征(可分性、相容性、复杂性、相对优越性)之间的相互关系进行了调查。结果表明,这些特征之间的关系全部呈正或负的低相关。由此可见,4个特征是互相独立的。

在解释技术革新的采纳率时,学术界存在着两种看法。一种是经济学者认为,技术革新的采纳率可通过利润可能性等经济变数加以说明;另一种是社会学者认为,应以相容性那样的社会学变数作出解释。为使大部分技术革新受到大部分个人的重视,对他们来说,首先必须在经济上产生利润。在这之后,再考虑影响采纳率的另一个最重要变数,即新提案的相互作用的量和质。所谓"相互作用效果"(interaction effect)指的是,社会体系中采纳技术革新的个人对未采纳的个人给予影响的过程。……

以新一代杂交玉米的采用率为例,相互作用效果测自采用该技术的农民的累积比率。即,一定时期内,某一农民的邻居采用技术革新的比例。采纳新提案的人越多,曲线越倾斜,随之,对剩下的非采纳者的相互作用效果就越大。例如,格罗斯(Gross,1942)对259名艾奥瓦州农民进行调查,发现其中的240人于1939年采用了新一代种子。也就是说,1939年之际农民中的采纳者比例高达92.6%。就社会体系中的某一成员而言,当周围有93%的人使用新一代种子时,其参与讨论新技术的可能性远远超出只有10%采纳者(1933年)的场合。

由此可知,社会体系中某项技术革新的采纳者在总体中的比例,可作为衡量相互作用的大致尺度。由采纳率所引起的相互作用效果,如下图所示。

从中可以看出,采纳率与利润可能性之间没有直接关系,而采纳率与采纳的累积比率测出的相互作用效果之间是相关的。即,采纳率并不取决于客观的利润可能性,而取决于采纳者对利润可能性的认识。

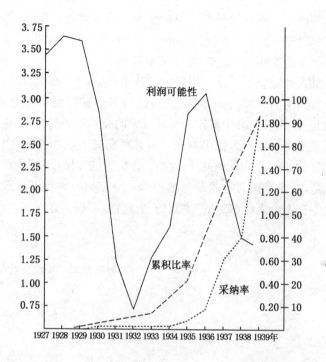

三、过剩采纳

有很多研究者潜意识里认为,采纳新技术是值得提倡的,而拒绝新技术是需要否定的。然而,这并非适用于一切场合。以往关于技术革新传播的大部分研究,把合理的采纳者或不合理的非采纳者作为研究对象,或比较这两类人。而对不合理的过剩采纳者(overadopters)或合理的拒绝采纳者(rejectors),则研究得很少。

不合理的过剩采纳的事例,在 1949 年和 1950 年普遍存在于美国的中西部地区。化学除草剂 2—4D,于 1946 年投放市场,其效果极佳。农民们争相使用这种 2—4D 除草剂。大概是因为玉米产量增加的缘故,推动了 2—4D 除草剂的普及,结果许多玉米田里都使用了这种除草剂。但根据专家的推算,由于农民的使用除草剂过度,造成大量金钱的浪费,直到后来他们掌握了 2—4D 除草剂的适度使用方法,才终止了这一事态。

某人到底应不应该采用特定的技术革新,作为研究人员是难以作出判断的。原因是,对其合理性的基准进行测量十分困难。采纳与否,一般取决于被作为研究对象的技术革新的专家,他们大都基于经济上的考虑作出判断。从某种意义上说,大部分个人都认为自己的行为是合理的。常常可以看到,知识的缺乏或不正确的感觉,造成个人对技术革新的评价与专家们的评价不一致。但关键不在于个人所认定的"主观的"合理性,而在于客观的合理性。

……

(李双龙译/张国良校)

威廉斯

雷蒙德·威廉斯（Raymond Williams, 1921—1987），著名英国学者。传播学批判学派代表人物之一。文化学派的早期理论家，"西方马克思主义"的文化批评家。曾在牛津大学、斯坦福大学、剑桥大学等名校执教。

威廉斯长期致力于建构一种文化研究与文本分析的理论框架，试图解释文化产品与文化关系（或者说反映在文化领域中的社会关系）之间的联系。在《文化与社会》(Culture and Society 1958)、《长期的革命》(The Long Revolution 1961)和《传播学》(Communications 1962)等著作中，阐述一种大众传播的文化社会学理论。他把大众传播当作现代社会的重要文化现象看待，认为研究媒介产品不应仅作孤立的文本分析，而应把文本分析同对于产生这些产品的制度结构及社会结构的考察联系起来。其深厚的学养、开阔的视野，为人们展示了一种与美国经验主义学派迥然不同的学术思路和风格。

威廉斯勤于笔耕。除上述著作外，其重要著作还包括：《电视：技术与文化形态》

(Television: Technology and Cultural Form,1975)、《关键词：文化和社会的词汇表》(Keywords: A Vocabulary of Culture and Society ,1976)、《马克思主义和文学》(Marxism and Literature，1977)、《文化社会学》(The Sociology of Culture ,1981)等。

（张咏华）

传播学*

第四章　争　议

我们的文化当然是我们应得的。我们生产出来的大部分东西不得不被出售，否则也就不会被源源不断地生产出来。那么，这是否意味着，人们现今实际购买的东西正是他们需要的呢？

当然，镜报集团总裁 C·金（King）这样说，公众需要什么，你就不得不给他们什么，否则你就会像我们近来目睹的两三家报纸那样关门停业。你也试图提高公众的水准。麻烦的是，评论家们以为，众多英国公众像他们自己和他们的朋友那样有学识，并认为我们应以他们现在的标准为起点而提高。实际上，只有那些操作报纸及类似组织的人才真正了解，英国公众的大部分是多么平庸，多么愚蠢，并且对无论哪种教育是多么的不在乎。

任职于独立电台的 N·柯林斯（Collins）补充道：

如果公众需要什么，就一五一十地给予他们什么，这将是一项绝对骇人的服务……显然，这个国家的教育水平是叫人悲叹的……我们收到的绝大多数信件是文盲的文字，不讲语法，写得糟糕透顶。更让人沮丧的是，这些文字显出了一种我认为不大可敬的心态。他们之所以写信，不是为了得到电影、电视明星的照片，

---

* 译自英文本《传播学》，美国企鹅出版社 1962 年版。

就是为了询问为什么没有更多的爵士乐节目,为什么没有更多的音乐馆之类的节目。我认为,人们在十几岁和二十岁出头就抱这种态度,教师是要负大部分责任的。假如我们简单地断定这种情况令人悲叹的话。

金和柯林斯都清晰地提供了有关公共趣味的情况。我们该不该简单地接受他们的结论?——民众是愚蠢、冷漠的,我们在这种限制内尽力为他们服务。传统上总认为民众是渴望光明的,总以为民主是传播光明的方法,这或许只是多愁善感。现实是另一副样子。

然而,现实真是这个样子吗?研究人员和教师提供了另一种证据。里兹大学的调查人员J·特雷纳曼(Trenaman)说:

据说大部分人不想学习,他们只想娱乐。这种观点事实上没有任何根据。我不知道有何种调查或证据能证实这种观点,相反的证据倒有……困难部分在于那些受教育较少的人把对知识的反应与对社会和阶级差别的态度相联系。显而易见的事实是,我们松散地称之为文化的东西,在他们心目中等同于地位、报酬和社会权利。

曾在德比郡(Derbyshire)任教育总长的J·朗兰(Longland)说:

如果你们继续低估你们新一代民众的智力、能力、趣味、兴趣的话,报纸、广播电视、廉价读物、电影、广告首次提供的大部分机会,将继续被丢在一边。我们这些教育行当中的人有急迫的理由获知事实真相。你看,我们已遇见了你们未来的大众传播社会中的所有成员,而且逐渐了解了他们。

朗兰接着列举了大多数儿童能从中觉得激动和感到满意的创造性、自发性教育活动的范围,只是要在孩子面前展现"学校生活结束后大众传播世界的光怪陆离。"

上述言论中使我感兴趣的是证据的真正冲突。这些人都由他们的经验出发,诚实地发表意见,而且他们的经验来自一个看上去是共享的领域,却得出如此截然相反的结论。这是为什么?

我想,首先是因为他们实际上着眼于不同的事物。金和柯林斯都着眼于同他们现有服务项目直接相关的证据,这当然是有力的。特雷纳曼和朗兰却着眼于其他情景和机构中的另一些证据,并部分地着眼于潜在的兴趣。——这类兴趣,在许多情形下,由于各种原因而无法得到充分发展。我们必须牢记这两种证据。我们往往把民众的文化水平认作是单一而固定的,这就是诸如"大众"及"众多英国公众"等词汇的毛病。这些词汇让我们产生的联想,不是以各种不同的方式生活和成长着的活生生的人,而是某种庞大的、有着固定习惯的多头怪物。……

成长和变化是这个问题的中心。但如果对"民众"抱有固定的观念,你就无法真正把这两点考虑进来。有证据表明,在某一特定时刻选取公众趣味的一个方面,进行大量宣传,就能使它显得比原先更固定、更有力、更重要。主持以《电视与儿童》为题发表的调查的 H·海默韦特(Himmelweit)博士,在进行了一段时间的比较研究后说:

(节目)受到喜爱,收视率就高,就被安排在黄金收视段,错误的循环由此而产生。……我们花费了5年时间进行关于这一倾向的研究,结果发现,这种趣味在某种程度上——当然不完全——是一种人为的趣味,是由节目策划人和制作人制作出来的趣味。

看来,大家都同意,在公众趣味和舆论的运动中,你不能开创一种倾向,但可以强调某种现存的倾向。在这一过程中,你可能会扭曲兴趣的平衡或限制本来可能的反应范围。如果上述两种情况有任何一种发生,那么,在任何时刻与实际提供的服务相关的公众趣味之证据,就不能用来证明任何有关人们的需要和能力的情况。

在许多已知领域,对某种事物的嗜好其实早已存在——这就是倾向开始的地方。但在我们这样一个变化繁多的社会里,却有许多未知领域。BBC听众调查部的负责人西尔弗(Silvey)博士说:

大众传媒确实能大量证明那些已被建构并持有的观念,但涉及存在很多困惑的领域,你不能加强某个根本不存在的东西。我认为,在这些领域中,责任是最最重要的。

这一点非常重要,因为在那些向我们敞开的新生活中,我们的许多观念和趣味注定只能是潜在的。如果不能在遭遇这些观念与遭遇我们已有观念之间保持平衡(这随时可能发生),则成长和变化的整个过程就可能被破坏。

很少有人对这一情形需要极大责任这一点持异议。金和柯林斯都提到他们提高标准和创造兴趣爱好的尝试。重要的是,大众传播的组织和主导观念能否胜任这一艰巨工作。

我相信它们不能胜任,原因如下。第一,当我们大谈"大众"时,既没有对人们保持尊敬,也没有责任背后的成长感;第二,当我们用一种分离主义方式大谈"阶层"时——不论是社会分类,还是像"理论类"、"科技类"、"兴趣全在于双手的操作类"这样的教育范畴的分类——我们无法对人们形成足够灵活的观念,且经常受到诱惑,将我们的文化分为彼此没有桥梁可以沟通的分离的区域;第三,因为强调利润,就不断有压力,要求我们专心于已知的和安全的事物,而从不会付出足够的努力去尝试新事物和提供新观念,那样的工作费时更长,也更艰难;第四,由于强调了媒体作为广告和销售的渠道,就不断有压力,使人们进入"购物的正确心理框架"中,并运用已知趣味的吸引力作为起点,将新的兴趣爱好和机会,引入方便于那些有货可卖的人们的渠道,而这些渠道不一定与新生活本身的真正问题相关。

可见,"给大众以他们渴望的东西"的问题,必须以更普遍和多样的方法来考察,而不是以粗略的法则来对待。

高级文化与低级文化

人们在争取杰出能力方面各不相同。然而,民主却坚持每个人皆拥有平等的判断权利。难道我们在自己的时代没见过这一矛盾的后果么？难道不存在高层次文化的伟大传统被表达普通人的趣味和标准的大众文化所淹没的巨大危机吗？难道我们的首要责任不是去捍卫少数派文化——实际上这正是人类的最高成就吗？

困难的是，这"少数派文化"可以意指两件事。它可以指那些伟大艺术家和思想家的作品，以及那些为数众多的稍逊一筹、但仍属重要（支撑着伟大人物）的人物的作品。它也可以指某一特定社会的少数派所接受并使用的人们的作品。

伟大的传统在许多方面不过是共同的遗产，最佳现代教育的目标一直在于如何令其尽可能广泛地被使用。当然，这一扩展从来没有像某些人期望的那么容易。可以肯定，在此过程中作品的部分价值常被丢失，也许整个尝试就是错误，也许我们应该转而关注如何根据高层次传统自身的条件来维护这种传统。

但问题是，这到底能否实现？伟大艺术家和思想家的作品从来没有局限于给他们自己和同伙欣赏，而一向是其他人也能接触的。不是经常有这样的事发生吗？——那些获得了伟大作品的人们，将传统等同于自己，并嫁接到他们自己的生活中。因此，索福克勒斯、莎士比亚、易卜生、萧伯纳、拉底冈（Rattigan）可能是一种真正的继承，也可能不是。最新的说法总可能有错误。不是每一个置身于牛津或剑桥的堡垒之下的人就一定是克兰默（Cranmer）、纽曼、阿诺德的伙伴，这些名字也不能真正被用来表明，他就比某个在某所学校里任教的教师或在偏远岛上的作家做了更重要的工作或属于更高层次的工作。然而，特定的少数派一再把可被他们利用的传统的高人一等与他们自己的高人一等相提并论。这种关联，随着时间的流逝或知识边缘的推移而突然变得荒唐可笑。我们必须时刻保持警惕，把过去的伟大作品，与在某一特定时间和地点将自己与之等同的社会少数派区分开来。

伟大传统通常以人们意想不到的方式延续着自己。许多昔日的新作品，如果按当时的"高"标准，会被称为低级作品。这种情况，多见于伊丽莎白时代的戏剧和18世纪的小说中。回过头看，我们对此颇能理解。因为社会在发生根本的转变。那些自以为只有他们才拥有了伟大传统的遗产和监护权的少数派实际上是大错特错了。类似的错误随时会发生。在本世纪，可举出电影、音乐剧、爵士乐等新形式。它们中的每一个都曾被认为"低级"，被认为是对"我们的"标准的威胁。然而，在电影被发明出来的时期，电影界也有许多重要作品，像许多重要戏剧一样，为世界的戏剧传统作出了重大贡献。当然，大多数电影距这个标准还相当远。但过去也只保留下最优秀的作品，我们可以恰当地拿自己的最佳作品跟它们比较。有些形式也许优于其他一些形式，因为它们包含了对艺术家而言的更多、更大的可能性，但在各种形式尚未有足够时间发展自己之前，对此也不能下定论。小说这一形式曾广为流行，并被贬斥为"低级"，小说的伟大时期是一个多世纪过后才到来的。小说实现了当时无人能预见的可能性。某种古老形式的声望，从来就不是决定性的。今天，我们绝没有理由认为，科幻小说就不如历史小说严肃，或音乐剧就不如自然主义戏剧严肃。"低"等于不成熟，这是永恒的文化陷阱之一。特别对那些自以为在他们身上、在他们有学问的品味和习惯中、自己就体现了高雅传统的人而言，这是最容易落入的陷阱。

……大多数人对伟大传统不感兴趣，不管是新的，还是旧的。大多数人对艺术不欣赏，他们只对娱乐有兴趣。现实的流行品味最感兴趣的，是杂耍、马戏、体育及游行之类。为什么要把艺术强加给这些人，特别是我们正面临着将艺术贬低到如此地步、将艺术混同于流行和商业世界的危险的时候？将注意力转移到真正珍视艺术的人身上，去维护真正的艺术不是更好吗？

要维持艺术与娱乐之间的区别，可能比看上去困难得多。就其极端情况而言，区别当然是明显的。但在整个范围内，有没有容易的、绝对的区别呢？伟大艺术能给予我们深切而持久的经验，但从很多我们正当地称为艺术的东西中得到的经验却经常是轻松的、暂时的。我们从马戏、游行、杂耍中得到的激动可能很容易忘记,但当时往往是很强烈的。在本世纪,体育成为流行的一大景观——其激动是强烈的,但也常常是短暂的。或许,这些事物和非主流装饰艺术、短喜剧、时尚艺术表演者之间存在着区别,但真能被视作"高"与"低"之间的区别吗?即使在区别显得绝对的情况下,又能怎样呢?要支撑"高雅文化"不被"大众文化"完全吞没,就不能光显示两者的区别,而且应显示它们的冲突。我们多数人可以在自己的经验中对此进行检视。因为事实上,我们并不生活在被整齐地划分开来的世界中。许多人今天看马戏,明天上戏院;今天看足球,明天听音乐会。这些经验各不相同。我们对一种经验的感受能力,是否会受到我们其他经验的影响?

也许这不是问题的关键。难道不正是"大众文化"(像电视之类,而并非足球和马戏)的真正威胁使我们陷入了一种没完没了的喜忧参半、不分皂白、从根本上觉得腻烦的反应之中?一切事物、艺术和娱乐的精神可以变得如此标准化,以致我们对任何事物都难有专注的兴趣,而只是无动于衷地接受,同时衍生出柯尔律治所称的"对怠惰的沉湎和对空虚的愤懑"。确切地说,你并非在享受它,也没有专门留心它,仅仅在消磨时间而已。在如此的寂寥气氛之中,伟大传统无法生存。

我们中的大多数人都经历过这种气氛。有时,我们甚至把它当作一种麻醉剂——在倦怠或病后恢复期,在紧张和焦虑中,当我们不得不等待、当几乎任何东西都可以帮助我们等待时。当然,作为一种正常的心理习惯,这会令人丧失活力,因而是危险的。有很多现实是脱离不起的,尽管我们多么想暂时解脱一下。

真正属于伟大传统的作品的挑战性在于,这些作品可以用许多方式产生一种事实上驱使我们作出反应的张力,一种亲密,一种专注。打破我们对事实的偏见的,可能是记者;戏剧家如此深入地进入我们的经验,乍一惊之下,我们甚至觉得难以呼吸;画家突然如此清晰地呈现给我们一条街道的形状,以致我们不禁要自问,何以能这么无动于衷地走过这条街道?有时,它是一个对我们历来想法和做法的令人不安的挑战；有时，它是一条通往新鲜经验的道路，通向视觉和感觉的新路。或者，又一次以出乎意料的方式，它给我们确信和力量，赋予那些我们已知的重要事物或虽属已知但无法表达的事物以新的活力。

　　这个活生生的世界，受到了"大众文化"常规的威胁吗？威胁是真实的，但并非单单来自"大众文化"，也来自多种常规艺术和常规思路。俗套惯例有许多来源，使我们孤立于现实之外。我们自身也有弱点或力量的不足之处。还有他人的企图，想使我们退避三舍。这种隔绝为许多利益服务：社会的古老形式，古老的失去权威的信仰，保持沉默且对事物不加批评的愿望。这种基于权力、习惯或声望的利益，经常调动那些将人们隔离于现实之外的俗套惯例为自己服务，后者也常常积极地寻求前者。

　　着眼于我们称谓的"大众文化"和"少数派文化"，我无法肯定，能一成不变地在现实的一边找到一个，而在现实的另一边找到另一个。当然，伟大作品总能以其现实性对我们形成挑战，并能引起我们的积极注意。但是，当这些作品被嵌入某个特定的少数派文化之际，后者对前者不仅添加了自己的地方习惯，还添加了源自其少数派地位的事实和情感，效果就会大不相同。……我从未发现有任何证据能证明它是一种保障鲜活、优秀特色的永久可靠性手段。

……

　　当伟大传统被局限于某一少数派文化之时，它总是面临着被庸俗化的危险。就因为伟大遗产是来自许多社会、许多时代、许多种族的人们的混合遗产，它不能轻易地被容纳在某个限定的社会形式中。假如它被这样容纳了，就会面对来自社会少数派以外的深切而不必要的敌意。假如伟大传统不能被人们普遍获得，就会经常出现这种敌意和空虚、可怕的混合物，经常发生伟大传统被外部穿透和利用的状况。从我们时代最糟的文化产品中，很难找到源自实际社区生活的真正流行的东西。相反，我们发现一种人工制造的文化或者说反文化，它几乎隔膜每一个人，不懈地对文化和知识活动持敌意，甚至花费大量时间去歪曲文化，放纵对麻木不仁、感情匮乏、挫折和仇恨的利用。它找到性这样一种人类共有的兴趣，将其化为粗劣的模仿或似是而非的复制。它不断地围绕仇恨和进攻大做文章，对这样的情感它从不引导，而是豢养、纵容。这不是什么"普通人"的文化，而是被剥夺了继承权的文化。在我看来，那些通过人为地孤立伟大传统来图谋剥夺这种继承权的家伙，与那些提供这些破坏性因素的人负有同样的责任。

我们不得不注意到，英国的许多这类坏作品都源自美国。在某种程度上，我们是美国文化的殖民地。但我们得到的，当然不是什么美国文化的精华，糟粕的进口和模仿一再地由我们某些同胞进行着。意味深长的是，这还受到英国少数派的仇恨或嫉妒的驱使，因为他们将自己与伟大传统联系到一起。向往假美国，这是一种摆脱英国人等级和文化情结的出路，但当然，这什么问题也解决不了，仅仅是把空虚和绝望给仪式化了。坏文化大都是这种社会堕落的结果。真正流行的传统被轻视，伟大传统被某些人独占，趁虚而入的是那些知道怎样利用剥夺继承权的投机分子，因为他们自己就根植于虚无。

总的情形很难理解。现今，在一定程度上，人们正负责地延伸着伟大传统。这种传统在观众的实际增加方面和新经验应答活力方面，都得到了优异的回报。但纯破坏性的利用也很严重，部分原因是我们文化组织的控制权大多已落入那些不知道其他定义的人手中。同时，对所有表面的怪异而言，真正流行的传统因素仍在——特别是杂耍、体育及某些奇景中；维持我们自己的娱乐的冲动也在——特别是音乐中。要通过"少数派"和"大众"这些旧俗套来理解这一多边的和不断变化的形势似乎是不可能的，因为它们其实是崩溃的征兆，而并非理解的关键。我们不得不以新方法来观察新形势。

暴力与价值

在流行的周日报纸上，在电视剧中，在电影的制作和广告中，对"暴力"和"性"是否强调得过多了？确实是强调了，这难以否认。但这是哪一种强调，其实际的或可能的效果如何？

在某些领域，特别是与"暴力"相关的领域，不少调查已展开。有三个问题已被提出：在媒介产品总数中，有多少涉及暴力的项目？它们对暴力持何种态度？是否有表面的道德态度与实际的展现相矛盾的情况？

第一个问题很容易回答，虽从未以一种持续的方式对整个传播领域加以观察。有人计算过，纽约市一周的电视节目中有7 065个暴力的行动或威胁。英国儿童福利委员会在一个样本周中的统计，显示了如下情形：

家庭收视时段（晚6—9点）共计21个小时

ITV（独立电视公司）"犯罪"和"西部片"：5小时30分

BBC（英国广播公司）"犯罪"和"西部片"：2小时15分

后来，在1965年对整个时间表中涉及犯罪与暴力的节目的统计数字为：

BBC1：6小时5分

ITV：6小时35分

BBC2：4小时20分

这分别达到了总节目的大约11%（BBC1），11%（IVT）和13%（BBC2）。在上述时间中，对家庭收视时段（平时晚6—9点，周末为下午和傍晚）的统计结果为：BBC1：4小时15分；ITV：2小时45分；BBC2：2小时30分。

这些数字很重要，但解读它们有时却颇难。常有人争辩说，重要的不是暴力内容的出现，而是作品对它的态度。另外，任何主题，不管如何处理，其在作为一个整体的文化中的兴趣分布的位置，也必定更加重要。简单的"数字统计"可用来显示兴趣的分布。

例如,有人争辩说"暴力内容应该有,因为暴力是真实生活的一部分",那么请问,它在真实生活中的比例与它在报纸、电影、电视节目中的比例相比较,结果怎样?在我们的社会中,任何统计都显示出暴力在传媒中的比例远远高于我们生活中其他部分的比例。如此,我们不仅应提问为什么,还应提问有哪些其他兴趣被贬抑或排除在外了(从而导致这一扭曲的比例存在)。

第二个问题,即对于暴力的态度,已有人做过一些细致的研究。最有价值的是,《电视与儿童》中的那些记录。举例说,"西部片"与"犯罪片"的区别在于风格的不同,前者被定义为黑白对立的单纯,后者被定义为复杂与"现实主义"。在道德态度上,"西部片的中心教训就是通过暴力,善战胜恶——这是有男子汉气概的,也是惟一的行动理由。没暗示有什么内部冲突或犹豫不决"。在犯罪片中,则有这样三种明白可见的价值:第一,罪不应得,因为法律有多种多样的策略……第二,罪犯的活动与法律实际上并无两样。双方在必要时都会欺负人或欺骗人……第三,表象具有欺骗作用,一个看上去无害的人却可能是罪犯(虽然很少相反的情形)……人物常常不对其行为负责……他情不自禁。当法律必须被伸张时,罪犯也会唤起同情。"西部片"与"犯罪片"进一步的区别是,前者"暴力的影响被减轻了,因为这里没有杀戮场面的特写,也因为强调的是对立的双方,而不是个人"。后者则"没有试图要避开暴力的结果,镜头就对着被袭击的人,我们看到他双手是血,满脸是汗……肉体痛苦的细节表现"。

第三个问题,即关于明确的态度和被实际体现的态度之间的可能区别,极少得到研究。然而,这也是重要的,因为假如只着眼于形式上的"寓意"或"教训",关于效果的争论就会变得幼稚。因此,犯罪片中常见的"罪不应得"的讯息,实际上可能在询问什么是应得的。罪犯被捉住可能是一个结论;在犯罪的过程中,有"付出"和满意,可能又是一个结论。这里,整个道德效果就可能被深深混淆。在令人不安的主题中,可能经常有形式上的道德结局或道德倾向与强烈表现出来的真实经验之间的冲突。因而,分析一部反种族偏见的美国电影就会发现"来自潜意识层的幻想上升到表面",以一种强有力的方式表达了深层的偏见,并使整部电影的效果暧昧不清。①

有关这些不同种类的内容分析的效果也存在着分歧。对内容本身效果的分歧更多。因此,独立电视公司的 N·斯蒂文森(Stevenson)说:

我们一直在谈论像暴力和不道德这样的东西。一旦你暗示电视可以使人变得有暴力倾向或不道德,立刻会面临一个有巨大的社会压力施加其上的价值区域——我们的家庭,我们的邻居,我们的宗教团体,我们的工业团体——几乎可以说所有人都反对暴力,反对不道德。我个人认为,电视在任何一个领域几乎都起不到什么效用。

社会学家 M·阿伯朗姆斯(Abrams)博士说:

大众媒介中有害物质的充斥是不容置疑的。但这是否会引起一般儿童直接的、模仿的行为呢?这是否会在他们中间造成不良风气呢?就此对儿童进行调查,获得的有效证据并不多,而且经常是否定性的。当心理失调和适应良好的儿童面对同样数量的大众传媒的暴力内容时,前者不像后者,表现出对此种材料的显著偏好,从中得到极大满足。在消费过程中,他们的问题没有解决,而继续存在。适应良好的儿童却不然。传媒暴力显然会以某种尚未被人了解的方式,强化心理失调和受到压抑的小孩的困难,因此,可以强烈地提出消除这种暴力材料的论点。然而,这一论点的力量很大程度上有赖于两个方面的考虑:首先,心理失调和受到压抑的儿童占多少比例?假如这一比例很低,比如 1% 或 2%,那么审查制度的引入就很难证明是理所应当的;假如比例很高,比如

---

① 参见 "Audio-Visual Communication Review"(《视听传播评论》),Gerbner, Vol. 6 No. 22, Spring, 1956.

20％或25％，那么这一论点就不成问题了。不幸的是，尽管我们做过大量的辩论，这仍然是我们缺乏任何可靠的相关事实的一个领域。我们不知道究竟是2％还是22％。

心理学家H·海默韦特（Himmelweit）说：

假如年复一年，我们不断地给孩子们提供以这样的要素为显著特色的材料……不用说，他们对社会的看法就会是，暴力是极平常的，冲突的最佳解决办法是肉体暴力，这无疑会逐渐给孩子们烙下印记。我绝不认为值得冒这个险。

谁来关心

问题不仅仅是"谁知道"，而且是"谁来关心"。要证明某种作品的效果，即使不是不可能的，也是极其困难的。因为任何遭遇那作品的人同样会遭遇一系列其他经验，而作品的影响无法与之轻易分离。同时，这一困难与社会寻求控制或禁止或鼓励的几乎任何事物有关。最后，这类决定不是基于某一统治团体的标准，就是基于社会的普遍意识，后者往往是由某一为之奋斗的少数派唤起的。重要的是，对于危险的断言，或对于可能的危险的断言，应从我们拥有的最好的知识观点中得到批判性的检验。但是，如果以为目前流行的惟一争辩是对这种风险作出不同评价的人之间的争辩，那就错了。这一争辩背后还有另一种意见，根本不用这些术语思考。流行的周日报纸和连环画的拥有者和编辑，"性和暴力小说"的出版者和作者，类似的电视节目控制人和制作人，类似的电影制作人和广告商，都不将其活动建立在作品对大众危害的估计上，而是认定这种危险不存在或可忽略不计，因此他们一如既往地提供此类内容。他们的原则与众不同，那就是只要作品能卖钱能流行，推出它就是理所当然。这里，第二问题又来了：谁来关心呢？

假如那些真正关心的人都属于同一种类，整个争论就容易得多。透过各种不同的解释，教师、家长、社会福利团体、社会学家、心理学家、作家等,有着相似的担忧。但与他们的论点重合,有时很酷似的,是那些用一代人的标准判断另一代人而发出的埋怨,即那些大叫"天哪,我们要去向何方?"或"在这个堕落的现代世界里,我们究竟要走到哪一步?"的人发出的埋怨。关于《查特莱夫人的情人》一书出版所引起的争论,就很有趣地显示了这一困惑。那是眼下整个讨论的先声。

对某些人而言,这场争论从一个极端角度看,十分简单:"让我们摆脱那些陈旧的束缚,那是自我惩罚的清教主义。人们应该想读什么就读什么,艺术家当然应该想怎么写就怎么写。"另一些人刚好处在相反的极端,论点也很简单:"我们孩子的基督教美德被亵渎了,从我们孩子的美德上窃取的金子被塞进恬不知耻的出版商们永远鼓鼓的口袋。"《查特莱夫人的情人》一书被视为与廉价色情文学、色情电影、恐怖连环画、电视暴力一样的货色了。

更困难的立场来自这样一些人——他们用"艺术家出版的自由"来捍卫劳伦斯,用"社会保护未成年人的责任"来批评周日报纸和电视暴力。我实在看不懂,如何能诚实地运用这两种不同的立场。我敢肯定,作为艺术,《查特莱夫人的情人》是属于与大量流行作品完全不同的层次。我也敢肯定,它会在其他作品起坏作用之处起好作用。但是,作为通用的标准,我们不能指望好作品与坏作品之间的绝对对立,总有些作品属于有好有坏,或处于好坏之间。如果我们站在"出版自由"的立场,实际上就无法将这一标准仅限于道德杰作。如果我们站在"保护未成年人"的立场,我们就不得不接受这一观点:任何作品,好的、坏的、不关痛痒的,都不得不接受这一检验。有人争辩说,效果应根据受众的种类而判定:对成年人完全没问题的东西,对儿童却会有问题。也许通常如此,但实践中似乎不可能将大多数作品仅限于提供给某一群体。不管用意如何,实际受众总会在某种程度上重合。再说,每一受众群中,无论成年人、青少年、还是儿童,性格差异和稳定性的不同,都会影响实际效果。一个心理有病的成年人,可能比一个年幼但可靠的儿童更容易受影响,从而也可能造成更大的危害。

在整个问题上,我们需要更多的证据,永远都需要更多的证据。但假如事态紧急,继续等待更多的证据是明智的吗?等待多久呢?不管怎样,人们已经在行动了:许多东西在被推广,许多东西在被禁止或缩小。真正的问题好像是:谁作出这些推广或禁止的决定?根据什么或如何证明其正当性?要找到最佳体制可能很难,不管是组织方面,还是价值方面。但如卡莱尔所言,……现今我们拥有的、让混乱在其中充当仲裁的状况是最糟的。我们显然还未在"出版自由"、"责任"、"要什么就提供什么"、"价值的歪曲或混淆"等竞相引人注意的喊声中作出决定。除非明了这一事实,并拥有一些在整个领域中得到承认的真正的原则和程序,否则,混乱以及任何可能的危害都将持续。

制作者

那些在任何文化中都举足轻重的人物,也一定是积极的制作者。为什么我们一直在谈论大众、受众和文化体制?获取优秀文化的惟一途径,必定是拥有优秀的艺术家和表演家。从他们那里真可以获得什么吗?也许,我们能做的,最多就是争取创造一个令艺术家感到值得为之生活的社会。

制作者当然是头等重要的。但能否以为他们都属于同一类,具有同样普遍的需求?能否以为不同的大众和体制对我们实际拥有的制作者毫无影响?

我们可以区分四种主要的制作者:创造性的艺术家,表演艺术家,记者,评论家。他们都首先对其作品负有直接责任。确实,他们中的每一个都在努力将自己的作品传播给他人,大家显然也都希望他们尽可能成功地完成这一传播。但是,作品行为有一种特别的责任。为此,我们不得不更仔细地探究传播涉及什么。

记者着眼于事实;评论家对实际发生的事件或作品发表见解;表演家以自己的媒介表现自己或他人创造的作品;创造性艺术家

寻求在作品中具体表现其经历或视野。他们看待自己作品的视角不同,但某些因素却是相通的。包括艺术家在内,他们都努力将作品放入一个被传播的样式中。然而,他们都只能在他们实际上认为有必要表现的事物之基础上进行传播,多少带着真正的满足。"如果我改变了它,他们理解起来就容易些",这样想是无济于事的,因为当作品更容易接触时,也许它就不再是基于实际需要被表现的事物了。

这一现实定义了文化贡献的自由。记者、评论家、表演家、艺术家以各自不同的方式,需要一种得到保障的自由来传播(根据他们自己对作品的理解)需要被传播的事物。这听上去好像是,也确实是个人自由的定义。但不仅仅是为了个人。一个优秀的社会,依赖于事实和观点的自由发表,依赖于视野与意识的增长——对人们实际所见所知所感的事物的表达。任何对个人贡献的自由的限制,实际上是对社会资源的限制。

传播实际是如何完成的呢?当然,它或是依赖于某种通用的语言,或是已知的习俗。假如存在通用的语言和习俗,制作者会尽可能利用它们。但问题常常是(特别是对那些具有原创精神的艺术家和思想家来说),如何以一种方式创造一种语言,或一种习俗,或至少是发展语言和习俗使之到达它们能精确表达意思的地步。在文学、音乐、视觉艺术、科学、社会思考、哲学中,这种发展一而再、再而三地发生。这往往要花费很多时间,对很多人而言,这很困难。但我们从来不必以为这不可能,创造性的能量比我们有时以为的强大得多。当任何人投身于这种用新方法表达新事物的奋战中,通常比以往更专注于实际作品,而不是专注于可能的受众。许多艺术家和科学家对他们的作品将如何被接受显得漫不经心。作品被理解和欣赏,他们可能会高兴,否则会感到伤心,但作品必须被完成,却是没有异议的。

在这一意义上,社会确实有责任为这样的人创造生存条件。因为不管任何个人贡献的价值如何,作品的整体对每个人都有无限价值。现实当然没有这么形式化,社会与个人无法截然分开。在日常生活中,在其作品中,制作者分享了社会的生活,后者经常在细小处和他甚至没意识到的重大处影响了他。他将作品公开化的能力取决于实际的传播体制——语言本身,或某种视觉、音乐、科学传统、传播机构。所有这些,对其实际作品的影响几乎可以是无限多样的。这不仅仅是他身外的传播体制(不管他有多么原创),而且是他作为自身一部分的传播体制。许多制作者在积极运用这种内部的传播体制。从某种意义上说,他们首先向自己展示自己的概念,演奏自己的音乐,提出自己的争辩方法。这不仅仅是一种在积极的创作所涉及的、没完没了的检验过程中使这些作品清晰起来的方法,并且,不管有意无意,也是一种将经验置入某种可传播的样式中的方法。假如一个心灵能捉住它,即使只有创造者本人的心灵能,它也可以对其他心灵敞开。

在这一深层意义上,社会已经以某种方式在创作过程中到了场。这一点总是很难理解,但如果回首某一阶段的优势,就能看出(即使无法解释)何以如此。我们可以看到,即使那些高度原创的人,在他们的实际作品中,在被称作他们的"感情结构"中,在多大程度上与其时代的其他个体制作者相通,在多大程度上与他们当时所隶属的社会相通。历史学家也不断惊诧于这一点:这些人感到了被孤立,与此同时,在现实中,他们却开始成功。这在我们的时代也可以被感觉,某些最有影响的人感到被孤立,甚至被排斥。……

当我们把目光转向机构组织时,须牢记传播的深刻社会现实。不然,就很容易被诱惑,落入两个极普通的错误立场之一。其一是认为我们不应干涉制作者,因为他们如此重要。这实际上是恭维形式的忽视,把那些已殚精竭虑的人们丢给每一阵潮流的令人可疑的慈悲之中。制作者既以深刻的方式,也以他们普通个人的需要卷入其社会,假如他们被排除在外,无论是作为"不切实际的梦者",还是作为"不可触摸的精灵",通常要吃苦。其二是,传播机构应先定义,然后制作者到其中寻找适合的位置。对此,我们已屡见不鲜,以致有时这成为我们意识到的惟一危险——这当然是一个经常的严肃的危险。权力阶层对记者说:"记住这是一份怎样的报纸,你要为它工作,就得学会它的方式";或对评论家说:"记住这个社会建立在什么信仰上,用尽手段表达你的看法吧,当然是这个信仰中的看法";或对表演家说:"我们实际上想看这样的作品,你很有才华,当然学得会";或对艺术家说:"有创造性的人当然有点脾气,把自己包裹起来,但想一想你们能做的好事,想一想你们能感动的人们,如果你这样而不是那样做的话"。会有许多制作者按别人说的去做。然而有人却从深处高喊:"别干涉我,让我投身自己的作品。"然后在下一刻,自相矛盾地喊:"为什么真正有创造性的人总是被忽视?"

有没有处于这两个相反的错误之间道路呢?以下两种制作者之间,存在着明显区别。一种是没有机构(如影视公司、戏院、管弦乐队、报纸、杂志)就无法工作的制作者;另一种(作家、作曲家、画家、雕塑家)虽不直接依赖这些机构,但到头来,机构还是影响了他们。每一种类里,总有许多人早早就妥协——学会制作机构需要的东西,或学会怎样满足市场需求。在没有任何可供选择的政策的情况下,压力往往是巨大的。在为自己的作品傲然挺立的制作者中,那些最少直接依赖的人,显然处于较强的地位,他们对事物的看法往往使那些找不到某个机构就无法工作的人感到不耐烦。不管怎样,他们保留了一个具有广泛重要性的原则。尽管在某些个例中,它听上去十分傲慢,特别是某人站在本人立场上发出这种呼声时。一个制作者拥有在其自身条件下进行创造的自由,从整体上说,这无疑是社会的收获。在文化组织中,惟一有用的机构,就是那些意欲保证这种自由的机构。这种安排,因作品不同而各异。在制作者不直接依赖于机构的情形下,这种安排越不正规越好。但在其他情况下,即使对于最个人主义的制作者,某种机构也总是存在的。在记者和艺术家的自由宣言的背后,在商业组织变得越来越严厉、越来越无孔不入的情况下,真正的自由已戏剧化地衰落了。仅仅宣扬自由已无价值,关键是要采取实际措施。在这一点上,制作者需要广大公众的支持。我认为,除非将制作自由的论点建立在更广泛的基础上,否则,实际上(理论上,它唾手可得,不需任何代价)这一支持不可能实现。单单说一句"别干涉我",恰恰会产生这种效果:不妥协分子被抛在一边,妥协分子执掌整个文化大权。然而,如果我们理解传播的真实过程,制作者的自由及其控制自己才干的需要就会被合理地看作是在整个社会中获得自由的方式,看作是制作者能服务社会的最佳方法。恰当地理解制作者的自由,就会产生与社会的真实关系。

……

传播体制

也许,情势已达到这种境地:传播体制要么是控制,要么是自由。在民主社会中,对以下观点是没有争议的:体制必须是自由的,否则就没有民主。在一个自由的体制中创作出来的东西,很多可能是坏的或侵害性的,或对某些人而言是坏的或侵害性的。但是,惟一可供替代的方案,就是一个被控制的体制或垄断局面,一些人把自己的品味强加于他人。"实际上,"原独立电视局领导人R·弗雷泽爵士,这样捍卫商业电视的引入:"英国垄断的旧体制已被一股民主思想和情感的浪潮所代替。"

要举出反对的理由很容易。例如,质问他所谓"民主思想和情感的浪潮"与压力集团的游说有什么不同,这种游说大多是对议员施加压力,以左右立法或政策,维护自身利益。压力集团的成员,多由于直接的财政利益才同意商业电视的存在。……

从某种意义上说,基本选择是在操纵与自由之间。但实际上,这远远不止是一个操纵尺度与自由尺度之间的选择,实质的分歧是,如何把二者结合起来的问题。再说,"操纵"和"自由"这几个单纯的字眼本身,远远不能精确地描述出我们已拥有、或已知晓、或想获得的传播体制的种类。我相信，可以区分出四种主要类型，对它们的描述将使我们对操纵和自由的思考更为现实。这四种类型是：独裁的，家长制的，商业的，民主的。

独裁体制

在这一体制中，传播被看作是少数派统治社会的整个机器的一部分，传播的首要目的是，传达统治集团的指令、观念和态度。作为政策，其他可供选择的指令、观念和态度都被排除在外。传播方式的垄断是整个政治体制中必要的一部分：只有某些画家、出版社、报纸、戏院、电台、电视台获准经营。有时，他们直接受制于统治集团，后者直接决定传达些什么。有时，审查制度趋于不直接的操纵，而经常由政治和行政体制（针对那些不为当权者喜爱的来源）采取行动。

这样一种体制，可以采用不同的严厉程度加以操作，也可以根据几个不同的社会团体利益进行运转。这些情况，在英国往昔及现代的集权国家里，都可以清楚地观察到。此种体制的醒目特征是，传播以保护、维护或推进基于少数者权力之上的社会秩序为目的。

家长式体制

家长式的体制，是具有良知的独裁体制。也就是说，它具有超越维系其权力的价值和目的。独裁主义者站在各种立场上，声称拥有统治的权力，家长式体制则声称，负有保护和引导的责任。这也涉及操纵，但这是一种少数人认为可取的直指多数人的发展的操纵。倘若传播手段的垄断被运用，就会有辩词说这是为了避免具有毁坏作用或邪恶的团伙滥用手段。在这样一种体制中，审查制度被直接或间接地广泛运用，但被辩护为站在某些团体和个人需要的立场上，是为了他们及公众利益，是为了保护其不受某些会对他们造成伤害的艺术或观念的危害。独裁体制传达命令、观念和态度，促使它的被接受，而父权式体制传达价值、习惯和品味，为其作为统治的少数力量作辩护理由，并希望将其延伸至全体人们。

对这种价值、习惯和品味的批评,充其量称之为一种不熟练和无经验,最糟也就是针对一种历经考验的备受信任的生活方式的道德整饬。父权式体制的操纵者把自己看作是监护人。虽然耐心,可在维护中心价值时绝不妥协。同时,要恰当地履行他们的责任,需具有高度的责任感和认真态度。在不同的时代,为不同的社会秩序服务,父权式体制可以有操纵程度的变化,它声明在某种程度上扮演其监护角色,或在这种程度上解释其监护方法。实际的方法也可能有大幅度的变化:有时,一手遮天;有时,多少允许异议或对其有所容忍,作为消除危险的安全阀。但对该体制的总目标及气氛,是不容掺沙子的。

商业体制

对传播的商业态度,既与独裁体制,也与家长式体制强烈对立。与传播为政府服务或为监护服务相反,这一态度认为,人们有权出售任何作品,任何人都有权购买被提供的任何作品。它断言,通过这种方式,传播的自由得到了保证。你用不着请某人退场以发布什么或朗诵什么。作品是公开出售的,公开购买的,就像人们实际选择的那样。

这种体制……当然是一种与前述任一体制相比而言的自由手段。但由于它依赖市场,也会陷入困境。如果一部作品不能保证实际会被购买,那还会推向市场么?制作成本低廉,还可冒这个风险。当制作成本昂贵时,就可能不会冒险了。在现代传播体制中,很多制作都不免昂贵。如此,将形成怎样的基本原则?首先,销售得不到保证的,或与成本相比收益很少的作品,可能根本不会推出;其次,销售速度成为一个重要因素——如果说,购买行为和销售行为是最重要的因素,那么,就很难指望以大投入等待数年后的回报,在别处投资或许可得到更大的回报呢;第三,倘若需要完成某一作品的经费特别巨大,……不得不由拥有资金的个人或群体负担经费,销售的范围、速度以及投资的回报或利润,就很可能成为是否拨款的决定性因素。这样一来,在较大领域内,特别是较昂贵种类的传播手段的实际控制权,就很可能交给这样的个人或团体:他们主要的(如果不是惟一的)资格就是,具备或能筹集到必需的资金。这通常不代表作为整体的社会,实际上只代表其中的少数人而已。因此,在商业体制的运作中,独裁主义者的权力、家长式主义者的原则,是作为实践被体现的。只要你说得起,只要你能说得有利可图,你就什么都可以说。

民主体制

我们已经历了三种体制,但就任何完全意义上的民主体制而言,我们则只能谈论与想像。它与早期的商业体制在传播的这一定义上是相通的:任何人都有权提供他们选择的东西,任何人都有权接受他们选择的东西。它坚决反对对于能说什么的独裁控制,也反对对于应说什么的父权式控制。但它也与为带来利润说些什么的商业控制相对立,因其也可能是一种专制。

对新体制的一切建议都显得很抽象,有时无法令人信服,因为只有当它们被付诸实施时,它们才能被感觉是现实的。要落实任何民主制度,显然都是漫长而艰难的,但首要的任务是,以民主来定义文化体制的一般特性,因为只有当我们之中有足够的人数同意这是一种我们需要的东西时,它才有被成功建设起来的机会。

有两种相关的考虑:传递信息的权利和接受信息的权利。第一,这两者是基本权利,这必定是任何民主文化的基础;第二,它们永不能被少数派干涉;第三,倘若它们以某种方式,被社会中某一多数派的决定所限制,则只能发生在公开和充分的讨论之后,大家都可对此畅所欲言,而这种讨论也继续向挑战和评论敞开大门。

保障这些自由的必要机构,必须是一种明确的公共服务机构。但极为重要的是,公共服务这一观念不能被当作某一父权式甚至是独裁体制的掩护。公共服务这一观念必须与公共垄断这一观念分离,在真正意义上仍然是公共服务。要获得它,惟一途径是创立新型的机构。

原则应当是:使积极的制作者有能力控制他们自己的表达方

式。在制作者不直接依赖机构的情境中，这意味着，若他们需要，应保障提供给他们某些便利设施，这将成为他们谋生和工作的手段。在作品只能通过机构完成的情形下，这意味着创造机会，使不同的创作人群创建他们自己的公司，然后保障提供便利设施给这些公司。有些保障可以由不同的中介机构提供，后者本身也不依赖或不直接依赖政府机关。但很可能，必要资源的大部分仍不得不直接来自公共基金。此时，就有必要创立中介机构，包括大众和公司的代表们，为整个社会和不同的团体需要而保管这些公共资源。

政府不应直接控制制作者。中介机构的创立，保障个人和公司享有他们工作所需的某些资源的契约体制的建立，实际上使政府的操纵变得不再可能，只要社会一般生活还是民主的。在任何体制中，只要普遍民主能通行，文化民主也就能通行。然而，尽管存在着普遍民主（为了捍卫它，积极的文化民主始终是必要的），仍需确认这样一条原则——就制作者创作所需的资源而言，一切关于资源的实际分配的决定，都经过公开讨论，并对挑战和批评敞开大门。

在这一原则中——肯定也在实践中——存在着两个困难。操纵制作者的理由是，最好地服务于社会的手段，莫过于给制作者以自由及其工作所必需的资源。不尽职的财团或政治、行政小派别的操纵，肯定是有害的。但是否根本就没有操纵呢？对这项工作而不是对那项工作配给资源，或声称为保护公共利益而采取必要的手段，这难道不是操纵？

一个民主的文化需分配相当的资源，以使第一种危险保持在最小限度内。应在任何情形下，抵抗限制作品流通渠道的倾向。假如在最开明的体制下，个人或群体也无法得到支持，那么很清楚，就没有什么能阻止他们以自己力所能及的方式工作或提供作品：他们现在大多处于这种情形中。这个问题的更困难的方面是，一个健康的文化依赖于成长，然而，新的作品可能难以引发兴趣，可能公众压力极大，难以给他们提供支持。怎样以民主的方式克服这一困难呢？没有简单的答案，惟一可能的答案是，如果说，保持成长的渠道通畅是民主文化的本性，那么，保证提供新作品的个人或群体至少有一个公平的机会，就是公众的责任。问题的实质在于，保持旁观，让新作品有证明自己的时间（经常是很长一段时间）。组织越是形形色色，小团体越是独立，就越有可能提供这种机会。

第二个困难可就严峻了。我们已经看到，在某些情况下，这种观点是怎样被有力地坚持着：某些事物是不应被提供的，因为根据现有证据，它们极有可能危害人们。究竟是否一定要作出这样的限制？纵使它们经过公众的辩论、决议，并且也是对批评敞开大门的。事实上，这如果是一个多数人作出的决定，就不是父权式体制。但对于那些受到影响的人，感觉上却很相似。再说一遍，对此绝没有简单的答案，一般的和所有特殊的情况，都需要持续的讨论。我相信，随着利润压力的解除，这种困难会减少。但总会有，还可能遇到反对严肃作品的多数人的决定。阻止这种事情的惟一途径是，推行最公开的讨论，包括制作者自己的理由。我相信，若能如此，人们通常就不会作出错误的选择。在任何事情上，一场论辩输掉后，下一回合通常会赢，因为正是在讨论过程中可望有理解的真正成长。

似乎最好是听任作品被创作出来，让制作者自己负责。在商业文化中，奇怪的是，制作者既不自由，也不负责任；既没有做到他本应独立完成的事情，也不向公众交待他究竟干了些什么。……

结语

以上描述的四种体制——独裁的、家长式的、商业的和民主的——在某种程度上，在当代英国的实践中和局部的实验中都活跃着。在某些审查制度下，独裁主义的踪迹尚存，民主体制的最初试验也可见。但就上一代人而言，搏斗主要发生在父权式体制和商业体制之间,很清楚,商业体制已稳步获胜。在这一情形下,重要的是,我们不应把辩论限制在"操纵的"和"自由的"体制的有限对比中,而应总揽全局,具体比较、考察细节的差异和可能性。

(江莘荑译/张咏华校)

麦克卢汉

马歇尔·麦克卢汉(Marshall McLuhan, 1911—1980),加拿大著名传播学者。1911年生于加拿大艾伯塔的埃德蒙顿,1934年获曼尼托巴大学工程硕士学位,1942年获剑桥大学"三一学院"哲学博士学位。1936年起,在加拿大圣路易斯大学等校讲授文学,1946年以后,任多伦多大学的文学教授,1963年成为该校文化与技术中心的主任。

一般认为,麦克卢汉的学术生涯,大体可分为三个阶段:早期是传统的文学批评家,这段时期以其第一本书《机械的新娘》(1951)的出版而结束;1950年代为其转型时期,接受哈罗德·英尼斯的学说,沉浸于文化人类学中,并编辑了《探索》杂志;1960年代为其成熟时期,出版了理论著作《古登堡群英》(1962)、《理解媒介》(1964)等书。

这里介绍的是《理解媒介》的第一章,体现了麦克卢汉思想的精粹。在本章中,麦克卢汉以其著名的格言式论断"媒介即讯息",指出:任何一种新兴媒介都对人类事务的尺度、进度和标准产生影响,从而强有力地改变了人类感觉的比例和感知的图式。

此书使麦克卢汉一举成为家喻户晓的人物,并引起了学术界的很大论争。其历史功绩在于,强调了长期以来被人们忽视的媒介技术本身对个人及社会的重大影响。尽管他的一些观点不无可商榷之处,但正如罗杰斯所说:"麦克卢汉一生在使一般公众对传播学产生兴趣方面所做的工作,是无人可以比拟的。"(见《传播学史》,殷晓蓉译,上海译文出版社2002年版)

(洪　兵)

理解媒介:人体的延伸[*]

一、媒介即讯息

我们的文化,长久以来已习惯于将所有事物作为控制的手段进行分类。在这样一种文化中,如果提醒人们,实际上"媒介即讯息",是会产生一点震撼的。这意思其实很简单,就是说,任何媒介的个人与社会后果——即我们自身的扩张带来的个人与社会后果——来自我们自身逐一的扩张或者说新的技术逐一引进人类事务的新的尺度。以自动化为例,人际联系的新制式倾向于削减工作岗位,这确实是负面结果,但从积极方面看,自动化又为人们创造了新的角色,亦即创造了先前的技术已经破坏了的工作与人际关系中的关联深度。许多人倾向于认为,不是机器,而是人对机器的使用,才是机器的意义或讯息。但如果就机器改变我们自身以及个体相互联系的方式而言,机器到底是生产玉米片还是卡迪拉克轿车根本无关紧要。人类工作与人际关系的重组,是通过技术细分化而形成的,这是机器技术的本质。但自动化技术的本质恰巧相反,它是整体、非集中化、有深度的,而机器是片断、集中化和表面化的。

---

[*] 译自英文本《理解媒介——人体的延伸》,美国麦克格罗—希尔出版社1964年版,并根据日译本审校。

以电灯为例，可以很好地阐明这种关系。电灯是纯粹的信息，除非它用于拼出词语广告或名字，它本身是一个无讯息内涵的媒介，这也是所有媒介的特征。就是说，所有媒介的"内容"都是另一种媒介。书写的内容是语言，就像印刷文字的内容是书写文字，而电报的内容是印刷文字一样。如果问"语言的内容是什么"？必须说，"它是一种思考的实际过程，它本身是非口头的"。一幅抽象画代表着对一种也许会在计算机设计中出现的创造性思维过程的直接阐明。但是，我们在此考虑的，却是这些设计和模式在扩展和加速现有进程中产生的社会与心理影响。因为任何媒介与技术所包含的"讯息"，即意味着对它们引进人类生活中的尺度、进度、标准的改变。铁路并非将运动、运输、车轮或路轨引进人类社会，而是提高与扩张了以往人类活动的向度，由此创造出全新的城市，全新的工作与闲暇。无论铁路在热带或寒带地区运营，上述的一切都会发生，而且独立于铁路的承载物或者说其"内容"而发生。另一方面，通过提高运输的速率，飞机则倾向于消解依附于铁路的城市、政治生活及人际联系，这同样也与飞机的用途无关。

让我们回到电灯的例子。电灯是否用于脑外科手术或夜间棒球赛根本无关紧要。有一种反驳的论点认为，这些活动在某种意义上正是电灯的"内容"，因为这些活动无法离开电灯而存在。然而，这个事实恰恰强调了"媒介即讯息"，因为正是媒介塑造和控制着人际联系与行动的尺度及方式。这些媒介的内容与作用虽然十分广泛，对于塑造人际关系的形式却没什么效用。事实上，倒不如说，媒介的"内容"蒙蔽了我们对媒介性质的认识。时至今日，那些大企业才开始意识到自己是从事何种领域内的业务。当 IBM 公司发现，自己并非从事办公设备制造而是从事信息处理时，它才以其清晰定位而步入正轨。美国通用电器公司从电灯泡与照明系统制造中获利颇丰，但它与美国电报电话公司一样，尚未意识到自己是在从事信息移动产业。

电灯由于不具备任何"内容"而不被人们视作通讯媒介，这使其成为一个极有价值的例子,足以说明人们在媒介研究方面是何等失败。只有当电灯被用于拼出一些品牌名称时,它才被视为媒介,这样,引起注意的其实不是电灯而是其"内容"(亦即另一种媒介)。电灯包含的讯息与工业中的电力包含的讯息一样,是强有力、普遍性和非集中化的,它们都与实际作用分离,如同电视、收音机、电报、电话一样,通过排除人际联系中的时间与空间因素,参与深层次的创造。

莎士比亚的作品可供选编成一本完整研究人类的扩张与延伸的指南,对以下来自《罗密欧与朱丽叶》的熟悉诗句,也许有人会联想到电视:

> 小声些,窗口那边透出的是什么光亮?
> 她说了,又好像没说什么。

《奥赛罗》与《李尔王》一样,描述了人们被幻觉扭曲而备受折磨的情景,以下台词体现出莎翁对新兴媒介改变人的能力的直觉:

> 世上有没有一种引诱青年少女失去贞操的邪术?
> 罗德利哥,你有没有在书上读到这一类事情?

莎翁的《脱爱勒斯与克莱西达》,几乎全面地考察了传播的社会与心理现象。莎翁觉察到,真正的社会与政治驭术完全取决于对新兴事物后果的预测:

> 冷静观察的明眼人,能知道财神普鲁斯特的金子的
> 每一丝每一毫,能触摸到深不可测的海底,能与思想作
> 伴,几乎像天神一样把你心里初生的默默的念头揭发
> 出来。

……

在最新、最激进的医学理论中,也产生了这种全方位的、清晰的意识,认为从社会意义上看,媒介即讯息。汉斯·塞勒在《生活的重压》一书中,写到一位同事听到他的理论时的沮丧之情:

我又开始狂喜地讲述对动物使用各种不纯或有毒物质进行治疗后观察到的反应。他用悲哀的眼光看着我,然后绝望地说:"但是,塞勒,你要想清楚自己在做什么,否则就太晚了!你现在已决定将毕生精力献给无聊的药物学!"

如同塞勒在其疾病的"压力"理论中对总体环境形势的处理一样,最新的媒介研究方法考虑的不仅有"内容",而且有媒介及特定媒介在其中运作的文化模型。对媒介的社会与心理影响的失察,在传统文献中随处可见。

若干年前,戴维·萨诺夫将军在接受圣玛丽亚大学的名誉博士学位时说:"我们过于倾向将技术器械作为因使用它们而犯下罪孽的替罪羊。现代科学的产品就其本身来说并无善恶,是对于它们的使用方式决定其价值。"这是当代梦游症的声音。想像一下,如果我们说:"苹果饼本身并无好坏,是使用它的方式决定其价值。"或者,"天花病毒本身并无好坏,是使用它的方式决定其价值。"再如,"枪炮本身无所谓好坏,使用枪炮的方式决定了枪炮的价值。"也就是说,如果弹药击中了目标,枪炮就是好的;如果电视成功地批判了预设对象,电视就是好的。我并非吹毛求疵,萨诺夫将军的话也不值得认真对待,但他完全忽略了所有媒介的本质。如同那喀索斯一样,被以新技术面目出现的其自身的延伸所迷惑。萨诺夫将军继续解释他对印刷技术的态度,认为印刷确实产生了许多流通中的垃圾,但同时也传播了《圣经》,传播了先知与哲学家们的思想。萨诺夫将军从未意识到,任何技术的作用都不只是将其自身添加于已有的事物之中。

罗伯特·西尔伯德、W·W·罗斯托和约翰·肯尼思·加尔布雷斯等经济学家,多年来致力于解释"古典经济学"为何无法说明经济的变化与增长。关于机械化的悖论是,虽然机械化确实是最大程度的变化与增长的原因,但机械化本身的原则又排斥增长及变化。因为机械化是通过将过程细分化并且将细分化的部分置于一个系列中而获得的。但是,正如大卫·休谟在18世纪所揭示的,仅在一个序列中是不存在因果律的。一个事物发生在另一事物之后,这本身不具备任何解释力量。除了变化,在事物的序列中没有其他东西。所以最伟大的转折是从电开始,它通过使事物即时化而终止了事物的序列。这种即时化速度,使人们重新审视事物的起因,不再局限于过去那种线性思维方法。就是说,不再问鸡与蛋何者为先,而意识到鸡是可以提供更多蛋的"蛋"。

当一架飞机进行超音速飞行前的一刹那,声波在机翼两侧是可见的。这是对事物形态发展的一个恰当例证:它揭示了早期的形式发展到其顶点时,出现了新的与之相反的形式。在电影的运作过程中,机械的细分化与线性序列赋予是极其清晰的,我们由此超越机械世界而转入成长的、有机的和相互联系的世界。电影只有通过加强其机械性,才能将我们带入富有创造性的相关的世界。电影媒介的讯息,就是从线性到相关性的转换。正是这种转换,产生了一种目前十分正确的观察:"管用的,就是过时的"。一旦电速进一步超越电影的机械性序列,整体结构及媒介的特征就会显得非常清晰。下面让我们转到有关图画的概括形态的话题。

对于一个高度文明与机械化的文化而言,电影是作为一个可用金钱购买的、充满了胜利的幻象与梦想的世界而出现的。恰在此时,出现了立体主义。E·C·贡布里奇在《艺术与幻觉》一书中,将立体主义描述为:一种为消除模糊性从而加强对画面——人类建筑的一个构图或一幅油画——的某种解读而进行的一种最激进的尝试。立体主义舍弃远近透视法,同时展示一个物体的所有向面。立体主义建立起平面的互动,设定图案、光线与肌理的矛盾或戏剧性冲突,即添加与人的关联,"将讯息嵌入其中"。许多人将此应用于绘画的实际练习。

换言之,立体主义从两个维度给出内部与外部、顶部与底部、后部与前部等,抛弃了透视的幻象,由此对整体产生瞬间感知。通过捕捉即时的整体感觉,立体主义忽然间宣布"媒介即讯息"。难道还不明显吗？在事物的线性序列让位于同时性的那一刻,人就被置于复合性、相关性联系的世界中。物理学中发生的,与绘画、诗歌和传播中发生的没有区别。当注意力从特定部分转向整个领域,我们就可以十分自然地说:"媒介即讯息。"在电子时代之前,媒介即讯息的状态不十分明显,那时候似乎信息即"内容",就像人们会问一幅画是"关于"什么的。但他们不会问一段旋律是"关于"什么的,也不会问一件衣服或者一幢房子是"关于"什么的。就这些事物而言,人们还保留着对整个范型的感觉,也保留着对形式与功能的一体性的认识。然而,直到电子时代,这种关于复合与相关的整体观念才开始盛行,以致教育理论也提出这个话题。在数学教育中,采用综合性方法,取代过去那种将一个个问题排列起来作为特殊"问题"加以解决的方法。关于数理与集合的问题,也让孩子们很小就思考。

红衣主教纽曼评价拿破仑"了解火药的语法"。拿破仑也注意过其他媒介,尤其是旗语曾帮助他占过敌人的上风。据记载,他曾说:"三份敌对的报纸比一千把刺刀更令人生畏。"

阿列克塞·德·托克维尔是第一个掌握印刷及印刷术"语法"的人。所以,他能领会在法国和美国即将发生变化的讯息,就像从一本递给他的书上大声读出一样。事实上,19世纪的法国和美国对他就像是一本打开的书,所以,他也知道这种语法的适用范围。有人曾问他,既然理解和仰慕英国,为什么不写一本关于英国的书。他回答说:

> 只有一个超级哲学傻瓜,才会相信自己能在6个月内判研英格兰。对我来说,要精细研究美国,一年时间还嫌太短,况且,要获得关于美国的清晰和确切的要领比英国容易得多。美国的所有法律,在某种意义上来源于同一思路。整个美国社会,可以说建立在一个事实之上。一切来自于同一条简单的原则。可以将美国社会比喻成一座森林,它密布着无数条向一个点交汇的直线道路。

只要找到那个中心点,就可以一目了然。然而在英国,各条道路却是互相交叉的,所以不走过每一条道路就不能了解全局。

托克维尔在其早期关于法国大革命的著作中,曾解释过印刷文字如何在18世纪渗透于法国文化并使法国同质化。从北到南,法国人成为同一类人。印刷术的统一性、持续性和直线性原则,涵盖了封建及口传社会的复杂状态。法国大革命就是由新式文人和律师发动的。

在英国,由于不成文法的古代口传传统的作用,受到像中世纪议会这样的制度的干预,新的视觉印刷文化的统一性、持续性无法充分体现。其结果是,英国历史上从未发生过像法国革命那样的重大事件。再说美国的独立战争,除君主政体外,美国没有任何中世纪那些需要抛弃、根绝的法制,因此很多人认为,美国的总统制与欧洲君主制相比,更具有个人色彩和君主制性质。

托克维尔对英美两国的比较,显然是基于印刷术与印刷文化能创出统一性及持续性这一事实。他说,英国拒绝了这些原则而坚守口传文化的不成文法传统,由此形成了英国文化的非连续性和不可预测性。印刷的语法无助于分析口传或非书面文化及其机构的讯息。马修·阿诺德恰当地将英国贵族定义为"野蛮"的,因其权力、地位与其文化修养或印刷术的文化形式全无干系。格洛斯特公爵在爱德华·吉本的《帝国衰败记》出版时对吉本说:"又一本该死的大书,呃,吉本先生?胡涂乱抹,胡涂乱抹,呃,吉本先生?"托克维尔本人是一个有高度修养的贵族,因此只有他既能理解印刷术的语法,同时不被印刷术的预设与价值所束缚。只有游离于任何媒介之外,才能体察其原理与特性,因为任何媒介都具有将其预设强加于对此毫无警惕的人的力量。预测与控制都是为了避免那种那喀索斯式的无意识的恍惚状态。为达到这个目的,最关键的是必须了解,一经接触咒语就会发生作用,就像被旋律的第一个小节吸引那样。

E·M·福斯特的《印度之旅》，就偏重口传与直觉的东方文化在遭遇偏重理性与可视性的欧洲经验模式时的无能为力，提供了一个生动的研究。当然，对西方而言，理性长久以来意味着"统一、持久和连续"，换言之，我们将理性与识字率、理性主义与技术相混淆。于是，跨入电子时代后，对传统的西方来说，人成为非理性的。在福斯特的小说中发现真实世界即摆脱印刷文化的迷醉的感受，就好像是进入马拉巴山洞一般。英国妇人阿黛尔·奎斯特的思考能力无法与构成印度整体的、包容一切的共鸣声相抗衡。在山洞体验之后，"生活虽像往常一样继续，但已经无关紧要了。就是说，声音不再回响，思想也停滞了。所有一切好像被连根斩断并陷入幻觉。"

《印度之旅》（这个词组出自惠特曼，他想像着美国向东方前行）是一个关于电子时代的西方人的寓言。这个寓言只是偶然地与欧洲或东方产生关联。我们正面临着看与听之间，或者说，是根据文字还是口语来知觉和把握存在于这两者之间的趋于极点的矛盾。尼采观察到，理解可以阻滞行动。通过了解媒介既扩展我们自身同时又在我们自身与四周引发混乱，也许能缓解这个矛盾的激烈程序。

读写能力造成的非部落化及其对部落成员的痛苦影响，是精神病医生 J·C·卡罗瑟斯撰写的《非洲人的心智健全与疾病状态》一书（世界卫生组织，日内瓦，1953）的主题。他使用的大部分材料见之于 1959 年 11 月《精神病学》杂志上的一篇文章《文化、精神病学与书面文字》。电子媒介在此又一次显示了西方技术如何作用于哪怕是最为辽远蛮荒的热带草原、丛林和沙漠。一个例子是，阿拉伯人带着蓄电池收音机骑在骆驼上。土著人被大量涌入的概念所淹没，而没有任何准备，这是西方技术普及过程中的常见现象。但是，拥有电子媒介的西方人也与远方的土著一样，经历着相同的信息泛滥。加纳的土著对抗着将其从集体部落驱赶至个人孤立状态的活字文化的力量，与他们相比，我们在自己的文化环境中遭遇电视机与收音机时,并未准备得更充分。

电子信息的传播速度,将史前文化与工业社会的破烂商品,文盲、半文盲以及识字者混杂在一起。新的信息泛滥成灾,使人们无所适从,其结果是不同程度的心智崩溃。温德海姆·刘易斯以此作为他的系列小说《人类时代》的主题之一,其中的第一部小说《孩童群众》完全是关于媒介的加速嬗变对无辜者的戕害的内容。在现代,我们越来越了解技术在心灵的构成与显现方面的影响,随之,对于判断罪错的自信却逐渐丧失。古代社会将暴力犯罪视作令人悲哀的行为,对罪犯的态度就如同我们对癌症患者一样。"要那样行事(犯罪)多可怕啊!"他们这样感慨。J·M·欣吉在他的《西方世界的花花公子》一书中很有效地汲取了这种想法。

我们按照技术的统一性与持续性模式提出要求,如果有不适应者无法达到这种要求,有知识的人就倾向于将之视为可悲的人,一如古代的罪犯。尤其是妇女、儿童、残疾人和有色人种,在这样一个依赖视觉的、由印刷技术占统治地位的社会,成为非公正的牺牲品。另一方面,我们的文化是分配角色而非工作给人们,于是侏儒、斜眼和孩子们不得不创造自己的空间,因为他们不适合那些统一的、重复的职位。想一想这样的词组:"这是男人的世界",作为一个同质化的文化中无数次重复的定量观察,这个词组意味着那些身处此种文化的男人为了有所归属而必须向平均水准靠拢。在智商测试中,我们制定了无数个极为愚蠢的标准。由于不了解印刷文化的偏见,我们的智商测定者假设统一性与持续性是智力的标志,从而排除了那些主要依靠听觉与触觉的人。

C·P·斯诺在评论A·L·罗斯的《绥靖政策与通向慕尼黑之路》一书(《纽约时报书评》1961年12月24日)时,描绘了20世纪30年代英国高层首脑的情形。"他们的智商比以往的政治领袖高得多,可为什么还是造成了大灾难?"斯诺同意罗斯的看法:"他们不听取警告,因为他们根本不愿意听取。"反共倾向使他们无法领会希特勒的企图,但他们的失败与我们目前的失败相比,根本算不了什么。对技术与统一性的美国式的投入,应用于教育、政府、工业各层面,现今全面地受到电子技术的威胁。希特勒与斯大林式的威胁是外部的,电子技术才是内部的威胁。而我们对它和戈登堡印刷技术的冲突却毫无警觉。须知,美国的生活方式就是在戈登堡技术的基础上形成和发展的,在未承认威胁之前,是无从建议采取什么应对策略的。我现在就像处于路易斯·巴斯德警告医生的这一位置:他告诫医生们最大的敌人是不可见的,而且不为他们所承认。我们对媒介的传统反应,即所谓真正重要的是媒介如何被使用,这完全是技术型愚人的麻木姿态。因为媒介的内容就像盗贼用于吸引我们心灵守护者的肉片。一种媒介成为另一种媒介的内容,只有这样,它的效果才强大而持久。一部电影的内容是一部小说、一出话剧或歌剧,电影形式的效果与其内容无关。"书写"或"印刷"的内容都是语言,但读者却不注意这一点。

媒介塑造了历史,阿诺德·汤因比对此并无认识,可他的著作中遍布可供媒介研究者使用的例子。有一次他郑重提示说,成人教育,例如英国的"工人教育联合会"是对抗大众新闻界的非常有效的力量。他认为,虽然所有东方社会已接受了工业技术及其政治后果,但是,"在文化的层面上,没有一种相对应的统一趋势"。这就像一个挣扎于无所不在的广告中的文人的声音:"我个人根本不注意广告。"东方人虽然对我们的技术在精神与文化上有所保留,但根本无济于事。技术并非在概念或意见层面产生效果,它稳定地改变感觉的比率或感知的形态,而不会遭遇任何抵抗。严肃的艺术家是惟一与技术打交道时具有免疫力的人,因为他们是感知与知觉变化的专家。

17世纪货币媒介在日本起的作用与印刷术在西方起的作用类似,G·B·桑索姆的《日本》(伦敦,克利克特出版社1931)写道,货币媒介的渗透,"引起了缓慢但不可抗拒的革命,最终导致封建王朝的崩溃,并在两百多年的隔绝之后,恢复了与外国的交往。"货币重组了人们的感官生活,因为它是我们感官生活的延伸。这一变化并不取决于社会成员的赞同与否。

阿诺德·汤因比在他的"以太化"这一概念中,曾经对媒介的转型能力这一主题作过探讨。他认为"以太化"是任何组织或技术中的效率与递进简化原则,非常典型的是,他忽略了这些媒介对我们的感知反应产生挑战的效果。他被印刷文化的魔力所束缚,想像着只有我们的舆论反应才与社会中的媒介与技术效果有关。在一个同质化的社会中,人们已失去对形式纷繁及非连续的生活的敏感。汤因比抱有三向度的幻觉(作为那喀索斯式迷思的一部分)及"个人见解",所以与布雷克的"事物因我们注视而形成"的意识相隔绝。

今天,如果我们要找到自身的文化坐标,并远离由人类表达的技术形式引发的偏见与压力,只需考察一个尚未接触特定媒介形式的社会,或考察一段对媒介形式毫无所知的历史时期。韦尔伯·施拉姆教授在研究"儿童生活中的电视"时采取过一个策略,他发现某些地区电视还没有普及,于是展开了一些调查。他对电视画面的独特内涵未做任何研究,调查主要涉及内容偏好、收视时间及词汇统计等。简言之,他的研究取向虽是无意识的,却是文字文化型的,继而也就没什么值得报告的。如果这种方法用于考察公元1500年印刷书籍对当时成年人与孩子们的影响,同样无法发现任何由于印刷术而造成的人类与社会心理的变化。印刷在16世纪造成了个人主义与国家主义,过程或内容分析都无法提供线索以解释媒介的魔力或媒介的潜意识指令。

列奥纳德·多布在他的报告《非洲的传播》中,叙述了一个非洲人每晚不厌其烦地收听BBC新闻。尽管他对其内容毫不理解,可每天晚上7点听那些声音,对他很重要。他对语言的态度就像我们对旋律的态度一样,光是音调共鸣就已经意蕴无穷了。17世纪时,我们的祖先也持有这种类似土著人的态度,在法国人伯纳德·兰姆的《说话的艺术》一书中,这种情感十分明晰:

> 上帝造人以使之快乐,他的智慧有此奇效:凡是对

谈话(生活方式)有用的都是悦耳的……凡是有助于营养的食物都是宜人的,凡是无法被人吸收转化的物质都是乏味的。演说者别扭的演讲,无法使听众觉得愉悦,听众不能满意听取的演讲,演说者也无法愉快地表达。

这是一种有关人类饮食与表达的平衡理论。在经历几个世纪的细分化和专业化之后,我们现在努力为媒介寻求的,也是类似的平衡。

教皇庇护十二世深切地感受到,对现代媒介应作认真的研究。1950年2月17日,他说:

毫不夸张地说,现代社会的未来及其内部生活的稳定,在很大程度上取决于保持传播技术的力量与个人反应能力的平衡。

几个世纪以来,人类在这方面的失败是全面而有典型意义的,对媒介效力的简单和潜意识的接受,使媒介成了使用者的没有围墙的监狱。正如A·T·利伯林在《新闻界》一书中指出的,一个人如果不知道他往何处去,即使可以倚仗手中的枪,他也是不自由的。而每一种媒介都相当于有力的武器,可用来打击其他媒介和其他组织,其结果导致现代成了一个复合性内战的时代,且不局限于艺术与娱乐领域。在《战争与人类进步》一书中,J·V·尼夫教授宣称:"我们时代的所有战争是一系列知识错误的结果……"

如果媒介的塑造能力就是媒介自身,许多重要的问题就必须在此提及,虽然可能需要皇皇巨著才能充分阐述这些问题。技术媒介其实就是主要产品或自然资源,像煤、棉花和石油一样。任何人都承认,如果一个社会的经济主要取决于一两种主要产品,如棉花、稻谷、木材或者鱼和牛,那么它一定具备特色鲜明的社会组织形式。对一些主要产品的倚重会引起经济的不稳定,但另一方面也造就了群众的忍耐力。美国南方的幽默与哀伤,正是孕育于一种依靠有限产品的经济。如果一个社会依赖于某些稀缺商品,这些商品就构成它的制约,如同大都市对新闻界的依赖一样。无论棉花或石油,都如同电视与收音机,成为整个社会精神生活的"基本支出"。这一普遍事实,为所有社会塑造其独特的文化氛围。对形成我们社会生活的每一种主要产品,我们都付出很大代价。

媒介是人类感官的延伸,人类感官也是我们个人精力的"基本支出",而且,它们成了我们每个人的知觉与经历,这可以联系心理学家C·G·荣格提到的另一层意思加以理解。

> 每个罗马人都被奴隶侍拥。奴隶与奴隶的心理泛滥于古意大利。每个罗马人都变得内向并且不自觉地成了奴隶,因其始终生活在奴隶的氛围中,无意识地受到奴隶心理的感染与影响,没有人能使自己免于这种影响。(《分析心理学》伦敦,1928)

(洪　兵译 / 张国良校)

林雄二郎

林雄二郎(はやしゆうじろう,1916—),日本知名学者。1940年毕业于东京工业大学,后历任日本经济企划厅经济研究所所长、东京工业大学教授、丰田财团常务理事、东京信息大学校长等职。

20世纪60年代的日本,进入了经济高速增长阶段。此时,恰逢信息化社会的征兆初显,引起日本各界的极大兴趣,围绕这一课题,涌现了大量思考和议论,发表、出版了众多论著。其中,林雄二郎的《信息化社会》颇具代表性。他在继承前人的基础上,就信息和信息化社会的定义、信息化的测量方法、个人和组织如何应对信息化、日本的前景等问题,提出自己的独到见解,并明确主张,人类文明将脱离工业化阶段而走向下一个阶段,其本质为何?无非是(社会整体的)信息化。此书问世后,广受欢迎,一再重印。如著名评论家加藤秀俊在《东京新闻》载文所说:它是富有启迪意义的"新时代的预告篇"。尽管此后新技术、新媒介的迅猛发展,带来一系列为作者始料未及的变动(如互联网的崛起、日本在信息产业发展战略方面的失误及滞后等),但并不影响其作为早期文献(尤具日本特色)的重要价值。

(张国良)

信息化社会

第三章 什么是信息化[*]

一、文明后社会

1. K·鲍尔廷的时代划分

我们着眼于性质变化的具体状态来思考各种各样的事物,其最典型者,即所谓信息化社会、社会的信息化这种现象。

众所周知,K·鲍尔廷把人类的悠久历史分为文明前阶段、文明阶段、文明后阶段。根据他的定义,公元前10000年至前5000年左右是一个节点,此前是所谓文明前社会,此后是文明社会。这个文明社会一直延续至今,现在,文明社会终于迎来向文明后社会转换的第二个转折点。并且,据他指出,文明前阶段向文明阶段的转换,变化速度非常缓慢,所以,第一个节点处于公元前10000年至前5000年,跨度极大。但是,随着文明社会的展开,变化速度加速度地加快,因此,第二个节点——从文明社会向文明后社会的转换,不可能再像第一个节点有那样大的跨度。换句话说,变化将在极短的时期里发生。

他指出,尽管我们今天正迎来第二个节点,但是,我们还背负着文明社会中各种悬而未决的问题,如果不赶快解决,也许会导致

---

[*] 译自日文本《信息化社会》,日本讲谈社1969年版。

文明社会向文明后社会转换的失败。那样,人类社会将走向灭亡,他向现代社会发出了严重警告。他说的问题共有三个,即:如何避免战争的危险性? 如何控制人口的爆炸性增加? 如何排除技术发展中的各种危险性?

那么,他说的文明后社会究竟是怎样的社会? 他也未必清楚。或许不如说,有待今后的探讨。但不难推测,那大概近似于所谓信息化社会。

2. D·贝尔的后工业化社会

同是美国人的 D·贝尔提出的后工业社会,说的就是信息化社会。他还考证了人类社会的进步,把产业化前的社会、产业化社会、产业化后的社会当作课题。

这里有一种倾向,即把产业化前社会单纯地理解为农业社会,把产业化社会等同于工业社会,把产业化后社会称作后工业社会。但是,严密地说,这不是正确的解释。他说的产业化前社会未必是农业社会,同时,产业化社会也不仅仅是工业社会。

最初有意识使用产业化社会这个词的是法国的圣·西门。他在使用这个词时,并非着眼于工业的意思。他说,产业革命以前的社会,无论何种形式的产业,从事生产的人是两手肮脏的人。社会体制与他们无缘,即由不从事生产的人,如僧侣、贵族、官僚操纵。从事生产的人不在所谓的体制阵营。但是,产业革命的重要意义在于,以往不在体制阵营的人取代两手干净的人,进入了体制,产业革命的意义正在于此。这就不是用农业社会变成了工业社会这样简单的解释能回答清楚的。

实际上,贝尔所说的产业化后的社会、后工业社会的意思,原则上与圣·西门一样,不拘泥于农业、工业的行业性区别。因而,产业化前社会是农业社会、产业化后社会是后工业社会这一单纯的解释是不正确的。当然,从结果看,也许可以说,产业革命前的社会是农业社会,产业革命后是工业社会。但是,那毕竟是从结果倒过来推论,以此解释工业化社会的意思,不能认为是正确的。因此,贝尔思考后工业社会时,将工业社会的物质生产的内容和形式作为问题,无论工业产品抑或农业产品,都无关紧要。例如金融业、服务业中,也有许多依附于物质生产的东西,那些应说是工业社会的产物吧。

因此,贝尔所说的后工业社会的意思就是,以物质生产为主的社会转向以无形的知识、信息生产为主的社会,即从有形的物质的社会转变为无形的信息、知识的社会。这样看来,把产业化后社会译成后工业社会,果然是不准确的。但今天,这个译法不知不觉已逐渐约定俗成,在此就不再啰唆了。

表1 根据国民收入而划定的分别属于6个经济类型的社会

不同经济类型的社会	国名及年人均国民收入
产业化后社会(国民人均年收入4 000—20 000美元)	美国(10 160),日本(8 590),加拿大(7 070),西德(7 790),法国(6 830),瑞士,斯堪的纳维亚,荷比卢经济同盟
早期产业化后社会(4 000—20 000美元)	英国(6 530),苏联(4 650),意大利(4 450),奥地利,东德,捷克,澳大利亚
大众消费社会(1 500—4 000美元)	西班牙、葡萄牙、波兰、匈牙利、中国台湾、南北朝鲜、中国香港、新加坡
成熟产业社会(600—1 500美元)	墨西哥、泰国、菲律宾、古巴、伊朗、黎巴嫩
大型部分产业社会(200—600美元)	巴西,中国(321),印度(270),巴基斯坦,印度尼西亚,阿拉伯联盟
产业化前社会及小型部分产业社会(不满200美元)	其他的非洲、阿拉伯、亚洲、拉丁美洲各国

(说明:摘自卡恩著《公元二○○○年的世界》。只摘录主要国家,人均收入也限于10个国家)。

3. 超技术社会

贝尔的后工业社会说的就是信息化社会,与鲍尔廷的主张不同,他是明显立足于信息化社会的认识展开议论的。

在日本很有名的卡恩所写的《公元二〇〇〇年的世界》一书的展望中,基于对贝尔的后工业社会的相同认识,提出了信息化社会的概念。

在去年9月由社团法人"科学技术和经济之会"主办的日美联合专题讨论会上,提出了"向超技术社会的伸展"这个统一主题。在此,使用了超技术社会这个新词,译成英语就是 Perspective to Post-industrial Society。即特意把以前的信息化社会或后工业社会译成超技术社会。这自有其用意。当然,即使采用超技术社会这个译语,也不排斥把将来的社会规定为信息化社会,事实上,在那次专题讨论会上,信息化社会或社会的信息化始终是议论的中心课题和焦点。

4. 世界规模的社会变化

这样,有关社会的结构发生了根本性的、质的变化即正转变为新的社会的认识,成为在世界范围内共同扩展的理念。

去年(1968年)底,为出席联合国教科文组织的会议,我偶然在巴黎逗留了两周。那时,有机会与经济合作与发展组织的二三位干部交谈,他们一致指出的问题是现代社会这个概念。现代社会不妨可看作是所谓后工业社会的代名词。他们极力主张的是,当前社会正在发生根本性的变化,正在成为现代社会,但是,它的原动力是什么呢?现代社会究竟是怎样的社会呢?如果不追根究底,就不能正确理解近期世界各地的社会现象。例如,黑人权利、学生运动等问题在全球普遍发生,不应视之为局部事件。我想,作为日本人,对此也必须认真思考。而且,在经济合作与发展组织中,日本被看作是领先成为现代社会的国家,但是,日本却一点没有就现代社会的根基何在、有哪些内涵等根本性问题展开议论。倒是对新的问题泼冷水的意见至今尚未绝迹,这是多么不正常的现象啊。

二、思考信息

1. 各种定义

为了弄清社会的信息化这个概念,首先必须回答信息是什么这个问题。

信息是什么？没有比这更奇妙的问题了,因为说困难,非常困难,说容易又非常容易。查一下国语辞典,就可以知道它的意思是"情况的告知"、"事情的通报"。然而,最近随着信息化的议论大增,信息的定义也因人而异,变得多种多样。兹介绍几种如下：

梅棹忠夫："信息是人与人之间传达的全部符号体系"。

弗利兹·马哈尔普："信息是告知的行为,知识是获知的状态,所以,一般来说,可以把一切信息都称为知识"。

坂本晋："我把信息限定为传达的内容,并认为它是人类精神的创造物。那是在概念上与物质产品相对的知识产品。"

宫川公男："信息是对特定问题、情况作出评价的依据。"

藤竹晓："信息是对某个整合系统的刺激,就人类适应环境的行动而言,则是作为可供对某个事实和现象加以判断的材料从而构成刺激的讯息。"

北川敏男："信息即从无数信息要素排列的可能性中,确定某一排列的可能性。"

罗伯特·维纳："我们面对外界进行自我调节,并由此影响外界之际,与外界之间交换的内容,这就是信息。"

吉田民人："在广义上,信息被看作是与物质、能量相并列的自然的三大构成要素之一,是物质、能量在时间、空间、定性、定量方面的形态。所谓形态,指在有序和无序的比较中把握的物质、能量的属性。在这个意义上,无论人类和非人类、生物界和非生物界,凡是有物质、能量的地方,就一定有信息。再者,狭义的信息是广义的信息被符号——意义化的东西,可定义为这一意义上的符号的集合。"

电气通信综合研究所:"信息是通讯系统中被传送、处理、储备的有意义符号的集合体。"

还可以列举下去,难以穷尽。由此可知,信息的定义是十分复杂的,只凭"情况的告知"这种常识性解释是远远不够的,其中包含着各种各样的问题。如果加一个"化"字,即变成"信息"化,问题就更加复杂了。所谓社会的信息化,究竟指怎样的现象呢?

2. 信息化初探

使用信息化这个词语,即意味着它与工业化、机械化、自动化等词语一样,说的是社会变化的趋势。但是,信息化究竟指怎样的趋势呢?关于信息的定义已是多种多样,更何况进一步谈论信息化。如果不在某种程度上界定其含义,理解一定会因人而异,以致发生混乱。事实上,人们有关信息化社会的各种解释很不相同,差异大得惊人。

如前所述,在1968年9月日美共同举办的专题研讨会上,连续三天,信息化社会成为议论的中心话题。日美专家从各个角度探讨了信息化社会是什么,但最后的结论却让人觉得暧昧而含糊。

事实上,在当今社会,提到信息化社会,有人就直截了当地诊断它等于计算机的普及,因此,他们主张把计算机普及的指数,作为表示信息化程度的指标。另外,也有人认为,社会的信息化是指所谓的信息产业被置于主导的位置。关于信息产业的定义,也因人而异。例如,有一种说法是,报纸、广播、电视、广告等产业代替了传统的工业。

或者,再广义一些,有人着眼于知识产业、知识生产,提出信息化社会就是知识产业占主导地位的社会。总之,观点并不统一,其中,把社会的信息化理解为计算机普及进度的人,数量可能是最多的。

3. 信息＝有影响力的告知

在这样的状态下,上述议题就变得非常重要。在此,提出我的看法以推进讨论。我对信息、信息化的定义如下。

首先,信息的定义是"伴随着可能性的选择指定作用的情况的告知。"可以认为,这大体相当于前面介绍的梅棹忠夫或北川敏男的解释。再说得浅显些,即单纯的情况的通报,并非信息。换言之,有关某个情况的告知,只有对某人的决策产生某种影响时,才构成信息。当然,这种影响的方向无论正面、负面,都无关紧要。可能是促成做什么,也可能是促成买什么,还可能是促使某人取消了某项计划,即不做什么了,事情朝消极、反面的方向发展。总之,只有告知对人的决策发生影响时,才是信息。无论告知有多大的量,只要对人的决策没有影响,就不是信息。

表2　五种类型的信息

信息的类型	信 息 的 例 子
认识环境信息	大众传播"新闻",家属朋友之间的会话、通信,天气预报,电话号码指南,时刻表
控制、解释、指令信息	大众传播的评论,法律,红绿灯,社会规范
教育信息	学校教育,家庭管教,学习书籍,家庭教育,工作岗位教育,教育磁带,大众传播教育节目(栏目)
娱乐信息	音乐(会),电视娱乐节目,绘画,戏剧,电影,周刊杂志
经济信息	科学技术情报,POP广告,商品设计,市场信息,目录,专利资料,邮寄广告

俗话说,"对马念佛"、"耳旁风",这就不属于信息。对马来说,念佛至多是噪音,而不是信息。但是,对虔诚教徒念佛,就会

对其人生观产生很大影响,这就成了地道的信息。由此可知,信息并不单单是口头语言的连续,也不限于文字的罗列。简单地说,诸如设计、颜色、花样、手感、气味等,无不可纳入信息的范畴。当某人欲购买某个商品时,如果看中了设计或手感,这些因素对购买起到了促进作用,那么,设计或手感就无非是那个商品给出的信息。

第九章　通向多信息社会之路

一、信息化这一社会变化

1. 信息产业的发达

社会越是信息化,越会成为多信息社会,这是理所当然的吧。这是人的欲望从一次欲望变为二次欲望而产生的当然结果。人的一次欲望所需求的实用功能,变化幅度不那么大,比较缺乏弹性。但是,对应于二次欲望所需求的信息功能,变化幅度极大,弹性也非常大。

重要的区别在于,就实用功能而言,多数人在某种程度上的共同要素很多,但是,就信息功能而言,各人嗜好的差异却大到没有边界的程度。而且,人们大多没有明确认识到这一点。大家从排列在眼前的许多信息中挑选出一些信息,往往从结果来发现自己的二次欲望是怎样的。最明显的例子是商品设计。因而,整个社会中信息功能所占比重越大,那个社会就越趋于成为信息众多的多信息社会,这可说是理所当然。

作为结果,以下两点是毋庸置疑的。

第一,随着信息的商品价值的提高,把信息作为商品的信息产业日益兴旺。

第二,一切产业都必须进行信息处理,所以不能不走向信息化趋势。

关于前者,即所谓信息产业论,当前正热烈地进行着议论,相关的著作、论文已大量问世。因此,对其中的许多问题,没有必要再重复了。这里仅仅就社会谈论的信息产业论中动辄忽略的问题简单涉及一下。那就是本书开头提出的问题,即:由于信息产业的发展,社会环境发生了很大变化,由此,人的思考方式正在发生根本性的变化。

2. 电视和电脑引起的社会变化

引起这种巨大的社会变化的最重要因素,首推电视。

其次,应当注意的是,随着各行各业信息化的进展,信息处理成为必需,由此而来的(要素)就是电子计算机。而且,伴随着电脑的出现,今天已引发许多社会问题;同时,由电脑提出的更为重要的问题,在今后社会里将变得日益清晰。

许多人仅仅着眼于信息产业的崛起或电脑的普及,认为那就是社会的信息化,但那只是单纯从现象观察到的信息化。问题在于,引起那种现象的原本动机是什么?必须加以考察。

对上述有关信息化社会的表面化的一般看法,我虽然提出质疑,但是,我并不否认,信息产业的兴旺和电脑的普及,作为信息化社会的现象,是确凿的事实。把信息产业、计算机的普及等同于信息化社会,虽失之片面,但绝不能说是错误的看法。毋宁说,作为信息化社会的现象,这两者尤其重要,视之为信息化社会本身,也绝非信口雌黄。

二、日本的急速的信息化

1. 测量信息化的标准

接下来,我们必须思考,怎样测量信息化社会?依据什么标准加以界定?我想,大胆地制定一个尺度,这需要比以前更有勇气。当然,各种缺陷在所难免,但不管怎样,要紧的是尝试着做起来。做了以后,再进行探讨。在这个意义上,我感到,在统计方面,日本好像迎来了一个转机。

日本的统计即使从世界范围看,也确属非常优秀之列。外国人调查日本,说统计像日本这样完备的国家是不常见的,我认为这未必是恭维。得益于统计数据的完备,我们就能进行计量经济学模型的研究及其他各种严密的研究,但我们在此有必要下决心,从新的观点出发建立一套新的统计体系。那至少是对应于社会的质的变化的统计,作为第一步,有必要就社会的信息化,制定出一些具体的指标。

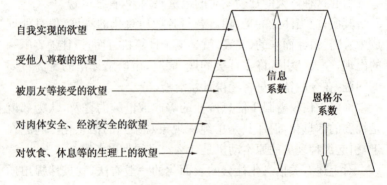

图1 信息系数和恩格尔系统的关系

不妨回想一下,很长一段时间以来,有一种主张,认为产业结构必须重化学工业化,贸易结构必须重化学工业化,这能在某种程度上用统计数据表示。所以,假定把产业结构的重化学工业化确立为经济计划的目标,我们将能评估它的实现与否。同理,当我们进入后工业社会之际,对至关重要的社会的信息化,如果没有一点具体的数字指标,我们的议论将全部成为空谈。因此,为避免这种状况,纵使不完整,也必须制定出一些有启迪意义的具体数字指标,在此意义上,试介绍以下几种探索性想法。

2. 信息系数

就我个人思考的结果而言,可列举出信息系数、信息度指数、信息化程度指数之三项。所谓信息系数,就是在家庭消费中为购入信息所支出的比率,可说是与恩格尔系数相反的系数。著名的恩格尔系数是指家庭消费中饮食支出的比重,生活水平越高,饮食支出越低。与此相对,信息系数显示这样的倾向:生活水平越高,信息系数越高。

与此相关联,一桥大学的坂本二郎曾提出杂费系数的概念,指的是家庭支出中杂费的比重与生活水平同步提高。由此进一步分析,在杂费中着眼于购入信息的支出,在杂费以外的项目中也从购入信息的角度出发,重新审视一下诸如购入收音机、电视机、录音机等的支出(这些也许列入杂费,也许列入其他项目,总之不再拘泥于传统的家庭支出的框框),不就可以算出家庭消费中购入信息的支出?我想,从价值系列看,购入信息的支出应该是在稳步上升,或者,从国际比较看,生活水平越高的国家,这一比率就越高吧。由此看来,它恰好是与恩格尔系数相对照的指标,如此,把信息系数当作生活水平的一个指标,就成为可能。

3. 信息度指数和信息化程度指数

所谓信息度指数指的是,所有商品中信息性成本在总成本中所占的比率。即可以把商品的成本分为实用性成本和信息性成本,从而调查信息性成本的比重在总成本中的表现。我想,这不失为社会变化的一个指标,任何产业的信息化倾向都必须求证于信息度指数的增加。

其次,信息化程度指数是指国民总产值中信息产业的产值的比重。这里,信息产业如何定义是一个首要问题。严密地说,我不怎么赞成把信息产业限定于社会一般观念所认定的范围。应当考虑更广义上的信息产业,正如前面的信息度指数所涉及,所有产业中都存在着信息性功能,但是,这样一来,困难就非常大了,所以只能退一步,暂且限于当今社会一般常识所认可的信息产业的产值的比重。

实际上,这是美国的G·巴克、马哈尔普、日本的小林宏治等已经尝试过的工作。据马哈尔普说,1963年美国信息产业的生产额如下,即占同年美国国民总产值的33%—34%。

小林宏治把马哈尔普的信息产业分类方法运用于日本,计算信息产业在日本国民经济中所占的地位,1963年的日本,其信息产业的生产总额是3兆6千亿日元,正好是100亿美元,相当于美国的1/20。日本的信息产业在国民总产值中的比率是16%,接近美国的一半。另外,从信息产业的分类看,日本的情况是,教育36.4%,印刷、出版20.6%,通信16.4%,广播电视15.5%,研究开发9%,办公机械2.1%,这就清楚地反映了美国和日本的信息产业的差异。在日本,信息服务几乎还未引起人们注意,而印刷、出版的比重比美国高许多,这也确是日本的特征。这样的信息化程度指数虽然不完善,但毕竟显示了产业结构信息化的程度。如前所述,我个人不赞成这样狭义地解释信息化,但目前尚无法使用我所主张的信息化指标,所以,作为一个里程碑,率先制定这样一批指标绝不是没有意义的事情吧。

表3 美、日信息产业的产值比重(1963年)

信息产业分类	美国(亿美元)		日本(亿美元)	
教育	910	45%	36.4	36.4%
印刷、出版	240	12%	20.6	20.6%
研究开发	200	10%	9.0	9.0%
信息服务	180	9%	0	0
信息机械	160	8%	2.1	2.1%
通信	140	7%	16.4	16.4%
广播、影视	120	6%	15.5	15.5%
合 计	1950	100.0% (GNP的33%—34%)	100	100.0% (GNP的16%)

表 4 美、欧、日信息化指数比较

人均国民所得(美元)	信息化指数	个人消费支出中杂费的比率	就业人口中第3产业所占比率	学生数在人口中所占的比率	每1000人书籍的发行册数	每100人报纸的发行份数	每100户电视机的台数	每人的电话通话数		
196	76.4	18.3 (72.9)	35.7 (87.9)	22.7 (98.3)	0.29 (107.4)	35 (87.5)	0 (0)	107.4 (81.0)	1953	日本
285	100.0	25.1 (100.0)	40.6 (100.0)	23.1 (100.0)	0.27 (100.0)	40 (100.0)	7.4 (100.0)	132.6 (100.0)	1958	
590	223.6	31.6 (125.9)	41.0 (101.0)	21.5 (93.1)	0.24 (88.9)	42 (105.0)	67.9 (917.6)	177.4 (133.8)	1963	
696	255.0	33.6 (133.9)	42.9 (105.7)	22.3 (96.5)	0.25 (92.6)	45 (112.5)	74.5 (1006.8)	313.9 (236.7)	1965	
2 090	275.8	35.5 (141.4)	55.4 (136.5)	21.8 (94.4)	*	35 (87.5)	66.9 (904.1)	385.3 (290.6)	1953	美国
2 361	311.6	38.4 (153.0)	60.5 (149.0)	21.2 (91.8)	0.08 (29.6)	33 (82.5)	97.6 (1318.9)	472.4 (356.3)	1958	
2 853	354.7	39.9 (159.0)	62.7 (154.4)	25.7 (111.3)	0.13 (48.1)	32 (82.0)	111.0 (1500.0)	570.0 (429.9)	1963	
2 893	391.7	40.5 (161.4)	63.2 (155.7)	26.6 (115.2)	0.28 (103.7)	31 (77.5)	122.9 (1660.8)	620.0 (467.6)	1965	

续表

国家	年份	人均国民所得（美元）	信息化指数	个人消费支出中杂费的比率	就业人口中第3产业所占比率	学生数在人口中所占比率	每1000人书籍的发行册数	每100人报纸的发行份数	每100户电视机的台数	每人的电话通话数
英国	1953	818	135.4	30.0 (119.5)	45.4 (111.8)	13.3 (57.6)	0.36 (133.3)	57 (142.5)	24.3 (328.4)	72.9 (55.0)
英国	1958	1 085	211.5	30.9 (123.1)	45.8 (112.8)	14.6 (63.2)	0.43 (159.3)	51 (127.5)	61.9 (836.5)	77.2 (58.2)
英国	1963	1 385	267.8	33.2 (132.3)	53.2 (131.0)	17.1 (74.0)	0.48 (177.8)	49 (122.5)	85.5 (1 155.4)	107.9 (81.4)
英国	1965	1 451	275.6	34.2 (136.3)	53.5 (131.8)	14.7 (63.6)	0.48 (177.8)	48 (120.0)	89.1 (1 204.1)	127.1 (95.5)
西德	1953	619	58.3	21.9 (81.3)	34.1 (84.0)	12.5 (54.1)	0.12 (44.4)	29 (72.5)	0.2 (27.0)	51.6 (38.9)
西德	1958	931	96.2	24.2 (96.4)	38.5 (94.8)	12.3 (53.2)	0.38 (140.7)	30 (75.0)	11.9 (160.8)	69.5 (52.4)
西德	1963	1 418	168.7	26.3 (104.8)	39.7 (97.8)	12.6 (54.5)	0.44 (163.0)	33 (82.5)	44.7 (604.1)	98.3 (74.1)
西德	1965	1 447	197.1	27.1 (108.0)	40.4 (99.5)	12.3 (53.2)	0.46 (170.4)	33 (82.5)	58.1 (785.1)	107.2 (80.8)

续表

	人均国民所得(美元)	信息化指数	个人消费支出中杂费的比率	就业人口中第3产业所占比率	学生数在人口中所占的比率	每1000人书籍的发行册数	每100人报纸的发行份数	每100户电视机的台数	每人的电话通话数	
法国	866	72.6	29.7 (118.3)	34.6 (85.2)	13.4 (58.0)	0.23 (85.2)	24 (60.0)	0.5 (67.6)	44.7 (33.7)	1953
	1 113	86.4	29.9 (119.1)	37.3 (91.9)	15.4 (66.7)	0.26 (96.3)	24 (60.0)	8.3 (112.2)	77.5 (58.4)	1958
	1 417	124.8	30.4 (121.1)	39.9 (98.3)	17.3 (74.9)	0.24 (88.9)	25 (62.5)	29.4 (397.3)	40.9 (30.8)	1963
	1 436	162.0	32.4 (129.1)	40.8 (100.5)	17.4 (75.3)	0.44 (163.0)	25 (62.5)	41.9 (566.2)	49.8 (37.6)	1965
意大利	353	55.9	19.5 (76.7)	27.6 (68.0)	*	0.20 (74.1)	11 (27.5)	0.3 (40.5)	62.7 (47.3)	1953
	490	69.6	21.6 (86.1)	30.4 (74.9)	11.6 (50.2)	0.16 (59.3)	10 (25.0)	8.3 (112.2)	105.3 (79.4)	1958
	780	119.2	23.9 (95.2)	31.8 (78.3)	13.2 (57.1)	0.17 (63.0)	10 (25.0)	30.5 (412.2)	137.0 (103.3)	1963
	847	158.8	24.7 (98.4)	36.5 (89.9)	13.2 (57.1)	*	11 (27.5)	42.2 (570.3)	145.5 (109.7)	1965

注：*是不明，"（）"内是把1958年的日本各指标算作100时的指数。

4. 日本能成为信息化的冠军

以上指标,仍难免给人以零碎的印象,那么,有无可能进一步加以综合,制定出显示整个社会的信息化的指标? 财团法人电气通信综合研究所就此提出新的信息化指数,即采用 1953 年、1958 年、1963 年、1965 年各国的每人电话通话数、每百户家庭电视机台数、每百人报纸发行份数、每千人书籍发行册数、人口中学生的比率、总人口中第三产业的比率、个人消费支出中杂费的比率这 7 个指标,并以 1958 年日本各个指标数字为 100 而加以统计、比较。这个指数的基本观念是,从信息量的增加、信息产业的发展、信息处理能力的增强、教育产业、商品的信息化这些方面来探讨当代文明国家正在发展的信息化现象,加以综合性归纳,并将此作为客观了解各国信息化发展情况的标准。诚然,关于信息化的领会方式或指标的制作方式等,有许多可以展开议论的话题,但不管怎样,制定这类指标还是很有意义的。试介绍其结果如下(见表 3、表 4)。

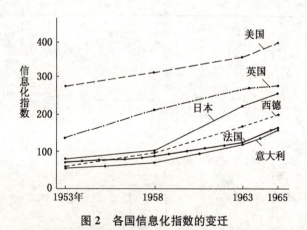

图 2　各国信息化指数的变迁

该图显示了各国信息化指数的变迁,由此可以明白,与其他国家相比,日本的信息化是以极快速度发展的。但是,对比美国还有很大差距,而且,1963 年以后美国也开始快速推进信息化,其速度恰好与日本相同,因而有人认为,日本与美国之间的差距很难缩小。但如图表3所示,一个清楚的事实是在信息化方面,日本至少与欧洲各国相比有相当优势。

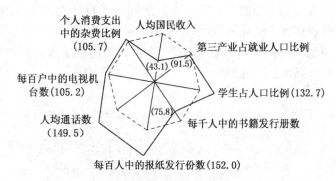

图3　各国信息化指数和人均国民收入的关系

上图清楚地表明,与其他文明各国相比,日本的人均国民所得很低,却相对实现了极为显著的信息化。国际社会屡屡指出,日本对人均国民所得评价过低,从信息化这个角度看,这样的评价倒未必错误。

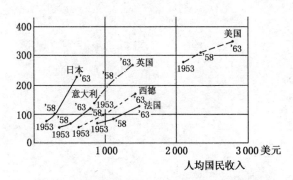

图4　各国平均的信息化指数和日本的比较

上图所示,是就前述构成信息化指数的7个指标,以1965年美、英、西德、法、意的平均数为100,然后对照日本各个指标的结果。这样看来,虽然日本的人均国民所得还没有达到各国平均数的一半,但除了书籍的发行册数、第三产业的比率之外,在报纸发行份数、电话通话数、教育人口、杂费比率、电视机台数等方面,都超过了各国的平均数。从这些结果看,可以预料,日本的信息化今后也将以相当快的速度发展,不用说英国,在不远的将来,也将逼近美国吧。如果有人说,21世纪日本将成为信息化社会的冠军,我想也许是水到渠成的吧。

(徐明译/张国良校)

麦考姆斯等

马克斯韦尔·麦考姆斯(Maxwell Mc-Combs),美国传播学者。对大众传播媒介的议题设置作用开展定量研究的主帅。作为"议题设置功能"理论的创始人之一,他和唐纳德·肖(Donald Shaw)于1968年首次进行有关大众媒介议题设置作用的实证性研究,调查了当时(正处于美国总统竞选运动期间)部分选民心目中所重视的主要社会问题,分析了他们所接触的大众传媒的讯息内容,然后将两者的结果加以对照、比较,以此成功地验证了大众传播的议题设置作用的理论假设。1972年,麦考姆斯和肖发表了这项开创性研究的报告,题为《大众传播媒介的议题设置功能》(The Agenda-Setting Function of Mass Media),亦即本文。文中首次明确使用"议题设置"概念,引起传播学界的很大反响,使之成为传播效果研究的一个重要领域。

麦考姆斯不仅是议题设置功能理论的先驱人物,并长期在该领域从事研究,成果丰硕。他独立及合作完成的相关论著有:《议题设置取向》(The Agenda-Setting Approach,1981)、《总统选举中的媒介议题设置：主题、形象、趣味》(Media Agenda-Setting in a Presidential Election: Issues, Images, and Interests,1981)、《议题设置：媒介解读、公众舆论、政策运作》(Agenda-Setting: Readings on Media, Public Opinion, and Policy-Making,1991)、《新闻对世界图景的影响》(News Influence on Our Pictures of the World,1994)等。

（张咏华）

大众传播媒介的议题设置功能[*]

在当代,竞选者们比过去任何时候都更多地通过大众媒介向人们"亮相",而不直接出现在人们面前。大众媒介传递的信息成为许多人接触政治的惟一途径。包含在新闻、专栏(文章)、社论中的竞选者的誓言、承诺和高谈阔论,成为人们决定是否投票的依据。人们所知道的事情,大部分是通过大众媒介或其他人获知的第二手或第三手讯息。

虽然,还没有确凿证据表明大众媒介能在竞选中深刻地改变人们的态度,但有一些相当有力的证据显示,选民能从大量可得到的竞选信息中获知情况。当然,人们对大众传媒提供的政治信息的关注程度因人而异。有些人,他们通常受过良好教育并对政治抱有很大兴趣(包括一些最不可能改变政治信仰的人),积极地搜寻信息,而大多数人是在轻而易举的状态下获得信息的。正如贝雷尔森(Berelson)精辟地指出的那样:"在任何问题上,多数人'听到',但几乎无人'留神倾听'。"但同时,贝雷尔森还注意到,那些与媒介接触最多的人最有可能知道竞选者在不同问题上的立场。特莱那曼(Trenaman)和麦奎尔在对1959年英国大选的研究中,也发现了同样的事实,选民们确实从大众媒介那里获知情况。

并且很明显,他们直接按照媒介对竞选运动中的问题的强调程度而获知事件。对传媒的议题设置功能格外关注的朗夫妇

---

[*] 译自英文季刊《舆论》1972年总36卷。

发现：

　　大众传媒迫使受众关注某些特定的问题，它们树立政治人物的形象，它们不断地向大众建议他们所思、所知、所感的内容应该是什么。

　　也许，柯恩对这一假设的大众传媒的议题设置功能的阐述最为简洁。他指出，报纸"也许多数时候在告诉人们持什么观点方面并不成功，而在告诉人们考虑什么问题方面却惊人地成功"。大众传媒或许对人们态度的方向或强度影响不大，但学者们假设，大众传媒为每一个政治竞选运动设置议题，影响人们对政治问题的重视程度。

研究方法

　　为了便于调查在1968年总统竞选运动中的大众媒介的议题设置功能，本项研究试图将查佩尔希尔地区（Chapel Hill）选民称之为竞选运动中关键性议题的问题与他们在竞选运动中通过大众媒介获得的实际内容相比较。研究者从查佩尔希尔的五个选区的选民名单中随机抽取调查对象，他们在经济、社会和种族背景方面具有代表性。由于将研究限定在一定的社区，因此，其他许多变量如地区差异和各媒介表现的差异均得到了控制。

　　9月18日至10月6日，我们进行了100次访问。在挑选这100个样本的过程中，我们使用过滤性问题（filter question）以鉴别出那些还没有明确决定如何投票的人——即那些被推测为最易受竞选信息影响的人。那些尚未完全决定拥戴某个竞选人的选民，才被选出接受访问。此项研究借鉴特莱那曼和麦奎尔（Mcquail）的策略，要求调查对象概括出他们认为的主要议题，而不去顾及竞选人当时说了些什么，访员尽可能准确地加以记录。

　　与此同时，我们收集了为这些选民服务的大众媒介的信息内容,并对此进行内容分析。春季进行的预调查发现,在查佩尔希尔社区,几乎所有大众传媒的政治信息均由下列信息源提供:达勒姆地区《先驱者晨报》及《太阳报》、罗勒地区《新闻和观察者》和《时代》、纽约《时报》、《时代周刊》、《新闻周刊》以及 NBC、CBS 晚间新闻。

上述调查对象有关他们视为主要问题的回答,以及 9 月 12 日至 10 月 6 日期间的样本报纸、杂志、新闻节目中的新闻和社论,被分成 15 类,分别代表中心议题及其他类型的竞选运动新闻。媒介新闻的内容也被划分为"主要"与"次要"类别,以便观察媒介在对各议题的强调程度上是否有本质区别。对于印刷媒介而言,这种主要/次要的分类是根据所占版面和所处位置而划分;对于电视,这种分类则是按照节目所处时段和所占时间量而确定的。具体地说,主要新闻/文章是这样定义的:

1. 电视:长度为 45 秒以上(包括 45 秒)的新闻和/或属于三个显要时段播出的重要新闻中的一条。

2. 报纸:任何作为要闻出现在头版或任何一版在三栏标题下并有三分之一(至少五段)内容与政治有关的新闻报道。

3. 新闻杂志:篇幅占一栏以上或出现在新闻部分开端的内容提要中的新闻。

4. 报纸、杂志中的社论版:在社论版中位于头条位置(左上端)的社论或专栏评论,以及任何三分之一(至少五段)内容与政治竞选运动有关的社论或专栏评论。

次要文章指的是,本项研究中包括的以政治为内容但所占篇幅和时间均少于主要文章的文章。

调查结果

表 1 显示的是,本次研究所选定媒介的主要文章在竞选运动期间对不同话题及竞选人的强调程度。如该表所示,大量的竞选

新闻不是关于主要政治议题的讨论,而是对竞选运动本身的分析。这一点,可能使那些认为竞选新闻主要是有关政治议题的人踌躇。有关华莱士(Wallace)的主要新闻中,35%由分析组成(如"他是否有机会获胜?")。有关汉弗莱(Humphrey)和尼克松(Nixon)的主要新闻中,分析所占比例分别为30%和25%。同时,该表也显示了竞选者们言及其竞争对手的相对比重。例如,很明显(在媒介信息内容中),阿格纽(Agnew)攻击汉弗莱的报道比重(占有关阿格纽的主要新闻的22%)多于尼克松攻击汉弗莱的报道比重(占有关尼克松的主要新闻的11%)。总的来说,媒介中的次要文章对这些政治议题与话题的强调程度,与主要文章大致相当。

表1 媒介对候选人及议题的主要报道(按候选人)
信息引用源

	尼克松	阿格纽	汉弗莱	马斯基	华莱士	莱梅ⓐ	总计
议题:							
外交	7%	9%	13%	15%	2%	—	10%
法律与秩序	5	13	4	—	12	—	6
金融政策	3	4	2	—	—	—	2
公共福利	3	4	(*)ⓑ	5	2	—	2
公民权	3	9	(*)ⓑ	0	4	—	2
其 他	19	13	14	25	11	—	15
竞选:							
民意测验	1	—	—	—	1	—	(*)ⓑ
竞选事件	18	9	21	10	25	—	19

续 表

	尼克松	阿格纽	汉弗莱	马斯基	华莱士	莱梅ⓐ	总计
竞选分析	25	17	30	30	35	—	28
其他竞选人：							
汉弗莱	11	22		5	1		5
马斯基							
尼克松			11		3		5
阿格纽	—	—	(*)ⓑ	—	—	—	(*)ⓑ
华莱士	5	—	3	5	—		3
莱 梅	1	—	1		4	—	1
总比例	101%ⓒ	100%	99%	100%	100%	—	98%
总 数	188	23	221	20	95	11	558

注：ⓐ 9月12日至10月6日期间有关莱梅的主要报道数为11篇，因而不单独计入百分比，但包括在总数中。

ⓑ 少于5%。

ⓒ 由于取整，总数不等于100%。

表2集中显示了媒介中反映出的各党派对议题的强调程度。由此表可见，汉弗莱/马斯基比尼克松/阿格纽或华莱士/莱梅更关注外交。然而，对"法律和秩序"这一议题来说，有关华莱士/莱梅的新闻中一半以上内容与此有关，而汉弗莱/马斯基的新闻中只有不到1/4的内容与此有关，在尼克松/阿格纽的新闻中大约占1/3——仅次于共和党对外交议题的强调程度。汉弗莱花费大量时间为越战辩护（或评论），尼克松却没有（也不需要）选择这样做。

表2 大众媒介对议题的报道(按党派)

	共和党			民主党			美国党		
	尼克松/阿格纽			汉弗莱/马斯基			华莱士/莱梅		
议题:	主要	次要	总计	主要	次要	总计	主要	次要	总计
外交	34%	40%	38%	65%	63%	64%	30%	21%	26%
法律与秩序	26	36	32	19	26	23	48	55	52
金融政策	13	1	6	10	6	8	—	—	—
公共福利	13	14	13	4	3	4	7	12	10
公民权	15	11	11	2	2	2	14	12	13
总百分比 a	101%	99%	100%	100%	100%	101%	99%	100%	101%
总　数	47	72	119	48	62	110	28	33	61

注:a.由于取整,某些项总数不等于100%。

媒介似乎在选民对竞选中的重要议题的判断上产生了相当大的影响(尽管问卷明确要求调查对象在判断时不要考虑竞选者们届时会说些什么)。媒介刊播的主要新闻对重要竞选议题的强调程度,与选民们对于哪些是重要议题所作的独立判断的相关性达到+.967,而次要新闻对重要议题的强调程度与选民的判断之间的相关性为+.979。简言之,这些数据显示了媒介对不同竞选议题的强调(这在很大程度上反映了竞选者对议题的强调)与选民对各类竞选话题重要性的判断有紧密联系。

但是,也应看到,尽管三位总统候选人对不同议题的强调程度差异很大,选民们的判断却反映了媒介报道的综合情况。这表明,选民们对所有政治新闻都有所关注,而不考虑它们是否源自或关涉某个自己拥护的候选人。但统计表格反映的是所有调查对象的综合情况,因此也可能出现这种结果:由于将所有选民归并在一起分析,故无法体现个人在党派偏向及主要关注对自己党派有利的材料的倾向性这两方面的差异。为此,本项研究又对9月至10月期间那些显示出倾向于某位候选人(但不是最终表态)的调查对象的回答另作分析(调查对象中有45人属这种情况,其余均属尚未作出决定者)。表3显示了对这45人所选定的四种媒介进行分析的结果。

由表3可看出,倾向于汉弗莱、尼克松或华莱士的调查对象列举的重要议题的频数,与(a)媒介报道中主要与次要议题的频数,及(b)四种媒介中各媒介针对每个党派报道(以某个党派或竞选人作为主要对象的报道)中的主要与次要议题的频数相关。例如,民主党人士视为重要议题的内容与《纽约时报》所有主要新闻中对这些议题的强调之间的相关程度达.89;民主党人士对这些议题的强调程度与《纽约时报》有关民主党候选人的报道中对这些议题的强调程度的相关性为.79。

如果预测选民对针对自己党派的主要、次要议题更为关注——即有选择地读或看,那么选民与有关其党派的新闻/评论的相关性应为最高,这将成为选择性认知的有力证据;另一方面,如果选民不考虑媒介强调哪个竞选人或党派,而是理性地关注所有新闻,那么选民与所有媒介内容的相关性将最高。这就是议题设置功能的证据。关键在于,哪一边的相关性更高。

表3大体显示,在竞选运作的早期不能坚决表态的选民关注所有新闻。就主要新闻而言,选民对重要议题的判断与反映在所有新闻(包括有关他们所倾向的竞选者/政党的新闻)中的议题之间的相关性,高于选民的判断与反映在有关选民所倾向的竞选者/政党的新闻中的议题之间的相关性。次要新闻也是同样。兼顾主要与次要新闻,24项可能的比较中,有18项显示选民与所有新闻而非仅仅有关他们所倾向的竞选者/政党的新闻一致。对大众传媒的议题设置作用的解释,比选择性认知更为有力。

表3的数据大体显示了选民与媒介对1968年重要议题的评

价高度一致,但这种高相关性并非对所有媒介与所有选民都完全相同。表4清楚地披露了媒介间的差异。该表中所列出的,是全体调查对象而非仅包括那些在调查时已倾向于某位竞选者的调查对象。有关竞选运动的重要议题,各媒介有较大的一致性,但并不是完全的一致。我们将媒介视为选民和实际政治环境的中介,由此可以将表5中的相关性解释为可靠性,它显示了各媒体对哪些是重要政治事件的意见的一致程度。这些系数不是绝对的,同样,媒介中的虚拟环境也不是对1968年大选的准确描述。

表3 所选媒介对主要、次要议题的强调程度与选民对议题的重视程度的内在相关性

	主要新闻		次要新闻	
所选媒介:	全部新闻	本党派新闻	全部新闻	本党派新闻
纽约时报				
选民(民主党)	.89	.79	.97	.85
选民(共和党)	.80	.40	.88	.98
选民(　　)	.89	.25	.78	−.53
达勒姆驱者晨报				
选民(民主党)	.84	.74	.95	.83
选民(共和党)	.59	.88	.84	.69
选民(　　)	.82	.76	.79	.00
CBS				
选民(民主党)	.83	.83	.81	.71
选民(共和党)	.50	.00	.57	.40

续 表

所选媒介:	主要新闻		次要新闻	
	全部新闻	本党派新闻	全部新闻	本党派新闻
选民(　　)	.78	.80	.86	.76
NBC				
选民(民主党)	.57	.76	.64	.73
选民(共和党)	.27	.13	.66	.63
选民(　　)	.84	.21	.48	−.33

表4　选民对议题的重视程度与媒介报道的相关性

	新闻周刊	时　　代	纽约时报	罗勒时代	罗勒新闻与观察者
主要新闻	.30	.30	.96	.80	.91
次要新闻	.53	.78	.97	.73	.93
	达勒姆太阳报	先驱者晨报	NBC新闻	CBS新闻	
主要新闻	.82	.94	.89	.63	
次要新闻	.96	.93	.91	.81	

至少有两组因素降低了新闻媒介之间的一致性。首先,报纸、电视、新闻杂志的基本特性各异。报纸每天发行并拥有大量版面;电视节目虽每日播放却有严格的时间限制;新闻杂志每周出版,因而新闻时效性较弱。表5显示,同类媒介间的相关性最高,而不同媒介间相关性最低。

表 5　大众传媒有关总统报道中主要新闻与次要新闻之间的相关性

	新闻周刊	时代	纽约时报	罗勒时代	罗勒新闻与观察者	达勒姆太阳报	达勒姆先驱者晨报	NBC	CBS
		主　要　新　闻							
新闻周刊		.99	.54	.92	.79	.81	.79	.68	.42
时代	.65		.51	.90	.77	.81	.76	.68	.43
纽约时报	.46	.59		.70	.71	.66	.81	.66	.66
罗勒时代	.73	.66	.64		.85	.89	.90	.72	.62
罗勒新闻与观察者	.84	.49	.60	.74		.84	.93	.82	.60
达勒姆太阳报	.77	.47	.47	.70	.80		.94	.91	.77
达勒姆先驱者晨报	.89	.68	.68	.80	.93	.73		.89	.76
NBC 新闻	.81	.65	.38	.87	.73	.84	.75		.82
CBS 新闻	.66	.60	.83	.88	.79	.76	.78	.72	
		次　要　新　闻							

其次，新闻媒介确有观点，时而抱有极端的偏见。然而，表 5 所显示(尤其是同类媒介间)的高度相关性表明，媒介对新闻价值，尤其是主要新闻的意见相当一致。虽然，新闻界对新闻没有明确的、达成共识的定义，但关于每天的重要新闻，新闻界还是有专业标准的。新闻机构——尤其是报纸和电视——在大部分政治信息方面广泛使用主要的通讯社，这一点无疑极大地影响了重要新闻的衡量标准。但是，当我们将视线从竞选运动中的重要事件(关于它们几乎人人意见一致)移开时，发现个别解释的余地较大。如表 5 所示，这反映在各媒介对次要新闻的一致性相对较低。以报纸

为例,由于一家报纸只使用其当天手头资料的15%,因而对次要新闻的选择余地很大。

总之,各新闻媒介分别不完整地重塑政治世界。然而,本项研究表明,选民倾向于分享媒介对何为重要议题的总体定义,这一证据有力地体现了大众媒介的议题设置功能。

讨 论

诚然,以上报告的相关性尚不足以证实大众传媒的议题设置功能的存在,但这些证据符合产生大众传媒议题设置功能的必要条件。本项研究比较了两种聚合单元,即查佩尔希尔地区选民群体与若干大众媒介的总体表现。作为对议题设置假设的第一次验证,是令人满意的,但今后的研究必须由广泛的社会层次转向社会心理层次,将个人态度与个人对媒介的使用相比较。目前,我们正在几个方面努力,促使这些证据更为精确。研究者尝试将调查对象的态度仅与查佩尔希尔地区选民实际使用的媒介(的态度)相比较。

另外,该研究还包含了议题设置的假设与选择性感知的假设,对这些相关性的比较,也证实了议题设置的假设。

将本项研究提供的证据解释为显示了大众媒介的影响力,似乎比其他解释更合理。任何认为媒介与选民对议题的强调程度之间的相关性的论证不合逻辑的论点(即认为媒介与选民仅仅是对同样的事件作出反应而并非以某种方式互相影响)都假定,选民有各种途径观察政治环境的日常变化。这一假定似乎不合理:很少有人直接参与总统竞选活动,而亲眼见到竞选者本人的人则更少,因此,通过人际渠道传播的信息,主要是转述大众传媒的报道,并以后者为主要依据。媒介是全国政治信息的主要来源,对大多数人而言,大众媒介提供了最佳的——也是惟一的——易于获得的、接近不断变化的政治现实的信息。

也许有人认为,高相关性表明媒介仅仅成功地使信息迎合受众口味。然而,既然大量研究显示了职业记者与受众在新闻价值方面的明显差异,则上述情况恐怕是值得注意的。媒介在政治这一主要新闻报道领域中占据了优势(压倒其他信息来源),这种可能性似乎更大一些。

(袁杨杨译/张咏华校)

霍 尔

斯图亚特·霍尔(Stuart Hall,1931—)，英国文化研究的杰出代表人之一。他长期在该学派的主要基地——伯明翰大学当代文化研究中心工作。他与其同事针对媒介传递的大众文化内容以及特殊的社会群体(如工人、青年等)对这些文化内容的运用开展了大量研究。他们探讨了一系列有关这些社会群体作为受众与大众文化产品之间在译码过程中的互动问题，包括：媒介传播的大众文化内容究竟是在误导人们还是在帮助人们正确认识其社会经历？人们是否有可能接受含义不明确的文化内容并以新的方式对此作出解释(这种解释方式可能从根本上改变文化内容的传播意图)？霍尔的广为人知的最重要贡献是，提出了一种有关编码与译码的理论，认为受众对媒介文化产品的解释，与他们在社会结构中的地位和立场相对应。这有三种基本的方式，即：以接受占统治地位的意识形态为特征的"占统治地位"的解释，以与占统治地位的意识形态反其道而行之为特征的"对抗式"解释，以及大体上按照占统治地位的意识形态进行解释,但却加以一定修正以使之有利于反映自身立场和利益的"协商而定"的解释。这一独到的思想,日益受到学术界的重视。

霍尔的主要论著有:《电视讨论中的编码和译码》(Encoding and Decoding in the Television Discourse, 1980),《文化研究:两种范式》(Cultural Studies: Two Paradigms, 1982),《意识形态与传播理论》(Ideology and Communication Theory, 1989)等。

(张咏华)

编码/译码[*]

传统的大众传播研究,将传播过程总结为一个流通圈或环的概念。这种模式遭到批评,因为它是一种线性模式——传者→信息→受者,因为它集中于信息交流的层面,而且因为它没有形成一种将不同环节(moment)视为复杂关系结构的整体概念。我们有可能以另一种方式思考这个过程(而且这种方式很有用),那就是把传播过程看作是一种结构,几个相互联系但各不相同的环节——生产、流通、分配/消费、再生产——之间的接合(articulation)[①]产生,并一直支撑着这种结构。这就意味着,把传播过程设想为一个"占主导地位的复杂结构",这个结构由关联的实践的接合所支持,而每一不同的实践依然保持着其独特性,并具有自身的特殊模态、存在形式和存在条件。这第二种思考问题的方法,与马克思在《〈政治经济学批判〉导言》和《资本论》中提出的商品生产的大致框架是一致的,而且它还有这样一个优点:能更加鲜明地显示从生产到分配到再生产的循环往复的过程,是怎样为某种"形式的推移"过程所支撑的。并且,这种方法重点突出了传播过程中的

---

[*] 译自英文本《文化·媒介·语言》,英国哈金森与柯出版社 1980 年版。

[①] 接合是霍尔媒介思想的一个关键词。霍尔认为传播活动是意义产制和流通的过程。意义是透过媒介产品的语言符号显现的,而语言的含义是约定俗成的。同一种语言符码和不同的社会地位、不同的权力形势接合(articulation)在一起,会产生截然不同的意义。意义最终能产生意识形态作用,因此传播活动才能展开意识形态的斗争,社会的不同团体都试图在对己方有利的意义上解释语言。(译注)

产品在每个环节中以何种特殊形式出现,从而也突出了话语的"生产",与我们社会中和现代媒介系统中其他类型的生产的区别。

这些实践的"目标"(object),是以一种特殊的符号载体的形式出现的意义和讯息,同任何形式的传播或语言一样,它们是由话语的横组合关系①链内的代码操作构成的。生产工具、生产关系和生产实践,在一个特定的环节("生产→流通"的环节)中,以在"语言"规则范围内构成的符号载体的形式出现,"产品"的流通正是以这种话语的形式发生的。因此,生产这一环节,既需要有物质工具——即它的"手段",也需要有它自己的一套社会(生产)关系——也就是媒介内部对实践活动的组织和结合。然而,产品的流通在这里采用的是话语的形式,产品分配给不同受众,采用的也是这一形式。为了使这一循环往复的过程完整而有效,话语一旦完成,必须被转化成社会实践。如果人们不获得任何"意义",就不可能有"消费"。如果意义不能和实践接合,意义也就没有任何作用。上述这种认识传播过程的方法的价值在于,虽然相互联结的各个环节对于一个完整的循环过程都是必要的,但没有一个环节能完全保证它所联结的下一环节。因为每一个环节都有其特殊模态和存在条件,每一个环节都能破坏或打断"形式的推移"过程,而有效的生产的(即"再生产")的流程,就依赖于这种"形式的推移"的连续性。

因而,我们虽然不想将研究限制为"仅仅追随那些从内容分析中发现的线索",但还是必须认识到,(从流通的观点看)在传播交流中,讯息的话语形式占有特殊的地位。我们还必须认识到,尽管对于整个传播过程而言,"编码"和"译码"的环节只是"相对独立",但它们却是明确的环节。一个"原始"的历史事件,在那种状态下,

---

① 横组合(syntagmatic)关系,语言学名词,指构成线性序列的语言成分之间的"横"关系,即其语法关系,与之相对的是纵聚合(paradigmatic)关系,指在一个结构中占据某个相同位置的形式之间的垂直关系。(译注)

是不能由电视新闻(举一例而已)传播的。事件只能在电视语言的视觉—听觉形式中被符号化即编码。在一个历史事件变成话语符号的环节中,它服从于所有语言表示意义时采用的复杂、正式的规则。这是一个悖论,一个事件首先得变成一个"故事",然后才能成为一个可传播的事件。在这个环节中,话语的规则是占主导地位的。当然,这些规则没有占尽上风,被符号化的历史事件,使这些规则生效的社会关系背景,以这种方式被符号化之后的事件的社会和政治后果等,也占一定地位。在事件从信源传递到信宿的过程中,"讯息形式"是它必须采用的"出现形式"。因此,转换为或转换出"讯息形式"(或者说符号交流方式)的过程,并不是一个随意的"环节",我们不能随心所欲地从事这一过程或对之置若罔闻。"讯息形式"是一个确定的要素:尽管在某一层面上,它只构成传播系统的表面运动,但在另一层面中,它必须被融入整个传播过程的社会关系中。

从这一综合视角出发,我们可以将电视传播过程的特征粗略地描述如下。具有社会事业性质的电视广播机构,包括这些机构的实践与生产的网络,其有组织的关系和技术基础,是用来制作节目的。如果用《资本论》来类比,这是一种话语方式的"劳动过程"。在这里,生产就是建构信息。从某种意义上说,传播的循环过程就是以此为起点的。当然,这种生产本身也不乏"话语"的侧面:它也是自始至终以意义和思想为框架的。与日常生产有关的实用知识,历史所限定的技术技能,专业的思想意识,关于这些机构的知识、定义和假设,关于受众的假设等等,都是通过这种生产结构来限定节目的组成框架的。进一步说,虽然电视的生产结构产生了电视的叙述方式,却并不构成一个封闭的系统。它们从其他信源和其他话语结构中抽取节目主题、处理方式、议程、事件、人员、观众形象和"情境的定义"。而这些信源和话语结构,处于更为广阔的社会文化和政治结构中。菲利普·艾略特在其关于受众怎么会既是电视讯息的"来源"又是其"接受者"的讨论中,曾在一个更为传统的框架中简练地表达这一观点。借用一下马克思的说法——事实上,流通和接收是电视生产过程中的"环节",并通过一定数量的、非对称的、有结构的"反馈",被重新纳入生产过程。可见,电视讯息的消费或接收本身,就是广义生产过程中的一个"环节",尽管后者(生产过程)是"最主要的",因为它是讯息"实现的出发点"。因此,电视讯息的生产和接收并非同一事物,但它们相互关联:它们都是传播过程的社会关系所组成的整体中的不同环节。

然而,在特定的时刻,电视的播放机构必须生产出以有意义的话语形式出现的、经过编码的讯息。为了使其产品(即讯息)被"理解",生产机构和社会之间的关系就必须服从语言的话语规则。这就开创出一个更为不同的环节,在此环节中话语和语言的正式规律起着支配作用。在这一讯息能产生"效果"(不管怎么定义它)、能满足一种"需要"或能被"利用"之前,它首先得作为一种有意义的话语,并能被人人有意义地译码。正是这一经过译码后获得的意义,才能"产生效果",对人们施加影响,为人们提供娱乐,起到教导或说服作用,从而造成非常复杂的感性上、认识上、情感上和意识形态上及行为上的后果。在一个"明确"的环节中,电视生产的结构采用一种代码,产生一种"讯息"。而在另一个明确的环节中,"讯息"通过译码行为,被汇入社会实践的结构之中。如今,我们已经充分意识到,这种重新进入观众接收和"使用"的过程,是不可能简单地以行为科学方面的概念来理解的。那些关于媒介效果、用途、"满足"等孤立因素的实证主义研究所定义的典型过程本身,就是以认知结构为框架的,而且是社会和经济关系的产物。这些社会和经济关系,在传播链的接收端影响到上述效果、用途、"满足"的"实现"过程,并使话语中符号化了的意义得以转化为实践或意识(以获得社会效用价值或政治有效性)。

显然,我们归入图表中的"意义结构1"和"意义结构2"并不相同。它们不构成一种"直接一致性"。编码和译码的代码也许不完全对称。对称性,也就是传播交流中"理解"和"误解"的程度,取决

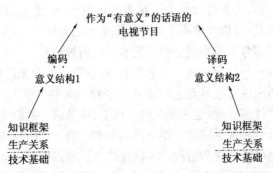

于编码者(即讯息生产者)与译码者(即讯息接受者)这两个"主体"位置之间对称或不对称(即对等关系)的程度。可是,这反过来又取决于代码之间一致或不一致的程度,这些代码能完整或不完整地传递讯息,阻断或系统地歪曲讯息。译码使用的代码和编码使用的代码之间的不相符,一方面与电视传者和受众之间的关系及地位构造上的差异有很大关系,但另一方面,也与讯息转化成话语形式及话语形式转化成其他形式时,"信源"和"信宿"的代码之间的不对称性有关。人们称作"歪曲"或"误解"的现象,恰恰是由交流双方之间缺乏对等性所造成的。再说一遍,这界定了讯息在进入和离开其话语环节时的"相对独立(但不乏明确)性"。

这种基本范式的运用,已开始改变我们对电视"内容"这一较陈旧的指称的理解。我们刚刚意识到,它还可能改变我们对受众的接受、"解读"和反应的理解。在传播学研究中,以前也有人宣称过开端和终结,所以我们必须小心谨慎。但看来似乎有理由认为,在所谓的受众研究中,一个全新的、令人兴奋的新阶段也许正展现在我们面前。符号学范式在传播链任何一端的采用,将能驱除大众传播内容研究领域中长时间挥之不去的行为主义阴影,尤其是关于传播内容研究的方法。尽管我们知道,电视节目并不像敲打一下膝盖那样是一种行为的输入,但传统的研究者在对传播过程进行概念化时,似乎总是会陷于这种或那种隐匿的行为主义学说的变体。我们知道,正如格伯纳所说,电视屏幕上对暴力的表现

"并非暴力行为本身而是关于暴力的讯息"。可是,我们继续研究暴力等问题,好像理解不了这种认识论上的差异。

电视信号是非常复杂的。它本身由两种语言——视觉语言和听觉语言——结合而成。更重要的是,这是一种图像符号,用皮尔斯的术语来说,"它具有它所描述的事物的某些性质"。正是这一点导致了许多混乱,也正是在这一点上,视觉语言的研究者们争论不休。视觉表现手法将三维世界转换到二维平面中表现,这种表现当然不可能是它所指称的事物或概念。电影中的狗会叫但不会咬! 现实存在于语言之外,但它持续不断地由语言并通过语言被传达。我们能知道的和能言说的,必须在话语中并通过话语产生。话语"知识"并非对"真实事物"的语言形式的透明表现的产物,而是语言对实存的关系和语境的表述产物。所以,没有代码的运作就没有可理解的话语。因此,图像符号也就是编成代码的符号,纵然这里的代码和其他符号发挥作用的方式不同。在语言中,没有零度这样明确的界限。自然主义和"现实主义"——对被表述的事物和概念的显然的忠实性——是语言对"现实"某种特定表达的产物,亦即效果。它是话语实践的产物。

当然,某些代码可能广泛分布于一个特定的语言社会或文化中,人们从小就学会了这些代码,以至于这些代码看上去似乎不是被建构的,也就是说,不是符号与所指对象之间接合的结果,而是"自然"产生的。在此意义上,简单的视觉符号似乎具有了"近乎普遍性"的性质,尽管有证据表明,一些看上去是"自然"的视觉代码也具有文化特征。然而,这并不意味着没有代码的介入,相反,代码是被深层次地自然化了。自然化后的代码的运作,不显示出语言的透明度和"自然度",而显示出正在使用的代码的深度、其被人们习以为常的性质及其近乎普遍性。它们产生了看上去是"自然"的认知。这具有(从意识形态上)掩盖正在进行的编码实践的效果。可是,我们不应被表象所迷惑。事实上,自然化后的代码所表明的,是其被人们习以为常的程度,它产生于编码与译码双方意义交换之间有一种基本的联合关系和交互作用(也就是双方达到了一定的对等性)之时。译码方的代码运作,常被认为是自然的知觉过程。这使得我们以为"牛"的视觉符号实际上就是(而不是代表"牛")这种动物。可是,当我们联想畜牧业教科书中出现的牛的视觉形象,或进一步,当我们联想"牛"这个语言符号时,可以发现,就它们代表的动物的概念而言,两者在不同程度上都是具有任意性的。一个具有任意性的符号,无论视觉符号还是语言符号,与其所指对象的概念的联系,不是自然的产物,而是约定俗成的认可的产物,并因循性地要求必须有代码的介入与支持。所以艾柯认为,图像符号"看上去像是现实世界中的物体,因为它们使知觉过程的条件(即其代码)再现于观众心目中"。然而,这些"知觉的条件"是一套高度的代码化的(纵然是近乎无意识)运作的结果,亦即译码的结果。这既适用于摄影图像和电视图像,也适用于其他任何符号。但是,图像符号特别容易被"解读"成自然形象。这不仅因为视觉符号的分布广泛,而且因为视觉符号的任意性不似语言符号那样强:"牛"这一语言符号一点也不具有它所代表的事物的性质,而牛的视觉符号则看上去似乎具有那些性质中的一些。

这一点有助于我们澄清现今语言学理论中的一个混乱现象,也有助于我们精确定义此文中运用的一些关键词语。语言学理论频繁地使用"外延"与"内涵"之间的区别。"外延"这一词语被广泛地认为等同于符号的字面意义:这种字面意义几乎是普遍得到承认的,人们采用视觉语言时尤其如此,所以"外延"常常被混淆为语言对"真实"的一板一眼的复制,从而也被混淆为一种没有代码介入就产生了的"自然符号"。另一方面,"内涵"仅仅被用以指称较不固定、也更为约定俗成和多变的联想意义。联想意义在不同情况下可能截然不同,所以它们必须依靠代码的介入。

我们不这样运用外延和内涵的区分。从我们的观点看,这种区分只是分析式的区分而已。要想在任何语言环境中,在任何时候,运用一种比较粗糙的方式将一个符号的可能被人们当作是"字面意义"的方面(外延)和这个符号可能产生的联想意义(内涵)区分开来,则这种分析倒是有用的。但我们不能把这种区分方法和真实世界中的区别混淆起来。很少有以下情况:在某一语段中组织起来的符号只用以指称其"字面"(即几乎被普遍默认的)意义。在实际的话语中,大部分符号会将以上重新定义的外延和内涵方面结合起来。那么,可能有人会问,为什么还要保留这种区分呢?这多半是出于一种分析上的价值的考虑,是由于符号似乎在其"联想"意义的层次上(即内涵层次上)才获得其全部意识形态的价值——可与更为广泛的意识形态的话语和意义结合起来。在这里,"意义"显然没有在自然的知觉过程中被固定下来(就是说,并未完全被自然化),而它们的意义和联想的流动性则能被更充分地利用和改变。所以,正是在符号的内涵的层面上,现实环境的思想体系改换和改变了符号的意指作用。在此层面上,我们可以更清晰地发现,思想体系积极介入和干涉话语:在此层面上,符号有可能从新的角度受到强调,而且,借用伏罗希诺夫(Vollosinov)的术语来说,符号完全参与了有关意义的斗争——语言中的阶级斗争。这并不是说,外延的或"字面"的意义存在于思想体系之外。事实上,我们颇可以说,它的思想价值是相当固定的——因为它已经变得如此普遍化,完全"自然化"了。由此可见,"外延"和"内涵"这两个术语只是有用的分析工具而已,其用处是在特定的语境中区分意识形态和话语相交的程度,而不是区分语言中是否有意识形态的成分。

　　视觉符号的内涵层面,其上下文参照及其在不同意义和联想的话语领域中的定位的层面,是一个关键。在这里,代码化了的符号和某种文化中的深层语义代码相交,而呈现出附加的、更为活跃的意识形态特性。我们可以举广告话语中的例子。在广告中也没有"纯粹外延式"的表述方式,当然也没有"自然"的表述方式。广告中的每个视觉符号,都含蓄地意味着一种特性、情形、价值或推理。以一种言外之意或暗示意义的方式出现,这取决于内涵的定位。在巴尔特的例子中,薄毛衣总是表示一种"温暖的外套"(外延),从而表示"保暖"活动或"保暖"价值。但它也可能在更深的内涵层面上指"冬天的来临"或"寒冷的一天"。在专门的时装业的亚代码中,毛衣还含蓄地意味着一种"高档时装"的时髦风格或一种随意的穿着风格。如果在恰当的背景下,定位于浪漫的亚代码中,它还可能隐含"秋日在树林里长长的漫步"的意义。这种序列的代码,将符号与更加广阔的社会意识形态体系清晰地联结起来。这些代码,是特殊话语中用来表示权力和意识形态的手段。如此,符号归属于"意义的地图",任何文化都归类于其中,而所有的社会意义,实践与效用,权力和利益,都被"写入"那些"社会现实的地图"。巴尔特评价道,能指的内涵层面"与文化、知识及历史有着密切的交流,而且可以说,正是通过这些层面,周围的世界侵入了语言体系和语义系统。如果你愿意,不妨把它们叫做意识形态的断片。"

所谓电视符号的外延层面,是由特定的、非常复杂的(然而是有限或"封闭"的)代码所确定的。它的内涵层面,虽然也有所界定,却更开放,更积极地变迁,而这种变迁利用了其一词多义的价值。任何这样被构建起来的符号,有潜力变迁为有一种以上内涵的结构。然而多义性不能和多元化相混淆。内涵符号相互之间并不是平等的。任何社会或文化都倾向于(带有或多或少的封闭性)强迫他人接受其对社会、文化和政治世界的分类标准。这些标准构成一种占主导地位的文化秩序,不过这种秩序既非单义的,也不是无可争辩的。"占主导地位的话语结构"是关键所在。社会生活的不同方面似被划归于话语领域,按等级被组织为占主导地位的或较受偏爱的意义。新近发生的,有问题的,或令人棘手的事件,与我们的预期相悖,与我们的"常识"不符,与我们对社会结构"习以为常"的知识背道而驰,所以这些事件首先必须被划归到话语领域中,然后才能被称为"有意义"。最常见的"将它们绘成意义之图"的方法就是,将新的事件归入这种或那种现存的"有问题的社会现实的图表"中。我们说占主导地位的而不说"确定不变的",那是因为我们很可能在不止一种"图表"中对一个事件进行排序、归类、分配和译码。但我们还是要说"主导的",那是因为有一种"较受欢迎的解读"型式,其中不仅留有组织化的/政治的/意识形态的秩序的印痕,并且自身也已经被制度化了。"较受偏爱的意义"领域中深埋着作为一套意义、实践和信仰出现的整个社会秩序。其中包括,关于社会结构的常识,关于"在这种文化中事物是怎样为所有实践目的而运用"的知识,权力和利益阶层的秩序,以及合法性、界限与认可的结构。因此,为了在内涵层面上澄清"误解",必须通过代码参考社会生活的、经济的、政治权利的和意识形态的秩序。进一步说,这些意义之图虽是"占主导地位地构建起来"的,但不是封闭式的,所以传播过程的要旨不在于毋庸置疑地将每一个视觉节目分配到一套事先设计的代码里的确定位置中,而在于毋庸置疑地将其分配到一整套应当执行的规则里的确定位置中,即有效与有用规则及实际运用的逻辑原则里的位置中。这些规则积极地坚持或偏爱某个语义学的领域甚于另一个语义学的领域,然后裁定各种节目是否与恰当的意义系统相符。正统的语义学往往忽略解释工作这一实践,尽管它实际上构成了电视播出实践的真正关系。

当我们论说占主导地位的意义时,谈及的并非一种单方面的过程,这一过程决定所有的事件将怎样被表述。传播过程包括在占主导地位的定义界限内实施关于某个事件译码,在此界限内为这种译码赢得说服力及使之合法化做必须的"工作",而这一事件已在占主导地位的定义界限内得到内涵意义上的表述。泰尔尼(Terni)曾这样评述:

> 当我们说解读一词时,不仅指确认和破译一定数量的符号的能力,而且指一种主观能力,即把符号放到与其自身及与其他符号的创造性关系之中的能力;这种能力本身就是完全领悟自身所处整体环境所需要的条件。

这里,我们不同意"主观能力"这一概念,似乎电视语言的所指对象是一个客观事实,而解释电视语言的层面则是个体化和私人的事情。事实似乎正好相反。电视实践恰恰对某些关系负有"客观的"(也就是系统的)责任,正是通过这些关系,不同的符号在任何话语情形中相互约束,而电视实践就这些事件应置于何种"有关自身所处整体环境的领悟"之中不断地重新安排、界定和限制。

这一问题会引起误解。那些发现他们的信息"无法被正确理解"的电视制作者,经常关心如何将传播链中的纠缠之处矫正过来,从而达到传播的"有效性"。通过试图发现受众能回忆起多少信息以及提高理解的程度,许多声称具有"以政策为导向"的客观性之研究再现了这一管理目标。毫无疑问,某种字面上的误读是存在的。例如,观众不知道节目使用的专有名词,跟不上论辩或说明中的复杂逻辑关系,不熟悉语言,发现概念太怪或太难,被说明性的讯息搞糊涂了。可更多的时候,传者们是担心观众不能理解他们——即传者们——希望表示的意义。他们的真实想法是,观众并非根据"占主导地位的"或"较受偏爱的"代码进行运作。他们的理想是"完全不失真的传播",但他们必须面对的却是"被系统地扭曲的传播"。

近年来,人们常常引用"选择性认知"这种说法来解释差异。"选择性认知"是一道门户,一种残留的多元化倾向通过这道门户躲避掉一个高度结构化的、不对称也不对等的程序的强制。当然,总会有私人的、个体的、不同的解读。可是,"选择性认知"几乎从来不具有这个概念所暗示的那种程度的选择性、任意性或私人化的倾向。选择性模式通过个体差异而显示出重要的群集。因此,任何受众研究的新途径,皆必须起始于对"选择性认知"理论的批评。

以前有人争辩说,编码与译码过程之间没有任何必然的对应关系,所以编码能试图"偏爱"某种译码却无法规定或保证那种译码,因后者有其自身的存在条件。一般而言,除非两者偏离极大,否则编码将产生一些译码在其中运作的限制和界限范围。假如没有任何限制,观众们就能把他们喜爱的任何东西解读到任何讯息中去。无疑,的确存在着这样一些全然的误解。在广泛的运作范围中,必然会包括编码与译码环节之间一定程度的交互作用,否则我们根本无法谈论有效的传播交流。然而,这种"对应"并不是天生的,而是建构而成的。它不是"自然"的,而是由两个不同环节之间的接合所产生的。所以,编码过程无法从简单意义上决定或保证将使用何种译码的代码。否则,传播将成为一个完全对等的循环往复的过程,而每条讯息将成为"完全不失真的传播"的实例。为此,必须考虑把编码和译码过程联结在一起的不同接合方式。我们将假想式地分析一些可能的译码立场,以便进一步证实"没有任何必然的对应"这一观点。

我们可以举出三种假想的立场,电视语言的译码方式可能驻足于这三种立场进行建构。对此,我们必须以经验主义的方式进行测试和提炼。可是,认为译码过程未必遵循编码过程而展开的观点,强化了"没有必然的对应关系"的论点,同时有助于我们以"系统性歪曲的传播"理论来解构"误解"的常识上的意义。

第一种假想的立场,是占主导统治地位的立场。例如,受众观看一个电视新闻节目或时事节目,完全、直接地接受其内涵意义,然后按照信息被编码时的参考代码对其进行译码,这时我们可以说,受众是在占主导地位的代码中进行译码的。这是理想中典型的"完全不失真的传播"的例子,或者说是我们"实际"能达到的最接近于"完全不失真的传播"的地步。在这一立场中,我们还可以区别出由职业代码导致的立场。这是由一种我们也许应称之为元代码的运作而产生的,职业的电视传者对本来已经以占统治地位的方法表达的讯息进行编码时,便采用这种立场。职业代码"相对独立于"主导代码,因为它采取了自己的标准和转化运作方式,特别是那些具有技术性与实践性的标准与运作。不过,职业代码乃是在占主导地位的代码"统治"之下运作的。事实上,它正是通过将主导概念的支配特征加以界定，并采取被置换过来的职业代码运作，起到再现主导性定义的作用。而这些职业代码运作，将一些诸如视觉质量、新闻价值和表现价值、电视质量、"职业作风"之类貌似中立的、技术性的问题置于突出的地位。例如，关于北爱尔兰政治、智利政变或劳资关系法案的占统治地位的诠释，主要是由政治上和军事上的精英人物所阐发的。对表述时机与形式的选择，人员的选择，形象的选择，以及把辩论搬上荧屏的策划，都通过职业代码的运作而进行取舍和组合。至于职业电视工作者如何既能以自己"相对独立"的代码进行操作，又能重现（此中并非没有矛盾）对事件的占统治地位的释义，这是一个复杂的问题，在此无法进一步展开阐述。只要说一点谅必就够了：电视职业人员和那些下定义的精英人士有着千丝万缕的联系，他们之间不仅仅通过电视本身作为一种"意识形态工具"机构的地位联系起来，而且通过对于电视享用机会的结构联系起来（就是说，特选的精英人士常过多地上荧屏，他们关于"形势的定义"常过多地在电视中播放）。甚至可以说，职业代码特别擅长于不公开地把运作引致一个主导方向，从而起到重现占统治地位的定义之作用；因而，意识形态在此的再现是不经心、无意识地"在人们背后"发生的。当然，主导的和职业化的释义与表述其意义的机构之间，冲突、矛盾，甚至误解，是经常产生的。

我们要指出的第二种立场，是协商式的代码或立场。大多数观众或许能在相当程度上理解由主导性的定义和职业化的释义表达的信息。然而，主导性的定义之所以占统治地位，正是因为它们代表对"占主导地位的"（世界性的）情况和事件所下的定义。主导性的定义隐含地或明确地将事件和广阔的整体表述联系起来，将事件和宏观的横向组合的世界观联系起来：它们观察问题采取"大视角"，将事件联系到"国家利益"或地理政治学的层次上，纵然它们是以一种掐头去尾、本末倒置或将事件神秘化的方式来达成这种联系。占统治地位的观点的定义如下：（a）它在自己的措辞范围内界定可能的意义或某个社会或某种文化中整套关系的精神领域。(b)它带着合法性的烙印——它看上去和社会秩序中"自然"、"不可避免"、"理所当然"的事物具有共同界限。以协商形式进行的译码过程中,混合着适应性和对抗性的因素。一方面,它承认占统治地位的定义进行宏观表述(抽象表述)的合法性;另一方面,在更为严格、具体(即定位的)层面上,它制定出自己的程序——它的运作中会有不符合规则的例外。它既承认有关事件的主导性定义的特权地位,同时又保留着以较为协商式的方法将其运用于"本地情形"的权利。因而,这种占主导地位的意识形态的协商式变体充满矛盾,尽管人们只是在特定情况下才能充分意识到这些矛盾。协商式代码遵循所谓特定的、具体情势下的逻辑而运行;这些逻辑是依靠它们与权力话语和权力逻辑的不相同、不平等的联系得以维持的。一个最简单的协商式代码的例子,是管辖一个工人对一项劳资关系法案的反应的代码:这个法案限制人们罢工或提出冻结工资的要求的权利。在有关"国家利益"的经济辩论的层次上,译码者可能会采用占统治地位的定义,同意"我们都必须少拿工资以抑制通货膨胀"。尽管如此,它几乎或根本无法影响这位工人为更多的工资、更好的工作条件而继续罢工,也无法影响他/她在工作场所或工会组织层次上反对这项劳资关系法案。我们怀疑,大多数的所谓"误解"原本产生于占统治——主导地位的编码和协商——合作式的译码之间的矛盾和脱节。正是这两个层次的不协调,使下定义的精英人士和职业人员发现了"传播失败"。

最后还有这种可能:一个观众完全明白话语中给出的字面意义和内涵隐义,但他/她偏用一种与之完全相反的方式进行译码。他/她以自己喜爱的代码分解讯息,将讯息在另一种参照体系中重新组合。例如:一个观众在接触关于有无必要限制工资的辩论讯息,可每次提到"国家利益",他/她都将其"解读"为"阶级利益",他/她是在以我们得称之为对抗式代码的代码进行运作。政治上最为紧要的时刻(显然,这与广电机构本身的危机时刻是重合的)之一,就是人们开始对抗式地解读通常会以协商方式编码和译码的讯息的时候。这里就介入了"表意的政治"(politics of signification),即话语中的斗争。

(朱　晨译/杨　击、张咏华校)

麦奎尔

丹尼斯·麦奎尔(Denis McQuail),英国传播学者。毕业于牛津大学。1960年代以后,相继在南安普敦大学、坦普勒(芬兰)大学任教,1977年起,被聘为荷兰阿姆斯特丹大学大众传播系教授。他曾任英国皇家出版传播调查委员会学术顾问,并且是《欧洲传播杂志》(European Journal of Communication,1985年创刊)三位创始人之一。

麦奎尔擅长用社会学的宏观视野和框架,对以往的大众传播研究成果进行梳理、整合,使几十年来产生的各种理论之间呈现出关联性、互动性,由此不仅为广大初学者的入门提供了便捷的指南,而且为传播学科、特别是大众传播学科进一步提升自身的整体理论水准,建构了必要的平台。其代表作,即这里介绍的《大众传播理论》(初版于1983年,再版于1987、1994、2000年——该书被海外众多院校列为传播学专业研究生必读教材),我们选译的第三章,较为集中地反映了麦奎尔的严谨而活跃的学术风貌;另有《大众传播模式论》(与温德尔合著于

1982年,有中译本)一书,出版后亦风靡学界。两书均在世界范围内发生了广泛影响。

此外,麦奎尔与其他学者合作的关于英国大选中的电视与投票行为的调查(1969)、电视受众"使用与满足"状况的定量研究(1972),皆被公认为传播学领域中具有开创性意义的业绩。

(张国良)

大众传播理论*

第三章 媒介理论和社会理论

作为社会过程的大众传播：各种社会关系的中介

本章的主旨是，简要介绍有关大众传播的最有影响的社会科学理论，并说明它们的分类及相互联系。由于媒介活动十分复杂，各种观点纷呈，加上大量理论的不一致、不完整、不准确，这项工作困难重重，因此要提供一个能解释现象、预测效果并为人人所接受的理论是不可能的。但它有助于建构一个单一的、主要的框架，在此框架内可以确定大众传播的基本过程和各种关系。这确实包含了一种看待大众传播的特定方式，但并非对其他可供选择的理论的主观臆断。

支持这一框架的主要先决条件如下：首先，媒介机构参与了最广义的符号意义上的知识的生产、再生产和分配，而这些符号与社会经验具有密切关系。这些知识使我们能理解经验，形成对其的认知并有助于对过去知识的积累及当下对它们的理解的延续性。总的来说，大众媒介与其他知识机构（如艺术、宗教、科学、教育等）有几方面不同：

---

* 译自英文本《大众传播理论》，塞吉出版社1987年版。并根据日译本审校。

——它对各类知识均具有一般的载体功能,因此同时代表了其他机构;

——它在公共领域运作,原则上可以在公开、自愿、非特有及费用低廉的基础上,为社会的全体成员接近;

——原则上,传者与受者之间的关系是平衡与平等的;

——相比其他机构,媒介更长久地影响更多的人,并取代了学校、父母、宗教等的早期影响。

根据这一基本假设,我们是通过大众传媒来了解我们所处符号环境(信息、观念及信仰等)的特征的,同时,媒介使其各不相同的组成部分相互联系与协调。我们共享的媒介资源(当然还包括共同的社会环境)越多,符号环境就更多地为人们所共同拥有。而每个个人或群体确实拥有独一无二的感知与经验世界,有组织的社会生活的一个前提就是对现实的共识程度,而比起其他机构,大众媒介在日常生活中,较为持续地有助于达到这一目标,即使这种影响是渐进的,且不易被察觉。

第二个主要的先决条件是,正如大众媒介这个词的一个含义所指涉的,它在客观社会现实和个人经验之间扮演着中介者的角色。大众媒介是中介者,并在以下一些意义上起着中介作用:它常常存在于我们(作为受者)和那部分无法为我们直接感知或接触的潜在经验之间;它可能存在于我们自己和我们常打交道的其他机构——法律、工业、国家等之间——它可能成为连接不同机构的纽带;媒介也是别人接触我们或我们接触别人的渠道,它常为我们提供了解其他群体、组织及事件的材料。相对而言,我们从自身所处社会的直接经验中获知的部分很小,而我们与政府、政治领导人的联系大多基于来自媒介的知识。同样,我们对社会中其他无法观察到的群体的认识,也部分来源于大众媒介。当然,在任何特定情况下,完全依赖大众传媒获得信息与印象的局面是很少的,但实际上,对于大多数人而言,不存在也不可能还有大量的其他选择。

作为在空间和时间上介乎于我们自己和其他人、事之间的大众媒介这一概念，可说是一个隐喻，它启发我们使用其他隐喻来刻画大众媒介所扮演的角色及其影响。

这里所指的中介作用，有各种不同的形式，尤其在程度、活动的类型、目的性、互动性和有效性上存在着差别。中介可表示很多意思，从通过协商将一方与另一方直接联系，到一方对另一方的控制。这种差异，可从以下有关传播的形象化比喻体认，它们表示媒介连接我们与"现实"的不同方式。媒介可以是

——向经验开启的窗户：拓展我们的视野，使我们能不受干扰、不带偏见地看到正在发生的事件；

——解说员：对看似零碎的、令人困惑的事件，作出解释，使之易于理解；

——信息和意见的平台或载体；

——路标：一条相互作用之链，通过不同方式的反馈显示出传者与受者的关系，主动地指明道路，提供指南或指示；

——过滤器：随意地或系统地筛选出一部分需要特别关注的经验，并排斥其他部分；

——镜子：将社会的图景折射出来——通常因偏重人们想看到的或想惩罚和遏制的而有所歪曲；

——屏障或障碍：因为宣传目的或逃避主义，它掩盖了事实真相。

这些形象化比喻，除了部分来自对媒介活动的外部分析，大部分可从媒介的自身定义中得出。媒介确实常常视自己为社会的反映——使之更具可见度，并与社会中的各个成员和整个社会对话。它还承担了一些责任，积极地参与社会互动，并时时指明方向、发挥领导作用、促进整合和协调。媒介作为过滤器这一观点也得到了认可，因其往往承担筛选和解释的任务，否则呈现在人们面前的将是一个混乱的世界。然而，媒介排斥带有否定意义的过滤与控制的说法，这并不奇怪。在第六章中将会讨论到，关于媒介活动应在多大程度上是中立的和反映社会的，在多大程度上是参与社会

和指导社会的,在媒介内部有截然不同的多种观点。

研究中介作用的一个参考框架

图1直观地显示了对中介作用的比喻。媒介机构处在两条弧线围成的空间里,其中一条弧线表示距离较远且强大的因素,另一条表示近在身边的事件经验和人物。第一条弧线内是主要的机构、社会权力中心,以及相对隐匿或难以接近的世界。社会机构负责处理事件和比较遥远的现实世界中的可能事件,有时也创造这些事件。在第二条弧线上,我们发现自己作为家庭、协会、劳工组织或社会共同体的成员,观察和经历着社会机构的活动和环境变化产生的后果。受众的位置也在这里,他们的构成经受着其他关系和经历的影响。

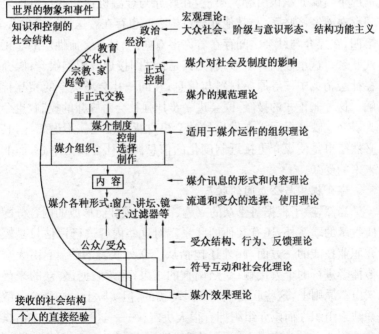

图1 媒介地图:大众传播与社会经验的中介

为了图示的需要,这里的媒介机制被放大并与"社会"分离,以便显示它的组成活动及它"返至"社会及"上至"或"下至"公众的联系。"媒介机制"指的是,在特定社会中控制与管理的原则、规则、法律、习俗和手段,它与"媒介组织"分别显示在图中,后者实际行使着生产与分配的职能。这种分离是人为的,因为媒介机制在实际运行中往往仅可供观察,但它对于分析却是十分有用的。

媒介与其他机构间的联系

首先,对于"传媒界"与社会之间的恰当关系,一般有规范的哲学原则,无论这些原则是否被整理成文,它们都常为"社会精英"、媒介和公众所共享。我们称之为"传媒界的规范理论",它们包括了诸如自由、社会责任、理性等意识形态方面的前提(见第五章)。其次,法律中的一些正式制约,对媒介自由有一定限制,并在某些情况下对媒介积极引导。第三,在媒介与金融机构和运行机构之间存在着经济联系,与其他社会机构之间也存在着这种正式联系。第四,在媒介与社会之间存在着许多双向的、具有交流性质的非正式联系。这里涉及许多形式,尤其是:试图接近或影响媒介;媒介在社会精英中搜寻原始材料与信息;在同一社会环境中的相互接触。这种非正式的接触,既会进一步加强社会对媒介的控制,也会为媒介反映或揭示正在发生的社会事件提供便利。不论怎样,其必然结果是使媒介更接近制度化的信息源及社会权力中心,而非未来的受众。

媒介机构与公众间的联系

当然,除了根据对受众的兴趣、需要的预计而形成的内容分配所表示的联系外,还有其他的联系。对这些内容进行评估只是媒介职业技能的一方面,此外还包括从受众处获得的信息:由大众传播者进行的个人接触;受众调查的结果;经营数据;公众的来函来电。原则上,这些联动机制应是均衡的,但实际上——受众分散并缺乏组织性而媒介组织拥有很大决定权——这种接触大多由媒介控制和引导。如图1所示,这表明媒介更趋于依赖而非控制社会机构,受众更趋于依赖而非控制媒介。有一点需要牢记:有些机构,尤其是政治机构,千方百计尝试表达或代表公众利益,图示对此种形成的说明未必充分,其有效性因社会的差异而有所不同。

媒介公众的结构

该地图还应引起大家对其他一些方面的关注。媒介公众的组成由社会群体的成分及类别表示,这种构成可由不同的影响加以说明。首先是不同内容的各不相同的影响、关系、可接近性,如此,对它们的选择才能针对不同的品味、生活圈、教育、总的社会环境而进行;其次是经济的影响,受众接触媒介的不同花费,以及(更为重要的)媒介通过广告筹措资金的需求,使得媒介必须根据受众收入与消费类型的不同,让消息适合不同受众的需要;第三,居住地、阶层、宗教等社会结构中存在着一定的差异,这在获得和使用媒介的方式中也有反映。实际上,文化品味,经济与社会地位的差别紧密地相互交织,导致我们无法区分任一要素的单独影响。

对中介作用的总结

图1显示了社会的主要组成机构、媒介与公众之间的通道、关系与接触等相互联系。我们应看到,在这三方关系中,媒介在特定社会中的地位应通过上述媒介总的定义来加以"固定"。这些定义本身是受许多因素影响的结果:历史、一般的社会理论和政治理论、其他社会机构、受众基于过去经验和目前需求而产生的期望值与态度、媒介本身的自我定位和选择活动以及技术的限制和可能性等。

该地图应垂直地观察,这似乎意味着媒介确实处于社会"顶部"和较低社会层次的中间,可能更接近前者并更易为前者获得。……一个无法回避的事实可对此作出解释:媒介确实提供更多有效的"向下"而非向上的渠道,并且使垂直交流(向下)比横向或自下而上的运作更为便利。同时,媒介也不可避免地更接近有组织的政治、经济权力机构(作为雇主、操纵者或资料来源)而非受众。所谓平衡和平等,仅仅存在于受者与媒介(电视或报纸)内容的接触之中。

分别表示社会机构和公众的两条弧线在图中交汇,它进一步证明了一个事实:在我们自己和社会主要机构间除经由中介的接触外,同时存在着直接的接触,尽管是不连续且不完整的。不论是偶然还是特意选择,我们的确偶尔也会对这个世界上遥远的、不易接近的事件和事物有个人体验。因此媒介并未垄断可获得知识与经验的一切可能性。但是它们往往担任协调者并作为各种单独经验和专门知识的共同参考标准,同时对于我们所认知或经历的一切,它们提供了大量感同身受的补充经验及解释。此外,正是这种补充最广泛地为人们所享用,并为社会话语提供了共同基调。

媒介和社会的替代理论

人们发展社会科学中的媒介理论,以便系统阐述并暂时性地回答有关社会传播这一公共系统的运行的一系列中心问题。这些问题数量众多,但可以简化成与社会权力的行使、社会整合和社会变迁等相关的三个基本问题。在了解各种相关理论(第四章)之前,有必要重温一下最常被提起的各种媒介理论,并将它们有机相连,以显示异同及它们提供的选择。

首先,我们看到,有关大众媒介在社会中如何运作的观点往往从根本上不相一致甚至对立,这不仅是因为对数据的解释存在着差异,而且是因为不同社会中存在着价值与利益的本质冲突。相比其他社会科学,这种意见分歧更能显示社会学的特征,因为它们(指意见分歧)已融入社会学学科内,而媒介理论往往比其他社会科学更能反映社会学。布莱尔和摩根(Burell & Morgan,1979)提供了社会学不同流派的理论指南,并由罗森格伦(Rosengren,1983)提出相关的大众媒介理论的流派。他们认为,社会学(尤其是组织社会学)领域处在一个二维空间内,相互垂直,分成四种范式。在垂直轴(上—下)上,是"剧变社会学"对"管理社会学",分别与社会冲突模式和社会一致模式相对应。在水平轴(左—右)上,则区分了关于世界的"主观"论点和"客观"论点及各自的研究方法。水平轴与社会科学中的其他一些对立学派相符——唯名论相对唯实论;反实证主义相对实证主义;唯意志论相对决定论;表意(ideographic)方法论相对法则(nomothetic)方法论。四个范式分别是:左上,激进人道主义;右上,激进结构主义;左下,社会学的解释学派;右下,功能主义。罗森格伦(1983)在其传播研究中,使用几乎同样的方法论述了对范式的选择。

这有助于我们找到绘制大众传播理论领域图的手段,即用新的二维图替代,并加上第三维。在垂直轴上,我们代之以权力轴:"主导地位"对"多元化";在水平轴上,我们为自己设立了一根变化轴(尽管主要是为调查方法的需要)——"作为原动力的媒介"对"作为原动力的社会";我们还添加了第三维度,它可说是处于垂直轴后部,主要用以处理"整合程度"——"离心的"对"向心的"。

图 2 显示了最后的结果。三个主要维度将在下面进一步加以说明。

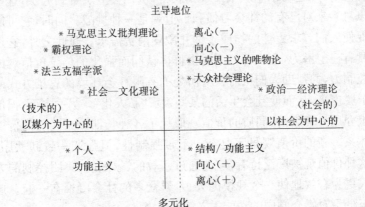

图 2　媒介理论的主要维度与位置

主导地位对多元化

本质上,这根轴分离了以下两者:一种视媒介为操纵手段,为统治阶级、精英阶层或权力集团服务;另一种视媒介为一种需求的反应,这种需求来自底层,形式多样,各自分离,缺乏内在的指向性。大众媒介的一些特点支持主导地位的说法:它的集权化;控制信息资源为少数人服务——不论从商业或从国家角度考虑;影响范围之广;它的单向性、标准化、对大众的吸引力与威望。反之,消息来源的潜在的多样性,讯息本身的多样性,以及讯息的分布依各种人群、亚受众群或个人不同兴趣的自由择取而定——大众媒介的这些特点则支持多元化的解释。……

媒介的离心性与向心性

这显示了变化、自由、多样性以及零乱(离心倾向)的一方与秩序、控制、整体性和聚合性(向心倾向)的另一方之间,在价值观和经验观察/预报方面的悬殊差别。对一个理论的系统阐述,很大程度上取决于人们对以上概念持肯定态度还是否定态度。

理论工作者们将大众媒介与这两种倾向紧密联系。一方面,在历史上,大众媒介以物品、观念、技术或价值观的形式,把新的、时尚的、先进的讯息从城市带到农村,从社会上层带到底层,这些讯息看来对已有的社会习惯和价值观是一种挑战。同时,它可能促使人们寻求更佳的物质条件并激发消费需求。除此之外,它还具有一定潜力,至少可以削弱由群体认同而强化的传统价值观的控制力,并帮助人们从对自身所处的有限社会环境的思维方式中解脱出来,从而使社会生活的某些领域"私人化"。另一方面,据信媒介用一套新的、同质的价值观取代了各种长期以来建立的价值体系。新的价值观虽不复杂也不带强制性,但强调一致和秩序。这种价值观被广泛持有,它比通过宗教的、家庭的、集团控制的方式更为有效地使一个规模庞大、差异众多的社会凝聚在一起。这至少是对媒介倾向的功能主义解释。

以上观点似乎大相径庭,一个强调离心倾向,而另一个强调向心倾向。尽管事实上,正如一些作者——凯利(Carey,1969)、麦考马克(McCormack,1961)所指出,两种力量都在发挥作用,在某种程度上互相补充,并不前后矛盾。但试图同时持两种观点,或在理论上将两者调和,会造成混乱。并且,我们认为,这两种媒介理论——离心及向心——各有自己的评价维度。这样,事实上就形成了四个不同的理论位置。在媒介的向心命题中,有一种肯定性观点强调媒介的整合与统一作用(主要是功能主义观点),另有一种否定性观点则将这种影响看成均质化和操纵控制的形式之一(批判理论或大众社会观点)。

就离心命题而言,肯定性观点强调现代化、自由和机动性是人们期望媒介产生的影响(总体上是个人主义),而否定性观点指的是孤立、异化、价值观的失落及脆弱性——将变化视为社会失调的"机能障碍"观点——例如,杰诺威茨(Janowitz,1981)。总的来说,与权力轴相关的大众媒介的共同特征,在这里是相互关联的。在某些情况下,两根轴重合,显示两种有关媒介倾向的对立观点:倾向于一致性和强制性的控制,或多元化和自愿性的一致。

媒介抑或社会是第一原动力?

这个问题意味着在"以媒介为中心"和"以社会为中心"这两种观点之间的选择。前者强调,传播方式是社会变迁的推动力,这种力量通过传播的技术手段和有代表性的传播内容来实现;后者则强调,这两者均依赖于社会的其他力量,尤其是政治与金钱的力量。从第二种观点看,大众媒介的形式是历史变革的结果——政治自由化与工业化的反映和结果,以及对其他社会机构服务需求的响应。媒介中心的观点,可在"多伦多学派"及其后继者如戈德那(Gouldner,1976)的著作中找到拥护者(参见英尼斯 Innis,1951;麦克卢汉 McLuhan,1962)。它的最佳例证,是印刷机的影响(艾森斯坦 Eisenstein,1978),该观点赋予所论及时代中占主导地位的传播技术以一个独立的、能引起结果的角色地位。

在"媒介中心"的理论派别中,对媒介的强调有强弱之分。另外,也有这样的可能性:在某些情况下,对一些社会机构来说,某些媒介确实对其产生了具有某种结果的影响,但这和媒介最终依赖于社会的一般观点并不互相排斥。

技术与内容之间的差别,给其他具有普遍性的替代理论提供了协商的空间。例如,格伯纳(Gerbner)等的"培养"理论(1980)似乎认为,"主导讯息系统"(即内容)更多地应归因于一定机构力量在发挥作用,而不是作为媒介之一的电视的内在特性——这样,就调和了"社会"和"传播"的观点。"社会中心"的观点也是可供鉴别的,因为"社会"的力量可在总体上被宽泛地表述为与阶级、文化和社会结构相关,也可被阐述为与个人的兴趣、动机或社会定位的差异相关的一种力量,后者解释了为满足个人和微观社会生活的需求而对传播及从属媒介的选择性使用和反应。在一些更为特定的方面,媒介被视作依赖性的,但同样宽泛的结论——即人们和社会是使用者而非被使用——已经达成。

媒介与社会之间的界限,与其他相关理论的分界线是一致的。这些分界线如下:在上层建筑与对社会变革的基本解释之间;在更唯心主义与更唯物主义的研究方法间;在强调传媒作为表达方式与将它看作是为达到一定目标的传输手段和工具之间。最后的一个界限同时也区分了研究的文化主义传统与社会学传统,两者均有独特的宗旨和研究方法。它还将研究者的注意力引向一个在处理新媒介可能性时不得不面对的重要问题——权衡文化的影响与物质的影响的优劣。总之,媒介中心理论更支持强大的大众媒介这一观点,这种强大在于传播给大多数人的讯息的连贯性和重复性,或在于社会机构适应讯息及传者—受者关系所带来影响(的传播方式)的机会与压力的必然性。

对理论的总结

对图2中各种标示的理论,现可分别加以描述。尽管如前所述,它们是由一系列共性与差异构成的,有时它们的倾向性在已描述的位置上十分接近。作为理论,它们并不具有同等地位,有的是一些理论综合的结果,有的则与某个权威作者或学派相关。有时,通过它们的预先假设或提出问题、解决问题的途径和方法的类型,彼此可以达成统一与一致。

大众社会理论

介绍这一理论主要由于它的历史地位高,而非目前的重要性。它建立于前述的"大众"概念基础上。这方面有大量文献,包括米尔斯(Mills,1951、1956),康豪瑟(Kornhauser,1959、1968),布莱姆森(Bramson,1961),贝尔(Bell,1961),吉纳(Giner,1976)。这一理论强调行使权力的机构之间的相互依存及因此而产生的媒介融入社会权力架构之源。内容可能是为政治、经济的掌权者们的利益服务的,尽管不能指望媒介为世界提供一个批判的或替代的定义,但它们的倾向性仍能帮助依赖的公众适应自身的命运。

人们往往被告知其在整个社会中所处的地位,面对问题应采取的放松与转向法,被灌输一种与今后的生活方式相适应的文化。后者的特性表现多样,包括日常工作和闲暇、对官僚主义的屈从、与人群隔离以及家庭私人化、竞争、低水平的团结一致以及参与。大众社会理论把媒介看作是第一位的,媒介被看作是大众社会的起因及维护者。这种理论基于这样一种观念,即媒介提供了一种看待世界的方法,提供了一个替代物或一个虚拟环境。它不但是操纵人们的强有力手段,也是帮助困境中的人们心灵得救的辅助手段。根据C·赖特、米尔斯(1951)所说,传播处在意识与存在之间,它影响着人们对他们存在的意识。

这种对大众社会的眼光是悲观的,并且不太愿意接受经验的考证,它已是一种世界观,一种对我们所感兴趣的许多现象的总体解释。它更是对时代病的诊断,将政治左派的批判性思想和对共同体及民主政治的黄金时代的怀旧混合在一起。作为一种媒介理论,它专注于控制和过滤的观念,将影响的方向描绘成从上至下的。

总体上它也与"否定的离心主义者"观点一致,尽管个人的精神孤立也是一个主要观点。集中化控制是通过否定个人机会与能力以实现共同利益而达成的。

马克思主义：一种经典立场

虽然在马克思认识报纸时,它还未有效地成为大众媒介,但根据他的思想分析现代媒介还是可能的。媒介是生产的手段,这与由生产要素和生产关系组成的资本主义工业形式的一般类型相符。它们往往处于某个资产阶级垄断所有制下,在全国或全球范围内组织起来为该阶级利益服务。它们通过从物质上剥削文化工人(榨取剩余劳动价值)和消费者(创造大量利润)来实现这一目标。在意识形态方面,它们传播着统治阶级的观念和对世界的看法,否定其他可能导致变革或工人阶级为其利益而不断产生的意识,他们还阻止这些意识趋于积极的、有组织的政治方向。这些命题的复杂性,衍生了一些受马克思主义启发而对现代媒介进行分析的理论,诸如：政治经济学理论、批判理论、媒介霸权理论。前者较忠于马克思主义唯物论传统,强调经济(基础)因素；后两者与意识形态(上层建筑)更为相关。

政治经济学的媒介理论

该理论是一个过时的标签,它的复兴等同于一种较为关注媒介经济结构而不是意识形态内容的方法。它坚持意识形态依赖于经济基础,并把研究的注意力转向对所有制结构的经验分析以及媒介市场力量运行的方式。从这一点看,媒介机构更应被视为经济体系的一部分,尽管它与政治体系的关系密切。由媒介提供的有关社会及为社会服务的知识的最显著特点,大部分可通过下述两者来说明：在扩大市场的压力下,不同内容的交换价值；所有者和决策者的根本的经济利益(加内姆 Garnham,1979)。这些利益,与从媒介运作中获利的需要相关,与其他商业部门的有利可图相关,而这些商业部门本身是作为一种垄断趋势与垂直、水平方向的整合过程的结果(例如进入石油、造纸、电讯、闲暇、旅游等领域)。

在减少独立的媒介来源、集中于最大的市场、避免冒险及忽略较小和较贫穷的潜在受众群方面,可观察到这种结果。经济力量的作用不是随意的,而是连贯的,正如默多克和戈尔丁(Murdock & Golding,1977,第 37 页)指出,经济力量排除了"那些缺乏经济实力或资源的声音……成本核算的基本逻辑要求系统运作,它巩固了主要大众媒介市场上已经建立起来的集团的地位,并排除那些缺乏成功获得入场权所必需的资本基础的集团。因此,幸存下来的声音大多属于那些最不可能对现行的财富与权力分配提出批评的人。反之,那些最可能向这种分配挑战的人不可能向公众宣传他们的异议与反对意见,因为他们无法掌握向广泛的受众进行有效传播所必需的资源。"

这一研究方法主要的实力在于,它能提出可供经验验证的有关市场测定的命题,尽管这项工作量大又复杂,使得经验证明并不容易。政治—经济研究法的缺陷在于,在公众控制下的媒介组成部分很难用自由市场的运作来加以说明。尽管这一方法集中研究媒介作为导向商品(内容)的经济过程,该政治—经济研究法还有一个有趣的变体,它提出事实上媒介制造了受众,因为它们把受众的注意力传送给广告商,并以特定的方式塑造媒介公众的行为(史密斯 Smith,1977)。

虽然马克思主义是对媒介进行政治—经济分析的主要理论来源,但它未能垄断对媒介结构与经济学的批判分析,其工具可以在社会学、政治学和经济学中广泛获得(例如:柯兰 Curran 和西顿 Seaton,1985;赫胥 Hirsch 和戈顿 Gordon,1975;巴格迪凯,1983;默多克和戈尔丁,1977;柯兰,1986)。

法兰克福学派和批判理论

法兰克福学派的成果,作为第三种马克思主义主流趋势,现在看来它主要有历史价值,但这个学派所体现的知识分子传统非常重要,因而必须提一笔。那些沿袭可称为"文化主义"方法的批判理论学者,大量借鉴这一学派成员的成果,尤其是阿多诺和霍克海默(Adorno & Horkheimer,1972)、马尔库塞(Marcuse,1964)。法兰克福学派的理论家们起先在德国魏玛工作,后由于纳粹政权上台而分散,主要向美国发展(了解历史可参见杰伊 Jay,1973)。他们注意到马克思预言的革命性社会变迁的明显失败,并在解释这一失败的同时,留意到主要以大众媒介形式出现的上层建筑破坏经济变革的历史进程的能力。从某种意义上说,历史似乎走入了歧途,因为统治阶级的意识形态已通过颠覆和同化工人阶级而制约了经济基础。

普遍的、商业化的大众文化是成功获得垄断资本的主要手段。商品、服务和观念的大生产体系完全销售了资本主义制度,连同它的技术、理性、用户第一主义、短时期满足和"无阶级"的神话。商品是这一过程的主要意识形态工具,因为似乎可以以丧失批判力为代价,将艺术甚至批判性或对抗的文化,拿到市场上销售以获利。法兰克福理论断言,个人与阶级依赖于一种对事物概念的定义和一种讨论问题的专门术语。总的来说,这种定义和术语是为这个社会制度所共有的。马尔库塞把在"文化工业"帮助下创造出来的社会命名为"单向度的"。该学派强调媒介作为控制变革的强有力机制这一观点得以保留下来,并与下述"霸权"理论相联系,然而,法兰克福学派中的"否定主义"或它的文化精英主义,可能已成为后人对左派进行批判的对象。同时也应看到,法兰克福学派和同时代的大众社会理论具有类似的批判指向。

马克思主义的批判理论学者和法兰克福学派成员较为典型地将媒介中心论与阶级统治论结合起来。然而,他们并未忽略社会的和物质的形式,他们强调媒介权力对现存秩序的维护而非改变。

媒介霸权理论

马克思主义传统理论中有关媒介分析的第三个学派,谨慎而言(因为这会冒混淆不同理论学者的成果的风险),可以被贴上"霸权"理论的标签,这里运用了葛兰西(Gramsci,1971)对占统治地位的意识形态所使用的术语。它较少关注经济与结构对带有阶级倾向的意识形态的决定因素，而较多关注意识形态本身，其表达形式、含义、以何种手段生存并且繁荣起来，使其牺牲品（主要是工人阶级）明显顺从并以此来建构他们自己的意识。霸权理论与政治—经济理论的差异在于，在很大程度上认可了意识形态独立于经济基础。

歪曲了现实和阶级关系图景的意识形态，或者说，被阿尔杜塞（Althusser, 1971）称为"个体和他们真实生存环境的想像中的关系"，并非通过统治阶级的强迫施予而取得支配地位，它更多地通过一种隐蔽而一贯的态度解释现实经历，最终产生一种无所不在的蓄意的文化影响。根据霍尔（Hall, 1982, 第95页）所言：支配的概念与支配作用产生的实际情况的复杂性并不相称。这种概念只看到用公开的力量或意识形态强制力把一种（思维）框架直截了当地强加于从属阶级，而没有注意到支配作用不仅发生在意识层面，并且也发生在无意识层面。……

一些马克思主义思想家，尤其是波兰扎斯（1975）和阿尔杜塞（1977），一直致力于为霸权理论寻找根据，并将注意力导向这样一个过程，即资本主义关系多多少少要根据工人阶级本身自愿的赞同被再造从而取得合法性。符号学分析和结构分析的发展，在很大程度上为这项工作提供了工具，它们为揭开隐藏的意义及意义的根本结构提供了方法。理论焦点从资本主义生存的经济原因转移至意识形态原因，已使大众媒介的优先权在其他"意识形态国家机器"（阿尔杜塞的用语）中得以提升，并导致马克思主义传统内部那些偏重强调结构和经济决定因素的人产生了一些意见分歧（威廉斯 Williams, 1973）。

"社会—文化"理论

在大众媒介研究中影响力日渐增强的"文化主义"或"社会—文化主义"理论借鉴了法兰克福学派及其他人文的和文学的分析。它的标志是，以一种更为积极的态度看待大众文化产品，并愿意理解在社会特定群体经验中的流行文化的意义及地位——诸如青年、工人阶级、少数民族及其他边缘群体。"文化"理论还试图解释大众文化在整合和化解社会中潜在的异常或对抗因子过程中所发挥的作用。它促成了对流行文化产品及其使用背景的大量研究，20世纪70年代主要在伯明翰"当代文化研究中心"开展的这项工作，使信奉这一研究方法的"伯明翰学派"得到确认。与这一学派的成果关系最为密切的斯图亚特·霍尔，在关于文化研究理论的著作中写道：

"文化研究理论反对将文化视为一种残留物，只能起反映的作用。它以不同的方式把文化视为与所有社会实践相互交织，这些实践反过来也成为人类活动的普遍形式。它反对用基础—上层建筑的框架来阐述观念力量和物质力量的关系，尤其是简单地将基础视为由'经济'决定的看法。它将'文化'定义为：在各自的特定历史条件和关系的基础上，不同社会群体和阶级在对其生存条件的反应和'运用'中体现出来的手段和价值观。"（引自戈尔维奇Gurevitch等，1982，第26—27页）

社会—文化理论试图同时注意讯息与公众，目的是通过对社会亚群体的真实社会经验的批判性理解，说明有关媒介的选择与反应的类型。从以下分析中，可以看到社会—文化理论的旨趣：掌权者被认为克服了所谓工业资本主义所特有的周期性经济危机，从而维护了资本主义的合法性（霍尔等，1978）。尽管并非所有在这一传统下的研究者都是马克思主义者，但有一点是一致的，即要理解文化就必须理解历史的物质力量，反之亦然。

结构功能主义方法

结构功能主义至少在描述层面上涵盖了理论图景的所有元素，可以被视为一种用社会"需求"来解释周期性、制度化活动的一般社会学理论（默顿 Merton，1957）。……假定的"需求"主要与持续性、秩序、整合、动机、指导性、适应有关。社会被视为一个系统，它的各个部分或子系统的运转相互关联，媒介是其中一员，它们各自均发挥必不可少的作用。有组织的社会生活要求社会各部分和社会环境拥有一种较为准确的、始终如一的和完整的局面。因此，媒介被强调作为上述各个方面的联系者，确保社会具有内部整合、秩序建立及应急的能力，从而将社会建立在一个合理、共有、准确的现实图景的基础之上。

媒介对社会的贡献主要体现为对社会参与者需求的反应。无论个人的还是集体的，媒介以一贯的方式对各项单独要求作出反应，客观上有益于整个社会。这样，结构—功能理论就不必对媒介的意识形态导向作假设（尽管它确实假设了意识形态的一致），它认为媒介在一定的政治协商的惯例之下，实质上是能自我指导、自我纠正的。它在很多方面与马克思主义的方法不同，尤其体现于它鲜明的客观性和广泛的应用性。尽管它的阐述不带政治倾向，它仍适合于有关社会生活基本机制的多元主义和唯意志论观念，在下述意义上说，它带有保守主义的倾向——媒介往往事实上被视为维护社会的手段而非变革的潜在来源。

结构主义方法面临重重困难，包括智力上的（赖特，1960、1974）和政治上的（因为它表面上的保守主义）。一个根本性的困难，即"功能"这一术语在意义上的混淆（麦奎尔，1987）。它可以具有目的、后果、要求或期望等意义，但还可以被理解为诸如互相关联、用途（或甚至社会聚合）等。……"信息功能"一词可以指三个不同的事物：媒介试图告诉人们的（目的）；人们从媒介获得的（结果）；媒介应该告诉人们的（要求或期望）。还可能有更多的模棱两可之处，但意义的变化往往取决于人们所采取的观点——不论是传者、受者、中立的观察者、立法者或管理者等（见图3）。更大的一个困难来自于以下事实：媒介并不仅仅为它们自己工作，还为其他群体或组织服务，因此很难把媒介功能从其他机构（政府、政党、公司等）的功能中区分出来。

更为重要的是，……功能主义的保守主义的出发点是，假设任何周期性、制度化的活动都服务于长期目的，并为社会的正常运转作贡献(默顿,1957),但除了业已发生的事实之外,无法找到证实该活动的有用性或不可缺少性的独立的方法。保守主义来源于这样的事实逻辑推理——存在的和看似正常的事物,被认为是好的和必须的。很少有机会证实媒介的长期影响,因而它们是好是坏,从未真正经过经验性评估。

尽管有许多异议,为了某些目的,仍有理由保留功能主义的方法。首先,它为探讨大众媒介与社会的关系提供了一种话语,以及一系列难以替代的概念。这一话语的优点是,极普遍地为大众传播者、社会代理人、媒介受众和社会科学家所共享,尽管后者不无异议。其次,该方法至少有助于描述媒介的主要活动同社会结构和进程的其他方面的关系。再次,它将对媒介制度的经验观察与有关媒介应如何工作的规范联系起来(见第五章)。

视媒介功能为目的或动机(的观点)似乎提供了一个共同点,避免了上述最不利的异议。因此,这一观点有两个主要组成部分:其一是一种特定的媒介活动(媒介的一个"任务"),可以被较为客观地命名;其二是不同的媒介使用者或期望受益者对目的、价值、效用或结局的陈述。虽然,这一媒介功能观点包含着客观成分,但整体构架基本上是主观的。我们探讨的是思想与信仰,实际上指各种意义上的"理论",这已在本书开头述及。因此,受众认为他或她从媒介获得的是"常识理论"的一部分,而媒介工作者认为思考他们的目的是"工作理论"的一部分,社会学家或社会理论家们则试图解释社会对媒介活动的期望是什么及从中获得了什么。

大众媒介对社会的主要功能

上面已经给出的参照系指出了作为社会中介渠道的媒介一些可能发挥的功能,诸如"联系"、"指路"、"解释"等活动。从拉斯韦尔(Lasswell,1948)开始,很多人尝试将主要功能系统化(目的或作用;有意的或无意的),他将基本的传播功能概括如下:环境监视、社会各部分在对环境作出反应时的相互关系、文化遗产的传承。分别指信息的提供、有助于赋予零碎的信息以意义和形成意见一致的评论与解释、对社会的一致性和持续性十分关键的文化价值观和象征意义的表述。赖特(1960)运用这一基本方法描述媒介的许多作用,并增加"娱乐"作为媒介的第四种主要功能。这可能是传承文化的一部分,同时有另一面——提供犒赏、放松、减轻压力,从而使人们更易于应付真实生活中的问题并避免社会的崩溃(门德尔松 Mendelsohn,1966)。

有这些材料,我们就能详细描述大众媒介的主要功能(目的)了。视社会为一个整体(这个观点普遍为结构功能主义者采纳),再增加一个要点——媒介的动员功能,于是可以看到,几乎在所有地方,媒介都被期望用来提升国家利益,促进主要价值观和行为模式的形成,尤其是在危机时期。在某些发展中国家,以及许多社会主义国家,动员角色是被正式赋予媒介的。

有关媒介在社会中的一系列目的,可综述如下:

一、信息
—— 提供有关社会和世界事件和环境的信息;
—— 指出权力的关系;
—— 促进革新、适应和进步。

二、关联作用
—— 说明、解释、评论事件和信息的意义;
—— 提供对既有权威和规范的支持;
—— 社会化;
—— 协调各种不同的活动;
—— 建构一致意见;
—— 建立优先顺序并标出相对地位。

三、持续性
—— 表达主导文化,确认亚文化和新的文化发展;
—— 塑造和维护公共价值。

四、娱乐
—— 提供娱乐、消遣、放松的方式;

——减轻社会紧张度。

五、动员

——为某些社会目标而开展运动,这些目标涉及政治、战争、经济发展、工作,有时是宗教领域。

应该强调的是,我们无法为这些条目排出主次顺序,也不能确定它们相应出现的频率。功能(或目的)与严格的内容之间的一致性是不确切的,因为一种功能与另一种重叠,并且,一些目的比另一些更为广泛地渗透在媒介活动范围中。总体而言,条目一和五与"变迁"有关,而条目二、三、四与稳定性和"整合"相关。重申一下先前的一个观点,我们无法简单区别媒介所做的与其他机构所做的,并且部分由于这个原因,我们需要分别从不同的角度来看待媒介,对别的机构来说,媒介是一个"倡导者",而媒介视自己为"渠道"和"把关人"。

……

个人功能主义

这一研究个人功能和功能障碍的理论从受众角度看待媒介。它与结构功能主义并不矛盾,只是它使用不同的方法和概念,关注不同的问题。它关注人类的个体行为及其动机和结果。它与结构功能主义的联系体现在这样的事实之中:个人动机往往能在社会经验中找到其根源,社会情境决定了动机的表达与满足。最后,聚合起来的结果反馈给作为整体的社会结构。媒介为社会发挥广泛功能这一假设(这取决于众多个人的自愿接受)反过来也必须事先假定一个复杂的、广泛的个人选择使用的方式。换言之,可以证明,除非功能能为个人服务,否则就不能为社会服务。

为个人的媒介功能

个人主义的功能主义理论,主要可在对媒介受众的"使用和满足"研究传统中找到更为详尽的阐述。近50年来,研究者们始终试图回答以下问题:总的来说,人们为什么会选择注意媒体?具体而言,人们为什么会选择某种特定的媒介渠道和特定的内容类型？他们期望得到什么样的满足、他们又得到了什么样的满足？他们怎样使用他们注意媒体的结果？其结果是一个日益扩充的、关于满足、满意、使用的详细目录,从中可以找出令人信服的规律性和可预测性。这至少已足以为个人(作为受众成员)满意提供一个框架,它与上述清单并列,并作出补充。以下,是麦奎尔等人提供的一种分类描述(1972):

一、信息
—— 在最接近的环境、社会和世界中找到相关的事件和形势;
—— 寻求对实际问题的建议或见解和决定时的选择;
—— 满足好奇心和普遍兴趣;
—— 学习、自我教育;
—— 通过知识获得安全感。

二、个人认同
—— 获得对自身价值观的认同;
—— 找到行为榜样;
—— 与受尊重的(媒介中的)他人保持一致;
—— 获得对自我的洞察力。

三、整合与社会互动
—— 获得对他人的环境的洞察力,达成社会共鸣;
—— 与他人一致并获得归属感;
—— 找到对话和社会互动的基础;
—— 拥有真实生活中的伴侣关系的替代者;
—— 帮助完成社会角色;
—— 使自己能与家庭、朋友和社会沟通。

四、娱乐
—— 逃避问题或转换对问题的注意力;
—— 放松;
—— 获得内在的文化或审美享受;
—— 打发时间;

——感情释放；

——唤起性意识。

用一个特定的类型模式,把动机、期望和使用联系在一起,比以往更难了。从总体上看,媒介使用在不同时期已提供了所有的好处。另外,要把上述条目与有意识的动机和目的相等同也非易事。往往,很多思想虽不易表达清楚却能为媒介使用者识别。这里列举的每一个思想,都有足够的经验证据表明,它是支持受众行为的普遍动机模式中的一个组成部分。所以它们都适用于我们的媒介功能概念,并可供我们理解媒介在联系个人与社会中的作用。

功能与功能失调

......

对媒介功能的描述,只限于对媒介公开的、积极的(从上述观点出发的)使用和运用。但可能也有潜在的、未被公认的作用过程,特别是在社会层面上,它们改变或掩盖了媒介目标的真实本质。同样,也存在着负面影响,不论有意与否,这是该理论阐述无法解决的。赖特的方案(1960、1974)已考虑到潜在的和功能失调的成分,但它们必然只是假设,我们可以轻而易举地用上述框架来推测隐蔽的目标或无意的效果。

因此,信息的目的会由于在选择中的偏见或失实报道而导致有意无意的"错误信息"结果。解释性活动实际上会形成一种过度的、偏袒的社会控制。增强文化的持久性,会压制新形式和异常的文化视角。娱乐意味着有组织的平面化(trivialization)和意识控制。在极权主义情况下,动员等同于洗脑和强制。这要么显示了功能描述空洞无物,要么显示了它作为媒介活动一览表所具有的极大灵活性和便利性,而两者的可能性并不相互排斥。

小结:有关功能和目的的观点的多样性

媒介和社会的各种理论看起来混乱而互不相容,有时则冗长不堪,这对进入这一研究领域的新手是一个打击。要说明或为此找到合理解释并不容易,但前面对大众传媒可能的功能之探讨应使这一情形更容易理解。大众媒介的潜在重要性，必然根据所采用的视角或观点以及相关的需要和利益的不同而变化。这里已阐述了大部分的变化。图3则通过概要绘制不同群体和利益的位置对要点进行了总结。

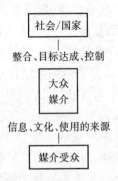

图3 关于大众媒介功能和目标的可供选择的观点

信息社会：媒介——社会联系的新理论

前几章已多次提及，现有理论是否足以应付现代社会出现的传播情况是一个问题。这里描述的理论，都有内在缺陷并多少受时间限制，甚至在理论的阐述上已过时。大众传播已发展、变化到这样一种程度——很难保存任何一成不变的关于它的理论观点。社会同样在变化，一个在理论家的议事日程中摆了数十年的命题再也不能被忽视了，那就是我们正在进入一个"信息社会"（艾图，1981）。其主要特点，即贝尔（1973）所描述的"后工业"社会的特征，它被认为是基本的生产方式的变化所带来的一种社会进步。这种鉴定，属于社会学思想的长期传统。要评价信息社会理论的基础、范围和有效性是不可能的，但它确实基于一些不容忽视的观察与命题之上。

从本质上说，在信息（或后工业）社会中，信息是最有价值的资源、生产资料，同时也是主要产品，因而劳动力主体是信息工人，同时根据其他指标，信息将在经济上、社会上占主导地位。信息工人可以被广泛定义为,包括所有主要任务是生产、加工、分配信息或生产信息技术的人。在所有发达国家,均显示了信息产业部门迅速、稳步扩展的趋势。据罗杰斯(Rogers,1986)的观点,至20世纪80年代中期,美国劳动力大多数(50%以上)从事信息产业。其他数据显示了生产信息的数量快速、逐渐上升。为便于统计,信息可以包括科学论文、政府委员会报告、私人电话谈话及朋友间的书信往来。玻尔等人(1984)为日本和美国进行的一项统计显示,从1960年至1980年两国信息产量的年增长率分别为8%和10%。

在这一生产过程中,对大众媒介的使用率却不易估算,尽管通过一些手段可知它很高。当然,信息社会理论学者们并不认为大众媒介是我们所说的社会变化的主要原因,尽管媒介反映了或有助于描述正在发生的变化。即使这样,大众媒介已完全卷入了对信息社会理论十分重要的变革中。反之亦然,至少可以说,大众媒介日益壮大,变得越来越有能力生产和分配信息。最广义地说,它对信息评价与消费是重要刺激,并刺激了传播技术的生产与获得以及新技术的发展,对信息工人而言,它是不断增长的就业部门。

信息社会理论和前面讨论过的一些理论发生了分裂,它坚持认为革命性潜力较少取决于讯息的内容,而较多取决于讯息的生产手段和对讯息的进一步处理,如此这般,会影响工作性质、时间使用、权力关系,进而影响社会分层系统和价值观。正如上文已介绍的,新传播技术和新媒介正在改变大众传播原先作为大范围、单向、中央—边缘传输或发布的方式。这里的问题是,除了媒介与社会两者相互改变,正在发生的变化是否影响上述媒介与社会关系的结局。这不易回答,因为"旧媒介"仍占主导地位,而新媒介(如录像、有线电视)目前已很大程度地适应通用的制度形式。很难判断弗格森(Ferguson,1986)所说的"新技术决定主义"有多少可信度。她认为,毫无疑问,对技术的依赖正在影响政策(以主动的和被动的形式),而且,对于其他社会变革,它是一个自我实现的政策。

也可以认为,在信息社会中,上文所涉及的国家内部和国家之间的权力竞争及有关社会整合结局的问题仍处于中心位置,这与工业社会时代同样重要。构成了意识形态讨论并在对大众媒介的探讨中被援引的自由、平等和秩序等价值观,同样不可能很快被其他可选择的和更有力的价值观所替代(麦奎尔,1986)。然而,很可能在媒介—社会关系中的一些关键部分,必须根据所提到的变革加以重新考虑,尤其是因为:与媒介/传者相对的受者的自主性不断增强;大众媒介功能平衡的不断变化(更多的信息和自我教育);大众媒介被定义为闲暇机构及与其他领域的传播间界限的模糊。

在评估信息社会出现的可能性、其可能的性质及模型时,需要铭记的是,世界仍是更多地以意识形态和发展水平来区分,不论大众媒介和更新的传播系统可能在多大程度上显示聚合的倾向。在这一过程中,塞尔瓦吉欧(1985)提出以四种国际模式考虑问题:竞争模式(自由市场模式)、公共事业模式(尤其在西欧和日本)、共产主义模式和第三世界模式。他认为在任一情况下,差不多都由同一组基本因素决定新传播技术的发展,并可供解释与每一体系相关的社会问题。尽管意识形态因素在每一模式中均占主导地位,但每个模式中相对显著的因素各不相同。关于其他因素,塞尔瓦吉欧提出:经济在竞争模式中是最有影响力的;公共事业模式中是政策制订机构;共产主义模式中是政党;第三世界模式中则是外部因素。正是意识形态与它们的结合,才阐明了新媒介发展的大部分方面,包括对伴随而来的问题的认识。

(袁杨杨、杨 击译/张国良校)

席　勒

赫伯特·席勒（Herbert Schiller, 1919—2000），美国著名传播学者。持批判学派的观点，自20世纪60年代后期提出"文化帝国主义"（或"媒介帝国主义"）的理论，阐述和抨击国际传播中美国等极少数发达国家占优势的不平等现象。他以政治经济学的视角考察传播现象，将国际传播中美国等国家的媒介优势同这些国家的政治和经济运作联系起来，认为媒介帝国主义现象是由占媒介优势的国家的有关政策策略造成的。根据席勒的观点，美国的媒介优势是美国外交和国防政策的结果，而媒介则是为这些政策服务的重要工具，美国传媒使美国文化、美国的价值体系向外渗透。

席勒著述甚丰。他于1969年出版《大众传播和美利坚帝国》（Mass Communications and American Empire），从此成为研究"媒介帝国主义"的一名主将。之后，他又出版了《思想管理者》（The Mind Managers）、《传播与文化霸权》（Communication and Cultural Domination）、《信息不平等：日益深化的美国社会危机》

(Information Inequality：The Deepening Social Crisis in America)等。在《信息和危机经济》(Information and the Crisis Economy)一书中,席勒尖锐地指出:"资本主义因为培育了消费至上主义而赢得了大众的显著支持。它有效地兜售了这样一种生活方式和一套信念：把人类幸福同个人越来越多地占有商品或越来越大量地享受服务联系起来。获取物质的商品取代了爱、友谊和社团或被当成等同于爱、友谊和社团。"

席勒病故于 2000 年初,享年 81 岁。逝世前为美国加州大学圣地亚哥分校荣誉退休传播学教授。

(张咏华)

信息与危机经济*

五、传播的政治经济学：文化即经济

1983年春，法国总统弗朗索氏·密特朗在一次巴黎大学召开的国际文化学术交流会上说："文化产业是未来的产业。投资文化即投资经济。"[1]

前一年，时任法国文化部长的雅克·朗在谈及从属国家努力解放自己时，也表达了相同的观点，尽管他是在冲突的背景下说的这番话："经济与文化是同一斗争。"[2]

这并非某国专有的观点。尽管由于一些特殊的原因，这一观点在法国比其他国家表达得更为直截了当。事实是，资本主义发展到最近阶段，正改变着文化创作的过程。同时，文化生产与工业生产也变得日益难以区分，而文化产业成了发展迅速、利润极为丰富的领域。

可以认为，此前一个世纪或更长时间的发展，为正在发生的一切打下了基础。自19世纪以来，经济各行各业获得更高的生产率，更多的人需要并且有财力成为文化消费者，同时发现了复制符

---

* 译自英文本《信息与危机经济》，美国阿伯列克斯出版社1984年版。
[1] 《巴黎大学的四百位知识分子》，载〔法〕《世界报》1983年2月15日。
[2] 《纽约时报》1982年9月17日。

号、图像和声音的新方法，这一切造成了文化产品的生产与消费的极大增长。文化创作的过程几乎不可避免地越来越多地采用市场方式和有组织的结构，这正是其他资本主义经济生产方式的特征。

过去的20年里，有一个极其重要的新发展。在一个高度工业化的社会里，文化的核心——信息本身——正在变成一种商品，就是说，一种供销售的物品。随着这种新的（至少在其发生范围内是新的）特征的出现，文化生产过程中的每个基本元素都发生了质变。

同样影响深远的是，什么构成了文化事物这一定义也正在发生变迁。例如，越来越多的家用电视机成为计算机娱乐的演示工具和信息的输出机器。

本章仅以尝试性的方法，探讨一些新的基本关系和这些变化带来的后果。

在整个工业和文化活动的范围内，其活动过程被逐渐削弱到普遍依赖于新的信息技术和目前管辖这些技术使用的市场法则。工厂生产、办公室工作、职业服务、家庭娱乐和艺术的创造性尝试逐渐呈现出以下特征：它们越来越普遍地使用和依赖于相似的、如果不是相同的设备、系统和程序。然而，在这些原本完全不同的部门中，最大的相同之处在于它们对商业化生产出来的信息的依赖和特定的使用。

所以，家庭文化、工厂文化、办公室文化、学校文化和街道文化在使用电子技术时，正如当前在新技术中体现出来的那样，也采用了使人们意识统一和"理智化"的商业模式及网络，并不亚于工业生产。

再者，这一切的发生方式给人留下这样的印象：一个不可抗拒的、人类以外的、技术性的强制规则似乎正在起作用。技术神秘化的外表，掩盖了资本主义的标准，控制飞速扩展到迄今为止甚少受其影响的领域——文化进程及意识本身。

这一变化发生的速度，是由多种力量决定的，最重要的力量也许是整个世界市场体系中人们感觉到的长期危机的压力。这迫使个体公司和国家经济的指导者一样,采用能节约经费的信息技术去提高生产率,减少劳工成本,并在整体上使生产合理化。

同时,在本地或全国相互紧密联系的系统的某一处采用新技术,就会推动这些技术在整个工业制度中使用。由此产生的联系,正在深刻地改变社会现状的整体特征。我们现在要讨论的,就是这种情况在最完备意义上的发展。

文化的政治经济学的研究思路

要解释在工业发达的西方市场经济中正在发生些什么,更重要的是,解释这一切为什么发生,这就需要揭示和分析新兴的以信息为基础的经济的来源、结构和动力。但仅此还不够。不应忽略,除美国和其他西方国家经济所行走的电子化发展道路外,还可能有其他道路。为此,就必须有一个更为初始也更为基本的出发点。在我看来,它始于一个简单的问题:我们想生活在一个怎样的社会中?

人类社会进化至今,这个问题一直未被当权者认为是与我们有关的、需要考虑的。未出现可供选择的机会,事情就这样自然而然地发生了。经济和技术的"迫切要求"占了上风。对占优势的秩序的挑战虽然不断发生,但通常被无情地压制下去。

技术改良本身,是复杂的社会力量造成的后果,但人们视之为自发的力量。当然,从历史上看,这从来不是事实。今天,技术中立的观点尽管还有人支持,但已经不太容易自圆其说了。抱有深思熟虑的、政治上、军事上和经济上的特定目的而将科学与工程技术制度化并加以占有,这虽然决非20世纪独有的现象,但确实在二战后才变得特别突出。[①]

---

① 丹尼尔·杜德尼(Daniel Deudeney):《全球安全:和平的地缘政治学》,World watch Paper 55,1983年7月。

在这一改变了的环境中,人们和国家如果想生存(这里使用其字面意义),就不能不以有别于以往任何时候的方式采取行动。他们被迫将技术及其对社会现实的整体影响,看作是公众讨论和决策的议题,而不是他们无权掌握,也无力影响的外部力量。

技术从未独立于它所赖以发展的文化。今天,它构成了其中不可分割的一个部分。我们的社会秩序被一种对公众越来越不负责任的技术所推动。自觉地问一问:我们究竟要一个怎样的社会?这成为人们对它的惟一有效回应。否则,这种社会秩序就具有危险性。

如果我们以最不妥协的方式提这个问题,并仔细检查和讨论人们的选择和他们表现出来的情绪暗含的意义,就不会相信,前几章回顾的情况——诸如公共事业的私有化,整个宇宙的军事化,以及为了在新的信息技术中拔得技术和市场上的头筹而不择手段的做法[①]——是符合多数人利益的。

事实上,那些想改变现状的人,当前是能与文化充当的整体角色,特别是文化和经济、技术的关系作斗争的。从事这一活动的一大障碍,就是为了维持跨国公司秩序的现状而篡夺信息系统的行动。

无论如何,有意义的文化的政治经济学,首先必须将自身与人类正在创造的社会现实的总体性质联系起来。它必须努力去发现正在发生的事件的整体状况,并且将所有的发展变化都视为处于人类可干涉范围之内,如果有必要,还处于人类可抵制范围之内。

[①] 鲁恩·戴维斯(Ruth Davis),国家标准局下属的计算机科技研究所的前任所长,这样解释美国为什么必须进行超级计算机的研究:"我们正在忽略一个事实,那就是我们需要超级计算机是出于完全不同于技术的目的……我们正在参加的比赛是在国家间展开的,它既不是为超级计算机,也不是为国家安全……我们参加的是一场以控制世界资源(包括自然资源和信息资源)为目的的比赛。"引自雅克·科施纳(Jake Kirchner):《被视作经济成功之关键的超级计算机技术》,载《计算机世界》1981年10月3日,第8页。

发达的工业市场经济中的生存性质

杰瑞米·西布鲁克(Jeremy Seabrook)在他的一系列文章、著作和报纸专栏中,考察了英国自工业革命至今的社会发展过程。西布鲁克发现,伴随着物质商品生产的急剧增长,普遍存在着"人类资源的衰微"。……越来越多的东西被从人们身边取走,然后又以商品和服务的形式重新卖给他们。无形的人类特性,如技艺、能力和知识,被拂至一边,然后又必须以金钱购买。作为一种无形的过程,它们更为有力。然而,由于它们是无形的,并且在多数情况下(除一些表达不佳的情绪以外)未被记录,人们就不得不退而相信绝对贫困的说法,尽管这与绝对贫困相当不同……人们被迫交出自己越来越多的东西,然后等着它们在市场上重新出现,在那里,大家因其附带着标价牌而相信它们的价值。①

西布鲁克描绘的是当代英国,但同样适用于美国或其他国家在市场经济条件下由电子技术带来的变化。在所有这些变化中,同样的基本主题再次出现:我们正在创造怎样的社会秩序?人们怎样看待自己和他人?人类"相亲相爱"的社会被加强了还是摧毁了?

文化政治经济学的考虑事项

如果像阿兰·马代克(Alain Madec)主张的那样:"信息化过程实际上越来越与'文化产业'、与人类的总体教育密不可分。"②那么,忽略迅猛发展的、正在涵盖新的信息处理过程的信息手段的商业主义就是危险的。

信息技术咨询小组1983年呈递给英国政府的报告,再好不过

---

① 杰瑞米·西布鲁克(Jeremy Seabrook):《作为隐喻的贫困——或为什么彼得和保罗感到自己被掠夺了》,载《新社会》1980年2月28日,第439—441页。

② 阿兰·马代克(Alain Madec):《数据的越界流动》,载《法国文献资料》巴黎,1982年,第19页。

不容任何误解,报告的标题就是"使信息成为一种商业"。其主题是"新兴技术正在侵蚀以前不同形式的信息媒介之间的区别。诸如出版业、电影业和新闻业都在变成一个规模不断扩大的'可买卖的信息'部门中的几个方面。"①

这份报告本身就致力于推动商业信息的进一步扩张,它将这种扩张描述为正在进行的过程中的一个典型事态。西方市场经济中的最高政治领导层,就这样与强有力的信息硬件和软件公司合作,重新建构信息系统,消除其公共性和社会性,并扩展信息系统的商业性和营利性。

这些努力,及其将给国家的整体社会生活造成的影响,是(或者说应当是)具有说服力且令人振奋的文化政治经济学的活跃主题。然而,我们没有任何现成理论可供解释新情况。正统的经济学自19世纪中叶以来一直全力以赴地驱除马克思的影响,在分析中对政治条件也加以排除,文化条件就更不必说了。同时,文化理论的研究者又迟迟不肯承认文化活动中有经济成分的存在,除非视之为非常间接和一般化的背景因素,与文化活动和文化生产只略微相关。

然而,文化、政治和经济的分离,现在看来是荒谬的。电子传播为所有商品和服务的生产的不断增大的份额,提供了一个共有的特点。信息不仅就其本身而言是一种重要商品,而且已成为生产过程中的一个重要部分,它同样受制于文化和工业生产中用以创造一致性的市场标准。

由于这些原因,尼古拉斯·加内姆(Nicholas Garnham)坚持将政治经济学的基本原理运用于那些已明显可察的和仍在发生过程中的发展趋势。

---

① 《使信息成为一种商业》,一份由内阁办公室的信息技术咨询小组撰写的报告,伦敦,英国文书局,1983年9月,第11页。

为了理解我们的文化结构,它的生产、消费和再生产,以及大众传媒在这一过程中发挥的作用,我们越来越必须正视政治经济学中的一些基本的中心问题:生产性与非生产性劳动的问题,私人部门与公共部门之间的关系和国家在资本积累中起的作用,广告在资本主义晚期的作用,等等。[1]

如果我们懂得,现有的文化产业对于维持市场经济是不可或缺的,而且实际上构成了市场经济必不可少的中心,那么,扩展和延伸文化分析的界限就是必要的。

雷蒙德·威廉斯(Raymond Williams)也写到这些发展状况,并强调修改旧有理论公式从而将最新的变化考虑在内的必要性。他着重说,旧有的经济"基础"与非物质的"上层建设"(即某种特定社会秩序的文化形式与表述)之间的区分——在当代应得到特别激烈的纠正。因为作为社会生产方式的传播方式,和与此相关的传播方式本身的生产,在现代社会里全面扩展的传播特征中具有了新的重要性。我们可以在现代经济和"工业"生产的整体内非常明显地看到这一点。在此整体中,交通、印刷和电子工业内"传播性的生产"就其同整体生产的关系而言——更严格地说,就其同整体生产的比例而言——已在质量上达到了不同的地步。更重要的是,这种突出的发展还处于一个较早的阶段,特别是在电子技术方面发展,肯定会走得更远。[2]

社会生产方式和社会再生产方式中发生的变化,在教育领域内尤为明显。教育的普及和基本过程,即传递社会智慧及构成这种智慧的基本代码和定义,正在被改变着。例如,无论正式还是非正式的教学机构,正在被重塑,其力量来自(我们只特别提出一些最重要的压力)高技术公司部门对信息的需求,正在发生变化的经

---

[1] 尼古拉斯·加内姆(Nicholas, Garnham):《对于大众传播的政治经济学的贡献》,载《传媒、文化和社会》第二辑,1979年第145页。
[2] 雷蒙德·威廉斯(Raymond Williams):《作为生产方式的传播方式》,载《实利主义和文化中的问题》,Verso and NLB出版社,1980年,第53页。

济结构，以及为了削减教学成本亦即削减教师队伍而对电子技术的运用等。

恰恰在类似情况下，我们必须从其最复杂的相互使用层面上，从其对整体社会文化状况的影响层面上，看待技术革新、经济核算和社会制度形式的结合。教育被导引的方向，具有暗示意义。这不仅来自被视作起因的因素，即新兴电子技术和它们相当灵活的传递讯息的能力，而且来自社会对这些新的教学形式的利用。

举例说，布朗大学和卡内基——梅隆大学一样，与IBM（国际商用机器）公司签订了一份合同，合同规定大学将获得公司提供的大量设备，作为回报，大学将提供其教研人员的研究专长以帮助IBM公司进行产品和程序开发。这时，一些崭新的（如果不是令人质疑的）关系就在美国高校教育中被正式建立起来。[1]

与此相近，私营公司通过在工作中或特别组织的教育环境中对电子技术的传授，接管教育的大部分功能（它们正在这么做），这并非不可避免，或社会必需。公司提供或公司主管的教育，本取决于整个社会体制中社会、政治和经济上的决策。

新的教育形式伴随着这样一些情形：资金充足或被克扣；有知识的人能否被雇佣，获得恰当的工资；政府提供或拒绝资助；政府征税、免税或减税；有无激励。总之，存在着一系列各不相同的可变因素，这些因素在任何特定情形下，都会以多种方式结合起来从而影响结果。

我们必须在这样的远非井井有条、其实倒是纷繁复杂的社会范围内，创立一门文化的政治经济学。这一学说还必须仔细审视决策过程，尽可能指出参与者，权衡其相对的影响，并且把财政、管理及技术行为的运行和取消估计在内。

---

[1] 《布朗大学与IBM公司计划开展为期三年的计算机项目》，载《纽约时报》1983年11月13日；另见理查·赛厄特（Richard M. Cyert）：《教育和研究中的计算机技术》，载《科学》（社论）1983年11月，第222期，第4624页。

尽管看上去不可能,工作领域是另一个文化的政治经济学最适合阐明其进行过程的范畴。工作与教育一样,正在发生巨大的变化。怎样运用新兴技术,不仅深深影响到工作的有无,而且影响到工作的实际内容是什么。

从历史上看,工人拥有各种不同的技能。新兴技术手段对他们的才能有什么影响?信息工作人员能否获得新的技能(这些工人在今后以信息为基础的经济中有无被淘汰的可能)?是否有些人在掌握前所未有的高新技术,而其他许多人在越来越快地丧失技能——即布雷弗曼(Braverman)在20世纪70年代中期提醒人们注意的技能丧失的倾向?①

工作场所的改变,使工人更多还是更少地参与劳动过程和日常生活的重要常规活动?而且,这些变化是所有人同样经历,还是仅仅由劳动大军中的特别群体所经历?

如果现状使劳动大军中重要的一部分不愿或不能参与有意义的关于生存的决定,那么,在人力和经济上的损失是无可估量的。与此相比,文化上的后果能否有丝毫减轻?

不妨设想,有这样一支劳动大军,其中大部分被排除在外不能参与有意义的活动,而同时它又依附于或看管着"智能"机器,这事态是否严重?这难道不是一种影响到人类生存核心的经济上和技术上的发展趋势吗?

从这个角度看,人们对越来越铺天盖地的强大的商业化运动和景象会有如何感受?尽管始料未及,它能否填补工人生活中正在出现的空白从而起到安定社会的作用?由此可知,文化的政治经济学必须批判性地仔细考察工作程序的演变过程,同时将自身与文化事业的内容联系起来,当然,同样重要的任务还有对这些工业的运作和结构的细致研究。

---

① 哈里·布雷弗曼(Harry Braverman):《劳工与垄断资本》,载《每月评论月刊》(Monthly Review Press)纽约,1974年。

国家在以信息为基础的经济中的作用

将生产过程与文化成果联系,从而构成了关于正在崛起的以信息为基础的经济的政治经济学的一个重要组成部分。然而,一种行之有效的理论还需要另一个关键因素,即其政治组成部分,能完成提供意义与指导的任务,这就导致了对发达资本主义的政治机构的仔细研究。

如果没有国家持久的、大范围的介入和支持,电子技术的发展和创新,以及美国以信息为基础的经济的创建本身,都不可能实现。最明显的是,在军事部门里,政府和新技术之间关系的基本特征,在过去40年内电子技术的总体发展中多次重复出现。

简而言之,这一切意味着,政府不仅提供最早的广阔市场,而且资助早期研究和因之产生的技术进步。一旦该过程或产品具有了活力——即能从中赢利——私人或企业就接管了运作设备和技术。

作为最近的一个实验,航天飞机就是一个典型,而绝非例外。《纽约时报》的一位科学编辑这样写道:政府没有试图收回超过100亿美元的发展成本,这一费用被认为是对国家资源的投资。

然而,"国家资源"早晚会变成私人资源。这位编辑还写道:宇航局……正在考虑几个计划,将航天飞机的地面运作程序转交给私营,承包商……两组航天公司,一组由洛克威尔(Rockwell)国际公司领导,另一组由洛克希德(Lockheed)公司领导,正在竞价以接管肯尼迪航天中心的航天飞机的地面运作。这一接管也许在1984年开始。①

人们理所当然地认为,日益增长的科学知识和知识的实际运用,是以一种随随便便的、几乎是任意和漫不经心的方式发展起来的。一般来说,这是对过去情况的不准确的描述。对当前的时代

---

① 约翰·诺布尔·威尔福德(John Noble Willford):《国家航空航天局希望公司们帮助支付运费》,载《纽约时报》1982年第11月14日(本周最大新闻)。

自然就不适用了。

整个20世纪的下半期,国家对整体经济的干预,特别是对科学和技术发展的干预,对某些领域广阔的活动的出现,是具有决定性意义的。那些我们很少听说的、较为不受青睐的领域,则得不到繁荣发展的机会。

且不说美国媒介高度重视日本国民刺激高科技工业的努力,在美国政府支持和鼓励的研究、发展和运用领域中,电子工业名列榜首。除了通过军事机构流入私营公司部门的大量支出外,科学和学术社团一直在数目巨大的赠款的帮助下,虽不张扬但意图明确地指向同一方向。这些努力起到了预期的效果,吸引了"纯粹"的、"客观"的科学家和研究者的注意力和才能[1]。……例如,国家科学基金会在分配政府资金时,起到了将知识分子的兴趣和努力引向以计算机为基础的学术和工业活动的关键作用。

这意味着,科学研究的内容、方向和基调,是由上层确定的,不管那些科学团体怎样坚决主张应反其道而行之。这至少在一定限度内是真实的。因而,诸如支持和加强计算机化"前景"的研究是不会缺乏资金的。而假设计算机化趋势有负面效应的研究,则很难求得资助。现状就是如此。

国家在经济中,特别是在新崛起的信息部门中的作用,在不同的市场经济中不尽相同。这种差异,部分是由历史格局造成的。更多的时候,反映出各国经济力量水平在整体经济或特定工业部门中的巨大差异。同样重要的,还有各国工人运动的力量和觉悟水平。如果运动得力,并至少对手头的事务有所了解,国家就很可能受到限制,不能随心所欲地支持资方。在这一点上,各国背景下的政策同样有相当大的改变余地。

近年来,在美国颂扬"解除控制"的好处已成时尚。据说,私人工业被从政府的干涉和控制中解放出来。实际上,这提供了一个

---

[1] 参见美国国防部资料《国防部签约500强中的大学和学院》。

机会，使原本已具有实力的公司能利用它们的强势地位在国内和国际市场中获得最大的好处，而不再负有任何种类的社会责任。

例如，美国电报电话公司（AT&T）被"解除控制"，从而能以数据处理者和传递者的身份在国际范围内没有限制地运作之后，并不意味着政府停止了支持和牵涉。实际上，这是政府施惠于最富实力的美国公司之一，使之能在美国全球势力的庇护下将业务扩展到海外。

在工业不那么发达的其他市场经济中，国家势必扮演更为积极的角色，以促进个别公司或整个工业部门的繁荣。

然而，在上述任何一种情形下，即国家不管是积极干预还是采取表面消极的态度，都是在照应它能觉察到的有产阶级中最有权有势的那部分人的要求。在市场差异巨大的各国情况中，国家总是会尽其所能推进那一集团的利益。事实上，国家利益是按照有权有势的那部分人的方式来定义的。同时，国家不可能对工人运动在这些事务上表达的需要无动于衷——如果工人们确实清晰地表达了要求并确实发动大家支持这些要求的实现。

因此，关于文化和传播的政治经济学，必须考虑到国家之间经济、历史和文化上的差异，并试图解释这些因素怎样在特定的国家政策和实践中运作及产生后果。

从集合体到个体的转变

所有这些应当考虑的因素，尽管是基本的，但只不过构成了一个框架。在此框架内，个体和群体的实践产生了特定的信息和文化产品。

新的信息技术，为使用和管理信息技术而创立的机构，及为强化国有集团而颁布的政府政策，是怎样变得井然有序而最终影响文化产品和个人生活的一般状况的呢？进一步说，既然大容量的信息制造是发达工业社会的特征，则大规模的社会力量是怎样影响信息制造的内容的呢？这是一个不断困扰文化的政治经济学的问题。虽然情况极其复杂，我们仍得寻找答案。

有人持这种观点：以前普遍认为，艺术家、作家、法学家、科学家和知识分子的工作，必然与统治阶级的特殊需求和利益有直接的、物质的联系。而在发达的资本主义阶段，情况有所改变，上述联系也随之松弛。在这种对发展状况的解读中，"决定"这一观念相对放宽，而设置界限的说法被认为更加合适。

也许，经济中的计算机化发展暗示着一种不同的结论，或至少是一种更加重视构成经济"基础"的事物所发生的基本变化的结论。

如果说，信息的商业生产和销售正在成为新兴经济的最主要特征，正在造成文化生产与工业生产的会聚，那么，将文化和传播领域与社会基本制度结合的前提也许正在加紧而不是在放松。

商业化的信息在各种各样的生产活动中地位的上升也许会使创造性工作和常规性工作一样具有更少而不是更多的自主性。尽管结果很可能如此，人们还是在努力将"决定"的概念推进为"限制"和"界限"的观点，而这种努力，也许能帮助人们理解席卷西欧和北美的信息决策的浪潮。

例如，1982年秋一个由政府任命的委员会建议在英国迅速发展有线电视时，它很讲究实际地否定了一个公有、公营系统的选择，并直截了当地说：国家共同负担的模式看来不可能，因为它不符合政府鼓励竞争的政策，也不符合政府已经声明过的观点——有线电视的建设不应当要求大量的公共支出。①

在这个例子中，政府的限制是间接的，可丝毫没有减弱它的限定性。它指定了一种影响巨大的媒介在将来很长时间内的基本方向。这种限制的运作结构，值得再多说几句。

这样直率而又武断地表示宁愿要一个私有的电线电视系统，

---

① 《关于有线电视扩展和播放政策的调查报告》，由塔摩斯的亨特勋爵（Lord Hunt of Tamorth）主持，伦敦，英国文书局，1982年。

同时也事先决定了这一系统的收入来源——广告。事实上,该委员会乐观地认为,随着有线电视网的建立,广告的总量会增长。我们发现,很难相信广告收入会固定在目前的实际数字水平上,也不相信在有电线电视上做广告就一定意味着将同样大小的蛋糕切成更小的小块。①

显然,该委员会真正建议和期待的,是广告在英国的大量增长。他们期望这将给新的系统提供资金,并使投资者得到利益回报。

如果政府听从这样的建议,而且该委员会正确地估计了收入(当然这只是假设),那么这就提供了一个突出的例子,说明经济决策加诸于文化创造的限制。在文化上最显而易见的后果是,政府决定使跨国公司的节目与广告进一步渗透到英国的广大观众中,而不顾这一决定是多么不明智。

这种情况之所以发生,主要原因是:只有美国的大规模传媒联合企业有能力为英国(及整个西欧)新设施的有效率的运转提供整套节目。一份报告指出"为了填满由有线电视和卫星(在英国)新建的频道,各种提供节目的机构应运而生。除 Home Box Office(属时代公司)之外,由四个主要的英国公司结成的联合体将与米高梅、派拉蒙和环球电影公司携手,在春天提供每天12小时的预订电影节目。"②

这只是一系列行动的开端。美国公司已开始购买欧洲的设备公司和生产公司的股份,为它们的产品和服务在欧洲获得输出渠道③。时代华纳传播公司的表现特别积极。随着美国的设备和节

---

① 《关于有线电视扩展和播放政策的调查报告》,由塔摩斯的亨特勋爵(Lord Hunt of Tamorth)主持,伦敦,英国文书局,1982年,第13页。
② 萨莉·贝德尔·史密斯(Sally Bedell Smith):《计划1984年在英国实行收费电视服务》,载《纽约时报》1983年12月29日。
③ 约翰·塔格利亚布(John Tagliabue):《在欧洲架起有线电视电线》,载《纽约时报》1983年6月25日。

目的到来,跨国公司作为广告商出现的日子也为期不远了。

可以肯定,将发展有线电视作为私人投资的机会不仅仅限于英国。事实上,美国因为在此方向上"领导新潮流"而出名。尽管有线电视还处于其相对初始阶段,它原本有潜力成为出色的公共技术,然而,为私人拥有这一局面已经严重地限制了(如果不是永远地妨害了)这一技术的公共效用的发展和扩大。①

这就是导致最终结果的潜在条件和限制。尽管创造活动依然有相当大的空间得以展示。它怎样表达自己,则是另一个有待研究和分析的领域。不过,它应当超越条件,就是其发展过程中的商业限制及一切束缚。

在国际范围内设置界限

在国际层面上,也设置了界限。在这些界限中,科技与经济上的筹划预示着随之而来的信息和文化活动。

比如说,如果强大的跨国集团公司能成功地通过卫星建立私有的国际传播网络,同时,如果国有的广播和电子通讯系统(即PTT)被削弱,那么其影响将远远超过工程技术和经济领域。

私人集团公司只对安全性分析专家对公司收支平衡表的审查负责,但它们实际上将成为使迅速发展的信息生产、处理、传播和分配领域得以定型的主要机构。这些看似技术性的活动在很大程度上影响了被卷入的社会的整体文化气氛。

皮埃尔·德雷福斯(Pierre Dreyfus)一度是法国前总统吉斯卡·德斯坦的顾问,他这样解释这种现象:

通过计算机技术,很有可能进行文化交流甚至文化统治。让我们考虑一下计算机模式。如果一个美国银行家参考一种基于苏

---

① 彼得·克尔(Peter Kerr):《研究表明有线电视频道使用较少》,载《纽约时报》1984年1月12日;萨莉·贝德尔·史密斯:《密尔沃基市设法削减有线电视规划》,载《纽约时报》1984年1月13日。

联的经济模式,我们会认为这可靠吗?即使苏联在这个领域内做得很出色,建立了一个典范(它的确在某些领域内很出色)。我们不会采用这种模式,因为我们会认为这一模式是有偏见的。可我们自己正在对世界其他各国做同样的事情。我们将自己的模式强加给他们,而他们不得不以我们的模式处理他们自己的信息,这意味着,我们在某种程度上正在改变他们的文化形态。①

众所公认,一个地区和另一个地区之间存在着差异。诸如历史上、地理上、发展上和阶级结构上的特定国情,会在最终结果中以不同的方式结合起来。不过,尽管如此,总还会有一些重要的一致之处。

目前国有传播机构趋于私人化的运动方向,和私有跨国传播日益强盛的力量,将导致对市场的依附,形成以支付能力为标准的信息系统。信息和数据将前所未有地丰富,而这些丰富的信息和数据的可获得性,将受到选择程序的影响,这种程序则与信息使用者的财富和收入不可避免地联系在一起。

就现实而言,在发展最快的美国,情况已相当明显。免费供公众使用的基本信息正在消失,社会信息的储备正逐渐由私人分配,并卖给那些有支付能力的人②。美国信息集团是全球性地运转的,信息系统的私有化也是在国际范围内进行的,尽管它们遇到了劳工或与之竞争的本国资本或两者联合起来的抵制。

事实上,技术和经济事件和文化事件之间的紧要关联早已为人觉察,至少早在20世纪60年代国际社会就已察觉到这一点。125个或更多的工业不甚发达国家要求建立国际经济新秩序,而后又要求建立国际信息新秩序。这要求中,也包含着一种强烈的文化意识,是以坚持本国文化主权的形式来表达的。

---

① 皮埃尔·德雷福斯(pierre Dreyfus):《文化差异与信息技术》,重印于TDR,第7卷,第8期,1983年12月,第458页。
② 《图书馆管理学家警告说对政府信息的威胁日益增多》,由美国图书馆协会发布的消息,芝加哥,1982年10月。

国际上有关空间、海洋法、无线电信号频谱的安排,及信息的争论和协商,反映出世界上很大一部分国家日益理解到经济和技术问题同时也是信息和文化议题。一份为美国准备的有关电子通讯的报告,注意到这一动向。

报告一方面对较近时期出现多数贫困国家(其利益与美国私人公司部门的利益日益冲突)而深表遗憾,另一方面又承认:人们开始逐渐转变立场,认识到非技术性因素的合法性,例如国际电信组织的审议和其他国际论坛中的政治和文化上的利益与价值。①

对技术和经济力量的依赖,是美国在20世纪称霸世界的主要支柱,所以它运用这种强权对付弱国时,尽可能不去注意其运作原理和运作背景。为此,声称技术中立和世界市场(及相对利益法则)的不偏不倚,曾经是,而且依然是美国全球势力的中心原则。

因此,人们并不惊讶于美国决策中心将任何技术、经济、政治、文化密不可分的论证视作异端邪说。美国领袖人物批评国际组织(例如联合国教科文组织)被"政治化",这是因为,这些组织承认上述因素不可分割并照此行动。

美国领导人的非难或惩戒,既非异想天开,也非愚昧无知,而是因为这样的见解显然会削弱美国威严统治的中心支柱。出于这一原因,文化的政治经济学不可能在美国经济的指挥中心——无论学术上、政治上或公司里的中心——受到热烈欢迎。

然而,即便如此,那些将传播和文化置于信息经济的中心的力量,也就是使传播和文化成为生产的主要动因的力量,依然在竞争与危机的激励下,不屈不挠地向前推进。传播和文化在一个瞬息万变的经济中居于中心地位,而笼罩着私有形式和市场标准的制度外壳却未经触动,而且实际上在很大程度上还起决定性作用。正是在这种值得注意的矛盾情形下,即科技、社会的迅速变化与旧

---

① 《无线电频率的使用和管理:1979年世界无线电管理大会带来的影响,摘要》,美国国会,华盛顿,技术评估办公室,1981年。

的控制、决策的形式并存的情形下,文化的政治经济学才具有了新的重大意义,而分析的起点不外乎是我们生活得怎样和我们想怎样生活。

(朱　晨译/张咏华校)

阿特休尔

赫伯特·阿特休尔(Herbert Altschull)，美国当代著名的媒介批评家和新闻学者。早在上中学时就投身新闻实践，成为一名实习记者，后长期从事新闻工作，先后担任过美联社驻费城、华盛顿的编辑，驻联邦德国首席记者，还担任过《纽约时报》、全国广播公司的记者，主持过全国广播公司西雅图广播电视台的工作。之后，离开新闻机构，在华盛顿州立大学取得政治学硕士学位和历史学博士学位后，转入大学新闻传播教学和研究工作，任职于美国印第安纳大学新闻学院。

与所有持批判取向的新闻传播学者一样，阿特休尔致力于对资本主义传播体制和新闻媒介的专业主义理念的虚假性进行揭露和挑战，重新解释了新闻自由、客观性以及社会责任论等西方新闻理念中的基本问题和原则。阿特休尔的核心观点是，任何新闻媒介都是一个国家或社会中政治的、经济的权力的代理机构。

赫伯特·阿特休尔对新闻传播理论的最大贡献是，提出了有别于《报刊的四种理论》一书中对新闻体制的分类,他认为"报刊的四种理论"是冷战思维的产物,无论资本主义的新闻事业还是社会主义的新闻事业,都是服务于主流意识形态的。他把世界上的新闻体制分为市场经济世界的模式、马克思主义世界的模式和进步中的世界的模式。这里选取其代表作《权力的媒介》(Agents of Power,1984)中的最后部分,分别就上述三种模式在新闻事业的目的、信念、新闻自由等根本问题上的异同进行了比较描述,最终得出他的七个描述性的结论。

(杨 击)

权力的媒介[*]

新闻媒介的交响乐：分类体系

我们可以把新闻媒介的作用比作一部具有综合音响效果的交响乐的几个乐章，其中有许多不同主题、旋律和变奏。假如我们从全体社会、全体国家的角度对新闻媒介进行一番考察的话，我们不免会惊异地发现一个规律，即新闻媒介之间存在的异同常常一样大。在一个相当真实的含义上，我们可以说世上的新闻媒介是一个单独的单位，犹如一首交响乐也是一个单独的单位，只是由多种不同主题和旋律组成。交响乐并不要求和谐一致，实际上，它可以是任何音响的交织——充满各种不谐和音以及不谐和音调。也许我们还不习惯于说新闻媒介的交响乐，而倒觉得说新闻媒介的噪音更顺口些。然而，一首交响乐尽管充满不谐和音和不谐和音调，但总体上是统一和谐的。像瓦格纳风格的歌剧，其主旋律在整个结构中始终贯穿如一，全世界新闻媒介的意识形态也是如此。新闻媒介中所统一的部分是它作为教育者作用时能够保持和谐一致。

在新闻媒介的这首交响曲中，我们可以把它划分为三个乐章，每一乐章包含一个基本主题，而这个基本主题中又有不少变奏。

---

* 选自中译本《权力的媒介》，华夏出版社1989年7月版。

我们可以给新闻媒介这首交响乐的三个乐章冠以各种不同的名称,但考虑到这一命名最终会确定我们对这些乐章的正确理解,因此当我们进行命名的时候,就很有必要缜密细致,来不得半点粗枝大叶。譬如说,我们或许可以简单地用第一、第二和第三这种数字方式来划分命名,因为用数字表示人们心中往往有几分安宁和亲切感。恰巧用数字表示这三个乐章与第一世界、第二世界和第三世界的政治命名相吻合。或者我们也可以根据经济状况进行划分,如市场经济代表第一乐章,马克思主义和进步中世界分别代表第二、第三乐章。或许我们还可以用地理概念来命名,如西方乐章、东方乐章和南方乐章。如果我们想牵强地用一些评价性的术语施加于三个乐章的任何一个,我们就会明显感到困难加重;譬如民主的、自由的或共产主义的、集权主义的等这类词容易妨碍正确的理解。甚至社会主义也是一个引起麻烦的词,因为它毕竟一直用来表示第三帝国的强暴政权。事实上,革命这个词也同样如此,因为它既可以代表善行又可以指称邪恶。在这本书中出现的分类法中,本人运用了多少加以修饰过的经济状况划分三个乐章,只是用进步中世界取代了发展中世界这个词。当我采用这些专门术语的时候,是完全认识到其局限性的。然而,如果我们能看到每一乐章中各种旋律变奏所产生的丰富多彩的效果,那么我们就可以弥补这一缺陷。另外,还须铭记一点,尽管各乐章的名称所反映的是经济思想含义,但它们的主题绝对不仅仅局限于经济方面的内容。每一乐章包罗了新闻媒介所处环境的全部现实,包括历史的、政治的、社会的、文化的还有(很值得一提的)心理的现实。现在让我们记住这些条件,进而把新闻媒介交响乐的乐章分别定名为市场经济乐章、马克思主义乐章和进步中世界乐章。

在所有这三个乐章中,新闻媒介都被当作维护社会秩序的主要力量——教育人民使他们在社会中发挥各自的作用。但是,在这三个乐章中,教育目的迥然不同。在市场经济乐章中,教育人民是为帮助他们正确地投票选举,以此来捍卫社会秩序。在美国,人们对于把新闻媒介称为教育的提供者感到某种不安,人们习惯认为新闻媒介是信息的提供者。可是,信息这词儿显得有些模棱两可,因为如果信息没有提高接受者的教育程度,它就毫无用处。除美国之外,其他资本主义国家似乎对信息与教育的区别不甚关注。美国反对教育作用的提法可能是出于教育作用容易使人联想到宣传的味道,而美国人敌视宣传。因为据说苏联就把新闻媒介用于宣传的目的。

确实如此,在马克思主义乐章中,新闻媒介公开起着宣传工具的作用。宣传这个词的含义在这儿也同样模棱两可,因为马克思主义主旋律的主题是教育人民,是为了帮助他们正确地为人处事,以此来捍卫社会制度。列宁提出新闻媒介的三大作用,究其根源,无不是教育作用,正如马克思笔下新闻媒介的形象是冲破普鲁士的书报审查,成为教育人民认识现实的工具一样。

第三乐章在全部三个乐章中最公开、最直接地把新闻媒介当作教育的工具。发展中世界的新闻媒介模式既用来作为捍卫社会制度又用来作为教育人民改造社会制度(一旦必要的话)的工具。事实上,正是由于这一点,给第三乐章的交响乐节奏带来了决定性的变革。第一、第二乐章中的教育旋律主要是静态的,是在保持社会现状,而到了第三乐章,其特点变得雄壮有力,力求变更。但是,新闻媒介作为教育工具的主题,统一了整个交响曲。虽然那些受僵化意识形态蒙蔽的人无法看到这部交响曲的总体统一,但是稍有头脑的观察者都能感觉到整体的统一谐和。这样一来,美国编辑就会放弃苏联新闻媒介是共产党宣传武器的主张;苏联编辑也同样会改变美国的新闻媒介是华尔街工具的说法,而苏美编辑都会放弃发展中国家的新闻媒介幼稚、狭窄、排外的观点,而发展中世界的编辑站在自己的立场上也可能嘲讽苏美两国新闻媒介是殖民剥削的工具。假如各国编辑都能承认各地的新闻媒介都有相同的地方,那么全人类对世界的理解程度理所当然会得到提高。

有意思的是,那些彼此一直打交道的新闻记者认识新闻媒介共同处的可能性，比起那些潜心新闻理论研究的记者、编辑和学者来，要大得多。新闻记者经常与其同仁亲如手足地打交道，容易产生一种同志般的友爱感，这种友情往往超逾社会、政治和民族间的差异。他们中大多数为比例不高的驻外记者，这些驻外记者正如其职业性质所示，都是巡回流动者，东奔西走，在其驻扎基地度过大部分时光。这样，大力开展跨国社会接触的机会就比较有限。然而，一旦这种接触得以增多，新闻记者就可能经过思考而发现那种共同处和相当一致的地方，即只有当记者摆脱了政治、经济以及其他因素限制的重重压力，最佳的新闻事业才有可能产生。至于对那些在遥远地方或者甚至邻近的离群索居处武断地发表新闻理论观点的学者来说，无论在理论上还是在实践上，他们都无法认识这种共同之处，这并不值得大惊小怪。国际会议上的讨论也被这种失败所困惑。编辑总是最严厉地谴责别国的新闻记者，说他们是从来不置身于交战地带采集新闻故事的宣传手、傀儡或投机分子。参加国际新闻工作者和教育者会议的代表也相互口诛笔伐，指责对方记者不常阅读别国出版的报纸或书籍。如果认为这样的会议是在求同、争取一致显然极其荒谬。相反，他们仅仅是在加强各自意识形态的纯洁清白，增加分歧而已。

人们一定还记得，一部交响乐作品是由几个乐章组成的，而这些乐章组成了整部作品的完整和统一。但各个乐章的内部，对主题不同的变奏有时十分突出。举例来说，在市场经济乐章中，结构上就存在着重大的变化。美国广播电视业的组成方式与西欧和日本截然不同。在美国，广播电视业的财政来源几乎全靠广告收入，而在其他资本主义国家，广告的作用十分有限。在西欧与日本，给广播电视提供财源的是税收和公共基金。资本主义国家的广播内容也常有很大的差异，但根本内容是一致的。所有这些国家都实行资本主义，只是程度上有差异。某些国家可能国营的工业比其他国家多一些，不过现代资本主义体系已经允许一定程度上的国有化。然而，不管允许社会化企业存在的程度如何，把所有资本主义国家统一起来的是他们的信仰体系和共同敌视马克思主义的社会制度。新闻媒介交响乐的第一乐章就包含了对这种敌视态度的不同程度的变奏。一部分资本主义国家发展到能够接受马克思主义的某些方面,当然其信仰体系仍旧完整无损。新闻媒介仍然是维护社会秩序的工具。尽管资本主义国家之间,甚至处于不同时期的个别国家内部的意识形态界限(新闻媒介可能没有冲破)并不一致、统一,但是这种界限确实存在。最终,资金提供者总会发现这些界限并没有被冲破、推翻。

新闻媒介这部交响曲中三个乐章都充满各种不同的旋律,它们时而发生冲突和对抗。三个乐章中并不乏杂乱不一的音符。然而,没人会花九牛二虎之力,通过细心比较欧洲各国的报纸读者或电视观众之间的差异来研究新闻媒介的作用。法国读者可能与荷兰读者有着极大的区别,而比利时的电视观众可能与挪威的观众不同。然而,所有这些读者和观众都以共同一致的角度来看待传播的内容,这一角度植根于共同的信仰体系。因此,虽然存在一些不谐和音,这部交响乐第一乐章宽广音域的乐声却响彻整个工业化资本主义世界,无论是日本还是丹麦或是加拿大。其他两个乐章中也同样能够聆听到类似这种宽广的音域。

在南斯拉夫的带领下,整个东欧国家和马克思主义国家探寻着社会主义的不同道路。各国之间和各个时期,对社会制度进行批评的自由范围各不相同。在进步中世界里,乐章中出现众多的变奏,其中有些接近市场经济乐章中出现的主部主题,还有些则类似马克思主义乐章中的主题曲调。有些变奏强调对新闻媒介实行严密的中央控制,另一些则允许新闻媒介决定新闻内容时具有相当大的自由。这些变奏确实带来丰富多彩的音响效果,其音域之宽广犹如马勒的交响乐作品。当然,作品仍然保持了整体的统一和谐。不管我们在聆听哪一乐章,正是这种整体保持统一和谐才激励起我们期望到达一种有益于我们全人类和谐一致的境界。

对于新闻媒介交响乐中三个乐章的区别,人们或许可以用最简单的办法,即国家特征以示三个乐章之间的差别。然而,我们必须牢牢记住:这些差别并不完全是国家性质的。这些差别在国家之间存在,在国家内部也同样存在。在肯尼亚和美国,委内瑞拉和日本均可以发现马克思主义的信仰者。在印度尼西亚和波兰、中国和古巴也同样可以看到市场经济的信奉者。同样,在德国和苏联、加拿大和匈牙利也都存在进步中世界意识形态的信仰者。不过,尽管用国家的性质来说明三个不同乐章的方法可能引起某种程度的曲解,但这种方法倒也不失为一条通向全球新闻媒介现实道路的方便之途。

下面,我们首先考察一下新闻媒介这部交响乐的三个乐章对新闻事业目的的不同认识。新闻事业为何存在?其任务是什么?图表11-1反映了三种认识的异同点。

(图表11-1)

	市场经济世界	马克思主义世界	进步中世界
关于新闻事业的目的	追求真理	寻求真理	服务于真理
	尽社会责任	尽社会责任	尽社会责任
	以非政治方式进行告知(或教育)	(以政治方式)教育人民并争取盟友	(以政治方式)进行教育
	公正地为人民服务,并拥护资本主义学说	通过要求拥护社会主义学说而为人民服务	通过寻求与政府合作为人民服务,为各种有益的目的进行变革
	作为监督政府的工具	统一观点,改变行为	作为争取和平的工具

有一点十分明显,不管新闻媒介处于何种政治、经济或社会制度之下,其任务均是打着社会责任的旗号追求真理。这一追求是使用新闻媒介的人民通过被告知或受教育的途径进行的。以上这些根本方面到处都是一致的。但问题是,这些词语是在不同地点,

以不同方式,以及同一地点的不同人进行定义的。这张图表指出了三种模式的根本区别。在马克思主义和进步中世界里,新闻媒介既定的目的之一是政治性的。在市场经济国家,情况则相反,新闻媒介的任务是超脱政治,站在中立的立场上公正地报道消息。但是,就这点而论,市场经济旋律的维护者是在自欺欺人,因为无论如何,新闻媒介都无法超脱政治。

正如亚里士多德很久前所云:人生来就是政治动物。因为他生活在社会之中,生长于社会制度之外的人就不是一个完全意义上的人。单就新闻工作者是具有人性美德这一点而言,他免不了是一个政治产物。除此之外,当新闻工作者进行工作时,他所享有的政治地位是一般男女无法具有的。新闻工作者笔下的每字每句都与他们身处的社会和政治制度相联系。偏袒某一政治观点显然具有政治性,保持中立同样带有政治性,因为如果他不反对社会现状,那就等于表明他心照不宣地拥护现状。现存的一切可能根本就不存在什么公正。要么你表示支持,成为一名政治上的拥护者;要么你表示反对,成为一名政治上的对手,而保持中立就无异于赞同现状。资本主义国家中的新闻媒介忽视了这一条基本的真理,美国尤其如此。只有当新闻工作者能够摆脱其人性这一根本要素时,我们才有理由谴责联合国教科文组织的活动,说它具有政治化倾向。

当新闻工作者沉思片刻,思考一下人类的本性时,他们也许会看到自己所从事的工作带有政治性质。然而,几乎没有哪位新闻记者会放下他们繁忙的报道计划和编辑新闻的工作,腾出片刻时间来考虑这类问题,新闻媒介所固有的信条最终限制了我们进行独立分析的能力。在市场经济国家,特别在美国,情况同样如此。这样一来,新闻界里里外外许多明达事理的人便会坚定地声明记者与编辑超脱政治,是公正的观察员和记录者。如果我们在马克思主义世界和进步中世界鸟瞰美国新闻媒介的状况,那么我们就可以较清楚地看到有关新闻媒介政治化问题的争论,事实上这些争论徒费口舌。简而言之,新闻媒介就是一个政治机构。

有一部分问题是肯定的,在美国,人们说新闻媒介超脱政治时,其意思常常是说新闻媒介超脱了党派政治。在这种情况下,新闻媒介确实具有政治性质,因为它要承担起三大作用——抗衡、监督和确定议程。但是这里的政治性是指非党派性,既不是民主党,也不是共和党,既非自由主义,又非保守主义,既非支持民权又非反对民权。简而言之,美国建设中新闻媒介的那种政治作用就是客观地寻求事实和公正地提供消息。

确实如此,典型的美国新闻记者把这一点认为是其至高无上的职业要求:为读者寻求事实和反映事实,读者可以根据自己的需要或者利用或者不利用这些事实。然而,这一追求忽视了一点,就是新闻记者绝不是超党派的。客观报道只是确保社会现状的手段,是保证维护社会秩序和社会制度的工具。客观报道允许个人提出批评,但并不是允许个人批评政治、经济或社会制度本身。实际上,公正不偏这一情况本身就是在维护制度。在这种模式中,新闻媒介对社会秩序具有潜在的挑战性这一说法意味着它对掌权人物是一种威胁。只要新闻媒介没有实行这种挑战性,那么它就是在发挥符合掌权者意愿的政治作用。进一步说,即便新闻界同意新闻媒介超脱政治这种观点,它仍然是满足权力需要的工具。

从马克思主义世界关于新闻媒介目的的认识中可以发现,新闻媒介给予他们对马克思列宁主义学说坚定不移的拥护。没有这种拥护,就不能为人民服务,倘若情况极为严重,人们就会指责新闻媒介离经叛道,背叛人民。列宁关于报刊的思想在马克思主义国家里被奉为金科玉律。新闻媒介的目的被视为集体的组织者——统一看法,改变作为。这是必须恪守的原则,没有回旋余地,如此信条使他们不会轻易妥协。除非我们找到某种途径能够使马克思主义者信服,人们可以在不破坏社会秩序的前提下修改列宁思想的限制,要不然,与马克思主义和其他制度新闻理论家之间发生的争论就不可能得到平息和解决。不管解决措施如何困难，一旦人们认识到问题的真实本质，那么它也就变得比较容易解决。

在这部交响乐的三个乐章中，新闻媒介的既定目的都是为人民服务。对于这个目的，三个乐章分别用不同语言进行描述。对那些信奉市场经济制度为美德的人来说，新闻媒介意味着拥护该制度，而马列主义信奉者认为新闻媒介意味捍卫社会主义的学说。在市场经济图像中，新闻媒介被视为不受政府控制而进行工作，用来监督政府甚至同政府抗衡。在马克思主义图像中，新闻媒介是政府（或政党）的工具，支持它的行动并且努力说服读者和观众去进行同样的支持。但是，在进步中国家，这种图像就不一样：新闻媒介是作为政府的伙伴，（按博德·奥伊沃洛的说法）是社会经济进步的孪生机构。从这点来说，市场经济和马克思主义的理论家们都没有从这些方面理解新闻媒介之目的何在。在市场经济模式中，新闻媒介的报道反映变革；但它本身并不是变革的作用力。在马克思主义模式中，当共产党和政府说变革是人民的愿望时，新闻媒介就拥护这一变革，它本身也并非变革的作用力。当然，我们必须记住，这儿讨论的是对新闻媒介目的的不同认识。其实在所有国度，理论与实际总是大大脱节的。

新闻媒介这部交响乐的三个乐章是系统的，也就是说，三乐章包罗了构成这里所描写的市场经济、马克思主义和进步中世界真实情况的全部内容。这些内容不仅包括政治结构、环境经济力量和新闻媒介提供财源者的情况，而且还包括社会生活和个人生活的其他情况。这里我们所指的是人类历程的审美部分：指文学、建筑、绘画、雕塑、歌剧；指科学的组成部分；指一切社会规章制度、教堂和院校。社会政治制度的意识形态就是由这些内容所组成的，这些内容（作为连续描述的部分除外）是相互不可分割的。由于新闻媒介是社会整体的一部分，我们在单独考察问题的时候就必须把它放到社会制度中进行，除非它接受这一事实，即我们的目的就是理解整体内部新闻媒介的作用。我们只有使该制度停止运动，原地不动，才有可能理解该制度的组成部分。因而我们必须牢记这里所划定的三个乐章的分类，其本身是设想出来的，是把始终运动着的事物固定下来而进行的分类。由于它是动态的静态表现，所以分类本身是虚幻的。但是，考虑到目前这种分类法有助于我们整体理解该制度，因而它显然有利于我们达到这一目的。我们把这一道理记在心里，接下来看看第二张图表——关于新闻媒介在这部交响乐三乐章中的几条信念。（见图表11-2）。

(图表11-2)

	市场经济世界	马克思主义世界	进步中世界
关于新闻事业的信条	新闻媒介不受外界干涉	新闻媒介改变错误的意识，并教育工人使之具有阶级觉悟	新闻媒介是一支联合力量，而不是一支破坏力量
	新闻媒介为人民的知晓权服务	新闻媒介满足人民的客观需要	新闻媒介是有益于社会变革的工具
	新闻媒介力求获得真理并反映真理	新闻媒介促进实际变革	新闻媒介是社会公正的工具
	新闻媒介公正、客观地进行报道	新闻媒介客观报道事物的现实	新闻媒介旨在用来沟通记者与读者之间的双向交流

信条就其定义而言是不合理的，也就是说，信条是不经推理而得出的。它们往往是虔诚信奉者的满怀热情所达成的一致看法。信条并未遭到批判性的分析，信不信由你。你可以是位信奉者，也可以是旁观者、不信仰者。在联合国教科文组织或别的地方召开的有关新闻的国际讨论会上所展开的激烈论战，主要是出于信条的冲突，出于坚信者与背信者的相互谴责，坚信者狂热地恪守自己的信条而背信者则针锋相对，斥之为荒谬。譬如，工业化资本主义国家的新闻记者和新闻理论家铿锵有力地申辩其新闻媒介不受外界的干涉，说没有哪个政府组织或广告公司告诉新闻媒介写什么

内容或怎样编写新闻报道。对此,马克思主义和进步中社会里的新闻记者和新闻理论家则回答道:"胡说八道,与实际情况根本不符。"在如此这般舌战中双方是不可能和解的。

与此同时,马克思主义新闻记者和新闻理论家认定其报纸是教育的工具,坚持马列主义观点有助于澄清读者看待世界上所发生现象的错觉。这样的报纸通过指出资本家或进步中世界官吏把人民引向歧途,并颠倒工人阶级的真正利益所暴露出来的欺骗性和虚伪性来真正地满足其读者需要。对此,市场经济和进步中国家的新闻记者与新闻理论家也会回答说:"纯粹胡扯,根本不是这样。马克思主义报刊只是在进行宣传,与读者的真正利益相背。"这样,和解又没有指望了。

进步中世界的新闻记者以及新闻理论家提出,他们的新闻媒介避免了市场经济和马克思主义社会易于引起分裂的报道特征,成为为其读者利益服务的力量。每逢这时,资本主义和社会主义国家的回答又会是:"胡说八道,情况根本不属实。你们的报道十分容易引起分裂。你们攻击邻国的激烈程度和我们相互攻击差不多。"对于这种难于包容各自相反信条的现象,我们绝不应当掉以轻心。

新闻媒介这部交响乐中的种种信念无不容易遭到激烈的反驳。举例说,在市场经济以外的国家里,许多人并不同意资本主义国家的新闻媒介是在力求为读者提供事实真相并反映事实真相这一观点。相反,可能性更大的倒是人们常批评资本主义的新闻媒介不向读者透露真相,因为他们工作的主要目的在于为其业主赚取利润。在马克思主义势力范围之外,新闻媒介促进实际变革的马克思主义信条遭到排斥。对此,他们认为马克思主义新闻媒介惟一感兴趣的一种变革就是有助于统治者维护他们对人民的摆布而不是有助于人民得到新闻媒介应该为之服务的利益。对于进步中世界理论思想家所认为的新闻媒介是社会公正的工具一说,在其他国家也同样被嗤之以鼻,指出进步中世界的报纸上充满谩骂、讽刺和憎恨。总之,新闻媒介这部交响乐中每一个乐章关于其新闻媒介坚持客观报道的声明无不遭到其他两个乐章的挖苦嘲弄。

在所列的这些信条中,最易引起人们兴趣的是进步中世界信奉新闻媒介用于双向交流,而不是单向新闻流通的工具,即不是从上到下,从记者到读者的流通过程。根据这一信条,真正的新闻工作当是共同参与的过程。读者不只是净化器,对记者提供的大量涌来的消息进行提炼挑选,而是参与记者决定在消息总体流通之中发表什么样的新闻内容。就此而论,这种新闻流通呈水平流向而不是垂直流向。这一信条在新闻媒介交响乐的市场经济和马克思主义乐章中是没有的。事实上,参与新闻对市场经济与马克思主义国家的理论家是一个不易演奏的主题乐曲。因为他们不愿被看作是新闻的杰出人物统治论者,而且自己也不这么认为。市场经济乐章中的一个信条是:新闻媒介为人民的知晓权服务,这是他们得以存在的理由。在美国,不为大众服务就意味着他们不能维护第一宪法修正案给其规定的特殊地位。宪法规定的自由必须以服务于民的思想作为前提。然而,实际生活中我们所看到的只是他们要求独立裁定新闻的权利。这样做就使他们脱离了读者,在某种程度上,留待读者自己就新闻内容进行取舍。

在市场经济模式中,新闻媒介如同所有其他机构均服从于同样的市场规律。市场为消费者提供选择:他可以购买也可以不买。他可以购买报纸也可以不买,可以收看电视节目也可以关掉电视,从这层意义上讲,他考虑的是如何使用自己的金钱。假如他同意报刊上的内容和看法,他就会掏钱购买;如不同意则不买。在市场经济中,读者和观众是真正的付钱主子(即资金提供者),而不是报纸和广播电视的所有者。然而,这并不是市场经济中新闻媒介领域的真实情况。亚当·斯密所谓"看不见的手"的实质就在于:如果势力阶层想成功地推销其产品,看不见的手就能够对他们的私欲加以限制。他们必须满足人民的利益,否则将招致钱财损失。斯密所预见的社会秩序是一个趋善避恶的社会秩序;他当时未能预见会出现企业垄断和商品供应垄断,出现跨国公司。他也没能料到规模巨大的报业帝国和新闻联合企业的产生。相比之下，单个观众面对如此强大的经济力量要用区区几个金元去作选择就显得无关紧要了。因此，人民知晓权只是新闻媒介有权告知人民它想让人民知晓什么的一种婉转辞令。

新闻工作者——包括新闻媒介的所有者及其记者和编辑人员——很大程度上不失为公民知晓权思想的虔诚信徒。如果我们能够在某种意义上将此描述成作为一个整体的兄弟会和姊妹会的话。那么我们也可以肯定作为整体的真正美国新闻界确信他们所作所为无不是为了公民的利益，而公民有权知晓社会生活中的所见所闻以尽到公民的职责，由此而实现民主的假设。虽然这种信念自欺欺人，但这就是市场经济乐章中的基本信条之一。

马克思主义乐章的信条相信马克思主义社会中的新闻媒介是为群众的需要和利益而服务的。他们声明群众参与新闻的制作过程，着重强调读者来信是一种相互作用的有效途径。而在美国，这种相互作用主要表现在市场上。读者一旦觉得手中报纸的内容不合口胃，令人反感，他就不去买它，这样就迫使该报争取改进，为适应市场需要而生存下去。因此，新闻媒介不管在苏联还是在美国都是满足读者愿望和需要的工具。从这层意义上说，读者参与新闻的制作过程。尽管如此，我们还是明显地看到新闻流向在美苏两国都呈垂直型——从裁定"新闻"内容的新闻记者到常常只是简单接收新闻的读者。

在进步中世界里，为了争取制定一个更为平衡的流向模型，人们做了不少努力。这一运动的倡导者之一是一位瑞士研究员罗兰·施赖尔，十几年来他一直致力于在非洲的农村土地上建立一种"乡村报刊"以满足读者的真正需要，其经营方式不是一种传统的权力的媒介，而是如施赖尔所称的"一种对话的工具"。施赖尔在联合国教科文组织内部工作期间，曾广泛游历了非洲，他经常亲自尽力帮助没有文化的非洲人民拓宽他们对外界的视野，并帮助他们了解他们需要了解的知识，以期改善他们自己的生活。施赖尔指出,"读者对政治争端兴趣索然,其兴趣在于了解文化、他们产品的销路、教育、卫生条件的改善等等"。

以施赖尔的见解,报纸是人类能够争取得到真正对话的最有效的工具。他说:"由于报纸是对话的产物,所以答辩交流就成为可能。"施赖尔于1972年在非洲遥远的内陆国家马里开始了他的事业。马里人口稀疏,700万人民散居在46.5万平方英里的国土上,其主要城市巴马科只有45万人口。施赖尔与马里新闻部的官员通力协作,创办了一份以班巴拉语①印刷的月报《新闻报》。最初目的只是为大众提供一般消息,促进农村发展。但时过数年,《新闻报》扩大了其规模,目前不仅提供最新消息而且旨在改善生活水准和提高公民意识。该报的工作人员,包括一名主编、两名副主编和一名新闻学学者,均未受过正规训练,不过他们都经过短期集训(充其量只受过中等教育)。《新闻报》起初只有四个版面,油印出版,但十年后已发展为8～10个版面的胶印出版物。该报发行量由5 000份增至12 500份,从读者那儿收到愈来愈多的信件和其他交流物品。

在马里,办报之初就努力深入读者群体,要使他们相信《新闻报》是他们自己的报纸,而不是政府的宣传工具。为了使之有说服力,施赖尔和他的同事引进了一个施赖尔称之为"乡村传播者"的通讯网络。委员会由各领域内的行家组成,定期商讨《新闻报》读者需要什么新闻和应该需要什么新闻的问题。讨论情况交给编辑成员,由他们轮流审理这些讨论情况,最后制作新闻条目。通过这种途径,规定新闻内容的已不仅是新闻工作者,还包括读者在内。实际上,乡村传播者通讯网中没有一个编辑,但又都是称职的特约记者,报上的绝大部分新闻均由这些人撰写。

施赖尔针对一些官员的反对,坚持报纸并非免费发送而需要用钱购买。施赖尔指出,"读者只有付了钱才能真正感到报纸非他

---

① 班巴拉语系马里主要的民族语言,其官方语言为法语。(译注)

莫属。我们告诉他们：'这是你的报纸。你也可以给我们撰稿，跟我们进行对话，但是，为了我们把报纸继续办下去，你就得付钱，必须成为报纸的拥有者才是。'"从本书的前后内容来看，这种做法使得读者从一个区区消费者上升到付钱主子的地位。

自马里尝试开始后，非洲16个国家先后建立起乡村报刊网点。另外，施赖尔及其同事又着手在亚洲和拉丁美洲发展乡村报纸网点。这些报刊大部分为月报，有些为周报，其发行量少则有500份，多则达60 000份，如象牙海岸著名的农村报《土地与进步》。尽管施赖尔在马里和其他一些国家的尝试中看到了一些良好的开端，但他还是承认失败甚于成功。施赖尔及其同事呼吁国家的和国际间的组织、新闻研究机构以及记者和编辑扩大对乡村新闻事业的投资。乡村报纸记者和编辑的工资低微得可怜，新闻院校的研究也主要通过城市新闻中心而得到。此外，还有一些政府企图将其乡村报纸变成宣传工具，为国家领导人歌功颂德。尽管如此，施赖尔仍然相信乡村报纸在促进记者与读者之间的对话，增强人类理解方面提供了机会。施赖尔面对一大堆乡村报纸上刊登的读者来信，深深地感到自己的命运是与这批读者的未来系在一起的。

并不是所有进步中世界的理论家像施赖尔那般对发展乡村新闻事业满怀激情。他们指出，那种参与新闻的做法在遥远的农村地区还可行，但在工业化社会中却不行，甚至在非洲的一些大城市里，也无法推行。然而，持发展态度的理论家对乡村新闻业的改进提出了建议，认为乡村新闻事业前途无量。这种改进的思想有时被称为"共同的新闻事业"。在这种思想里，公民可以直接获得新闻媒介并参与编辑的决策过程。这一思想和原来的乡村新闻事业的思想一样，为新闻媒介寻求新的作用，这个新作用既不是作为经济资助者或政权的代理人，而是作为消费者的媒介，是具有兴趣并有发言权的公民的媒介。

尽管这一思想不易取得成果，但值得人们更广泛地进行探究，按照这一理想，新闻媒介会成为共同团体的工具，而不会成为给或为该共同体传播信息的工具。这样,新闻媒介能够给公民赋予一种参与决定自己命运的意义。现代社会的特点之一就是公民与社会之间存在隔阂感。这种无可奈何的病态现象遍及各地。人们感到自己并非是自己命运的主人。譬如在美国,30多年来参加竞选的情绪一直在下降。更多的人愈加感到他们的投票不起作用,间接作用也微乎其微。在适当的情况下,新闻媒介可以给予他们一种参与感、重要感和期待感。在目前情况下,似乎没有谁相信他们亲自获取其报纸的版面或其广播电视台的节目。然而,共同的新闻事业这种结构给他们提供了那种机会。一个无权无势的公民面对世界陷入核毁灭的状况下可能会沮丧地坐而观之,而一个积极实际的公民则会感到值得冒险干预。总之,参与新闻的实践能够提供这一机会。

有人提出共同获取和参与新闻将遭到当权者的拒绝,回答是他们没有做出实际努力,只有提出问题,才能得到答案。显然,互为共存的新闻媒介及其付钱主子不太可能轻易放弃他们对规定新闻内容的垄断控制,因为他们在权力和声望下的赌注实在太大。对他们来说,新闻自由就意味着他们有权裁决什么是新闻,什么不是新闻。向参与的公民屈服这一权利无异于改变这种制度的性质,至少是在招致无政府状态。在这种情景下,市场经济和马克思主义的理论家的观点完全吻合,不少进步世界中的理论家亦然。

然而,变革并非一定要带来累累硕果。公众参与决定新闻内容的程度加深是完全可能的,甚至权力关系在开始发生微妙变化的时候,已经播下了进步的种子。在工业化市场国家以及新兴国家中,已经开始了这样一系列尝试。其中值得一提的是芬兰的尝试。在芬兰,电视节目制作者在编排新闻内容的主题和最新消息节目时,试图以针对观众作为基础,而不是以通常的戏剧性和冲突性为基础。其中,节目制作者安排了一个叫"蒂托拉"(Tietolaar)的节目,邀请观众就怎样解决当地问题写信提出建议。接着电视台派出摄制组前赴当事地点,和当地人民一起合作报道那儿的情况。最后，播出这个纪录片，配上当地居民与当政决策人员处理某些问题的现场问答场面。这样一组节目仅仅是一次尝试，还未推广，但它说明了公众参与规定新闻内容并非痴心妄想。芬兰的尝试算不上独特。好些电台和报纸根据人类的需要制作纪录片，然而他们很少让其观众获取支配新闻产品的途径。这种做法比较接近施赖尔的目标——通过传播媒介展开对话。

在这种共同的新闻事业的形式里，弗朗西斯·贝里根说，该共同体的成员得到新闻媒介——"只要他们愿意，便可以获得消息、教育、娱乐"。这个目标是所有新闻理论家要求达到的，即大众传播媒介旨在作为提供教育的工具。区别只在于谁决定教育的内容。坦桑尼亚总统朱利叶斯·尼雷尔就教育的内容阐述了真知灼见。他说——

> 教育的目的是把人类从无知和依赖的监禁与约束中解放出来。教育必须促进人的体力和智力的自由——提高控制自己、控制自己生命、控制他们所在环境的能力。因此，教育传递的思想，或人们通过教育头脑中闪现的思想应该是自由的思想；通过教育获得的能力应该是自由的能力。还有什么比这更好的教育定义呢？

以上尼雷尔推出的崇高目的是无懈可击的。这一放之四海皆同的教育目的也同样运用于新闻媒介的宗旨：其目的同样为了有助于解除人类的无知和依赖，有助于男男女女提高他们控制自己生命及其环境的能力。

具有讽刺意义的是，坦桑尼亚的全体学生将会发现他们国家的教育制度和新闻制度的具体做法与尼雷尔所宣扬的思想不相一致。理想距离人类还相当遥远，政治与经济上的实际考虑在现实世界中最终会优于个人的需要。要求大众传播媒介成为满足每一个人需要的社会公有财产的想法由于背离了人性，所以它是空想的，可能会起反作用。

即使单个的公民有可能进一步扩大获得大众传播媒介的范

围,也同样是乌托邦的想法,传播媒介会接近全体人民的可能是绝对无法想像的。施赖尔观点的错误之一就是认为每一个人会要求获得报纸的版面。世界各地绝大多数男女似乎都想仅仅成为新闻的消费者,犹如他们在学校里是教育的默默吸收者一样。极少有人对参与感兴趣,然而,竟然就有那些不关心参与的人极力赞成参与的原则。

这里,传播媒介的把关人作用是引起争端的关键之所在。在所有的新闻理论中,都认为决定新闻内容的是记者本身。然而,我们发现记者就裁定新闻内容方面屈从于掌权者的操纵。在记者与其新闻来源的相互依存关系中,突出的是观众。通过运用施赖尔参与计划的一些做法以及共同的新闻事业的某些思想,朝着提高公民参与规定新闻内容程度的方向努力,必定会使新闻媒介成为前所未有的更有力量的教育工具。

划分新闻媒介交响乐三乐章的旋律还有第三种方法,即根据各自对新闻自由的不同观点进行划分。具体内容如下表所示(图表 11-3):

(图表 11-3)

	市场经济世界	马克思主义世界	进步中世界
关于新闻自由的不同观点	新闻自由意味着新闻记者不受外界控制。	新闻自由意味着全体人民的意见得以发表,不仅仅是富者的意见。	新闻自由意味着新闻工作者的心灵自由。
	新闻自由是指新闻媒介不屈从于权力,不受权力操纵。	新闻自由必须反对压迫。	新闻自由的重要性次于国家存亡之重要性。
	新闻自由不需要国家新闻政策来保证。	需要一项国家性的新闻政策,以便保证新闻自由采取正确的形式。	需要一项国家性的新闻政策来对自由提供合法保障。

言论自由在任何一种社会制度中都受到推崇。没有哪个国家会公然反对言论自由的理想,没有哪个社会在国内或国外辩驳促进这一总体思想的法律或规定,只要言论不损害他人,人人有权谈他所想的看法,写他所想的观点。在所有社会制度中,主要限制都置于言论自由的权利上面。举例来说,美国社会中,在济济一堂的剧院中大叫"失火"是违法的。在苏联,公开批评当政官员是不合法的。在印度,支持种族歧视也为法律所不容。因此,在所有国家,言论自由不包括倡导通过武力和暴行推翻政府的权利。这里的核心问题和大多数哲学问题一样,是定义的问题。

资本主义国家强调的是信息的自由。他们主张,需要保障的是传递任何人们希望传递的信息之权利。其理论是,信息的接受者能够依据这些信息作出明智的决定。这样一种信念就是所谓的民主假设的核心。仔细观察,人们会发觉上述理论尚欠完整。因为信息接受者作决定需要的不只是限于新闻媒介所提供的信息,还需要智慧和背景材料,把这些信息放到便于他们作出决定的具体场合中去。如果缺少智慧和教育,即缺少文化,这些信息对他就毫无用处。美国和其他市场经济国家假定认为,印刷出版中的言论自由是社会政治与经济整体制度的一个部分,它为大众教育和公共卫生设施做好了准备。离开学校和医院谈论言论自由是很不切题的。

纵观整体,马克思主义国家和进步中国家新闻媒介所处的社会制度也同样包括致力于大众教育和公共卫生这一方面。在进步中世界里很多(也许绝大部分)国家以及马克思主义世界的大部分国家,钱财的不足同样意味着学校和医疗设备的缺乏。对这些国家中的下层人民来说,享有言论自由可能远比不上学校和医院的存在来得重要。因此,这种社会制度不如美国及其盟国那般潜心于对言论自由抽象原则的研究便不足为奇。尽管信息的自由流通在世界各地被视为共同的追求目标,但是在资本主义世界之外,信息自由流通这一问题本身并没有被人们视为当务之急。

除此之外,我们发现,马克思主义和进步中社会怀疑美国及其盟国的新闻媒介是否真正不受外界控制。事实上,正如麦克布赖德委员会所指出的那样,资本主义世界新闻媒介的内容直接或间接地受到商业势力的影响,充当广告机构和跨国公司的开路先锋。

列宁宣称资本主义世界的新闻自由只是富人享有的自由。这一思想被马克思主义国家、大部分进步中国家以及资本主义世界中不少持不同政见的个人和团体视作基本真理。马克思曾在19世纪发表热情洋溢的文章,为一种完全自由的报刊制度进行辩护。布尔什维克党在苏联巩固政权之前,列宁同样支持报刊完全自由的思想。实际上,马克思和列宁都认为,一旦推翻了压迫,自由报刊必然要成为工人阶级先锋队中的重要工具,指引人民胜利前进。马克思和列宁的这番话在资本主义和进步中社会里很大程度上被人忽视。……

在进步中世界里,就新闻媒介自由的含义或甚至就什么是新闻媒介的真正行为这些问题上绝对没有共同一致的看法。由于许多国家尚未完全形成或制度化,因而它们在这些问题上没有达成精确一致的看法并不会令人感到奇怪。事实上,观点不普遍一致属正常现象,因为思想的开放经常遭到来自规章制度以及根源于传统信念方面的阻碍。对于大多数进步中世界国家,新闻自由并不直接意味着仅仅是信息自由。正如马罗奎因·罗加斯观察了拉丁美洲的讨论情况后提出的那样,更为重要的是保证个人的心灵自由而不是个人应该得到大堆信息的自由。

为什么有关新闻媒介作用的绝大多数争端总是围绕着信息这个词?如果深入地讨论那种所要求的信息,那么有关新闻媒介作用的讨论肯定会对全社会更有裨益。滔滔不绝地大谈足球赛、银行抢劫、影星、失火、时装、异常的性行为以及种种汽车造型比起讨论崇高的自由和道德似乎显得毫无意义。谈论报纸杂志上的广告版面和广播电视中的商业广告同样没有意思。人们怀疑第一修正案里或马克思主义国家、进步中国家和资本主义国家宪法中所规定的保障新闻自由是否意味着保证印刷发行的这类新闻报道或广告讯息仅仅用于商业广告。毫无疑问，正是由于新闻媒介根深蒂固的传统信念大大招致了国际会议上和世界各地新闻编辑室里有关新闻自由的莫名其妙的讨论。

对于进步中世界那些正在斗争的不安全的国家来说，其国家的生存比研究抽象的新闻自由原则更为重要。这种态度经常遭到资本主义世界新闻记者和新闻理论家的指责。根据美国的新闻信仰，自由的新闻媒介应当揭示"真理"，不管在哪里发现它，也不考虑这种揭示所带来的后果如何。这样，进步中世界以挽救国家沉沦为名压制"新闻"的做法通常被看作为掩盖事实真相而进行的坦率辩护。然而，那些提出批评的记者所忽略的是，他们自己也愿意压制某些消息的发表，因为他们(以及他们的消息提供者)感到这些消息危及自己国家的安全。他们忽视了新闻媒介具有监督的传统作用，因而无法认识到他们自己社会中新闻媒介与政府之间关系的共存性质，不过他们也不难在另一种社会制度中发现同样的现象。

可以肯定，新闻媒介所规定的作用服从于国家的正当利益，每一个进步中世界的国家都赞成制定国家和国际的新闻政策。秘鲁推行的"印加人计划"就是这类国家新闻政策的一种。在发展中国家，内容各异、结构相同的国家计划遍及各地。毫不奇怪，马克思主义国家也同样如此。而大部分资本主义国家对制定这种正式的新闻政策表示怀疑，许多国家公开反对任何正式的政策。然而，事实上所有国家都采用各种新闻政策。分歧点在于市场经济国家对新闻政策的命名不同。新闻委员会、各种出版者、编辑、记者、广播员、摄制者的协会以及新闻学教员无不关心新闻媒介的正确行为，因为不可能不留心政策。不过，对这些个人和团体，他们讨论的是实际做法而不是政策。对他们而言，政策似乎由政府制定,所以是政治性的东西。这些个人和团体的信仰体系对政治表示怀疑,并觉得政治直接干预新闻行为不得人心,所以他们对于那种政治组织要求在处理新闻时充当主要角色的提议总感到恐慌和憎恶。我们在本书中已经发现许多有关这种憎恶感的阐述了。

另一方面,马克思主义和进步中社会制度的新闻理论家觉得政治干预是自然的,它具有潜在的好处。然而,马克思主义和进步中世界新闻理论家在什么样的政府干预切实可行这一问题上意见莫衷一是,最后导致一种新闻的混乱状态。由于在是什么的问题上观点不一,因此更不可能在应该是什么的问题上达成一致意见。

每一方都依据各自的社会制度信念准备恪守新闻理论的抽象原则。最终,没有哪方新闻记者或新闻理论家能够把握新闻学领域中的具体问题。西赛拉·博克在写作普通伦理学时提出,在大多领域中,应该避免作严格的伦理选择:"在存在那么多妨碍人们想像的含义和概念、分类和结构上的抽象问题时,为什么还要进行这种选择呢?"希望本书在这里提出的分类体系将有助于解决新闻学领域中所存在的这些抽象问题,有助于为具体实践扫清道路,正如"印加人计划"那样,人们能够判断它的睿智所在。

为了将书中出现的有关新闻媒介作用的论述以及新闻媒介交响乐比喻中提出的分类体系作一归纳,我们将在这里就新闻事业的发展,归纳为下面七点,想必智者不会不赞同。我们希望通过这种努力,为新闻媒介的发展提供具体方法,奠定基础,使之不再成为分化人类的力量,而逐渐成为有益于解决我们将在20世纪最后一些年所面临的巨大挑战的推动力。

新闻学的七项归纳

1. 在所有的新闻体系中,新闻媒介都是掌握政治和经济权力者的代言人。因此,报纸杂志和广播电视并不是独立的媒介,它们只是潜在地发挥独立作用。

2. 新闻媒介的内容往往反映那些给新闻媒介提供资金者的利益。

3. 所有新闻体系无不以信仰言论自由为基础,但是各自解释言论自由的方法不一。

4. 所有的新闻体系都赞同社会责任理论,宣称他们为了人民的需要和利益服务,并表示愿意为人民提供新闻。

5. 在所有三种新闻模式中,彼此认为对方模式为离经叛道。

6. 新闻院系传播该社会的意识形态和价值体系,最终无不帮助当政者维持他们对新闻媒介的控制。

7. 新闻实践往往背离新闻理论。

当今世界有时被人称为核时代,有时被人称为信息爆炸时代。这些术语的含义都是指同一件事,即:世界是一个科学技术使之改换面貌的世界,一个充满前途和希望的世界;然而同时又是一个充满危险的世界,对世界的生死存亡具有真正的威胁。爆炸式的突飞猛进、铺天盖地的情形既是知识的源泉,又是毁灭的种子。在这个日新月异的社会秩序中,在新闻媒介从事工作的男男女女,包括新闻商人,具有至关重要的作用,因为描绘世界面貌的正是那些人,而世界面貌构成人类抉择行动的基础。认识不到这个基本而又严酷的事实就无法理解新闻媒介在人类事务中的作用。新闻媒介这部交响乐的终尾音符即将拨响。

新闻媒介可以带来三种可能性。第一,它可以在类似瓦格纳震耳欲聋的鼓声和毁灭性的铙钹声中,加速人类的自我消亡;第二,它也可以在类似威尔第①恰到好处的音乐处理中,帮助创立一个全球性和谐统一的整体;最后,它可以始终作为一个置身事外的局外人,被动地聆听跌宕起伏的音乐,像一台没有思维的机器人等

---

① 威尔第(1678—1741),意大利作曲家、指挥家。(译注)

待命运的到来而不是自己主宰命运。本书蕴涵着一个不小的希望,希望新闻媒介摒弃只是盲目记录冲突的历史作用,而应该探求一个新的作用,即冲突的解决作用。和平地解决冲突是世界和睦共处和全球发展的根基。

本章提出的分类体系并没有给人们聊以多少慰藉。冲突多于解答。不管"我们"指谁,好人还是站在"我们"一边。不管"他们"指谁,坏人且站在"他们"一边。新闻发展的历史证明,报纸以及形形色色更现代化的新闻媒介已日趋满足掌握新闻媒介经济命脉者的个人利益的需要,同时又通过服务于新闻消费者的利益来确保新闻媒介的形象。期望新闻媒介会出现天翻地覆的大变化并对其经济命脉操纵者的愿望嗤之以鼻,无异于一种最狂热的乌托邦式的痴心妄想。

学者们老是认为个人和国家之间的绝大部分唇枪舌剑的争端无外乎围绕着人格和国格问题,安全问题和认识问题。每一个人和国家都需要有人格和国格。根据约翰·伯顿的观点,一旦他们的需要没有得到满足,这些个人或国家就会采取如掌权者所说的行为不轨的举动。在这种情景下,"我们"或那些恪守统治者思想体系的人为好人,而"他们"或那些行为"不轨"者则是坏人。理解人们在现成接受了的意识形态体系之外怎样行为和怎样思考,对于能真正告知,或教育,或有助于解决问题的新闻记者来说是不可缺少的。只要能真正理解,"坏人"和"好人"都应该获取新闻媒介。无论到哪里,客观性法则都不会被抛弃。

伯顿提到,"第三者"可能在解决冲突中发挥出有价值的作用,他指出"第三者"的作用在于翔实而公正地反映冲突中发生的事件,更重要的是保证对立双方不要介入"冲突或争斗、交涉或武力",而应当成为问题的解决者。

除此以外新闻媒介还能起到什么更强的作用呢?

小说家、散文家和记者艾伯特·加缪在1957年接受诺贝尔文学奖时说道,"我们职业的崇高性将始终根源于不易恪守的两点许诺：绝不对我们所知的东西撒谎和抗拒压迫。"也许他还可以对新闻记者增加第三条许诺：写作与编辑的目的应该有助于解决人类的问题，而不是使人类的问题恶化。

（黄　煜、裘志康　译）

梅罗维茨

乔舒亚·梅罗维茨(Joshua Meyrowitz),美国传播学者。对电视的社会影响有深入、独到的研究。其见解与众不同之处在于,多数学者只关注电视节目的内容,梅罗维茨则继承了著名媒介理论家麦克卢汉的以媒介本身而不是以媒介讯息内容为研究焦点的思路,集中探讨电视作为一种电子媒介如何重新排列了人们获知有关他人行为的方式,如何改变了决定人们行为的社会环境,使之难以在社会相互作用中继续墨守陈规等问题。他的代表作,即选译于此的《空间感的失落:电子传播媒介对社会行为的影响》(No Sense of Place: The Impact of Electronic Media on Social Behavior, 1985)一书,提出了一种情境论的媒介社会影响理论。该理论综合了麦克卢汉的媒介理论和美国社会学家戈夫曼有关人们社会生活与社会角色理论的一些主要观点,并指出:媒介的变化导致社会环境的变化,而后者决定人们的行为;电子媒介对社会的巨大影响力在于,它重新组织了社会环境并削弱了物质场所(自然场所)对情境的重要性,使人们的经验和行为不再受其所处场地及哪些人与他们在一起之限制。这一著作于 1986 年获美国全国广电工作者协会和广电教育协会"最佳电子媒介著作"奖。

(张咏华)

空间感的失落[*]

媒介、情境与行为
——超越场所：作为信息—系统的情境

情境一般用物质环境中的行为加以界定，如戈夫曼将行为环境描述为"在一定程度上以对知觉形成障碍为界限的任何场所"；罗杰·巴克认为，行为环境是"有界限的、有形的——暂时的空间"；劳伦斯·帕尔文将之定义为"一个特定的场所，在多数情况下包含特定的人、特定的时间和特定的活动。"

研究情境对行为的影响的学者们，大多将关注点集中于人们在特定场所中发生的接触，这并不足为奇。长期以来，受地点场所限制的、面对面的信息互动，一直是人们相互耳闻目睹对方行为的惟一方法。由墙壁、栅栏标明的界线及由门、廊提供的通道，为人们的流动指引方向，并在很大程度上决定面对面信息互动的数量、类型及规模。

而且，这类物质环境始终是特殊的。一个地点，例如一间屋子，具有特殊的社会意义，因其墙、门和位置常常以特殊的方式容纳或排斥参与者。一间屋子的墙壁，既允许一些人集中起来进行

---

[*] 译自英文本《空间感的失落：电子媒介对社会行为的影响》，牛津大学出版社1985年版。

信息互动，同时又将参与者与其他人隔绝开来。物质场所的大小，能规定在其中自由地进行信息互动的人数的最大值和最小值。例如，一个足球场可不是情侣约会的浪漫场所；一间电话亭更不是理事会召开会议的合适地点。门和墙的厚度、窗的大小和位置（及窗帘的有无）与其他场所的距离，都会支持或削弱各种有关情境的潜在界线。

虽然，过去对受地点限制的情境的关注，有许多合乎逻辑的原因，但产生了一个问题：行为环境是否必须是有形的场所？即，行为的重要决定因素究竟是地点、场所，还是另一种传统上被认为与环境有关而与之混淆的事物？在戈夫曼对情境范围的界定中，还提及了除地点场所之外的另一个重要因素——感觉障碍。但在戈夫曼与其他情境决定行为论者对行为环境的大多数讨论中，它常被忽略。事实上，对情境与行为动力的严密调查表明，地点本身实际上是感觉场这一更为宽广的概念的子类别。虽然，情境一般以"谁处于哪个场所"来定义，但其中隐含的问题，是其他人能观察得到的行为类型。

例如，戈夫曼描述了当侍者们在餐厅时，如何处于"前台"，当他们在厨房时，又如何处于"后台"。在他的分析中，前台与后台的关系往往直接与物质场所相关。然而，"场所"并非真正的问题所在。倘若餐厅无人光顾（如在服务时间之前或之后），则显然能成为侍者做准备工作、练习和放松的"后台"。相反，如果一位顾客走进厨房，厨房便临时（在可能的范围内）变成"前台"。同样，如果两个侍者偷偷交换眼色嘲笑他们所服务的顾客，或窃窃私语，他们就是在进行后台交流，尽管此时此刻从物质场所的角度看，他们处于"前台"。

不是物质环境、而是信息流动的类型，决定了信息互动的性质。事实上，对情境界定的讨论，可以将注意力集中于获取信息的过程而非物质场所。假设一部内部通话机被错误地遗忘在厨房，而一些顾客无意中听到了侍者们的玩笑话语，那么，参与者的物质场所虽未发生变化,但情境的界线却已受到影响。同样,新的传播媒介的使用,可以改变社会环境和社会行为。当父母凭借读写能力通过笔谈以防止年幼不识字的子女听懂他们的谈话时,尽管他们当着子女的面,却已建立起父母间的后台区域。当两个少年通过电话交谈时,他们就跨越了空间距离,并为自己营造了远离共同生活的长辈的后台区域。

如果对情境的研究中包括通过媒介的间接接触,我们就需要摒弃那种认为社会环境仅是在特定时间与地点发生的面对面接触的想法。我们应关注"接触信息的形式"这一涵盖面更广的概念。

这里,"信息"一词用来特指社会信息,即人们能获知的有关自身与他人行为的所有信息。它指的是传播行为中人们彼此之间获知的模糊的"内容",这类信息是新闻、闲谈、政治运动、求爱及所有私人与职业的关系和接触的核心,也是大部分初级教育的潜台词。此类信息以各种形式出现,包括语言、手势、声响、体态、衣着及活动节奏。从根本上说,本文所指信息涉及社会行为——我们接触他人的方式。

这一信息的定义,不同于该词的一般用法,人们通常将其理解为"事实",或知识竞赛中诸如"某国的首都是哪里","谁是国会第一位女议员"之类的内容。它也并非对存在于人类产生之前及人类之外的宇宙运行的客观陈述。在此分析中,信息与社会秩序而非自然秩序相联系。我们更关注的是"社会经验",而不是一般"知识"。

另一种思考"社会环境"的方法是视之为"信息—系统",即接触社会信息及他人行为的特定形式。这一定义与大多数情境决定行为论者的定义并不矛盾,但拓展了对情境的研究,使之超越了以地点为界限的环境中发生的信息互动的范围。

把情境视作信息—系统的概念,打破了面对面信息互动的研究与媒介传播的研究之间的随意区分。信息—系统概念认为,物质环境与媒介"环境"不是两个分支的事物,而是一个统一体。地点场所与媒介均促成了人们之间信息互动与社会信息流动的特定形式。

因此可以认为,地点、场所构成一类信息—系统,即现场接触,其他交流渠道则构成其他类型的情境。将情境更宽泛地理解为信息—系统而不是地点、场所的观点,与电子媒介研究尤为相关,因为电子媒介倾向于消除现场与通过媒介的间接信息互动之间的差异。如今,人们无需亲临现场,就可以耳闻目睹他人的发言与容貌。电子媒介的广泛使用,开创了许多新的社会情境。

新媒介、新情境

我们根据日常生活经验知道,电子媒介超越了由物质环境所支撑的情境的界限与定义。例如,当两个朋友通电话时,他们所"处"的环境仅与各自的物质场所勉强有关。确实,电话将两人彼此拉得更近,在某些方面甚至比与他们处在同一环境中的其他人更近。这可以解释,那些与打电话者同处一屋的人近乎妒忌的反应。他们常常发问:"你在和谁通话?""她在说什么?""什么事那么有趣?"或者说"得了,挂断电话吧!"他们有时还试图通过不时在旁插几句评论或引起电话另一端的人的反应来参加谈话。令人啼笑皆非的是,为了能彻底参与同你在一起的人的电话谈话,你必须离开他到另一个房间去使用分机电话。

通过媒介产生的信息流动,与自然环境中的信息流动有许多相似之处。如电话交谈,就同四个人一起去参加讲座或观看戏剧而并排坐着交谈的情况相类似。在这种情况下,坐在两头的人往往感觉受到孤立,无法参与中间两人的谈话。相反,中间两人则可能感到他们共同拥有一个小小的秘密,可谈论一些另两人无法完全听到的事情。

同样,当推销员按响门铃并迅速整理自己的头发和衣衫时,其所处情境与他们拨完电话号码后边等待接通边清理嗓子时的情境相似。在房门打开或电话接通之前,他们都处在后台。此时,前台与后台的分界线取决于信息,而不取决于物质环境。

我们可以用人际互动比拟许多通过媒介进行的信息互动。看电视,有点像通过一面单向镜子观察人们,不过在此情况下,人们知道有成千上万人在各自的房间里观察着自己;听广播,就像透过一扇门或一堵墙听人们说话,参与者同样知道有许多人在听他们言语。诸如此类的例子,不胜枚举。关键在于,通过媒介的接触与实际的接触虽然在某些方面明显不同,但它们可以用相同的原则加以分析。信息流动的方式,不论是直接的还是通过媒介的,都有助于为环境和(依情境而定的)合适的风格与行为的概念下定义。

当我们置身于一个特定的场合时,常常会下意识地问:"谁能看到我,谁能听到我的声音?"这些问题的答案,有助于我们决定自己的行为举止。虽然,这些问题通过对自然环境的估计能获得答案,但还需要人们对媒介环境进行估计。

作为"信息—系统"而非自然环境,可改变一系列社会环境。这种改变无需通过修建或拆除墙壁和走廊,也无需改变有关如何到达一些地方的风格和法规。引进和广泛使用一种新的传播媒介,可重新建构一系列情境,并要求产生一系列新的社会行为。

当然,相互作用的环境本身并不是情境定义的惟一来源。情境的约定俗成的意义随着时间和社会传统而不断发展。宗教仪式、社会习俗和法规,有助于提供大量情境的定义,并指导人们使用可获得的环境。因此,环境变化本身并不能造成直接或彻底的变化。然而,当社会"戏剧脚本"通过许多途径不断发生时,必须有合适的"舞台"方能上演社会戏剧。如果所需环境发生融合、分离或消失,将不再可能维持情境的旧界线。

或许,情境和角色理论家们倾向于认为社会环境相对稳定的原因之一是:墙、门、城市的布局或其他建筑和地理结构,极少发生突然的、大范围的变化。在我们这个时代,突然关闭麦克风、打开收音机或接听电话,却类似于环境与行为在房门被打开或关上、围墙被砌起或拆除时发生的变化。

为了更完整地理解电子媒介对行为的潜在影响,我们需要更仔细地检查行为与"情境分离"两者间的关系,关注当情境界限变动时行为的变化。

新情境、新行为

当你坐着阅读本书时,可能在某处有人急需你的帮助或建议。一个上了年纪的亲戚可能需要有人帮他换灯泡;一位沮丧的朋友听到你的声音或许会为之欣喜不已。如果你是训练有素的职业工作者,毫无疑问,许多人都非常需要你的职业技能。如果这些人中的任何一个正与你处在同一个房间,你也许会放下书本同他交谈。然而,当你远离那些人和他们需要你帮助的情境时,你的举止行为也许会采取这样的方式——当那些需要你帮助的人与你同处一地时将被他们认为是不恰当、粗鲁和带有敌意的方式。

真正不同的行为,需要真正不同的情境。这一原则可以解释,为何饭店经理常觉得难以在自己店里用餐。因为即使按规定他们"已下班",他们仍太注意和关心可能发生的问题。同样,医院实习医生在下班后如果想读书或用餐,通常不会呆在医院急诊室。当医生与一位大出血的病人同处一室时,他们很难启齿说:"抱歉,我无法帮助您,因为我已经下班了。"病人也不愿听到这样的话。总之,一旦人们处在"属于自己的时间里",他们往往也会力图使自己处在"属于自己的空间里。"

我们接受彼此在特定场合的特殊角色的能力,取决于是否能忽略彼此在其他场合的角色。例如,一个男子发现他和妻子约见的婚姻咨询员正是他的前妻时,会感到很不自在。同样,一个年轻女子认出为她诊治的医生是迷恋过她的高中同学后,会极不情愿在他面前脱下衣服。在这些事例中,新、旧情境之间缺乏充分的隔离,使人们很难承认新的情境界定是"真正的"。正因如此,当某个情境中彼此熟悉的人们在另一情境中不期而遇时,常常会感到尴尬。试想,一个女子在鸡尾酒会上面对她的妇科医生时,说些什么好呢？

人们对某一情境的反应，与对另一情境的反应很难趋同。父母用"非洲的儿童正在挨饿"之类的话，劝戒孩子必须吃完盘子里的食物，通常不起作用，因为通常不会有饥饿的非洲儿童在窗外往里张望。情境的分离容许行为的分离，通过情境的分离，即使非常敬业的医生和教师也得以在一定的时间和场所休息、作乐——纵然在某处肯定有病人因无人照料而濒临死亡，也肯定有儿童被迫处于失学、无知的境地。

在我们生活的每一刻，在某些地方总会发生某些事情，使我们一旦身临其境就会卷入其中、付出感情、感到沮丧或耗尽精力。这些事情多到个人穷其一生也无法处理完毕——但如果出现在我们面前，就让我们觉得不能不有所反应或行动。于是，情境分离充当了心理/社会震动的减震器。通过有选择地接触一些事和人，我们得以控制自己的行为和情感的流量。同情、感情移入乃至伦理道德的关联，往往会超过意愿的范围。

如果情境的总体类型发生突然的、广泛的变化，我们的社会行为将如何？令人遗憾的是，大多数研究情境的学者对这一课题几乎没有任何论述。对于戈夫曼及其他情境决定论者而言，情境及与之相应的角色是相对稳定的。情境的界限有时会被打破，但这一般被视为罕见的和暂时的。某人也许会说一些不相宜的话，或做一些不相宜的事，不连贯的行为或信息会从一个情境"渗入"另一个情境（造成混乱和尴尬），或两个不同的情境会暂时融合——但最终，旧的情境界线将再次得到重申。

例如，孩子可能从睡梦中醒来，下了床，出现在父母举行的聚会上，从而造成成人们的尴尬，他们会感到孩子听到或看到了他们通常避开孩子说的话或做的事。又如，当一位年轻白领姑娘的父母到办公室看她，并告诉周围每个人他们女儿幼时趣闻之际，会使人难堪。不过，一旦孩子回到床上，白领的父母离开办公室，一般来说，旧的情境界线就能恢复影响力。

即使在一些极端的事例中,行为的实践者十分丢脸并永远丧失信誉,同样的情境和同样的行为仍保持不变。因此,尽管一位著名教授酩酊大醉地出现在全国性会议上以致不能作主题演说,从总体上看,其他的会议和教授们却不受影响。同样,少数管理人员、医生或法官违反职业规定的言语或行为,也不会影响公司、医院、法庭的基本社会定义。

迄今为止,令许多情境学家感兴趣的是,如何避免情境的定义遭到破坏,以及如何对遭到破坏的情境加以修复。但是,我们无法从这些分析中判断,当情境的变化相对长久时,行为将发生什么变化?——这恰恰是我们通过考察新媒介对情境界线的影响来研究新媒介对于行为的影响时所需了解的。

要探寻媒介对行为的影响,就要将行为的静态与描述性模式转变为可变与预言性模式。为此,需提出可允许我们对情境与行为进行动态描述的普遍原则。以下将详述这样一些原则:与"行为总和"相对的"情境模式"的重要性;对一个情境划定单一分界线的普遍需要;情境分离或融合时,"更后部"、"更前部"及"中部"行为的出现,以及一个人的前台与后台行为间的互相依存。

可变的情境模式

社会现实并不存在于人们行为的总和中,而存在于情境中的行为的总体模式中。因此,当两个不同的情境间的分界线被移动或消除后,社会现实也随之改变。情境分离或融合的形式,是个人或社会存在的可变的一面,而非静止的一面。这似乎与许多情境学文献常常暗示的正相反,同时,情境重叠的形式与程度可能是无穷无尽的。情境分离和融合的模式,可以被个人生活决定、机遇和包括社会对媒介的使用在内的其他一些力量改变。

尽管我们通常从哪些人或事处于情境中这一角度考虑情境,但也可以根据哪些人或事处于情境之外为情境划定界限。某个环境中的行为,受到该环境中可获得的社会信息接触的方式及来自这些社会信息的限制方式之影响。例如,高中的男学生在更衣室里说话的方式,不仅取决于在场的其他男同学,还取决于女同学、父母、老师和校长的不在场。

决定一个情境与其他情境分离的程度的关键因素,是将情境与其他情境区分开来的分界线的性质。社会情境周围的"膜状物"能影响行为,它们常常完全或部分地包容和排除参与者。从视觉角度说,一个人可被墙壁隔绝在一个情境之外,但由于这一视觉障碍单薄得不能隔音,就听觉而言,他又被包容到这个情境之中。同样,绕过对信息流动的传统的物质限制,媒介可以影响情境的定义。例如,尼克松发现,总统办公室里的一架录音机使他的私人"密室"谈话被人们当成公开声明来评价。

通过改变社会情境之间的分界线,电子媒介给予我们的不单单是更快、更完全的接近事情和行为的方式,而且是新的事件和行为。

如麦克卢汉写道:"当紧紧围在奥斯瓦尔德身边的卫兵们被电视摄像机弄得手足无措时,鲁比枪杀了他。"虽然麦克卢汉并未详述,他指的可能是卫兵们不能对这一突发事件作出适当的反应,因为电视摄像机使卫兵们的角色职责及他们的"观众"身份变得模糊不清。他们扮演的角色是给在场的人看还是给电视机旁的人看?他们在那儿是否应恐吓人群并迅速对外界混乱作出反应?抑或应面对电视镜头成为沉默、冷峻的权威象征?

这个例子很极端,但揭示了当许多美国人发现自己在新的"舞台"上面对新的观众进行"表演"、而且他们同其他人以新的、使人困惑的方式互相接触时所处的情境。这些变化,也影响到白宫的每个人。

当黑人权力倡导者 S·卡迈克尔(Carmichacl)在 60 年代发现自己吸引了媒介的注意力时,他的这一登上更大社会讲台的权利,被证明是祸非福。他发现自己在电视和广播这种为大众共享的舞台上,同时面对着至少两类不同的受众——作为其主要受众群的黑人和"偷听"这一演讲的白人受众群。如果是面对面(不通过媒介),他能就黑人权力分别向黑人和白人受众群发表两种截然不同的讲话。而在电子媒介联合播出的专题论坛上,他不得不决定,究竟使用黑人的或是白人的修辞风格和文本。如果他使用白人的修辞风格,就会脱离其主要受众群,并无法实现自己提出的赋予黑人新的自豪感、自尊感的目标;如果他使用黑人的修辞风格,则会使白人疏远,包括白人中许多支持种族融合的开明人士。卡迈克尔找不到清晰的解决方法,也无法创造一种合成的文体风格,因此,他决定在通过媒体传播的讲话中使用黑人的修辞风格。虽然,他激发了主要受众群的热情,但同时使次要受众群充满了憎恨与恐惧,并燃起了白人权力机构的愤怒。

同样,当记者在电视摄像机前采访总统及第一夫人时,总统及夫人该怎样表现?这样的接触是三人间的亲密的社交会谈,还是在全国受众面前的公开"表演"?答案是两者皆是,因此,两者又皆不是。总统不可能表现得像他和夫人单独与记者在一起那样,也不可能像在葛底斯堡向众人发表演说那样。行为被调整至适合特殊的社会环境,在这一程度上,新的环境导致新的行为和社会意义的产生。从这个意义上说,我们不仅拥有了不同的情境,也拥有了不同的总统,并且从长远看,拥有了不同的总统直属机构。

但是,当情境的模式改变时,旧有的情境界线究竟会发生怎样的变化?当情境融合或分离较长时间之际,我们获得的是全新的行为范式,抑或仅仅是陈旧的行为范式的总和或部分?也许并没有显著的变化,也许我们得到的仅仅是混乱。回答这些问题的关键之一是:对于大多数社会情境,我们显然需要作出单一的界定。

作出单一界定的需要

如前所述,当人们应邀参加一次聚会、会议或其他社交集会时,希望了解这一场合是欢快的还是严肃的,随便的还是正式的,私人的还是专业的,以及打交道的是上级、下级还是同级?这并非好奇心使然,而是因为,"对情境的界定"有助于参与者决定自己的衣着、仪态、说话方式、风格、投入的精力、心情等等。尽管参与者常常意识不到情境的界线,它却充当着"胶合剂",将社会互动的诸多要素粘合在一起。此外,每个参与者必须以一种大体连贯一致的方式穿着、讲话、表现,因此,就需要对每个社会情境划定单一界线。

给大多数情境划定单一界线的需要,使我们开始理解,情境融合或分离时通常会发生什么。当两个情境融合时,很少见到情境的简单合并,产生的往往是一个单独的新情境,有一套单独的新规则。例如,两对夫妇相偕赴约的情境,不是两个单独约会的叠加,而是新的第三种情境。事实上,两对夫妇约会的一般模式,包括两个男人间的谈话与两个女人间的谈话。同样,一对浪漫的新婚夫妻搬到一起居住,他们获得的,不是添加了生活必需品的浪漫交往,而是一个全新的信息互动系统,他们的做爱及付账习惯都改变了。

情境的短期融合和长期融合,效果有很大差别。不同情境的突然、短暂的融合,造成行为的中断。如果没有对情境的清晰界定,每个人都会感到尴尬、困惑或愤怒。例如,聚会时某人打开盥洗室的门却发现有人——此人忘记了锁门,这一刻对两人而言都是极其尴尬的。

界线的暂时打破仅会导致混乱和行为中断,永久或长期的消除则会导致新的行为方式的产生。当人们每天在同样的物质场所活动时,一个对情境划分的新的、稳定的界线就会产生。这就是秘鲁球队的飞机在安第斯山坠毁后所发生的。《生还》(ALIVE)这本有关他们苦难经历的书,描述了他们之间有关大便的谈话。同样的情境,也发生在长期同住的室友或夫妻间。

情境的融合存在着一定的"文化逻辑"。事实上,一个合并情境的新界线,有时很合情理,以致我们意识不到,旧情境已不存在而第三种情境已产生。然而,在新情境中,通常会发生许多行为,这些行为不可能在原有的两个不同情境中发生,反之亦然。例如,一个老板与其雇员结了婚,他会发现有许多新的行为被允许,同样,有许多要求不能再提出,并有许多行为变得不再合适了。他们之间的新关系,既不是纯粹的"夫与妻",也不是纯粹的"老板与雇员"。

亲戚、朋友、公司同事间的分散的关系,可能包含对缺席成员的抱怨与玩笑,也就是说,这种关系牵涉到这样一些行为,它们在全体都在场时会显得很不合适。这些原则,同样适用于由媒介引起的情境融合与分离。

尽管我们常要求人们保持"连贯一致",这通常指应当保持"情境上的一致",即要求在一个情境中他人对自己态度的一致性,却不大关心跨越情境的待遇的一致性。例如,购物者会容忍同样的商品这一天比另一天价格高,甚至容忍同一天在不同商店里为购买同样商品付不同的钱,但一般无法忍受在同一个时间、同一家商店里为购买同样商品而比别人付更多的钱。又如,大学生一般能接受教授在不同学期对课程要求的修改,但如果一位教授在一个班级里针对不同学生制定不同要求,就会激起学生愤怒的抗议。因此,情境界线的改变,会改变人们对平等、公平的理解,并导致社会动荡。如下面将讨论的那样,作为媒介变化的产物,情境界线的改变与近年来的女权主义者地位和少数民族意识的提高有很大关系。

一般而言,可以论证:(1) 有多少不同的场合,就可将行为范式划分出多少单一的界线;(2) 当两个或两个以上的情境融合时,不同的界线会融合成新的界线。

这些原则表明,至少从某种意义上说,社会系统的动态与自然系统的动态是很相似的。两种系统均可按自身拥有的不同系统的量划分成同量的不同状态,而融合了的系统会合并成一个相对一致的状态。举例来说,我们可以让两间单独而相邻的房间保持完全不同的温度,比如 40 度和 4 度。如果移去两个房间之间的墙,那么,合并后的空间很快会达到一个相对一致的温度但不会是44度(即两个不同温度之和),而是两者之间的一个温度。同样,人们在两个不同的情境中逐渐形成不同的行为范式,当这两个情境融合时,他们常常会获得一个新的、合成的情境界定。我们还可进一步延伸这种类比。就像房间的顶部与底部、中间与四周有温差,对社会情境分界线的认同程度也各不相同。例如在一次婚礼上,有些人深深地投入到仪式中,有些人则不怎么投入,他们的思想与情感仍在其他地方。

"中部"、"更后部"和"更前部"区域行为

考虑到不同的情境融合会导致一个新情境的产生,能否对与旧情境相联系的新情境进行描述呢?旧的行为与新的行为之间的关系是什么?

戈夫曼的前部、后部行为模式,虽然只描述了一组静止的场所,并仅限于面对面的互动作用,但隐含其中的原则,经修改后可适用于描述由新媒介引起的情境与行为的变化。这一区域模式中隐含的是前台与后台的相互依存。个人在舞台上的表现,取决于同观众隔离的后台的存在,在那里,表演者可以熟悉角色、排列,与同事讨论技巧,或仅仅放松一下,或处于毫无表情的状态中。如果表演者无法使后台行为与前台行为分离,则不仅将失去隐私的某些方面,也将无法扮演好前台角色中的某些部分。如果演员无处私下默念台词,就无法形成能打动观众的表演。

这一对社会表现的戏剧性方面的非此即彼的概念——有或没有后台——可扩展为前台与后台方式相互作用的连续、可变的模式。一般而言,不论排练的哪些部分被观众看到,它们都必须与演出本身融为一体,任何隐匿的后台时间与空间仍可用来使表演更趋完美。当前台与后台行为之间的分界线向两者任一方面移动时,表演的性质都会相应发生变化。排练空间丧失越多,台上表演就越像即兴的后台表演,后台空间的扩大,则会使台上表演变得更

加正式。

如果以前部与后部概念为基础,从融合后的情境中产生的新行为就可称作"中部"行为。反之,情境分离所产生的新行为则可称作"更后部"行为和"更前部"行为。当观众能看到舞台两侧的后台时,就产生了中部行为。即,他们看到部分传统的后台区域及部分传统的前台区域,看到表演者从后台走向前台又回到后台。为了适应这一情况,称职的表演者会调整他/她的社会角色,以使之与观众获得的新信息一致。中部也称侧台,行为范式包含了原先前台与后台的行为成分,却没有两者的极端性。当表演者不断与观众隔开时,"更后部"与"更前部"行为就会产生。新的情境分离允许更为粗糙的后台方式与崭新的前台表演。

在中部行为中,不具备原先前台区域的极端性,因为表演者不再享有必需的后台时间和空间,对支持前台区域的排练与松弛的控制也削弱了。同样,它也常常不具备后台区域行为的极端性,因为新的中部行为是公开的(即在"观众"面前表演的),所以表演者尽可能适应现场的观众,但继续掩蔽任何可掩蔽的东西。

例如,小孩来到成年人的聚会上,有关死亡、性和金钱的谈话为之中断,直到小孩离开。如果小孩长时间不离去,某种新的折中的行为方式就会出现,这时在小孩面前讨论的"成人"话题,既不具备成人聚会那种直言不讳的特性,也不具备小孩聚会那种天真的特性。事实上,小孩与成人在一起的时间越长,越能看到成人天真的一面,也能更多地接触或谈论成人话题。如下所述,这类似于电子媒介开始使小孩与成人信息系统融合之际他们的角色所发生的变化。

从某种意义上说,中部行为仅仅是新的前台行为。但如果仅仅视之为前部行为,我们就无法认识行为变化的性质与方向。只有将新行为描述成"中部"或"侧台"行为,我们才能对新行为与旧行为进行比较,并能观察到新戏剧的合成性质。此外,中部行为的观点解释了造成新的公开方式的过程——传统的后部与前部行为之间界线的移动。

中部方式似乎常有"后部倾向"。这种倾向部分归因于这样一个事实,即我们生活中的后部区域包含着一些无法回避的行为:睡觉、吃饭、排泄、性生活、抑郁、焦急和疑虑。相反,前部行为就比较灵活多变。尽管我们可以形成各自不同的前台风格,但后部行为涉及许多我们共同的东西。中部行为具有明显的后部特征的另一原因是,人们比较容易注意新出现的事物,而不太容易发觉刚消失的事物。例如,当我们第一次在一位新朋友家过夜时,很可能注意到那位朋友的打鼾或打嗝,而不太会察觉其说话方式中某些拘谨的表现消失了。

随着时间推移,中部行为的后部倾向会更加明显。短时间内一个被暴露的后台,可变成相对传统的前台表演。但表演者越难以控制和限制别人对他们的接近,后部行为就会越多地暴露给别人。例如,一个平常很邋遢的少年,在阿姨万圣节来吃饭时可能会打扫一下自己的房间。但如果玛丽阿姨住上 6 个月,无疑会看到不同的景象。同样,电视播放的白宫之游,揭示了许多前所未见的房间和会议,使之暂时变成前台表演(如电视播放艾森豪威尔召开的"内阁会议")。然而,当电视显示一整天"现场"议程时,"表演"会有所变化。因此,在有关"卡特在白宫"的电视特别节目中,观众听到卡特告诉埃及总统萨达特下面将开一个长会,因此可先去一下洗手间。对人们的观察越久越仔细,不论是亲眼或通过照相机、麦克风,他们的行为就越丧失社会标志与特定姿态。

当一个情境被分割成两个或两个以上不同区域时,会发生完全相反的过程,每个区域的行为会变得更特定与极端。例如,当孩子们离开父母房间后,他们各自房间的隐私为彼此提供了形成具有自己风格的私人行为方式的可能性,也提供了形成经过修正的"更为整洁的"前台的可能性。同样,政治领袖们的隐私保持得越多,非正式后台风格与"著名领导人"的前台风格之间的差异就越大。如果一个社会的主要媒介助长许多不同的信息系统,那么,它们也会支持更前部和更后部行为方式。

区域行为的动力与媒介对此的影响在每天的互动中很大程度上不可见的原因之一是，人们很快便适应了新的情境界线。通常，角色扮演者控制任何可被控制的后台信息。但如果破坏性的后台信息潜入前台区，它常常会融入表演中。例如，一位来吃饭的客人比预想中来得早并目睹主人与孩子们之间的争论以及他们在最后一刻忙于清理屋子、准备饭菜的景象，主人发现自己不再能扮演该客人准点到达时打算扮演的前台角色。于是主人会发表诸如"近来忙于带孩子"或"不可能让一个大房子保持整洁"之类的中间区域评论。既然认为不存在刻意"表演"，它本是社会表现的一部分，则观众不要太清楚地了解隐藏后台信息的企图这一点就很重要。

"更后部"与"更前部"的区域行为形成的过程，比中部行为的形成更不易被观众看到——因为通过界定，无法再现的东西不可能被仔细观察。当新的私人情境产生时，人们通常很少考虑结构变化的影响，而将新行为归因于个性或动机的改变。如年轻人"离家"去上大学，他们的家人或邻居会认为他们"更成熟"了；国家的政客暂时退居到地方政治中，以后他重新进入国家政治舞台之际会显得"更像总统"。

同样，新的传播媒介的应用，可能导致社会信息互动方式发生重要的、广泛的变化，虽然人们并未完全意识到这种变化的程度或性质。在每个特定的信息互动过程中，个人发现他仅仅是在适应所处特定情境的要求。人们可能想知道，为什么行为方式（或更可能是"人们"）发生了变化，却可能没有意识到这种变化与后台、前台间的界线移动有关。

所有行为系统的相互依存关系

后部／前部行为模式通常用于分析一个单一场所如饭店或医院中的行为。一旦超越了单一场所，就很难再按字面意义运用该模式，因为分成前后两类就过于简单了。就同一个人而言，他的若干不同的前台行为之间的关系又是怎样的?

戏剧表演模式可进一步被改写,以便考虑所有表演与行为环境的相互依存。毕竟,一个人在一个角色中的前台行为,在其他角色中则是间接的后台。从某种意义上说,每个前台表演都依赖于前台与后台的多样性。一个试用期的律师能否表现良好,不仅取决于他的法庭表现、可供准备案情摘要及与同事探讨技巧的后台区域如何,而且取决于他过去和现在能否相对而言较好地(并且不引人注目地)扮演其他角色,诸如学生、纳税人、家长、配偶等等。上述角色没有一个同他与同事的策略探讨及法庭风格有清晰、直接的联系,但作为一名律师的表现,仍取决于这些角色,这些与律师角色分离的角色的表演。在法官与陪审员的眼中,一名律师的信誉会因有关他的驾驶习惯、婚姻关系及对孩子的培养方式的信息而受损。

我们大多试图在每个观众面前呈现相对一贯的个性,因此,当我们进行一个特定的表演时,必须考虑观众从其他情境获得的有关我们行为的信息。因而,"中部"行为的概念,可延伸至超越仅对一个单独角色而言的后台与前台行为合并的范围。中部行为可以指任何两个或两个以上先前不同的情境合并后的结果。相反,"更后部"和"更前部"行为形成于任何情境分成两个或两个以上不同情境或情境间的距离拉远之际。中部行为由情境与观众的部分重叠而产生;更后部与更前部行为则因出现了采取与更专门的、隔离的环境相一致的"更完全"或更极端行为的可能性而产生。

一般而言,两个或两个以上的情境间的距离越大,一个人在一个情境与另一个情境中的行为差异就越大。相反,情境间的距离越小,在它们之中发生的行为就越相似。

以学生角色与教师角色的区别为例,一个人不可能同时既是听话的学生又是严厉的老师,但一个人常常被要求扮演这两种角色。假设一个名叫约翰的有能力的大学生,在老师史密斯女士的要求下主持班级讨论会,因为老师要参加教授会议,所以约翰必须扮演一个新的、复合的角色。这个"学生/老师"现在扮演的既不是他作为学生、在同学中扮演的角色，也不是"真正的"老师所扮演的角色。当老师不在时，如果约翰仅仅扮演学生的角色，他对班级的影响会很小或没有，如果他扮演典型的"真正的"老师的角色，他可能被同学嘲笑或讨厌，因为他们太了解他了，不能接受他的新角色（这里具有讽刺意义的是，当他试图扮演老师时，他那表演良好的前台学生角色却可能构成了破坏其"老师"角色的后台行为）。

这个情境也可以改变一下，以说明情境之间的距离如何影响行为。如果史密斯女士要求约翰在学校里接管另一个班级，约翰就可以比较充分地扮演老师的角色了。如果史密斯女士本人也是另一所学校的进修学生，那么，她的老师角色与学生角色的差别会很大。情境间的距离造成了行为方式的分离程度。所有的老师都做过学生，但暂时的隔离允许这些角色被扮演得非常不同。

这些面对面情境与行为中的变化，可能被视为与新媒介通过融合或分离社会情境促成社会变化的方式相似。倾向于分割现存的社会信息系统的新媒介，允许个人形成"更后"后台与"更前"前台上的行为方式；而融合现存信息系统的新媒介，促成"侧台"或"中部"行为。

我们距离研究媒介变化对日常社会行为的潜在影响的基本框架，仍有一步之遥。我们需要超越特定场所中的个人行为的变化来观察问题，并需要考虑当所有或大部分社会的情境中发生广泛的和系统的变化时，社会角色从总体而言如何及为何发生变化。

（袁杨杨译/ 张咏华校）

诺　　曼

伊丽莎白·诺尔-诺曼（Elisabeth Noelle-Neumann,1916—　），德国女传播学者。1916年生于柏林。1940年毕业于柏林大学，获博士学位。曾学习新闻学、哲学、历史学等科目。此前的1937年，曾赴美国密苏里大学新闻学院研修，并游历了全美36个州，以及墨西哥、日本、朝鲜、中国东北、埃及等地。

诺曼由于提出"沉默的螺旋"理论假设，而闻名于国际新闻传播学界。其青年时代，正值希特勒统治德国时期。她在读书期间就参加了纳粹的国家社会主义学生组织，毕业后成为一名新闻工作者，又为《帝国》等多家报刊撰稿，支持第三帝国。这段经历，成为她日后集中关注、研究舆论并作出独特贡献的重要背景。

二战结束后，诺曼先供职于民意调查机构，后应聘于柏林自由大学、美因兹大学、芝加哥大学（客座）、慕尼黑大学（客座）等校，潜心于传播，特别是舆论传播研究逾40年。60年代后期起，逐渐形成其思路。1973年发表《回归大众传播强大效果观》(载《广播研究》),引起学界震动;1984年出版代表作《沉默的螺旋》(迄今已译成七种文字),系统论述其思想和主张,由此声名大振。

(张国良)

沉默的螺旋：舆论——我们的社会皮肤[*]

什么是舆论

"好啦，我仍然不知道什么是舆论。"在一次舆论会议期间的上午议程结束时，一位与会者离开会议厅之际如此说。那是 1961 年，在巴登举行的一次媒介从业者及研究者的专题研讨会上。不仅仅是他一个人有这种烦恼。几代哲学家、法学家、历史学家、政治理论家及新闻学家都卷入了一场为舆论下一个清晰定义的努力之中。

50 种定义

然而，自那时以来，研究没有任何进展。相反，人们得出的舆论概念越来越多，但对所有实际目的毫无用处。20 世纪 60 年代中期，一位普林斯顿大学的教授 H·柴尔兹（Childs）担任了收集舆论定义的乏味工作，并从文献中汇集了 50 个舆论的定义。在 50 年代和 60 年代，要求放弃对舆论下定义的呼声日强。舆论被认为是虚构的，属于思想史的博物馆，只能引起历史学的兴趣。但这都是徒劳。"这个概念拒绝消亡。"德国新闻学教授 E·多菲伐

---

[*] 译自英译本《沉默的螺旋：舆论——我们的社会皮肤》，芝加哥大学出版社 1984 年版。

特(Dovifat)这样解释。也是在1962年，J·哈贝马斯在他的教授资格论文《公共领域的结构转型》中说："不仅日常语言……抓住它不放，而且许多科学家和学者也这样，特别是那些法学、政治学和社会学领域的学者，他们显然不能用更准确的术语来代替传统的范畴如'舆论'。"

在1968年版的《社会科学的国际性百科全书》中，哥伦比亚大学的新闻学教授W·菲利普·戴维森的论文《舆论》是这样开篇的："对于'舆论'，没有一个公认的定义，然而，"他接着写道，"人们使用该术语的频率在增加，……对于该术语进行阐释的努力，导致了这样一些令人困惑的定义，如'舆论不是某种事物的名称，而是对许多事物的一种分类'。"在此，他引用了柴尔兹对50种定义的汇集。

这类困惑也出现在德国历史学家欧肯的文章中。他在1904年发表了一篇论文，写道："任何渴望理解和阐释(舆论的概念)的人，将很快意识到他是在与海神普罗修斯——此神能以一千种形态出现——打交道，它既能被看到，又似幻影，无能却又惊人地有用，它以不计其数的变换形式出现，而且当我们相信已紧紧抓住它时，它却总是从我们的指间滑落，……它的飘浮和流动无法用固定的模式来理解……然而，问起来，每个人都确知舆论的含意。"

不同寻常的是，像欧肯那样睿智和精于分析概念的学者退到了说这种遁词——"然而……每个人都确知"的地步，并且贬低了对定义的研究，而这却是运用科学方法的先决条件。

沉默的螺旋作为制造和传播舆论的过程

20世纪70年代早期，我开发了"沉默的螺旋"假说。当时，我试图阐释1965年的疑惑——即使人们的选举意图没有改变，但估计某一方将获胜的人还是会增多。由此，我开始问自己，我们能否抓住"舆论"这头怪物的某些要害。"以不计其数的变换形式出现，而且……总是从我们的指间滑落"，欧肯这样描述它。沉默的螺旋可能是舆论出现的形式之一。

它可能是这样一种过程,通过它来培育新的、年轻的舆论,或者通过它来传播含义已转变了的旧意见。果真如此,努力为舆论下定义仍然是十分必要的,以免出现如下情形:"沉默的螺旋是某种无法下定义的事物传播的过程。"

学者的论战围绕着此概念的两个部分展开,即"公共的"和"意见"。

德语 Meinung 和英语 Opinion 的不同之处

为弄清德语单词"Meinung(意见)"的含义,我们的研究需追溯到柏拉图的《理想国》。其中写到:在港口城市皮拉尤斯,一个节日里,苏格拉底在与葛劳孔和其他朋友的讨论中,得出对意见的一种解释,这与传统的德国的阐释大致相同:

> 对你而言,我说,意见比知识更含混不明,但比无知清晰得多吗?
> 多得多,他说。
> 那么它处于两者之中吗?
> 是的。
> 那么意见是介于两者之间吗?
> 完全如此。

意见处于中间的位置。对苏格拉底来说,它并非毫无价值。但是,许多人只是消极地把它与知识、信念、信仰区分开来。康德认为,意见的特征是"不充分的判断,无论从主观还是客观上看,都是不充分的判断"。相反,盎格鲁-撒克逊语及法语中的 Opinion 将"意见"界定得比较复杂。他们对意见有无价值不加理论,但认为它是人们或一部分人的统一的协定。"共同的意见"是英国社会哲学家大卫·休谟在 1793 年发表的著作中提出来的。"一致"和"常识"这两种含义,为英语和法语的"意见"所共有。

需要认可的一致性

如果从沉默螺旋的角度看,比起德国人只关注于意见有无价值,法国和英国的方式有更大的意义。个人观察他们环境中的共识,并以此对照自己的行为。因而,一致的未必是意见,而可能是现实的行为——佩带或不佩带徽章,在公共交通工具里给老人让座或自己继续坐着。对于沉默螺旋的过程而言,一个人是通过意见还是行为被孤立并无差别。这些顾虑迫使我们看到,在我们寻求的定义中,意见被理解为某种被认为可接受的事物的同义词,所以在英语和法语的用法中,可以发现意见中隐含了共识和一致性的因素。

"公共的"(Public)之三层含义

对于 Public 的解释,至少与"意见"一样有争议。许多学者已经对"Public"的概念进行了争论。如哈贝马斯断言:"'公共的'和'公共性'的用法显示了竞争含义的多样性。"首先,"公共的"有法律上的含义。从语源学的形式看,强调其公开性:对于每个人都是公开的——公共场所,公共道路,公开审讯——与私人领域(源于拉丁文:*privare*。译注:斜体为原文所有)即隔离的、或留给个人自己的事物,区分开来。第二层意思,可以在公共权利和公共力量中体现出来。这里,"公共的"表现出与国家的某些联系。按照第二种用法,"公共的"与公众利益有关,例如"记者的公共责任"一词。这意味着,我们正论述着与我们所有人相关的、与普遍的幸福相关的争执或问题。在合法使用力量的情况下,适用以下原则:单个的个人将使用权力的可能性转让给国家的机构,只有国家垄断了对权力的使用。最后,在"舆论"一词中,"公共的"必然有一种相关但不同的含义。法律学者如伊宁和霍岑道夫惊异于舆论具有神奇的力量:在作出规定、标准和劝导个人的道德规范时,无需劳动立法委员、政府或法庭援助。"它是非常便捷的",此为 1898 年美国社会学家 E·罗斯对舆论的赞誉。使"舆论"和"统治意见"相等,像一条红线贯穿了它的许多定义。这里要谈到一个事实:某些与舆论有关的事物所创造的环境,促使个人采取行动,甚至违背自己的意愿。

社会皮肤

"公共的"第三层含义,具有社会心理学意义。个人不仅生活在他所思所感的世界中,他的生活也向外界开放,不但对其他人,也对整个集体。在一定条件下(我在想滕尼斯的著名区分:集体和社会),被暴露的个人掩盖于诸如因为共同的宗教而产生的亲密和信任下。但是,在高度文明的程度下,个人暴露的地位,比社会要求的更加公开。什么"暴露"了个人且不断地要求个人注意他周围的社会环境?这就是:对孤立的害怕;对不受尊敬或不得人心的担心;对一致的需求。这就使个人集中注意力于他所处的环境,导致"公共性"的意识。通常,个人都能知道他是否出现了或隐藏了,依此来指导自己。诚然,似乎人们受这种意识影响的程度有很大区别。个人急切地将注意力投向这个判定受欢迎与不受欢迎、受尊敬与被蔑视的匿名的法庭。

出于对自信、个人独立的思想的着迷,学者们几乎没有注意到被孤立的个人害怕同辈意见的现象。他们却探索了舆论概念的一些其他可能的含义和广度,许多研究像是没有结果的学术练习。他们思索过舆论的内容:假定为由相关的、"公共事务"的问题组成。他们思索过谁的意见构成舆论:那些属于某个社团的人,他们乐于并正处于一种位置,负责地表达与公众有关的问题,运用批评的职责,站在被统治者的立场上监督政府。他们也想出了舆论的形式:公开发表的、可被普遍接近的——公开了的意见,特别是在大众媒介中公开了的意见。只有社会心理学意义上的"公共的"概念,几乎在 20 世纪的丰富定义中被遗忘了,这就是人们敏感的社会皮肤,他们的社会本质。

个人在公开场所可以发表而不会因此被孤立的意见

以上，我试图辨析那些似与舆论产生过程有关及可以通过实验和经验调查研究来处理的因素。(1)人类意识到舆论增强或减弱的能力；(2)这种意识的反作用，或导致更加自信的表达，或导致沉默；(3)对孤立的害怕使大多数人倾向于留意他人的意见。通过以上三个因素，舆论的操作性定义也许可以这样给出：那些能在公开场所发表出来、且不会受到孤立的、对有争议的问题的意见。这一定义，将作为进一步调查研究的暂时性指导方针。

当然，这种对舆论的解释尚需完善，因为它只适用于意见争雄的情形，即当新生的观点得到认可或已有的观念被推翻时。滕尼斯在1922年出版的《舆论的批判》中认为，舆论以集合的各种层次和状态——固态、液态和气态存在。如果使用滕尼斯的比喻方式，沉默的螺旋只在液体状态下出现。例如，某阵营谈到对极端主义的公告，不允许极端主义者做公共服务的工作，另一阵营非难工作禁令是剥夺为职业奋斗的权力，每个阵营都有自己的语言，我们可以观察每个词被大多数人使用的频率，从而发现沉默螺旋的运动轨迹。意见和行为方式一旦获得稳固地位，它们就成为习惯和传统，再也无法认出其中的可争议因素。可争议因素是潜在孤立的先决条件，只在被冒犯，即盛行的舆论、传统和道德被损害的时候出现。在19世纪晚期，霍岑道夫称舆论是"监察机构"，伊宁称之为"道德的女监工"，全无学术的气息。伊宁要表达的意思是"一种对损害自身利益的有意无意的反应，一种对自身安全的防范措施"。可见，舆论的定义仍需完善：在一个有着固定的传统、道德以及特别是规范的领域内，如果一个人不想被孤立，他就必须表现和适应舆论中的意见和行为态度。已有的秩序得以存续，一方面是因为个人对被孤立的害怕和对被认可的需要，另一方面是因为公共性担负起类似法庭的重任，使我们遵循业已形成的意见和行为态度。

作为赞同和不赞同的舆论

一则正确的定义可以忽略上百本书中出现的舆论解释吗？即,意见只与政治意义上的事件有关。按照我们的定义,舆论——不论它是否用于改变或保卫已形成的且业已巩固的立场——不受主题的限制。我们谈论的是,对公开的、看得见的立场和行为的赞同或不赞同,正是这种赞同与否引起个人对它的重视。沉默的螺旋是对价值观正在变化的群体中公开可见的赞同或不赞同的一种反应。谁的意见在考虑之列也同样不受限制。因为,舆论不仅与那些以此为职业的人或据此作出天才评论的人、即哈贝马斯所说的"政治运作的公众"有关,而是涉及每一个人。

对过去的探险：马基亚维利、莎士比亚、蒙田

为探索舆论的概念是否从沉默的螺旋中产生,我们回到200年前"舆论"一词首先出现的地方——18世纪的法国。1782年,一本著名的小说《危险的关系》首次出版,作者拉克洛偶然将舆论一词作为日常用语来使用。小说中的一段写到一位老练女士和一位年轻小姐之间的信件往来。年长的女士劝说她的朋友不要与一个名声不佳的男子在一起："你相信他能变好,好吧,让我们进一步假设,这种奇迹真的会发生。难道舆论不会始终反对他,而这难道不足以使你因此改变与他的关系吗？"

在此,我们发现,舆论如同远离政治、远离以政治决策被区别出来的人们的领域内的法庭判决。写信者假设界限模糊和没有名称的团体具有舆论的特点,通过它的意见影响收信人,使她的行为作出适当的调整。不过,我们可以回到更远的过去,那时"舆论"一词还没有被创造出来。在那里,我们遇到了同样不知名的法庭的判决,而且,虽以不同的名义,它所审判的却是几乎完全相同的争执。莎士比亚描写了亨利四世和他的儿子、未来的亨利五世进行的一次交流。国王责备儿子,指其被别人看见与坏人交往过多,他

应该对"意见"多加注意。意见最为重要——国王说自己就是由意见支持获得王位的。"的确是意见助我获得了王冠。"（引自《亨利四世》第一部,第三幕）既然莎士比亚16世纪末就在舞台上明确地运用了"意见",那么,相似的表达"舆论"第一次在法国而不在英国出现,就不令人吃惊。作为英语单词的"意见"中,显然包含了"公共性"的因素——具有法庭审判性质,制造美名或破坏名声——它不需要再附加"公共的"这样的词语。

统治者或未来的国王,必须关注他所处环境中的意见,关注他的普通民众,这种想法对莎士比亚来说毫不古怪或新奇。他生活的世纪因马基亚维利1514年的《君主论》而为人熟悉,书中有些重要的章节忠告统治者们怎样以最佳方式与公众打交道。马基亚维利说,从来不会有很多人"感受"政府,或者说,觉得他们直接受到了政府的影响。但所有的人都看见它,所有的人都依赖于它的看法,它显得强大有力和具有道德。"老百姓总是被表面现象所迷惑。"因此,君主不一定必须具备所有的美德（慈悲、忠实、仁爱、虔诚等等）,重要的是,他必须看起来具有这些美德。马基亚维利说,君主必须避免一切可能导致他的形象受到损害和变得卑劣的事物。他必须费尽心机让人们对他感到满意。

亨利四世对儿子的训斥中依据的理论,与马基亚维利《对李维乌斯的罗马史第一个十年的讨论》中说的一致:"没有比一个人的社交圈更能显示他的性格的东西,因此,一个人与受人尊重的人来往将获得好名声,这是完全正确的,因为他不可能不与他的同伴在性格和习惯上有所相似。"

这里说的是16世纪的上半叶的事情,但并没有感觉到那样一个时代的人对良好声誉意味着什么或者说对舆论的评判,不如现代人敏感。

但是,我们从马基亚维利和莎士比亚中获得了一种新的洞察力,即,名叫舆论的法庭不仅使少数庶民担忧他们的名声,君主及统治者们同样是它实行专政的对象。马基亚维利提醒君主,为了统治,必须全面了解他的人民的天性。人民的力量在于,他们有拒绝君主的统治并推翻他的能力,如果他对他们的要求感觉迟钝。

公共范畴的发现者:蒙田

在美因茨大学,我们用总共20个问题的问卷形式对文学作品进行了一些系统研究,问题中涉及文章内容的比涉及作者的多。这篇文章是否包含了舆论的概念或相关的概念?它是否描绘了对被孤立的担心害怕?它是否描述了个人和集体、流行的意见和不合群的意见之间的斗争?我们像搜查乡村一样彻底搜寻了所有的文章——圣经、神话、寓言,哲学家、散文家和诗人们的著作。

W·鲍尔写过一些关于舆论的文章。在他的一篇论文中提到,布拉兹(一名博士)曾找到一则对马基亚维利在意大利使用该定义所产生影响的评论。论文中没有写明出处,故我们无法查证这段评论。虽然,马基亚维利的文章被翻译成英语时用过"舆论"一词,但他在演讲中用的是类似"通用意见"、"共同意见"或"公众之声"的词语。

为界定舆论的含义,我们认为,需要看这个概念如何被初次使用,有什么样的上下文,根据什么样的观察——就像一个人研究某种植物的习性以获得有关它的知识那样。我们的预计得到了证实。M·拉弗尔(1984)在硕士论文中概述了他的发现,论文题目为《舆论概念的创始人:蒙田》。在1588年出版的蒙田的散文中,大约在马基亚维利的演讲发表70年之后,蒙田两次运用了集合词"舆论"的单数形式。对于为什么在文章中大量夹杂古代作家的引文,他解释道:"这确是因为舆论的缘故,我的文章呈现借来的优雅形式。"他第二次用到"舆论"一词,是在提出风俗和道德观怎样能被改变这个问题的时候。柏拉图视男色为危险的激情,蒙田说,为与之作斗争,柏拉图(在他的《法律篇》中)建议用舆论来进行谴责。他要求诗人将这种不轨行为描写为恶劣的行为,以激起关于它的舆论。即使新的、邪恶的意见可能与多数意见相反,如果它以优势意见的方式呈现,以后它对将全部国民都有效,无论奴隶和自由人,妇女和儿童。

蒙田如此注重人的社会属性以及公共性、公共认同和公共谴责的效果,绝非偶然。据我所知,每位对舆论这一主题有重大贡献的学者或作家,都有第一手的经验。马基亚维利写下文章,是在佛罗伦萨的政府更迭后,在他被控涉嫌一次谋反并被监禁、受刑拷问后被释放、隐退于他在圣卡斯萨罗乡间的庄园之后。蒙田的经历有三个方面。首先,他有得自家庭的直接经历。当时,在整个中世纪地位牢固的共和体制开始变化,一群新形式的富裕的、但非贵族的阶层正为获得与贵族同等的权力奋斗。斗争将衣饰准则和身份标志——什么样的皮毛、什么样的珠宝、什么样的物品适合某种阶层的人佩带——撕成了碎片,斗争席卷了生活中公开的、可见的环境,蒙田亲眼看见斗争在他整个家族中展开。他父亲的家族从葡萄酒和染料贸易中发了财,在1477年买下了蒙田城堡。他的父亲在姓氏前面加上了"德·蒙田"。蒙田从家里学到了对标志的敏感和新派举止。

更重要的是,改变信仰的经历。天主教和由路德1517年分离出来的新教之间展开了一场宗教斗争,在法国,采取了宗教战争的形式(1562—1589)。蒙田抱怨在法国没有一处可以逃避战争,蒙田是他家乡"波尔多"议会的成员,而此地特别不安宁,是一个持续交战的疆场。每个人不得不仔细观察社会环境和各自阵营的力量,以此调整自己的行为。结果,在巴黎有三至四千的法国胡格诺派教徒于臭名昭著的圣巴特洛缪大屠杀中被杀害,其余的一万两千人死在法国的其他地方。

这促使蒙田在38岁生日(1571年2月28日)时,从公共生活中引退。在蒙田城堡的塔里,他的图书馆入口陈列着一段铭文称,他希望在平静和孤独中度过余生。这是他写作著名的《蒙田随笔》的地方。蒙田最终还是返回了公开生活,他在1582年成为波尔多的市长,因一系列外交使命而周游欧洲。因此他颇为了解公共生活和私人生活之间的反差,了解不同的信念产生于不同的国家,并且,在任何一种情形下,都被视为有约束力的。"这是什么样的真理",他问,"以山脉为界,在山脉的另一边成为谎言?""如果山脉可为'真理'划定界线,那么,'意见'必然在它的王国里拥有一个社会的部分及严格的范围","所以蒙田认为优势意见与特殊地域和时间——那是一种具有暂时效力、作为一种社会现实被遵守的东西。它具有正规性,只是基于一个事实,它以无法更换的、具有约束力的意见形式出现,……'所有我们除了我们每天看到的身边意见和习惯的诸多例子及观点之外,确实没有其他关于真理和理性的标准'"。

在他的生活阶段里,时而是公共生活,时而是私人生活,蒙田在他的作品中成为"公共范畴"的发现者。他把自己的生活作了有意识的划分:"聪明人,应将他的内在思想从公共的意见中解脱出来,并拥有同样的自由和权力自主地处理所有事物,但外表上,他应绝对遵循时尚和风俗。"对蒙田来说,公共领域有它自己的固有规则。经由他的生活中公共生活阶段和私人生活阶段的交替,蒙田在他的写作中成了公共范畴的发现者。这是一个有碍于个性的、为共识所统治的领域。"在我们的惯常行动中,没有什么难得的人物将我们当作个体来关心。"蒙田为这个新要素创造了许多新概念。他创造出"公共的"一词,除新概念"舆论"之外,他还谈到了"公共意见"、"公开赞同"和"公开证明"。

为什么舆论这个概念在当时没有像一个半世纪后那样盛行起来呢?"也许蒙田的一位朋友帕斯韦尔写给熟人的一封信对此有所帮助,"这是拉弗尔的建议。帕斯韦尔在信中抱怨蒙田经常冒昧地使用不通用的词汇,"那些词,如果我没有弄错,要使其流行起来,需经过一段艰难的时光。"

洛克、休谟和卢梭读过蒙田的著作。但直到18世纪下半叶,法国革命的前10年,蒙田才成了一位流行的作家。

本书前面章节对经验研究进行了描述,在本章中,我们展示了舆论概念在16世纪的表现形式。在我们已查阅的作品中,所有被描述为舆论、普遍意见、公共许可、公共恰当的事物,与经验调查中的特别相似。我们似乎看到,这两种观点实际上出于同一事物,再次走到了一起。这就激励我们更好地理解舆论,继续寻找历史的证据。

(徐　慧译/ 郭庆光校)

休梅克

帕麦拉·休梅克(Pamela Shoemaker),美国女传播学者。长期致力于有关影响媒介内容的信息"把关"现象研究,为此作出重要贡献。《把关》(Gatekeeping,1991)是其重要著作之一。该书综述了大众传播中的信息"把关"现象及其有关研究,回顾了"把关"(守门)概念的形成史以及媒介信息"把关"研究的发展,总结了"把关"研究的开拓者卢因(Kurt Lewin)和怀特(David M. White)等人的理论,考察了大众传播中的信息"把关"过程,并将其分为五个层次,即个人层次、媒介工作常规层次、组织层次、媒介外社会团体层次及社会系统层次,对影响媒介内容的信息"把关"现象进行了迄今最为全面、系统的分析。

除《把关》一书外,休梅克的其他著述(包括合作成果)有:《不同政见群体的媒介覆盖范围》(Media Coverage of Deviant Political Groups,1984)、《建构新闻内容的理论》(Building a Theory of News Content,1987)、

《讯息中介:大众媒介内容影响的理论》(Mediating the Message: Theories of Influences of Mass Media Content,1991)等。

(张咏华)

把　关*

概　念　史

很明显，并非所有信息都被我们接收到：例如，卖旧车的人可能不会告诉我那辆旧福特的全部情况；朋友也许不会坦率地跟我讲他对我的新发型的真心看法；我们本地的报纸对南美政局也报道得很少。传播的过程牵涉到对某些信息的选择与传递，以及对另一些信息的剔除与摒弃。正如列奥·罗斯顿（Leo · Rosten）在他1937年对华盛顿地区的通讯员的研究中所说："报纸既不是编年史或年鉴，也不是历史记录……新闻业的整个进程依靠一个词：选择。"10多年后，施拉姆写道："传播中最引人入胜的一点，即信息发出者与接收者双方为在彼此头脑中形成相应的象征符号所进行的大量的信息择取与剔除。"

但是，对于传播中固有的选择行为，理论上一直未找到研究焦点，直到后来K·卢因（Lewin）首次用"把关人"（"守门人"）比喻作出选择行为的人，而D·怀特（White）则用"守门先生"赋予该比喻以生命。"把关人"的概念为早期研究传播学的专家们提供了一个框架，用以评定信息选择是如何发生的以及择取与剔除的原因。同时，它也为研究这些过程而不是选择本身提供了一个框架，即研

---

* 译自英文本《把关》，美国塞吉出版社1991年版。

究信息内容是如何形成、构造、定位和定时的。

卢因的"渠道与把关人理论"

"把关"与"传播"两词第一次成对出现，显然是在卢因生前未写完的手稿《群体动力学中的新领域：Ⅱ群体生活的渠道、社会规划与行为研究》中。该手稿 1947 年刊登于《人际关系学》杂志。临终前，卢因是麻省理工学院群体动力学研究中心负责人。此前，他曾在包括爱荷华大学在内的其他美国大学中任过职。

"新领域"手稿另以章节形式出现于 1951 年出版的卢因著作《社会科学场论》的"心理生态"一章中。第一次世界大战前后，德国心理学界分裂为两派，"场论"是其中一派的观点，"场"的概念是借用物理学中的"磁场"概念而来。这两派学说中，一派赞成将人和环境分解成可任意组合、联系的孤立因素；物理学家出身的卢因则更倾向于另一派学说，这派学者"试图将人类行为解释为群体因素的功能，这些因素构成一个动态的整体——心理场"。心理场既包括人也包括其周边环境。持"场论"观点的学者们看问题注重相互关联的因素之间的动态联系，而不是将事物分割成孤立的因素看待。卢因力图以数学形式表现心理作用力，用"几何图形反映生活空间各部分相互之间的位置关系；用矢量表现心理作用力的大小、方向及作用点"。他认为，心理学家也可以像物理学家研究诸如重力之类的作用力一样，对形成人类行为的作用力进行量的分析。

卢因阐述了"渠道与把关人理论"，用以解释个体何以能在一个社会群体里造成广泛的社会变动，他的主要例证涉及某个群体饮食习惯的改变。他得出结论说，在决定"吃什么"这个问题上，一个社会群体中的各个成员作用不尽相同，而最能引起这个群体的饮食习惯变化的方法，莫过于把注意力集中在那些最能影响家庭食品选择的人身上。

卢因认为，食物通过"渠道"进入家庭。杂货店是一条渠道，人们在那里选购食物,但还有其他渠道,包括在自家庭园中种植水果和蔬菜。在图1中,食物获取渠道被细分成各个"环节"。例如,杂货店渠道的前三个环节分别是"在店中发现食品"、"作出购买决定"、"将所购食品携带回家"。沿种植渠道获得食品的第一个环节,则是在园艺店选择种子或菜苗,然后购买、种植,在水果、蔬菜的生长过程中,有的会被铲除掉,有的会被昆虫或小孩吃掉,还有一些可能因缺乏水分和养料而死掉,最后剩下可供食用的蔬菜、水果中还有一部分会枯死在蔓藤或枝叶上,将选择的范围又缩小了一层。到这一步,来自两方渠道的食品(杂货店渠道与种植渠道)汇合在一起,接着就要决定如何贮存每个单位食品(放冰箱还是贮藏室)。在贮存渠道中,有的食品会"丢失"在冰箱或贮存室中,另一些则可能因贮存不当而被浪费掉。下一步,烹饪者必须决定是否(及如何)烹饪食物或是否(及如何)将食物直接放入下一环节,即备餐。食物流通的最后一步,是端上桌被吃掉。一个单位食品在每一个流通环节都可能被接受或剔除,或被部分地改变(如煎或炸土豆)。

卢因分析的关键,是注意到整个渠道的不同部分有不同的作用力影响对某个单元项的选择。一个购买者在店中考虑购买某类食品时,他的选择通常受到正、负两方面的影响。例如,食物的诱人之处会激发购买欲,花销则会抑制购买欲望。一旦某种食品通过了购买这一关口,最初的负面作用力又会转化为正面作用力,从而促使该单位项通过以后的关口。例如,下决心买一块价格不菲的肉是困难的,其高昂价格让人望而却步——"它太贵了,我该买吗?"然而,一旦买下这块肉,同样的作用力会保证它成功地通过其他所有的关口,直至摆上餐桌。"它太贵了,我必须特别小心,好好搬运,存放,烹饪和食用它。"由于一个单位项在通过关口前后受到的作用力不同,它是否能通过某渠道,取决于渠道中各关口的具体情况。

图1中的箭头,显示出影响选择的作用力如何促进或阻碍某

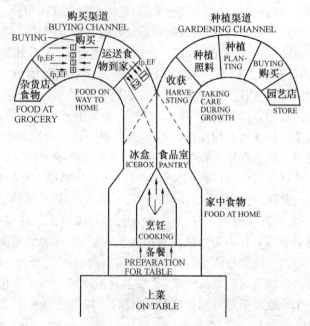

图 1　食品经由渠道到达餐桌的模式(卢因,1951)

单位项通过渠道环节或进出渠道关口。斜体字母代表作用力,如 fp,EF 代表在"购买"环节中与食物的"吸引力"相关的作用力,该作用力应促使食品通过下一关口,进入"运回食品"的下一环节。当然,在"购买"环节中还有其他的作用力,如代表食品价格的作用力 fp,EF_2。如图 1 所示,高价格作用力会被一个抑制人们花费欲望的补偿性作用力 fp,SpM 取代,这样,食品项就难以进入下一环节。当食品确实进入"运送回家"环节时,它会受到防止浪费的作用力,即 fp,WM 的影响,该作用力确保食品能在合适的冰盒或贮藏室得到相应的保存。

卢因相信,该理论框架的应用可推而广之:

"这种情况不仅存在于食品选择渠道中,且适用于解释新闻如何通过特定传播渠道而在群体中传播,货物如何流通,以及组织机构里个体如何运作。如一所大学,可能制定严格的招生方针,可能设立影响力不让差的考生考取该学校。可某个学生一旦被录取,该学校则会在自己的能力范围内尽量帮助该学生完成学业。"

尽管"渠道"、"环节"和"关口"这些术语都暗示具体形状,但它们却显然不是指具体的物质,而是指代某单位物体从发现到付诸使用的、一步一步流转的过程。环节相当于渠道中发生的具体事件或特定状态,关口代表的是决策或行为点,把关人决定进入渠道以及通过环节的具体物项。他们的选择,可能基于个人喜恶,也可能是一套预设的原则方针的体现。

怀特与"把关人"

怀特是第一位将卢因的"渠道与把关人"理论转化为研究课题的传播学家。当初,怀特在爱荷华大学曾担任卢因的研究助理,其间开始了解该理论。他说服一家小城市报社的某个电讯稿编辑,将他在1949年2月的一周中收到的来自美联社、合众社和国际新闻社的所有电讯稿集中保存起来。该编辑被怀特称为"把关人先生"("守门人先生"),他同意以书面形式向怀特给出弃稿被淘汰的理由。在这些稿件中,90%未被采纳。这使怀特得以将实际刊用稿与一周内电传过来的所有电讯稿进行比较。

据怀特称,该编辑的选择决定带有"高度主观性"。在三分之一的情况下,"把关人先生"根据个人对稿件优劣点的评价而加以淘汰,特别是根据他是否相信稿件的真实性。另三分之二的稿件被拒发,则是因为报纸篇幅不够,或该报已刊登过或正在刊登其他类似稿件。

图2是D·麦奎尔(McQuail)与S·温德尔(Windahl)对怀特的"把关人"模式的诠释。新闻源N将新闻项送至媒介把关人,该把关人会筛掉其中一些(如N_1与N_4),同时选用一些(N_2^1与N_3^1——添加于上方的阿拉伯数字表示该新闻项在通过关口时可能产生的一些变化)传递给读者(M)。该图可理解为,仅说明一个

或一群行动一致的"把关人"。它的局限性在于,忽略了不同的"把关人"在收集、制作、传送新闻项时有不同的角色分工以及对自己所负责任的不同理解。

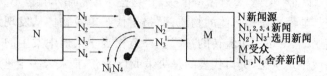

图 2　怀特的把关模式(麦奎尔与温德尔,1981)

1966 年 P·斯奈德(Snider)对"把关人"的后续研究,结果仍大同小异。尽管上述那位"把关人先生"的年龄增长了 17 岁,而且供他选择的新闻源由以前的三家通讯社减为一家,他选稿仍以本人喜欢哪些稿件或自认为读者愿意读哪些稿件为依据。1966 年他选的稿件中,国际战事新闻偏多,人情味题材较少,显示了对严肃"硬"新闻的偏爱。当被问及新闻如何定义时,他说:"新闻是对事件与人物个性的逐日报道,它是多种多样的,表现形式也应该尽可能保留其丰富多彩性,以便为受众提供一种平衡的新闻内容。"

其他"把关"模式

怀特的学说引发了许多的其他研究。1965 年,韦布(Webb)与沙兰西克(Salancik)认为,"把关"研究的文献是"一种使新闻研究朝着对数据更为严谨的方法迈进的方式"。在接下来的一系列研究中,较早的是吉伯尔(Giber)对 16 位报纸电讯稿编辑的选稿的研究,他的结论却与怀特截然不同。怀特认为"把关人"的个人价值取向是其作出信息选择的一个重要决定因素,而在吉伯尔看来,由于编辑"被围困在一大堆机械细节的束缚之中",他的个人价值观无法成为影响其选稿的主要因素。吉伯尔认为,个体主观因素在把关过程中不如另外一些因素重要,如"可供选择的新闻数量,新闻项的长短,来自时间的要求与机械生产的压力。"吉伯尔说,电讯稿编辑从本质上说是被动的,他的选择过程是机械的。按吉伯尔的观点,媒介组织与组织规章制度在影响整个把关过程中比个体媒介工作成员更重要。

一年后,韦斯特利(Westly)与麦克莱恩(Maclean)将视"把关"过程为一种组织活动的观点与纽科姆(1953)的 ABX 共同导向模式结合起来,提出一种新的大众传播模式(韦斯特利是纽科姆的弟子)。所谓共同导向,即两人同时以对方和同一物体为导向。纽科姆认为,每个传播行为都涉及对有关某一事物的信息的传递,最简单的模式即 A 向 B 传递关于 X 的信息。

韦斯特利与麦克莱恩对这一学说进行了扩展,他们增加了一个 C,以此代表大众传媒渠道(如媒介组织作为把关人),用字母 X 代表个体信息,用字母 f 表示(信息)反馈。图 3 中的箭头,显示了信息如何从传播行为的一方流向传播行为的另一方。ABX 模式引入 C 意味着,并非所有流动于 A、B 之间的信息都能确保被传递给 B,其中有一些被 C 即"把关人"挡住了。韦斯特利认为,把关抉择从本质上说就是新闻判断。

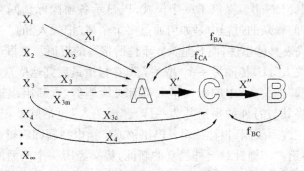

图3 韦斯特利—麦克莱恩的大众传播过程模式(1957)

在图 3 中可见,当多条信息(各条信息均以 X 表示)传向传媒渠道 C 时,有的通过信息源 A,有的直接传向 C。怀特的模式已指出，并非所有信息都能成功地通过传媒渠道到达受众。韦、麦模式将纽科姆学说进一步扩展，指出，B 接收到传递给 C 的信息后，可能向 C 和 A 两者同时提供信息反馈；在任何一个既定时间点，都有多个 A、B 和 C，一并通过大众传媒而扩散。

怀特研究"把关"模式的方法，与吉伯尔、韦斯特利与麦克莱恩的方法有重要的区别。怀特将研究集中于某一个人的决策，而吉伯尔的研究与韦、麦的模式却将传媒机构视为一个巨大的综合体，其中的个体成员集体协作，构成一个"把关人"整体。吉伯尔通过对 16 名报纸电讯稿编辑的研究，强调指出：个体特征或态度并不重要，重要的是组织机构施加于个体的限制与约束。韦、麦模式中的组织或渠道，则是印证此论点的另一例子。从他们三人的研究看，单个传播工作者的作用并不重要：个体是被动而无重要区别特征的，他们就像是传媒机器中可互换的齿轮。怀特的观点恰恰相反，他认为信息把关抉择是一个人为操作而不是组织控制的过程，个体抉择既受个体特征与价值观的影响，又受组织的约束，例如截稿期之类的约束。

后来的研究，再次重视并提出个体作为"把关人"的学说。麦克内利（McNelly）提供了一个模式，以显示各项国际新闻在由新闻源传向受众的过程中是如何通过多个个体"把关人"的。在图 4 中，E 代表具体事件，而 S 是为此事件所撰写的报道。该报道由一个"把关人"（C）传向另一个"把关人"，在报道最后到达受众（R）之前，这些"把关人"中的每一个人都有可能删剪、重新组织这篇报道，或将其与另外的报道并为一体。"把关人"包括驻外记者、编辑、加工改写编辑、报社编辑及电讯稿或广播电视新闻编辑。麦克内利写道："一篇针对国外受众的新闻，势必经历一个典型的阻力过程，包括报道失误或偏见，编辑选择与加工，翻译、传播困难及可能遭遇的压制或审查监督。"麦克内利模式的另一创新点是，表现了新闻项是如何进入下一个关口的，它既可能代替已存在的新闻项，也可能与它们并为一体。带点箭头则表示信息反馈，麦克内利认为反馈并不经常发生。

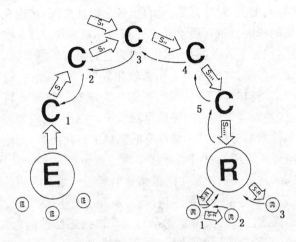

图 4　麦克内利的"把关"模式

巴斯(Bass)虽着眼于个体"把关人",但他认为,只有在新闻组织机构内的个体活动才具有意义。个体作为组织机构的代表,行使为完成机构内新闻流动所必需的职能。巴斯还认为,新闻"把关人"的"把关"功能不尽相同,为此他提出了另一模式。该模式给出了引发"双重行为内部新闻流动"的两种主要功能。按巴斯的说法,新闻收集者从各种渠道收集信息(原始新闻素材),并将其转化为新闻发送件。新闻收集者有自己的职务称呼,如作家、行政主管、记者或本地新闻编辑(尽管巴斯说他的模式适用于报刊和广电传媒,但他的例证均来自报刊)。另一类"把关人"——新闻加工者则对新闻发送件进行修改并加工,使其成为完整的成品传至受众。新闻加工者包括编辑、校对者与翻译。巴斯将个体"把关人"的研究从怀特对单个新闻加工者的研究拓宽为对明显分为两类的多重"把关人"的研究。

一年后,J·哈洛伦(Halloran)、艾略特(Elliott)和默多克(Murdock)提出了类似的学说。他们认为,把关选择早在街头记者(新闻材料收集者)进行采访时就开始了,而并非在办公室里进行编辑(新闻加工)时才开始。而且,各个报社之间,编辑在行使把关选择权的程度上也有所差异。齐布奈尔(Chibnall)不欣赏使用"收集者"与"加工者"这两个术语,因为它们暗含的意义是,新闻独立于媒介而存在。"记者不是出去收集新闻——就像它们是天上掉下来的馅饼似的,记者从接收到的一大堆原始数据资料中挑选部分信息,并以常规的新闻格式重新组织,'创作'出新闻稿件。"新闻来自多种原始材料,其中最重要的消息来自新闻源,而记者在报道新闻时极少运用其自身的直接体验。齐布奈尔认为,记者与新闻源的联结是把关抉择发生的最重要的场所。当新闻到达编辑手中时,已完成了最重要的新闻抉择。"事件已发生,人们已经历,关于事件的描述已针对某特定受众写完。该描述已被润色加工,或收藏起来,或转变成'羽翼丰满'的新闻故事。每一阶段都有信息的选择和加工发生。"

有时,记者收集到的资料并非完全的原始材料。正如甘地(Gandy)所指出,公共关系行业的一个职能就是提供"补助信息",以既对媒介有吸引力又容易被媒介利用的方式提供"信息补助"。在此情形下,信息的收集与加工在引起记者/把关人的注意力之前就已经在相当程度上完成。这就增加了信息项通过关口的可能性。因此,新闻"把关人"不仅包括新闻收集者、新闻源和新闻加工者,而且包括公共关系从业人员及其他意欲影响大众媒介内容的利益团体的代表们。

把关抉择与传播总过程

事实证明,"把关"这个概念已广为大众传播研究者所接受,尤其在关于新闻选择的研究方面。显然,"把关"理论也可应用于娱乐节目的安排。但在人际传播的研究领域,该理论却不甚流行。霍斯科(Hirsch)说:与其说该理论标示了生产层次上的固定类别之间的差异,还不如说它反映了民主社会里新闻业更广泛的职能与机构功能。因为他发现,新闻编辑的选择,容易受个人偏见和政治压力的影响,这对公共政策有着更为深远的含义。

然而,我们确能发现,"把关"这个比喻部分地适用于人际传播的研究。例如,贝尔斯(Bales)、施特罗德贝克(Strodtbeck)、弥尔斯(Mills)等在研究小群体成员的传播时,使用了"传播渠道"一词来指代群体中任何两名成员之间或任一成员与整个群体之间的信息互动。他们的兴趣并不在对可供传播出去的新闻项的选择上,而在渠道中的传播行为分布所反映出来的群体成员之间的相对权力上。

在研究组织内的正式渠道与权力时,希基(Hicky)区分了三种对信息的组织运作的控制:(a)通过传播工作处理者,此人控制组织内的信息流通;(b)通过渠道调节者,此人控制信息通过的渠道或网络;(c)通过内容操纵者,此人除具有以上两种职能外,还影响信息内容。所有这些角色,代表"把关"的种类,内容操纵者享有最大的权力。希基在进行网络分析时,让5个人合起来解决一个问题。这5人中有1人处于网络中心,他为周边的4个人充当"把关人"。希基指出,从信息控制的角度说,群体中地理位置最居中的人在群体中享有最高地位,并被人们认为最具权威。卢因和怀特从关口的地理优势来研究"把关"理论,阐述该关口是开放着的还是关闭着的这一问题。但是,对该理论的更为有效的解释,还可能包括该领域的其余成员对"把关人"的看法,及"把关人"自身对其工作状况的反应。

另一种从人际传播的角度研究"把关"理论的方法,是认知启发理论。"代表性启发"——将某一项信息按其与某类别中其他信息项的相似性进行自动归类——可用于评估某信息应接受还是拒绝。塔奇曼(Tuchman)指出,新闻记者们将各种事件归入几种类别,如:"硬新闻"或"软新闻"等,这样,就能将每天大量涌入的信息处理得有条不紊,如果不采用这种归类法,他们的工作就很可能陷入混乱失控的困境。一旦人们确定一则新闻具有"硬新闻"的特性而不属于"软新闻"范畴时,对待它的态度会迥然不同。在后面讨论个体层次分析的章节中,我们将对"代表性启发"作更深入的研讨。

人们还将"把关"比喻与组织传播研究文献中的"边界作用人"进行比较。"边界作用人"指一个组织中与其他组织和外界人士相互联系的人,他们控制进出该组织的各类信息。

另外,关于信息扩散的研究也适用于研究"把关"行为:"把关人"在决定让哪些信息通过或不通过关口时,会促进或抑制信息的扩散。这使他们成为信息扩散过程中重要的作用者。

正如查菲(Chaffee)所指出,促进和抑制信息扩散的因素最值得研究,因为它们导致的扩散形式与许多研究中发现的标准 S 型曲线有所不同。如果"把关人"抑制信息的流动,信息在整个社会系统中可能得不到完全扩散;如果"把关人"促进信息的流动,则信息扩散就会更加迅速。由于新闻信息既可通过人际传播渠道也可通过大众传播渠道进行,所以,即使"普通人"也可能成为其他人的"把关人"。但并不是所有单个"把关人"都同等重要,那些代表大众传媒的人,因掌控着成千上万大众的信息扩散而具有显要的政治权力。

(胡 洁译/ 张咏华校)

蒂契纳等

本文作者为P·J·蒂契纳(Tichenor,明尼苏达大学新闻与大众传播系副教授)、G·A·多诺休(Donohue,明尼苏达大学社会学系教授)和C·N·奥利娅(Olien,明尼苏达大学社会学系助教)。这三位学者因多次合作,并同在明尼苏达大学,故被称为"明尼苏达小组"。在本文中,明尼苏达小组首次正式提出"知沟"理论假设,从而开了世界范围内大众传播"知沟"现象研究的先河。20世纪70年代以来,该小组就"知沟"假设持续发表了多篇有广泛影响的学术论文,其主要特点为,从宏观社会结构视野分析"知沟"现象。

所谓"知沟",原文为 knowledge gap。据"美国传统辞典", knowledge 一词意为:(1)"通过经验或学习所获得的对某物的熟悉、知晓和理解";(2)"学问、博学"。而中文的"知识"指:"人类认识的成果或结晶。包括经验知识和理论知识。经验知识是知识的初级形态,系统的科学理论是知识的高级形态。"(据《辞海》)在这里,knowledge 一词的含义更接近中文的"初级知识"。因此,knowledge gap 可理解为:对所传播信息的熟悉、知晓或理解方面的差异,故译为"知沟"。不过,当 knowledge 单独出现时,仍译成"知识",它是一个与"信息"相关但又有区别的概念,"信息"是独立于个体而存在的资料、数据(data);而"知识"指个体在大脑中学习和储存的信息。在此文中,蒂奇纳等人所说的"知沟",主要指社会群体之间在公共事务(Public affair)和科学新闻方面所存在的知识差异。据"美国传统辞典","Public affair"意为"大多数人关心的社会、经济、政府、军事、科学或法人活动的论题、问题或反映"。

(丁 未)

大众媒介信息流通与知识增长差异*

科学及其他公共事务知识的获取,是社会变迁的一个组成部分,它遵循积累变化模式。从这一观点看,某一变迁的累进可能引发一系列反应,表现为在一个社会系统中对某种行为模式、信仰、价值观或某项科技的接受速度的加快[1]。由于社会总系统中的某些次系统具有适合变革的行为模式和价值观,因此,在开始变革的次系统与对变革的反应较为迟钝、缓慢的次系统之间,往往会出现鸿沟。

本文的目的在于,根据以往的研究和最近在明尼波利斯及圣保罗市进行的一项实验调查的数据,检验以下假设:

> 随着大众传媒向社会传播的信息日益增长,社会经济地位高的人将比社会经济地位低的人以更快的速度获取信息,因此,这两类人之间的"知沟"将呈扩大而非缩小之势。

这一"知沟"假设并不认为,低阶层人群完全得不到信息(即在绝对意义上信息穷困者越来越穷),而是认为知识的增长在高阶层人群中相对较快。本文以受教育程度作为社会经济地位的一项有

---

* 译自英文季刊《舆论》总 34 卷,1970 年第 2 期。
[1] W·莫尔:《社会变迁》1963 年,第 37—38 页;查利斯等人的《现代社会理论》1961 年,第 589 页。

效指标。①

其他两个假定对这一分析也很重要。一是人类的知识可能以直线或曲线的趋势增长,但这种增长在调查的时间跨度内是不可逆的②。二是对于调查的特定话题,大众媒介的信息流通量没有达到减退点,如果达到了减退点,那么,对不同的社会经济群体可能产生不同的信息水平。而且,"知沟"假设主要适用于有广泛吸引力的公共事务和科技新闻,它不一定适用于特殊的受众话题,如股市行情、社会新闻、体育及园艺。

先前的发现

尽管没有特别说明,但"知沟"假设涵盖了大众传播效果的所有文献。这意味着这样的一个总发现:文化程度与从大众媒介中获取的公共事务及科学知识之间有着很强的相关性。③

受正规教育程度的提高,意味着生活圈子的扩大与丰富,包括参与社会团体较多、对科学和其他公共事务的知晓及兴趣较大、在这一领域与大众媒介的内容接触更为广泛。④

因此,"知沟"假设似乎是对通过宣传却无法把信息传递给所有公众这一现象的一个基本解释。在分析向辛辛那提的成年人宣传联合国信息时,斯达和休斯指出,那些达到宣传效果的人往往

---

① 艾尔伯特·雷斯:《职业与社会地位》,纽约自由出版社1961年版,第115—116页。

② 詹姆斯·柯勒曼:《精确社会学引论》,纽约自由出版社1964年版,第492页;哥斯塔·卡尔森:《变迁、增长与不可逆性》,载《美国社会学月刊》总73卷,1968年,第706—714页。

③ 参见罗伯特·戴维斯的《大众媒介中公众对科学的影响》,密歇根大学调查研究中心,1958年;威尔伯·施拉姆等:《知识与公众头脑》,斯坦福大学的传播研究学院;以及施拉姆等:《作为公共事务、科学与健康知识的大众媒介》,载《舆论》总33卷,1969年,第193—209页。

④ 梅里尔·赛缪尔森等:《教育、可利用时间及大众媒介的使用》,载《新闻学季刊》总40卷,1963年,第491—496页。

是文化程度较高、较年轻的男性；而文化程度低、年老的人实际上对整个宣传一无所知①。罗宾运用了牛顿学说，提出除非通过外力的作用，有些人一直得不到信息，而那些已经得到信息的人却一直在行动②。罗宾的这一机械主义的观点似乎认为，人们通过内因和外因对刺激作出反应时，可能加强已经得到训练的能力，也可能变得更无能。海曼和休斯利也认同通过已有能力学习公共事务这一观点："人们学得越多，兴趣越大；兴趣越大，促使他们学得越多。"③

斯达与休斯进一步阐述了文化程度、兴趣与媒介接触之间的互相关系，指出达到宣传活动目标的文化程度高的人可能兴趣较大，因此得到的信息也更多。他们总结说，那些达到宣传目标的人最不需要此类信息，而那些没从宣传中得到信息的人却是宣传计划的目标所在④。对于受众社会分层与政治新闻接触之间的强相关性，凯的分析认为，总统选举宣传的一个重要功能是，使处于文化水平两极的人群之间的信息水平差异增大，因为那些处于上端的人接触信息的频率较高⑤。从更广泛的意义上说，由于信息发布系统的原因，发展中国家可能产生严重的知沟现象，正如皮尔斯所说，发展中国家的教育模式使如今的识字农民可能比他的文盲父亲更无知。⑥

媒介信息量增加之所以会出现或加剧"知沟"现象，有几个原因在起作用：

---

① 雪利·斯达等：《一项教育性宣传活动的报告：辛辛那提的联合国宣传计划》，载《美国社会学月刊》总55卷，1950年，第389—397页。
② 约翰·罗宾森：《世界事务与媒介接触》，载《新闻学季刊》总44卷，春季号，1967年，第23—31页。
③ 赫伯特·海曼等：《信息宣传活动失败的原因》，载《舆论》总11卷，1947年，第413—423页。
④ 斯达和休斯，同①。
⑤ V·O·奇：《舆论与美国民主》，纽约诺夫出版社1961年版，第384—357页。
⑥ 霍华德·皮尔斯：《发展计划中的应用社会学》，纽约农业发展委员会1963年版。

第一个因素是传播技能。受教育程度高的人具有较大的阅读量和较强的理解能力,这有助于他们对公共事务或科学知识的获取。

第二个因素是信息储备,或从先前的大众媒介接触与正规教育渠道得来的现有知识。当某一话题在大众媒介出现时,那些相对见多识广的人注意这一话题的可能性更大,也更容易理解有关内容。

第三个因素是相关的社会交往。教育通常意味着日常行动圈子较大,参与更多的社会团体,人际交往更多,由此扩大了与他人讨论公共事务话题的机会。对医生、农民等群体的创新扩散研究往往发现,那些积极的、社会整合程度较高的个体更专注于创新,其接受创新的速度也更快。[①]

第四个因素包括对信息的选择性接触、接受和记忆。正如希尔斯和弗里德曼所指出,主动接触与受教育程度的关系通常比其他变量更为密切。他们认为,根据态度作出的选择性接触应称之为由教育程度差异造成的"事实上的"选择更为合适[②]。但选择性接受与记忆,可能是态度与受教育程度综合作用的结果。大众媒介的研究始终发现,人们往往以符合既有信仰与价值观的方式解释、记忆信息。[③]

最后一个因素是发布信息的大众媒介系统的性质。迄今为止,大多数科学和公共事务新闻(近来的危机事件与太空壮举除外)都通过印刷媒介进行传播,而传统上,社会地位较高者使用印刷媒介较多,而印刷媒介也迎合这一群体的兴趣和口味,而

---

① 爱莉休·凯兹:《科技变革的社会路线:创新扩散的两项研究》,载《人类组织》总20卷,1961年夏季号。

② 大卫·席尔斯等:《对信息的选择性接触的批判性回顾》,载《舆论》总31卷,第194—214页。

③ 约瑟夫·克拉伯:《大众传播的效果》,纽约自由出版社1960年版,第15—26页。

且,当新闻失去其应有的新鲜性时,印刷媒介会逐渐停止对许多话题的报道。与当今的广告不同,科学和公共事务新闻一般重复较少,而重复有利于社会地位低的人群对话题的学习与熟悉。

在操作上,"知沟"假设至少可用以下两种方式表达:

(1) 经过一段时间,文化程度高的人对媒介大量报道的话题知识的获取速度,比文化程度低的人快。

(2) 在特定时间里,经媒介大量报道的话题知识的获取与教育程度的相关性,比未经大量报道的话题高。

当上述五大因素中的一个或多个因素起作用时,"知沟"就尤为明显。因此,当大众媒介信息流量继续增加时,传播技能、知识储备、社会交往、态度性选择都在一定程度上发挥着作用,"知沟"也随之加深。

时间趋势数据

证据可能来自长期和短期调查两个方面。麦克利恩和巴尼斯研究了1964年尼基塔·赫鲁晓夫辞职和沃尔特·耶金案件这两个事件为期两天的新闻扩散过程。研究从这两个新闻事件的第一次报道开始,一直持续到第二天以后[1]。虽然研究人员期望,影响如此重大的事件会使不同社会经济地位群体之间的相关知识差异减少,但总的结果却与"知沟"假设相一致,文化程度高的受访者了解事件的速度比文化程度低的人快,事件发生两天后,文化程度高的人群中知道事件者的比例也较高。在这一时间跨度内,不同社会经济地位的群体间的知沟实际上是扩大了。

另一项对"知沟"的检验,来自一些长期的调查数据,它们是通

---

[1] 理查德·巴德等:《两个新闻事件的扩散原理》,载《新闻学季刊》总43卷,1966年,第221—230页。

过在不同阶段向受访者问同样的问题得来的。以下三个话题的数据,来自"美国舆论研究所"1949年至1965年的调查:人造卫星、人类登月计划和吸烟与癌症的关系①。在调查期间,每一个话题都深受大众媒介的关注,而且在整个时间段内,美国的大众媒介在总体上对科学的报道量日趋增加②。1958年,就科学、工程和医药的报道版面近几年是否有所变化对240名日报的执行编辑进行了调查,结果90%以上回答报道版面有所增加,有将近2/5的编辑说科学新闻版至少增加了一倍③。在1965年的一项类似的调查中,近一半的编辑也报告说科学新闻增加了一倍。而且,一些特定事件的发生,使特定话题得到了媒体的极大关注,太空研究的重大事件是1958年Sputnik一号的发射,接下来是美、苏两国人造卫星的相继发射。1954年AMA对吸烟与癌症之关系的报告也与其后这一问题引起的大量报道有关。

经过一段时间后,关于每个话题的知识或对某一信念的接受在总体上都有所增加。表1显示了文化程度与对每个话题的知识或信念的相关系数及年份,其模式与"知沟"不断扩大的假设是一致的。以针对人造地球卫星的两次民意测验为例,从1955年(Sputnik发射前3年)到1961年(美国第一次载人飞船飞行之后),随着知识的增长,相关系数也随之增大。

更引人注目的结果,来自四次民意调查,调查询问了受访者在看得见的未来,是否相信人类将登上月球④。同样,随着总体上接受这一信念的人数的增加,其与受教育程度的相关性每隔五六年在统计数据上都有一次显著的增长。表1清楚地显示了不同文化

---

① "美国舆论研究所"的数据来自罗博舆论研究中心。
② 席勒·克里波姆《科学与大众媒介》,纽约大学出版社1968年版,第65页。
③ 同上。
④ 所提的问题有些变化。1949,1959,1965年,受访者要求回答20年内他们是否希望人类能登上月球。1954年的问题为"在以后的50年内人类是否能登上月球"。在这两个问题和关于吸烟问题的提问中,"信念"被看作是知识增长的反映。

水平之间差距的拉大①。在受过大学教育的人中,相信人类能登上月球的人数在1949年还不到20%,16年以后增加至80%;而同一时期内,高中毕业者的这一信念只增长了38%。

这些研究都没有直接测量大众媒介的报道量和受众的媒介接触情况,所以,媒介信息对这些方面的影响只是推测。显然,媒介报道量是一个很重要的因素,但可能还涉及很多其他的因素。在这一长达16年的时间跨度里,教育系统进行了改革,人口也发生了变化,在高教育程度类别中,1965年的年轻人比例大于1949年。但重要的是,在调查的这一时间段内,"知沟"并没有合拢。

表1

话题	1949	1954	1955	1957	1959	1961	1965	1969	R与S之差
Q对人造卫星的正确识别			.158			.265			P<.050
Q相信人类将登上月球	.042	.132			.259		.334		1949—1954,P<.020
									1954—1959,P<.001
									1959—1965,P<.010
Q相信吸烟导致肺癌			.050	.116	.079		.127		n.s
资料来源:	AIPO	AIPO	AIPO	AIPO	AIPO	AIPO	AIPO	AIPO	
	450	541	525	544	585	592	621	652	705 1969年9月

吸烟与癌症的关系也符合预期的模式,尽管后几年的相关系数还是很小。不过,在1954—1957年这段时间内,吸烟与癌症的关系问题不如今天这么明确。近来,对这一问题开展了多项调查,但由于使用了不同的样本和测量技术,因此不能直接与"美国舆论研究所"的数据比较。

---

① 表1中的趋势分析,显示三个教育程度组在统计上的显著性都大于0.001。我们有理由推断这几种趋势基本呈直线。

一项报纸罢工调查

检验"知沟"的另一个可行方法是,看大众媒介报道量减退以后的效果。与假设一致,如果大众媒介不再报道某一话题,将使不同教育程度群体之间的"知沟"缩小。尽管这种调查很难开展,但当某家报纸罢工时会出现类似的情况。1959年赛缪尔森研究了当一个社区的报纸罢工而邻近另一个社区的日报照常发行时,两个社区对当前公共事件的认知情况[①]。调查在罢工第一周的周末进行,也就是在罢工社区的公众尚未实施大量替代性媒介行为之前进行。由于少了一份报纸意味着文化程度高的人对大众媒介日常新闻的关注减少,所以假设这部分人因报纸罢工而相对"损失"较大,为此,罢工社区高教育程度与低教育程度人群间的知识差异,应低于另一个未出现罢工的社区。

由于非罢工社区的样本中只有9人的学历低于高中程度,因此对这一调查的分析只在每个社区的高中学历群体与大学学历群体之间进行。正如"知沟"假设所构想,在第一周,非罢工社区内不同教育程度之间的知识差异大于报纸罢工社区(表2,分别相差1.08与0.44),这一对比效果在统计学上的显著性大于0.01[②]。同样,这些数据并不排除其他原因,如罢工社区的受教育程度与公共事务知识的相关性本来就比较低。虽然这两个社区在地理上很接近,但非罢工社区规模较小,工业化程度较低,而且所选取样本的社会经济水平总体上偏高。由于缺少罢工前后的数据比较,对这些数据的解释也只是一种假设。

---

① 数据来自梅里尔·赛缪尔森的《报纸罢工中的新闻寻求行为》,博士论文(未发表),斯坦福大学,1960。
② 这里的方差分析取的是数目不等的各组平方的平均值。

表 2

社　区	高中文化程度	大学文化程度	相　　差
报纸罢工	4.07(N=153)	4.51(N=142)	.44
非 罢 工	4.38(N=40)	5.46(N=56)	1.08

明尼波利斯与圣保罗市的实验

尽管上述许多数据符合"知沟"假设,但其包含的事实是由推论而不是经过观察得来的。如果总的假设正确,受教育程度与已得到大量报道的文章中的知识之相关性,应强于较少报道的文章中的知识。由于文化程度高的人以往对大量报道的话题已有较多接触,因此比文化程度低的人更容易掌握更多的知识。①

近期在明尼波利斯和圣保罗市区进行的调查,在这方面提供了一项更为直接的检验。它就 22 篇医学和生物学研究文章及 21 篇社会科学文章进行了阅读者理解测量,这些文章选自 1967 年夏季和 1967 至 1968 年冬季的中西部都市报纸。研究者分析了这些文章的题材范围,因为文化程度与对医学新闻的理解常常呈现曲线②。而且,被选用文章所涉及的领域在先前的媒介报道量上必须有所不同。③

1968 年 4 月,在明尼波利斯和圣保罗市区选出了 600 个

---

① 表1中的趋势分析,显示三个教育程度组在统计上的显著性都大于 0.001。我们有理由推断这几种趋势基本呈直线。

② 蒂契纳:《美国成人中的科学知识及传播》,博士论文(未发表),斯坦福大学, 1965年;席勒·克里波姆:《科学、新闻与公众:全国科学作家协会报告》,纽约大学出版社 1958 年版,第 5 页。

③ 调查一共采用了 60 篇文章,但那些与医学、生物或社会科学无关的主题差异性很大,其先前报道量太小而不适合在此分析。

区域概率样本,对其进行了访问。访员要求每个受访者阅读两篇不同的新闻稿,把每篇文章交给受访者时,访员会问受访者:"如果你愿意,能否读一遍?"等受访者读完,访员把文章收回后再问对方:"根据你的记忆,这篇文章写了些什么?"访员事先得到指导,为受访者的回忆提供两项提示。94%多一点的受访者至少阅读了两篇文章中的一篇,每篇文章最多被20名受访者阅读过。实验安排了对照组,每篇文章先给10名受访者,然后再给另10名受访者。

接着,根据受访者的每一个"对内容的分别陈述"进行了分析。"对内容的分别陈述"被界定为一种特定的论断,受访者提供的任何合格表达都作为论断的一部分,并联系文章中引用的资料,以判断受访者陈述的准确性。阅读者的"理解"被界定为,受访者的陈述高于根据资料列出的7分"准确积分"中间以上的数目。

这一回忆测量是开放式的,所以可能并不看重受访者以后"辨别"这些信息的能力,但它测量了受访者描述新闻稿内容的能力,因此,可以推测受访者能把这些信息传递给社会系统。

一篇文章的报道量被操作性地界定为,在过去一年中,同一话题范畴的文章在两个城市四家日报的其中一家头版出现的次数。假定能登上头版构成主要的媒介宣传量,对医学和生物学来说,"得到宣传较多"意味着两次以上的头版报道;对于社会科学来说,则意味着四次以上的头版报道。

发　　现

由于受访者对第二篇文章的反应可能与第一篇文章不同,因此对结果分别作了分析。(见表3)新闻稿的分配在第一组与第二组中出现重复。但表3中"第一次文章阅读"的数据代表了四个独立的分组样本,"第二次文章阅读"也是同样。

表3

领域	在两个一般领域中教育程度与对科学文章(宣传量不同)理解的相关性			
	第一次阅读		第二次阅读	
	宣传较多的话题	宣传较少的话题	宣传较多的话题	宣传较少的话题
医学和生物	r=.109 (N=84) n.s.	r=.032 (N=111) n.s.	r=.264 (N=90) p<.02	r=.165 (N=108) n.s.
社会科学	r=.278 (N=104) p<.01	r=.228 (N=93) p<.05	r=.282 (N=91) p<.01	r=.117 (N=97) n.s.

表3中受教育程度与理解的相关性的总体模式符合假设,在四个对比组的每一个中,"得到宣传较多"的文章往往显示出较高的相关性。对于第一次文章阅读,根据先前的宣传量,相关性并没有发现显著的变化,但对第二次文章阅读,分组样本阅读报道量大的话题的相关系数就明显大于零,而阅读报道量较少的话题的相关系数就不显著。医学—生物学与社会科学文章均符合这一模式。

不出所料,报道量大的医学—生物学话题,其受教育程度与理解的关系呈曲线,也就是说,对于报道量大的话题与报道量小的话题的理解,其差异性最大的部分处于中间段,而不是教育程度的最高段。这一模式再一次显示了中等教育程度的人对医学和健康信息的兴趣最大。

报道量与知晓度

大部分数据都符合"知沟"日趋扩大的假设,在这个意义上,这一假设是可以成立的,它为媒介对"大众"的影响提供了一种清醒的思考。至少,从上述调查的话题看,大众媒介似乎具有与其他社会机构一样的功能:加剧或扩大了现有的不平等。

如果说媒介扩大了鸿沟,那么,在什么情况下这些鸿沟能得以弥合?当然,有些观念被人们普遍接受,尽管没有调查数据,但无疑,1969年7月的"月上行"之后,人们就普遍接受了人类能到达月球这一现实。但媒介的信息资源是有限的,1969年的太空壮举可能是一个突出的例外,一个更为普遍的原理是:在"知沟"弥合之前,媒介的报道量往往开始减退,这一趋势在科学领域尤为明显,一项新的发现或进展使昨日的新闻话题很快过时,一旦人类进入了太空轨道,媒介就不再关注人造地球卫星了。如果这是一个通则,那么期望通过大众媒介以弥合在科学和公共事务的广泛领域内的"知沟"现象,似乎只能令人失望。要让低阶层人群对当今事件和发现的知晓度不至于远远落后,可能需要其他的大众信息发布系统。

以上分析在很大程度上集中于印刷媒介的宣传,它可能不适用于从电视中得到的知识——至少其程度不同。由于电视的使用往往与受教育程度的关系不大,因此电视可能在某些领域是"知识的均衡器"。电视是否具有这种均衡的功能,是一个亟待研究的问题。

即使这一分析的结果成立,它也并不仅仅针对信息宣传活动的"失败"。……遍及全社会的巨大知识差异的产生,其本身就具有深刻的社会影响,而且可能在未来的社会变迁中构成一个关键因素。就文化程度高的群体是社会和技术变革的"先锋"而言,他们对媒介知识的快速获取可能具有一定的社会功能。但与此同时,知识差异可能导致社会系统中的紧张的增加。例如,已有人认识到黑人与白人之间的不平等也表现为两者在新信息的知晓方面的相对差异。从定义上看,"知沟"意味着"传播/沟通之沟"(communication gap),它对社会问题的解决提出了一个特殊的挑战。

(丁 未译)

戈尔丁等

本文作者为 P·戈尔丁(Golding,英国劳布勒夫大学社会科学系主任,社会学教授)、G·默多克(Murdock,英国劳布勒夫大学文化社会学副教授,挪威伯根大学大众传播学院校外教授)。均为当代知名传播学者。

戈尔丁是欧洲科学基金会赞助的国际联合研究项目《变化中的媒介,变化中的欧洲》负责人,兼任《欧洲传播学刊》编辑。主要研究兴趣在于大众媒介社会学,尤其是媒介作为社会政策和公共政策的信息传输者及形象的塑造者在民主过程中扮演的角色。同时也十分关注大众媒介的经济和政治结构,在这方面和默多克有相当多的合作研究。近著有:《超越文化帝国主义:传播,全球化和国际新秩序》(1997,与哈里斯合编)、《媒介的政治经济学》(1997,与默多克合编)、《文化研究中的问题》(1997,与福格森合编)。

默多克的主要兴趣在于文化社会学和文化政治经济学。他的论著,涉及大众媒介工业的组织,报纸和电视对恐怖主义、暴乱和政治事件的报道等。目前致力于广告及新传播技术对社会的冲击等研究。

(杨 击)

文化、传播和政治经济学*

从政治家到学者,如今都同意公共传播系统是"文化工业"的组成部分。这表明,人们越来越意识到这些组织与其他工业既相似又不同。一方面,它们显然与其他生产领域有一部分共通之处,并且越来越被整合到一般的工业结构中;另一方面,同样清楚的是,它们生产的物品——报纸、广告、电视节目和故事影片——在组织关于世界的影像和话语中起着至关重要的作用,因为人们就是通过这些影像和话语认识世界的。许多学者口头上承认这种两重性,但在进一步检验时只重视一个方面,要么聚焦于媒介意义的建构和消费(如费斯克,1989),要么聚焦于媒介工业的经济组织(如柯林斯、加内姆、洛克斯利,1988)。这里要概括的批判的政治经济学视角与他们的区别恰恰在于,聚焦于公共传播的符号层面和经济层面之间的相互作用。它显示的是,文化生产的不同的财政方式和组织方式对公共传播的话语和表征(representations)的有效范围及受众对它们的接近所产生的有迹可循的后果。

批判的传播政治经济学——假想敌人和刻板印象

有的术语实际上很不严格,丧失了分析的精确性,而变成了口

---

* 译自英文本《大众媒介和社会》,爱德华-阿诺德出版公司 2000 年版。

号或陈词滥调。在我们这个领域里,"批判的"分析就是这么一个术语,常常(令人厌倦地)和"行政的"研究对照起来。经验性的(往往意味着简单的)工作与更为理论化的思考——这样的两分法相当松散地被等同于行政的工作(大体上由媒介公司所委托)和批判的工作(广义上倾向于马克思主义)之间的区别。这种两分法往往是不真实的,有许多值得反省之处。

我们在这里所概括的理论取向显然也是批判的,但必须有经验的研究介入其中,而且,我们不会因所提问题有实用的或政策的考虑而感到不安。它是这样一种意义上的批判:其分析建立于对社会秩序提供一种在理论上具有启发意义的理解(informed understanding)之上,而传播和文化现象就是在这种社会秩序中被研究的。

这就是它和另一个主要的研究传统——文化研究所共享的一个特征。两者在广义上都在新马克思主义的社会观内工作,中心问题都是权力的构成和权力的行使都和自由多元主义的分析传统保持距离,后者在总体上接受发达资本主义社会的运作方式(柯兰,1990:139)。但是,这一共有的立场掩盖了长期存在于它们之间的理论取向的分野,这种分野产生于不同研究传统所具有的不同的知识的历史,在当代的学术图谱中,仍然维持着它们不同的定位。

批判的政治经济学在社会科学的系统内得到制度化——从受到经济学、政治科学和社会学训练的人中吸纳它的主要的从事者。而文化研究的机构和项目大部分仍然设置在人文科学院系中,追随者主要是从事文学和历史研究的学者。结果,虽然两者都有打破学科边界的强烈愿望,但两个集团是以相当不同的兴趣和参照点研究传播现象的。

文化研究视角的传播研究"主要关心意义的建构——意义是如何在特殊的表达形式中产生的,它又是如何在日常生活的实践过程中被持续地协商(negotiated)和解构的"(默多克,1989)。这样的企图,产生了两个不同而有联系的工作领域。第一,也是大部分人所从事的,是文化文本的分析,包括那些产自媒介工业的文本。与那些把媒介看作是传输模型(比如把恐怖电影、肥皂剧或纪录片视为向消费者传送"讯息"的载体)相反,文化研究把它们当作用特殊方法整理和排列意义的途径。例如,传输模型的内容分析把电视剧中一个暴力行为的意义视为事先可定义的,可从它所处的文本的位置或与其他节目的文本关系中分离出来。文化研究则坚持认为,意义是可变的,主要取决于全部叙述所提供的语境、节目类型、演员和节目播出前被认知的状况。

这一意义的取向及随之而来的对意义可变性的强调,为文化研究的第二种主要流派所追求,他们更关注受众解释媒介作品、把它们和他们自己的世界观和生活样式结合在一起的方式。这一人种论的指向,宣布了消费者的创造性(参见威利斯,1990),并且视受众为积极的主体——他们持续地努力去了解他们的处境,而不是一种主导的生产系统的被动的诉求对象。这一指向是文化研究试图恢复流行文化的实践和信念的复杂性的一部分。作为对简单的"效果"概念和轻蔑地视流行文化为浅薄的和操纵性的评论的一种强有力的反对,它显然是一种可观的收获。可是,正如我们以下将看到的,它很容易同那种主张消费者享有不受约束的选择自由的保守派的颂扬合流共谋。

与"自由"市场的自由主义的辩护士一样,文化分析当中一些有影响的趋势已经把分析的重点放到了意义交换的那一刻——文本所携带的意义和读者赋予它们的意义的相遇。在这两种分析方式中,意义的遭遇被从更宽泛的语境中抽离出来,呈现为一种消费者掌握全权的实例。对于像约翰·费斯克这样的论者来说,这也是一种用流行文化进行抵制的信号,一种"意识形态的反击或者逃避;从上至下的权力遭到了从下至上的权力的反抗,社会风纪面临无序"(费斯克,1989)。这一对颠覆性消费的浪漫颂扬,显然有悖于文化研究长期以来关注的媒介为了维护和支持现行的统治关系而在意识形态方面发挥的作用。不过,即使这一宽泛的视角得以重建,文化研究提供的关于文化工业运作方式的分析仍有欠缺,即很少或几乎没有说明这种文化工业作为产业实际上是如何运作的,其经济组织又是如何影响意义的生产和流通的。而且没有检视,人们的消费选择与他们在更宽泛的经济结构中的位置的结构性关系。考察这些原动力,正是批判的传播政治经济学的基本任务。在这种考察中,我们将追随雷蒙·威廉姆斯的律令:"我们不关注产品的组成部分,而必须关注实践的所有条件"(威廉斯,1980)。

批判的工作,并不置于行政研究的对立面,也不明确地反对文化研究的方法或关注点。批判分析的两个主要特征,把我们拉向了一条意味深长的分界线,第一是它的认识论,第二是它的历史性。

批判的视角对它的研究现象采用的是现实主义概念,简单地说,它使用的理论构成物存在于实际世界之中——而不仅仅是现象。出于这个原因,批判的分析主要关注行动和结构的问题,试图辨明影响实际世界中的实际行为者的生活和机会的实际制约因素。在这个意义上,批判理论也是唯物主义的,它聚焦于人们和他们的物质环境的相互作用、占有物质资源的不平等的支配力量,以及作为这种不平等的结果之人们在符号环境中的不平等性质。

其次,批判分析是被历史地设置的。它的特殊兴趣是探究和描述晚期资本主义——晚期资本主义同时被认为是有生气和值得质疑的、正在经历着变迁同时也是不完美的。批判分析的这种历史定位,区别于任何本质主义的理论取向,后者是从特殊的历史时空分离出来的。

在这一章中,我们并没有什么雄心勃勃的目标,只是想描述一下媒介的批判政治经济学的基本原则。这是一种针对当代社会的批判性分析,而本章并非完整的说明。

什么是批判的政治经济学

批判的政治经济学和主流的经济学相比,主要有四个方面的不同:第一,它是全面的;第二,它是历史的;第三,它主要关注资本主义企业和公共干预之间的平衡;最后,也许是最重要的,它超越了技术性的效率问题,专注于公正、公平和公共利益等基本的道德问题。

主流经济学把"经济"看作是一个分离的、专有的领域,而批判的政治经济学的兴趣在于,经济组织和政治生活、社会生活、文化生活之间的相互作用。在研究文化工业这个具体实例中,又特别关注经济原动力对公共文化表达的范围和多样性的影响轨迹,以及这种文化表达在不同社会集团中的可获得性。当然,这些关注点并非为批判的评论家所独有,它们对右翼的政治经济学者来说,也是中心课题。区别在于,分析的出发点不同。

自由主义的政治经济学关注市场交换——消费者基于实用性和满足度,在互相竞争的商品中进行选择。市场力量的作用越大,消费者选择的"自由"也越大。在过去的20年中,这种观点在具有不同意识形态的政府中得到重新的信任。亚当·斯密所谓"自由"竞争的看不见的手,再次给他们以信念,他们推行公共服务的私人化,扩大市场机制的适用范围和尺度,以增加消费者的选择。与之相反,批判的政治经济学家追随马克思,在文化工业和更一般的工业内部,把注意力从交换领域转向资本和生产组织。他们并不否认文化的生产者和消费者在持续地选择,而是要指出,这些选择是在一个更宽泛的结构中作出的。

主流经济学家关注资本主义社会中的独立自主的个人,而批判的政治经济学家的研究开始于社会关系和权力的作用。他们感兴趣的是,社会关系的各个层面上的结构的不对称性是如何形塑意义的生成和获取的。例如,新闻是如何被现行的业主、编辑记者、消息来源之间的关系所构造的,看电视的方式又是如何受到家庭生活的组织以及家庭内部的权力关系的影响的。当然,这些关注点广泛地被非政治经济学的研究者所共有。但批判的政治经济学的不同之处在于,它总是越过某种状况的行为视野,去显示特殊的微观的语境是如何被它们所遭遇的经济原动力和更为宽泛的结构所形塑的。它尤其关注在物质资源和符号资源的不平等的分配结构中,传播活动是如何展开的。

沿着这一路线去展开分析,要避免工具主义和结构主义的双重诱惑。工具主义者关注的是,资本家如何利用商业市场体系的经济力量去保证公共信息的流动符合他们的利益。他们视私有媒介为阶级统治的工具。爱德华·S·赫尔曼和诺曼·乔姆斯基的著作《制造同意:大众媒介的政治经济学》(1988)是一个例子。他们发掘出了一个被他们称之为美国新闻媒介的"宣传模式",称"权力持有者能制定话语前提,决定普通民众可以看什么听什么和想什么,通过定期的宣传运动,他们'操纵'了舆论"(1988)。他们说的部分正确。政府和商业精英确实有接近新闻的特权;大的广告商确实行使着类似许可证发放当局的权力,有选择地支持一些报纸和电视节目;媒企业主可以决定一份报纸、一家电台或电视台的编辑路线和文化立场。但是,由于关注了这种策略上的干预,他们忽视了体制上的矛盾。业主、广告商或某些关键的政治人物并非总是能做他们想做的事。他们也是在一定的结构中运作的,这些结构既有抑制作用也有促进作用,既强加一些限制也提供一些机会。分析这些限制的性质和来源,是批判的政治经济学的主要任务。

同时,避免结构主义那种视结构为不可撼动的大厦——坚固、永久、不可移动,也是很重要的。相反,我们必须把结构看成是动态的构成,通过实践活动,它会不断地被修改和复制。迈克尔·舒德森在他对新闻研究的评论中认为,政治经济学把新闻过程的结果和新闻组织的经济结构直接联系到一起了,于是"其间的任何事情都是在黑箱中操作,无须检视"(苏德森,1989)。这是一种误解。虽然,有些研究局限在结构层面的分析中,但那只是研究的一部分。对于我们在这里提出的视角具有同样重要意义的是,透过生产者和消费者的具体活动分析意义的生成和重新生成的方式。目标就是"解释结构是如何通过行动构成的,反过来,行动又是如何有结构地构成的"(吉登斯,1976)。

这就要求我们以更灵活的方式来考虑经济的决定作用。和马克思的最后时刻的决定概念(意味着任何事情最终和经济力量直接相关)相反,我们可以追随斯图亚特·霍尔的观点,视经济的决定作用发生在最初的时刻(霍尔,1983)。也就是说,我们可以认为,经济动力对限定一般环境的主要特征起着重要的作用,而传播活动是发生在这种环境之中的,但这种决定作用并不能完全解释传播活动的性质。

批判的政治经济学也必须是历史的,但它是一种特殊意义上的历史。在法国历史学家费尔南德·布罗代尔所创造的术语的意义上,它关心的是"稍纵即逝的事件和传统的历史叙述中的主体"与经济结构和规则体系渐次展开的历史所具有的那种"缓慢的但是可感知的节奏"特征之间的关系(伯克,1980)。批判的文化政治经济学特别关注四个历史过程:媒介的生长、公司势力范围的扩展、商品化,以及国家和政府干预角色的变化。

汤普森所说的"符号形式传递的一般过程越来越被媒介工业的技术工具和制度工具所中介"(1990),设定了媒介工业逻辑上的位置,由此展开当代文化的分析。

媒介生产越来越被大公司所控制,受制于它们的利益和战略。这虽是由来已久,但这种公司原则在最近几年中得到了可观的扩展,尤其是通过推行"私有化",公共资助的文化机构的重要性日趋衰微。公司以两个渠道支配着文化图景。其一,联合大企业中文化产品及其所占的利益比重越来越大,在一系列部门中都能看到,从报纸、杂志、到电视、电影、音乐和主题公园;其二,不直接涉足文化工业的公司,通过他们作为广告商或赞助商的角色,对文化活动的方向实施着相当程度的控制。商业广播电视和大部分报纸的财政上的存活能力直接依赖它们的广告收入,同时,越来越多的其他"展示创造性作品的场所",诸如博物馆、画廊和剧院"已被企业赞助商所占领",并已列入它们的公共关系运动的名册之中(席勒,1989)。

公司经营范围的这种扩展,加强了第三种重要过程——文化生活的商品化。所谓商品,就是为了以某一价格进行交换而生产出来的物品。商业传播公司总是在进行商品生产。起先,他们只限于生产可以直接被消费的符号商品,诸如小说、报纸和剧院的表演等。后来,随着类似留声机、电话、收音机等新的家用技术的出现,文化消费就要求消费者购买适当的机器(或硬件)作为接近文化产品的条件。已经存在的可供自由支配收入的不平等,使传播活动加倍地依赖于支付能力。要打电话或听最新的流行唱片,必须先购买相应的设备。如后将述,家庭收入越多,越可能拥有基本的硬件——电话、录像机、家用计算机等——传播的选择性也就越大。

初看起来,由广告支持的广播电视可以免于这种趋势,因为任何人只要拥有接收器就可以接近所有的节目——他们不需要再次支付了。但是,这种分析忽略了重要的两点:第一,受众支付给节目的费用,被添加在广告商品的零售价格中了;第二,在这个体系中,受众本身就是基本的商品。商业广播电视的经济运行,就是用受众来交换广告收入的。公司付给某个特定节目的广告价格,取决于这个节目所吸引的受众的规模和社会构成。在黄金时间段,额外的费用完全由节目的吸引力而定——能不能抓住最大数量的观众,能不能提供一个和消费相协调的符号环境。这样,节目就不可避免地倾向于为人熟悉的和经过检验的程式和样式,远离冒险和创新,定位于常识而不是相反。于是,受众的这种商品地位有助于减损节目的多样性,保证了节目对既有道德和思想的确认而不是对它们进行挑战。

对传播活动商品化的主要的制度性反抗,来自于靠税收支持的机构,这些机构完全是为了行使公民的权利和义务而提供文化资源的。最重要和最具有渗透性的是公共广播组织,以BBC为代表的这种组织,远离商品化的原动力,不播广告,向所有支付了每年的收视费的受众平等地提供全部系列的节目。正如BBC的第一任总监约翰·雷斯指出的:公共广播"可以被所有人同样地分享,收取同样的费用,到达同样的范围……没有什么第一阶级和第三阶级的分别"(雷斯,1924)。

如我们看到的,近10年来这一理想实际上已被逐渐损害,BBC的收视费已失去原有的价值,它只能增加商业活动以筹集资金,从而明显地偏离了其普遍而平等地供应节目的历史承诺,BBC正计划为特殊利益集团开设收费频道。

同时,BBC也处在强大的政治压力之下,尤其在新闻和时事节目方面。它相对于政府的脆弱的独立性,已受到一系列的挑战,包括对其新闻报道范围的"公正性"的攻击、警察没收胶片的行为,直到1994年,政府一纸令下,一系列北爱尔兰的组织被指名禁止采访,其中包括合法的新芬党。

这些缩小公共话语和公共表征的领域的企图,是更为宽泛的历史过程的一部分,在这一历史过程中,资本主义社会中的国家在传播活动的管理中起着越来越重大的作用。从一开始,政治经济学就特别关注公共干预的合适范围,为此就不可避免地要评估互相竞争的各种政策。它在分析世界的同时也关心如何改变世界。古典的政治经济学家及其当代的追随者,是从这样一个假设出发的:公共干预必须最小化,市场的力量赋予了可能的最广泛的自由的运行。相反,批判的政治经济学家则指出前者的曲解,以及市场体系造成的不平等,而认为这些不充足性只有通过公共干预才能得到纠正,虽然他们并不同意政府在这里所采取的干预方式。

当然,政治经济学关于公共企业和私人企业如何取得恰当平衡的争论,绝不是单纯的技术问题。它们总是以有关什么构成了"公共利益"的不同看法为基础的。亚当·斯密是以道德哲学家的身份结束其职业生涯的。他不仅把市场看做是高效的,同时在道德上也是优越的。因为它让消费者在互相竞争的商品之间进行自由选择,只有那些令人满意的物品才能胜出。同时,他也清楚地看到,公共利益并非个体选择的总和,私人企业也不可能提供一个美好社会所需要的一切。他看到了文化领域中的特殊问题,建议采用多种公共干预的手段以提升公共知识的水准,提供在道德上有益的娱乐。批判的政治经济学沿着这条路线大步前进,认为美好社会的构成有赖于公民权利的扩展。

现代传播媒介的历史,不仅仅是一部它们融入资本主义经济体系中的经济史,也是一部它们在行使完全的公民权利的过程中不断地趋于中心地位的政治史。从最一般的意义上说,公民权利就是"允许人民在各个层面上成为一个社会的完全的成员的条件"(默多克和戈尔丁,1989)。在一种理想的状况中,传播体系可以在两个重要的方面为这些条件作出贡献。第一,传播体系可以让人们接近信息、劝告和分析,从而使人们知道他们的权利并有效地去追求;第二,传播体系可以在最广阔的可能范围中,提供涉及政治选择的信息、阐释和争论,使他们能够表达异议,作出选择。德国理论家有尤尔根·哈贝马斯在他的具有高度影响力的概念"公共领域"中,对此有非常详尽的论述。

他的历史叙述,解释了在早期资本主义阶段,一系列实践和机构逐渐演化成促进对公共事务的理性的和批判的讨论(哈贝马斯,1989;戈尔丁,1995)。早期出现的报纸和出版业,在这种公开的争辩场所中扮演了显著的角色(尤其在英国),哈贝马斯把它视为西欧工业化过程中的一个普遍特征。当然,如批评家们所指出,他对过去的观点是高度理想化的。首先,如"自由的"商业报刊的早期的热衷者一样,他"对市场竞争保证公民对传播媒介普遍接近的能力过于乐观了",并且失察于"投资者、业主的选择自由和公民接收、发送信息的自由之间的不可避免的张力"(基恩,1989);其次,这个历史的公共领域,主要是资产阶级的空间,基本上排斥工人阶级、妇女和少数民族。

无论如何,公共领域的概念是值得保持的,只是它有必要更充分地开放,让社会中所有的集团能自我体认、能公平地表达他们的愿望。理想的传播体系,作为一个公共文化空间,应该是开放、多样、可接近的。这就给批判的政治经济学提供了一个基本的标准,以评价现行传播体系的表现,并阐述可能的替代方案。

实践中的政治经济学:三个核心任务

为了描述批判的传播政治经济学所关注的问题及其重点,我们将简要地勾勒三个领域的分析。第一,我们将关注文化物品的生产,政治经济学认为这个假设有特殊的重要性:文化生产之于文化消费有着限定性(但不完全是决定性)的影响;第二,我们检视文本的政治经济学,描绘呈现在媒介产品中的表征(representations)与它们的生产和消费的物质现实之间的关系;第三,我们评估文化消费的政治经济学,描绘政治经济学所特别提出的物质上的不平等和文化上的不平等之间的关系。

作为权力行使的意义的生产

菲力普·埃利奥特非常黯然地看待英国在 1980 年代早期的发展,认为公共领域被严重地侵蚀了。技术和经济的发展促进了"这样一种持续的转换:人民从民族国家的政治公民卷入社会到人民作为消费单位卷入一个法人的世界(a corporate world)"。尤其是知识分子,他们能在其中开展文化的话语批判的公共论坛被剥夺了(埃利奥特,1982)。传播政治经济学的一个焦点问题就是,控制文化的生产和分配的权力,其分布的变化是如何限制或解放公共领域的。

这就指向了两个关键议题。第一，传播机构的不同所有制形式对控制传播活动产生的不同后果；第二，国家管理和传播机构之间是一种什么性质的关系。我们将依次进行简要的考察。

大公司不断增长的文化生产量，长期以来一直是理论家考虑民主问题的一个来源。他们看见了一个基本的矛盾：公共媒介应该作为一种公共领域来运作的理想和媒介中私人所有权越来越集中的现实之间的矛盾。他们担心媒介的业主利用其财产权来限制信息流动和公开论辩，而这两者正是民主政体的生命力所在。19世纪末20世纪初报业巨头的出现加剧了这种担忧。拥有发行量巨大的连锁报业的巨头，绝不只有美国的普利策和赫斯特、英国的诺斯克利夫，而他们对于利用属下报纸推进他们喜欢的政治目标或贬损他们不赞同的观点和人们，不会感到丝毫的不安。

近年来，随着多媒体联合大企业的出现，加剧了这些长期存在的担忧。这些企业横跨所有重要的传播部门，占有它们的大部分股份。时代华纳(Time Warner)，世界三大传媒公司之一，是描绘这一趋势的教科书。1989年，美国主要的杂志出版者时代公司(Time)，合并了华纳电影公司属下的一些声像同业公司。随后，又进行了一些具有战略意义的合并，包括1996年合并了泰德·特纳(Ted Turner)电视公司。结果，它现在成了国际文化工业的主要玩家，从书籍出版、音乐录制、故事片生产和展览到卫星电视节目和有线电视节目(通过CNN的新闻频道，Home Box Office和Cinemax的电影频道，以及Cartoon Network)、动画片、电子游戏和儿童玩具(通过Hanna-Barbera制片厂，Atari拥有23%股权，Hasbro拥有14%股权)无不涉猎。时代华纳最近已与互联网巨人AOL合并。

时代华纳的主要竞争对手贝塔斯曼(Bertelsmann)和国际新闻集团(News International)以不同的形式重复了这种联合。贝塔斯曼利用它在德国出版业的广泛影响，进军商业电视、音乐录制和美国的书籍出版业(1998年收购了Random House)。而鲁皮特·默多克则以他在澳大利亚和英国出版业的控股公司为基础，组成了一个多种经营的声像帝国。这一势力在全世界蔓延，从美国的 20 世纪福克斯（Twentieth Century Fox）电影公司和福克斯（Fox）电视网，到三家主要的卫星电视系统：在亚洲和中东运作的 Star；主要控制英国卫星电视的 BskyB；以及 Latin Sky Broadcasting，它由美国电信电缆业巨头 AT&T 和两家拉丁美洲主要的联合广播企业（墨西哥的 Televisa 和巴西的 Globo）共同投资经营（参见赫尔曼和迈克切斯尼，1997）。

传媒联合大企业的出现，给业主滥用权力的老话题增加了新因素。问题已不再是业主干预编辑决定、解雇政治哲学异己者那么简单了。文化生产已深受"协同作战"的商业策略的强大影响，一个联合企业可以充分利用不同媒介利益的重叠部分。报纸可以为电视台或录音公司免费宣传，书籍生产部门可以投放与即将上映的电影相关的产品，其结果是减损了流通中的文化物品的多样性。虽然，仅从数量上看，出现了更多的商品在流通，但这些商品无异于同一基本主题和形象的不同变体。

除了对他们所拥有的公司直接行使权力，传媒巨头对那些已在他们的市场内运行和想进入他们的市场的小公司具有很大的间接影响。他们建立了竞争的游戏规则。他们可以利用巨大的财力把新进入者赶出市场，例如，发动耗资巨大的促销运动，给广告刊登者打折扣，或买断主要的创造性的人物，而那些通过竞争生存下来的占有一定市场份额的公司，其提供的产品和主导公司的产品非常相似，它们必须采用屡试不爽的编辑程式。

数字技术加上全球范围对"自由"市场的浪漫情怀，使主要传媒公司的权力在文化上和地理上进一步得到扩展（参见默多克，1994）。所有的传播形式——书写文本，统计数字，静止和活动的影像，音乐和人声——第一次能用零和壹的数字排列，也就是计算机语言进行编码、储存和传送。结果，区分传媒的不同部门的边界被抹去了。我们进入了一个趋同合一的时代，这种潜力给人留下深刻的印象。跨媒介的文化产品之间的流动越来越畅通,新的联合成为可能,消费者可以使用高级的电信电缆网络,从电子档案馆和图书馆中,按照他们愿意的组合方式和顺序,随意征用他们所选择的材料。热衷者把这些可能性看做是权力从业主转向受众的宣言。鲁皮特·默多克就是其中一个毫无忌讳的颂扬者,他是当今最有权势的媒介巨头之一。在1993年9月的一次记者招待会上,他说:"我必须强调(也许略带遗憾),这种技术已经把人们从一度强有力的传媒巨头手中解放出来了"(引自格林斯雷德,1993)。因为他相信,在数字技术时代,"人人都可以开办媒介,只要支付了电话费,人人都能得到他想要的东西"。像他这样的传媒巨头倒没有生存余地了(引自贝尔,1993)。

鲁皮特·默多克给他自己的生意兴高采烈地写下讣告这一幕,非常动人,但在根本上是不真实的。消费者只要付得起钱(这一点后面还要谈到)就能接近范围较广的文化物品,这一事实并不能有助于废除媒介巨头的权力。在合并的时代,权力掌握在这样的人手中:他拥有新的传播体系的主要的基础材料,拥有主要的技术部件,更重要的是,拥有文化资料——电影、书籍、影像、声音、写作——这些糅合在一起就成了新的服务种类。在争夺情报所有权的战役中,传媒巨头具有相当大的优势,因为他们已拥有了对公共文化来说相当重要的、范围广大的财产,并且,通过购置、合并和新的合伙关系,这类财产的范围在稳步地扩大。

在过去的五年中,大公司拼命使自己在快速变动的传媒环境中处于最有利的地位,制造了传媒历史上最大的并购浪潮。这一运动大大得益于许多管理障碍的废除或放松,那些管理以前就是为了防止跨部门的联合。例如,美国的好莱坞和主要的商业电视网络联合起来,在全球声像市场上产生了史无前例的强大力量,杰里米·塔斯多尔戏称之为"好莱网(Hollyweb)"(塔斯多尔,1998)。

这一过程是从1994年开始的。当时,控制了全美13家电视台的维康(Viacom)公司买下了派拉蒙电影公司。而1995年的一次并购,使这一过程的力度顿时加强。迪斯尼公司花了190亿美元购买了全美三大电视网之一的ABC/Capital Cites(在当时,是美国有史以来最大的并购行为之一)。发生在媒介和文化工业中的合并,只是故事的一部分。值得论证的是,最近电信和计算机大玩家的进入,从长远看会产生重大意义。这是由两种发展趋势所促成的:数字化产生的技术上的集中,及更为宽松的管理体制所带来的随意的商业环境。1999年,美国的第三大电信公司(按市场资本计算)AT&T,购得了美国第二大有线电视集团Tele-Communications, Inc. (TCI),使它有潜力同时提供家庭娱乐节目、高速区域电话和上网服务。

国际互联网的迅速成长,是1990年代后五年的重大传播现象,它促进了大公司采取急风暴雨般的行动,纷纷抓住它作为一个"平台"的巨大潜力,通过这个平台,可以发送广播服务,可以开展家庭银行、网上购物、有偿收视等电子商务。已经在全球计算机软件市场上建立了主导地位的比尔·盖茨,积极致力于开发这些潜能。在1997年他较早的一次动作中,他的主要的业务公司Microsoft买下了WebTV,一家加利福尼亚的拥有相当先进技术的电视公司,它的技术可以让观众使用电视机而不是个人电脑到网上冲浪。1998年,WebTV和英国主要的电信公司BT联合,在英国进行这一系统的开发试验。1999年,Microsoft和BT签约,共同研制移动电话的上网功能。

而且,当全世界的政府拥抱私有化和"自由"市场经济之际,这些联合大企业在地理上的延伸和战略上的联盟得到了迅速的扩展。政府允许大的传媒公司涉足以前对外关闭和严格限制的市场。苏维埃帝国和中国市场的开放,就是这种趋势的最实际的例子。

从历史上看,这一过程遭到了国家的干预。有两种主要的形式:第一,用公共利益限制商业企业,目标是保证文化产品的多样性,包括采取一些在纯粹市场条件下难以存活的方法。例如,英国的商业电视公司被要求制作一定数量的反映少数民族利益的节目,即使无法赢利;第二,文化的多样性得到各种形式的公共补贴的支持。

可是,在过去的20年中,这种干预制度实际上已被私有化政策所改变。主要的公共文化产业,如法国的 TF1 电视网,卖给了私人投资者。自由化政策把私人经营者带入了以前没有竞争的市场中,诸如许多欧洲国家的广播产业。为了让物主和广告商有更多的经营自由,政府的管理体制已经改变。其结果是大大增加了大传媒公司的权力和潜在的覆盖面,同时也加剧了公共文化受制于私人利益的危险性。批判的政治经济学的一个重要任务就是,描绘商业产业和公共产业之间的平衡点的转移及其对文化多样性的冲击。

这一转移过程体现在几个层面上。第一,像军队、警察这样的国家力量,变成了传播技术的主要使用者,既可以用来监测外部环境,也可以服务于内部的管理和控制体系;第二,政府和国家的部门成为越来越重要的公共信息的生产者,从官方的统计数字、报纸上的公告到公共广告运动,都有涉猎;第三,政府也在扩展它们的控制功能,尤其在涉及媒介工业的结构(例如,通过限制所有制形式和价格)和公共表达的许可范围(对淫秽的、煽动种族仇恨的以及危害"国家安全"的内容的限制)方面;最后,也是最重要的,自由民主主义的政府通过出于公共目的的补贴,已经扩大了参与文化活动的范围——例如,间接地通过不再征收报纸的增值税的方法;或直接地采取各种补贴的方法;还包括给博物馆、图书馆和剧院提供资金;强制性地收取收视费以支持 BBC 的运转。

广播在英国渐次发展成为一个准公共机构,公共服务的理想已经体现在法律、习俗和实践之中了。BBC,尤其在它的第一任总监约翰·雷斯领导下,把自己的职责解释为提供信息、教育和娱乐,虽然商业广播也以意识形态的暧昧方式宣称了这一职责,但

BBC 的宣示更为有力。无论 BBC，还是商业广播，都更多地把自己的角色视为类似于为教育或健康服务的机构，而不是市场中惯有的商品供应商家。这种自我指派的角色中所透出的过分贵族化的气息，以及这种角色与依靠广告收入的媒介之间的矛盾，已经损害了这种广播理念的可信性。1980 年代保守主义下的企业文化(enterprise culture)积极挑战广播应免于市场法则的理念，认为广播只有从国家控制中解放出来，消费者的选择和文化的独立性才能得到最大的保证。

公共服务广播的辩护者发现了自己的错误的立足点，看来他们以前支持的是一种官僚主义的和国家主权论者的传播理念，远离"公共领域"的理想。另外，看来他们忽视了新技术的无限的潜力，这些新技术比国家干预这只铁手也许更有可能给出"公共领域"意义上的选择机会和传播机会。

对于这些争论，批判的政治经济学能作出的贡献是，分析媒介和国家之间的关系是如何对公共竞技场所(public arena)中的表达的范围和观念产生影响的。BBC 在英国的两难境地，是一个富有启发的事例。经过长时间的、通常也是情绪激烈的争辩，政府终于在 1994 年 7 月公布了对 BBC 未来的计划。这一计划得到了欢迎，BBC 的支持者们如释重负地松了一口气。当时，持有的皇家特许证(BBC 就是在它的允许下运作的)1996 年到期，更新以后的特许证要管未来的 10 年。赞成 BBC 私有化的声音占了上风，看来就像是一个通常的商业行为。但是，近距离的审视显示，并没有一个非常明确的后果(默多克，1994)。收视费(BBC 的大宗收入)只保持 5 年，是否继续实行"届时视技术和其他发展的情况"而定。尤为重要的是，是否"把 BBC 的所有或部分服务纳入征订体系"还在继续考虑之中。从考虑公共利益、所有人都能平等地获得它的节目，转向付钱才能得到的商品，BBC 将转变成国际媒介市场上一个较大的商业公司(英国文书局，1994)。

事实上，行动已经开始了。政府把 BBC 称为"民族的斗士"

(national champion),鼓励它最大限度地利用其知名度去拓展全球的电视节目市场。为了使 BBC 能"创造或保持国际多媒体世界中英国的市场"……"政府已鼓励"它"发展商业活动,寻找私人部门的合作者和财政援助"(英国文书局,1994)。BBC 近年来以不断增长的热情追求这个目标,甚至它的公司名称也有变化,现被称为 BBC Worldwide。在 1997 年的一宗大买卖中,Flextech(TCI 的子公司)在未来 30 年中被赋予优先使用 BBC 过去和未来的节目的权力,作为回报,Flextech 对 BBC 的节目生产进行基础性的投资。这一合伙行为的第一个成果就是,四个由广告支持的主题频道可以使用 BBC 的资料,并以 UK TV 的名义投放市场。在另外一宗单独的买卖中,American Discovery Channel(也有 TCI 的基础性投资)拥有对 BBC 事实类节目构思的独一无二的"第一获知权",节目范围包括科学、历史、自然史和纪录片,作为回报,American Discovery Channel 给 BBC 投资五年。

这些动向把 BBC 分成两块。一方面,已有的免费播放的频道继续收取视听费,所有人都能收看;另一方面,增加的一系列商业服务节目由征订费或广告费支持,它们主要针对国际电视市场。BBC 最近打算以同样的形式出现在因特网上,有一个可以免费登陆的网站,同时也开展定向的服务。这一双重结构,给长期以来作为公共资金支持的服务机构而生存下来的 BBC 提出了严肃的问题。它的商业运作越成功,收入越丰厚,维持视听费的机会就越小。在 BBC 的这两桩大买卖之前,下议院的一个委员会已经认识到这个矛盾。委员会在一份关于 BBC 的未来的经济状况的报告中指出:"如果 BBC 找到一个新的、有利可图的商业角色……这不是不可能的,那么,给视听费的存在再找任何一丝理由都是困难的"(民族遗产委员会,1993)。

但是,国家不仅仅是传播机构的管理者,它本身就是一个庞大的权力沟通者。这个权力被如何行使,是文化的政治经济学关心的一大问题。政府不可避免地急于促进自己的政策观点,以保证起立法作用的动议能得到合适的理解和支持。近年来,这种愿望促进了传播活动的迅速增长。到 1990 年,政府成了英国第二大广告投放者(参见戈尔丁,1990)。1986 年到 1992 年之间,政府的广告实际上增加了 16%,大约是前 10 年的 2 倍(丹考姆和戈尔丁,1994)。传播研究者普遍把这个过程看作是一种议题建构(agenda-building),其中,通过减轻媒介为受众发现和提供信息的劳力,国家有效地给媒介组织以补贴。正如甘地所定义的,信息的政府补贴是"一种对他人的行动施加影响的企图,是通过控制他人接近和使用与他们的行动相关的信息来实现的"(甘地,1982)。在日益公共关系化的国家中,这种补贴可以提供给基本信息的完整而健康的分配,如解释和促进公共政策的信息,也可以提供给那种恶意经营的新闻,由于"节约地、最低限度地传播真理"而变成了政治生活的附庸(参见戈尔丁,1986 和 1994)。

当然,传播业的产品不仅仅是控制文化产品的生产资料和分配渠道的集团或个人的兴趣的反映。在媒介内部,是男人们和女人们在一系列的法则和专业意识形态的指导下,怀着社会的或个人的抱负进行工作的。这些抱负也许过于理想化。许多文化产品是平凡的、庸俗的和可预见的。但是,在媒介内工作的人的自主性,却是政治经济学家非常感兴趣的问题。他们的目标是,发现在上述宽泛的经济结构的条件下,这种自主权能行使到什么地步?媒介的经济结构在多大程度上阻碍了一些表达形式找到流通的出口和到达受众?

有一个例子能说明这个问题。连续数届的皇家专门调查委员会已然指出,英国媒介中的一个显著现象——英国的流行报纸从来不给激进的左派以政治上的同情。例如,最近一届皇家专门调查委员会在论及报纸时,得出了这样的结论:"毫无疑问,在这个世纪的大部分时间中,劳工运动鲜有得到比它的右翼反对者更多的报纸舆论的支持,大部分报纸都不愿报道它的信仰和行动"(下议院,1977)。"毫无疑问",委员会接着说,"存在着一条能被利益填平的政治鸿沟"。许多新闻记者同意这个观点。舰队街的资深评论员汤姆·白斯脱哀叹:"成千上万的左派、中间派和不可知论者不了解读者,不再有任何真正的可选择的报纸"(白斯脱,1985)。为了解释这个问题,政治经济学家要考察广告支持及所有权形式的转移所带来的冲击,去发现这个鸿沟为什么存在,为什么政治上的左派在英国的全国出版机构中没有表达激进观点的例行空间。1997年的大选中,托尼·布莱尔以压倒优势胜出,英国回到了工党政府的手中,这一非同寻常的政治图景的变换,是伴随着一些政治附属机构和一些热情的全国性报纸的戏剧性变化而发生的(丹考姆等,1998)。……一些媒业业主敏锐地认识到约翰·梅杰的保守党政府已失去民众的支持,迅速地认识到应把赌注下给胜数更大的马匹,实际上已开始把他们自己未来的需求和下届政府在媒介管理领域中的可能的倾向联系在一起考虑了。来自业主和其他经济层面的命令的复杂的影响力和新闻记者的创造性自主是并行的,这是批判的政治经济学家必须关注的文化生产的一个取向。这样,他们就必须越过显著的结构特征,去评估更大结构中的日报实践、日常新闻收集和加工、招募记者以及专业意识形态的重要性。这就要求对新闻记者的工作进行细致的研究,了解各种权力来源和当局进行"议题建构"的方式,以及工业社会学家所区分的市场情境(market situation)和工作情境(work situation)之间的联系。

权力和所有制的形式是媒介商品制作的背景,然而,其对媒介产品生成的运作、本质究竟给予了怎样的具体影响,这是文化生产的政治经济学接下来必须关注的问题。为了解有关哪些商品被生产出来的分析,将引导我们向何处去,我们有必要转入媒介产出的政治经济学之中。

政治经济学与文本分析

如前所述,文化研究特别注重媒介文本的结构分析,探寻它们在维持统治体系中的作用。随着研究的展开,它趋于明确拒绝把大众媒介看作是主导意识形态的传送带,而视传播体系为一个领域或空间,在其中,彼此竞争的话语,观看和诉说的不同方式,都在争取自己的可见性(visibility)和合法性。但是,除了通过电视播放的政治性演说之外,话语很少能以它们的"原生"状态得到公共消费。它们被重新组织、重新语境化,以适应被采用的特殊的表达形式。例如,关于艾滋病的论述,可能是各种电视节目的主要话题,从公共健康广告,到新闻节目、深度报道、演播室讨论节目,或肥皂剧、警匪片的一个情节。每种形式对什么能说、什么能演、从什么角度说和演,都产生重要的影响。总之,文化形式是控制公共话语的机制。

我们可以把这一过程分成两个层面。第一,允许放送的话语形式——它们是否绝对是围绕官方的话语来组织的?它们是否给反向话语提供表达的空间?第二,话语在文本中的处置方式——话语是否按照显著的可信度阶梯排列,以促使受众更倾向于接近某个话语?或者它们是以更均衡对待、非决定性的方式安排,以留给受众一个更开放的选择余地?

如果说,文化研究最基本的兴趣在于:这些机制在一个特定的媒介文本中、或贯穿一系列媒介文本中起作用的方式,那么,批判的政治经济学要解释的是:媒介生产的经济动力通过促进某种文化形式可能对公共话语产生怎样的结构性影响。以电视剧生产中日益显著的对国际间合作生产协议的依赖现象为例,当合作伙伴在寻找可以在国内市场卖出去的主题和叙事方式时,这些协议会对节目形式强加各种各样的限制。讨价还价的结果,很可能是生产一部美国化的电视剧,简单的人物塑造,快速的动作风格,屡试不爽的拍摄程序以及一个显而易见的结局;也有可能是一种"电视旅游片"的变种,主要的卖点在于大家所熟悉的形式以及各民族的文化遗产的展示(默多克,1989)。两种策略都使话语的领域变得狭窄,阻碍人们去关注一个民族状况的复杂性和模糊性。前一种形式围绕着主导的美国式的故事讲述方式,具有显著的话语边界和等级;后一种形式复制了一种"英语世界"(Englishness)的意识形态,排斥所有的次要话语或将它们边缘化。

这一总的视角,重点放在文化形式的决定性的调停作用上,它有两个主要的优点。第一,允许我们用一种不可化约的方式,描绘文化生产的组织和资金筹集之间的细微联系以及公共话语领域和表征领域的变化,为此就必须重视对文本自身的详尽分析。实际上,这种分析远非次要,而是推动议论充分发展的中心;第二,通过强调媒介文本在话语的公开性程度上相当不同这一事实,提供了一种研究受众活动的理论取向。并且,这一取向把受众反应和其在社会结构中的位置结合起来进行分析。但是,与文化研究最近对受众活动的研究聚焦于文本解释中的协商及直接的社会背景中的媒介使用不同,批判的政治经济学试图把受众的各种反应与他们在经济体系中的总体位置放在一起考虑(默多克,1989)。当然,这不足以解释我们需要知道的关于受众反应的动力的全部内容,但构成了一个必要的出发点。

消费:主权还是斗争?

对自由市场哲学的提倡者来说,传播产品无异于其他产品。既然只有通过市场,才能保证人们所需要的一般商品能得到充足的生产和分配,那么,文化产品也不例外。这一命题的正确与否,为文化消费的政治经济学提供了分析对象。

奇妙的是,一种属于自由市场哲学的、很有影响的思路,在最近的文化研究中相当流行。为了反对这样一种简单的决定论——把受众视为无所不能的强大媒介的被动欺骗对象,有学者断言,观众和读者是主权者,他们能把自己的意义和解释加诸"多义的"(polysemic)材料(也就是说,能产生各种各样的意义)。这一分析,吸引了对媒介的政治、社会预期非常不同的学者。对自由的多元主义者而言，它再确认了一个观点——文化供给和文化需求的控制及平衡（虽然在某种程度上是不均衡的），远没有过时。消费者或许多少会遭受挫折，但最终仍然是独立自主的。对更具有批判的或激进的天性的学者来说，这一观点释放了民粹主义者的浪漫情怀——被冷酷的经济决定论者漫画化了的、被蹂躏的受害者，其实是在反抗文化欺骗的战斗中英勇抵抗的战士。

消费者的主权在任何意义上都是不可能的。没有人只要愿意就能无限制地接近全部文化产品。政治经济学的任务，就是考察限制这种自由的障碍。它把障碍分成两种：物质的和文化的。依次考察如下。

只要传播产品和设备是有价获得的，接近它们的能力就一定是有限的，因其受到个人或家庭的可随意支配收入的限制。一般认为，从上一代开始，服务性开支显著上升。1953—1954 年间，服务性开支占家庭总支出的 9.5% 强；到 1986 年，这一比例提高到 12.7%；到 1993 年，更升至 19.6%（中央统计办公室，1994）。1971 年至 1997 年间，家庭开支的增幅是 91%，但用于娱乐和相关活动的开销上升了 110%，其他服务则上升了 130%（国家统计局，1999）。……家庭开支上升的比例，与电视媒介越来越多地作为主导休闲时间和消费活动的现象，是最为相关的。20 世纪 90 年代，英国的成年人平均每周花 26 个小时看电视，且尚未计入使用电视机开展的相关活动，例如看录像、玩电子游戏等。然而，随着开展这些活动所需硬件范围的扩大，个人支出也必定增加。

这些消费形态的转换，反映了生活方式的逐渐变化。但是，不同人群是有相当不同的经历的。1997—1998 年间，英国最贫穷的十分之一人口每周家庭服务的开支是 5.50 英镑，而最富裕的十分之一在这方面的开支是他们的 3 倍多。但是，休闲消费占去了富裕者开支的 15%，而贫穷者的这项开支只占 5%，他们用于食物和与人一起饮酒的开销,比富裕者用于饮酒的要少(国家统计局,1999)。可以任意开销于传播产品和信息服务的人群结构在基础上是倾斜的,越来越趋向于富裕集团。只要媒介产品和信息服务仍作为市场中的商品而不是公共领域中的服务,那么,对这些东西的可获得性就具有根本性含义。

如表1所显示,拥有和使用传播设备的情形,在英国的不同收入人群中显著不同。最近的信息和传播技术的革新使这种情形越来越真切了。这样的差距,在美国引起了激烈的政策论辩,美国的国家电信和信息管理委员会就此发表了若干份报告,提出了一个描绘这种状况的生动术语——"数字鸿沟"(digital divide)。在最近的类似报告中可以看到——虽然,计算机的拥有和网络接触在总体上呈增长态势——但是,从1999年开始,家庭收入达到75 000美元或更高者,其接触网络的比率比那些处在收入最低线的家庭高20倍,拥有家庭计算机的比率高9倍。更显著的是,这一差距还在拉大——1994年到1998年之间,白人家庭和黑人家庭的差距增加了6%,收入最低者家庭和收入最高者家庭的差距则增加了29%(美国商业部,1999)。表2显示了英国1990年代末的数字鸿沟(参见戈尔丁,1998)。

表1 1997—1998年英国家庭拥有传播设备情况

消费品	家庭拥有传播设备比率(%)(收入分成五个等级)					
	收入最低 20%	第二等级	第三等级	第四等级	收入最高 20%	总计
电话	79	92	96	98	100	93
移动电话	3	6	12	21	38	16
卫星接受器	7	16	20	26	28	19
家用计算机	8	12	22	34	57	27
录像机	65	76	91	94	97	84

资料来源:戈尔丁(2000)

表2　1998年英国接触网络的人口统计

社会经济阶层	家庭拥有PC情况(%)	网络接触比率(%)
AB	64	27
C1	50	17
C2	41	9
DE	26	6
总计(15+)	44	14

资料来源：英国市场调查局(1999)

这一显而易见的鸿沟，不是统计数字中的一个短暂的光点。不像过去的几十年中，家用物品会逐渐被大部分家庭普遍使用，因为两个因素，这一差距不可能从根本上得到消除。

第一，在前10年中，收入和财富的差距急剧拉开。……在1971年和1990年代后期之间，低收入者和高收入者之间的差距实际上是增加了；从1980年到1990年，收入高的前十分之一人口的收入增长了47%，而收入低的前十分之一人口才增长了6%；在1979年和1996年之间，所有收入中，收入分配属于较低的一半人口所占的份额下降了，收入最高的那些人口所占的份额却上升了。处于收入底层的一半人口在1979年占总收入的33%，1996年占26%。（社会安全部，1998）国内税收数字显示，1999年英国最富有的前十分之一人口拥有全部财富的一半。……人口中不同阶层所拥有的随意支配的消费权力，是如此显著地两极分化。

第二，数字鸿沟加深的根源也存在于信息传播物品本身的性质中。这些物品要求经常更新和替换，弱势群体受到消费能力的限制，富裕群体的优势则得到累积。拥有计算机或视频硬件以后，还要在软件上开销。不像电话只付使用费就行了。比如，买了个人电脑，接着得置办调制解调器、打印机、扫描仪和其他软件，要不了多久（一般不超过四年）就要更换基础设备。所以，有限的消费能力是一个制约因素,因为除了初始购置以外,还要经常使用。毫不令人惊奇的是,这些数字还掩盖了社会集团中的更深差异。例如,在超过一个孩子的单亲家庭中,电话的拥有率不到 80%,即,大约在四个这样的家庭中,就有一个家庭被排除在他们特别需要的这个传播资源之外。

当然,并非所有传播物品的消费都需要昂贵的设备。例如,只要你拥有电视机,就可以收看电视节目。作为公共物品,还有许多文化材料都是可得的,如公共图书馆的书籍,作为一种共有资源,它已经在国家的税收中得到支付了。然而,这并不是一种静止的状态。对政治经济学家来说,文化物品的供给和分配从公共服务转向私人商品,标志着人口中的不同集团接近文化物品的机会的实质性变化。如果像 1990 年的广播法案(Broadcasting Act)所描绘的未来的新的电视结构那样,电视频道或个人节目只有通过付费才能接近,那么电视节目的消费将明显地受制于家庭收入的分配。多频道电视和有偿收视服务的增长,要求家庭中的可随意使用的收入更多,这将进一步把实际接触电视的能力按收入线分化出不同的人群集团。类似的考虑开始起作用了,例如,是否尽可能利用公共图书馆来收费,就像 1988 年政府的绿皮书(Green Paper)所提出的那样,虽然,这一提议在当时被搁置了(艺术和图书馆局,1988)。通过把价格制度强加到文化物品上,它们便获得了一种人为的稀缺性,使它们类似于其他相当稀缺的物品。正是基于这个原因,文化消费的政治经济学不得不特别关注物质上的不平等。

批判的政治经济学不仅关注文化消费中的金钱的制约,也关心社会地位对接近其他相关资源的控制方式。这一分析的中心问题是,试图描绘在"生产"体系中不同的地位所带来的结果,它不能仅仅被理解为简单的付酬劳动的结果,同时也是一种工资工作(waged work)和家庭劳动的复杂交叉,包括照料工作的结果。三种非物质性资源与充分理解消费和受众活动有关——即时间、空间和文化能力,被用来以特有的方式解释和安排媒介材料。

时间,尤其是真正的闲暇时间,是分配高度不均衡的资源。正如一些家庭调查所显示,接近未占用时间(供个人自己使用的时间)主要由性别分层所决定。妇女从事"影子工作"(shadow work)(伊里奇,1981)——购物、打扫卫生、做饭和看护孩子——的基本责任,对她们和大众媒介的关系产生了本质上的后果。她们的选择不仅经常被她们丈夫或孩子的优先要求所限制,而且事实上家庭中没有其他人会恢复她们的感情资源,这就导致她们寻求其他方式来保持她们心理上的平衡。例如,男人大部分是工具性地使用电话,目的是"把事情办妥",而女人经常是表达性地使用电话,目的是维持社交网络。从表面上看流于琐碎的闲聊,其实是女人内心经历的一种感情生活的补救。时间预算的研究不断地证实,非工作时间的分配中,性别差异相当严重。1995年春,英国的一次官方调查显示,平均每天一个职业妇女花在做饭、照顾小孩和老人以及日常家务上的时间为2小时38分,而男人花在这些事情上的时间为51分。同样,通过电话或面对面用于与朋友或其他家庭保持联系的时间,女人也多于男人(分别是1小时5分和48分)。不值得惊奇,这种对照料家庭成员和维持社交网络的不均衡付出,也反映在听广播、看电视时间的显著差异上。男人每天有2小时4分从事这些活动,而女人只有1小时49分(国家统计局,1998)。

虽然研究相对较少,但空间的获得同样是一个对传播选择有结构性影响的关键资源。看电视的经历依其不同场所而不同,在"人们自己拥有的空间"如起居室、厨房或其他公共家庭空间中,与在公共场合如酒吧里,感受是不一样的。这里的问题是,私人性或社交性的消费导致的空间组织的转换以及它对媒介经验意味着什么。为勾画这些空间区域的各种混合,我们必须描述它们与生产原动力、地理上的移动性和不可移动性的形式、社会分离还是社会团结、心理认同还是心理反感等的联系。

对"生产"的分析也必然要求理解文化能力的不同分配。文化研究中的一支强大的经验主义传统——统辖了从青年亚文化到电视文本的不同"解读"的研究——关注社会地位如何提供对文化技能（cultural repertoires）和符号资源的接近，它们维持着解释和表达的差异（莫利，1983）。但是，批判的政治经济学需要进一步揭示的是，接近意义体系，尤其是那些提供和文化主流相抵触的解释框架的意义体系，与产生和维持这些意义体系的社会背景是如何联系的，反过来，一般地看，这些社会背景又是如何被政治经济条件的变化所改变的——当现实的"生产"移动、转换、重新组合的时候。面临城市的重新开发，街坊的狭域文化会发生什么变化？去工业化和从生产向服务的转换会如何改变职业文化和产生于劳工运动的批判文化？由劳工的移民运动所重新塑造的区域结构和全球结构之间的文化关系是怎样的？解决这些问题，必须把传播的政治经济学和当代世界的政治经济学以及文化社会学重新联结起来。

结　　论

人们在解释、回应其所处社会环境之际所运用的形象、符号和词汇，在相当程度上有赖于文化产业。因此，以一种全面的、在理论上恰当的方式理解这一产业是极为重要的。它使传播分析有可能占据社会和文化研究的中心地位。我们认为，批判的政治经济学提供了支撑这种分析的理论取向，并初步描绘了这种取向的起源、特征和应用方式。当然，在我们能声称确立了传播的政治经济学之前，有很多理论上、实证上的工作尚待完成。

（杨　击译/品　书校）

麦克劳等

本文作者杰克·麦克劳（Jack M. McLeod），为美国当代知名传播学者，其主要研究兴趣包括政治传播、大众媒介效果研究、舆论学以及媒介在扩大民主参与中的作用等，已发表学术论文50多篇。他于1962年到著名的美国威斯康辛-麦迪逊分校任教，迄今已近40年之久。另两位作者考姆斯基和潘忠党，均为他的学生。

本文选自詹姆斯·库兰和米歇尔·葛瑞维奇（James Curran and Michael Gurevitch）合编的《大众媒介与社会》一书。其重要价值在于：一、对美国的大众传播媒介效果研究发展史进行了梳理，尤其对1970年代以来的成果作出了较为系统的总结和评述；二、概括并回应了批判学派、文化研究和行为科学者对媒介效果研究的批评和误解。

（丁　未）

对媒介效果的理解与误解[*]

纵观媒介效果研究或称大众传播研究的疆域,常有令人困惑之感。我们看到的可能是一场不同寻常的战争,各个阵营的人都穿着并不合身的制服,上面带着奇怪的"徽章"(如媒介效果、批判的、文化的)。表面上,大家都在从事同一种事业,但实际上,各个阵营争斗不断,甚至各个阵营内部也时常"拌嘴"。从乐观的角度看,这种激烈的争执反映了这个生机蓬勃的知识分子圈的热情和活力。

争执所引起的混乱意味着,学者们愿意涉足这一领域,也意味着,为理解这一领域,需要有一幅能提供相当准确、不带偏见地把各种知识阵营的位置与活动加以标识的"图纸"。本文的目的就在于,检视如何理解媒介效果研究(有时也称为大众传播研究的"主流范式"),以及它是如何被媒介研究领域的一些观察家们所误解的。首先,我们试图确定什么是相对公认的媒介效果研究角度。

由于理论样式、研究问题、证据收集及推论的差异,对媒介效果角度的界定相当困难。我们的界定可能会引起一些学者的不快,因为他们本来就觉得加在自己身上的标签并不合适。我们的目的仅仅在于,对当代媒介效果研究取向进行一番梳理。

---

[*] 译自英文本《大众媒介与社会》,英国爱德华-阿诺德出版社1991年出版。

什么是"媒介效果取向"
(Media Effects Approach)

一个最为显著的共性是,把对受众的关注放在首位。"受众"一词可以从不同的层次加以理解。它既可以作为处于社会环境中的个体,也可以作为社会或文化的构成(institutions)。受众可以被看做是集合体的大众或是公众,但也可以把注意力放在受众成员作为某些特殊角色所作出的反应,如作为经济或政治精英的决策者。

第二个特征是,对影响(influence)的具体说明,无论是根据各个抽象层次分析单元中的受众之变化,还是防止其发生变化。这种影响往往有多种形式:心理反应的变化、个体受众在态度、认知、行为方面的变化、或各种形式的集体性变化(如社区中同质性的增强、社会中政治的不稳定性)。并非各种社会系统层面的所有变化,都能直接对受众个体这一层面带来相应的改变(如同质性)。媒介效果研究人员力图在不同分析层面建构自己的理论——从宏观社会到个体,甚至到心理反应层面。当然,也有研究试图在这些层次之间寻求联结。

第三个特征是,关注对特定的现象、形式或内容产生影响或效果的信源之属性,以及媒介讯息系统、单个媒介、内容类型或个人讯息之属性。媒介关注的可能是大众(如广播电视、报纸),但也有更专业化的媒介,如直接邮寄和新技术。对于媒介及其讯息对受众产生影响这一主要的流通过程,有一种清晰的理论上的约定俗成,它以"效果"一词作为代表。但这并不意味着一种单向的影响流,即把受众看作是被动的接收者。"效果"一词,尤其在近来的理论中,丝毫不否定,事实上还强调了受众在主导媒介影响的形式与范围中具有预先的导向性作用。

另外,有两个方面与这一研究取向有关。变量这一术语(例如自变量、因变量、干预性变量)内含多种因果关系,常用来描述最有可能产生效果的过程和条件;另一是假设的阐述,按通常的理解,这是对效果的经验性检验。"经验主义的"(empirical)包括两个意思:关键变量是可以被观察到的(并不一定是量化的,尽管量化和统计分析被当作证据的——强有力形式),以及命题具有被检验的能力,也就是说,其结果可以证明是错误的。

媒介效果研究在理论的关注点上和方法上都具有差异性,而且,学者相互之间的共性有限。因此,称之为"范式"有点言过其实。在"传播学"(communication science)领域,由于大众媒介研究只占少量的地盘,称媒介效果研究为超过其他研究取向的"主流"更非妥当。

批判者眼中的媒介效果

与我们眼中的媒介效果的多样性不同,在批评家的眼中,更多看到的是这一研究取向的同质性。为简明起见,我们将其概括为三种观点,在接下来对这些批判的评价中,我们认为,他们的许多观点正反映了媒介效果研究中存在的局限。当然,这样的概括过于简单化和偏颇,有的已经过时,且过于狭隘。

批判学派的批判

这一批判源于批判学派的各种支流,他们大多认为,媒介效果研究建立在刺激—反应这一学习理论基础上,只局限于两个变量(媒介刺激和效果),没有中介。而且,效果研究被认为在其研究取向上过于个体主义,在方法上又有简约主义的缺陷,盲目指责个人在知识和参与方面的欠缺(戈尔丁 Golding,1974)。效果研究的意识形态倾向显示了其号称自己客观和道德中立的虚伪性。

他们认为,媒介研究过分局限于一种效果类型的研究:那就是劝服,其他效果类型被大大忽略了。此外,效果受制于传者的意图,也就是行政人员的操作意图。因此,媒介效果研究缺乏与根植于社会权力关系的讯息生产之间的理论关系。媒介效果研究被认为是把讯息作为中立的、毋庸置疑的东西,其有限的变量是因果关系的惟一来源,其研究所选择的讯息也过于简单化。

最根本的问题是,媒介效果研究被认为在性质和意图上全都是行政的(吉特林 Gitlin,1978)。也就是说,媒介效果研究人员在很大程度上依赖媒体和政府机关的经费,结果,研究的正当性与市场和政府政策联系在一起。于是,对理论的发展和人类条件的改善不再承担其应有的责任。

具有讽刺意味的是,在批判学派看来,媒介效果研究名不副实,它低估了大众媒介的效果。由于其局限性,媒介效果研究没有探索累积的、延迟的、长期的和用以维持现状却看不出明显意图的效果(戈尔丁等,1978)。实际上,考虑这些效果变量能加强对媒介影响力度的评估。

文化研究的批判

来自文化研究方面的批评,则加上了更多的主观色彩。其中,最基本的一点是,指责媒介效果研究在论及变量及其效果时使用了不恰当的术语和因果模式。他们认为,媒介效果研究受一种过时的实证主义哲学的局限,反映的是"行为主流霸权"(霍尔 Hall,1982)。他们认为,所谓对物质的可观察的特性的关注、没有变化的关系以及经验主义的科学举证都是效果研究和整个社会科学的致命缺陷。

他们认为,效果传播只关注孤立个体的有限变量,是对受众进行人为分割,舍弃受众人性的一面,并把受众从其文化中分离出来。效果研究对人类行为总则的描述,忽略了人们在对媒介反应方式中的重要的文化变量(霍尔,1982)。根据文化批判,媒介效果研究有意对受众建构讯息意义的行为轻描淡写。更糟糕的是,把受众成员当作容易受愚弄的人。他们认为,效果研究过分强调讯息,蓄意夸大媒介效果。他们所忽略的是,文化机理中意义生产的建构过程(霍尔,1980、凯瑞Carey,1989),通过把媒介讯息简化为具体的心理刺激和把注意力放在显性的容易被操纵的特征上,效果研究将内容和受众都简单化了。效果研究中所使用的量化方法,忽略了讯息和意义在受众接收时存在着重要的质的差异。

行为科学的批判

对媒介效果研究最激烈的批判来自原本被认为较为宽容的行为主义科学家。他们认为,效果研究的经验性结论并不能支持其号称的强大的媒介效果。根据这一学派中一位批评者的看法(麦圭尔McGuire,1986),这种对媒介威力的期许,来自水火不容的两大阵营:批判理论家和应用实践者(广告与公关)的"阴谋",后者是为了使他们的存在正当化和为了薪水才号称媒介威力巨大。根据他的观点,对媒介效果的夸大还来自于学术界研究人员之间对发现效果所做出的承诺——学术期刊很少发表没有什么研究发现的论文,而年轻学者又被要求发表论文。

这种"友谊之火"的第二大攻击,是媒介的动机性质。在有些情况下,媒介可能只是作为一种简单的载体,承载着一些信源如广告客户或新闻制造者的讯息,但这也是一种媒介效果。另一个问题是,因果方向含糊的非实验性的效果研究——实际上可能仅仅是从媒介中查找"原因"。一般说来,那些只从媒介中追究原因的效果研究人员所得出的结论,往往缺乏科学的准确性,因其偏离了对特定讯息所产生的特定效果的具体说明而缺乏理论性。

在行为学者的眼中,那些"以媒介为中心"的效果研究人员由于把信息生产过程的宏观概念和效果的微观概念混为一谈而导致理论上的断裂。根据这一观点,由此造成的对媒介的模糊认识,没有对"刺激"作出具体的说明,因而背离了建立关于人类行为的行为主义科学的基本目标。

对方法论上的批评,综合起来看,主要是指责效果研究中研究设计的薄弱、缺乏全国性的样本以及没有采用最佳的统计程序。这样,在一些行为主义科学家的眼中,效果研究的合理性就更值得怀疑,并使效果研究在学术圈内更加处于边缘化的地位。

媒介效果研究史

……

当前的媒介效果观

在过去的20年里,大众媒介效果研究有了长足的进步。我们将从五个不同的效果研究角度对这20年的发展加以总结:效果的拓展,媒介内容的细化,关于媒介生产的阐述,关于受众能动性的概念,过程、模式及分析层次。综合起来,这五个方面反映了把媒介效果看作是联结媒介生产与受众接收行为效果的一个多层次的过程。

效果的拓展

近来,媒介效果研究的最显著特征是,探索效果的范围有了巨大的拓展,超越了30年前作为基本标准的劝服和态度的改变。这一拓展,直接来源于从心理生理学、认知社会心理学到文化人类学等各种理论对传播研究的渗透。

麦克劳和李维斯(McLeod and Reeves,1980)认为,有七个方面可以对媒介效果进行界定。前四个构成媒介效果,第五个代表内容方面的效果,第六个反映了媒介对效果产生的影响,最后一个方面则关注各种效果之间的概念和方法的差别。我们先审视前五个方面,后两个方面则将在文章的后面部分进行讨论。

一、微观与宏观
二、变化与稳定

三、积累与非积累
四、长期与短期
五、态度、认知与行为
六、一般性扩散与特定内容
七、直接的与条件的

总的来说,这七个方面采用的是两分法(第五个是三分法),用以构成192项不同效果类型的一个基本面。查菲(1977)对各种效果研究作过类似的总结。关键在于,媒介研究可能采用不同的方式、具有不同的过程、需要以不同的方式进行评价。我们将看到,媒介效果研究的范围有了很大的进展,但也应以一个更能为大家理解的方式加以整合,因为这一领域的发展历程表明,无论是对媒介效果的总体概括,还是对效果缺陷的批判,都无法使研究富有成效,或对媒介与受众之间的关系有一个很好的理解。

微观与宏观

在过去半个世纪的媒介效果研究中,受众个体一直是最主要的分析单元。选择这一"微观"的单元,反映了关于态度的社会心理学理论和经验主义方法在战后的显赫地位。但通常,理论和政策议题需要纳入到更宏观的分析单元之中,其结果是,宏观社会实际上只建立在从个体受众成员那里收集的微观数据的简单合计基础上。这种简单的总计程序所形成的跨层次分析,是有问题的(潘和麦克劳,1991)。社会后果不能只从个体的平均变化中加以推断。对个体发生作用的,不一定对社会也发生作用,反之亦然。例如,"知沟"假设断言,虽然媒介能成功地将信息传递给所有的人,但不同地位群体得到的信息在程度上是有差异的(蒂契纳Tichenor等,1970;罗宾森Robinson,1972)。媒介因此可能在地位较高的人与较低的人之间产生"知沟",这取决于每个阶层对信息的相对获取状况。

近年来,学者对媒介效果的兴趣已产生了变化,他们对各种类型的社会系统的影响力更为敏感——如家庭、社区、社会运动、组织、社会及国际社会。尽管最常用的分析单元仍然是微观个体,但如今的效果研究已经对上述各个层面都加以构想,并开展了研究。相反,媒介内容生产的概念倒是大多在宏观层面上进行阐述。在这里,我们并不认为任何一种分析单元本质上有什么"正确性",而且,其他层次上的研究工作也需要进一步拓宽。我们的观点是,对媒介的理解,不仅需要微观和宏观层次上的理论和研究,而且需要把生产和受众联系起来,也需要跨层次的概念联结。

变化与稳定

媒介效果或促成受众的变化,或对受众的变化起阻碍作用。大多数的效果研究致力于对变化的研究,其主要原因是,变化作为媒介的作用力比缺少变化更容易观察。常有人批评说,媒介起维护现状的作用通常只是一种推测而不是研究发现,但并非没有关于媒介有助于稳定的研究。在1960年代,有相当数量的实验性研究,针对劝服性讯息的免疫力(麦奎尔等,1964);更早的哥伦比亚大学有关选举研究的一个最主要结论是,媒介的首要效果是"强化"投票者已有的态度(拉扎斯费尔德等,1948;贝雷尔森 Berelson 等,1954)。不幸的是,他们对这种"强化"的测量很成问题,他们仅仅凭着受访者在临近选举时的意向与选举活动开始时的意向一致,便认为投票者被强化了。"水门"事件中一些证据表明,媒介在政治系统中有一种曲折的变化过程,当时的媒介强调"(政治)体制运作正常",但同时把责任都推给了尼克松。

积累的与非积累的

另一种效果差异,是从多种讯息而来的长时间的积累性变化与接触单一媒介讯息所产生的变化。虽然,这两种效果类型很相似,但它们指的是产生影响的两种不尽相同的过程。在格伯纳等(Gerbner,1986)的积累性研究中,电视对重度观看者所产生的对社会现实判断的影响,被界定为电视娱乐节目黄金时间总体讯息的产物,而不只是某个电视节目或讯息。积累效果因此是长时间反复接触的一种累积。讯息部分地产生效果,是由于它们作为电视文化的一个自然组成部分,而不是因为它们本身具有非同寻常的性质。

而非积累性讯息以其讯息所具有的显著特征(这种特征可以通过视觉的、主题的或词语的形式出现),抓住受众的注意力而产生效果(安德森 Anderson 等,1977;依杨格 Iyengar,1987)。这种媒介效果研究往往在实验环境中进行,因为在这种环境中,可以对具体讯息的内容特征进行改变。非积累性效果并不与积累性效果相排斥,但它们在检测时一般不使用同样的研究设计。

长期与短期

大多数的实验性媒介效果研究,针对的是接触一种讯息之后紧接的、即时的、相对短期的效果。此类研究设计,大多不包括其他效果形式,即这种接触的长期后果。通常,我们认为对媒介的短期反应会在一段时间后消失(如兴奋效果)。但这并不意味着,即时反应就不重要,例如,被电视中某个性虐待的片断所激起的即时的攻击行为,可能与媒介接触某种延迟的类似行为具有同样严重的后果。

长期效果的表现形式各异。首先,由接触产生的反应可能只简单地持续一段时间。另外,效果的表现形式可能取决于其他条件的数量:对类似媒介讯息的额外的接触(如前面提到的积累性效果)、适宜的环境条件促成了效果的产生,或由于社会对某种效果的肯定从而强化了反应。在这些情况下,效果只能通过媒介接触以后过一段时间才能发现证据,只依靠为测量短期反映而进行的研究设计,往往无法发现证据。例如,1976年在总统电视辩论后,一时似乎看不出选民的意向,直到后来通过媒介"专家"与人际讨论后,选民才确定了他们的看法,也就是说,对投票结果和竞选知识最起作用的是选举活动中间接的人际讨论。

态度、认知与行为

虽然,传统上态度、认知与行为效果的差异,只适用于个体这一分析单元,但这三个因素涵盖了多数媒介效果研究,并提供了一套检验效果的有机的方案。

(1) 态度效果

在早期相当一段时间内,媒介效果研究的历史可以说就是态度改变研究史。在经历了短暂的沉寂之后(主要表现在社会心理学不再迷信于态度研究),又出现了不少强调劝服作用的新研究。有两种模式使这一领域得以复兴:劝服的认知效力相似模式(佩蒂Petty等,1986)和把态度、被感知的社会规范与行为联系在一起的理性行动模式(费希贝恩Fishbein等,1975)。但是,这些模式迄今为止在选举和传播活动的效果研究中只得到很有限的运用。虽然,大多数这类研究往往是短期的、非积累性的和微观的,但有的已经把目光放在了宏观效果上,如广告对某些产品的累积需求效果。

(2) 认知学习效果

越来越多的人把注意力投向媒介的"学习"效果,即强调媒介作为一种信息资源的角色。近来,涌现出大量关于学习和把事实的记忆作为因变量的学术论文,涉及广告讯息、新闻和政治信息,以及回忆电视上出现的人物等领域。还有其他一些研究使我们认识到,不仅学习量(amount of learning)非常重要,而且何时学到信息(查菲等,1980)以及哪些东西没有被记住(根特 Gunter,1987)也很重要。虽然,这类研究往往相对是短期的、非积累性的和微观的,但也有一些著名的例外,如对社区的比较(蒂契纳等,1980)、长期性地建立多种数据(诺曼 Neuman,1986)以及长达一年的相同样本跟踪调查(葛瑞伯 Graber,1988)。

(3) 认知建构效果

已得到检视的更为微妙的媒介效果,不是学习相互没有什么联系的事实,而是把新闻媒介作为事件和公共政策的解释者(盖姆逊 Gamson 等,1989;依杨格 Iyengar,1987;克里克勒 Crigler 等,1988;麦克劳等,1987)。媒介通过话语的选择、某种报道结构的重复,以各种方式组织并建构了现实。并且,这些架构可能远远不只是提高了某些问题或议题本身的显著性(如麦考姆斯等人的议程设置),而且来自对议题的阐述以及解决问题的途径和方案的提出。例如,在美国,对滥用毒品这一议题所采纳的框架是"毒品战",用战争作比喻寓示着运用严厉的法律强制性手段,甚至不惜动用武力加以干预(麦克劳等,1990)。另一种框架,则关注健康效果或这一问题对经济带来的冲击。前者可能更有助于毒品问题的解决,后一种框架则绕开军事术语,从而在一个法律的场域中进行,于是,立法、个人的责任感、收税和奖励机制等用语纷纷出笼。这种研究思路,为媒介效果研究打开了一个新领域,而且与公共政策的形成过程建立了联系。

(4) 认知社会现实效果

大众媒介在为我们创造符合环境方面的作用,指的是它的社会现实效果。一些证据起码部分地证实了以下的假设:媒介能提供关于社会现实本质的线索(格伯纳等,1986;沃伯和根特 Wober and Gunter,1988);对我们所关心的问题提供议程设置(唐斯 Downs,1972;麦考姆斯等,1986;依杨格等,1987);以及提供舆论气候(诺尔-诺曼 Noelle-Neumann,1984;戴维逊 Davison,1984)。

(5) 行为效果

大众媒介向来被看作是行为塑造、兴奋、放松及各种行为意图(如投票)的一个主要来源。对行为效果的关注,使反社会和认同社会的行为都得到了考察。

对媒介行为效果的研究,可以追溯到"佩恩基金会"的研究,有些领域后来一直受到关注,如青少年的社会化、公共信息和商业广告宣传、政治宣传与公民参与、发展传播学与创新的接受。大多数有关行为效果的研究都采用微观取向,只关注特定讯息及短期效果。但也有例外,长期的及宏观层次的行为效果也得到了检验。比如,历时 22 年的关于电视暴力对攻击性行为的效果研究(休斯曼 Huesman 等,1984),以及在三个国家长期开展的电视开场白(the introduction of television)的对比研究(赛特沃尔 centerwall,1989)。

近来,大众媒介对社会关系的影响力得到了检验,包括媒介形象对组织机构的影响作用(戴蒙德 Diamond 等,1988;帕特逊 Patterson,1980;库克 Cook,1989;金斯伯格 Ginsberg 等,1989;布鲁姆勒 Blumler 等,1990)。媒介效果由此得到了拓展,超越了对一般受众的影响。

媒介内容与使用的细化

所有媒介效果研究都或明或暗地蕴含着媒介内容及其对受众的影响。这方面效果研究的拓展,表现为对如何看待媒介(内容)输入的细化。与媒介输入(media input)有关的一个明显区别,是一般性扩散(diffuse-general)与特定内容(content-specific)之间的不同影响(即上述第六个方面)。一般性扩散的效果,大多源于媒介使用行为,其中的一个例子是,用于收看电视的时间替代了人们可能从事的其他活动,如读书或参与社区生活。

另一类一般性扩散的效果,关注媒介的形式而不是内容。麦克卢汉(1964)是这种观点的倡导者,他坚持认为媒介就是讯息,而不是它的内容。但是,一些研究特定内容的人持"我们看什么就成为什么样的人"(we become what we see)的观点;而那些研究一般性扩散的人,很少把特定的内容与其所显示的结果联系在一起。例如,攻击性行为可以源自难以预知其后果的普通电视娱乐节目,也可以源自暴力内容(沃特和克鲁 Watt and Krull,1977),而且,暴力和色情电影内容都会增强类似的生理兴奋(席尔曼 Zillmann,

1971,1982)。

对特定内容的细化研究,仍然是媒介效果的一个主导性概念。但看待内容的方法已大为改变,这表现在对贝雷尔森的显性内容的量化分析(1952)的局限性进行了拓展,研究人员已经想到把内容看作是一个整体的讯息系统(格伯纳,1973)、作为文本结构(凡·迪克 Van Dijk,1988)、作为具有形形色色具体意义的关于现实的符号显现(哈特利 Hartley,1982),以及作为一个组织成型的概念框架体系,它塑造了受众对现实的理解和解释(麦克劳等,1987)。对媒介内容的大范围的界定工作,其实远远超出了一般性扩散与特定内容的两分法,我们需要一种涵盖面更广的、与内容有关的媒介效果研究,以及在细致的内容特征分析及效果检验之间找到更佳的契合点,这样的效果研究将是对内容概念的拓展,并且应该考虑,从零散的刺激拓展到更大范围的讯息或讯息系统单元。

媒介生产与内容

更大范畴的媒介内容,也引发了另一种研究需要,即把过去有关媒介生产与内容的含糊的理论发展成为清晰的理论陈述。所有媒介学者都关心能对媒介内容中的变量作出解释的生产动力(production forces)。对效果研究人员来说,需要进一步研究的是:媒介内容中的哪些变量在受众对这些内容的理解和反应中发挥了作用。

传者和媒介组织的社会学研究、认知启发的心理学研究,都有助于我们对媒介运作过程及内容的理解。在此,我们选择了三个完全不同的例子,但它们都与新闻内容和效果有关。

第一个例子是,海曼与乔姆斯基(Herman and Chomsky,1988)的宏观结构政治经济学研究方法。他们提出了一个宣传模式,这个模式反映了在美国及其他资本主义国家,新闻内容在机构的层面上通过五重"过滤网"加以控制:媒介在金钱交易方面与其他经济实体整合在一起；广告作为媒介运作的财政基础；对官方信息来源的依赖；狂轰滥炸式的宣传；反共产主义、拥护资本主义的主流意识形态。为检验这一观点，他们举证了同样的报道如何受到不同的对待以适合以上的几重过滤（如一场屠杀是发生在友好的资本主义国家，还是发生在不友好的社会主义国家）。但是，他们对所列举的不同报道内容对受众的影响却没有进行调查。效果研究应对这些假设加以检验，对效果进行对比，如比较对美国战亡人数隐去不报的新闻与有确切战亡人数的新闻。

第二个例子是，贝内特（Bennett，1988）的宏观社会研究方法，他提出了新闻中存在着四种信息问题，这四种问题的综合作用影响了受众对新闻的真正理解，阻碍了他们的政治参与。这四大问题为：个人化、戏剧化、碎片化和标准化。个人化指新闻媒介往往把注意力放在卷入政治斗争的人而不是针对议题背后的权力结构和过程；戏剧化指的是新闻从业人员往往选择那些最容易作简单描述的、有行为主体的高度概括的报道；第三个趋势是碎片化，通过以上两者的综合作用，把报道和事实间离出来，使事件变成了一个没有过去和将来的"独立发生体"；最后一点，新闻从业人员往往使用官方的信息来源，而官方信息来源提供的是对危机和问题作出四平八稳的标准化的解释，而没有揭示问题的深层意义。

贝内特所指出的新闻内容方面的每一个问题，都明示或暗含着受众可能作出各种反应的假设。例如，这些信息问题综合起来，就可能使受众采取被动的态度，把责任推给个人而不是应对问题负责的体制，对复杂的、历史的和相互关联性的东西缺乏理解等。

第三个例子，来自认知心理学对人的信息加工过程的研究。这一研究发现，任何个体在能力上都是有限的，并研究了许多文化与情境因素。例如，研究显示，即使是在统计推论方面受过专业教育的人，也与普通人一样会作出"不合逻辑"的推理。新闻从业人员和其他人一样，由于带有他们自身认知的偏见而作出错误的推论，在他们所写作的新闻中也可见推论的欠缺。这里使用的"偏见"一词,比传统新闻学的党派偏见或报道倾向的界定要宽泛些。

我们简要地把信息加工问题粗略地分为三组:对刺激或议题的归类、与事件有关的信息的选择、作为推论和行为之基础的信息整合。

归类(categorization)是人类思考的一个基本程序,主要体现为新闻从业人员对用语、概念、隐喻和标题的选择。新闻工作者对他们如何建构报道常常足智多谋,至少在某些情形下是如此。这关系到对一个尚无定论的军事议题,是界定为"又一个越南"还是同"又一个希特勒"的战斗,使用什么词语更为准确。显然,特定的新闻工作方式、官僚式的安排、所受的培训、社会立场和价值观,都将对新闻工作者所偏好的归类产生影响(如塔奇曼 Tuchman,1978;吉特林 Gitlin,1980)。

新闻工作者对信息的选择,是产生认知偏见的一个主要途径。选择(selection)可能深受"不合上司意图"这一顾虑的影响,或者是由于新闻工作者认同一些关于如何处理特定情况的教条(泰勒和费斯克 Taylor and Fiske,1978;斯托金和格罗斯 Stocking and Gross,1988)。新闻工作者的工作方式,也鼓励选择一些生动的而不是沉闷的信息、异常的戏剧化的事例而不是更有代表性的基本资料。

最后一种偏见,是关于整合中出现的误差,心理学家称之为错觉性关联(illusory correlation)和基本归因错误(fundamental attribution error)。"错觉性关联"指的是,因信息不充分而造成的不恰当的因果联系。例如,在一个地区发现一种罕见疾病的几个病例,就下结论说这是由环境危害引起的。"基本归因错误"指的是,对个体持有系统性偏见(systematic bias)而不是认为体制性结构应对某种情形负责。这一观点认为,媒介更多地把问题归咎为"一颗老鼠屎坏了一锅粥",而不是因为监督机制上的弊病,即缺乏恰当而周密的控制,从而纵容了这些问题的产生。以上及其他一些认知上的缺陷,在新闻工作者和受众身上都存在着。但是,我们不应对这两者的偏见一视同仁,因为新闻工作者的偏见反映在新闻报道中,有可能强化、修正或增加留意这些报道的受众的偏见。

受众的能动性概念

几十年来,从事媒介效果研究的理论工作者一直致力于如何对受众的能动性作出恰当的描述。但这一努力却很失败,结果给人的印象是,受众是一些被动的、容易受蒙骗的人或是媒介内容的牺牲品。在媒介研究领域,有人甚至对是否在媒介理论中强调受众的能动性表示怀疑。吉特林(Gitlin,1978)就认为,"积极的受众"这一概念偏离了对媒介效果的真正理解,而格伯纳等(1986)主张,人们看电视时并不是在看电视的内容。其他一些人也认为,看电视时介入的程度很轻微(克鲁格曼 Krugman,1983;巴威士 Barwise 等,1988)。同样,库比等(Kubey and Csikszentmihalyi,1990)提出,观看电视基本上是一种被动的、放松的、不动脑子的行为。与这些观点不同,多数媒介学者则认识到,受众在一定程度上在意义建构方面比较主动。虽然,在能动性这一问题上没有统一的认识,但我们可以就受众能动性的几种研究方法,考察一下它们与媒介效果的关系。

1. 满足

受众因各种各样的动机使用媒介以满足自己的需要,通常被称为"使用与满足"研究,它最早源于20世纪40年代的哥伦比亚学派,在经历了五六十年代的凋零之后,在近20年得以复兴(参见布鲁姆勒和卡兹 Katz,1974;罗森格伦 Rosengren 等,1985)。传统上,使用与满足理论是另一种媒介效果研究,而非对媒介效果研究的补充——即从讯息主导效果("媒介对人们做了什么")转向受众主导的视角("人们利用媒介做了什么")。对这一视角的批判指出,它暗示着受众的愿望总能从各种类型的内容中得到满足,因而具有保守的功能主义倾向——使任何类型的媒介内容都正当化,从而消弭了媒介内容的一切有害效果(爱利亚特 Elliott,1974)。

但也有人把使用与满足理论看作是媒介效果研究的一个重要补充。布鲁姆勒和麦奎尔(McQuail,1969)发现,在1964年英国大选中,收看与大选有关的电视加上强烈的收看动机,增加了观众对政治信息的获取。麦克劳和贝克(1974)从受众对政治信息的寻求中总结出四种满足的类型,在控制了媒介接触与其他变量的情况下,这四种满足类型仍显示出一定的效果。满足性寻求可能提高对(信息)的学习水平,但它们也表现出妨碍议程设置的效果,那些寻求宣传信息动机最强烈的读报者,与动机较弱的人不同,他们对议题显著性的排列与他们所阅读报纸对某个议题的强调不尽一致(麦克劳、贝克等,1974)。

2. 选择性(selectivity)

选择性这一概念,至少可以追溯到早期哥伦比亚大学的宣传研究。这一概念指的是:人们选择性地找出与他们已有态度和信念相一致的信息,并避免与其观点不一致的信息。海曼和希斯利(Hyman & Sheatsley,1947)总结说,在接收过程的各个关节:接触、注意、感知、理解和记忆中都有选择性行为。选择因此与媒介讯息相互作用,增强了相一致的信息材料的效果,减少或消除了不一致的内容的影响。

半个世纪的研究证实,前半句基本上是正确的,因为人们确实更愿意选择支持自己观点的信息,而不是中立的或不相干的信息(弗瑞 Frey,1986;麦奎尔,1986;卡兹,1987)。但后半句关于选择的假设,即人们避免不一致的信息,在近几年的研究中显得并不可靠。仅仅从逻辑上看,要完全避免与之相冲突的信息,对一个人来说是一件很费劲的事,还不如应付所有来自媒介的与自己观点不尽一致的信息。而且,有证据表明,在某些情况下,人们反而更多地关注与自己有差异的信息（伯利尼 Berlyne,1960；克伦赫塞林克和爱德华 Kleinhesselink and Edwards,1975；弗瑞等,1978）。

至少，在媒介接触与注意中，选择的作用取决于受众对什么信息与自己相一致、什么信息与自己不一致的预测能力。对于印刷媒介，事先的选择是完全可能的，但对电子媒介来说，往往搜索不易，而且事先没有什么准备，使选择成了一种很难描述的行为。不幸的是，选择常常作为一种因变量而不是作为对讯息的效果起中介作用的变量（来使用的）。对一致性信息的选择，在媒介接收的阶段比较容易操作，但它在讯息加工过程中如何作用及如何产生效果的问题，至今尚不清楚。

3. 注意（attention）

受众能动性中最显而易见的形式，可能就是注意了，也就是大脑注意力的集中。常识告诉我们，高度的注意能使人从媒介中学到更多的东西（查菲等,1986）。在电视的使用中，注意尤为重要，不过，印刷媒体的使用实际上更要求注意力，电视观赏者在用脑方面更自由些，而且可同时从事其他活动。在以不同方式测量人的注意力时，情况就变得很复杂。生理性的测量发现，注意是以毫秒这么短的时间进行的，且大多不为人的意识和控制所左右（李维斯 Reeves 等,1986）。通过自我陈述这种在更有意识的情况下进行的检测，则代表了对概括性和有意图的集中注意力的陈述，适用于较长时间跨度的特定的媒介内容类型。这类测量在注意程度上很少交叉重叠，往往针对特定的内容，如公共事务新闻内容、娱乐内容或广告，而与媒介是电视或报纸无关（麦克劳和考斯基,1986）。

注意力的作用，有时与媒介接触程度无关。查菲等（1980）发现，对电视新闻的关注有助于宣传知识的获取，与新闻的观看频率关系不大；不过，对那些接触报纸硬新闻的人来说，效果还是非常明显的。在某些情况下，新闻接触和注意力可能相互作用而产生一种综合效果,而不是两种作用力的简单相加(麦克劳和麦克唐纳McDonald,1985)。注意娱乐和广告的自我陈述,没有得到彻底的检验,有限的一些研究证明,自我陈述对广告的注意大都没有产生什么结果,但有关注意力的实验及生理性的测量却显示了广告的效果(李维斯等,1986)。

4. 媒介形象(media images)

媒介学者的理论阐述了媒介内容的种种缺陷(参见前面有关媒介生产部分),受众对媒介也可能有类似的观念或常识。人们如果确实有这种观念或印象,那就有理由认为,这也构成了受众能动性的一部分,因为它潜在地影响了人们如何使用媒介以及他们从内容中得到了哪些东西。媒介经营者和公关人员也有他们自己关于媒介的一套理论,至少他们在研究和促销方面花费了大把的金钱,他们认为有一种形象,即可信性,对媒介效果至关重要。受众成员中最喜欢对新闻信息质量评头论足的人——那些认为新闻应具有相当的准确性、完整性、思考性和责任性的人——从新闻中学到的东西显得比其他受众少。(麦克劳等,1986;考斯基和麦克劳,1990)

但是,对新闻质量的感受并不意味着它是媒介形象的惟一方面,或者是最重要的一个方面。受众对媒介如何运作的感觉,有时是清晰的,有时是多变的。麦克劳等(1986)发现,受众的媒介形象有四个方面:新闻塑型(patterning of news),即认为新闻相加在一起构成了关于这个世界的一幅全面的图画;内容的消极方面,即认为新闻是枯燥的、煽情的、以坏消息为主的、带有报道者偏见的;依赖和控制,即往往认为媒介机构在协调和控制方面是霸权的,人们对媒介过于依赖;特殊利益,即认为媒介代表了特殊利益同时也为自己谋取特殊利益。在控制了大量结构性的和媒介使用的变量的情况下,新闻塑型显示其有助于从新闻中学到更多的东西。除了对事实性信息的学习之外,所有关于媒介形象的几个方面都通过各种形式对其他效果产生影响,如媒介使用、信息加工策略的选择、社区介入(community involvement)、认知的复杂性以及对主要新闻报道的建构(framing)(麦克劳等,1987;考斯基和麦克劳,1990)。

5. 信息加工策略

在人们处理"信息流"以防止被过多信息淹没的使用策略方面,也能发现受众的能动性(葛瑞伯 Graber,1988)。我们通过以下两个假设,对这种策略加以辨别:个体通过自我陈述能对(信息)加工过程加以控制和描述;这些策略在一段时间内相对稳定。李维和温戴尔(Levy and Windahl,1984)把这种策略看作由前期行动(对时间安排和时间预算的选择)、中期行动(媒介接触过程中的理解)及后期行动(在接下来的人际交流中的兑现)构成。所有这三种行动形式,都能增进从新闻节目中得到的满足感。

另一种策略行为的研究,确定了受众新闻信息加工过程的三个方面(考斯基、麦克劳等,1987)。首先是选择性浏览,因时间有限,为应付大量的新闻而略过一部分条目或换台;其次是主动加工,根据个人需要对超出已有报道的信息作再三的理解,这反映了受众"信息加工过程中所遇到的麻烦"(葛瑞伯,1988);最后是思维整合(reflective integration),指的是对新闻中常有的零散性和某些信息中显著的部分加以整合,重新回顾一遍,使之成为与别人交谈的话题。

上述的每一个方面,都与各种类型的政治效果有关(考斯基等,1987;考斯基和麦克劳,1990)。政治信息的学习、政治兴趣以及政治参与,其程度都受选择性浏览的限制,但也因思维整合而得以提高。虽然,能动的信息加工过程似乎对学习没起太大的作用,但它确实对兴趣和参与有正面的影响。

所有的三种信息加工过程,与人们解释、理解媒介讯息时使用的不同的概念框架有关(麦克劳等,1987)。信息加工过程,不仅每一个体不同,在媒介接触的每一阶段不一样,而且与认知反应的差异有关。根据这一思维框架,信息加工过程指的是,个体在意义建构和理解方面的不同过程,而不是指整齐划一的、被编排就绪的输入—输出过程(正如列文斯顿 Livingstone 所批判的)。

……

过程、模式和分析层次

首先应当明确,当下的研究人员都认为,媒介并不存在放之四海而皆准的效果,研究只是试图确定,在什么条件下媒介接触会对某些受众产生效果。麦克劳和李维斯(1980)概括的七个方面,包括直接的与条件的效果,反映了效果研究的发展特征。克拉伯(Klapper,1960)曾认为,各种条件表明媒介效果是有限的、微弱的,但当今的研究人员认为,这些条件正好反映了效果是如何产生的以及在什么环节产生的。他们并没有对总的媒介效果的大小下结论,而且,要以一种适用于所有受众的普遍作用力来代替有差异性的效果,无疑是一种误导。

有一组影响媒介效果的条件,发生在媒介接触前。如果对第三种变量加以控制,就可以确定一些能发现媒介效果或无法体现效果的受众子群体(这种群体也可以大到一个国家或一种文化)。我们认为,这一条件性的第三种变量,显示了一种制约性条件(contingent condition)。例如,对报纸的依赖和寻求政治信息的动机不高,对报纸的议程设置功能来说都是制约性条件(麦克劳等,1974)。另一类媒介接触前的条件,是第三种变量作为辅助性条件(contributory condition)所产生的效果。例如,一个观众在媒介接触之前处于愤怒的状态,就更可能产生攻击行为(波考威兹 Berkowitz,1962)。正如前面所指出,"知沟"假设把社会地位当作一种条件变量,媒介可能以不均衡的速度在不同社会地位群体之间传播信息(蒂契纳等,1970)。

条件性变量也有可能在媒介接触之中及媒介接触之后产生干预作用，它或是代表了一种由接触引发的内在的认知过程，或是一种社会过程。如前提及，研究发现，对总统辩论电视节目的接触引发了人际间的政治讨论，于是比一开始媒介接触时产生了更大的政治参与效果（麦克劳等，1974）。另一些研究发现，对哪位候选人在电视辩论中胜出一开始还没有什么感觉，但几天后，当收看电视的人读了报纸的评论，并把自己的结论与他人作了交流之后，就形成了自己的意向（兰夫妇 Lang and Lang，1979；莫里森 Morrison 等，1977）。

媒介使用与条件性变量之间的相互作用，有许多种形式。在某些情况下，媒介接触效果起反方向的作用，一些重要的关系在不检验第三种变量的情况下横向相互作用，但结果是，无论如何都无法发现媒介的效果（麦克劳和李维斯，1980）。因此，确定条件性效果并把它们结合到媒介理论之中至关重要，这就需要运用更加复杂的模式，对条件性效果进行系统的考察。近年来，越来越多的人认同 O-S-O-R 这个模式，这里的两个 O 是有差异的。第一个 O 代表整个结构的、文化的和认知的因素所构成的接收环境对媒介受众的影响。我们已经知道，S 不仅仅限于讯息的不连贯的微观刺激，它可能是另一种排列在一起直至宏观讯息系统的单元概念。"刺激"一词也许会引起误解，因其内涵过于狭隘，宜用其他概念取而代之。第二个 O 指的是，在收看环境中讯息接收与受众反应之间所发生的一切。它也可以在不同的层次——从短时间的生理反应到接收环境的社会背景，再到接收后可能发生的复杂的人际互动。最后，R 所指的是反应，但也有了拓展，包括时间跨度更大，也包括社会后果及个人变化。

O-S-O-R 模式意在强调信息接收、理解中认知过程的重要性，并对反应作出具体的说明。认知加工功能不仅仅是中介因素，而且是整个信息加工过程的必要组成部分。大众媒介在其为我们提供参照框架、对重要的公共事务作出界定和定位以及为我们的认知活动提供资料方面,是一种重要的影响来源。认知过程也部分地影响新闻工作者及其信息来源的讯息生产过程。任何认知过程都强调宏观社会结构对媒介生产和受众接收过程的重要性,即使是创造性的讯息生产和受众的多样化阅读,也应考虑各种组织性的和社会结构的影响对个体认知表现所产生的作用。

结　　论

从当代媒介效果研究看,批判学派和文化研究的批评都表现出历史的局限性和狭隘性。对媒介效果研究的进一步审视,反映出简单的S-R模式对效果研究的描述(无论是早期的经验主义还是当今的研究)并不准确。而且"行政性"一词可能对拉扎斯费尔德时代是恰当的,但无论运用到拉扎斯费尔德之前的经验主义研究,还是运用到拉扎斯费尔德之后的20年媒介效果研究,都是一种严重的误解。效果研究不是狭隘地为媒介经营者的应用性需要服务的,它对媒介内容可能存在的问题的考察,主要带有改良主义的色彩。虽然有相当一部分效果研究人员确实在研究如何使广告讯息和宣传更加有效的方法,但效果研究所考察的问题主要还是媒介对弱势群体(如儿童、社会地位低下的人)的负面功能。当然,改良作为一种研究目标还不能令批判学者满意,它关注的改变仍在现有体制下进行,因而与批判学者彻底改变这一体制的设想相去甚远。无论研究者个人对社会财富和权力的重新分配持何种观点,他们所提出的意见都源自他们的研究证据,而且他们所谓的改变也大多跳不出媒介的公共服务和社会责任之类的概念。近年来的研究,在政策意义上有所拓展,从早期的修修补补(如使讯息更加简单、对政治党派的报道要保持平衡)到提出解决方案,它意味着在讯息系统和生产过程方面更为基本的改观。

与那些批评家的论断相反,媒介效果研究早已不再囿于劝服一种效果。把劝服与媒介效果相等同,是当年受贝雷尔森(1959)

和克拉伯(1960)影响的、长达十几年的历史遗患。同样,指责媒介效果研究受制于发现"自然的"概念、以建立关于人类传播的普遍性法则这一实证主义的、缺乏理论基础的妄想,也是没有道理的。如果说,当今效果研究有一个主流趋势,那么,在对媒介生产、讯息的效果与条件的认识方面,视野已变得更加开阔了。相对而言,如今对结构和文化条件有了更多的关注,也有了更多的理论思考。

批判学派和文化研究对媒介效果研究的有些指责,不无道理。首先是媒介效果理论中的个体主义偏见。在这种传统中,大量的研究把个体作为首要的观察单元,比起个体来,社会系统效果这一概念较少得到明确的发展,当然也不是没有例外(如蒂契纳等,1980),在概括社会意义时效果研究也主要考虑个体效果。个体主义偏见目前仍然是一大威胁,除非我们在理论上能对更多跨层次(如从宏观到微观,或从微观到宏观)的作用力加以研究。

效果研究的另一个薄弱环节,如批评家们所指出的,是在讯息生产方面缺乏系统的联系。近年来,越来越多的研究已经注意到了"横向的"媒介效果理论(如诺曼,1989),但近期,把生产、讯息系统和受众效果研究分裂开来的势头仍将继续存在。把受众接收和媒介生产联系起来,知易行难;这些领域的现有概念,皆非"恰到好处"——用于分析媒介生产与受众的概念各成一体,没有考虑到它们之间的联系。不过,把这些相互分裂的部分构架在一起的例子,在考察信息控制与传播中的权力关系的研究中还是存在的(如多诺休 Donohue 等,1972;蒂契纳等,1980;布鲁姆勒等,1975;托罗 Turow,1984)。

第三点受批评家们指责的是,效果研究中如何充分地体现媒介内容中的变量。大多数效果研究所使用的内容变量,其实只是通过假设或推论而来。批评者认为,这就不恰当地把媒介内容简化为心理刺激,全然不顾适用于许多效果研究的文化背景。但与此同时,我们也应指出,越来越多的人开始关注媒介内容的更广泛的联系。在这一领域,媒介效果研究可以从文化研究与话语分析中得到有益的启示。

媒介效果研究对各种受众能动性概念的理解，还存在不少争议。显然，既不能把受众视为被动的轻信受骗者，也不能把他们当作是能动的理性主义者，但在这两者之间，倒是有不少可供研究的领域。能动性已得到了逐渐的检验，从动机（如满足性寻求）到注意、到媒介使用中的（信息）加工策略。但是，社会结构与其他各式各样的能动性形式只得到部分的确定，虽然我们已经清楚，没有一种能动性是由单一的作用力所导致。关于注意（attention）这个概念的意思及其他一些概念，仍存在着争议，对媒介形象及信息加工策略的研究也刚起步。

行为科学批评媒介效果研究对效果的强大与威力作出了过高评估。虽然，诺尔－诺曼（Noelle-Neumann,1973）提出了研究是否应回归媒介强大效果的问题，但大多数研究人员致力于确定变量在统计学上的显著性，而没有对媒介的威力妄加断言。有些问题如果不通过验证就无法让人对媒介威力下结论，这些问题包括：对社会结构和人口统计学因素如何进行适当控制、控制是同时进行还是每次只控制一项（变量）、（受众）能动性的类型是否应与其媒介接触结合起来、相互作用的效果与间接效果是否应包括在总的效果之内、对测量上的误差是否应予以修正。显然，对媒介影响的最低评估，应来自同时运用多种控制，以及在不计测量误差的情况下，只考虑接触媒介内容或时间这类直接的效果。媒介效果研究人员应更加直截了当地指出，他们得出的效果并不强大，但很重要，他们一般不会大胆直言媒介具有强大的威力，倒是其他一些人（如普通写作者、政府官员和一般公众）在夸大媒介的威力。对媒介效果威力强大的认同，有可能被那些不择手段的官员所利用，对媒介及其他机构进行肆意的抨击（如对美国的媒介与艺术的抨击），媒介研究人员必须澄清，并不存在什么威力巨大的媒介效果。媒介效果的许多理论在阐述中，对媒介的强大作用力及可能具有这种特性没有加以否定，对此作一些小小的修正，有可能使这些理论成为完全不同的东西,且更有意思。只有通过认识媒介效果的制约性条件和辅助性条件,而不是毫无意义地对效果泛泛而论,才是对理论和公共政策最有益的工作。

行为主义学者批评效果研究没有厘清媒介的一些因果关系,这对媒介研究人员仍然是一个有益的提醒。不作具体分析,就把电视视为导致一切的原因,无疑是一种误导。如果电视对一个事件的报道主要来自一种信源(如政治领导人的新闻发布会),那么,由此引起的电视观众的变化归因于媒介就不公平。如果我们能把事件(或议程)的信源属性和新闻从业人员的行为作用区分开来,可能更加合理。这就需要对生产过程,包括讯息是如何以不同方式建构起来的概念,在理论上作更紧密的联系(如格拉斯哥媒介小组 Glasgow Media Group 的研究项目,1976;罗宾森和列维,1986)。在"以媒介为中心"的研究人员之间,这种"横向"研究方法承受着一定的压力,因为这一流派的其他研究者认为,理论的发展主要依赖于从社会心理学及其他社会科学领域汲取概念。

对各种微观和宏观的分析层次的"纵向"联结,对媒介效果及其他研究传统仍然是一大挑战。我们不得不承认,在媒介效果研究中,在概念范畴和跨越哪些层次方面存在着分歧。传播研究的一个领域是,研究最低层次的生理过程(如与讯息有关的脑波 brain-waves),另一些研究则涉及最高层次的社会过程(如由讯息引发的人际传播)。他们探讨的是完全不同的研究问题,而且很难联系在一起。如果承认,所有的理论体系和研究传统的解释能力都有局限性,那么,这两种(或多种)完全不同的研究领域本身没有什么不对。只有不再把研究这一概念看作是一种"零和游戏"(赞同一种研究就必须诋毁另一种研究),才可能避免知识分子冲突中的一些不良后果。

本文提出的媒介效果研究角度之间,存在着很大的差异,使用"主流范式"这张标签很容易产生误导,企图探寻哪种方法"正确"的答案,也毫无意义。在方法、证据的权威性、分析层次以及对生产与受众的不同的研究重点等方面,争论还会继续下去。这对媒介研究这一"多变的领域"(variable field,variable 又译"变量",是效果研究中的一个重要术语,因而这里是一语双关。——译者注)既是一种负担,也是一种挑战。我们建议,既不要为了选择所谓"正确"的研究方法而在整个研究领域爆发一场战争,也不要把这些理论角度和研究策略简单地合并成一块知识的"肉馅土豆饼"(shepherd's pie)。

我们深信,在不同的研究角度之间及其内部,沟通和启发都是可能的,而且,我们已经开始这样行动了。例如,各种媒介研究角度都对媒介受众及受众的反应表现出越来越浓厚的兴趣。我们对媒介效果研究的梳理,得出了三个总体性的结论:(1) 多样化的理论视角和研究策略,为媒介生产和受众的媒介消费提供了丰富而复杂的资料;(2) 无论是跨越生产与受众效果的横向联结,还是各种分析层次的纵向联结,都丰富了我们对媒介生产过程及其效果的理解;(3) 如果多样化的研究角度能增进彼此的尊重,放弃相互之间的争斗,并认定只有无知、不平等、政治压制及权力的滥用才是真正的"敌人",则媒介研究领域就有可能取得更大的进展。

(丁　未译)

分类索引*

总体、宏观研究

　　弥尔顿　36,44,49,62
　　密尔　62
　　李普曼　128,129
　　拉斯韦尔　197,315,316,327,458
　　勒纳　314,324
　　林雄二郎　387
　　威廉斯　290,345,455,474,581
　　麦奎尔　409,410,438,439,457,461,465,553,554,
　　　　　　614,623

传者研究

　　施拉姆　128,197,272,324,384,549,564
　　戈尔丁（总体宏观研究）　453,576,587,596,601,
　　　　　　　　　　　　　　609,610
　　阿特休尔（总体宏观研究）　486
　　席勒（总体宏观研究）　466,467,568,571,585

---

　　* 本分类表按照传播学五大部类编排,并增加了"总体、宏观研究"一类;分类项目限于所选文本主题,而不是作者的全部研究领域,仅作参考。

内容研究

索绪尔 99,100,102,103,107,111,114,116,119,
  120,122,123,125
早川 247,248
霍尔 421,422,423,455,456,584,610,611

渠道研究

休梅克(传者研究) 547
梅罗维茨 513
麦克卢汉 372,373,449,513,523,618

受众研究

米德 150,151
拉扎斯费尔德(效果研究) 211,324,327,328,330,
  614,629
蒂契纳(效果研究) 561,571,613,616,627,630
诺曼(效果研究) 533,583,616,617,630,631

效果研究

亚里士多德 1,2,7,8,11,13,24,28,33,40,50,72,
  147,494
克拉伯(总体宏观研究) 324,327,328,566,627,
  630
霍夫兰 235,236,238,240,243,245,324,328,330
罗杰斯(渠道研究) 334,335,373,464
麦考姆斯 407,617
麦克劳 606,612,613,617,619,623,624,625,626,
  627,628

后 记

如序言所提及,本书的大部分(约四分之三)内容,是初次翻译介绍给国人,因此,投入了众多师生的辛勤劳动——译者、校者和评介者,合计近二十人。而这当中,还不包括另一部分(约四分之一)从已有译本中选登内容的原译、校者。学术劳动之艰辛,由此可见一斑。

在此,谨向所有为本书花费过心血的人们,致以崇高敬意!

特别需要说明的是,对已有译本的引用,我们得到了原译、校者及原出版单位的大力支持,亦在此深表谢意!

但由于种种原因,与个别原译者的联系未果,敬希谅解。

最后,我们衷心期待诸位读者不吝指教。

编 者

2002 年 10 月